国务院总理温家宝到国家博物馆视察

中国国家博物馆改扩建工程竣工暨"复兴之路"基本陈列复展仪式

文化部部长蔡武到国家博物馆检查指导工作

全国文物局长座谈会在安吉召开

江浙沪文物行政执法合作签字仪式暨首届联席会议

"龟兹石窟保护与研究"国际学术研讨会在克孜尔千佛洞开幕

国家文物局、山西省人民政府签订合作加强山西文化遗产保护工作框架协议

国家文物局、山东省人民政府签署加强山东文化遗产保护工作框架协议

国家文物局、湖南省人民政
府签署共同推进湖南文化遗
产保护与发展框架协议

国家文物局、宁夏回族自
治区人民政府签署合作加
强宁夏文化遗产工作框架
协议

国家水下文化遗产保护研
修班在宁波开班

"中国历史文化名街成果展"
开幕式

全国文物系统汶川地震灾
后文物抢救保护工作总结
大会

国家文物局直属单位对口
援助新疆文物保护协议签
字仪式

曲阜颜庙复圣殿维修竣工暨孔孟文化遗产地保护世行贷款项目启动仪式

南旺枢纽考古遗址公园奠基仪式

良渚国家考古遗址公园揭幕

大遗址保护现场会暨大遗址保护荆州高峰论坛

西夏陵申报世界文化遗产暨国家考古遗址公园启动仪式

全国政协"博物馆建设与发展"专题调研组调研浙江省文博工作

湖北省博物馆三期扩建工程开工仪式

辛亥革命武昌起义纪念馆举办"纪念辛亥革命100周年"等展览

重庆中国三峡博物馆60周年庆典暨国际化背景下的博物馆免费开放学术研讨会

文物调查及数据库管理系统建设项目总结会议

"山水合璧——黄公望与富春山居图特展"在台北故宫博物院开幕

"新文化运动中走出的文学大师们"展览在日本开幕

第三届亚洲国家博物馆联合
会会议在国家博物馆召开

美国加利福尼亚州圣安娜
市宝尔博物馆"秦汉唐文
物精品展"开幕式

全国民办博物馆馆长培训
班开班

国家文物局考古发掘电子审批系统培训班在西安开班

北京市文物局与首都师范大学共建"北京文博培训基地"

观众走进重庆中国三峡博物馆藏品部活动

上海市"国际博物馆日"宣传活动启动仪式

天津市首届国学文化节启
动仪式

庆祝建党90周年北京红色
旅游系列活动启动仪式和
北京电视台《红色地图》
特别报道开播仪式

文化遗产日主题城市活动
开幕式

文化遗产日主题活动

首都博物馆联盟等五大联盟成立

国家文物局庆祝建党90周年党史知识竞赛

中国文物年鉴

CHINA CULTURAL HERITAGE YEARBOOK

2012

国家文物局　编

文物出版社

编辑说明

　　《中国文物年鉴》由国家文物局主编，各省（自治区、直辖市）文物行政部门、有关文博单位共同参与编纂，中国文物信息咨询中心承办，综合记述我国文物事业年度发展情况。

　　《中国文物年鉴·2012》反映我国文物、博物馆事业 2011 年的发展情况，分为图片、特辑、综述篇、分述篇、纪事篇和附录等部分。

　　《中国文物年鉴》的稿件、资料来自国家文物局各部门、各直属单位、各省（自治区、直辖市）文物行政部门以及国内相关文物机构，不包含香港、澳门特别行政区和台湾省的资料。

　　由于编辑水平所限，《中国文物年鉴·2012》编校工作难免存在不足，希望广大读者提出宝贵意见和建议。

编　　者

2013 年 7 月 1 日

特约撰稿人

于 丹	马永红	马晓丽	孔翔跃
支小勇	王大方	王大民	王协锋
王 铮	王 婷	王增亚	史 勇
叶大治	叶 青	叶思茂	司志晓
甘 伟	乔静安	刘 洁	朱鸿文
汤强松	牟锦德	许 鑫	何春平
吴 兵	吴建刚	宋 江	张伟明
张和清	张昊文	张金梅	张 勇
张 健	李一兵	李 让	杨泽红
杨 菊	肖谋用	邵明杰	陈 亮
周 宇	武晓松	郑子良	姚文中
施晨艳	施雪梅	胡秀杰	贺 鹏
钟向群	徐秀丽	高梦甜	高智伟
高嵩巍	戚 军	黄 元	黄宇星
龚张念	龚英邓	彭 放	谢宾顺
蔡 宇	颜永树	黎吉龙	

目　录

【特　辑】

重要文章、讲话

重要计划、报告、办法

重要公文

【综述篇】

【分述篇】

【纪事篇】

【附　录】

特　辑

重要文章、讲话

立足新起点　谋求新发展
努力开创文物事业新局面

——在 2011 年全国文物局长会议上的讲话

文化部部长　蔡武

（2011 年 12 月 25 日）

在全党全国深入学习贯彻党的十七届六中全会精神、谋划文化强国建设宏图之际，我们在这里召开全国文物局长会议。首先，我代表文化部党组对会议的召开表示热烈的祝贺！向长期以来关心支持文物事业发展的国家各有关部委和社会各界表示衷心的感谢！向辛勤工作在文物战线上的广大文物工作者致以崇高的敬意和诚挚的问候！

今年是我国文化发展史上极为重要的一年。最近召开的党的十七届六中全会是在中国共产党成立 90 周年之际，在我国进入全面建设小康社会的关键时期和深化改革开放、加快转变经济发展方式的攻坚时期召开的一次极为重要的会议。全会专题研究文化改革发展问题，审议通过了《中共中央关于深化文化体制改革　推动社会主义文化大发展大繁荣若干重大问题的决定》。这在我们党的历史上还是第一次。《决定》强调，我们要坚持中国特色社会主义文化发展道路，努力建设社会主义文化强国，这是新世纪新阶段我们党不断推进理论创新和实践创新的又一重要成果，充分表明了我们党在文化建设理论和实践上更加成熟、更加自信。党的十七届六中全会是我国文化发展史上又一具有里程碑意义的大事。《决定》指出，优秀传统文化凝聚着中华民族自强不息的精神追求和历久弥新的精神财富，是发展社会主义先进文化的深厚基础，是建设中华民族共有精神家园的重要支撑。

全国文物系统要认真学习、深刻领会六中全会精神，切实认识文物工作的重要地位和作用，切实把握文物事业发展的形势，切实认清肩负的历史责任，勇于担当保护发展文化遗产的光荣使命。下面，我讲几点意见。

一、充分认识文物工作的重要地位和作用

文化是民族的血脉，是人民的精神家园。而文物事业是中国特色社会主义文化事业的重要组成部分，承担着维护民族文化基本元素，保护利用、普及弘扬祖国传统文化的重任，在党和国家大局中占有十分重要的地位。随着世界多极化、经济全球化深入发展，科学技术日新月异，各种思想文化交流交融交锋更加频繁，文化在综合国力竞争中的地位和作用更加凸显，维护国家文化安全任务更加艰巨，增强国家文化软实力和中华文化国际影响力要求更加紧迫，文物工作日益发挥出独特的价值和功能。我们必须深刻认识到：

——文物工作与推动科学发展、促进社会和谐密不可分。全面建设小康社会，既要让人民过上殷实富足的物质生活，又要让人民享有健康丰富的文化生活。当前，文化建设不仅对经济增长的直接贡献越来越大，而且对提升经济发展质量的作用日益突出。文物工作既是推动经济社会发展的重要手段，也是社会文明进步的内在要求，是建设和谐社会的重要内容。特别是在大规模经济建设中，我们既要竭尽全力加强文物保护，又要充分挖掘和展示城乡文物的文化内涵，努力创造与经济蓬勃发展相得益彰的文化生态环境。这既是经济社会全面协调可持续发展的客观需要，也是全面建设社会主义和谐社会的必然要求。

——文物工作与增强国家实力、提高国民素质密不可分。一个国家的强盛，不仅要有强大的经济实力，还要有文化的繁荣发展。人民越富足，对文化生活的追求就越高；国家越强盛，对国民素质的提升要求就越高。我国是文化遗产大国，拥有丰富的文化遗产资源，要通过有效保护和合理利用，提高文物工作的影响力和感召力，增强我国的文化软实力。《决定》强调要加强对优秀传统文化思想价值的挖掘和阐发，我们要将文化遗产所蕴含的深刻内涵，融入社会主义核心价值体系建设，传承中华优秀传统文化，建设中华民族共有精神家园，使文物事业成为全体人民树立共同理想、弘扬民族精神和时代精神的文化力量。

——文物工作与维护民族团结、实现祖国统一密不可分。我国是一个统一的多民族国家，中华文化是各民族共同创造的多元一体的灿烂文化。在几千年的历史长河中，中华民族形成了追求国家统一、维护民族团结的价值观。近代以降，在这种价值观的感召下，各族人民携手抵御外侮，共同维护中华民族的利益和尊严。存在于祖国各地的大量历史文化遗存，是全国各民族团结发展、共同进步的历史见证，也是海峡两岸人民同祖同根、血肉相连的情感纽带。保护好、传承好这份珍贵的文物资源，对加强中华民族的民族认同感、一个中国的国家认同感，维护中华民族团结、实现祖国统一，具有不可替代的作用。

——文物工作与维护国家主权、捍卫领土完整密不可分。我们祖先遗留下来的大量珍贵文化遗产，是中华民族世世代代辛勤耕耘、上下求索的结晶，是华夏儿女在流淌着中华血脉的土地上生活繁衍的忠实记录，也是历朝历代中央政权实行有效管辖、昭示国家主权的铮铮铁证。加强对历史文物的有效保护、合理利用和科学研究工作，以无可辩驳

的史料和文物史迹揭示我国历史上的版图、疆域、海域等事实，为维护国家主权、捍卫领土完整作不懈的斗争，这不仅是一份文化责任，更是一份重大的政治责任。

二、正确把握文物工作面临的形势

党和国家历来高度重视文物工作。党的十六大以来，以胡锦涛同志为总书记的党中央从弘扬中华文化、发展社会主义先进文化的高度，将文物工作放到更加重要的位置。2005年12月，国务院确定每年6月的第二个星期六为我国的"文化遗产日"。党的十七大从中国特色社会主义事业"四位一体"总体布局的高度，提出"两大一新"的战略任务。党的十七届六中全会进一步为文物工作指明了方向。中央领导同志多次对文物工作作出重要批示，多次亲临文物、博物馆单位指导工作。2010年6月，中央政治局常委李长春同志在《人民日报》发表《保护发展文化遗产 建设共有精神家园》重要文章，站在党和国家事业发展全局的战略高度，对文化遗产保护工作进行了全面论述，系统总结了历史经验，深刻分析了文化遗产保护面临的形势和情况，深刻阐述了在科学发展观指引下形成的新的文化遗产保护理念，明确阐述了新时期我国文化遗产保护工作的指导思想、战略任务、工作方针、政策措施，对今后一个时期文化遗产保护工作进行了总体部署，提出明确要求，是我们很长一段时期里文物保护的纲领性文件。国家制定出台了一系列关于文物保护的重大政策措施。修正《中华人民共和国文物保护法》、公布施行《长城保护条例》和《历史文化名城名镇名村保护条例》、印发《关于加强文化遗产保护的通知》等一系列法律法规和重要文件。国家逐年加大文物保护经费投入，"十一五"期间，仅中央文物保护专项经费就达140.2亿元，是"十五"期间近10倍；2011年，中央文物保护专项经费达96亿元，为文物事业发展提供了强有力的支撑。

近年来，全国文物系统牢固树立机遇意识、改革意识、发展意识，坚决贯彻党中央、国务院的决策部署，自觉、主动服从服务于党和国家工作大局，履职尽责、敢于担当，扎实工作、奋发有为，文物事业发展取得了可喜的成就。第三次全国文物普查圆满完成，调查登记不可移动文物近77万处；全国免费开放博物馆达1804家，4年接待观众达17亿人次；都江堰古建筑群等震后文物抢救保护工程顺利完工，一大批藏羌文化遗产得到有效保护；西藏三大重点文物保护工程圆满完成；对口援疆文物保护工程持续开展；馆藏文物保护水平稳步提升，初步分级构建了全国馆藏文物修复网络；积极做好文物安全工作，努力建立文物安全工作长效机制。文物保护基础工作卓有成效，重大文物保护项目进展顺利，考古和大遗址保护工作稳步开展，世界遗产事业扎实推进，博物馆建设成效显著，社会文物管理力度加大，文物科技工作实现跨越式发展，文物外事工作持续开展，文物宣传工作日趋活跃，全社会积极参与文物保护势头方兴未艾。文物系统积极向各级党委政府、相关部门和社会公众介绍文物事业发展情况和面临的形势，制定切实可行的项目规划，在争取国家和各方面对文物工作政策和经费支持等方面卓有成效。在近年来的国务院机构调整中，国家文物局作为加强部门，先后增设了政策法规司、督察司。

今天文物保护事业越来越成为中国特色社会主义文化建设的重要组成部分，

越来越成为继承和弘扬中华民族传统文化，提高国家文化软实力，建设中华民族共有精神家园的重要方面；越来越成为教育人民、引领社会、推动发展的重要因素；越来越成为满足人民群众多样化、多方面精神文化需求的重要资源；越来越成为全社会高度关注、关切、关心的热门领域。

这些年来，在单霁翔同志和文物局党组的直接领导下，文物局和全国文物系统的工作，无论是事业发展、机构建设、服务水平，还是队伍建设都取得了显著的成就；在深化改革、创新体制机制方面取得显著进展；在坚持解放思想、与时俱进、转变观念、转变作风方面取得显著成果，形成了科学求实、锐意进取、严谨细致、开拓创新、团结奋进的好作风。

实践证明，广大文物工作者对祖国文化遗产有真情挚爱，对文物工作有担当奉献，对文物事业有坚守追求，是一支可亲可敬、大有作为的队伍，是一支党和人民完全可以信赖的队伍。

同志们，越是形势好的时候，越要保持清醒头脑。在看到成绩的同时，我们也要清醒认识到，当前文物工作是在世界多极化加速演进、经济全球化深入发展、科技进步日新月异、人才竞争日趋激烈的形势下进行的，是在我国全面建设小康社会的背景下进行的，是在我国加速工业化、城镇化、信息化、国际化的进程中进行的，是在深化文化体制改革、推动社会主义文化大发展大繁荣的过程中进行的。伴随着世情、国情的发展变化，文物事业发展既具备诸多有利条件，也面临一系列新情况新问题，甚至面临一些深层次的矛盾，文物工作依然任重道远。与经济社会全面发展的要求相比，与推动科学发展、促进社会和谐的要求相比，与急剧变化的国际形势提出的要求相比，与人民群众对文物工作的期待相比，文物工作依然存在着不小的差距。可以说，我国文物事业既进入了加速发展的"黄金机遇期"，也进入了压力不断累积、形势依然严峻的"矛盾凸显期"。我们必须树立忧患意识，切实增强责任感和紧迫感，抓住机遇，积极谋划，在改革创新中破解难题，在科学发展中提升水平，努力开创文物事业新局面。

三、切实用党的十七届六中全会精神指导文物工作

坚持中国特色社会主义文化发展道路，努力建设社会主义文化强国，是《决定》贯彻始终的鲜明主题，也是全会的一个重大贡献和突出亮点。《决定》强调要以科学发展为主题，以建设社会主义核心价值体系为根本任务，以满足人民精神文化需求为出发点和落脚点，以改革创新为动力，推动文化大发展大繁荣，科学回答了我国文化建设中一系列带有方向性、根本性和战略性的重大问题，也指明了文物工作的方向和路径，明确了文物事业发展的历史任务。我们要始终把文物事业放到党和国家工作全局中来认识来推动，在实践中坚持文物保护与经济社会建设相结合、依法保护与科学保护相结合、保护抢救与利用管理相结合、政府主导与社会参与相结合，推动文物事业科学发展，探索中国特色文物事业发展道路，促进文化强国建设。

——要坚持以科学发展为主题，不断提高文物事业对促进经济社会发展的贡献。经济社会发展是保护文化遗产的基础和前提，保护文化遗产是经济社会发展的重要内容和有力支撑。要坚定不移地贯彻执行《文物保护法》和"保护为主、抢救第一、合理利用、加强管理"的文物工作方针，依法保护文化遗产，正确处理文物保护与经济建设的关系，

推动重大文物保护工程实施，关注对文物依存的生态环境的保护，挖掘文物所蕴涵的优秀文化思想价值内涵，展示独特的历史文化、地域文化、民族文化，为人民群众创造良好的文化环境，使优秀传统文化成为鼓舞人民前进的精神力量。要切实贯彻六中全会决定中关于"建设优秀传统文化传承体系"的要求，用系统的思维、系统的方法来开展工作。要合理利用珍贵的文物资源，加快文物保护利用与文化产业和旅游业的结合，提高衍生产品和配套服务质量，使文物保护成为促进经济社会发展的新亮点。要抓住和用好我国发展的重要战略机遇期，围绕经济建设这一中心，自觉把推动文物事业科学发展作为深入贯彻落实科学发展观的重要举措，构建优秀传统文化传承体系，为建设文化强国而努力奋斗。

——要坚持把社会主义核心价值体系建设作为根本任务，充分发挥文物事业在社会主义核心价值体系建设中的不可替代作用。社会主义核心价值体系根植于中华民族五千年文明的沃土之中。博大精深的文化遗产见证了中华文明源远流长、一脉相承、连绵不断，展示了中国共产党领导全国各族人民进行革命、建设和改革开放，实现中华民族伟大复兴的艰辛历程和辉煌成就，是爱国主义精神、民族精神、时代精神的重要载体，为社会主义核心价值体系建设提供了丰富的物质资源和精神营养，是在全党全社会形成统一指导思想、共同理想信念、强大精神力量、基本道德规范的生动教材。我们要坚决贯彻六中全会决定中强调的"坚持保护利用、普及、弘扬并重，加强对优秀传统文化思想价值的挖掘和阐发"，把文物保护融入社会主义核心价值体系建设，与传播先进文化相结合，深入挖掘、展示、宣传文物中所凝聚的丰富内涵，使人民感受教育启迪、陶冶

思想情操、充实精神世界，为巩固全党全国各族人民团结奋斗的共同思想道德基础作出贡献。

——要坚持以人为本、惠及民生，让人民充分享受文物保护成果。中华文化是人民创造的，人民群众是文物工作的主人，文物保护必须紧紧依靠人民，文物保护成果必须惠及人民。这既是实现文物价值、赢得社会尊重的现实需求，也是建设文化强国的出发点和落脚点。要充分发挥人民在文物保护中的主体地位，拓展社会参与支持文物保护的渠道；强化广大民众与文物之间的情感和关联，无论在文物保护修缮、考古发掘、博物馆建设，还是在历史文化名城名镇名村名街的保护中，积极取得广大民众的理解、参与和支持，努力使文物保护工程与改善人民物质文化生活紧密结合，成为民意工程、民生工程、民心工程。加强博物馆建设，健全博物馆体系，进一步推动免费开放工作，提升陈列、管理和服务水平，向全社会提供更多优质便捷的公共文化鉴赏服务，保障人民基本文化权益。要在全社会大力宣传和普及文物鉴赏知识，提高人们的审美素养。

——要坚持深化改革、开拓创新，构建有利于文物事业科学发展的体制机制。进入新世纪以来，文物保护领域不断拓宽，文物保护理论和实践不断创新。要继续坚持深化改革，推进体制创新，转变政府职能，总结文物保护实践中形成的"强化政府主导、动员社会参与、民众共建共享"的经验，努力建立适应社会主义市场经济体制要求、遵循文物工作自身规律、国家保护为主并动员全社会参与的文物保护体制。要推进理论创新，认真总结文物保护实践中积累的新经验，加强文物保护与博物馆法规制度建设，研究探索适应我国国情、顺应时代要求、符合文物工作规律的中国特

色文物事业发展道路，规划文化强国建设中的文物事业发展战略目标和举措。要大力推进科技创新，积极构建文物界与科技界协同创新的新体制，整合社会优质科研资源，吸收借鉴国际先进经验，着力突破文物保护领域的重点、难点、瓶颈问题，加大科技成果的推广力度。要扩大对外开放，积极举办对外文物展览，加强国际间文物保护领域的交流与合作，增强中华文化在世界的感召力和影响力。

——要坚持加强文物工作队伍建设，树立良好的行业作风。推进文物事业科学发展，实现由文物大国向文物强国转变，队伍是基础，人才是关键。要加大人才培训力度，着力做好基层文物行政部门负责人培训、文博专业技术人员培训、行政执法人员培训、重大项目专项培训、西部和少数民族地区文博干部培训，提高队伍的整体素质。要充分发挥人才队伍建设的基础性、战略性作用，创造优秀人才脱颖而出的环境，培养造就一批高层次的领军人物和高素质的专门型人才、科技型人才、复合型人才、国际化人才，提高推进文物事业科学发展的能力。要加强职业道德建设和行业作风建设，教育引导干部职工自觉践行社会主义核心价值体系，严格遵守《中国文物博物馆工作者职业道德准则》，增强社会责任感；坚定理想信念、严格依法行政，弘扬科学精神、恪守职业道德，坚持艰苦奋斗、厉行廉洁自律，共同营造风清气正、和谐奋进的良好氛围。

四、努力开创文物工作新局面

当前我国文物事业已站在新的起点上，明年党的十八大将隆重召开，也是纪念《文物保护法》颁布30周年、修订10周年。我们要把深入学习全面贯彻六中全会精神，与落实党中央、国务院关于加强文物工作的一系列重要指示结合

起来，与"十二五"规划确立的目标和任务结合起来，与文物事业科学发展结合起来，自觉用全会精神武装头脑、指导实践、推动发展，迈出建设文化强国的坚实步伐。

——要立足新起点，进一步把基础工作放在战略位置。基础工作是文化遗产事业的基本依托，是实现文化遗产事业全面协调可持续发展的重要前提。自2002年以来，全国文物系统把基础工作作为一项战略任务来抓，取得了令人瞩目的成绩，推动了文物事业的繁荣发展。要着眼基础工作的长期性、艰巨性、复杂性，继续把基础工作作为一项战略任务常抓不懈。要牢固树立海洋意识，大力加强水下考古、海洋考古和文物保护事业。要加强文物保护法律体系建设，进一步做好文物资源调查，推动国有可移动文物普查。要加强文物执法督察和安全监管，健全各级文物行政执法机构，推行文物安全与执法巡查制度，完善全国文物安全工作部际联席会议制度，实施文物平安工程，严厉打击文物违法犯罪行为。要加强文博人才队伍建设，创新人才培养模式，加大人才培养力度。

——要顺应新期待，大力促进公共文化服务体系建设。博物馆是保障人民群众基本文化权益的重要阵地。要加大博物馆建设力度，大力推进生态博物馆、社区博物馆、数字博物馆等新形态博物馆建设，引导、规范和扶持民办博物馆发展，着力构建以中央地方共建国家级博物馆为龙头，国家一二三级博物馆和重点行业博物馆为骨干，国有博物馆为主体，民办博物馆为补充的博物馆体系。要进一步深化博物馆免费开放工作，始终坚持公益属性，创新博物馆文化传播的内容、形式和手段，完善博物馆免费开放机制，创新管理运行模式，强化内部激励机制，建立绩效评估制度，努力

解决运行机制滞后、内部管理不顺、绩效考评和激励意识不强、展示和服务水平不高等问题。

——要谋求新发展，努力创新文化遗产保护传承体系。近年来，文物系统在融入经济社会、促进自身发展、传承中华文明等方面，进行了一系列理论创新和实践探索。通过与国家相关部门和地方政府签署战略合作框架和共建协议，调动了各部门各地区文物保护的积极性和创造性。启动国家考古遗址公园建设，通过政府主导、部门协作、社会参与、市场运作的方式，较好地解决了国家考古遗址公园可持续发展问题。要按照"本体保护好、环境整治好、社会发展好、生活改善好"的标准，探索建立文物保护与经济社会协调发展、和谐共融、互利多赢的长效机制。重大项目、重点工程是文物保护、成果惠民、文化传承的重要载体，是带动文物事业发展、发挥文物价值和作用的重要举措。要紧紧围绕"十二五"时期确立的任务和目标，启动和实施一批具有示范效应和引领作用的重大文物保护工程，为传承文明、服务社会、促进发展作出重要贡献。

——要凝聚新共识，努力营造文物工作的良好氛围。文物保护关乎文化传承、惠及人民群众、利在子孙后代，需要全社会的共同努力，离不开社会各方面的理解和支持。要加强宣传普及工作，广泛介绍文物保护知识，增强公民依法保护意识，积极培养文物保护志愿者。要组织好文化遗产日、国际博物馆日、国际古迹遗址日系列宣传活动，实施文化遗产知识宣传普及工程，营造保护文物人人有责、文物保护成果人人共享的社会环境，形成有利于文物保护的舆论氛围。要按照属地管理原则，落实文物保护和管理责任，依法实施文物保护和管理，切实加强文物安全防范设施建设、文物执法机构和队伍建设，确保文物安全和文物事业有序发展。要完善和落实社会力量捐赠公益性事业的政策措施，研究制定社会资金进入文物保护领域的相关规定，鼓励引导更多社会资金投入文物事业，努力形成文物工作的强大合力和长效机制。

——要寻求新突破，切实抓好近期的重点工作。文物工作千头万绪，要善于抓住主要矛盾和关键环节，重点突破，带动全局。2012年，全国人大常委会将组织开展文物执法检查，这是全国人大常委会首次在全国范围内开展《文物保护法》执法检查。要以这次执法检查为契机，积极配合全国人大做好相关工作，督促地方各级政府和文物部门依法落实文物保护责任，推动有关部门适时启动《文物保护法》修订工作。要加快《博物馆条例》、《文物认定评估管理条例》立法进程。要抓好第三次全国文物普查的收尾工作，做好普查资源的利用和共享。要抓好全国文物工作会议的筹备工作，以召开这次会议为契机，深化调研工作，争取报请国务院出台关于加强新时期文物工作的政策性文件，着力解决当前文物保护管理工作中存在的突出问题。

同志们，中国特色社会主义文化欣欣向荣、前景广阔，广大文物工作者使命光荣、大有作为。让我们紧密团结在以胡锦涛同志为总书记的党中央周围，以邓小平理论和"三个代表"重要思想为指导，深入贯彻落实科学发展观，开拓创新、锐意进取、奋发有为，为迎接党的十八大胜利召开，为推动社会主义文化大发展大繁荣、建设社会主义文化强国作出新的更大贡献！

深入学习贯彻十七届六中全会精神
不断开拓文化遗产事业繁荣发展新局面
——全国文物局长会议工作报告
国家文物局局长　单霁翔
（2011 年 12 月 25 日）

在全国上下深入学习贯彻党的十七届六中全会精神，开启社会主义文化强国建设伟大进程的新形势下，我们召开全国文物局长会议。这次会议的主题是：认真学习十七届六中全会精神，深入贯彻落实科学发展观，总结工作，凝心聚力，共同开创文化遗产事业繁荣发展新局面。

一、深入学习贯彻党的十七届六中全会精神

党的十七届六中全会是在全面建设小康社会关键时期和文化改革发展重要阶段召开的一次十分重要的会议。全会审议通过的《中共中央关于深化文化体制改革　推动社会主义文化大发展大繁荣若干重大问题的决定》，全面总结了我们党领导文化建设的成就和经验，深刻分析了文化改革发展面临的形势和任务，提出了新形势下文化改革发展的指导思想、目标任务和政策措施，描绘了建设社会主义文化强国的宏伟蓝图，是新时期推进我国文化改革发展的行动纲领，为文化遗产事业改革发展指明了方向。

学习好、宣传好、贯彻好六中全会精神，是当前全党政治生活中的一件大事，也是全国文物系统的首要政治任务。各级文物部门要通过学习，深刻领会《决定》的精神实质，切实把思想和行动统一到全会的决策部署上来，统一到《决定》的贯彻落实上来，不断推进文物工作的理论创新和实践探索。

党的十六大以来，以胡锦涛同志为总书记的党中央高度重视文化遗产事业改革发展。中央领导同志多次亲临文物博物馆单位考察、调研，并对文物保护政策法规、重大工程、灾后重建，以及博物馆建设、对外交流等作出重要指示、批示。党和国家出台了一系列有关文化遗产保护的决策部署和重大措施。2002年，《文物保护法》修订颁布，确立了"保护为主、抢救第一、合理利用、加强管理"的文物工作方针。2005 年，国务院印发《关于加强文化遗产保护的通知》，明确提出我国文化遗产保护的指导思想、基本方针和总体目标。2010 年，中共中央政治局常委李长春同志发表《保护发展文化遗产　建设共有精神家园》的重要文章，提出加快推进文化遗产强国建设的目标任务。党的十七届六中全会《决定》中进一步明确提出建设优秀传统文化传承体系，强调要全面认识祖国传统文化，坚持保护利用、普及弘扬并重，加强对优秀传统文化思想价值的挖掘和阐发，加强国家重大文化和自然遗产地、重点文物保护单位、历史文化名城名镇名村保护建设，使优秀传统文化成为新时代鼓舞人民前进的精神力量。

围绕党中央、国务院一系列重大决策部署，全国文物系统牢固树立责任意识、机遇意识、改革意识和发展意识，以邓小平理论和"三个代表"重要思想

为指导，深入贯彻落实科学发展观。在文化遗产事业的地位和作用上，我们明确提出文化遗产事业与维护国家主权、捍卫领土完整密不可分，与维护民族团结、实现祖国统一密不可分，与推动科学发展、促进社会和谐密不可分，与增强综合国力、提高国民素质密不可分。文化遗产必须拥有尊严，文化遗产事业必须融入经济社会发展，必须努力成为促进国民经济又好又快发展的积极力量，成为推动社会主义文化大发展大繁荣的积极力量，成为保障人民共享发展成果的积极力量，成为建设创新型国家的积极力量，成为增强中华文化国际影响力的积极力量。

在文化遗产保护理念上，我们深入贯彻落实国务院《关于加强文化遗产保护的通知》，借鉴国际文化遗产领域丰富理论成果，不断拓展文物保护的空间尺度和时间维度，积极推动文化遗产范畴、类型和保护理念的探索与创新。围绕文化遗产保护依靠谁、为了谁等根本性问题，明确提出文化遗产保护必须依靠最广大人民群众，文化遗产保护成果必须惠及民生。所有文化遗产保护工程，都必须与城乡建设和发展、新农村建设相结合，必须按照遵循"文物本体保护好、周边环境整治好、经济社会发展好、人民生活改善好"的基本标准目标要求，努力使其成为民生工程、民心工程。积极落实中央关于博物馆向全社会免费开放的决策部署，始终把满足人民群众基本文化需求、保障人民群众基本文化权益作为博物馆一切工作的出发点和落脚点，不断提升博物馆公共文化服务水平。

在工作实践中，我们坚定不移地贯彻落实党中央关于推动社会主义文化大发展大繁荣的一系列决策部署，扎实推进文物法制建设、文物安全、文物资源调查、科技支撑与文物法制建设、人才队伍建设、文物安全等各项基础工作。

围绕大遗址保护和国家考古遗址公园建设、水下文化遗产保护，文化援藏、援疆，灾后文化遗产抢救性保护和馆藏文物修复与保护，大力推动文化遗产保护体制机制创新、文化遗产保护科技创新，大力推动文化遗产保护人才队伍建设和对外交流合作。我们不断加强管理，坚持依法行政，切实履行职责，持续加大项目储备和项目管理，强化跟踪问效和执法督察，大力推进"阳光工程"和制度建设，大力推进政务公开和信息公开。

在各级党委、政府的高度重视和大力支持下，在全社会的广泛关注和踊跃参与下，经过全国文物系统的不懈努力和积极探索，我们逐步走出了一条中国特色文化遗产事业发展道路。一是基本形成了政府主导作用与人民群众主体地位相结合的文化遗产保护体制，各级人民政府保护发展文化遗产的责任意识、主动意识显著增强，全社会参与文化遗产保护、传承的积极性不断高涨。二是对外文物展览和面向世界的文化遗产交流与合作日益活跃，我国在国际文化遗产领域的地位和作用显著提升，有力彰显了中华文化的国际影响力和感召力。三是各级财政用于文物保护的资金投入大幅增长，文物保护基础设施得到显著改善，各类文物濒危、损毁的被动局面大大扭转；博物馆数量大幅增加，设施、设备和展示、服务水平日益提高，通过向全社会免费开放，为广大公众提供了前所未有的文化享受。文物工作为传承优秀传统文化、建设共有精神家园、增强国家软实力、促进经济社会发展作出了重要贡献。

回顾历程，我们无比自豪；面向未来，我们充满信心。推动文化遗产事业繁荣发展，实现建设文化遗产强国梦想目标，我们必须坚持党的领导，坚定不移地贯彻落实党的十七届六中全会精神，用全会精神统领我们的思想，指导我们的行动，不断增强责任感和紧迫感，不断提高自觉性和创造性。

一要以科学发展为主题，始终把文化遗产事业放到党和国家工作大局中来认识，放到社会主义文化强国建设的伟大进程中来推动。坚持文化遗产保护与经济社会建设相结合，依法保护与科学保护相结合，有效保护与合理利用相结合，政府主导与社会参与相结合，走出一条中国特色文化遗产事业发展道路。

二要保护利用、普及弘扬并重，充分发挥文化遗产的独特价值作用。大力推进公共文化服务体系和优秀传统文化传承体系建设，保障人民群众基本文化权益，保障人民充分享受文化遗产保护成果。大力弘扬民族精神和时代精神，努力发挥文化遗产事业在文化建设、经济建设、政治建设、社会建设和生态文明建设中的积极作用。

三要改革创新，紧密联系工作实际，以不断强化文化遗产事业的促进公益事业发展属性、激发各类文博单位的生机与活力为目标，充分发挥政府主导、社会力量参与的作用，加快构建有利于文化遗产事业科学发展的体制机制，加快发展文化遗产保护科学技术，加快培养造就一支德才兼备、锐意创新、结构合理、规模宏大的人才队伍。

二、关于2011年的工作

2011年是"十二五"规划的开局之年，是党和国家对文化建设做出深入研究和重大部署的重要一年。在党中央、国务院的坚强领导下，我们严格执行《文物保护法》，正确把握文物工作的新情况新特点，紧紧围绕文化遗产事业科学科学发展主题和文物事业科学发展主题，精心谋划，扎实工作，以令人欣喜的业绩和丰富多彩的活动隆重庆祝中国共产党建党90周年、纪念辛亥革命100周年，实现了"十二五"良好开局，各

项工作在新的起点上又取得了新的成绩、实现新的发展佳绩。

（一）第三次全国文物普查圆满完成

在国务院的重视和领导下，在普查领导小组的精心组织和安排下，经过全国近5万名普查人员历时五年的艰辛工作，第三次全国文物普查各项任务圆满完成。五年来，普查人员战严寒、斗酷暑，共调查登记各类不可移动文物近77万处。一大批具有重要历史、艺术、科学价值的工业遗产、乡土建筑、20世纪遗产、文化线路、文化景观等新型文化遗产在普查中得到充分重视。水下文化遗产第一次被列入普查范围，信息技术、遥感技术第一次被应用于普查之中。第三次全国文物普查不仅使国家准确掌握进一步廓清了全国不可移动文物的资源状况，摸清了国情国力，而且培养和造就了一支高素质的人才队伍，极大地广泛地宣传普及了文化遗产保护政策和文物保护知识。第三次全国文物普查是全国文物系统干部职工的大发动、大协作，是文化遗产保护的大宣传、大实践，其重大的价值和意义将随着时间的推移不断显现。

在第三次全国文物普查圆满完成的同时，第七批全国重点文物保护单位遴选、长城资源调查、国有可移动文物普查试点工作扎实推进，均也取得了显著的阶段性成果。

（二）文物保护基础工作成效显著

——谋篇布局，规划先行。《国家文物博物馆事业发展"十二五"规划》及专项规划、地方规划编制完成并发布实施，进一步明确了主题主线，凝练了目标任务、重大工程、政策措施，规划必将对促进文化遗产事业繁荣发展产生重要指导作用。

——政策法规建设深入推进。围绕文物法制建设和围绕文物法制建设和文物工作存在中的突出问题，我们积极会

同国务院相关部门，深入 20 多个省市和 200 多个文物博物馆单位开展调研，形成了大遗址保护和国家考古遗址公园建设、免费开放条件下全面提升博物馆整体水平、《文物保护法》实施情况等专题报告，提出了有关政策性意见和建议，得到了中央领导同志的高度重视和明确批示。我们积极配合国务院法制办加快《博物馆条例》立法进程，积极研究起草《大运河遗产保护条例》、《文物认定评估管理条例》，不断推动建立健全文物法制体系建立健全。

——文物安全防范不断加强。我们加强依法行政，加大执法力度，对全国重点文物保护单位和遗址类博物馆内开展经营性活动情况进行拉网式检查，及时出台了《关于国有文物保护单位经营性活动管理的规定（试行）》。联合公安部开展了"2011 打击文物犯罪专项行动"，依托陕西省公安厅建立了"全国文物犯罪信息中心"，打击文物犯罪不断向纵深发展。联合国家海洋局部署了我国管辖海域内文化遗产联合执法工作。联合公安、海洋、气象等部门，开展了"全国博物馆安全专项检查"、"全国重点文物保护单位防雷安全专项检查"、"打击海域水下文化遗产盗掘专项调研"。文物安全监管与行政执法制度建设、标准体系建设和防范设施建设进一步加强。全年轮训全国文物执法与安全监管人员近 2000 人次，督办各类案件 60 起，挂牌督办重大文物犯罪案件 21 起，依法严厉惩处了一批违法犯罪分子，严肃查处了一批文物安全责任事故。

——人才队伍建设稳步推进。结合重点工作，我们首次启动了全国县级文物行政部门负责人培训项目，组织来自全国 408 个县的文物行政部门负责同志集中学习文物保护法律和业务管理知识。与 ICCROM 合作举办了世界文化遗产监测管理国际研修班，与国家海洋局联合举办了水下文化遗产保护研修班。与公安及其他部门合作举办了世界文化遗产安全管理、军队营区文物保护管理、文物保护与修复、文物鉴定培训班等。我们首次对全国民办博物馆馆长进行了培训，将民办博物馆人才培养纳入队伍建设范畴。通过培训不仅为提高广大文博干部的政策理论水平和专业能力提供了可能，而且为加快文化遗产干部队伍专业化、年轻化、知识化开辟了广阔渠道。

（三）不可移动文物保护扎实推进

——文物保护重大工程成效明显。西藏重点文物、山西南部早期建筑、涉台文物等重点文物保护工程，四川、青海、云南等灾后文物抢救保护工程扎实推进。都江堰古建筑群、藏羌碉楼等 237 项汶川灾后文物抢救保护工程顺利竣工完成。首钢工业遗产、蜀道文化线路等新型文化遗产保护调研，国家历史文化名城名镇名村检查评估工作成效明显。宜兴、嘉兴、中山、蓬莱、太原、会理等城市被国务院公布为国家历史文化名城。

——考古与水下文化遗产保护积极推进。基本建设中的考古协调管理机制不断创新，与国家海洋局、中国石油天然气集团公司等部门间的合作日益加强。南水北调、三峡工程等国家大型基本建设中的考古和文物保护工作有序开展。中俄合作开展了旅顺俄罗斯沉船调查。国家水下文化遗产保护武汉基地、福建基地挂牌成立，"南海I号"沉船考古发掘与文物保护引人注目。水下考古调查全面启动，水下考古工作船获准立项。郑州商城、隋唐洛阳城、汉长安城、楚纪南城、长沙铜官窑等大遗址保护和考古遗址公园建设持续开展。局、省共建汉长安城国家大遗址保护特区工作会议、大遗址保护荆州高峰论坛如期成功召开，在"科学保护大遗址，全民共建惠民生"的口号下，文化遗产与人、与城市、与自然的和谐日益成为各级政府的共识和目标。

——世界文化遗产工作成果丰硕。承德避暑山庄及周围寺庙保护工程全面展开，嘉峪关文物保护工程正式启动，大足石刻千手观音像抢救性保护修复、高句丽壁画墓保护等重点工程取得突破性进展。杭州西湖文化景观成功列入《世界遗产名录》，成为我国第41处世界遗产，第29处世界文化遗产。元上都遗址、哈尼梯田、大运河、丝绸之路申遗工作，和中国世界文化遗产监测巡视、监测预警体系建设稳步推进。

（四）博物馆与公共文化服务体系建设再掀高潮

——博物馆事业日益繁荣，免费开放持续推进。目前，全国博物馆总数达到3415座，2011年年增博物馆395座。免费开放博物馆总数达到1804座，年接待观众5.2亿人次，新核定公布免费开放博物馆361座。博物馆展览数量、展览质量不断提高，博物馆观众稳步增长，大中小学生及农民工等城镇低收入群体参观博物馆人数明显上升。中国国家博物馆改扩建完成并免费向公众开放。安徽省博物馆等一批综合性博物馆、中国消防博物馆等一批行业性博物馆建成开放。高校博物馆、民办博物馆蓬勃发展。安吉生态博物馆、福州三坊七巷社区博物馆等新形态博物馆建设方兴未艾。博物馆展陈内容更加丰富，服务质量全面提升，涌现出一批深得公众喜爱的精品佳作。

——文化遗产保护科技水平不断提升。我们积极争取"十二五"国家科技计划和基金支持，11个项目50余项课题被列入国家科技计划备选项目库，5个项目20项课题获准立项，项目来源实现了由单一向全面的重要转变。积极推动与

中国科学院的全方位战略合作，不断优化科技创新联盟建设机制。多渠道入手，加大科技成果推广，推动"指南针计划"实施。瞄准国家战略需求，加快实现物联网技术与文化遗产领域的对接，加快推进国际标准化，组织成立文化遗产保护技术标准化委员会。分级构建全国性修复网络，从技术、装备、团队三个方面着力提升馆藏文物保护能力。

——社会文物管理进一步加强。严格文物拍卖标的审核制度，召开文物拍卖工作座谈会，引导支持中国拍卖行业协会制定并发布《中国文物艺术品拍卖企业自律公约》。强化文物进出境审核管理，修改完善文物进出境审核信息系统，筹备"文物进出境管理六十周年成果展"。积极推进流失海外中国文物调查及追索，成功促成美国返还走私中国文物14件。完成了芮伯壶等一批珍贵文物的征集。针对拍卖市场上出现的文物"拍假"、"假拍"现象以及收藏品鉴定问题，我们主动会同商务部、国家工商总局、海关总署等部门对古玩旧货市场开展调研，提出规范整顿和促进发展方案。

（五）文物对外交流与宣传工作成绩斐然

——政府间交流与合作不断加强。中蒙签署《关于防止盗窃、盗掘和非法进出境文化财产的协定》，中墨、中柬达成签署意向。中罗签署《关于开展文化遗产领域交流合作的共同声明》。成功与秘鲁共和国文化部、苏格兰政府签署了关于在文化遗产保护及项目合作方面谅解备忘录或联合声明。文物追索、文物保护援外工程稳步推进。文物对外展览密切配合国家外交工作，成为中外"文化年"、"交流年"等双边活动亮点。与台、港、澳文化交流成效显著，第三届海峡两岸文化遗产保护论坛在台湾成功举办，《山水合璧——黄公望与富春山居图特展》引起岛内民众热烈反响，观众

人数逾 70 万人次。与香港、澳门交流合作机制进一步深化，签署关于深化文化遗产领域交流与合作协议书或谅解备忘录。

——宣传工作不断拓展。山东济宁文化遗产日主场城市活动、辽宁沈阳国际博物馆日主场城市活动引人注目。西藏和平解放 60 周年文化遗产保护成就主题宣传，大遗址保护和国家考古遗址公园建设、博物馆免费开放、水下文化遗产保护"十一五"成就专题宣传，汶川震后文物抢救保护、打击文物犯罪专项行动成果宣传等异彩纷呈。文物法制宣传和文化遗产知识普及工作稳步推进，大型历史文化纪录片"南海Ⅰ号"受到观众好评。召开全国文物宣传工作座谈会，推进文物宣传工作制度化建设，逐步形成协同联动、信息共享的宣传工作机制。

——创先争优活动有力推进。按照中央部署，文物系统各级党组织深入开展创先争优活动，不断加强党的思想建设、组织建设、作风建设、制度建设和反腐倡廉建设。认真组织党员干部学习胡锦涛同志"七一"重要讲话，学习中国共产党历史，学习党的理论创新成果，大力推动学习型党组织建设。组织党员干部积极开展向杨善洲同志学习活动，重温入党誓词，重温党的历史，增强党性修养和作风养成，用实际行动和扎实的工作成效体现创先争优活动成果。大力推进党务公开、政务公开，不断加强部门和行业作风建设，努力营造风清气正、团结和谐、奋发向上的良好工作氛围。

同志们，这些成绩的取得，离不开党中央、国务院关于文化遗产工作的一系列重大决策部署，离不开文化部党组的正确领导，离不开各相关部门的大力支持、真诚帮助，离不开各级文物部门的锐意进取、共同奋斗，离不开全国广大文物工作者的积极探索、扎实工作，离不开文物系统老领导老专家的热情指导、倾心奉献，在此我们表示衷心的感谢！

在总结成绩的同时，我们也清醒地看到，当前文物工作中还存在着不少突出的矛盾和问题。譬如：文物保护基础工作依然薄弱，安全形势仍然严峻；法律法规尚不完善，法律意识淡薄，责任意识不强；文物管理机构不健全，人员编制严重短缺；体制机制僵化，人员素质参差不齐等，难以适应文化遗产事业发展的新要求。

同时我们还要看到，我国正处于全面建设小康社会的关键时期和深化改革开放、加快转变经济发展方式的攻坚时期，文化遗产事业发展过程中显现的一些矛盾和问题，既有存在于发展过程中的阶段性问题，也有相伴而生的长期性问题。改革越是深化，越容易触及矛盾；事业越是发展，越容易暴露问题，这是事物发展的必然规律。我们必须始终坚持正确的指导思想，防止偏离方向；始终坚持文物工作方针，防止急功近利；始终坚定不移地履行文物部门职责，防止推诿扯皮；始终保持清醒的认识，防止头脑过热。坚持不懈地把发展作为第一要务，把改革作为强大动力，大胆破解工作中的问题，化解前进中的矛盾。

三、关于 2012 年的主要任务

2012 年是《文物保护法》颁布 30 周年、修订 10 周年，《保护世界文化和自然遗产公约》诞生 40 周年，是实施"十二五"规划承上启下的重要一年，全国人民将喜迎党的十八大召开的重要一年。纵观形势，世界经济增长放缓，各类风险明显增多，我国经济发展中不平衡、不协调、不可持续的矛盾和问题仍很突出，文化领域正在发生广泛而深刻的变革，文化遗产事业发展既具备许多有利条件，也面临一些新情况新问题。

面对复杂多变的国际国内情况，我们必须按照党的十七届六中全会部署，贯彻中央经济工作会议精神，把握好"稳中求进"的总基调，紧紧抓住科学发展这一主题，牢牢把握保障和改善民生这一根本，切实用好我国加快文化改革发展、建设社会主义文化强国的重要战略机遇期，找准推进文化遗产事业发展的重点、难点和突破点，以全力夯实基础工作，全国结合本地区、本部门的工作实际，提高工作质量，加强能力建设为着力点，坚定信心，统筹谋划，不断开创文化遗产事业繁荣发展新局面。

（一）深入学习贯彻十七届六中全会精神，全面落实《决定》对文物工作提出的任务要求。按照《决定》的部署和要求，紧密联系"十二五"规划的实施，加紧制定推动本部门、本地区文化遗产事业发展的具体方案和政策措施。紧密联系工作实际，着力研究和解决新形势下文化遗产事业遇到的新情况新问题。认真落实深化文化体制改革、分类推进事业单位改革的要求，积极争取有利于文化遗产事业发展的改革措施、体制机制。深入调查研究，积极筹备召开全国文物工作会议，努力把学习贯彻党的十七届六中全会精神的成果转化为推动改革发展的指导思想、具体举措和实际行动。

（二）大力推进文物法制建设，不断提高文物安全水平。全力配合全国人大常委会做好《文物保护法》执法检查工作，着力提高现行法规的适用效力。重点推进《博物馆条例》、《文物认定评估管理条例》立法进程，修订完善《水下文物保护管理条例》，起草世界文化遗产保护管理专项法规，积极推动建立博物馆从业人员准入和人员资质资格制度、文物评估资质资格制度。加强与公安、建设等部门联合，充分发挥"全国文物安全工作部际联席会议"作用，全面实施文物安全与执法督察公示公告制度。加强行政执法队伍建设和制度建设，开展"文物安全综合管理实验区"试点，实施博物馆风险等级达标、田野文物和水下文物安防设施建设工程，不断提高文物博物馆单位安全防范能力。加强部门协同，建立健全打击文物犯罪长效机制，开展我国管辖海域内联合执法专项行动，依法查处和严厉打击各种文物违法犯罪行为。

（三）大力加强重点文物保护工程管理，积极开展世界遗产监测。巩固第三次全国文物普查成果，及时向全社会公布各地普查登记的不可移动文物信息，加强各级文物保护单位的核定、保护与管理。进一步规范文物保护工程管理，确保各项重点工程按规划要求及时、有序开展。报请国务院核定公布第七批全国重点文物保护单位。继续做好西藏重点文物保护、山西南部早期建筑保护、涉台文物保护等重点工程。做好承德避暑山庄及周围寺庙、嘉峪关、大足石刻等世界文化遗产保护工程。加强部门协作，进一步做好历史文化名城名镇名村保护和红色旅游工作。加强世界文化遗产管理，完成长城量测和数据公布，完成中国世界文化遗产预备名单更新工作。重点推动元上都、哈尼梯田、大运河、丝绸之路等项目申报世界文化遗产。召开世界文化遗产工作会议，颁布实施世界文化遗产监测预警体系建设总体规划，开展相关监测试点和信息系统开发。

（四）做好考古和大遗址保护工作，大力推动国家考古遗址公园建设。加强考古管理，组织开展考古发掘资质资格评审。继续做好重大基本建设工程中的各项考古工作。做好南海基地、西沙工作站建设，水下考古工作船建造，"南海Ⅰ号"、"南澳Ⅰ号"水下考古和出水文物保护工作。开展海南、广东、福建、浙江、山东、辽宁等重点海域专项调查，宁波小白礁沉船遗址水下考古发掘。大力推进西安、洛阳、荆州、成都、郑州、曲阜大遗址保护片区和汉长安城、扬州城、老司城等国家考古遗址公园建设。

（五）进一步深化博物馆免费开放，不断提升博物馆整体水平。开展博物馆免费开放工作调研，制订博物馆免费开放绩效考评办法和博物馆开放服务工作指南。制订中央地方共建国家级博物馆运行评估办法，开展中央地方共建国家级博物馆年度运行评估，国家一级博物馆评估认定和运行评估，提升博物馆质量。加强行业博物馆和民办博物馆发展指导，推进生态（社区）博物馆示范点建设。强化博物馆藏品保护、展示，完成国有可移动文物普查试点，做好普查全面启动前期准备。

（六）大力加强文化遗产保护科技创新，不断提高文物保护科技水平。以体制创新、成果转化为重点，积极促进文化遗产保护科技领域协同创新，进一步整合社会优质科技资源，推动与中科院战略合作项目落地。继续推动国家科技计划项目立项与组织实施。稳步推进"中华文明探源工程"和"指南针计划"专项。完善行业标准体系，加快行业信息化进程。

（七）强化市场监管，进一步规范社会文物管理。加强文物市场管理和制度建设，开展文物拍卖标的网上申报审核试点。研究和推进古玩旧货市场的规范管理，探索国有文物商店改革举措。加强文物进出境管理，推广完善文物进出境审核信息系统，举办"文物进出境管理六十周年成果展"，做好流失海外中国文物调查和追索工作。

（八）大力加强人才队伍建设，不断拓展文物宣传领域。实施人才培训计划，大力提升文物保护管理能力。加强专业人才培训，着力造就一批文物工作领军人才和复合型人才。深入开展基层文物博物馆单位管理干部、专业人员及行政执法人员培训，不断提高基层文物保护管理整体水平。大力推动省、市和文物保护重点区县文物行政管理机构建设，建立健全文物保护机构和保护队伍。完善文物博物馆行业定期新闻发布制度和重要事件新闻发布制度，围绕贯彻党的十七届六中全会精神和党的十八大精神，充分利用文化遗产日、国际博物馆日、国际古迹遗址日等节庆，深入开展文物保护法规、文化遗产保护成就宣传，推动实施文化遗产知识宣传普及工程。建立文物博物馆舆情监测机制，壮大文物宣传队伍，提高宣传水平，引导社会力量参与文化遗产保护。

（九）加强对外交流合作，不断提升国际影响力。加强政府间的交流与合作，加大与中国文物非法流向目的国商签防止盗窃、盗掘和非法进出境文物协定的力度，力争与英、法等发达国家商签打击文物走私协定，与墨西哥、柬埔寨等发展中国家签署双边协定。推进援助柬埔寨二期茶胶寺等援外文物保护工程。实施中华文明展示工程，创新文化走出去模式，策划和推出一批主题鲜明、具有代表性的文物展览。积极参与文化遗产领域的国际事务，与有关国际组织和民间机构开展合作。鼓励各地文博机构与台港澳地区开展文化遗产领域的交流与合作，充分利用文化遗产资源优势赴台港澳举办文物展览，增强台港澳同胞对中华文化同根同源的理解和认同，不断提高民族凝聚力、向心力。

同志们，党的十七届六中全会吹响了建设社会主义文化强国的时代号角，指明了文化遗产事业的前进方向。让我们紧密团结在以胡锦涛同志为总书记的党中央周围，深入贯彻落实科学发展观，同心协力，扎实工作，不断推动文化遗产事业繁荣发展，以优异成绩迎接党的十八大胜利召开。

在2011年全国文物局长会议上的总结讲话

国家文物局副局长　董保华

（2011年12月26日）

在与会同志的共同努力下，2011年全国文物局长会议圆满完成了各项议程，即将落下帷幕。单霁翔局长作了工作报告，回顾了党的十六大及2002年《文物保护法》修订实施以来文物工作的历程和基本经验，在总结2011年工作的基础上，对2012年的主要任务作了部署。蔡武部长亲临会议并发表重要讲话，充分肯定了文物工作的创新实践和显著成果，全面阐述了文物工作的地位、作用和形势、任务，对全国文物系统贯彻落实党的十七届六中全会精神、努力开创文物工作新局面提出了明确要求。与会代表结合学习领会十七届六中全会精神，分组讨论了蔡武部长的重要讲话和单霁翔局长的工作报告。刚才，各小组召集人分别向大会汇报了分组讨论情况。同志们一致认为，这次会议安排紧凑、会风务实，内容丰富、富有成效。大家集思广益，畅所欲言，就贯彻落实本次会议精神、做好今后的工作提出了很多很好的建议。

下面，我对会议作一小结。

一、认清形势，统一思想

大家普遍认为，这次会议是在全国上下深入学习贯彻党的十七届六中全会精神，开启社会主义文化强国建设伟大进程的新形势下召开的一次重要会议，时机关键，意义重大，影响深远。当前文物工作是在世界多极化加速演进、经济全球化深入发展、科技进步日新月异、人才竞争日趋激烈的形势下进行的，是

在我国全面建设小康社会的背景下进行的，是在我国加速工业化、城镇化、信息化、国际化的进程中进行的，是在深化文化体制改革、推动社会主义文化大发展大繁荣的过程中进行的。代表们在讨论中表示，党的十七届六中全会吹响了建设社会主义文化强国的时代号角，指明了文化遗产事业的前进方向。通过学习六中全会精神和领导同志讲话，大家进一步增强了做好文物工作的责任感和紧迫感，纷纷表示一定要同心协力、扎实工作，以优异成绩迎接党的十八大胜利召开。

二、理清思路，明确目标

蔡武部长在讲话中明确要求全国文物系统认真学习、深刻领会十七届六中全会精神，切实认识文物工作的重要地位和作用，切实把握文物事业发展的大好形势，切实认清肩负的历史责任，勇于担当保护发展文化遗产的光荣使命。

蔡武部长科学分析了文物工作与推动科学发展、促进社会和谐，与增强国家实力、提高国民素质，与维护民族团结、实现祖国统一，与维护国家主权、捍卫领土完整密不可分的关系；高度评价了文物工作为引领风尚、教育人民、服务社会、推动发展作出的重要贡献，充分肯定了广大文物工作者对祖国文化遗产有真情挚爱、对文物工作有担当奉献、对文物事业有坚守追求的良好精神风貌，是一支可钦可敬、大有作为的队

伍，是一支党和人民完全可以信赖的队伍。同时要求我们，在看到成绩的同时，还要清醒地认识到，当前文物工作既具备诸多有利条件，也面临一系列新情况新问题，依然存在着不少差距，必须树立忧患意识，切实增强历史责任和时代担当，在改革创新中破解难题，在科学发展中提升水平。

蔡武部长强调了"五个坚持"，要始终把文物事业放到党和国家工作全局中来认识来推动，不断提高文物事业对促进经济社会发展的贡献，充分发挥文物事业在社会主义核心价值体系建设中不可替代的作用，以人为本，惠及民生，让人民群众充分享受文物保护成果；要立足新起点，进一步把基础工作放在战略位置；要顺应新期待，大力促进公共文化服务体系建设；要谋求新发展，努力创新文化遗产保护传承体系；要凝聚新共识，努力营造文物工作的良好氛围；要寻求新突破，切实抓好各项重点工作。

单霁翔局长在报告中回顾了党的十六大及 2002 年《文物保护法》修订实施以来文物工作走过的历程：我们围绕党中央、国务院一系列重大决策部署，牢固树立责任意识、机遇意识、改革意识和发展意识，以邓小平理论和"三个代表"重要思想为指导，深入贯彻落实科学发展观，扎实工作，勇于创新，逐步探索和走出了一条中国特色文化遗产事业发展道路。

单霁翔局长系统总结了 2011 年文物工作取得的成绩：第三次全国文物普查圆满完成，文物保护基础工作成效显著，不可移动文物保护扎实推进，博物馆与公共文化服务体系建设再掀高潮，文物对外交流与宣传工作成绩斐然。从九个方面对 2012 年工作作出了部署：要深入学习贯彻六中全会精神，全面落实《决定》对文物工作提出的任务要求；大力推进文物法制建设，不断提高文物安全水平；大力加强重点文物保护工程管理，积极开展世界遗产监测；做好考古和大遗址保护工作，大力推动国家考古遗址公园建设；进一步深化博物馆免费开放，不断提升博物馆整体水平；大力加强科技创新，不断提高文物保护科技水平；强化市场监管，进一步规范社会文物管理；大力加强人才队伍建设，不断拓展文物宣传领域；加强对外交流合作，不断提升国际影响力。

我们一定要把思想切实统一到十七届六中全会精神上来，统一到蔡武部长的讲话要求上来，认真谋划好文化强国建设中的文物事业发展目标和举措，按照单霁翔局长对 2012 年工作的部署和要求，切实抓好任务落实，不断推动文化遗产事业繁荣发展。

三、坚持方向，恪尽职守

单霁翔局长在回顾过去 9 年多来文物工作的不平凡历程和取得的宝贵经验时，既如数家珍，又饱含深情；既激动人心，又催人奋进，特别强调了 2002 年以来紧抓四项基础工作的坚定意识，特别强调了 2005 年以来不断创新文化遗产保护理念和实践的开拓精神，特别强调了 2008 年以来文化遗产保护利用惠及民生、推动发展的使命担当，引发了与会代表的深入思考与热烈讨论，得到了同志们的积极反响和高度认同。大家在讨论中一致认为，越是改革开放，越是繁荣发展，越要强调文物事业的公益属性，越要坚持文物工作方针，越要重申基础工作的长期性和艰巨性，越要坚定职业操守。

一是要坚持文物事业的公益属性不动摇。文化遗产及文物博物馆单位作为公共文化资源，是公共文化服务体系建设的重要组成部分，具有鲜明的公益属性，其根本特征是"为民"、

"惠民"。因此，要旗帜鲜明地强调，文化遗产事业和文物博物馆工作要切实保障人民基本文化权益，始终坚持公益属性，始终坚持以人为本、惠及民生，让人民充分享受文物保护成果，在注重两个效益的同时始终坚持把社会效益摆在首位，坚决避免片面追求经济效益。

二是要坚持文物工作方针不动摇。"保护为主、抢救第一、合理利用、加强管理"的文物工作方针凝聚着文物工作的实践经验，闪烁着广大文物工作者的智慧，是指导社会主义初级阶段文物工作的法律准则，在任何时候、任何情况下都要始终坚持。在实践中，要坚持保护抢救与利用管理相结合，正确处理文物保护与经济建设的关系，推动重大文物保护工程实施。同时，要保护利用、普及弘扬并重，合理利用珍贵的文物资源，使文物工作在促进经济社会发展中发挥更大的作用。

三是要坚持基础工作的长期性和艰巨性不动摇。基础工作是文化遗产事业的基本依托，是实现文化遗产事业全面协调可持续发展的重要前提。我国文化遗产事业具有鲜明的国情特色：历史悠久——数量多；初级阶段——欠账多；抢救保护——任务重；社会共识——道路长。无论在任何情况下，我们都必须清醒地看到，基础工作依然薄弱是文物工作当前和今后相当长历史时期内都将存在的突出问题，如文物安全形势不乐观，法律法规不完善，文物资源普查登记不全面，科技、人才和能力建设不健全。在新的历史条件下，我们要对基础工作的长期性、艰巨性保持清醒的认识，始终把各项基础工作作为重要而紧迫的战略任务常抓不懈。要以更加坚定的态度、更加清晰的思路、更加持久的耐心、更加有效的手段，进一步夯实基础，建立健全促进文化遗产事业可持续发展的长效机制。

四是坚持职业操守不动摇。文物保护关乎文化传承、惠及人民群众、利在子孙后代，广大文物工作者肩上责任重大，使命光荣。长期以来，面对宝贵的文化遗产，面对所从事的工作，我们常怀敬畏之心、呵护之情、自豪之意、奋进之志，积淀了吃苦耐劳、无私奉献，尊重知识、求真务实的优良作风，凝成了一笔十分宝贵的精神财富。但是，近年来文博工作人员也出现了和存在着法律意识淡薄、社会责任感不强、职业操守不牢固等现象，随波逐流、见利忘义者有之，玩忽职守、监守自盗者有之，造成了不良的社会影响。因此，各级文物部门必须进一步加强职业道德建设和行业作风建设，教育引导干部职工切实践行社会主义核心价值观，严格遵守《中国文物博物馆工作者职业道德准则》，把发扬优良传统、恪守职业道德转化为自觉行动，共同营造风清气正、和谐向上的良好氛围。

四、认真贯彻，重在落实

2012年的任务已经明确，关键是聚精会神抓好落实。

一方面要做好传达贯彻宣传。大家回去以后，要及时向各地党委、政府汇报蔡武部长的重要讲话和单霁翔局长的工作报告精神，使当地党政领导同志及时了解文物工作的总体形势和目标任务，积极争取各级党委、政府对文物工作的重视和支持。同时，要将会议精神尽快传达到基层文物部门和文博单位，认真组织学习贯彻，结合实际提出落实措施。

另一方面要狠抓责任落实。各级文物部门主要负责同志要狠抓落实，明确责任要求和工作进度。各地文博单位要全身心投入年度目标任务的组织实施，把各项工作抓实抓细，务求实效。对于基层文博干部和广大公众对文物博物馆事业发展及国家文物局工作的意见和建议，请及时收集和反馈我们。

同志们，让我们再接再厉，锐意创新，以崭新的精神风貌、扎实的工作作风，不断创造文物工作新业绩，为建设社会主义文化强国贡献智慧和力量！

重要计划、报告、办法

国家文物局2011年重点工作计划

2011年是《国家文物博物馆事业发展"十二五"规划》的开局之年。做好今年的工作，对于"十二五"开好局、起好步，落实《国务院关于加强文化遗产保护的通知》确立的新时期文化遗产工作目标至关重要。文博部门要以《国民经济和社会发展第十二个五年规划纲要》为指导，深入贯彻落实科学发展观，稳步推进文物博物馆各项重点工作，为"十二五"时期文化遗产事业繁荣发展奠定坚实基础。

一、认真落实中央决策部署，全面完成"十二五"规划编制工作

1. 以科学发展为主题，学习中央领导同志重要讲话和文章精神，贯彻《国民经济和社会发展第十二个五年规划纲要》、《国家"十二五"时期文化改革发展规划纲要》，编制完成《国家文物博物馆事业发展"十二五"规划》。

2. 完成文化遗产保护经费"十二五"规划及项目库的编制工作，包括全国重点文物保护单位（含水下文化遗产）、大遗址、世界文化遗产、可移动文物保护，抢救性设施、重大遗产地基础设施建设，地市级综合博物馆和文物大县博物馆建设等"十二五"专项规划的编制。

3. 开展文物保护、博物馆体制机制创新调研，做好2011年中国文化遗产事业发展报告、公众参与文化遗产保护意识与现状调研。

二、完成第三次全国文物普查，推进文物保护和考古、世界文化遗产重点工作

4. 召开第三次全国文物普查总结大会、普查成果新闻发布会，向全社会公布普查数据。完成全国不可移动文物名录的印制。开展"普查百大新发现"评选活动。

5. 做好第七批全国重点文物保护单位评选工作，上半年形成推荐名单上报国务院。

6. 继续推进四川、青海、云南等灾后文化遗产抢救保护工作，开展汶川地震灾后文物抢救保护工程总结工作。组织实施西藏重点文物保护、山西南部早期建筑保护、涉台文物保护、承德避暑山庄及外八庙保护等重点工程。开展好援柬二期茶胶寺等涉外文物保护工程。

7. 加强文物保护工程的管理，开展优秀文物保护工程评选工作。

8. 继续做好南水北调、西气东输等大型建设工程中的文物保护和考古工作。召开全国考古工作汇报会，组织评审全国十大考古新发现和国家文物局田野考古奖。

9. 积极推进沿海地区水下文物重点调查工作，做好"南澳I号"、"南海I号"和"华光礁I号"沉船的考古和保护工作。完成水下考古专用工作船立项工作。组织开展水下文化遗产保护人员培训。

10. 积极开展西安、洛阳、荆州、成都、曲阜等片区的大遗址保护工作，推进考古遗址公园建设和大遗址保护、展示重点项目实施。召开大遗址保护高峰论坛。

11. 开展《中国世界文化遗产预备名单》重设工作。参加第35届世界遗产委员会会议和第17届国际古迹遗址理事会大会，做好"杭州西湖文化景观"项目申遗工作。积极推进大运河保护和申遗工作。做好丝绸之路、元上都遗址的申遗准备工作。

12. 召开世界文化遗产保护管理座谈会。启动世界文化遗产管理动态信息和监测预警系统建设试点工作，建立世界文化遗产年度报告制度。推进明清皇家建筑保护工程和中国大型石窟寺保护工程。基本完成明长城"四有"工作。完善长城资源信息系统。

三、加强博物馆建设和免费开放工作，做好社会文物管理

13. 编制《国家博物馆事业中长期发展纲要》，召开全国博物馆工作会议。

14. 制订博物馆章程、理事会组织规则。制定《中央地方共建国家级博物馆运行评估办法》，推进共建博物馆体制机制创新试点。开展国家一级博物馆评估认定和年度运行状况评估。建立健全免费开放博物馆绩效考评机制。

15. 召开文物调查与数据库管理系统建设项目总结会，推动馆藏文物数据应用和社会化服务。开展国有可移动文物普查前期准备，做好立项申请。规范出入境文物展览的审批、管理，深化中外博物馆文化交流。

16. 推动生态、社区、数字等新型博物馆建设。开展民办博物馆帮扶试点。组织第九届全国博物馆十大陈列展览精品评选。

17. 加强文物市场管理。开展对古玩（旧货）市场、文物网络交易的监管试点，探索民间收藏文物鉴定资质资格管理模式。组织编制《文物拍卖图录标注规范》，修订《文物拍卖管理暂行规定》。

18. 完善文物进出境审核信息管理系统，举办文物进出境审核60周年展览。积极参与促进文物返还的国际合作，有重点地开展重要流失文物的追索工作。继续推进中国流失海外文物调查项目，公布阶段性调查成果。

四、加强文物保护科技工作，推动教育培训工作

19. 制定发布《国家文物保护科学和技术发展"十二五"规划》。做好"十二五"期间重大科技项目的凝练、发布、评审和立项工作。

20. 做好指南针计划、中华文明探源工程、石质文物保护关键技术等重大科技项目的组织管理工作，着力做好科研成果的宣传和转化工作。

21. 加大文化遗产领域专项标准的制修订、宣传贯彻力度，开展文物保护标准化体系框架的研究和建设工作。总结"十一五"期间标准化工作，开展相关培训，做好成果转化。

22. 加强文博干部培训，继续举办省级文博管理干部培训班，着力做好县级文物行政部门负责人培训工作。启动民办博物馆人员培训工作。

23. 加强各类专业技术人员培训。继续实施文物保护与修复人员中长期培养项目和博物馆文物鉴定人员中长期培养项目。与ICCROM合作举办中国和亚太地区世界文化遗产监测培训项目。

五、加强文物立法工作，推进文物安全机制建设和执法督察

24. 继续推动《博物馆条例》、《大运河遗产保护条例》立法进程，推进

《中华人民共和国水下文物保护管理条例》修订工作，发布《文物保护单位保护管理办法》、《馆藏文物修复管理办法》。研究起草《世界文化遗产保护管理条例（草案）》。

25. 召开全国文物安全工作部际联席会议第二次会议，印发关于加强文物安全工作的意见。积极配合公安部组织新一轮打击文物犯罪专项行动。开展文物单位消防安全专项检查。

26. 启动"全国文物安全综合管理实验区"研究和试点工作。施行文物行政执法与安全监管公示公告制度。修订完善文物安全领域规章制度与标准规范，组织文物安全防护设施建设工程培训。开展沿海水下文化遗产安全防范监控试点。

27. 继续加大重大文物违法案件督办督察力度。推行文物安全与行政执法巡查工作，建立执法巡查档案，努力实现预防为主、关口前移。

28. 推动地方文物执法机构和队伍建设。出台"十二五"文物行政执法人员培训大纲，编制执法培训配套教材，开展执法人员培训工作。

六、深化对外交流与合作，深入开展文化遗产宣传工作

29. 积极参与国际组织促进文物返还的国际合作，推动与外国政府签署防止盗窃、盗掘和非法进出境文化财产协定的工作。

30. 积极参加意大利、印度、澳大利亚、土耳其等国的文化年活动。

31. 组织协调 2011 年国际古迹遗址日、国际博物馆日和中国文化遗产日活动，办好山东济宁文化遗产日主场城市活动。召开全国文化遗产新闻宣传工作会议。推进文物舆情分析平台建设。

32. 完成"南海Ⅰ号"专题片摄制播放工作。组织西藏和平解放 60 周年文化遗产保护成就专题宣传。协调开展中国历史文化名街评选宣传活动。

七、进一步落实依法行政，推进文物系统党的建设和作风建设

33. 全面落实国务院《关于加强法治政府建设的意见》，改进服务方式，提高服务水平，推行政务公开、信息公开。严格依法办事，自觉接受监督。

34. 加强对文物保护专项经费使用和重点工程质量的监督检查。

35. 深入开展创先争优活动。组织中国共产党成立 90 周年纪念活动。继续开展党员轮训和党务干部培训。

36. 贯彻落实《关于实行党风廉政建设责任制的规定》，扎实推进国家文物局系统反腐倡廉工作。

37. 做好领导干部选拔任用工作。加大干部交流与深入基层锻炼的力度。深化人事制度和收入分配制度改革。

38. 做好国家文物局机关办公用房的准备工作。

关于印发《文物拍卖企业资质年审管理办法》的通知

文物博函〔2011〕2 号

各省、自治区、直辖市文物局（文化厅）：

《文物拍卖企业资质年审管理办法》已经 2010 年 12 月 16 日国家文物局第 16

次局务会议审议通过，现予发布，请遵照执行。

特此通知。

附件：

1. 文物拍卖企业资质年审管理办法
2. 文物拍卖企业资质年审申报表

（略）

国家文物局
二〇一一年一月五日

文物拍卖企业资质年审管理办法

第一条　为规范文物拍卖企业资质年审工作，根据《中华人民共和国文物保护法》、《中华人民共和国拍卖法》和国家文物局《文物拍卖管理暂行规定》等法律法规，制定本办法。

第二条　本办法所称文物拍卖企业资质年审，系指国务院文物行政部门和省级文物行政部门对取得文物拍卖资质的拍卖企业文物拍卖活动和专业人员从业等情况进行定期检查审核的监督管理制度。

年审结果作为是否许可文物拍卖企业继续从事文物拍卖活动的依据。

第三条　年审工作每两年开展一次，凡取得文物拍卖资质的拍卖企业均须参加。

第四条　国务院文物行政部门负责管理全国文物拍卖企业资质年审工作。

省级文物行政部门负责本辖区内文物拍卖企业资质年审的初审工作。

第五条　文物拍卖企业须于审核年度的6月30日前向所在地省级文物行政部门报送年审材料，内容包括：

（一）《文物拍卖企业资质年审申报表》（见附件）；

（二）上两年度文物拍卖经营情况报告；

（三）《文物拍卖许可证》（副本原件，如许可证有效期届满须交回正本原件）；

（四）上一年度工商行政管理部门年检合格的《企业法人营业执照》及商务行政管理部门年检合格的《拍卖经营许可证》（均为副本复印件，并加盖企业公章）；

（五）上两年度文物拍卖图录及拍卖记录（纸质和电子文本各一份）；

（六）上两年度省级文物行政部门审核历次文物拍卖活动的核准文件（复印件）；

（七）企业聘用的文物拍卖专业人员的资格证书及双方签订的劳动合同，或聘用的文博高级职称人员的身份证、职称证、退休证及双方签订的聘用协议（均为复印件）。

企业聘用文博高级职称人员的年龄不得超过70周岁。如企业新聘用符合条件的文博高级职称人员，还须提供人员所在地省级文物行政部门出具的该人员非国家、省、市级文物鉴定委员会委员，以及非文物拍卖标的审核、文物商店销售和文物进出境审核人员的证明文件。

第六条　省级文物行政部门应于7月31日前完成文物拍卖企业资质年审的初审工作，根据文物拍卖企业证照、经营和人员从业等情况提出初审意见，连同企业报送材料一并报国务院文物行政部门。

第七条　国务院文物行政部门应于9月30日前完成文物拍卖企业资质年审的复核工作，并向社会公布年审结果。

第八条　国务院和省级文物行政部门在年审工作中发现需要进一步核实情况的，可要求文物拍卖企业补报材料或进行相关调查。

第九条　年审结果合格的文物拍卖企业，由国务院文物行政部门在其《文物拍卖许可证》副本上加盖年审合格章后发还。

第十条　文物拍卖企业无故未按期提交年审材料，由国务院文物行政部门撤销其文物拍卖资质。

第十一条　有下列情形之一的文物拍卖企业，由国务院文物行政部门责令其限期整改或暂停其文物拍卖资质：

（一）一个自然年度内未独立举办一场文物拍卖会的；

（二）因故未按要求报送年审材料的；

（三）擅自拍卖国家禁止经营文物的；

（四）从事文物购销经营活动的；

（五）文物拍卖活动未经省级文物行政部门事前核准的；

（六）未对文物拍卖活动进行规范记录并向国务院文物行政部门办理备案手续的；

（七）文物拍卖专业人员或文博高级职称人员聘用不符合相关要求的；

（八）超出《文物拍卖许可证》核定的经营范围征集文物拍卖标的的；

（九）超出《文物拍卖许可证》核定的经营范围从事文物拍卖活动的；

（十）涂改、出租、出借或转让《文物拍卖许可证》的；

（十一）其他违规行为，尚未达到撤销文物拍卖资质处罚程度的。

第十二条　有下列情形之一的文物拍卖企业，由国务院文物行政部门撤销其文物拍卖资质：

（一）擅自拍卖国家禁止经营的文物，产生严重不良社会影响或构成犯罪的；

（二）有违法违规行为，拒不接受调查处理，或不按期整改，情节严重的；

（三）企业股权变更后，成为外资企业、中外合资企业、中外合作企业的；

（四）提交虚假材料或者采取其他欺诈手段隐瞒重要事实取得《文物拍卖许可证》的；

（五）《企业法人营业执照》被工商行政管理部门吊销或《拍卖经营许可证》被商务行政管理机关吊销的；

第十三条　被暂停文物拍卖资质的拍卖企业，可在暂停期终止后，申请恢复文物拍卖资质。

第十四条　被撤销文物拍卖资质的拍卖企业，由国务院文物行政部门收回《文物拍卖许可证》，企业须依法到工商行政管理部门办理变更登记或者注销登记，且三年内不得申请文物拍卖资质。

第十五条　本办法由国务院文物行政部门负责解释。

第十六条　本办法自发布之日起施行。

关于发布《文物复制拓印管理办法》的通知

文物政发〔2011〕1号

各省、自治区、直辖市文物局（文化厅）：

《文物复制拓印管理办法》已经国家文物局 2011 年 1 月 20 日第 1 次局务会议审议通过，现予发布，自发布之日起施行。

特此通知。

附件：文物复制拓印管理办法

国家文物局
二〇一一年一月二十七日

文物复制拓印管理办法

第一条 为加强文物复制、拓印管理，根据《中华人民共和国文物保护法》、《中华人民共和国文物保护法实施条例》和国务院有关行政审批的决定，制定本办法。

第二条 馆藏文物的复制、拓印，适用本办法；馆藏文物的仿制，不适用本办法。

第三条 文物复制是指依照文物的体量、形制、质地、纹饰、文字、图案等历史信息，基本采用原技艺方法和工作流程，制作与原文物相同制品的活动；文物拓印是指在文物本体覆盖一定的材料，通过摹印文物上的纹饰、文字、图案等，制作拓片的活动。

第四条 文物本体及其内容涉及国家秘密的，复制、拓印活动应当按照国家保密法律法规的规定执行。

前款规定的文物及其内容的密级，按照国家保密法律法规的规定确定。

第五条 复制、拓印文物，不得对文物造成损害。

未依法区分等级的文物不得复制、拓印。因文物保存状况和文物本体特点不适宜复制、拓印的，不得复制、拓印。

为科学研究、陈列展览需要拓印文物的，元代及元代以前的，应当翻刻副版拓印；元代以后的，可以使用文物原件拓印。在文物原件上拓印的，禁止使用尖硬器具捶打。

批量制作文物复制品、拓片，不得使用文物原件。

第六条 利用文物原件进行复制、拓印应坚持少而精的原则，严格控制复制品、拓片数量。文物复制品应有表明复制的标识和数量编号，文物拓片应当标明拓印单位、时间和数量编号。

第七条 从事文物复制、拓印的单位，应当依法取得相应等级的资质证书。

第八条 复制、拓印文物，应当依法履行审批手续。

第九条 文物复制、拓印报批材料应当包括文物的收藏单位或管理机构名称，文物名称、等级、时代、质地，文物来源或所处地点，文物照片，复制品、拓片用途及数量，复制、拓印方案，文物复制、拓印单位资质等级以及合同草案等内容。

第十条 文物收藏单位或管理机构与从事文物复制、拓印的单位签订的文物复制、拓印合同草案，应当包括合作各方的名称和地址，复制品或拓片的种类、数量、质量，复制或拓印的时间、地点及方法，文物安全责任，文物资料的交接和使用方式，有关知识产权的归属，复制品或拓片的交付，违约责任，争议解决办法等内容。

第十一条 为陈列展览、科学研究等用途制作的文物复制品、拓片，应当予以登记并妥善保管，不得挪作他用。

第十二条 为销售等目的制作的文物复制品、拓片，应附有制作说明书。说明书内容应当包括文物名称、时代，文物收藏单位或管理机构名称，复制品、拓片的名称，复制或拓印单位名称，监制单位名称，制作时间，复制品或拓片数量编号。

第十三条 未经文物行政主管部门同意，国有文物收藏单位或管理机构及其工作人员不得向任何单位或个人提供文物复制、拓印模具和技术资料。

第十四条 违反本办法规定，造成文物或国家权益损害的，依法追究有关责任单位和个人的法律责任。

第十五条 不可移动文物的单体文物的复制、拓印，参照本办法执行。不可移动文物的单体文物的仿制、仿建、复建，按照国家有关规定执行。

第十六条 本办法自发布之日起施行。国家文物局 1979 年 9 月 4 日发布的《拓印古代石刻的暂行规定》，1998 年 8 月 20 日发布的《文物复制暂行管理办法》同时废止。

国家文物局政府信息公开工作 2010 年度报告

本年度报告根据《中华人民共和国政府信息公开条例》第三十一条、第三十二条有关规定和 2010 年度国家文物局政府信息公开情况编制。本年报由概述、主动公开政府信息情况、依申请公开政府信息情况、咨询处理情况、复议、诉讼和申诉的情况、工作人员和收支情况、主要问题和改进措施 7 部分组成。本年报中所列数据的统计期限自 2010 年 1 月 1 日起至 2010 年 12 月 31 日止。本年报的电子版可在国家文物局政府网站（www. sach. gov. cn）下载。如对本年报有任何疑问，请与国家文物局办公室秘书处联系（地址：北京市朝阳门北大街 10 号，邮编 100029；电话：010 - 59881572，电子邮箱：mishuchu @ sach. gov. cn）。

一、概述

稳步推进政府信息公开工作作为国家文物局 2010 年重点工作之一，本年度在进一步优化政府信息公开基础性工作、拓展政府信息公开内容、完善政府信息公开配套工作等方面取得了新进展，有力保障了公民、法人和其他组织根据《中华人民共和国政府信息公开条例》（以下简称《条例》），依法获取文物博物馆领域各类政府信息的权利，切实增强了文物工作的透明度。

本年度重点工作主要包括以下三方面内容：

（一）机构保障。调整国家文物局信息公开工作领导小组成员：组长由局长单霁翔担任，副组长由副局长董保华、童明康、顾玉才、宋新潮担任，成员包括局机关各部门主要负责同志。信息公开工作领导小组办公室设在局办公室，由局办公室主任为主任、办公室副主任为副主任。各部门主要负责同志为本部门政府信息公开工作第一责任人。国家文物局电子政务管理办公室于 2009 年 12 月成立，本年度在指导协调文物系统电子政务、指导国家文物局政府网站和政务内网、外网的建设与维护及政府信息公开网上信息发布的管理工作等方面发挥了作用。

（二）明晰责任。局机关各部门负责各自业务范围内应公开信息的收集、报审、申请受理工作；办公室及纪委分别负责对信息公开工作的保密审查和监督；政策法规司依照新闻发布制度规定的程序，协调、组织通过新闻媒体发布政府信息事宜；中国文物信息咨询中心负责提供、维护局政府网站有关栏目作为政府信息公开平台，做好政府信息的网上发布、更新工作，提供信息公开工作年度报告中有关统计数据。

（三）平台保障。2010 年 8 月我局运行新版办公自动化系统，细化完善相关工作流程，针对《条例》中有关要求对涉及信息公开的各环节予以补充修订，实现网上办事、办事流程、办事结果等信息全部记录并监督；国家文物局政府网站作为信息公开主平台，2010年2月中国文物信息咨询中心成立网站部专门负责网站建设维护，整体团队增至20人，投入30万元进行系统升级改造，即时跟踪报道全年文化遗产相关各大活动、会议情况，策划制作十二期活动专题；运用多种先进技术手段创新宣传模式，对2010年国际博物馆日、文化遗产日等进行远程现场直播、活动制作录播等，增强重要活动、纪念日宣传力度，其中2010年文化遗产日专题荣获"第五届中国特色政府网站评选"活动"品牌栏目奖"；改版网站子站全国第三次文物普查网站并制作普查成果展示电子期刊，向社会公众提供免费阅读下载服务。

二、主动公开政府信息情况

（一）公开的主要内容

依据公开形式分类：自2010年1月1日至12月31日，国家文物局共发文2449件，主动公开共978件、依申请公开共828件、不予公开共644件，主动公开文件占已发文总数的39%，主动公开率比2009年度的24.3%提高了14.7%；国家文物局政府网站主动公开信息发布的全文电子化率为100%。

依照事务类别分为：政策法规主动公开信息206条，行业标准2条，机关政务12条，预算财务24条，调研宣传2条，保护工程201条，考古发掘142条，世界遗产62条，博物馆管理48条，保护科技78条，社会文物134条，交流合作6条，教育培训8条，执法督察12条，安全监管18条，计划规划2条，人事信息21条。

（二）公开形式

1. 政府门户网站。设立政府信息公开栏目，及时发布政府信息；公民、法人和社会组织通过"政府信息依申请公开"栏目，向我局提出信息公开申请，并查阅信息公开申请处理的状态；为方便公众查阅机关主动公开政府信息，实现主动公开信息全文检索功能。

2010年通过国家文物局政府信息公开专栏查阅政府信息的有2051万人次，比2009年度政府网站的1399万人次增加了46%，日均访问量达到5.6万人次。

2. 公共查阅点。2008年国家文物局办公场所设立全国重点文物保护单位信息查阅系统方便公众查阅。

3. 新闻发布会和其他媒体。2010年度多次组织中央和地方新闻媒体围绕第三次全国文物普查、考古和大遗址保护、博物馆免费开放、第22届国际博协大会等重点工作进行广泛宣传报道，配合我局相关部门和地方文物部门召集媒体新闻发布会、通气会20余场，初步统计各主流媒体2010年共编发文博方面报道1500余篇（次），百度涉及文博网页链接达4460万余条。

三、依申请公开政府信息情况

2010年国家文物局收到依申请公开政府信息申请6件，均受理并在法定时限内回复申请人。申请内容主要集中在文物保护单位保护工程审批方面信息。

四、咨询处理情况

国家文物局共接受公众有关信息公开咨询人2108次，其中现场咨询14人次，电话咨询522人次，网上咨询（包括局长信箱、留言板等）1572人次。

五、复议、诉讼和申诉情况

国家文物局2010年未接收到有关政府信息公开事务的行政复议申请、行政诉讼和行政申诉。

六、工作人员和政府支出情况

（一）国家文物局从事政府信息公开工作的兼职人员为28人。

（二）2010年国家文物局用于政府信息公开印制宣传手册、培训资料、网站建设和更新等费用约为30万元。

（三）2010年度国家文物局对依申请公开的政府信息没有收费。

七、主要问题和改进措施

2010年我局政府信息公开工作稳步推进取得一定成效，但与新时期新形势新需求相比还存在较大差距。2011年度我局将进一步加大政府信息公开工作力度，创新工作思路，改进工作方法，努力把政府信息公开工作提升到新的水平，主要将从以下三个方面推进工作：

（一）以规范行政行为为目的，加强政府信息公开基础性工作。进一步加强政府信息公开工作机构建设，充实工作人员，增加工作经费；进一步完善政府信息公开监督保障制度，促进政府信息公开工作严格依法开展；进一步加强对政务公开工作的宣传，组织业务培训，提高政府信息公开工作人员素质和工作水平；进一步完善政府信息发布保密制度，正确处理信息公开与安全保密的关系，指导、督促各部门按要求，及时、准确公布政府信息。

（二）以提高工作透明度为目的，进一步加强政府信息公开工作制度化、规范化建设。尤其是在依申请公开信息方面，制定依申请公开信息答复流程，及时答复，严格把关，责任到人，明晰主动公开、依申请公开、不予公开信息界限，明确应重点公开的信息类型，加大涉及人民群众切身利益的信息公开力度，提高行政许可事项的主动公开率，切实提升信息公开工作规范化水平。

（三）以方便服务群众为目的，进一步拓宽政府信息公开载体和形式。最大限度地发挥国家文物局政府网站主平台的作用，借助《中国文物报》等媒体，完善新闻发布渠道，丰富优化信息公开载体，在设计理念上以服务群众为中心，向社会及时公开公众关注度高、公益性强、涉及面广的文博领域信息，让公众及时了解重要决策和重大事件发生发展过程，保障公众的知情权、参与权。

国家文物局

二○一一年三月三十日

关于发布《国有文物保护单位经营性活动管理规定（试行）》的通知

文物政发〔2011〕16号

各省、自治区、直辖市文物局（文化厅），各直属单位：

《国有文物保护单位经营性活动管理规定（试行）》已于2011年8月17日经国家文物局第10次局务会议审议通过，现予发布，请遵照执行。

特此通知。

国家文物局

二○一一年八月二十五日

国有文物保护单位经营性活动管理规定（试行）

第一条　为规范国有文物保护单位的经营性活动，根据《中华人民共和国文物保护法》制定本规定。

第二条　本规定所称国有文物保护单位的经营性活动，是指在建立博物馆、保管所或者辟为参观游览场所的国有文物保护单位开展的经营性活动。

第三条　国有文物保护单位的经营性活动，旨在提高社会服务能力和水平，更好地满足公众的基本需求。

鼓励国有文物保护单位管理机构开展与自身性质、任务相适应，面向公众的服务类经营性活动，保护发展文化遗产。

第四条　国有文物保护单位的经营性活动，必须遵守有关法律法规，严格履行审批程序；经营性活动的收入应当用于文物事业发展，任何机构或者个人不得侵占、挪用。

国有文物保护单位开展经营性活动，不得增加文物保护单位及其环境的安全风险；经营性活动的内容和规模，应当与文物保护单位的文化属性和承载力相适应。

安全防范设施设备未达标的国有文物保护单位，不得开展经营性活动。

第五条　国有文物保护单位的经营性活动，不得采取以下方式：

（一）背离公共文化属性，以各种名目对公众设置准入门槛的；

（二）将文物保护单位作为企业资产经营的；

（三）租赁、承包、转让、抵押文物保护单位，以营利为目的进行商业开发的；

（四）妨碍公共安全，对文物保护单位造成安全隐患的；

（五）其他违背法律法规情形的。

第六条　国有文物保护单位的经营性活动，由文物保护单位管理机构为主体开展。未设置管理机构的国有文物保护单位，不得开展经营性活动。

第七条　文物保护单位管理机构与其他机构合作开展经营性活动，应当签署合作协议。合作协议签署前，应当由文物保护单位管理机构报与文物保护单位级别相应的文物行政部门批准；世界文化遗产、全国重点文物保护单位报所在地省、自治区、直辖市文物行政部门批准。合作协议有效期不得超过 5 年。

第八条　国有文物保护单位经营性活动的方案，由文物保护单位管理机构报与文物保护单位级别相应的文物行政部门备案；世界文化遗产、全国重点文物保护单位报所在地省、自治区、直辖市文物行政部门备案。未经备案同意的，不得实施。

第九条　各级文物行政部门应当依法加强对国有文物保护单位经营性活动的监督管理。

第十条　违反本规定开展经营性活动，依法追究相关机构和个人的责任。

第十一条　其他文物博物馆单位经营性活动的管理，参照本规定执行。

第十二条　本规定自发布之日起施行。

关于发布《文物消防安全检查规程（试行）》的通知

文物督发 [2011] 17 号

各省、自治区、直辖市文物局（文化厅）：

《文物消防安全检查规程（试行）》已于 2011 年 8 月 30 日经国家文物局第 11 次局务会议审议通过，现予发布，请遵照执行。

特此通知。

国家文物局
二〇一一年九月二十日

文物消防安全检查规程（试行）

第一章　总则

第一条　为预防和减少文物、博物馆单位火灾危害，规范文物消防安全检查工作，提高消防安全管理水平，依据《中华人民共和国文物保护法》、《中华人民共和国消防法》等相关法律、法规，制定本规程。

第二条　文物消防安全检查工作贯彻"预防为主、防消结合"的方针，坚持"从严管理、防患未然"的原则。

第三条　上级文物行政部门对下级文物行政部门实施消防安全督察、文物行政部门实施消防安全检查和文物、博物馆单位实施消防安全自查，适用本规程。

第四条　文物消防安全检查的范围包括：

（一）具有火灾危险性的文物保护单位和经县级人民政府文物行政部门登记并公布的其他不可移动文物；

（二）博物馆、纪念馆、陈列馆等文物收藏单位；

（三）文物库房、文物修复室、文物科技保护室等文物保管和科技保护场所；

（四）文物保护工程施工工地；

（五）其他文物、博物馆单位。

第五条　实施文物消防安全检查，要落实文物保护和消防安全管理的法律、法规、规章和行业标准，切实增强检查与消除火灾隐患能力、组织扑救初起火灾能力、组织人员疏散逃生能力、消防宣传教育培训能力、文物抢救能力。

第六条　各文物、博物馆单位的消防安全责任人和消防安全管理人负责组织和实施消防安全检查，督促和落实火灾隐患整改工作。

第七条　各级文物行政部门和文物、博物馆单位要配合当地公安机关消防机构确定本地区文物消防安全重点单位或者文物、博物馆单位的消防安全重点部位，按当地公安机关消防机构的要求做好文物消防安全工作。

第二章　检查内容

第八条　文物消防安全检查的基本内容包括：

一、消防安全责任制和组织机构建设

1. 消防安全责任人和消防安全管理人履行消防安全职责情况；

2. 距离当地公安消防队较远的列为全国重点文物保护单位的大型古建筑群消防队伍建设情况，其他文博单位的兼职消防队伍建设情况；

3. 文物、博物馆单位消防安全责任制建立情况，消防安全责任书签订及安全责任落实情况。

二、消防安全管理制度

1. 消防安全制度和保障消防安全的操作规程制订情况；

2. 确保消防安全管理制度和操作规程落实的保障措施情况；

3. 消防安全管理制度在具体工作中的实际执行情况。

三、人员管理

1. 消防安全责任人、消防安全管理人、专兼职消防工作人员、消防控制室操作人员接受消防安全专门培训情况；

2. 工作人员对消防安全法规、消防安全知识、消防安全管理制度的掌握情况；

3. 工作人员对消防设施、设备、器材的操作技能情况；

4. 消防控制室操作人员持证上岗情况；

5. 消防安全工作人员值班情况。

四、消防设施设备和消防车通道

1. 消防水源和消防给水设施建设情况；

2. 火灾报警、灭火等设施设备建设情况；

3. 灭火器材配置及有效情况；

4. 消防安全标志的设置情况；

5. 消防设施设备检测和日常维护保养情况；

6. 消防车通道设置情况。

五、用火、用电、用油、用气管理

1. 是否存在违反规定用火、用电、用油、用气情况；

2. 用于文物保护必要的电器设备和电气线路是否规范安装敷设，是否采取有效阻燃措施；

3. 对电器设备和电气线路是否进行定期安全检查；

4. 是否存有易燃易爆物品及其管理情况。

六、火灾隐患整改

1. 消防安全检查发现火灾隐患的记录；

2. 火灾隐患整改结果；

3. 《文物火灾隐患整改情况记录表》内容和归档情况。

七、周边防火环境

1. 文物、博物馆单位周边的企事业单位和人民群众生产生活可能引发文物火灾危害情况；

2. 对周边可能引发火灾危害的预防和应对措施情况；

3. 对周边企事业单位和人民群众文物防火宣传工作情况。

八、防雷措施

1. 避雷设施安装和验收情况；

2. 避雷设施日常维护和检测情况。

九、与公安机关消防机构联动

1. 文物、博物馆单位与当地公安机关消防机构就文物防火工作的联系、沟通情况；

2. 文物、博物馆单位与当地公安机关消防机构建立火灾扑救联动机制情况。

十、灭火和应急疏散预案

1. 灭火和应急疏散预案制订情况；

2. 内容和程序是否科学、有效，具有可操作性；

3. 日常演练情况；

4. 现场演练是否符合程序并具有防火、灭火效能。

十一、消防安全档案

1. 档案内容是否规范、完整；

2. 档案的更新情况；

3. 档案的保管情况。

十二、文物、博物馆单位消防安全工作的其他情况

第九条　对古建筑（包括具有火灾危险性的近现代文物建筑）除按本规程第八条规定内容检查外，重点检查以下内容：

（一）古建筑殿屋内是否存在用于生产生活的用火、用电问题，在古建筑厢房、走廊、庭院等处确需用火、用电的，是否采取有效的防火安全措施；

（二）是否存在古建筑之间及毗连古建筑私搭乱建棚、房问题；

（三）是否存在古建筑本体上直接安装电源开关、电线，或者在古建筑内使用电气设备等问题；

（四）在古建筑附属设施上或者保护范围内架设电线、安装电气设备，是否对古建筑消防安全构成危害；

（五）非宗教活动场所的古建筑内是否存在燃灯、烧纸、焚香问题，指定为宗教活动场所的古建筑是否在指定地点内燃灯、烧纸、焚香，是否采取有效防火措施；

（六）保护范围内是否堆放柴草、木料等可燃易燃物品；

（七）古建筑与毗连的其他建筑之间防火分隔墙建设或者消防通道设置情况，坐落在森林区域或者位于郊野的古建筑周边是否有防火隔离带；

（八）古寺庙、道观、庙堂内悬挂的帐幔、伞盖等易燃物品防火处理情况；

（九）可能引发古建筑火灾的其他情况。

第十条　对博物馆（包括纪念馆、陈列馆）除按本规程第八条规定内容检查外，重点检查以下内容：

（一）新建博物馆在投入使用前其消防设施、设备经公安机关消防机构验收情况；

（二）内装与布展工程现场防火措施情况；

（三）展柜、展台、展墙等展具和装饰材料防火性能情况；

（四）展厅照明灯具、音响、闭路电视、电动模型、放映机等电器设备的使用与管理情况；

（五）用于陈列展览的电动图表、模型、沙盘、布景箱和装在壁板上的灯光箱、显示图表箱等设计、安装是否符合防火要求；

（六）可能引发博物馆火灾的其他情况。

第十一条　对文物保护工程施工工地除按本规程第八条规定内容检查外，重点检查以下内容：

（一）承建工程项目合同是否约定防火安全内容；

（二）施工方法和施工技术是否符合消防要求；

（三）施工现场用火作业、易燃可燃材料堆场、仓库、易燃废品集中站和生活区等区域划分是否符合防火要求；

（四）施工作业期间搭设的临时性建筑的防火措施；

（五）施工所需焊、割作业点、氧气瓶、乙炔瓶、易燃易爆物品的安全隔离措施；

（六）施工使用的焊灯、喷灯等明火作业安全管理情况；

（七）施工现场废料、垃圾等可燃物品清理情况；

（八）可能引发文物保护工程施工工地火灾的其他情况。

第十二条　对文物库房除按本规程第八条规定内容检查外，重点检查以下内容：

（一）存放文物的柜、箱、架、囊、匣等是否用非易燃材料制作或者作阻燃处理；

（二）是否存在易燃材料包装物同文物一起进入库房问题；

（三）除湿、照明、通讯等电器设备安全管理情况；

（四）可能引发文物库房火灾的其他情况。

第十三条　对文物修复室、文物科技保护室除按本规程第八条规定内容检查外，重点检查以下内容：

（一）文物修复和科技保护设施、设备的防火性能情况；

（二）用于文物修复或者科技保护的易燃易爆物品储存、保管是否符合安全要求；

（三）可能引发文物修复室、文物科技保护室火灾的其他情况。

第十四条　对已向社会开放的文物、博物馆单位，除分别检查本规程第九条、第十条规定内容外，还需重点检查以下内容：

（一）安全出口、疏散通道是否畅通；

（二）安全疏散指示标志是否醒目，应急照明灯是否完好；

（三）参观游览人员携带火种的检查和监管措施情况；

（四）保证参观人员和文物安全的其他消防安全措施情况。

第十五条　文物、博物馆单位自行组织扑灭的初起火灾，要认真检查火场，彻底扑灭和清除不易完全熄灭的物品，设专人在火灾现场值守，防止死灰复燃。

第三章　检查形式和方式

第十六条　文物、博物馆单位按本规程规定组织实施以下形式的消防安全自查：

（一）防火巡查：由消防安全工作人员对本单位消防安全重点部位防火工作进行每日巡查；

（二）定期检查：由消防安全管理人组织对本单位消防安全工作情况实施定期检查，至少每月检查一次；

（三）随机抽查：由消防安全管理人组织对本单位所属各部门和安全重点岗位实施随机抽查，检验各项防火制度和措施的落实情况；

（四）重要节日或重大活动前检查：国家法定节假日前，文物、博物馆单位举办重大活动前，气候干旱的火灾易发期、多发期，由消防安全管理人提前组织开展消防安全重点检查。

第十七条　文物行政部门按本规程规定组织实施以下形式的消防安全检查：

（一）定期检查：对本辖区的文物、博物馆单位组织定期检查，市、县级文物行政部门至少每季度检查一次，省级文物行政部门至少每半年检查一次；

（二）重点抽查：对本辖区内文物、博物馆单位实施不定期抽查；

（三）专项督察：对辖区内文物消防安全管理存在严重问题或者文物火灾隐患突出的地区，集中实施消防安全专项督察。

第十八条　文物消防安全检查采取以下方式：

（一）现场排查：对文物、博物馆单位及其周边环境进行全面排查，查找可能引发文物火灾的安全隐患；

（二）查阅档案记录：查看文物、博物馆单位消防安全档案和各项消防安全工作记录，了解消防安全制度建设和安全管理情况；

（三）座谈、问询、问卷：举办座谈会，随机问询工作人员，发放调查问卷，了解消防安全组织机构和人员队伍建设情况；

（四）现场设置火情：检验文物、博物馆单位对初起火灾事故应急处置能力；

（五）观摩消防演练：检验消防安全预案的科学性和防范与扑救火灾效能；

（六）启动设施设备：检验消防设施、设备的性能；

（七）查看检测标识：检查消防设备、器材检测情况；

（八）其他方式。

第四章　检查程序

第十九条　文物、博物馆单位开展消防安全巡查，要将巡查情况记入《防火巡查记录表》，发现火灾隐患要及时处理，并向本单位消防安全责任人和消防安全管理人报告。

第二十条 文物、博物馆单位开展消防安全自查按以下程序进行：

（一）组织检查组：由具有消防安全管理经验和消防安全专业知识、技能的人员组成检查组；

（二）确定检查范围：消防安全检查范围既要全面，又要根据本单位防火工作实际突出检查的重点部位；

（三）现场检查：对文物、博物馆单位及周边环境进行全面检查，将检查情况填入《文物消防安全检查记录》，并由检查组人员签字；

（四）总结报告：检查结束后，对检查情况进行全面认真总结，分析查找存在的问题和隐患，提出改进工作的意见和建议，报本单位消防安全责任人和消防安全管理人；

（五）记入档案：将《文物消防安全检查记录》、消防安全检查总结以及火灾隐患整改情况记入消防安全检查档案。

第二十一条 各级文物行政部门对文物、博物馆单位开展消防安全检查按以下程序进行：

（一）人员组织：由具有消防安全管理经验和消防安全专业知识、技能的人员组成消防安全检查组；

（二）制订检查实施方案：确定本辖区内被检查的文物、博物馆单位范围、重点单位、检查工作步骤和具体要求等；

（三）实地检查：对下级文物行政部门文物消防安全工作和辖区内文物、博物馆单位开展检查；

（四）当场反馈意见：检查组要现场向被检查的文物、博物馆单位反馈检查情况，提出具体的整改意见和要求；

（五）汇总检查结果：检查结束后，检查组要对检查结果进行归纳总结，形成书面检查报告，报组织消防安全检查的文物行政部门；

（六）反馈书面意见：组织消防安全检查的文物行政部门根据检查组的书面检查报告，向被检查地区文物行政部门下发书面意见。

第二十二条 各级文物行政部门和各文物、博物馆单位要建立消防安全检查档案，将消防安全检查情况登记入档。

第五章 火灾隐患整改

第二十三条 文物、博物馆单位要对消防安全自查中发现的安全隐患进行逐项登记，逐项整改。能当场整改的要立即整改；不能当场立即整改的，在火灾隐患未消除前，应当落实防范措施，确保隐患整改期间的消防安全。对本单位自身不能解决的重大火灾隐患，要提出解决方案并向其上级文物行政主管部门或者当地人民政府报告。

火灾隐患整改完毕，文物、博物馆单位应当填写《文物火灾隐患整改情况记录表》，由消防安全责任人和消防安全管理人签名后存档备查。

第二十四条 各级文物行政部门在检查中发现文物、博物馆单位存在火灾隐患的，要向被检查单位发《火灾隐患整改通知书》，提出具体的整改意见和要求；发现严重危害文物安全的重大火灾隐患的，要向当地人民政府通报；发现文物、博物馆单位对发生的火灾事故未按要求上报或者未依法处理的，要及时提出处理意见，并将处理情况向当地人民政府通报。

第二十五条 各级文物行政部门要对文物、博物馆单位存在的重大火灾隐患整改实施挂牌督办，发《重大文物火灾隐患整改挂牌督办单》。督办单包括火灾隐患内容、督办要求与期限、整改责任单位等内容。

文物行政部门挂牌督办的重大火灾隐患，要由专人负责跟踪督促整改。重大火灾隐患整改完毕经督办单位检验合格后，挂牌督办程序结束。火灾隐患挂牌督办整改情况存档备查。

第六章　责任追究

第二十六条　各级文物行政部门和文物、博物馆单位要建立文物消防安全责任制，明确消防安全管理职责和工作职责，实施责任追究。

第二十七条　文物、博物馆单位不按本规程规定认真实施消防安全自查的，或者对存在的火灾隐患不按要求整改的，由文物行政部门责令改正，并予以通报。

文物行政部门不按本规程要求开展文物消防安全检查的，或者对文物、博物馆单位火灾隐患整改督办不力的，由上级文物行政部门责令改正，并予以通报。

由于不认真实施文物消防安全检查，不按要求整改火灾隐患，对文物消防安全工作放任自流、玩忽职守，以致发生火灾事故造成文物损失的，依法追究法律责任。

第七章　附则

第二十八条　本规程附表由各地文物行政部门和文物、博物馆单位在消防安全检查及管理工作中应用。

第二十九条　本规程自印发之日起试行。

附表：1.《防火巡查记录表》（略）
2.《文物消防安全检查记录》（略）
3.《文物火灾隐患整改通知单》（略）
4.《重大文物火灾隐患整改挂牌督办单》（略）
5.《文物火灾隐患整改情况记录表》（略）

关于印发《国家文物局文物安全案件督察督办管理规定（试行）》的通知

文物督发〔2011〕18号

各省、自治区、直辖市文物局（文化厅）：

《国家文物局文物安全案件督察督办管理规定（试行）》已经2011年8月31日国家文物局第11次局务会议审议通过，现予发布。

国家文物局
二〇一一年九月二十二日

国家文物局文物安全案件督察督办管理规定（试行）

第一条　为加强文物安全监管工作，依法督察、督办各类文物安全案件，依据《中华人民共和国文物保护法》等法律、法规和规章，制定本规定。

第二条　国家文物局督察、督办文物安全案件适用本规定。

第三条　文物安全案件包括文物、博物馆单位发生的下列案件：

（一）盗窃、盗掘、抢劫、走私等文物犯罪案件；

（二）火灾事故；

（三）文物安全责任事故；

（四）其他文物安全案件。

第四条　督察、督办文物安全案件要按照有关法律、法规、规章和文件的规定，坚持"原因不查清不放过、责任者得不到处理不放过、整改措施不落实不放过、教训不吸取不放过"。

第五条　国家文物局开展文物安全案件信息收集与舆情监控工作。对从以下途径获知并需由国家文物局督察、督办的文物安全案件，及时填写《文物安全案件登记表》：

（一）在文物安全检查或者专项督察中发现的；

（二）相关部门转办的；

（三）各级文物行政部门上报的；

（四）通过舆情收集的；

（五）公民、法人或者其他组织举报的；

（六）其他途径获知的。

第六条　对已登记的文物安全案件，及时向案发地省级文物行政部门发《国家文物局文物安全案件督察通知》，由案发地省级文物行政部门调查核实，依法处理，限时上报。

对未按《国家文物局文物安全案件督察通知》要求时限上报案件情况及处理结果的，向案发地省级文物行政部门发《国家文物局文物安全案件督办单》，要求查清和说明未报原因，并再次提出限时办理要求。

第七条　对下列文物安全案件，国家文物局可以派督察组，会同案发地省级文物行政部门进行现场督察、督办：

（一）世界文化遗产地、全国重点文物保护单位发生的重大文物安全案件；

（二）省级文物保护单位发生的特大文物安全案件；

（三）国有博物馆发生的重大文物安全案件；

（四）其他重大文物安全案件。

第八条　国家文物局督察组会同省级文物行政部门现场督察、督办文物安全案件，按以下程序进行：

（一）查看案件现场、听取汇报、查阅资料，了解案发过程、案发原因、文物损失及案件处理等情况；

（二）对涉案的文物、博物馆单位实施安全检查，查找文物安全隐患；

（三）需要当场处置的，现场对文物安全案件提出处理意见和要求，对案发的文物、博物馆单位存在的安全隐患提出整改意见；

（四）现场督察结束后，向案发地省级文物行政部门提出书面督察、督办意见。

第九条　根据文物安全案件性质，需要由相关部门督察、督办或者联合督察、督办的，及时将案件情况通报相关部门，提出督察、督办建议，并配合或者联合相关部门做好督察、督办工作。

第十条　建立文物安全案件档案。文物安全案件档案内容包括：案发单位简介、案件基本情况、调查处理和督办情况、处理结果、媒体报道等文字和图片资料。

第十一条　对连续多次发生文物安全案件、文物安全监管工作需要加强的地区，组织实施文物安全专项督察。

第十二条　文物安全专项督察按以下程序进行：

（一）制订督察方案，明确督察时间、地域、范围、主要内容、工作日程和督察组组成人员等事项，事先通知被督察地区省级文物行政部门；

（二）采取现场检查、观摩演练、听取报告、进行座谈、查阅档案资料等形式，检查文物安全工作存在的问题；

（三）当场向被督察地区文物行政部门和被督察单位反馈督察意见；

（四）全面汇总专项督察情况，起草并提交书面督察报告；

（五）向被督察地区省级文物行政部门书面通报专项督察意见，指出文物安全工作存在的主要问题，提出意见、建议和整改要求；

（六）要求省级文物行政部门限时上报整改落实情况，并适时对被督察地区进行实地核查。

第十三条　在督办文物安全案件、实施文物安全专项督察或者在其他工作中，发现文物、博物馆单位存在严重安全隐患的，可直接向被检查单位发《文物安全隐患整改通知书》。

第十四条　对按本规定提出的督察、督办意见和文物安全隐患整改要求的落实情况进行跟踪督办。

有下列行为之一的，向案发地省级人民政府通报情况，提出督察建议：

（一）对发生的文物安全案件，不及时处置或者因处置不力造成文物损失扩大的；

（二）瞒报、迟报文物安全案件，造成不良社会影响的；

（三）不按国家文物局督察、督办意见落实安全隐患整改措施的。

第十五条　按照文物安全监管与行政执法情况公示公告制度的要求，及时对各省、自治区、直辖市文物安全工作情况及文物安全案件进行专项通报、季度通报和年度通报。

第十六条　《国家文物局文物安全案件督察通知》《国家文物局文物安全案件督办单》《文物安全隐患整改通知书》加盖国家文物局行政执法督察专用章，并存档备查。

第十七条　各省、自治区、直辖市文物行政部门督察、督办文物安全案件，可参照本规定执行。

第十八条　本规定自印发之日起试行。

附件：1.《文物安全案件登记表》（略）

2.《国家文物局文物安全案件督察通知》（略）

3.《国家文物局文物安全案件督办单》（略）

4.《文物安全隐患整改通知书》（略）

重要公文

关于颁发考古发掘
资质资格证书的通知

办保函〔2011〕79号

各省、自治区、直辖市文物局（文化厅）：

经我局批准，济南市考古研究所获得中华人民共和国考古发掘资质，于璞等53人获得中华人民共和国考古发掘领队资格（人员名单见附件）。

请获得考古发掘领队资格的人员于3月15日前将近期照片（两寸彩色免冠相片）2张寄至国家文物局文物保护与考古司考古处，以办理领队资格证书。我局将于今年上半年组织开展新任领队岗前培训工作，相关事宜将另行通知。

特此通知。

国家文物局
二〇一一年二月十八日

附件：获2010年度考古发掘资质单位及领队资格人员名单

获2010年度考古发掘资质单位名单（共1家）

山东：济南市考古研究所

获2010年度考古发掘领队资格人员名单（共53人）

北京：于璞　胡传耸　张智勇　李永强　刘乃涛　王晓琨　韩建业

天津：相军

河北：黄信　任雪岩　赵战护

山西：刘岩　古顺芳

辽宁：白宝玉　付永平

黑龙江：王长明

江苏：龚巨平　王宏　骆鹏　王为刚　吴公勤　胡兵

浙江：李晖达　林国聪

福建：阮永好

山东：尹锋超

河南：武志江

湖北：田桂萍

广东：石俊会

广西：谢广维　陆露　周学斌　闫少朋

重庆：蒋刚

四川：何锟宇

云南：朱云生

陕西：李举纲　田有前　郭永淇　辛怡华

青海：闫璘

新疆：艾克拜尔·尼牙孜

中国科学院古脊椎动物与古人类研究所：吴秀杰

中国社会科学院考古研究所：郭物

吉林大学：唐淼　魏东　蒋璐

山东大学：陈雪香

四川大学：吕红亮　赵德云　于孟洲

厦门大学：王新天

中山大学：姚崇新

关于文物系统依法行政和建设法治政府的意见

文物政函〔2011〕180号

各省、自治区、直辖市文物局（文化厅）：

贯彻依法治国基本方略，推进依法行政，建设法治政府，是我们党治国理政从理念到方式的革命性变化，是我国政治体制改革迈出的重要一步，具有划时代的重要意义。为在新形势下深入贯彻全国依法行政工作会议精神，全面落实《国务院关于加强法治政府建设的意见》（国发〔2010〕33号），有效推进文物系统依法行政工作，进一步推动法治政府建设，现提出以下意见：

一、充分认识文物行政部门在加强法治政府建设中的责任和使命

依据文物保护法律法规开展文物保护工作，是文物行政部门的法定职责。文物行政部门作为政府工作部门之一，也是建设法治政府的重要力量。依法行政，依法处理各种问题，是文物行政部门当前和今后一个时期必须高度重视并应当着力做好的工作。各级文物行政部门要认真贯彻国务院和地方政府依法行政、建设法治政府的要求，积极创新依法行政的体制机制，不断增强干部队伍依法行政的意识和能力，注重提高制度建设质量，有效规范行政权力运行，严格执行文物保护法律法规，积极开展文物保护法律法规宣传普及工作，进一步树立文物行政部门的公信力和良好形象，为保障文物事业科学发展与社会和谐稳定发挥更加积极的作用。

二、切实提高文物行政部门干部队伍法治意识

要建立和完善学法用法制度。文物行政部门工作人员特别是领导干部，要带头学法、遵法、守法、用法，自觉养成依法办事的习惯，确保所有行政行为都于法有据、程序正当，特别是加强对文物保护法律、法规、规章的学习研究和贯彻执行。要加强全体文物工作者文物保护法律法规知识的培训，定期组织行政执法人员参加专门的法律知识和执法实践培训；法律法规培训工作应当经常化、制度化，并把培训情况、学习成绩作为考核内容和任职晋升的依据之一。要切实提高运用法治思维和法律手段解决经济社会发展中突出矛盾和问题的能力。各级文物行政部门要切实转变机关工作作风，增强行政管理、行政审批、行政处罚中的法治意识、服务意识和效率意识。

三、积极健全和完善文物保护法律法规制度

继续加强文物保护制度建设，做到文物工作各个方面均有法可依，有章可循，加快构建文物保护法律法规体系步伐。要认真做好文物立法工作调研，着力健全和完善现行文物保护法律法规，抓紧研究制定文物工作中急需的法律制度，适时将文物工作中的有效政策、成熟经验和成功做法上升为法律规定。要及时制定与法律、法规、规章配套的标准和细则，增强法律、法规、规章的实施效果。立法工作要切实做到依法立法、科学立法、

民主立法，增强法律制度的科学性和可操作性；要加强法制机构在文物立法工作中的组织协调和督促指导作用，进一步规范文物立法工作程序，加强立项、起草过程中的论证、沟通与协调，积极听取社会各方面的意见建议，切实提高立法质量和立法效率。要认真开展文物保护法律、法规、规章实施情况评估工作，及时应对文物保护法律、法规、规章实施中出现的情况和问题。要定期对现行规章和规范性文件进行清理，确保规章和规范性文件始终与法律法规保持协调一致，适应文物工作实践需要。积极推动文物保护的地方立法工作，依据现行文物保护法律法规并结合各地实际，制定或完善文物保护的地方性法规和政府规章。

四、大力推进依法科学民主决策

要加强行政决策制度化建设，健全行政决策程序规则，推进行政决策的科学化、民主化、法治化；不断健全和完善文物行政机关议事规则，细化对主要领导干部决策权力的监督。要把公众参与、专家论证、风险评估、合法性审查和集体讨论决定，作为重大决策的必经程序；凡事关文物安全、文保工程、考古工作、博物馆建设与管理、社会文物管理、申报世界文化遗产等方面的重大政策、重大项目等决策事项，都要进行合法性、合理性、可行性和可控性评估，对决策可能引发的各种风险进行科学预测、综合研判，确定风险等级并制定相应的化解处置预案；未经合法性审查或者经审查不合法的，以及未经风险评估的重大事项，一律不得作出决策。建立健全重大决策跟踪反馈和评估制度，对违反决策程序、出现重大决策失误、造成重大损失的，要按照谁决策、谁负责

的原则严格追究责任。

五、全面加强文物行政执法能力

文物行政部门要严格依照法定权限和程序行使权力、履行职责，改进和创新文物行政执法工作方式，正确处理管理与服务、处罚与教育、法律效果与社会效果的关系。要特别重视行政审批和行政处罚制度化建设，严格规范行政审批和行政处罚的主体、对象、程序、时限、裁量标准、责任义务以及相关处罚和审批文书，对文物行政执法中的重大案件实行备案制度。要继续加强和完善文物行政执法人员资格管理和持证上岗制度。积极充实文物行政执法队伍，尤其要重视基层文物行政执法队伍建设，落实文物保护法律法规的执法责任。要为文物行政执法队伍提供必需的物质保障，提高行政执法装备现代化水平。建立健全文物行政执法评议考核制度，把评议考核结果作为行政执法人员奖励惩处、晋职晋级的重要依据。严格落实责任追究制度，狠抓执法纪律和职业道德教育，全面提高执法人员素质，做到严格规范公正文明执法，预防和惩治执法腐败行为。要特别重视解决与人民群众利益直接相关和社会最为关注的文物保护问题，严厉查处危害和破坏文物安全的违法案件，维护正常的文物管理秩序，积极营造良好的文物行政执法环境。

六、全面推进政务公开

要认真贯彻实施政府信息公开条例，加大主动公开力度。信息公开要及时、准确、具体，对人民群众申请公开政府信息的，要依法在规定时限内予以答复，并做好相应服务工作。要全面推进办事公开制度，依法公开办事依据、条件、要求、过程和结果，充分告知行政相对人办事项目有关信息。充分利用现代信息技术，建设好互联网政务信息服务平台，方便人民群众通过互联网办事和了解文物工作动态。要把政务公开与行政审批制度改革结合起来，有序推进网上审批，改善服务质量，提高服务效率，降低行政成本、减轻申请人负担。

七、强化监督和问责

各级文物行政部门要自觉接受人大、政协、政府及有关部门的监督。上级文物行政部门要切实加强对下级文物行政部门的监督，及时纠正违法或者不当的行政行为。要积极创造条件拓展社会监督的渠道和形式，依法保障人民群众的知情权和监督权。要建立和完善专家咨询制度和志愿者工作机制，以更加积极的态度听取专家和志愿者的意见与建议。探索建立依法行政社会评议制度，接受社会的广泛评议和监督。要认真对待群众举报投诉，支持新闻媒体对文物违法或者不当行政行为进行曝光。对群众举报投诉、新闻媒体反映的问题，要认真调查核实，及时依法处理，并将处理结果及时向社会公布。对文物行政部门工作人员违法违纪行为，要坚决依法依纪进行处理，绝不姑息迁就。

八、加强组织领导和督促检查

建立由文物行政部门主要负责人牵头的领导协调机制，研究部署具体工作任务，扎实推进依法行政和法治政府建设工作。加强依法行政工作考核，科学设定考核指标并纳入各级文物行政部门目标考核、绩效考核评价体系，将考核结果作为对文物行政部门领导班子和领导干部综合考核评价的重要内容。加强依法行政工作和法治政府建设的督促指导和监督检查，文物行政部门每年要向上一级党委、政府报告推进依法行政工作情况。要定期总结评估依法行政和法治政府建设工作，及时改进工作中的不足，解决工作中的问题；对依法行政工作和法治政府建设中的好经验好做法，要及时予以宣传推广。

今后一段时期，是文化遗产事业向更高层次科学发展的重要阶段，各级文物行政部门要以高度的责任感，充分重视并积极贯彻本意见的各项要求，将依法行政和法治政府建设的任务转化为具体工作项目，列入中长期事业发展规划和年度工作计划，提供人员和经费保障，采取有效措施，稳步推进，狠抓落实，切实取得富有实效的工作成果，把文物系统依法行政和法治政府建设推进到一个新的更高的水平。

国家文物局
二〇一一年二月二十四日

关于加强文物行政执法工作的指导意见

文物督函〔2011〕265号

各省、自治区、直辖市文物局（文化厅）：

行政执法是文物行政部门的重要职责。2002年，《中华人民共和国文物保护法》修订施行以来，各地不断加强文物行政执法工作，完善机制，强化措施，执法力度逐步加大，执法效果显著，有力保障了文物事业的发展繁荣。

当前，文物行政执法工作面临的形势依然严峻，仍存在许多困难和问题。一方面文物违法行为屡禁不止，必须继续加大执法力度；另一方面，文物行政执法机构不健全、执法人员素质不高，有法不依、执法不严、违法不究等现象仍不同程度的存在。进一步加强文物行政执法工作，有利于履行主管部门职责、维护法律权威和文化遗产尊严，有利于提高文物保护意识、团结全社会力量积极参与，有利于树立法治政府的形象、体现为人民群众服务的宗旨。现就加强文物行政执法工作提出如下意见。

一、提高思想认识　强化组织领导

（一）加强文物行政执法工作的总体要求。

坚持以邓小平理论和"三个代表"重要思想为指导，深入贯彻落实科学发展观，贯彻"保护为主、抢救第一、合理利用、加强管理"的文物工作方针，坚持"有权必有责、用权受监督、违法受追究、侵权须赔偿"的基本要求，完善规章制度，健全执法队伍，加强能力建设，规范执法监督，提高执法质量，提升执法效能，完善执法体制机制。

（二）充分认识文物行政执法工作的重要性。

文物行政执法工作是贯彻文物工作方针、履行文物工作各项法定职能的重要手段之一。各地必须充分认识加强行政执法工作的重要性，正确处理执法与文物保护、执法与行政管理、执法与事业发展的关系。其中心任务就是要贯彻文物保护法律法规，运用执法手段，查处违法违规行为，促进文物保护与管理政策措施的落实，保障国家文化权益，保障文物安全。

（三）加强对文物行政执法工作的组织领导。

各级文物行政部门必须把贯彻执行文物保护法律法规提到本部门工作的重

要位置上，把严肃查处各种文物违法行为，强化文物执法监督作为文物行政执法工作的重点。各级文物行政部门的负责人要切实承担起领导文物行政执法工作的责任，组织、协调、监督行政区域内的文物行政执法工作；对行政执法工作中的重大问题和难点，要主动出面解决，抓典型，出经验，全面推动本部门的文物行政执法工作；要建立本部门的行政执法责任制，把执法业绩作为工作考核的主要内容。

二、理顺执法体制　加强队伍建设

（四）理顺文物行政执法体制。

文物行政执法工作要按照属地管理的原则，减少文物行政执法层级，执法重心适当下移，逐步建立健全以地市、县区级文物执法机构为执法主体的执法体制。省级文物执法机构主要负责监督检查指导本行政区域内的文物执法工作。情节严重、影响恶劣的重大违法案件，可由省级文物行政执法机构直接负责。

（五）文物行政执法工作的范畴。

文物行政执法是指文物行政部门依照法律法规赋予的职责，督促检查文物保护与管理情况，查处违法违规行为等工作。主要有以下形式：一是上级文物行政部门对下级文物行政部门开展文物行政执法工作的检查指导；二是文物行政部门对本行政区域内文物、博物馆单位贯彻执行文物保护法律法规情况开展检查、巡查和督察等；三是文物行政部门依法处理文物违法行为，并实施行政处罚；四是文物行政部门及时向司法机关移交涉嫌犯罪的文物违法案件；五是文物行政部门在行政检查和行政处罚过程中做出责令改正等行政决定。具体工作范畴各地可根据实际情况自行制定。

（六）加强文物行政执法机构建设。

各省级文物行政部门应结合当地实际，积极推动本行政区域内各级文物行政执法机构队伍建设，充实执法人员，规范执法行为，提升执法能力。各级文物行政部门应内设文物执法督察的专职机构，强化监管责任，切实履行职责。各地要积极会同有关部门研究落实文物行政执法人员配置、执法装备与经费问题等。

（七）强化文物行政执法人员培训。

各地要积极开展文物行政执法人员培训工作。以法律、法规、相关政策、案例分析和工作方式与程序为主要培训内容，采取灵活多样的方式，重点培训各级文物行政执法人员，进一步明确岗位职责，全面提升队伍素质。各地要制订培训计划，培训工作要保质保量铺网式进行，力争在5年内使本辖区内文物行政执法人员整体轮训一遍。同时，要对热心于文物保护工作的业余文保员、志愿者和信息员进行培训，引导全社会积极参与文物行政执法工作。

三、完善工作机制　创新工作方法

（八）积极开展文物行政执法巡查。

巡查工作是实现文物行政执法关口前移的有效方法。各地应积极组织力量定期对文物、博物馆单位的保护管理情况开展日常检查，监管视角前移，及时发现和整改隐患，及时制止与查处违法行为，防患于未然。要积极研究制定文物行政执法日常巡查办法，明确相关要求、职责和工作量化标准，巡查情况要如实记录，逐步建立辖区内文物、博物馆单位巡查基本档案。文物行政执法巡查要坚持"属地管理、分级负责"原则，充分发挥文物行政部门主体地位。

（九）积极建立和推行执法信息公示、公告制度。

信息公开是推进依法行政、提高工作

透明度的有效举措。各地应通过多种方式及时公开执法信息，切实做到行政执法依据公开、权限公开、程序公开以及行政执法相对人依法应享有的权利和应履行的义务公开；应定期汇总并上报本辖区内文物行政执法工作基本情况，完善执法信息系统建设。通过公示、公告制度，形成长效监督制约机制，促进各级地方人民政府和各部门切实履行文物保护职责，警示、震慑文物犯罪和违法违规行为。

（十）加强部门协作和区域合作。

部门协作和区域合作是推动文物行政执法工作的重要保障。各级文物行政部门要积极与公安、海关、工商、建设、国土、环保等部门沟通配合，逐步建立联合执法工作机制，共同研究加强文物行政执法的政策措施，形成文物行政执法协调体系和长效机制；要研究建立区域性的文物行政执法工作沟通协调机制，沟通情况，统一认识，共同研究执法中遇到的新情况、新问题，协调解决疑难问题。

（十一）及时移送涉嫌犯罪的文物违法案件。

各地在行政执法过程中查处的文物违法案件，依照法律规定，凡是达到刑事追诉标准、涉嫌犯罪的，应按照有关规定，及时向公安机关移送，切实防止"以罚代刑"现象的发生；对于在查处过程中不移送涉嫌犯罪案件的，应依法依纪追究相关责任。

四、强化执法监督　规范执法行为

（十二）规范文物行政执法主体。

各地要进一步规范文物行政执法主体，明确责任，履行法定职责，要坚决纠正将文物行政执法权交由不具备文物行政执法资格的单位和组织行使的做法。文物行政执法人员必须持证上岗，经培训合格方可取得执法证件。省级文物行政部门要监督实施，定期检查、清理不具备行政执法资格的机构、队伍、人员等，确保实施具体文物行政执法行为时，主体有效、人员合法、行为规范。

（十三）明确文物行政执法责任。

行政执法责任制是规范和监督行政机关行政执法活动的一项重要制度。各地要通过依法界定执法职责，明确执法权限，促使执法主体依法履行职责，既不越权又不失职；通过分解执法职责，把执法责任层层落实到具体的执法机构、执法岗位和执法人员，将责任落到实处；通过评议考核和责任追究，加强对执法活动的监督。对实施不当或者违法的行政执法行为应责令限期整改，依法依纪应采取组织处理措施的，按照干部管理权限和规定程序办理；涉嫌犯罪的，移送司法机关处理。

（十四）逐步建立文物行政执法评议考核机制。

行政执法评议考核是评价行政执法工作情况的重要机制。各地要逐步建立健全相关制度、办法和标准等，遵循公开、公平、公正原则，定期对文物行政执法工作和行政执法人员进行评议考核，对行政执法绩效突出的行政执法机构和行政执法人员予以表彰，充分调动行政执法机构和行政执法人员提高行政执法质量和水平的积极性。

（十五）强化文物行政执法监督。

要强化上级文物行政执法机构对下级文物行政执法机构的监督、检查和指导职能，进一步加强对文物行政执法机构和执法人员的监督，重点对文物行政执法过程中执法不严、违法不究、执法程序不当等行为进行监督。要建立健全社会监督机制，逐步完善群众举报投诉制度，拓宽群众监督渠道，自觉接受社会舆论和人民群众的监督。对群众举报、新闻媒体反映的违法行为要认真调查、核实，并依法及时做出处理。

五、广泛宣传动员 营造执法氛围

（十六）积极争取政府及相关部门的重视和支持。

各级文物行政部门要定期向当地党委、人大、政府、政协上报和向相关部门通报执法信息，进一步加大文物法制宣传，以执法依据、执法目的和执法效果为主要宣传内容，争取上级领导和各部门重视与支持。

（十七）努力营造良好的执法氛围。

要充分利用国际博物馆日和中国文化遗产日等节日，组织开展形式多样的宣传活动，运用新闻媒体宣传法律法规，定期公布文物行政执法检查、督察和文物违法行为处理信息，加大对故意违法以及社会影响恶劣的违法行为的曝光力度，提高全社会文物保护意识，形成良好的执法氛围和执法环境。

请各地根据上述意见制定具体实施办法，确保各项政策措施落到实处，及时将贯彻落实上述意见的办法和实施情况上报我局。

国家文物局

二〇一一年三月十六日

关于更新《中国世界文化遗产预备名单》的通知

文物保函〔2011〕922 号

各省、自治区、直辖市文物局（文化厅）：

为进一步提高我国世界文化遗产申报工作质量，实现《中国世界文化遗产预备名单》（以下简称预备名单）的动态管理，按照《保护世界文化和自然遗产公约》及其《操作指南》、《世界文化遗产保护管理办法》、《世界文化遗产申报项目审核管理规定》的有关要求，我局决定在各地申报的基础上，更新预备名单。现就有关事项通知如下：

一、工作原则

此次更新工作将遵循地方申报、专家审核、从严把握、规划先行的原则，对预备名单进行全面调整。新申报列入预备名单的遗产项目应按照本通知要求履行申报程序。我局 2006 年公布的预备名单中的遗产项目，也应当按照本通知要求重新申报列入预备名单。

二、申报条件

申报列入预备名单的遗产项目（以下简称申报项目）应当具备以下条件：

（一）世界范围内的突出普遍价值；

（二）良好的真实性和完整性；

（三）遗产保护管理规划已经国家文物局审核、认可；

（四）可靠有效的保护管理机制及良好的保护管理状况；

（五）当地人民政府、民众和其他主要利益相关方支持申报世界遗产。

三、申报材料

申报项目应当提交以下材料：

（一）中国世界文化遗产预备名单申报文本（格式见附件）；

（二）经国家文物局审核、认可的保护管理规划；

（三）申报项目所在省级文物行政部门的申请文件和初审意见。

申报文本格式的电子文件可从国家

文物局网站 www. sach. gov. cn 下载。

四、工作程序

（一）申报项目应当由文化遗产所在地市或县人民政府组织编制申报文本，并报请所在省级文物行政部门初审。申报项目涉及一个省级行政区域内多个市、县的，由省级文物行政部门协调有关市或县人民政府统一组织编制申报文本；涉及多个省（自治区、直辖市）的，由各有关省级文物行政部门进行协商，统一组织编制申报文本。

（二）省级文物行政部门应当依据《实施保护世界文化和自然遗产公约操作指南》及本通知的相关要求，对申报项目进行初审，并于 2012 年 3 月 31 日前将初审同意的申报项目材料的纸质、电子版文件各一式三份报送我局。

每个省（自治区、直辖市）申报列入预备名单的项目（不含多个省、自治区、直辖市联合申报项目）原则上不超过 2 个。省级文物行政部门在申请文件中应当明确提出申报项目的优先顺序。

未由省级文物行政部门如期提交完整申报材料的遗产项目，一律不列入更新的预备名单。

（三）我局将组织有关专业机构和专家对申报材料进行审核，并对新申报列入预备名单的遗产项目进行现场考察评估。已列入我局 2006 年公布的预备名单的遗产项目，原则上不再组织现场考察

评估，但如确有必要的，我局也将组织专家现场考察评估。

（四）我局将根据专家推荐意见，综合考虑申报项目的遗产价值、保护管理状况和当前世界遗产申报的趋势、要求，将符合本通知规定的各项申报条件、具备近期申报世界文化遗产潜力的申报项目列入新的预备名单予以公布，并商有关部门提交联合国教科文组织世界遗产中心备案。

我局 2006 年公布的预备名单中的遗产项目，不符合本通知规定的部分申报条件但地方人民政府正式承诺整改的，可以作为警示项目暂时保留预备名单资格，由我局提出两年内限期整改的具体要求。警示项目在规定期限内整改有效并符合本通知规定的各项申报条件的，我局将正式将其列入预备名单并提交联合国教科文组织世界遗产中心备案；未能如期整改的，将不再保留其预备名单资格。

五、联系人及联系方式：

国家文物局文物保护与考古司（世界文化遗产司）世界遗产处

特此通知。

附件：《中国世界文化遗产预备名单》申报文本格式（略）

国家文物局
二○一一年四月二十二日

关于切实加强文物安全工作的紧急通知

文物督发 ［2011］ 9 号

各省、自治区、直辖市文物局（文化厅）：

2011 年 5 月 8 日晚，故宫博物院诚

肃殿展厅展出的香港两依藏博物馆部分文物被盗。各级文物行政管理部门、各文物单位务必吸取教训，引以为戒，切

实加强文物安全工作：

一、树立安全意识，时刻警钟长鸣。历次文物安全事故的教训已经表明，麻痹大意和疏忽松懈是文物安全的最大隐患。各级文物行政部门和各文博单位要充分认识文物安全工作的重要性，将文物安全作为首要任务，列入重要议事日程。各文博单位主要领导是文物安全第一责任人，要增强安全意识、责任意识、风险意识，及时安排部署各项安全工作，切实采取可行措施，将文物安全工作时时抓紧、事事抓牢。增强责任心，树立责任感，以认真负责的作风和扎实有效的工作，预防和杜绝各类文物安全事故的发生。

二、加强设施建设，提升技防水平。各级文物行政部门要督促各文博单位按国家相关标准和要求，尽快完成文物风险单位达标，建设高质量、高效能的文物安全技术防范设施设备。对于达不到《文物系统博物馆风险等级和安全防护级别的规定》的文博单位，在达标前一律不得对外开放。对于长期不配备安全防范设施的文物收藏单位，县级以上文物行政部门要依法实施行政处罚。

三、健全机构队伍，提高人员素质。对于博物馆等文物收藏单位，要依法健全保卫机构，配足安全保卫人员，保卫干部和警卫人员总数不应低于全馆职工人数的百分之十。同时，要配备高素质、高技能的专业安全技术人员，对安全专业技术人员要加强业务培训，做到持证上岗，并能及时、有效处置各类报警事故和险情，保证安防设施设备的使用效能。

四、完善应急预案，加强安全管理。各级文物行政部门和各文博单位要制定和完善各项安全管理制度，并保证安全制度落到实处。建立应急处理机制，制订和完善应对蓄意破坏、文物损毁丢失、人员安全、自然灾害等突发事件的安全预案并组织演练。对各类突发事件必须及时有序启动应急预案。实施精细化管理，细化所有安全管理细节，覆盖所有细微之处，做到任务明确、责任到人、督察到位。

五、开展安全检查，严打文物犯罪。各级文物行政部门和文博单位要立即组织开展文物安全专项排查整治活动，全面排查安全隐患，并逐项督促落实整改措施。开展日常安全巡查，将隐患消灭在萌芽状态。2011年，公安部、国家文物局在全国17省份部署开展打击文物犯罪专项行动。各级文物部门要密切配合公安机关，认真安排部署，制订具体实施方案，迅速行动，尽快形成严打声势，遏制文物犯罪频发势头。

专此通知。

国家文物局
二○一一年五月十日

国家文物局、教育部关于加强高校博物馆建设与发展的通知

文物博发〔2011〕10号

各省、自治区、直辖市文物局（文化厅）、教育厅（教委），教育部直属各高等学校：

高校博物馆是为了教育、研究、欣赏的目的，由高等学校利用所收藏的文物、标本、资料等文化财产设立并向公

众开放，致力于服务高等教育发展和社会文化发展的社会公益性组织。改革开放以来，特别是进入21世纪以来，随着科教兴国和文化大发展大繁荣战略的实施，高校博物馆蓬勃发展，为满足广大人民群众日益增长的精神文化、教育学习需求做出了积极贡献。与此同时，高校博物馆发展中还存在一些问题，博物馆的建设、管理及运营状况与时代要求仍有较大差距，社会服务能力和水平尚待提高，这些问题在一定程度上制约了高校博物馆社会功能的发挥。

为加强高校博物馆建设与发展，充分发挥其在科教兴国、学习型社会和公共文化服务体系建设中的作用，现就加强高校博物馆建设与发展的有关事项通知如下：

一、各地、各有关部门应充分认识高校博物馆的重要意义，切实重视和支持高校博物馆建设与发展。高校博物馆具有鲜明特色，是现代教育体系和博物馆事业的重要组成部分，是探索和实践新型人才培养模式、实现高等教育现代化的重要机构，是开展探究式学习、参与式教学、实践教学的适宜场所，是开展原创科研的重要基地，也是构建公共文化服务体系，建设和谐社会的一支重要力量。高水平高校博物馆是大学深厚学术和文化积淀的重要标志，是优秀大学的重要标志。要将高校博物馆纳入国民经济和社会发展规划，纳入高等教育事业发展规划，纳入博物馆事业发展规划，因地制宜，制定符合各地高校博物馆发展的目标、措施，鼓励和引导具有中国特色的高校博物馆的科学发展。

二、教育部门要进一步明确高校博物馆在现代高等教育体系中的基础性地位，加强扶持和管理。教育部将会同国家文物局等有关部门制定"普通高等院校博物馆规程"，设立高校博物馆发展指导委员会，建立高校博物馆建设与发展联席工作会议，编制和实施高校博物馆发展规划，明

确发展目标，确定发展任务，保障发展资源。并定期向社会发布高校博物馆建设与发展状况信息，增进社会对高校博物馆的认知，引领高校博物馆发展。

三、文物部门要加强履行博物馆业务指导职责，按照《博物馆管理办法》等规定，积极辅导协调高等学校做好高校博物馆的设立注册登记工作，指导高校博物馆业务活动，将高校博物馆纳入行业评估和质量监控体系。积极协调在高校博物馆之间，以及高校博物馆与区域其他博物馆建立长效的交流、协作机制，将高校博物馆纳入博物馆协作网，在藏品保护、陈列展览、社会教育、科学研究、人才培养等业务活动领域开展密切的交流合作，实现优势互补、资源共享。加强博物馆行业协会框架内的高校博物馆专业组织建设，制定行业规范，鼓励高校博物馆加入博物馆行业协会，促进行业自律。

四、要加强对高校博物馆发展的战略研究和统筹规划。高校博物馆建设应以保护、管理和发展文化遗产为基础，以激励和实现知识的创造、分享、传播为中心任务，以服务和支持高等教育发展为主导，以坚持高校博物馆自身特色为动力，以服务高等教育现代化、支持创建优秀大学为主要目标。要从实际出发，着力于凸显大学优势学科特色，完善博物馆功能，把增加博物馆的数量与提高质量结合起来，当前尤其要在提高质量上狠下工夫。要加强博物馆建设工程前期可行性研究、立项、实施等环节的协调指导和评估论证，促进科学决策。要避免不顾实际和可能，盲目追求建设规模的现象。要加强重点博物馆建设，使一批高校博物馆率先跻身国内一流博物馆行列，并向世界先进水平迈进。

五、加强博物馆基础工作，提高专业化水平。大力支持高校博物馆加强系统收藏相关学术领域的实物研究资料和

实物性研究成果，提高和优化收藏品质量。建立健全藏品科学保护机制，加强藏品管理及信息化建设，完善建档备案、日常管理等制度体系。强化预防性保护理念，改善馆藏文物保存条件，遏制因环境不利和管理不善致使文物受损的现象。充分发挥藏品资源以及高校专业力量优势，搭建开放的高水平研究平台，大力推进博物馆的学术研究，以科技创新推动博物馆的管理创新和工作创新。

六、增强社会服务能力，提升社会服务效益。高校博物馆不仅要积极支持并辅助高校教学和学科建设，参与和融入大学校园文化建设，也要切实履行公共文化设施职能，充分实现社会教育功能。高校博物馆要积极创造条件，最大限度地向社会和公众开放，开放时间应符合《博物馆管理办法》规定。要努力提升高校博物馆在展览展示和宣传教育方面的工作水平，大力传播有益于社会进步的思想道德、科学技术和文化知识，不断丰富社会各界群众的精神文化生活。鼓励高校博物馆以各种形式参与公共文化服务体系建设，鼓励将高校博物馆纳入中小学教育内容，鼓励高校博物馆开展各种进社区活动，并积极探索博物馆数字化，通过现代信息技术增强博物馆文化传播、辐射影响力。鼓励高校博物馆积极参与对外文化交流。

七、加强高校博物馆队伍建设，实施人才强馆。支持高校博物馆科学设置岗位，完善职位管理，健全评价激励机制，注重学术梯队和优秀中青年队伍建设，稳定高水平专业技术队伍。同时不断壮大以广大学生为主体的博物馆志愿工作队伍，使志愿服务与素质培养、专业志向和公益精神有机结合。

特此通知。

国家文物局
教育部
二〇一一年五月二十二日

关于促进生态（社区）博物馆发展的通知

文物博发〔2011〕15号

各省、自治区、直辖市文物局（文化厅）：

生态（社区）博物馆是一种通过村落、街区建筑格局、整体风貌、生产生活等传统文化和生态环境的综合保护和展示，整体再现人类文明的发展轨迹的新型博物馆。当前，随着城市化进程加速，大规模城乡建设持续展开，文化遗产及其生存环境受到严重威胁。促进生态（社区）博物馆发展，对于调动全社会保护文化遗产的积极性，推动文化遗产的有效保护和传承发展，建设中华民族共有精神家园，增强民族自信心和凝聚力，延续中华文脉，促进文化与经济社会全面协调和可持续发展，具有十分重要的现实意义。现就促进生态（社区）博物馆发展有关问题通知如下：

一、提高认识，加强统筹规划。要按照科学发展观的要求，充分认识发展生态（社区）博物馆的重要性，立足保护地域文化遗产、维护文化多样性，完善公共文化服务体系，将生态（社区）博物馆纳入各地文博事业发展规划和经济社会发展规划。要以生态（社区）博物馆丰富新农村和城市现代化建设的内涵和成效，加强村落文化景观、历史文化街区等新型文化遗产的抢救、保护和利用、管理，使城乡建设规划的制定和实施与文化遗产保护和博物馆事业发展规划相协调，实现生态（社区）博物馆与当地经济社会发展的良性互动。

二、突出重点，发展具有中国特色的生态（社区）博物馆。要加强生态（社区）博物馆相关文化遗产和环境资源调查，紧紧围绕突出地域文化特色，科学制定生态（社区）博物馆发展规划。生态（社区）博物馆发展必须经过科学的条件评估与决策论证，要避免对生态（社区）博物馆理念的"误用"甚至"滥用"，不切实际一哄而上。要重点依托历史文化名村（镇）、街区等保存文化遗产特别丰富的村庄、街道，发展具有丰富文化内涵和鲜明个性特点的生态（社区）博物馆。

三、拓展视野，强化生态（社区）博物馆整体保护文化遗产的功能。生态（社区）博物馆要保护、展现历史文化村落、街区富有地方特色和集体记忆的文化空间，要将古民居及各类文物的保护、利用与相关的民俗活动、传统手工艺技能的保护、传承相结合，实现文化遗产的整体性和真实性保护。要做好原有村落、社区的文化氛围和活态多元风貌的保护，村落、社区文化传承人及原住居民的保留，村落、社区文化活动的挖掘与丰富等工作，并注重遗产所在地的自然环境保护，做到文化遗产与人们生活、自然环境和谐相处。

四、积极探索，创新生态（社区）博物馆发展途径。生态（社区）博物馆是一项理论创新性和实践创造性很强的工作，要遵循生态（社区）博物馆的基本规律，结合实际情况不断丰富和完善发展模式。鼓励经济发展水平较高的东中部地区试行灵活有效的政策措施，依托历史文化村（镇）、街区发展具有特色的生态（社区）博物馆，率先建立科学

有效的民族民间文化遗产保护机制。要努力推进西部和民族地区发展民族文化类生态（社区）博物馆，切实维护地区文化的多样性和特殊价值。为加强引导，国家文物局将开展生态（社区）博物馆示范点建设，并组织编制相关发展规划，科学构建全国的生态（社区）博物馆体系。

五、以人为本，加强生态（社区）博物馆教育服务工作。生态（社区）博物馆作为一种社区性的文化遗产与生态环境的传承与教育中心，要重点做好传统民居及其原住居民生活习俗、历史古迹、传统手工技艺等文化遗产密集点及相关人文环境、生态环境的维护，并通过文物保护资料中心配套的高水平陈列展览及相关文化活动，普及科学的生存与发展理念，确立和增强当地居民对自身文化的自觉和文化认同感、文化自豪感，引导和规范当地居民在和谐和经过适当改善的条件下从事传统生产生活与文化传承，投身和参与文化遗产保护和生态（社区）博物馆发展逐步成为自觉行为。

六、坚持文物工作方针，将文化遗产保护与改善经济社会发展状况有机统一起来。坚持"保护为主、抢救第一、合理利用、加强管理"的方针，要通过生态（社区）博物馆的发展，充分挖掘相关文化遗产资源的内涵，依托旅游观光、文化休闲产业，科学、合理地发挥生态（社区）博物馆推动经济社会发展的特有作用，促进资源优势转化为经济优势，推动各地区特别是农村、民族地区的产业调整。生态（社区）博物馆在旅游发展中要坚持科学发展观，因地制宜，统筹规划，整合资源，务求实效，必须有助于文化遗产和生态环境的保护，必须有助于维护和改善为旅游者提供当地特色产品和服务的传统生活和生产环境，必须符合《中华人民共和国文物保

护法》等有关法律法规的规定。

七、加强协作，建立生态（社区）博物馆发展的长效机制。推广和完善"政府支持，专家指导，居民主导"的生态（社区）博物馆发展模式。各地文物行政部门要在党委、政府的支持下，加强与发展和改革、财政、建设、旅游、环保、民族、文化、农业、水利、交通等相关部门的联动，并鼓励社会力量支援，加大投入，多方共同推进生态（社区）博物馆发展。社区居民的支持和参与是生态（社区）博物馆发展的关键因素。要加强宣传，积极探索按照责、权、利相一致的原则，多种方式调动社区居民特别是年轻人保护文化遗产、发展生态（社区）博物馆的积极性，形成"遗产保护人人有责，保护成果人人共享"的和谐局面。

八、深入研究，增强理论对实践的指导作用。充分调动和利用有关高等院校和科研单位的力量，组织有关专业机构深入研究生态（社区）博物馆工作规律，借鉴国际先进理论、理念和实践经验，形成符合中国国情、具有较强针对性和适用性的生态（社区）博物馆理论体系，提高对生态（社区）博物馆的认识水平。在此基础上抓紧制定和完善生态（社区）博物馆建设和发展的评估标准，建立相应的咨询、指导、协调、督察和管理考核机制，确保生态（社区）博物馆有效实现其运营目标，最大限度地追求自然与文化、遗产与现实以及相关方面的利益与和谐。

国家文物局
二〇一一年八月十七日

关于命名首批生态（社区）博物馆示范点的通知

文物博函〔2011〕1459号

各省、自治区、直辖市文物局（文化厅）：

生态（社区）博物馆是一种通过村落、街区建筑格局、整体风貌、生产生活等传统文化和生态环境综合保护和展示，整体再现人类文明发展轨迹的新型博物馆。当前，随着城市化进程加速，大规模城乡建设持续展开，文化遗产及其生存环境受到严重威胁。促进生态（社区）博物馆发展，对于调动全社会保护文化遗产的积极性，推动文化遗产的有效保护和传承发展，建设中华民族共有精神家园，增强民族自信心和凝聚力，延续中华文脉，促进文化与经济社会全面协调和可持续发展，具有重要意义。

生态（社区）博物馆是一项理论创新性和实践创造性很强的工作。为加强引导，鼓励积极探索，创新生态（社区）博物馆发展途径，国家文物局研究决定，在全国开展生态（社区）博物馆示范点建设。经组织专家评估，命名浙江省安吉生态博物馆、安徽省屯溪老街社区博物馆、福建省福州三坊七巷社区博物馆、广西龙胜龙脊壮族生态博物馆、贵州黎平堂安侗族生态博物馆为首批生态（社区）博物馆示范点。

希望获得命名的首批生态（社区）博物馆示范点以此为新起点，进一步提高认识，增强责任感和紧迫感，遵循生态（社区）博物馆的基本规律，切实做好生态（社区）博物馆示范点建设工作；要加强科学规划，试行灵活有效的政策措施，结合实际情况不断丰富和完善发展模式，率先建立科学有效的民族民间文化遗产保护机制，切实维护地区文化的多样性和特殊价值，并不断积累经验，充分发挥示范和辐射作用，为推进全国生态（社区）博物馆发展作出更大贡献。

国家文物局
二〇一一年八月十七日

公安部、国家文物局关于进一步加强博物馆安全工作的通知

公通字〔2011〕33号

各省、自治区、直辖市公安厅、局，文物局（文化厅），新疆生产建设兵团公安局：

近年来，各地文物主管部门和公安机关密切配合，认真开展博物馆安全保卫工作，确保了全国博物馆安全形势总体稳定。但是，自今年以来，全国连续发生3起博物馆文物被盗、被抢案件。1月28日，3名犯罪分子闯入湖北省黄冈博物馆，打晕值班人员，抢走战国时期青铜器3件（案件已破）；2月10日，江苏省如皋市博物馆16件文物被盗，案件至今未破；5月8日，故宫博物院9件参展文物被盗（案件已破），引起了社会对博物馆安全的广泛关注。针对当前博物馆安全工作面临的严峻形势，为进一步加强博物馆安全管理工作，确保馆藏文物安全，现将有关要求通知如下：

一、高度重视，进一步强化博物馆安全工作

文物是中华民族的宝贵遗产，博物馆是集中收藏、展示文物的重要场所，目前我国经文物行政部门审核备案的博物馆共有3020座，馆藏文物2700多万件。做好博物馆安全工作，确保文物安全，对弘扬民族文化，传承中华文明具有重要意义。当前我国正处于经济转轨、社会转型的重要时期。部分犯罪分子受社会上一夜暴富思想的影响，在倒卖文物高额利润的刺激下，必然会将做作案目标投向文物大量集中的各类博物馆。涉及博物馆的案件往往案情重大、社会关注度高，有的还可能引发炒作，产生不良社会影响。各地文物主管部门和公安机关要充分认识做好博物馆安全工作的重要性和面临形势的严峻性，认真分析研究当前文物安全工作中出现的新情况、新问题，针对工作中存在的薄弱环节，进一步加强组织领导，强化工作措施，落实工作责任，认真履行各项安全管理职能，扎扎实实抓好博物馆各项安全措施的落实，切实保障博物馆及馆藏文物安全。

二、明确安全责任，进一步强化博物馆内部安全管理措施

博物馆主要领导作为博物馆安全的第一责任人，要依法履行安全职责，切实把博物馆安全作为首要任务来抓，严格按照《企业事业单位内部治安保卫条例》的规定，把博物馆治安保卫工作纳入单位内部管理目标，建立健全各项安全管理制度，落实人防、物防、技防等安全措施。要依据相关法规和本馆实际，建立健全门卫、值班、巡逻、文物保管、

安全检查、突发事件应急管理、安防设施设备维护监测、安全案件报告、安全隐患整改、安全教育培训等各项安全保卫制度和操作程序。要建立馆领导夜间馆内带班制度，带班期间不得脱岗。要建立检查考核机制，确保各项安全制度落实到具体工作岗位和具体工作环节。

三、严格安全监管，进一步排查整治安全隐患

各地文物主管部门和公安机关要切实履行安全监管职责，督促指导博物馆加强和完善安全保卫基础工作。各省级文物主管部门要严格按照《博物馆管理办法》（文化部令第 35 号）的规定，严把博物馆设立审核关口，凡不符合国家安全规定的，不得批准设立博物馆。各地文物主管部门和公安机关要切实加强博物馆安全保卫人员的教育培训，全面提高辖区内博物馆安全保卫队伍的安全防范技能；要指导各博物馆建立健全应急管理机制，分类制定各类突发案（事）件的应急预案，并每半年组织一次应急演练，提高各博物馆自身应对突发事件的能力；要对博物馆安全保卫工作实施定期和不定期安全检查，发现安全隐患和管理漏洞要及时提出整改意见，对重大安全隐患要实施挂牌跟踪督办，直至彻底整改。今年年底之前，各地公安机关和文物主管部门要联合开展对核定为三级以上风险单位的博物馆安全大检查，并认真填写上报《博物馆安全情况检查统计表》（见附件），对发现的安全隐患要实行定单位、定人员、定责任、定时限，明确整改要求，逐一跟踪督办，整改不到位的，要暂停开放。公安部将会同国家文物局对核定为一级风险单位的博物馆安全情况进行抽查。

四、推动风险等级达标，进一步提高博物馆安全技术防范水平

各级文物主管部门和公安机关要按照《文物系统博物馆风险等级和安全防护级别的规定》（GA27－2002）和国务院办公厅《关于保留部分非行政许可审批项目的通知》（国办发〔2004〕62 号）的有关要求，认真组织开展博物馆风险等级的评定和达标工作。评定公布为一级风险单位的博物馆技防工程方案由省级公安机关审核后，报公安部审批并组织验收；评定公布为二、三级风险单位的博物馆技防工程方案，报省级公安机关审批并组织验收；利用全国重点文物保护单位建立的博物馆，技防工程方案在报国家文物局审核同意后送公安机关审批；利用省级以下文物保护单位建立的博物馆，技防工程方案在报省级文物行政部门审核同意后送公安机关审批。各地公安机关和文物主管部门要加强博物馆安全防范技术工程施工监管，确保工程质量和安全防范系统效能。对未经公安机关组织审核的技防工程方案不得施工；对未经公安机关审批验收的博物馆不得对外开放。要认真落实博物馆报警系统与公安机关联网工作，核定为三级以上风险单位的博物馆要逐步实现与当地公安机关的报警联动，实现一键报警。

五、实施综合治理，进一步完善馆藏文物安全长效工作机制

各地文物主管部门和公安机关要针对本地实际情况，认真研究建立博物馆安全防范长效机制，形成防范文物违法犯罪的合力；要建立联席会议制度，定期分析研判博物馆安全形势，有针对性地落实防范措施。各级文物主管部门要加大文物安全投入，不断提高博物馆人防、物防、技防水平，全面增强博物馆自身安全防范能力。各地公安机关要针对当地博物馆安全形势，强化侦查破案，严厉打击馆藏文物犯罪活动；要进一步加强巡逻防控工作，加大巡逻密度，提

高博物馆周边治安防控工作水平；对文物犯罪活动突出的地方要适时组织开展专项整治，对接报的各类涉及博物馆的案（事）件要及时出警，依法妥善处置，对重大文物案件，上级公安机关要进行督办，限期破案。

各地有关工作情况及《博物馆安全情况检查统计表》，请于12月底前报公安部和国家文物局。

附件：《博物馆安全情况检查统计表》（略）

公安部
国家文物局
二〇一一年八月三十日

关于公布《文物进出境责任鉴定员》证及《文物进出境责任鉴定员资格证书》核发结果的通知

文物博函（2011）1726号

各相关省、自治区、直辖市文物局（文化厅），各国家文物进出境审核管理处：

为加强责任鉴定员的资质管理，规范责任鉴定员从业行为，根据《文物进出境责任鉴定员管理办法》规定，我局于近期开展了《文物进出境责任鉴定员资格证书》和《文物进出境责任鉴定员》证核发工作，现将有关情况通知如下：

一、李晨等110人符合有关规定，予以核发《文物进出境责任鉴定员资格证书》（见附件1）；

二、李晨等68人符合有关规定，予以核发《文物进出境责任鉴定员》证（见附件2）。

特此通知。

附件1：《文物进出境责任鉴定员资格证书》核发名单

附件2：《文物进出境责任鉴定员》证核发名单

国家文物局
二〇一一年十月二十六日

附件1：

《文物进出境责任鉴定员资格证书》核发名单

北京市（6人）：

李晨 汪雪玲 虞海燕 薛伟 顾斌 陈占锡

天津市（8人）：

李凯 张安鸽 施俊 赵旻 吕铁山 崔云 张旭 陈扬

河北省（5人）：

刘建华 申献友 常素霞 穆青 樊海军

山西省（5人）：

曾昭冬 王轶鸿 曹玉琪 谷锦秋 王爱国

内蒙古自治区（3人）：

于宝东 尹建光 苏东

辽宁省（5人）：

张桂莲 刘忠诚 杨品卉 陈术实 王亚平

上海市（5人）：

温秋明 黄韵之 万寿 翁平娜

徐汝聪

江苏省（7人）：

鲁力　李竹　程晓中　庞鸥　霍华
王金潮　陆建芳

浙江省（7人）：

柴眩华　梁秀华　王牧　周刃　马
争鸣　周永良　钟凤文

安徽省（4人）

王刚　周锦　付慧娟　张耕

福建省（7人）：

王永平　朱申春　陈卫三　林存琪
林尊源　黄汉杰　周端

江西省（4人）：

陈建平　赵中朝　刘昌兵　赖金明

山东省（5人）：

郭思克　王金环　王冬梅　张鹏
崔胜利

河南省（5人）：

夏志峰　李玲　邱向军　陈敏
王旭

湖北省（4人）：

张少山　张洪珍　刘彦　蔡路武

湖南省（3人）：

李建毛　匡红焰　郭学仁

广东省（12人）：

单晓英　谢海山　邹伟初　林锐
何锋　吴生道　许建林　杨穗敏　潘鸣
皋　赵敏　李遇春　鲁方

重庆市（1人）：

梁冠男

四川省（2人）：

苏欣　刘振宇

云南省（6人）：

张永康　陈浩　詹其友　范舟　贺
苏　马文斗

陕西省（5人）：

尹夏清　徐涛　何建武　崔庚浩
杜文

甘肃省（1人）：

王南南

附件2：

《文物进出境责任鉴定员》证核发名单

国家文物进出境审核北京管理处（6
人）：李晨　汪雪玲　虞海燕　薛伟　顾
斌　陈占锡

国家文物进出境审核天津管理处（7
人）：李凯　施俊　赵旻　吕铁山　崔云
张旭　陈扬

国家文物进出境审核河北管理处（3
人）：刘建华　穆青　樊海军

国家文物进出境审核辽宁管理处（4
人）：张桂莲　杨品卉　陈术实　王亚平

国家文物进出境审核上海管理处（3
人）：温秋明　黄韵之　万寿

国家文物进出境审核江苏管理处（3
人）：鲁力　李竹　程晓中

国家文物进出境审核浙江管理处（6
人）：柴眩华　梁秀华　王牧　周刃　马
争鸣　周永良

国家文物进出境审核安徽管理处（4
人）：王刚　周锦　付慧娟　张耕

国家文物进出境审核福建管理处（3
人）：王永平　朱申春　陈卫三

国家文物进出境审核山东管理处（4
人）：郭思克　王金环　王冬梅　张鹏

国家文物进出境审核河南管理处（3
人）：夏志峰　陈敏　王旭

国家文物进出境审核湖北管理处（1
人）：刘彦

国家文物进出境审核广东管理处
（11人）：单晓英　谢海山　林锐　何锋
吴生道　许建林　杨穗敏　潘鸣皋
赵敏　李遇春　鲁方

国家文物进出境审核四川管理处（2
人）：苏欣　刘振宇

国家文物进出境审核云南管理处（6
人）：张永康　陈浩　詹其友　范舟　贺
苏　马文斗

国家文物进出境审核陕西管理处（2
人）：尹夏清　杜文

关于加快推进国有可移动
文物普查试点工作的通知

文物博函〔2011〕1802 号

北京市文物局、陕西省文物局、中国人民革命军事博物馆：

为做好国有可移动文物普查前期准备，2011 年 7 月，我局印发了《关于启动国有可移动文物普查试点工作的通知》（文物博函〔2011〕1329 号），确定在北京市、陕西省、中国人民解放军开展国有可移动文物普查试点。为加快推进相关工作，确保试点任务如期高质量圆满完成，现就有关事宜通知如下：

一、高度重视普查试点。普查试点通过先试先行，检验和完善普查工作标准及规范，探索普查组织方式、技术路线和工作机制，为全国范围内全面开展国有可移动文物普查提供借鉴和积累经验。请各试点单位进一步增强责任意识和大局意识，把普查试点列为近期工作的重中之重，切实加强协调，按照既定的目标和任务要求，努力抓好工作落实。

二、切实加强组织实施。我局已把普查试点列为今明两年全国文物博物馆工作的重点，由博物馆与社会文物司负责普查试点工作的日常组织和具体协调。各试点单位要结合实际抓紧完善试点实施方案，成立和健全试点领导和实施机构，建立高效协调的工作机制，迅速启动和开展动员、培训、文物调查认定、信息采集等工作。试点实施方案和试点组织机构方案请于 11 月 30 日前报我局博物馆与社会文物司备案。

三、落实经费保障。试点所需经费由我局和各试点单位共同负担。请各试点单位积极争取同级人民政府或军队主管部门对普查试点工作的领导和支持，主动协调有关部门，科学测算普查试点工作经费需求，列入相应年度的地方或军队财政预算，按时拨付，确保到位，保障普查试点工作顺利进行。

四、加强联络沟通和信息通报。自 2011 年 11 月起，请每个月以简报方式向我局博物馆与社会文物司通报试点工作进度，如有重要情况，应随时报告。请各试点单位明确专门联系人，并将联系方式告我局博物馆与社会文物司。

五、现将我局编制的国有可移动文物普查相关标准与规范（试行版）和"国有可移动文物普查采集软件"发放你们试用，请结合实际运用情况及时总结经验，提出修改完善建议。有关具体技术问题，请径与中国文物信息咨询中心联系。

特此通知。

国家文物局
二〇一一年十一月九日

关于公示考古发掘资质及
考古发掘领队资格的通知

文物保函［2011］1926号

根据2011年度考古发掘资质和考古发掘领队资格评议会评议结果，国家文物局拟授予无锡市文化遗产保护和考古研究所考古发掘资质，授予张中华等48人考古发掘领队资格。现将名单公示，公示期20天。有异议者可以通过电子邮件、电话、来信等形式向我局反映。我局将依法予以核查、处理。

附件：
获2011年度考古发掘资质单位和
　考古发掘领队资格人员名单

获2011年度考古发掘资质单位名单
（共1家）
无锡市文化遗产保护和考古研究所
获2011年度考古发掘领队资格人员
名单（共48人）
北京：张中华
天津：张俊生
山西：杨及耘
内蒙古：孙金松、党　郁、岳够明、宋国栋、张红星
吉林：张建宇
江苏：原　丰
浙江：董忠耿
福建：常　浩
安徽：张　辉

江西：严振洪
河南：王咸秋、崔本信、王凤剑
湖北：胡新生
湖南：马代忠、莫林恒
广东：郭雁冰
四川：索德浩、钟　治
贵州：杨　洪
陕西：邵文斌、马永赢
甘肃：张小刚、谢　焱
新疆：丁兰兰、苗利辉
中国国家博物馆：孟原召、霍宏伟
中国文化遗产研究院：丁见祥
中国文物信息咨询中心：袁永明
中国社会科学院考古研究所：何利群
中国科学院古脊椎动物与古人类研究所：张　乐、张晓凌
北京大学：杨哲峰、孙庆伟、倪润安
吉林大学：成璟瑭、吴　敬、邵会秋
武汉大学：李英华
郑州大学：郜向平
中山大学：李法军
西北大学：陈　靓、刘　斌

国家文物局
二〇一一年十二月二十一日

综述篇

辟学习杨善洲同志专栏。

党建工作

【学习型党组织建设】

组织党员干部学习党的十七届六中全会精神，增强建设社会主义文化强国的使命感和责任感，对推动文化遗产事业科学发展有更强的责任担当。学习胡锦涛同志在庆祝中国共产党成立90周年大会上的重要讲话，坚定走中国特色社会主义道路的信心和决心，提高党要管党、从严治党的自觉性，把推进中国特色社会主义事业前进的新要求落实到文化遗产事业发展各项工作中去。认真学习胡锦涛总书记在十七届中央纪委六次全会上的重要讲话，把以人为本、执政为民的理念贯彻到文化遗产保护各项工作中去，贯彻到领导班子建设、干部队伍建设、作风建设、反腐倡廉建设中去。

【学习杨善洲同志活动】

组织党员干部学习杨善洲同志先进事迹，自觉实践党的宗旨，弘扬大公无私、淡泊名利、清正廉洁、无私奉献的精神，在本职岗位上兢兢业业、埋头苦干，创一流业绩。在《中国文物报》开

【党员培训】

举办党员轮训班，组织党员学习党章、党的基础理论，进一步增强光荣感和责任感。举办入党积极分子培训班，增强对党的性质、党的基本知识的了解，端正入党动机；举办基层党组织负责人培训班和党的十七届六中全会精神专题学习班，增强党员领导干部的政治意识、大局意识、改革意识和责任意识。

【主题党日活动】

在局系统党组织开展以"迎接建党90周年，推动文化遗产事业科学发展"为主题的党日活动。局机关组织党员干部考察参观八路军太行纪念馆，机关服务中心组织党员干部参观抗美援朝纪念馆，鲁迅博物馆组织党员干部参观韶山毛泽东故居纪念馆和北京焦庄户地道战遗址纪念馆，中国文物信息咨询中心组织党员干部参观海军博物馆，文物出版社组织党员干部赴山西大寨参观学习，中国文物报社组织党员干部参观延安革命旧址，中国文化遗产研究院组织党员干部赴太原、内蒙古、辽宁等地革命旧址参观学习，中国文物交流中心组织党

员干部赴黄继光纪念馆参观；新文化纪念馆组织党员干部参观闽西革命历史博物馆。通过上述方式，党员干部学习光荣传统，重温入党誓词，坚定理想信念。

【青年教育活动】

组织团员青年在五四期间，参观"复兴之路"展览，并进行座谈讨论。开展"心手相连　情系武山"社会实践活动，组织 15 名团员青年前往甘肃省武山县考察，通过干农活、住农家、参观文博单位、座谈交流等，了解国情、体察民情，在实践中增进与人民群众的感情。

【庆祝建党 90 周年系列活动】

6 月 28 日，召开国家文物局庆祝中国共产党成立 90 周年暨创先争优表彰大会，表彰了局系统 9 个先进党支部，22 名优秀共产党员和 11 名优秀党务工作者，局党组书记、局长单霁翔在大会上讲话。

组织局系统全体党员参加了文化部"学党史、跟党走"的党史知识答题活动；团委组织开展了局系统青年庆祝建党 90 年党史知识赛活动。

举办"红歌献给党——局系统庆祝建党 90 周年歌咏比赛活动"，党员干部以豪迈的歌声表达对党、对国家、对人民的无限热爱。

组织拍摄《文博先锋——记文博战线共产党员》，反映基层党组织在推进文化遗产事业科学发展中涌现出的先进事迹。

【开展创先争优活动】

为局系统全体党员统一制作"党员示范岗"桌牌，摆放在党员干部工作现场，激励党员干部发挥先锋模范作用。

开展"四比四看"活动和党员承诺活动，明确自己在学习、工作、服务、遵纪守法、廉洁自律等方面的要求，增强党员的先进性。召开局直属机关党委创先争优工作点评会，单霁翔同志听取基层党组织工作汇报，并进行点评，提出要求。

【直属机关第五次党代会】

12 月 30 日，召开中国共产党国家文物局直属机关第五次代表大会，局党组书记单霁翔致开幕词，中央纪委驻文化部纪检组组长、文化部直属机关党委书记李洪峰致辞。大会审议并通过了局党组副书记、副局长、直属机关党委书记董保华代表直属机关党委所作的工作报告，以及局人事司司长、直属机关党委副书记解冰代表直属机关纪委所作的工作报告。大会选举出中共国家文物局直属机关第五届委员会，王军、杨阳、吴东风、张自成、柴晓明、郭俊英、彭常新、解冰、董保华当选为委员；新一届直属机关党委选举董保华为书记，解冰为副书记。大会选举出中共国家文物局直属机关第五届纪律检查委员会，刘曙光、李游、赵国顺、葛承雍、解冰当选为纪委委员；新一届直属机关纪委选举解冰为纪委书记。

【推选十八大代表候选人】

按照中央国家机关工委的要求，开展国家文物局出席党的十八大代表候选人推选工作。

【反腐倡廉建设】

一是加强党风廉政教育。认真学习贯彻《中国共产党党员领导干部廉洁从政若干准则》，自觉廉洁自律，接受群众监督。认真贯彻中共中央、国务院《关于实行党风廉政建设责任制的规定》，强化各级领导班子和领导干部抓好反腐倡廉建设的政治责任。

二是深化行政审批制度改革，取消2个行政审批项目及23个评选达标表彰项目，下放3个行政审批项目；率先面向社会公布"三公"经费支出，得到社会舆论关注；查找廉政风险点77个，对权力相对集中的重点岗位、关键环节进行梳理，严格管理制度。推进人事制度改革，开展竞争上岗，扩大干部交流，选派年轻干部深入基层锻炼。深化财务制度改革，编制预算时坚持量力而行，科学确定预算需求；在执行预算时做到尽力而为，保证重点工作的落实。

三是减少因公出国（境）项目，治理庆典、论坛、研讨会、博览会过多过滥问题，取消23个评选达标表彰项目，规范公务用车制度。认真落实党员领导干部个人有关事项报告制度、党员领导干部民主生活会制度、领导干部经济责任审计制度。直属机关纪委受理群众来信来访15件（次），实事求是做好核实工作。

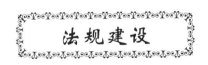

法规建设

【法制建设工作】

1. 配合法制办继续推动《博物馆条例》立法进程

积极配合国务院法制办召开专题论证会，围绕博物馆定性、博物馆终止后藏品处置制度等问题，进行深入研究论证。2011年7月，对《博物馆条例（草案）》进行研究修改，再次发函征求106家单位和个人的意见。反馈意见主要集中在四个方面：一是国有和民办博物馆是否区别对待；二是立法调整的范围；

三是藏品的管理与处置；四是其他方面的意见，涉及博物馆性质、土地划拨、博物馆登记机关和处罚主体等。从11月份开始，国务院法制办与国家文物局分别对有关反馈意见进行深入研究，并商定择期共同研究修改条例草案。

2. 推动《大运河遗产保护条例》立法研究

在近两年的调研基础上，起草《大运河遗产保护条例（征求意见稿）》，先后征求国务院相关部委，大运河沿线省、直辖市政府及其文物部门，部分研究单位的意见，并提交大运河保护和申遗省部际会商小组第三次会议讨论。按照2011年3月省部际会商小组第三次会议要求和国务院法制办的建议，组织召开专家论证会，讨论制定《大运河遗产保护条例》的必要性和可行性，取得国务院法制办的积极支持。

3. 研究起草《文物认定评估条例》

根据局务会议要求，按照通过修订《文物认定管理暂行办法》，使之上升为行政法规，在文物认定法规中解决社会文物鉴定问题的工作思路，国家文物局政策法规司积极会同博物馆司进行了研究讨论，开始起草《文物认定评估条例》。

4. 制定《文物复制拓印管理办法》

联合局有关部门对《拓印古代石刻的暂行规定》和《文物复制暂行管理办法》进行研究和修改，发布《文物复制拓印管理办法》，进一步落实现行文物法律法规对文物复制拓印的管理要求。

5. 印发《国有文物保护单位经营性活动管理规定（试行）》

针对当前文物保护单位经营性活动管理不够规范的实际，在对各地国有文物保护单位和遗址类博物馆开展经营性活动的情况详细调查基础上，研究制定了《国有文物保护单位经营性活动管理规定（试行）》，积极推动国有文物博物馆单位规范开展经营性活动。

6. 加强依法行政的制度建设

为有效规范国家文物局立法工作，进一步明确立法工作内容、职责、程序和任务，先后印发《国家文物局立法工作规定》《文物立法"十二五"规划》和《2011年文物立法工作计划》。

为依法完善行政复议和诉讼工作程序，树立国家文物局公信力和良好社会形象，保护行政相对人合法权益，维护社会稳定，制定《行政复议和诉讼工作规定》。

为落实国务院对依法行政、建设法治政府的要求，先后印发《关于文物系统依法行政建设法治政府的意见》和《国家文物局依法行政和建设法治政府有关工作任务分解方案》，有效推进文物系统依法行政工作，进一步统筹协调局内各司室依法行政工作的任务和责任。

为积极推进全国文物系统文物法制"六五"普法工作，印发《关于文物系统"六五"普法工作的指导意见》，提出文物系统"六五"普法工作的具体任务和要求，进一步加大文物法制宣传指导力度。

【立法调研】

1. 开展大遗址保护和国家考古遗址公园建设调研

由国家文物局领导带队，政法司、文保司和有关部委参加的调研组，从3月份起至6月底，对12个国家考古遗址公园进行了调研，先后召开十几次由地方文物、法制、财政、国土资源、人力资源和社会保障等部门参加的专题座谈会和专家座谈会，全面听取各方面的情况和意见建议，形成《关于促进国家考古遗址公园可持续发展的调研报告》。

2. 开展《文物保护法》实施情况调研

委托中国文化遗产研究院深入开展《文物保护法》实施情况的调研，通过问卷调查、实地考察、专家研讨会等形式，全面收集文物法律法规实施情况，并对新情况、新问题进行专题研讨。调研围绕事关文物事业发展的突出问题，着力研究完善管理体制、扩展文物范畴、合理利用文物、规范文物市场、追索流失文物、加大执法力度等方面的制度措施。

国家文物局在调研基础上，起草了《关于中华人民共和国文物保护法实施情况的报告》，并于2011年11月4日由局长单霁翔向全国人大教科文卫委员会第37次全体会议作了汇报。

3. 开展文物保护与旅游发展问题调研

按照中央领导要求和国家文物局与国家旅游局签署的战略合作框架协议，积极与旅游局进行沟通，并组织开展了深入全面的调研活动，形成了初步调研报告，相关意见建议在旅游法立法调研和旅游法草案论证工作中已经有所反映。同时，委托河北省文物局组织有关专家开展《文物旅游发展战略》课题研究，课题研究报告已经编制完成。

4. 配合开展其他调研

配合全国政协提案委员会赴湖北荆州开展大遗址保护重点提案督办和调研；参加全国人大财经委赴四川省开展的旅游立法调研活动。

【人大建议、政协提案办理】

2011年，国家文物局负责办理的人大建议50件，政协提案57件、转信2件，总共109件。国家文物局以办理工作评比表彰为抓手，以办理落实为目标，扎实推进办理工作。在各司室的积极努力下，人大建议、政协提案办理工作圆满完成。同时，对近年来全国政协会同国家文物局开展的重点提案调研项目进行汇总分析，提出进一步发挥政协委员推动文化遗产事业发展作用的意见建议。

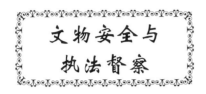

文物安全与执法督察

【制度建设和理论研究】

积极推进制度和标准建设，印发《关于加强文物行政执法工作的指导意见》《文物保护单位执法巡查办法》《文物消防安全检查操作规程（试行）》《国家文物局文物安全案件督察督办管理规定》等规范性文件。针对博物馆安全形势，与公安部联合印发《关于进一步加强博物馆安全工作的通知》。组织起草或者修订《文物行政处罚程序暂行规定》《博物馆安全保卫工作规定》《文物建筑消防管理规则》《文物保护单位安全管理办法》《文物安全监管与行政执法公示公告办法》等多项规章和规范性文件。会同公安部完成《博物馆和文物保护单位安全防范系统技术要求》（GB16571）修订，启动修订《文物系统博物馆风险等级和安全防护级别的规定》（GA27）。组织开展文物消防标准体系研究。会同相关部门制定发布了宗教活动场所和旅游场所燃香的技术标准和安全规范。

强化理论研究，《2006—2008年文物行政执法案例研究》和《文物行政执法预警机制预研究》课题已结项，启动《2008—2010年文物行政执法案例研究》课题研究，开展《文物行业消防标准体系研究》和《文物博物馆单位安全保卫人员防卫器具配备标准》等技术性标准性应用研究。

【执法督察与安全检查】

开展国有全国重点文物保护单位与遗址类博物馆经营性活动调查，并按《国有文物保护单位经营性活动管理规定（试行）》要求督办相关案件，如：承德避暑山庄开设会馆，北京市万寿寺过度商业开发，扬州市小盘谷开设会所，宁波市庆安会馆出租经营等。

继续加强文物行政违法与安全案件的督察督办力度。2011年，督办行政违法案件62起。所办理案件中，涉及文物保护单位保护范围和建设控制地带违法建设的38起，涉及文博单位违规管理及经营的15起，其他类型的9起；督办安全案件与重大安全隐患近40件，督促地方整改并对相关责任人给予严肃处理，如：河南安阳殷墟遗址内违法建设案，甘肃永昌和河北涞源明长城遭破坏案，陕西延安杨家岭革命旧址内中央花园周边违法建设案，陕西省西安丰镐遗址内违法建设案，内蒙古锡林浩特贝子庙周边违法建设案，江苏南京将军山明功臣将军墓周边违法建设案，陕西汉中张良庙违规开设宗教活动场所案，福建武夷山余庆桥特大火灾案，甘肃马家川马家源墓地被盗案等。

与公安部治安局联合开展为期6个月的全国博物馆安全专项检查，推动各地公安机关和文物部门完善联防机制，督促博物馆落实各项安全措施。联合中国气象局，首次组织开展"全国重点文物保护单位防雷安全专项检查"，通过检查推动各地文物、气象部门建立气象灾害防御联动机制，共同制定防雷减灾工作计划。

【水下文化遗产联合执法】

国家文物局和国家海洋局联合印发了《国家文物局 国家海洋局关于加强我国管辖海域内文化遗产联合执法工作的通知》（文物督函〔2011〕1523号），召开了"我国管辖海域内文化遗产联合执法工作会议"，成立了联合执法工作领导小组，部署下一步联合执法工作。

联合公安部边防局、治安局、刑侦局、中国海监总队赴福建、海南开展"打击海域水下文化遗产盗掘专项调研"，研究建立长效机制。积极推动福建、海南两省文物、边防、海监部门建立联动机制，福建破获多起重大案件，海南启动打击防范盗捞西沙水下文物专项行动。

【打击文物犯罪专项行动】

2011年5月11日上午，公安部和国家文物局在西安召开"2011打击文物犯罪专项行动"动员部署会议，在全国17个省份开展"2011打击文物犯罪专项行动"。公安部、国家文物局对陕西、河北、山东、湖南、内蒙古等省份进行了联合督导，挂牌督办了21起重大文物犯罪案件。专项行动取得了丰硕成果，各地共破获文物犯罪案件556起，打掉犯罪团伙210个，抓获犯罪嫌疑人1062名，追缴三级以上珍贵文物557件。

2011年1月，公安部和国家文物局，依托陕西省公安厅刑侦局筹建"全国文物犯罪信息中心"。5月11日，公安部和国家文物局领导为信息中心授牌。7月，信息中心正式运营。11月，公安部、国家文物局在西安举办了系统应用培训班，为各地培养打击文物犯罪业务骨干。各地公安机关已录入文物案件、涉案人员、涉案文物信息3200余条，陕西、四川等省已成功将该系统运用于案件侦破，对打击文物犯罪的支撑作用初步显现。

【召开全国文物安全工作部际联席会议第二次会议】

12月28日，全国文物安全工作部际联席会议第二次会议在北京召开。会议总结文物安全工作情况，分析了文物安全形势，审议并原则通过了《全国文物安全工作部际联席会议2012年重点工作计划》和《关于加强和改进文物安全工作的指导意见》。文化部部长、全国文物安全工作部际联席会议召集人蔡武出席会议并讲话。国家文物局局长、联席会议办公室主任单霁翔主持会议。联席会议成员单位公安部副部长张新枫、住房和城乡建设部总规划师唐凯、国家宗教事务局副局长蒋坚永以及外交部、国家发展和改革委员会、科技部、财政部、国土资源部、环境保护部、海关总署、国家工商行政管理总局、国家旅游局、国务院法制办公室、总参作战部负责同志出席会议，并特邀中国气象局、国家海洋局有关负责同志出席会议。

【安全防范设施建设】

推进全国重点文物保护单位安防、消防和防雷工程建设，加强安防、消防和防雷工程方案审核与指导工作，全年审核各类方案近400项，支持地方实施三类工程100余项，指导实施了承德避暑山庄、元上都、荆州片区古墓葬群、秦汉唐帝王陵等一批重大安消防工程，推进新技术应用。组织实施山西全国重点文物保护单位"一键报警"试点工程。委托中国文化遗产院等科研单位完成"沿海水下文化遗产安全防范监控试点"项目，提出了4套水下文物安全防范方案，摸索建立了文物部门、公安边防、当地驻军协调联动的安全防护模式。

【文物行政执法和安全培训】

举办了全国文物行政执法师资力量培训班，加强对各省执法业务骨干的培训，带动各地执法培训工作的开展。研究编写"十二五"文物行政执法人员培训指南，规范各地文物行政执法培训工作。继续开展基层执法人员片区培训，支持河南、湖北、湖南、新疆等地文物行政执法人员培训工作，2011 年，共培训文物行政执法人员 1740 人。举办"全国文物安全管理培训班"，联合人事司举办"世界文化遗产安全管理培训班"，培训各省、地级市和世界文化遗产地安全管理干部 230 余人，与公安部门联合培训防范、打击文物犯罪业务骨干 360 余人。

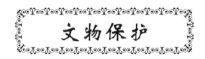

文物保护

【重大文物保护工程】

1. 汶川震后文物抢救保护工程

四川汶川地震灾后文物抢救保护工程主要任务顺利完成。2011 年 5 月 6 日，国家文物局文物保护与考古司会同局有关部门在四川成都组织召开全国文物系统"5·12"汶川地震灾后文物抢救保护工作总结大会，对汶川震后文化遗产抢救保护工作进行了全面总结。截至 12 月 31 日，245 个灾后文化遗产抢救保护项目中，完成项目 237 项，完成率为96.7%；基本完成了中央提出的"用三年左右时间完成恢复重建的主要任务"的目标。

5 月 7 日，国家文物局文物保护与考古司会同四川省文物局举行了桃坪羌寨抢救保护工程竣工仪式。10 月 12 日，举行千佛崖摩崖造像保护工程开工仪式。国家文物局副局长童明康出席。

2. 玉树震后文物抢救保护工程

青海玉树震后文物抢救保护工作在受损文物建筑的排险支护、拟定恢复重建计划、争取项目经费、编制总体规划、设计维修方案、遴选施工单位等方面取得了阶段性成效。先后批复了玉树地区的玉树藏娘佛塔及桑周寺等 4 处全国重点文物保护单位的文物本体维修、壁画保护、边坡加固、危岩体加固等重要方案。

截止 2011 年 7 月，组织赴玉树进行震后文物保护工程工地检查，对工程进行总结和指导。至 10 月底，玉树地区的 4 处全国重点文物保护单位已全部开工，开工率 100%；省级以下文物保护单位开工率 84%。国家下拨文物抢救保护专项资金约 1.7 亿元，其中国保单位维修保护工程已经执行 3600 万元。

3. 西藏文物保护工程

10 月 25 日，西藏"十二五"重点文物保护工程暨敏竹林寺保护维修工程开工仪式在山南地区敏竹林寺举行，标志着西藏"十二五"重点文物保护工程正式启动。

截止 2011 年 12 月底，22 处西藏"十一五"重点文物保护工程中，14 处已经竣工并完成了初验。国家发改委对西藏"十一五"重点文物保护工程到位资金 21162.5 万元，财政部到位资金22791 万元。

4. 山西南部早期建筑保护工程

山西南部早期建筑保护工程有序开展。陵川崔府君庙等 18 个在建项目工程整体进展顺利。曲沃大悲院、平顺回龙寺等重要文物保护单位的保护规划及 33 处项目的环境整治方案、23 处项目规划大纲获批复。

2011 年 3 月 30 日至 4 月 2 日，国家文物局副局长童明康带队对山西武乡会仙观、襄垣灵泽王庙、屯留宝峰寺、长子崇庆寺等南部工程工地进行检查、调研。2011 年 9 月初、11 月中旬，组织专家进行了南部早期建筑保护工程的工地检查，初步验收了 11 项已完工的南部早期建筑保护工程。

2010 立项开展的"山西南部早期木构建筑信息数字化研究"项目取得明显成效。山西南部早期建筑模型制作工作已取得阶段性成果，已制作模型 20 多个。

5. 应县木塔保护工作

3 月 30 日，组织应县木塔保护工作现场会，与市、县政府及相关部门进行座谈，强调继续加强应县木塔监测工作，抓紧编制规划，结合规划科学研究解决前街、后殿的环境整治问题。

5 月 19 日，会同中国文化遗产研究院在北京组织召开了应县木塔监测阶段性成果汇报会。会议对中国文化遗产研究院自 2008 年以来木塔监测成果、现状的初步研究报告、下一步木塔保护工作建议等进行了讨论。

11 月 8 日至 9 日，组织专家赴应县对应县木塔开展了入冬前的检查工作。研究布置了应县木塔保护规划的编制、监测工作及二、三层局部加固方案的编制工作下一步开展。

6. 涉台文物保护工程

涉台文物保护工程进展顺利。截至 2011 年底，已落实文物本体维修经费 1.7564 亿元，实施了 116 处重要涉台文物的保护维修工作。为了进一步加强对涉台文物保护工程的领导，国家文物局、福建省人民政府成立了"福建涉台文物保护工程领导小组"，由国家文物局局长单霁翔、福建省委常委、省人民政府副省长陈桦任组长，国家文物局副局长童明康、福建省文化厅厅长宋闽旺任副组长。

指导省局组织编制完成了《福建省涉台文物保护总体规划》，分别于 2011 年 8 月 23 日和 12 月 29 日两次组织专家评审会，对《福建省涉台文物保护总体规划》进行评审。该规划有待修改完善。

7. 中国政府援助柬埔寨吴哥古迹二期茶胶寺保护修复工程

组织中国文化遗产研究院多次与商务部就项目实施的方式、费用等问题进行商谈并达成共识。先后批复了与柬埔寨暹粒市的援柬二期茶胶寺保护修复工程对外承包合同、与商务部国际经济事务合作局的对内承包合同、茶胶寺保护修复工程总预算及年度工程预算，茶胶寺保护修复工程第一段六个点施工组织设计、施工图设计，茶胶寺保护修复工程总体设计方案及工作计划等。

6 月 15 日，组织专家赴现场开展现场勘查，全面了解勘察测绘、历史研究、病害调查、材料试验等工作，形成了专家论证意见，明确了工程总体方案、施工图设计、施工图预算等具体细节和要求，并与我驻柬使馆会谈、沟通，推动工程顺利实施。11 月初，通过委托国家文物局指定的招标代理机构采取邀标的形式，确定了援柬二期茶胶寺保护修复工程监理单位。

【文物保护工程管理】

1. 进一步加强 9 省市方案审批下放试点管理工作

12 月 27 日，在杭州召开了 9 省试点省市的方案审批下放试点工作座谈会，总结了一年来方案审核公示备案管理工作的情况，对工作中存在的问题进行了认真的讨论，并就下一步工作的完善和规范达成了一致意见。下一步想在对此次会议成果总结的基础上，对存在的问题提出明确的意见，印发通知，进一步细化、规范下放工作。

2. 召开第五批文物保护工程单位资质评审会

2011 年 9 月 27 日至 29 日，会同考古处、遗产处组织了第五批文物保护工程单位资质评审工作。由 27 位评委组成评审组，认真审议了全国 21 个省、自治区、直辖市 65 家单位的 67 项申报资质材料。经专家评审、局务会审议同意，共有 11 家获得文物保护工程勘察设计甲级资质（另有 8 家增加业务范围）、24 家获得施工一级资质（另有 5 家增加业务范围）、4 家获得监理甲级资质（另有 1 家增加业务范围）。

3. 法规和标准体系建设

法规方面，与中国文物信息咨询中心推动《文物保护工程竣工验收管理办法》的制订工作。标准方面，北方定额已经完成，同时通过招标程序委托浙江省古建院开展了文物保护工程南方定额编制工作。

【历史文化名城名镇名村管理】

为贯彻落实国务院《历史文化名城名镇名村保护条例》的有关要求，按照 2010 年 12 月 20 日住房和城乡建设部与国家文物局联合印发的《关于开展国家历史文化名城、中国历史文化名镇名村保护工作检查的通知》（建规［2010］220 号）要求，开展了历史文化名城名镇名村保护情况检查工作。

为确保检查工作的顺利开展，会同住建部规划司多次召开名城名镇名村检查工作领导小组办公室会议，商定检查工作的时间、内容、程序人员组成等。4 月 22 日，住房和城乡建设部与国家文物局联合召开新闻通气会。7 月开始，

国家文物局文物保护与考古司、督察司和住建部规划司分别牵头组成检查组，对各省进行了检查。国家文物局牵头完成了 15 个省的名城检查工作，并召开会议对检查工作进行了总结。同时配合住建部完成了其余 16 省的名城检查工作。

会同住建部开展了国家历史文化名城申报的考察工作，结合文物保护工作对提出申请的城市提出考察意见并报国务院。2011 年，共有宜兴、嘉兴、中山、蓬莱、太原、会理等城市被国务院公布为国家历史文化名城。

会同住建部对规划的编制办法和要求进行了论证。

【第七批全国重点文物保护单位申报】

第七批全国重点文物保护单位评选工作取得阶段性成果。整理上报工作是国家文物局 2011 年的重点工作之一。

2 月 28 日、3 月 4 日，会同考古处两次召开茶马古道申报第七批国保评选论证会。5 月 20 日，组织召开中宣部等单位补充推荐的 22 处申报项目专题论证会。

一年来通过组织召开会议、致函等形式，就推荐项目名单多次征求中宣部、中央党史研究室、中央文献研究室、发展改革委、财政部、住建部、宗教局等部门意见。名单经多次修改后，准备最后确定。

开展第七批国保简介编写、审核工作。在征求各部门意见的同时，组织中国文化遗产研究院、社科院考古所、中国建筑设计研究院建筑历史研究所、清华大学等单位，完成全部申报项目的简介编写工作。在此基础上，会同考古处组织专家召开简介审核会议，对推荐项

目的简介初稿逐一审核。

【红色旅游】

参加红色旅游工作协调小组办公室组织的论证会，议定了红色旅游二期名录和一期增补名录，一批文物保护单位进入名录。配合红办开展了红色旅游健康发展专项检查，重点对江西省的红色旅游开展情况进行了检查。

继续加大全国重点文物保护单位中革命文物的保护规划和保护维修方案的编制、审核力度。已审核有关保护规划和各类维修方案70余件，向涉及革命文物的全国重点文物保护单位拨付专项补助经费3275万元，有效保护了文物本体及周边环境，确保了与红色旅游相关革命文物在有效保护的基础上得到合理利用。

【新型文化遗产保护与实践】

加强了工业遗产、文化线路等新型文化遗产的保护调研工作

多次陪同局领导赴首钢开展工业保护调研，草拟了局领导在政协会议上有关首都十大建筑和首钢工业遗产等新型文化遗产保护的发言稿和政协提案，完成了报中央领导关于加强首都工业遗产保护的报告。

大遗址保护

2011年是"十二五"期间大遗址保护工作开展的第一年。一年来，大遗址保护各项工作稳步推进，成果显著。在长城、丝绸之路、大运河、西安片区、洛阳片区组成的"三线两片"为核心的大遗址保护格局基础上，提出了"六片、四线、一圈"为核心、150处重要大遗址为支撑、覆盖全国、全面体现中华民族多元一体发展历程的大遗址保护新格局。12家国家考古遗址公园和23家批准立项的国家考古遗址公园建设工作顺利开展，隋唐洛阳城、郑州商城、楚纪南故城、汉长安城、铜官窑、里耶故城、老司城、扬州城、北庭故城等重要遗址的保护和展示工作有序推进，大遗址保护和考古遗址公园建设逐步向纵深发展。

2011年，国家文物局批准了统万城遗址、铜岭铜矿遗址、大汶口遗址、曲阜鲁国故城、三杨庄遗址、大河村遗址、新密古城寨遗址、北首岭遗址、和林格尔土城子遗址、十二连城城址、炭河里遗址、湖田古瓷窑址、庙后山遗址、天目山遗址、大周封祀坛遗址等15处重要大遗址保护规划，以及晋阳古城遗址和楚纪南城遗址保护规划纲要；陆续批准了隋唐洛阳城城墙遗址和宫城区域、汉长安城未央宫遗址和直城门遗址、大明宫望仙台遗址、里耶古城遗址、八岭山古墓群、楚纪南故城、姜维城遗址、炭河里城墙遗址、许三湾城遗址、交河故城三期、米兰遗址、苏巴什佛寺遗址、高昌故城四期、金牛山遗址C点洞穴等重要大遗址保护和展示方案；协调指导高句丽、渤海、郑州商城、隋唐洛阳城、汉长安城、曲阜鲁故城、铜官窑、里耶故城、老司城、扬州城、鸿山、良渚等重要大遗址的保护工作，积极指导荆州大遗址保护片区建设，有力地推动大遗址保护工程顺利实施。

2011年6月11日，全国12家国家考古遗址公园的代表启动联盟并发布《国家考古遗址公园联盟宣言》，倡导文化遗产与人、与城市、与自然的和谐。

2011年9月3日，国家文物局、陕西省政府在西安召开合作共建汉长安城

国家大遗址保护特区工作会议，研究推进局省合作共建汉长安城大遗址保护项目和国家大遗址保护特区有关事宜。此次会议对"十二五"期间进一步推动汉长安城大遗址保护特区建设，全面推进考古遗址公园和相关保护、展示工程，起到了积极作用。

2011年11月25日至26日，由国家文物局和湖北省人民政府主办，湖北省文化厅、湖北省文物局、荆州市人民政府承办，中国古迹遗址保护协会协办的"大遗址保护现场会暨大遗址保护荆州高峰论坛"在湖北荆州举行。来自近50个城市，700余名代表参加了论坛。与会城市代表紧紧围绕"科学保护大遗址，全民共建惠民生"的主题，交流成果，分享经验，达成了共识，发布了《大遗址保护荆州宣言》。该宣言创造性地提出要将大遗址保护纳入国家战略，纳入公共文化服务体系，要将发展文化产业作为大遗址保护的重要助力，是对大遗址保护理念的又一次大发展。《大遗址保护荆州宣言》既是对以往大遗址保护工作经验的总结，也是以后做好相关工作的重要保障。

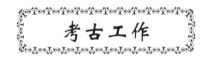

考古工作

【概况】

2011年，国家文物局共批准各地620项考古发掘项目。

三峡库区文物保护工作继续开展。2011年，重庆涪陵白鹤梁文物保护工程综合验收预备会召开；7月27日，国家文物局联合国务院三峡工程建设委员会办公室组织对白鹤梁题刻原址水下保护工程进行综合验收。三峡建设委员会等单位组织编写三峡工程2008至2010年试验性蓄水文物保护总结报告，并开始研究三峡后续工作总体规划文化遗产保护相关内容。

南水北调工程文物保护工作进展顺利。截至2011年12月底，南水北调东、中线一期工程文物保护工作进展顺利，中线干渠京石段、河北段、河南段文物保护工作全部完成，丹江口库区、东线山东段、江苏段文物保护工作进展顺利，累计已完成考古发掘面积近154万平方米，占总工作量的90.8%。2011年4月26日至27日，国家文物局和国务院南水北调办联合召开会议，评审武当山遇真宫原地垫高保护工程设计及概算。经专家论证，确定了原地垫高的保护思路。文物拆迁及复原工程、宫门顶升工程、土石方垫高工程的招投标工作已经完成，"三通"工程已全部到位，其他相关工作已有序开展，预计于2012年8月底顶升至156米高程，2012年底顶升至172米高程。

在考古管理工作方面，2011年4月22日，国家文物局与中国石油天然气集团公司在北京签署《关于合作开展文化遗产保护工作的框架协议》，双方计划在油气管道建设等领域共同加强文化遗产保护合作，创新基本建设考古协调管理机制，实现文化遗产保护和能源建设工程的双赢双利，和谐发展。

考古人员培训方面，为适应当前考古和文物保护工作的实际需要，进一步规范考古发掘项目申报和审批程序，2011年9月至10月，委托陕西省文物局、洛阳市文物局先后在西安和洛阳组织开办两期考古发掘电子审批系统培训班（西北片区、中原片区）。共有来自陕西、甘肃、青海、宁夏、新疆，以及河北、山西、山东、河南九省（区）的235位在职考古发掘领队及文物主管部门相关业务负责同志参加培训。5月，国家文物局在河南洛阳组织新任领队岗前培训工作，增强领队人员文物保护意识，提高综合素质和田野考古工作水平。

为加强项目管理，国家文物局组织专家检查、指导江西新建县墈墩汉墓、陕西凤栖原西汉大墓、阳陵、周公庙、湖南老司城遗址、铜官窑遗址、湖北叶家山遗址、山东定陶汉墓、甘肃马家塬墓地、清水李崖遗址、陈旗磨沟墓地，以及四川向家坝水电站淹没区考古项目，推动地方严格执行相关田野工作规程，提高田野工作质量。

【考古报告出版】

考古资料整理和报告编写工作稳步推进。2011年全国共出版考古发掘报告约40余部，包括《汶上南旺》《四川邛崃龙兴寺》《德清亭子桥》《文家山》《昆山绰敦遗址》《商洛东龙山》等重要报告陆续面世。

【重要考古发掘项目、获奖情况】

在2011年的考古发掘项目中，包括河南郑州老奶奶庙旧石器时代遗址、山西绛县周家庄遗址、湖南临澧衫龙岗遗址、内蒙古通辽哈民遗址、湖北随州叶家山墓地、秦雍城道路系统、山东定陶灵圣湖墓葬等32项列入国家文物局年度重要考古发现。2011年6月，由国家文物局主办，中国考古学会协办，中国文物报社承办的"2010年度全国十大考古新发现"评选活动在北京举行。河南新郑望京楼夏商时期城址、山东济南大辛庄商代遗址、山西翼城大河口西周墓地、江苏苏州木渎古城遗址、陕西西安凤栖原西汉家族墓地、新疆鄯善吐峪沟石窟群和佛寺遗址、陕西蓝田北宋吕氏家族墓园、湖南永顺老司城遗址、江苏南京大报恩寺遗址、广东汕头"南澳Ⅰ号"

明代沉船遗址等10个项目最终入选。2011年9月，国家文物局在北京组织召开了2009~2010年度国家文物局田野考古奖评审会，共评选出获奖项目21项。其中，山西翼城大河口西周墓地、内蒙古赤峰市巴林左旗辽代祖陵陵园建筑基址、浙江良渚古城、陕西西汉帝陵4个项目荣获一等奖，山东高青陈庄遗址等6个项目荣获二等奖，河北赞皇西高北朝墓群等11个项目荣获三等奖。

【中外合作考古研究与交流】

2011年国家文物局共受理中外合作考古研究项目6项，其中蒙古国境内古代游牧民族文化遗存考古调查及发掘研究合作项目、中日合作开展辽西地区东晋十六国时期都城文化研究项目、中德合作开展四川佛教刻经考古和研究项目等获得批复。此外，国家文物局批准河北泥河湾盆地旧石器时代遗址第四纪土样标本赴日本、甘肃马家塬遗址及墓群出土珠饰标本赴英国进行检测。

【水下考古】

水下文化遗产保护研究机构建设有力推进。2011年4月22日，国家水下文化遗产保护武汉基地正式挂牌成立，这是首次在内陆地区设立水下文化遗产保护基地。8月24日，国家水下文化遗产保护福建基地正式挂牌成立，有利于推动东海海域水下文化遗产保护工作，促进海峡两岸的合作交流。至此，国家水下文化遗产保护中心已在全国设立了4个基地。由国家水下文化遗产保护中心牵头的南海基地、西沙工作站建设立项工作稳步开展，西沙水下文化遗产保护工作扎实推进。

国家文物局与国家海洋局进一步落实《关于合作开展水下文化遗产保护工

作的框架协议》，推进双方合作的开展。2011年6月，国家文物局参加国家海洋局在辽宁大连举办的2011世界海洋日暨全国海洋宣传日活动，同时，邀请国家海洋局有关领导参加文化遗产日相关活动。6月17日，国家文物局、国家海洋局组织召开"908项目专家研讨会"，对国家海洋局提供的29条沉船线索进行专家审议。双方商定尽快确认29条沉船的具体信息，在908项目的基础上进一步加大已有资料的合作研究和利用，并在此后海底调查工作中纳入水下文物调查的有关内容。国家文物局积极协调外交、海洋、交通等有关部门和总参、海军，积极推进中俄合作开展旅顺俄罗斯沉船调查项目，圆满完成野外勘察工作。

水下考古工作有序开展。由国家水下文化遗产保护中心牵头，联合广东省文物考古研究所、广东省博物馆等有关单位，调集全国专业力量，进一步加强"南海Ⅰ号"文物保护工作，确保船体和船载文物安全。"南澳Ⅰ号"水下考古和保护工作进展顺利。截止2011年底，基本摸清了沉船遗址的分布情况，已出水文物近2万件，并采集、筛选了大量的不同批次遗址泥样、动植物残骸、金属标本等样品，开展科技考古的综合尝试。"南澳Ⅰ号"明代沉船遗址项目被评为2010年全国十大考古新发现。启动了天津、山东、浙江等沿海地区，以及鄱阳湖、丹江口库区内水水下考古调查工作，以及和湖南的水下考古调查工作。

考古研究船前期调研和可研报告编写工作按计划推进。2011年3月1日召开"水下考古专用工作船论证会"，对中船重工第701研究所的建造方案进行论证，明确在300总吨级别（排水量580吨）方案基础上进一步优化设计，尽快完成可研报告，确保年内立项。

2011年6月至8月，国家文物局委托国家水下文化遗产保护中心组织开展

了首届国家水下文化遗产保护（考古）培训班，来自10省市的20名学员参加了为期3个月的培训工作。此次培训较过去有所创新，除潜水培训、遗址调查实习外，新增了水下文化遗产保护理论与实践课程设置，不仅水下考古专业技能培训得到加强，而且注重水下文化遗产保护新思想、新理念的学习。9月，国家水下文化遗产保护中心在山东省青岛市举办培训班结业典礼，为20名学员颁发结业证书。

【考古会议】

2011年1月，国家文物局在北京组织召开了2010年度考古发掘资质及考古发掘领队资格评议会，共53人评议通过此次评议，获得考古发掘领队资格，无锡市文化遗产保护和考古研究所一家单位获得考古发掘资质。5月，"全球视野：河姆渡文化国际学术论坛"在浙江余姚召开，国内外60多位学者就相关问题进行了探讨。9月，河南省文物局主办的首届"黄淮七省考古论坛"在河南郑州召开。11月，国家文物局、中国社会科学院和河南省人民政府共同主办的仰韶文化发现九十周年纪念大会在河南省渑池县召开，相关单位领导及专家学者近百人共同出席此次会议；中国考古学会第十四次年会暨庆祝宿白先生九十华诞学术研讨会在浙江嘉兴举行。

世界遗产

【世界文化遗产申报】

1. 杭州西湖文化景观成功列入《世界遗产名录》

2011 年 6 月 19 日至 29 日，第 35 届世界遗产委员会会议在法国巴黎召开。我国提名项目"杭州西湖文化景观"于 6 月 24 日被经大会审议获一致通过，成功列入《世界遗产名录》，成为我国第 41 处世界遗产，也是第 29 处世界文化遗产。这是我国首次以文化景观申报世界遗产获得成功，为文化景观类遗产的保护和申遗工作积累了重要经验，也使我国保持了连续 9 年成功申报世界文化遗产的良好势头。

杭州西湖文化景观申遗成功后，积极配合和引导新闻媒体开展正面宣传报道，产生了良好的社会反响。杭州市根据国家文物局的建议，设立了杭州西湖世界文化遗产监测管理中心，国家文物局局长单霁翔参加了监测中心揭牌仪式。

2. 元上都遗址申报世界遗产工作稳步推进

元上都遗址申报世界文化遗产相关本体保护、展示、环境整治等工程在国家文物局指导下如期完成。8 月 7 日至 10 日国际古迹遗址理事会专家崔在宪（韩国籍）对元上都遗址进行了现场考察评估。随后，根据国际古迹遗址理事会来函组织编撰并提交了元上都遗址申遗补充材料。

3. 大运河保护和申遗工作全面推进

3 月 29 日，大运河保护和申遗省部际会商小组第三次会议在北京召开。会议通报了各部门、各省市工作进展情况和 2011 年工作计划，原则通过了《大运河遗产保护和管理总体规划》和《大运河申报世界文化遗产预备名单》。4 月 12 日，国家文物局在扬州召开 2011 年大运河保护和申遗工作会议，对 2011 年大运河保护和申遗工作做了具体部署。随后根据上述两次会议精神，印发了《关于加快推进大运河保护和申遗工作的通知》。

通过公开招标，中国文化遗产研究院被确定为大运河申遗文件和管理规划编制项目承担单位。国家文物局组织申遗文本编制团队对 8 省市的大运河申遗点段进行了现场考察，与当地政府和主管部门协调推进相关申遗工作，并完成了申遗文本核心章节初稿。

经多次与有关部委协商，国家文物局印发了《大运河申报世界文化遗产预备名单》。为进一步指导各地开展申遗工作，同时印发了《中国大运河申报世界文化遗产点段工作要求》和《关于协助开展大运河申报世界文化遗产文本编制工作的通知》，对各地的申遗准备工作和文本编制工作提出了明确的工作内容和时限要求。

《大运河遗产保护与管理总体规划》在征求大运河保护和申遗省部际会商小组各成员单位意见的基础上进行了修改和完善，有待上报国务院批准颁布。

4. 丝绸之路跨国系列申遗工作稳步推动

丝绸之路跨国系列申遗协调委员会第二次会议 5 月初在土库曼斯坦首都阿什哈巴德举行。世界遗产中心和国际古迹遗址理事会对丝绸之路跨国系列申遗策略提出了重大调整。我国派员出席了会议，提出了我方意见，引起了国际组织的重视。

根据新的国际形势，组织相关专业机构以丝绸之路总体研究为基础，开展申遗文本编制工作。ICOMOS 西安国际保护中心（IICC – Xi'an）进一步加强与丝绸之路跨国系列申遗协调委员会各国的沟通联系，及时了解相关动态，定期编发丝绸之路申遗工作简报。

9 月 21 日至 24 日，国家文物局组织专家参加了在乌兹别克斯坦首都塔什干举办的申报文本技术讨论会，进一步明确了与哈萨克斯坦、吉尔吉斯斯坦两国的合作申遗。10 月 26 日至 11 月 2 日，IICC 组织部分专家赴哈、吉两国丝绸之路申遗情况考察，实际掌握了两国申遗文本编制情况以及相关丝绸之路遗产点的情况，并就合作申遗的技术路线进行了深入探讨，对于推进丝绸之路申遗工作起到了积极的作用。

国家文物局还就丝绸之路申遗工作有关情况征求了外交部、文化部及教科文全委会等部门意见，初步获取了各部门的支持。

12月22日至28日，哈萨克斯坦、吉尔吉斯斯坦两国专家受国家文物局邀请考察我国丝绸之路遗产，于27日在新疆乌鲁木齐召开丝绸之路跨国系列申遗协商会，深入探讨了合作申遗的技术问题和下一阶段的工作计划，签署了丝绸之路跨国系列申遗工作备忘录。

5. 申报项目储备工作

5月9日至10日，国家文物局在北京召开"中国世界文化遗产申报工作座谈会"。会议听取了提出近期申报世界遗产的14处文化遗产地代表关于遗产价值和保护管理的汇报，并由专家进行现场点评。先后组织专家分别对哈尼梯田、鼓浪屿、白鹤梁遗址、景迈茶园、古蜀国遗址、黄石工业片区等申报项目进行现场考察，指导当地政府有序开展申遗准备工作。

7月中旬国家文物局组织召开了"世界文化遗产项目专家评审会"，对地方申报的5项世界遗产申报项目进行评审，并根据专家评审意见，确定红河哈尼梯田文化景观为我国2013年世界文化遗产提名项目，及时向世界遗产中心提交了预审申报文本，并顺利通过世界遗产中心预审。根据专家的意见和世界遗产申报的新情况，对申报文本作了进一步修改并正式报送世界遗产中心。《哈尼梯田的保护管理规划》获国家文物局批复。

6. 预备名单更新工作

为加强申报项目储备，实现对中国世界文化遗产预备名单的动态管理，国家文物局4月22日下发了《关于更新中国世界文化遗产预备名单的通知》，部署开展预备名单更新工作，在申报项目的管理、价值研究、项目遴选等方面提出了明确的要求，计划于2012年完成预备名单的全面更新工作。

【世界文化遗产保护管理】

1. 全面实施承德避暑山庄及周围寺庙保护工程

1月，在承德召开承德避暑山庄及周围寺庙保护工程领导小组第一次会议，正式成立工程领导小组，国家文物局单霁翔局长和河北省孙士彬副省长担任组长，国家文物局副局长童明康担任副组长。

4月7日，国家文物局在承德召开保护工程现场办公会议，对工程实施的指导思想、程序、管理机制、监督机制等进行现场指导。1月和5月组织专家两次赴承德，对工程实施计划进行研究，检查工程进展情况。通过严格审核保护工程方案，提高方案编制质量，督促有关单位严格履行审批程序。通过指导河北省、承德市有关方面编制工程管理办法，完善专家委员会组成等措施，建立健全工程管理的规章制度，使工程逐步走上规范化道路。

2. 推进长城保护工程

4月27日，在北京组织召开了"2011年长城保护工作会议暨长城保护规划编制研讨会"。国家文物局副局长童明康出席会议并作重要讲话，对"十二五"期间长城保护工作提出了明确要求，并对近期长城保护工作任务进行了全面部署。国家文物局随后印发了《关于2011年长城保护工作的通知》和《关于开展长城认定工作的通知》。

组织指导中国文物信息咨询中心等单位完成了长城资源信息系统、中国长城信息网建设工作，并于文化遗产日期间举行了开通仪式，实现了服务文物部门、科研机构和社会公众的目标。

我国各时代长城资源调查检查验收工作和长城资源认定申请材料审核工作全部完成。完成明长城图录编辑出版工作，形成明长城资源调查总报告初稿。

根据中央领导同志视察嘉峪关的重要指示，国家文物局局长单霁翔于8月31日至9月1日带队赴甘肃现场调研嘉峪关长城文物保护工作，确定了在三年内完成嘉峪关文物保护工程，建设嘉峪关世界遗产公园和世界文化遗产监测中心，全面改善嘉峪关文物保护状况和环境景观的目标。随后组织专家赴嘉峪关现场考察保护工程情况，提出了嘉峪关文物保护工程的项目清单和各项目实施内容、范围以及优先顺序等。11月18日召开嘉峪关世界文化遗产保护工程开工仪式，嘉峪关保护工程正式启动。

3. 建设中国世界文化遗产监测预警体系

通过组织专家座谈会、赴苏州等试点单位现场考察，初步形成"十二五"期间建设世界文化遗产监测预警体系的基本工作框架。委托中国文化遗产研究院等有关专业单位开展了世界文化遗产监测预警体系建设总体规划编制工作。为配合监测体系建设，组织有关专业机构开展了"世界文化遗产与社区发展""世界文化遗产地可持续发展模式与评估体系""世界文化遗产保护区域""空间信息技术应用于世界文化遗产研究：理论、方法与典型示范"等相关研究工作。

4. 完成亚太地区世界遗产第二轮定期报告

按照世界遗产中心的要求，组织有关省级文物部门和世界遗产地相关负责同志，已于2月1日前提交了24处世界文化遗产的回顾性突出普遍价值声明，并出版了我国世界文化遗产的英文宣传手册。定期报告表格已完成网上填报，并于7月31日前提交。此外，顺利完成回顾性地图信息的补充工作。

5. 加强世界文化遗产监测管理

9月22日至23日，国家文物局在京召开中国世界文化遗产监测工作会议，24个省级文物局和29处世界文化遗产、4处世界文化与自然混合遗产的管理机构以及相关科研机构代表140多人出席会议。单霁翔局长在会上做了重要讲话，全面总结了"十一五"世界文化遗产监测工作成果，深入分析了"十二五"世界文化遗产工作面临的形势和主要任务，并就近期工作做了具体部署。随后根据会议精神印发了《关于加强世界文化遗产监测工作的通知》，进一步明确了监测工作的相关要求。

5月5日至6日，国家文物局会同住建部、教科文全委会在四川都江堰召开了世界遗产工作会议，来自全国40个遗产地管理部门代表近百人参加会议。

6. 举办世界遗产监测管理国际研讨会和无锡论坛

为落实世界遗产委员会相关决议，并庆祝《世界遗产公约》40周年，国家文物局局长于9月19日至20日在江苏省苏州市举办了世界遗产监测管理国际研讨会。来自国际文化财产保护与修复研究中心（ICCROM）、国际古迹遗址理事会（ICOMOS）等国际组织，阿根廷、芬兰、澳大利亚、阿尔及利亚、墨西哥、日本、韩国等7个国家的国际代表，我国世界遗产保护领域的专家学者和部分世界文化遗产保护管理机构的代表约40人参加了会议。国家文物局局长单霁翔出席并做主旨发言。与会专家从世界遗产监测的意义和作用、监测体系、指标、实例等方面，深入探讨了世界遗产监测管理的理论和实践经验。国际专家对我国开展的世界文化遗产监测工作给予高度评价。

为推进大运河保护和申遗工作，国

家文物局组织召开了2011年中国文化遗产保护无锡论坛——运河遗产的保护与管理。来自国际古迹遗址理事会、国际工业遗产保护委员会等国际组织和加拿大、英国等国运河遗产保护方面的专家参加了会议,国家文物局局长单霁翔在会上作主旨发言。中外专家就运河遗产的保护,特别是运河遗产的真实性和完整性进行了广泛和深入的探讨,为下一步申遗工作奠定了良好的基础。

7. 开展世界文化遗产监测巡视和保护工程工地检查

国家文物局领导视察云冈石窟保护工作,并就保护性窟檐建设等相关问题做出明确指示。大足石刻千手观音像抢救性保护修复工程进展顺利,先后召开2次专题会议,组织专家对中期试验成果进行了现场验收,并审议通过了工程总体方案,4月下旬起进入全面实施阶段。高句丽壁画墓保护工程在已开展的前期试验研究和监测工作基础上,开展病害作用机理研究、修复技术和材料筛选工作,以及部分墓室封土防渗方案设计。

组织专家赴江西庐山和皖南古村落开展世界文化遗产监测巡视工作,并先后赴北京故宫、武当山历史建筑群、高句丽王城、王陵和贵族墓葬,云冈石窟、平遥古城等世界文化遗产检查近期保护工程情况。根据检查情况,致函相关省级文物局,提出加强遗产保护管理的具体要求。

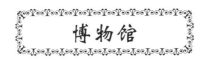

博物馆

【概况】

经审核,截至2010年底,全国共有3415个博物馆,比2009年多395个。其中,文物行政部门所属的国有博物馆2384个,非文物行政部门所属的行业性国有博物馆575个,民办博物馆456个,分别比2009年多191、76和128个。

全国通过省级文物行政部门年检备案的博物馆共有3252个,其中,文物行政部门所属的国有博物馆2330个,非文物行政部门所属的行业性国有博物馆489个,民办博物馆433个。163个年检不合格博物馆主要存在着开放时间不达标、不具备正常开放条件,以及发生安全和管理事故等问题。

根据博物馆专业标准,年检合格的3252个博物馆当中,功能基本完善,能够提供基本社会教育服务的博物馆2898个(其中,文物行政部门所属的国有博物馆2134个,非文物行政部门所属的行业性国有博物馆445个,民办博物馆319个)。

2011年全国文物系统博物馆从业人员62000人,其中高级职称3900人,中级职称9500人;博物馆建筑面积1180万平方米,其中展览用房560万平方米,文物库房100万平方米;馆藏文物1902万件(套),其中一级品5.8959万件(套),二级品72.1374万件(套),三级品239.4907万件(套)。全年共举办陈列、展览共16000余个,接待观众47000万人次,其中未成年人12000万人次。

【藏品管理】

(一) 文物调查及数据库管理系统建设项目结项

6月16日,由财政部和国家文物局联合开展的"文物调查及数据库管理系统建设"项目总结会议在北京举行,国家文物局局长单霁翔出席会议并讲话,财政部、国家文物局、中国文物信息咨询中心有关部门负责人，各省区市文物行政部门分管领导参加会议。该项目自2001年启动以来，先后经历了试点、试点推广阶段，并于2008年在全国全面展开。经过全国文博工作者10年的辛勤努力，文物调查项目完成了全国文物系统馆藏珍贵文物数据的采集工作，共采集文物数据1660275条，其中一级文物数据48006条，累计拍摄文物照片3869025张，录入文本信息3.05亿字，接收数据总量15.16TB，基本廓清全国文物系统馆藏珍贵文物家底。文物调查项目为进一步加强馆藏文物登录管理，深化文博系统信息化工作积累了宝贵经验。文物调查项目的总结，项目成果的应用和转化，为国有可移动文物普查的开展创造了有利条件。

（二）国有可移动文物普查试点启动

为全面掌握我国文化遗产资源，依法加强对国有可移动文物的管理，推进公共文化服务体系建设，国家文物局将国有可移动文物普查列入国家文物博物馆事业发展"十二五"规划重点任务。普查由国家统一组织，对各类国有可移动文物收藏单位及其所收藏文物进行全面认定和登录。普查不涉及改变文物的保管权问题，重在系统了解我国国有可移动文物的数量、种类、分布和保存现状等基本信息，总体评价可移动文物保护现状及发展趋势，为国家制定、实施相关文物保护法律法规和政策提供全面、科学的依据。

5月，国有可移动文物普查采集软件开发、工作标准规范编制完成；国有可移动文物普查项目申报书（含经费预算）、实施方案草案编制完成。7月，国家文物局遴选、组织北京、陕西、中国人民革命军事博物馆分别开展区级、省级、军队系统普查试点工作，试点工作计划持续至2012年7月。

【博物馆建设与行业管理】

（一）大型博物馆建设

2011年建成开放的重要博物馆有：

1. 中国国家博物馆

2003年2月，中国国家博物馆在原中国历史博物馆和中国革命博物馆两馆合并的基础上组建成立。国家博物馆位于天安门广场东侧，其原有馆舍建成于1959年9月，建筑面积6.5万平方米，是建国十周年十大建筑之一。2007年3月，作为国家"十一五"重大文化工程项目，投资25亿元的中国国家博物馆改扩建工程开工。2011年3月1日，中国国家博物馆改扩建工程竣工并开馆试运行。建筑面积增加到19.2万平方米，成为世界上建筑面积最大的博物馆。改扩建后的中国国家博物馆有48个展厅，面积最大的为2000平方米，最小的700平方米，设有"古代中国"和"复兴之路"大型基本陈列，另有30个展厅用于专题展览或临时展览。中国国家博物馆将建设成为历史与艺术并重，集收藏、展览、研究、考古、公共教育、文化交流于一体的综合性国家博物馆。

2. 北京汽车博物馆

9月23日，北京汽车博物馆开馆。北京汽车博物馆位于北京市南四环花乡桥附近，总建筑面积近5万平方米，展陈面积1万多平方米。馆内依据历史、技术和未来三个主线，设有创造馆、进步馆、未来馆，并设有汽车博览、主题展览、汽车科普、汽车娱乐、学术交流等功能区。该馆藏品包括具有典型历史意义的汽车80余辆，与汽车发展历史相关的零部件100余个，图书文献资料3000余册，照片10000余张，是全国规模大、展品丰富、科技含量高的汽车行业博物馆。

3. 安徽省博物馆新馆

9月29日，安徽省博物馆新馆开馆。安徽省博物馆新馆位于合肥市政务新区，建筑面积4.1万平方米，地上6层，地下局部1层，建筑高度37.70米，展厅15个，整体造型体现了五方相连、四水归堂的徽派建筑风格。安徽省博物馆藏有商周青铜器、楚国货币、汉画像石、文房四宝、元代金银器、新安书画、徽州雕刻和古籍善本、徽州契约文书、潘玉良美术作品等文物藏品23万多件，设有"安徽文明史陈列"以及"徽州古建筑""安徽文房四宝""新安画派""江淮撷珍"等特色专题陈列，展出文物2500余件。

4. 中国消防博物馆

11月15日，中国消防博物馆建成开馆。国务委员、公安部部长孟建柱为博物馆揭牌。中国消防博物馆位于北京市广安门，是中国消防行业规模最大的博物馆，承担着指导全国地级以上城市消防博物馆、教育馆和防灾教育中心的职能。该馆展陈面积9500平方米，设有序厅、古代消防临、近现代消防等展厅，陈列有"北京人"用火遗留灰烬炭屑、唐代琉璃鸱吻、清末水会灭火器具、近代消火栓和消防警察制服徽章、建国早期消防器材、汶川地震救援装备等反映各个历史时期消防文化、法律、技术的遗存和见证物4600余件，并设有用火起源、宋代潜火军灭火、清代宏村水系、故宫博物院消防设施、汶川地震救援等多媒体及其他辅助展品。

5. 民航博物馆

11月21日，民航博物馆在北京开馆。民航博物馆是民航局主管的民用航空专题博物馆，馆址位于北京首都机场辅路民航200号地区，总占地面积284亩，建筑总面积21980平方米，主展馆按照飞机发动机形状进行外观设计。民航博物馆建设和藏品征集工作得到社会各界广泛参与和大力支持，馆内征集了大量反映我国民航不同时期的运输机型和藏品。实物飞机包括毛泽东乘坐过的伊尔-14、参加过驼峰航线飞行的C-46等反映我国民用航空不同历史时期的各种运输机型，以及反映驼峰飞行、两航起义、"八一"开航、拉萨试航等大量珍贵的历史文献和资料。博物馆还配有飞行模拟机、多功能影院等，可为参观者提供飞行体验、科普教育、休闲娱乐等服务。

（二）博物馆行业规划与指导

1. 博物馆事业中长期发展规划纲要（2011—2020年）

为贯彻落实中共中央十七届六中全会精神，推动我国博物馆事业的科学发展，提高博物馆专业化水平，更好的发挥博物馆社会作用，构建公共文化服务体系，国家文物局编制发布《博物馆事业中长期发展规划纲要（2011—2020年）》。《纲要》提出到2020年，基本形成特色鲜明、结构优化、布局合理的博物馆体系，基本实现博物馆管理运行的现代化，基本建立运转协调、惠及全民的博物馆公共文化服务体系，博物馆文化深入人心，进入世界博物馆先进国家行列。

《纲要》提出，到2020年，博物馆公共文化服务人群覆盖率明显提高，从40万人拥有1个博物馆发展到25万人拥有1个博物馆；科技、（当代）艺术、自然、民族、民俗、工业遗产、二十世纪遗产、非物质文化遗产等专题性博物馆和生态、社区、数字博物馆等新形态博物馆得到充分发展，博物馆门类更加齐全，类型结构趋于合理；中西部博物馆基础设施条件全面改善，中小型博物馆展示服务功能全面提升，博物馆的区域分布和结构逐步优化；民办博物馆的发展环境优化，民办博物馆占全国博物馆比例逐步达到20%，涌现出一批专业化程度高、社会影响力强的优秀民办博物馆；国家一、二、三级博物馆占全国博物馆的比例达到并稳定在30%，涌现出一批世界一流博物馆，形成层次清晰、重点突出、特色鲜明的博物馆网络；国有博物馆珍贵文物藏品的建账建档率达到100%，国有博物馆风险单位的防火、防盗设施，藏品保存环境达标率达到100%；完成100个包括文物保护综合技术中心、文物保护修复区域中心、馆藏文物保护修复技术和成果推广服务站在内的全国可移动文物保护修复架构体系建设；博物馆教育和服务体系更加完善，公共博物馆全面免费开放。除基本陈列外，博物馆年举办展览数量达到3万个，展示水平显著提升。博物馆年观众达到10亿人次。

《纲要》明确了未来十年全国博物馆事业的发展目标和主要任务，是未来十年全国博物馆事业发展的行动纲领，成为各地区各部门发展博物馆事业的重要依据。

2. "国有博物馆对口帮扶民办博物馆"试点项目

为贯彻落实国家文物局、民政部等7部委《关于促进民办博物馆发展的意见》（文物博发〔2010〕11号），探索支持民办博物馆发展的长效措施，提高民办博物馆的专业化水平，国家文物局于2月启动"国有博物馆对口帮扶民办博物馆"试点申报工作。经过公开征集、专家评审，确定了山西博物院帮扶广灵剪纸艺术博物馆展示服务提升、上海博物馆帮扶上海琉璃艺术博物馆藏品保管提升、成都武侯祠博物馆帮扶成都华通博物馆展示服务提升等3个试点项目。对口帮扶试点工作的实施，打破了管理体制上的壁垒，发挥国有重点博物馆的引领辐射作用，带动了区域民办博物馆的进步，更好地融入博物馆行业大家庭，并推动其管理运行、业务开展、社会服务等方面水平的提升，不断完善博物馆功能，有效发挥民办博物馆的社会作用。

3. 民办博物馆馆长成都培训班

11月，国家文物局在四川大学举办民办博物馆馆长成都培训班。来自全国28个省、自治区、直辖市的民办博物馆馆长共计50余人参加本次培训。本次培训班是国家文物局在全国范围内首次举办的专门针对民营博物馆的人才培训，培训时间为一周，培训班聘请了南开大学、浙江大学、中国人民大学、四川大学等相关学科的教师进行授课。本次培训班的举办对进一步规范民办博物馆管理，提高民办博物馆办馆水平起到积极的促进作用。

4. 高校博物馆工作

5月30日，国家文物局、教育部联合下发《关于加强高校博物馆建设与发展的通知》，就加强高校博物馆建设与发展，进一步提高和发挥高校博物馆的社会教育功能，充分发挥其在科教兴国、学习型社会和公共文化服务体系建设中的作用提出了指导性意见。为落实《通知》精神，10月13日，由中国博物馆协会高校博物馆专业委员会主办的"全国高校博物馆学术研讨会"在陕西杨凌召开，会议就研究进一步推动高校博物馆建设与发展的对策建议展开交流。

5. 生态（社区）博物馆

在广泛调研各地生态博物馆、社区博物馆建设成功经验和有效做法的基础上，国家文物局于8月印发《关于促进生态（社区）博物馆发展的通知》及《关于命名首批生态（社区）博物馆示范点的通知》，加强对全国生态（社区）博物馆建设的指导，探索适合我国生态（社区）博物馆建设的工作思路与方法，促进我国生态（社区）博物馆的健康、快速、可持续发展；确定浙江省安吉生态博物馆、安徽省屯溪老街社区博物馆、福建省福州三坊七巷社区博物馆、广西龙胜龙脊壮族生态博物馆、贵州黎平堂安侗族生态博物馆为首批"生态（社区）博物馆示范点"。8月23日，国家文物局在福州召开全国生态（社区）博物馆研讨会，国家文物局单霁翔局长发表了主旨报告。会议代表研讨交流对生态（社区）博物馆理念的科学认知，介绍各地开展生态（社区）博物馆建设的实践和思考，积极探索适合我国国情的生态（社区）博物馆发展之路。

（三）行业评价与组织建设

1. 国家一级博物馆运行评估

6月至12月，在总结2008～2009年度一级博物馆运行评估试点工作经验的基础上，国家文物局委托中国博物馆协会开展2010年度国家一级博物馆运行评估工作，深入系统的了解、科学的评价首批国家一级博物馆的运行情况，加强对国家一级博物馆动态管理。国家一级博物馆运行评估工作通过定性评估、定量评估和抽查复核，总结成绩和成功经验，深入分析首批一级博物馆在日常运营和业务工作中存在的问题，督促一级博物馆不断提升展示、教育、服务水平，朝着制度化、规范化、科学化方向发展，真正发挥国家一级博物馆的示范作用。此次运行评估将向社会公示评估结果（分为合格、基本合格和不合格3个等级），并按《全国博物馆评估办法（试行）》作出相应处理。

2. 中国博物馆协会第五届常务理事会第六次会议

3月2日，中国博物馆协会在京召开第五届常务理事会第六次会议。国家文物局党组书记、局长单霁翔出席会议并讲话。经会议表决并一致通过，国家文物局副局长宋新潮兼任中国博物馆协会理事长，张柏担任中国博物馆协会名誉理事长。中国博物馆协会名誉理事长、故宫博物院院长郑欣淼，中国博物馆协会名誉理事长、中国人民革命军事博物馆馆长陈士富，以及民政部民间组织管理局有关负责同志、第五届常务理事会成员40余人出席会议。会议研究部署了近期需着力做好四个方面的工作：一是要尽快完成协会《章程》的修订和报备，全面贯彻依法治会；二是要进一步加强协会的自身建设，真正实现由学会向协会的转变；三是要举全力办好2011年"国际博物馆日"各项活动的组织工作；四是要认真总结国际博物馆协会第22届大会组织与学术研究取得的成绩，积极做好国际博协培训中心的筹备工作。

3. 中国博物馆协会第五届第二次会员代表大会暨"博物馆与记忆"学术研讨会

6月18日至19日，中国博物馆协会第五届第二次会员代表大会暨博物馆与记忆学术研讨会在古都西安召开。国家文物局局长单霁翔，副局长、中国博物馆协会理事长宋新潮，以及中国博物馆协会第五届理事会副理事长、常务理事及会员代表180余人参加。中国博物馆协会理事长宋新潮在本次会员代表大会上作了工作报告，对第五届理事会过去三年的工作进行总结，并对未来三年提出了工作思路：加强博物馆行业规范化建设，继续坚持协会的学术功能，引导博物馆各项业务活动，加强各类博物馆人才培养等。会议通过了"中国博物馆协会章程"的修订案，增补了理事、常务理事和副理事长。发布了《国家一级博物馆运行评估报告（2008～2009年度）》并专门召开各专业委员会主任会议，对专业委员会的章程和论文出版等事宜进行了讨论。在"博物馆与记忆"学术研讨会上，单霁翔作了《关于广义博物馆理论与实践的思考》的主旨报告，与会者围绕国际博物馆日的主题"博物馆与记忆"从心理学、社会学及传播学等角度进行了广泛研讨。

4. 亚太地区博物馆馆长高层论坛

11 月 16 日，"博物馆免费开放与公民文化权益保障"亚太地区馆长高层论坛暨国际博协亚太地区联盟理事会 2011 年会议，于山东博物馆新馆开馆 1 周年之际开幕。国家文物局局长单霁翔发表主旨报告。论坛围绕"博物馆免费开放与公民文化权益保障"主题，就发挥博物馆在推动文化大发展、大繁荣中的重要作用，扎实推进博物馆免费开放工作，全面提升公共文化服务水平，切实保障人民群众的文化权益等问题进行了深入的探讨与交流。

5. 全国博物馆教育研讨会

9 月 5 日，全国博物馆教育研讨会在四川博物院召开，国家文物局副局长、中国博物馆协会理事长宋新潮发表讲话，研究部署加强博物馆教育工作。与会代表就深化博物馆免费开放，强化社会教育和展示服务，更好地实现社会教育功能、服务公众进行了交流研讨。

【博物馆展示宣传与社会服务】

（一）博物馆、纪念馆免费开放

在开展深化博物馆免费开放需求调查的基础上，国家文物局汇总核定了 361 个第三批全国免费开放博物馆名单，加上第一、二批名单，使免费开放博物馆单位总数达到 1804 个，约占文化文物部门归口管理博物馆纪念馆和全国爱国主义教育示范基地总数的 76%。国家文物局积极争取中央财政增加免费开放专项经费，使中央财政每年补助地方的博物馆免费开放专项补助经费从 20 亿增加到 30 亿元，并提高了河北省博物馆等 61 个实施改扩建工程博物馆的补助标准。

（二）第九届全国博物馆十大陈列展览精品评选

国家文物局委托中国博物馆协会、中国文物报社开展第九届全国博物馆十大陈列展览精品评选（2009 ~ 2010 年度）。此次评选改变简单的投票方式，量化评价要素，从选题、内容、形式、制作、教育、安全、传播、服务、社会影响力和数字化展示等 10 个方面按比例赋以分值，由评委实名评分。同时对入围终评的项目组织专家实地评估，并开展网上投票，加强社会参与。从 26 个省份 86 个博物馆、纪念馆的陈列展览中，评选出"自然·生命·人"（浙江自然博物馆）等 10 个精品奖和"天工开物——中国盐史"（河北海盐博物馆）等 12 个单项奖以及"'延安革命史'基本陈列"（延安革命纪念馆）等 3 个特别奖。

（三）"国际博物馆日"宣传活动

2011 年国际博物馆日的主题为"博物馆与记忆（Museums and Memory）"。5 月 18 日，主场城市活动在辽宁省沈阳市举行，国家文物局局长单霁翔出席并讲话。主流媒体对宣传活动进行了密集报道，中央电视台第 10 套节目对主场城市活动进行了现场直播。各地博物馆围绕主题，开展了一系列各具特色的宣传活动，精心策划和组织开展了丰富多彩的博物馆"进校园、进社区"等宣传普及活动，动员公众一起来探索与发现历史记忆，共同保护人类珍稀而脆弱的文化遗产，加深公众特别是青少年对民族、地域历史文化和自然环境等的了解、理解和尊重，促进优良历史文化传统的保护与弘扬。

（四）重要的全国性展览

1. 银饰之美——湖南、广西、贵州三省（区）苗族银饰联展

展览由广西民族博物馆、湖南省博物馆和贵州民族文化宫联合策划，3 月 29 日至 5 月 4 日在湖南省博物馆免费开

放。展览分头饰、项饰、手饰、佩饰、衣饰、工具六个单元，集中展示了湘、桂、黔三地 400 多件苗族银饰文物及其制作工艺，体现了湘、桂、黔三地苗族银饰的相互关联与差异，展现了苗族的图腾崇拜、迁徙文化等民族特性，表达了苗族人民对于美好生活的热爱与向往。

2. 启蒙的艺术

该展览由柏林国家博物馆、德累斯顿国家艺术收藏馆、慕尼黑巴伐利亚国家绘画收藏馆和中国国家博物馆联合举办，4 月 1 日起向观众开放，展期 1 年。展出德国三家博物馆收藏的 600 余件绘画、雕塑、版画、手工艺品、服饰以及科学仪器等展品，全方位展示了 18 世纪欧洲大陆启蒙时代的艺术、科技和社会发展面貌。

3. 辽河寻根　文明溯源——中华文明起源展

该展是国际博物馆日的主题展览，也是"中华文明探源工程"辽河流域史前文明研究工作的阶段性成果展。展览由科技部、国家文物局、辽宁省人民政府共同主办，中国社会科学院考古研究所、辽宁省文化厅、辽宁省文物局联合承办，辽宁省博物馆和辽宁省文物考古研究所协办，于 5 月 18 日至 8 月 21 日与观众见面。国家文物局局长单霁翔，辽宁省副省长滕卫平，国家文物局副局长、中国博物馆协会理事长宋新潮等领导出席展览开幕式。该展以"中华文明探源工程"辽河流域史前文明研究工作取得的最新的科研成果为指导，系统展现了新石器时代至青铜时代，以红山文化为核心的辽河流域早期文明的起源与发展历程，揭示了辽河文明的文化特征、意义、地位与作用。展览分"家园""古国""方国"三个单元，共展出了来自中国社会科学院考古研究所、辽宁省博物馆等 14 家文博单位的 245 件（套）珍贵文物。

4. 中原文明　华夏之光—中华文明起源展

展览由国家文物局、科技部、陕西省人民政府主办，在陕西历史博物馆举办，展期为 6 月 20 日至 9 月 20 日。国家文物局局长单霁翔，科技部和陕西省有关领导出席开幕式。该展以"中华文明探源工程"研究成果为依托，汇集七省区 24 家文博单位 260 余件文物精品，分"远古家园　采耕大同""邦国之路　中原领先""王朝崛起　辐聚中原"3 个章节。

5. 山水合璧——黄公望与富春山居图特展

6 月 1 日至 9 月 5 日，在台北故宫博物院举办。浙江省博物馆、故宫博物院、上海博物馆、国家博物馆、南京博物院、云南省博物馆等大陆博物馆提供的黄公望《富春山居图》（剩山图）卷等 12 件文物珍品与岛内观众见面。

6. "兰亭特展"和"兰亭珍拓展"

9 月 20 日至 12 月 5 日，故宫博物院 2011 年度大展"兰亭特展"和"兰亭珍拓展"在午门展厅和延禧宫展厅分别向公众正式开放。展览除展出故宫珍藏虞世南、褚遂良和冯承素等名家的《兰亭序》摹本和临本，以及馆藏珍品西晋陆机的《平复帖》、东晋王珣《伯远帖》、乾隆《兰亭八柱》帖之外，还展出了黑龙江省博物馆所藏《兰亭图》和南昌市博物馆所藏永和八年墓出土的羽觞，日本东京国立博物馆、香港中文大学文物馆所藏《吴炳本定武兰亭》《独孤本定武兰亭》和《游相兰亭十种》等具有重要学术价值的珍贵拓本等文物。展览期间还配合举办了"2011 年兰亭国际学术研讨会"等学术研究活动。

7. 南宗正脉——上海博物馆藏娄东画派艺术展

12 月 3 日在上海博物馆开幕开幕。展览展出上海博物馆馆藏王时敏作品 25 件，王元祁作品 32 件，以及娄东画派传人作品 13 件，代笔和伪作 10 件。展览通过展示清初"四王"为代表的"娄东画派"绘画风格的演进过程和艺术特征，试图还原真实的娄东画派，对其给予客观的历史评价。

8. 玉魂国魄——凌家滩文化玉器精品展

12 月 20 日在良渚博物院开幕。展览由故宫博物院、安徽省文物考古研究所和良渚博物院联合举办，展出了凌家滩遗址自 1987 年以来历次考古发掘出土、分别收藏于北京和安徽两地的玉器精品 100 余件（套）。

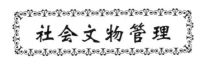

社会文物管理

2011 年，国家文物局制定《国家社会文物管理"十二五"规划纲要》，确立了文物市场监管、文物进出境审核管理、海外流失文物调查追索等领域"十二五"期间的主要目标任务。在此基础上，统筹部署"十二五"规划重大项目，取得了重要的阶段性成果。

【文物市场监管工作】

针对当前文物市场存在的一些突出和热点问题，转变管理理念，拓展监管方式，提升监管水平，努力适应社会对文物市场监管的新要求和新期待，引导文物拍卖市场健康持续发展。

1. 召开全国文物拍卖工作座谈会

2011 年 1 月 11 日，在南京召开全国文物拍卖工作座谈会，印发《全国文物拍卖管理工作座谈会会议纪要》，进一步明确文物拍卖管理内容、落实管理措施、规范管理程序，研究治理文物拍卖企业"知

假拍假"问题，在澄清疑问、统一认识方面取得了重要成果。

2. 发布《文物拍卖企业资质年审管理办法》

2011 年 1 月 5 日，《文物拍卖企业资质年审管理办法》发布施行。《办法》规定了文物拍卖企业文物拍卖经营资质年审的时间、报送材料要求及审核程序，并对年审过程中撤销、暂停文物拍卖经营资质及对文物拍卖企业做出限期整改决定的情形进行了规定。

3. 开展文物拍卖经营资质审批工作

2011 年受理文物拍卖经营资质申领事项 94 起，59 家拍卖企业获得文物拍卖经营资质。截止 2011 年 12 月，全国共有文物拍卖企业 309 家。

4. 开展文物拍卖标的复核工作

2011 年，对近 300 场次的约 4 万件文物拍卖标的进行复核。对一批出土（水）文物、以出土（水）文物名义进行宣传的复仿制品及涉嫌损害国家利益或有可能产生不良社会影响的标的进行了撤拍，维护了文物拍卖市场的正常秩序。

5. 举办文物拍卖企业专业人员资格考试

2011 年度文物拍卖企业专业人员资格考试实际参考人数 432 人，共有 68 人通过了 83 门次的考试。截止 2011 年，全国共有 287 人通过了 431 门次的考试。

【文物进出境审核管理】

1. 加强文物进出境审核机构建设

国家文物局批准恢复了国家文物进出境审核山西管理处文物进出境审核机构资质，全国共有 17 个文物进出境审核管理处。

配合中央编制部门赴国家文物进出境审核北京、天津、四川管理处，开展文物进出境审核机构管理调研工作，推

动文物进出境审核机构建设。

2. 加强文物进出境责任鉴定员资格管理

国家文物局集中开展了全国《文物进出境责任鉴定员资格证书》及《文物进出境责任鉴定员》证的审核换发工作，对20多年来参加责任鉴定员资格考试合格人员以及经国家文物局审定合格人员的情况进行了系统梳理。经审核，共有22个省、市、自治区报送了110份申请材料，其中110人被授予《文物进出境责任鉴定员资格证书》，68人授予《文物进出境责任鉴定员》证。

3. 加大文物进出境责任鉴定员培训力度

文物进出境审核人才培养力度逐步加大，2011年组织了民族文物、青铜器文物、近现代书画文物培训班。开展了文物进出境责任鉴定员继续教育工作，举办了责任鉴定员玉器鉴定研修班。以上培训班共培训学员达180人次。

4. 举办2011年度文物进出境责任鉴定员资格考试

为加强文物进出境审核队伍建设，国家文物局组织了2011年度全国文物进出境责任鉴定员书画类和金属器类资格考试，其中9人参加书画类考试，3人成绩合格；18人参加金属器类考试，5人成绩合格。

5. 推进国家文物进出境审核信息管理系统建设

国家文物进出境审核信息管理系统在不改变文物进出境审核管理业务流程的前提下，利用计算机与网络信息技术，实现对文物进出境审核工作全流程、全方位的实时监控和标准化、信息化管理，全面提升我国文物进出境审核管理工作水平。

国家文物进出境审核信息管理系统已开发完成，下一步计划加快推进测试、验收及试点运行工作。

6. 筹备"中国文物进出境管理60年成果展"

2012年，是我国文物进出境管理工作60周年。60年来，在海关、文物部门的共同努力下，我国文物进出境管理工作成就辉煌，上百万件珍贵文物被禁止出境，文物走私犯罪活动得到有效遏制。

为全面回顾60年来文物进出境管理工作走过的光荣历程，总结经验，展示成果，鼓舞人民，国家文物局将与海关总署联合举办"中国文物进出境管理60年成果展"。展览筹备工作进展顺利，已完成展览调研和大纲编制工作。

【国家重点珍贵文物征集、接受捐赠及海外流失文物追索】

1. 国家重点珍贵文物征集

完成了西周青铜器芮伯壶、周海婴藏鲁迅文物等征集项目。

鲁迅签名题赠许广平著译版本20册原版书籍社会上存量较少，鲁迅签名本更是难得，为近代版本中的孤本。

芮伯壶历经多次著录，保存完好，来源清晰，流传有序，是青铜研究界著名的器物。其形制、纹饰、铸造技艺具研究价值，铭文对研究芮国历史具有重要意义。

2. 接受捐赠

接受前全国政协委员郭炎先生捐赠的大堡子山西周晚期鸷鸟形金饰片2件及金铠甲片1套。中共中央政治局委员、国务委员刘延东同志出席捐赠仪式。

3. 开展海外流失文物追索工作

出席在法国召开的联合国教科文组织《关于禁止和防止非法进出口文化财产和非法转让其所有权的方法的公约》缔约40周年圆桌会议。

促成美国国土安全部将查获的 14 件非法走私中国文物归还我国。此次移交活动表明了双方在打击文物走私犯罪领域的积极态度，体现了双方继续在文化遗产保护领域开展合作的愿望，产生了良好的社会影响。

【国家文物鉴定委员会工作】

指导部分省文物鉴定委员会开展委员增补工作；指导有关省文物鉴定委员会开展涉案文物司法鉴定；组织国家文物鉴定委员会委员赴新疆开展两千余件馆藏文物鉴定工作；组织国家文物鉴定委员会委员为青岛市博物馆、青岛市文物商店等多家文博机构近千件馆藏、藏存文物进行鉴定及定级；鉴定我驻外使馆转来的拟捐赠、出让文物信息数十起。

文物保护科技与信息化

【发布"十二五"科技规划】

编制印发《国家文物保护科学和技术发展"十二五"规划（2011—2015 年）》，明确了"十二五"时期文物保护科技工作的总体思路、主要任务和相关保障措施。在技术体系、组织体系、制度体系协调发展的方针指导下，推进行业创新体系建设。加强《规划》宣传，国家文物局副局长宋新潮接受《中国文物报》专访；同时，文博事业单位、高校、科研院所，以及基层文物行政部门的专家学者发表署名文章，从不同角度对规划进行了深入解读和评价。

【国家重大科技计划项目】

在"十二五"开局之年，牢牢把握国家科技发展的重要战略机遇期，积极争取国家科技计划和基金支持，立项项目和课题数量稳步提升，项目来源实现了由单点突破向全面突破的重要转变。国家文物局向科技部推荐的 11 个项目共 50 余项课题全部进入"十二五"国家科技计划备选项目库，5 个项目 20 个课题已列入"十二五"首批启动项目。陶瓷保护科学研究国家文物局重点科研基地牵头的"脆弱性硅酸盐质文化遗产保护关键科学与技术基础研究"项目获准立项，实现了"973 计划"项目零的突破。中国文化遗产研究院申报的"大遗址保护行动跟踪研究"项目正式立项启动，实现了国家社科基金重大项目零的突破。

"文化遗产保护关键技术研究"等 3 个项目通过科技部结项验收，取得显著科研成果。据统计，共研发新技术（工艺）21 项，新产品、新材料、新装置 35 项，获得自主知识产权和专利 122 项，制定技术标准 35 项，培养博士、硕士研究生 288 名，发表文章 457 篇，出版专著 13 本。

【中华文明探源工程】

"中华文明探源工程及相关文物保护关键技术研究"项目启动实施，成立了项目执行组，协调指导开展工作。通过出版、展览、电视片、科普读物等多种方式，宣传普及中华文明探源工程研究成果，扩大探源工程在国内乃至国际社会的影响力。

【指南针计划——中国古代发明创造的价值挖掘与展示专项】

稳步推进"指南针计划"的各项工作，取得重要阶段性进展。通过建立项目库管理机制，加强项目储备，进一步提高项目预算执行绩效。2011 年，将 28 项项目建议列入"指南针计划"备选项目库，有 19 个主体类项目立项。"指南针计划"专项青少年基地建设进展顺利，上海市人民政府在虹口区提供了建筑面积超过 4000 平方米的活动基地，并已投入 2200 万元建设资金，为基地建设提供了重要保障。与中国科协合作开展"中国古代发明创造国家名录"认定工作，形成首批 22 项名录认定推荐项目名单及 19 项备选名单。委托浙江省博物馆承办"指南针计划"成果展。

【机制与创新组织布局】

按照"十二五"科技发展规划提出的"优化合作、完善机制"的总目标，重点推进与中国科学院的全方面战略合作及创新联盟的试点建设工作。

会同中科院规划战略局完成《关于加强我国文物保护科技工作的建议》，由中科院以"学部建议（院士建议）"形式上报中央领导同志。加大对"国家文化遗产保护领域科技创新联盟（浙江省）"的指导力度，创新联盟通过体制机制创新焕发了活力，主持和参与的国家科技计划项目（课题）已达 6 项，带动浙江省财政科研项目经费投入 2250 万元，启动了文物保护可控试验场建设。陶质彩绘文物保护技术创新联盟通过运行实践，积极推动研发链条的有机整合，联盟总体实力显著增强，成功申报国家"973 计划"项目。

【科技成果宣传推广】

多头并举，探索科技成果转移扩散的新模式，推进科技成果的评价制度建设，加强成果宣传、示范项目，注重重点科研基地工作站的科学布局。依托行业重点科研基地，设立工作站，

取得了良好的效果。例如，敦煌研究院在新疆、西藏、内蒙古、宁夏、河南建站，秦始皇帝陵博物院在青州、咸阳建站，荆州文保中心在成都、扬州建站，中国丝绸博物馆在新疆建站。各工作站通过以修带培、科技特派员、技术咨询服务等多种形式，对成果转移扩散的途径进行了探索。从整体看，效果还是明显的，在有效地扩大科技成果辐射力度的同时，也调动了科研人员的积极性。

【文物保护标准化建设】

完成全国文物保护标准化技术委员会委员换届工作。继续推动国标、行标的制订、修订工作，已经累计发布国标 6 项，行标 33 项。另有 84 项标准已开始编制。开展标准宣传、贯彻工作，委托南京博物院举办行业标准的培训班，有效推动了标准的宣传、推广与执行。联合国家标准管理委员会赴比利时、意大利、法国调研，研究成立国际标准化组织文化遗产保护技术委员会的可行性。

【行业信息化管理】

瞄准国家战略需求，加快实现物联网技术与文化遗产领域的对接。在无锡组织召开了文化遗产保护领域物联网建设座谈会，会议论文在《文物保护与考古科学》杂志专刊发表。继续实施落地项目，在敦煌莫高窟扩大试点内容，探索物联网技术在文化遗产地的应用模式。

以国家科技支撑计划项目为依托，围绕基于文物尺度、建筑尺度、遗址尺度、城市尺度和无限尺度等"五大尺度"的全方位数字博物馆理论体系，从加快突破数字博物馆共性关键技术入手，组织文博单位、高等学校和企业联合攻关，积极推进数字博物馆建设。

对外交流与合作

2011 年，对外文化遗产保护交流与合作继续深化。国家文物局积极开展文化遗产对外交流，加强政府间文物交流与合作，加大双边文化遗产保护协定和禁止文物非法进出境协定的签署，进一步加大对外援助项目的实施工作，积极开展与有关国际组织和民间机构的合作，推进与港澳台地区在文化遗产领域的交流与合作，不断提高进出境文物展览的质量和水平，主办学术研讨会，提高中国在国际文化遗产保护领域的影响力。

【政府间文化遗产领域的交流与合作】

开展中国政府援助柬埔寨吴哥古迹二期工程茶胶寺及肯尼亚合作考古、研究等项目。完成中美、中意、中英、中日韩合作等培训项目。对外合作与交流呈现多层次、多渠道、全方位稳定发展的势头。

2011 年，为执行政府间文化交流执行计划，国家文物局与阿根廷、墨西哥、古巴、美国、意大利、英国、瑞士、荷兰、德国、柬埔寨、尼日利亚、印度尼西亚等 12 个国家顺利实施了互访。

国家文物局局长单霁翔、副局长童明康、副局长顾玉才、副局长宋新潮分别率团前往阿根廷、墨西哥、古巴、印度、美国、瑞士、荷兰、德国、柬埔寨等国访问或开展研究项目。访问或研究期间，通过与相关国家文化遗产主管部门、文博机构等会见与座谈，在申报世界遗产、加强文物科技保护、博物馆交流、人才培训等方面与有关国家达成了多项积极的成果。

经国务院批准，国家文物局局长单霁翔率中国文物代表团应阿根廷文化国务秘书处、墨西哥国家人类学和历史局、古巴国家文化遗产委员会的邀请，于 2011 年 2 月 17 日至 28 日访问了阿根廷、墨西哥和古巴。代表团分别与三国文化遗产主管部门进行了会谈，了解了三国文化遗产保护管理的基本情况和有益经验，推动中国与拉丁美洲国家扩大人文领域的相互交流与合作，圆满完成了出访任务。

经国务院批准，国家文物局局长单霁翔率中国文物代表团于 2011 年 10 月 26 日至 31 日对美国进行了访问。在美国期间，代表团先后访问了芝加哥、华盛顿和丹佛等城市，与美国国务院文化教育事务局、东亚和太平洋事务局等就《中华人民共和国政府和美利坚合众国政府对旧石器时代到唐末的归类考古材料以及至少 250 年以上的古迹雕塑和壁上艺术实施进口限制的谅解备忘录》进行了正式会谈，在丹佛美术博物馆出席了"徐悲鸿——中国现代美术的开拓者"展览开幕式。

2011 年 10 月 22 日至 11 月 2 日，国家文物局副局长顾玉才率中国文物代表团赴德国、瑞士、荷兰三国进行文物立法调研，全面了解三国文物立法和法律实施情况。访问期间，代表团与德国柏林州文物局、萨克森州文物局，瑞士联邦文物局以及荷兰文物局的有关负责人，就文物范畴、文物认定、文物保护管理利用、考古管理、博物馆管理、文物进出境管理、行政执法、世界文化遗产管理、运河遗产管理等方面，进行了广泛而深入的会谈，并考察了三国部分重要文化遗产地和博物馆；在驻瑞士使馆的指导下，代表团与瑞士联邦文物局、司法部、外交部有关官员就签订中瑞关于防止非法进出境及其返还的协定事宜进行了深入沟通，基本就协议内容达成共识。

积极协助开展对发展中国家政府间援助项目。2011 年 8 月 3 日至 7 日，国家文物局副局长顾玉才率团前往柬埔寨茶胶寺陪同财政部副部长张少春视察中国政府援助柬埔寨吴哥古迹周萨神庙和茶胶寺工地。为落实文化部部长蔡武的批示，组团前往摩洛哥调研中摩合建茶博物馆项目。积极办理与柬埔寨政府合作开展的援柬二期修复项目茶胶寺有关多批次小组赴柬埔寨工作的相关事宜。

安排接待了意大利文化遗产活动部代表团、尼日利亚国家博物馆与古迹委员会代表团、印尼文物代表团、中英连线英国博物馆代表团、柬埔寨文化代表团、古巴文物专家代表团，以及盖蒂保护所春、秋季团、美国盖蒂领导研究所代表团等。

【与外国政府或民间机构的交流与合作】

2 月 19 日，由国家文物局和印度考古局主办，中国文物交流中心承办的"华夏瑰宝展"在印度首都新德里的国家博物馆开展，这是中国在印度举办的首个文物展览，此项展览历经 10 个月，分别在孟买、海德拉巴和加尔各答等印度大城市进行巡展，共展出来自中国 7 座博物馆的兵马俑、唐三彩等 95 件国宝珍品。印度文化部长库马里·塞尔贾、住房与城市减贫部长塞尔加女士，中国驻印度大使张炎、国家文物局副局长宋新潮，印度考古局局长等主持当天的展览开幕式，来自印度各界的代表团近 400 人出席。

美国政府于 2011 年 3 月 11 日在华盛顿举行仪式，向中国归还 14 件珍贵文物。这次移交的文物来自美国海关在新泽西州、阿拉斯加州和新墨西哥州查获的 7 件包裹，其中包括隋代陶马、唐代马雕像、北魏时期陶马、宋代观音头部雕像、北齐石灰岩佛像、清代瓷瓶和明代石质墙顶饰带。中国驻美使馆邓洪波公使代表中国政府接收了这批珍贵文物。

3 月 24 日，国家文物局副局长顾玉才会见了来华访问的苏格兰企业、能源与旅游大臣吉姆·马瑟（Jim Mather）一行。会见后，国家文物局办公室副主任王莉与苏格兰文物局政策主管迈尔斯·奥格尔索普博士分别代表国家文物局与苏格兰文物局共同签署了《关于合作开展苏格兰十大世界文化遗产项目之河北省清东陵数字记录工作的联合声明》。为落实李克强副总理访英成果，12 月 5 日，在文化部部长蔡武、国家文物局副局长顾玉才和苏格兰首席部长萨蒙德的共同见证下，国家文物局办公室主任朱晓东与苏格兰文物局文物保护司司长在北京签署了国家文物局与苏格兰政府关于河北清东陵数字保存的协议。

4 月 25 日，在印度尼西亚众议院代表团于 2011 年 4 月 24 日至 30 日来华访问期间，国家文物局副局长顾玉才与代表团进行座谈，双方就印尼方面提出的"全面研究政府在文化价值的发展和国家文物的管理方面的政策"主题进行了探讨。

5 月 10 日，荷兰驻华使馆和北京市文物局在北京著名的火德真君庙（火神庙）举行了隆重的中国清代铁香炉捐赠仪式，国家文物局局长单霁翔与荷兰王国第一副首相马克西姆·费尔哈亨出席了捐赠仪式并发表讲话。

5 月 11 日，国家文物局副局长顾玉才会见斯里兰卡文化部长伊卡那亚克。伊卡那亚克提议中斯双方一起探查斯里兰卡北部和东部水下遗产，以促进中斯两国水下考古研究和水下文化遗产保护事业的共同发展。

5月19日，中国文化遗产研究院与普利兹克"关于举办西藏文物保护修复人员培养项目备忘录"签字仪式在北京举行，国家文物局局长单霁翔出席并见证了签字仪式。美国友人普利兹克先生与中国文化遗产研究院党委书记、副院长朱晓东共同签署了《中国文化遗产研究院和普利兹克先生关于联合举办西藏文物保护修复人员培养项目合作备忘录》，并交换了签字文本。

5月19日至28日，应美国博物馆协会和克拉克艺术中心的邀请，国家文物局副局长宋新潮率团前往美国出席美国博物馆协会2011年休斯敦年会，并与美国及国际博物馆界相关人员举行会谈，访问取得圆满成功。

5月30日，宋新潮副局长等中国博物馆界代表出席由国家文物局与西班牙驻华使馆举办的"博物馆与文物保护中西专家论坛"活动。

8月18日至12月30日，受中组部、外专局派遣，国家文物局副局长童明康赴美国哈佛大学研修。

11月11日，国家文物局副局长宋新潮会见来访的日本众院外委会议员田中真纪子一行，双方就围绕2012年中日邦交正常化40周年互办展览事进行了友好磋商。

【与外国政府商签打击文物走私双边协定】

以商签、签署《关于防止盗窃、盗掘和非法进出境文化财产的协定》为重点，积极开展政府间交流与合作。继续集中精力与墨西哥、蒙古、瑞士、法国、丹麦、柬埔寨、马来西亚、克罗地亚、罗马尼亚、津巴布韦、尼日利亚、哥伦比亚、厄瓜多尔等国商签关于防止盗窃、盗掘和非法进出境文化财产的协定，向阿根廷、古巴、丹麦、阿富汗、瑞士等国提交了防止盗窃、盗掘和非法进出境文化财产的协定（中方草案）。

4月14日，在中共中央政治局常委李长春同志访问罗马尼亚期间，文化部部长蔡武和罗马尼亚文化和国家遗产部国务秘书瓦西里·蒂米什分别代表中罗两国政府文物主管部门签署《中华人民共和国国家文物局与罗马尼亚文化和国家遗产部关于开展文化遗产领域交流合作的共同声明》。中共中央政治局常委李长春和罗马尼亚副总理马尔科出席见证了包括上述文件在内的一系列中罗合作文件的签字仪式。

国家文物局副局长顾玉才利用率团访问德国、瑞士和荷兰的机会，与瑞士联邦委员会文化局就商签《防止盗窃、盗掘和非法进出境文化财产的协定》进行了谈判，并就文本条款内容基本达成一致，中方拟提供给瑞士方面的限制非法出境文物清单已拟订。

4月28日，在中秘建交40周年之际，国家文物局局长单霁翔与来访的秘鲁文化部长胡安·欧西奥在国家博物馆共同签署了《中华人民共和国国家文物局与秘鲁共和国文化部关于在文化遗产保护、保存及归还和博物馆发展领域的合作与培训的谅解备忘录》。此备忘录是在中秘两国政府于2000年3月30日在北京签署《中华人民共和国政府和秘鲁共和国政府保护和收复文化财产协定》的框架下签署的。秘鲁是第一个与中国签署此类双边协议的国家。

6月16日，在温家宝总理和蒙古国总理见证下，单霁翔局长与蒙古国教育文化科学部长奥特巴雅尔在人民大会堂签署《中华人民共和国政府和蒙古国政府关于防止盗窃、盗掘和非法进出境文化财产的协定》。截至2011年底，我国已与13个国家签署了关于防止盗窃、盗掘和非法进出境文化财产的双边协定，是世界上签署此类协定最多的国家之一。

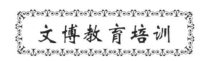

【培训工作】

作为"十二五"期间文物干部教育培训的重点工作，全国县级文物行政部门负责人培训开始展开。2011年在中央文化管理干部学院举办了四期培训班，培训学员408人。单霁翔、董保华和国家文物局有关司室负责同志为培训班授课。举办了世界遗产监测与管理国际培训、水下文化遗产保护研修班、国家考古遗址公园工作研修班、第二期军队营区文物保护与管理培训、2011年度全国新任考古发掘领队岗前培训班等重点培训项目。完成了文物保护修复中长期培养计划2011年度的工作任务，举办了近现代文物保护修复技术培训班。完成了博物馆文物鉴定人员中长期培养计划2011年度的工作任务，举办了全国博物馆专业人员陶瓷鉴定培训班。此外，完成了四川省市的地市文博管理干部培训。

【世界遗产监测与管理国际培训班】

3月7日至18日，由国家文物局和ICCROM联合主办的世界遗产监测与管理国际培训班在苏州举办。这是继2009年亚太地区藏品风险防范研修班后国家文物局与ICCROM的再次合作。在为期十二天的培训中，来自亚美尼亚、伊朗、新西兰、波兰、俄罗斯、斯里兰卡、中国香港以及中国大陆的22名学员听取了国内外专家的讲座，进行了案例研究和实习交流。

【2011年度全国新任考古发掘领队岗前培训班】

5月12日至25日，由国家文物局主办，中国文化遗产研究院承办的2011年度全国新任考古发掘领队岗前培训班在洛阳举行。本次培训为期14天，以考古发掘现场保护技术为核心，旨在加强考古领队开展发掘现场保护的意识，提高现场保护的技术与方法。共有来自全国20个省、自治区、直辖市、社科院及5所高校的52名新任考古领队参加。国家文物局关强司长、黄元副司长与来自考古所、博物馆和相关高校的11位专家就田野考古规程、考古发掘现场保护技术、保护材料和检测方法、信息学应用和公共考古学等进行了讲授，并就考古发掘过程中遇到的现场保护问题进行了讨论。

【近现代文物保护修复技术培训班】

"近现代文物保护修复技术培训班"是由国家文物局主办、中国文化遗产研究院承办的博物馆藏品保护修复技术专题培训项目，为期5个月，招收了来自文博系统的19名专业人员。培训主要分近现代纸质文物、纺织品文物两个专业方向，课程内容不仅涉及文化遗产保护概论和史学等基础课程，还针对不同材质分别开设了病害产生机理、微观形貌观察和结构分析、保存环境、修复技术和方法等专业课程。为提高学生的实际操作能力，理论课和实践课设置比例约为1∶4，学生在专业教师的指导下，完成对近20件近现代纺织品文物、古籍和书画文物的修复。

【2011年全国博物馆专业人员陶瓷鉴定培训班】

由国家文物局主办、中国文物信息

咨询中心承办的全国博物馆专业人员陶瓷鉴定培训班于4月12日至5月30日举办。50名学员来自24个省、自治区、直辖市，学员全部是长年在博物馆工作的专业人员，普遍具有良好的理论基础和较强的实践能力，是各单位陶瓷研究和保护工作的骨干。培训班由耿宝昌、李知宴、张浦生、王健华、穆青、王莉英、沈岳明、李一平、黄云鹏、彭明翰等17位国内知名陶瓷鉴定研究专家和优秀中青年专家担任授课任务。

人事工作

【机构编制】

根据中编办《关于调整国家文物局行政编制的通知》（中央编办发〔2011〕5号）、《关于为2008和2009两个年度文物局接收军队转业干部增加行政编制的通知》（中央编办发〔2011〕152号）和《关于国家文物局文物保护与考古司加挂世界文化遗产司牌子的批复》（中央编办复字〔2011〕319号），制定印发《国家文物局内设机构、主要职责和人员编制实施方案》（文物人发〔2011〕11号）。方案中，文物保护与考古司（世界文化遗产司）增设资源管理处（水下文化遗产保护处）。

根据中央编办批准的《关于国际友谊博物馆机构编制调整的批复》（中央编办复字〔2011〕132号），同意撤销国际友谊博物馆，将该馆承担的中央礼品保管、研究和展示等职能及51名财政补助事业编制划转国家博物馆。

根据中央编办批准的《关于增加中国文化遗产研究院事业编制的批复》（中央编办复字〔2011〕119号），同意中国文化遗产研究院财政补助事业编制由121名增加到131名。

【制度建设】

根据《中共中央办公厅、国务院办公厅关于党政机关领导干部不兼任社会团体领导职务的通知》（中办发〔1998〕17号）和中央组织部《关于审批中央管理的干部兼任社会团体领导职务有关问题的通知》（组通字〔1999〕55号）精神，局党组结合实际制定《国家文物局工作人员和直属单位领导班子成员社会兼职管理办法》（文物人发〔2011〕3号）。

根据《事业单位公开招聘人员暂行规定》（人事部第6号令），局党组结合实际制定《国家文物局直属事业单位公开招聘工作人员实施办法》（文物人发〔2011〕6号）。

根据中共中央办公厅和国务院办公厅印发的《评比达标表彰活动管理办法（试行）》和《评比达标表彰管理办法（试行）实施细则》有关要求，组织开展局系统评比达标表彰清理规范工作。根据全国评比达标表彰工作协调小组批复意见和局长办公会研究结论，国家文物局机关和直属单位不再单独开展相关评比达标工作。

为贯彻落实中央组织部《关于加强对干部德的考核意见》要求，加强对干部德的考核，树立正确选人用人导向，根据文件精神和国家文物局干部人事工作实际，局党组制定《中共国家文物局党组关于加强对干部德的考试实施意见》。

【干部管理】

1. 干部任免

2011年1月，局党组任命李培松为

国家文物局博物馆与社会文物司（科技司）巡视员、副司长，免去其办公室（外事联络司）巡视员职务；免去张忠志国家文物局办公室（外事联络司）巡视员职务。

2011年2月，任命岳志勇为国家文物局政策法规司政策研究处调研员。

2011年4月，免去齐宝利国家文物局办公室（外事联络司）副巡视员职务。

2011年5月，任命吴东风为中国文物信息咨询中心主任，免去其中共中国文物信息咨询中心总支部委员会书记职务；任命刘小和为中国文物信息咨询中心副主任，免去其北京鲁迅博物馆副馆长职务。

李耀申任国家文物局政策法规司司长试用期满，按期转正；段勇任国家文物局博物馆与社会文物司（科技司）司长试用期满，按期转正；吴东风任中国文物信息咨询中心副主任试用期满，按期转正；刘曙光任中国文化遗产研究院院长试用期满，按期转正；王军任中国文物交流中心主任试用期满，按期转正。

2011年6月，任命张秋萍为国家文物局人事司巡视员。

2011年7月，任命关强为中共中国文物信息咨询中心总支部委员会书记（正局级）；任命朱晓东为国家文物局办公室（外事联络司）主任，免去其中国文化遗产研究院副院长职务；任命李培松为国家文物局人事司巡视员，免去其国家文物局博物馆与社会文物司（科技司）副司长职务；任命刘浩为国家文物局办公室（外事联络司）副巡视员；任命谭平为国家文物局博物馆与社会文物司（科技司）副巡视员；任命彭冰冰为国家文物局人事司副巡视员。

2011年8月，任命殷稼为中共中国文物交流中心支部委员会书记（正局级），免去其中国文物交流中心副主任职务；任命吴东风为中共中国文物信息咨

询中心总支部委员会副书记；任命王好为国家文物局办公室（外事联络司）巡视员，免去其中共国家文物局机关服务中心支部委员会书记职务和国家文物局机关服务中心副主任职务；任命周明为中国文物交流中心副主任，免去其国家文物局人事司副司长职务；任命姚安为中国文物交流中心副主任，免去其中国文物交流中心主任助理职务；免去黄元中共国际友谊博物馆支部委员会书记职务；任命白雪利为国家文物局办公室（外事联络司）财务处（审计处）副调研员；任命肖谋用为国家文物局政策法规司法规处副调研员；任命彭馨为国家文物局政策法规司新闻与宣传处副调研员；任命郑丽娜为国家文物局督察司安全监管处副调研员；任命常金国为国家文物局督察司安全监管处副调研员。

2011年9月，任命刘小和为中国文物信息咨询中心总工程师（正局级），免去其中国文物信息咨询中心副主任职务；任命曹兵武为中国文物报社总编辑（正局级）。

2011年10月，任命柴晓明为中共中国文化遗产研究院委员会书记（正局级）；免去朱晓东中共中国文化遗产研究院委员会书记职务。

2011年11月，经中央组织部批复同意，任命解冰为国家文物局人事司司长；免去侯菊坤国家文物局人事司司长职务。

刘大明任国家文物局督察司督察处副处长试用期满，按期转正；凌明任国家文物局文物保护与考古司（世界文化遗产司）文物保护处副处长试用期满，按期转正；张磊任国家文物局文物保护与考古司（世界文化遗产司）考古处副处长试用期满，按期转正；佟薇任国家文物局文物保护与考古司（世界文化遗产司）世界遗产处副处长试用期满，按期转正；何晓雷任国家文物局博物馆与社会文物司（科技司）博物馆处副处长

试用期满，按期转正；吴旻任国家文物局博物馆与社会文物司（科技司）社会文物处副处长试用期满，按期转正；施晨艳任国家文物局博物馆与社会文物司（科技司）科技与信息处副处长试用期满，按期转正。

2011年12月，任命解冰为中共国家文物局直属机关委员会副书记、纪委书记；免去侯菊坤中共国家文物局直属机关委员会副书记、纪委书记职务；免去罗伯健国家文物局机关服务中心主任、国家文物局办公室（外事联络司）副主任和中共国家文物局机关服务中心支部委员会副书记职务；同意朱晓东暂时主持国家文物局机关服务中心工作。

2. 干部档案管理

2011年4月初，经中组部信息管理中心干部档案处抽查，国家文物局干部人事档案符合达标要求，通过审核验收。

【收入分配制度改革】

1. 规范机关津补贴

根据中纪委等六部委《关于做好在京中央和国家机关第三步规范津贴补贴工作的通知》（中纪发［2011］5号）文件精神，开展规范局机关在职、离退休干部津贴补贴工作。

2. 规范事业单位津补贴

根据中纪委等六部委《关于做好在京中央和国家机关第三步规范津贴补贴工作的通知》（中纪发［2011］5号）文件精神，对各直属单位200余名离退休干部的津贴补贴予以核定和规范，并协助局预算部门，做好财政补助事业单位离退休人员第三步津补贴差额的核算工作。

【直属单位制度改革】

根据《中共中央办公厅、国务院办公厅关于深化非时政类报刊出版单位体制改革的意见》精神和中央统一部署，积极协助中国文物报社开展转企改制工作。

【表彰奖励】

2011年5月，国家文物局对在汶川地震灾后文物抢救保护工作中作出突出贡献的先进集体和先进个人予以表彰。授予四川省成都市文物局等43个单位"文物系统汶川地震灾后文物抢救保护工作先进集体"荣誉称号，授予四川省都江堰市文物局副局长樊拓宇等49人"文物系统汶川地震灾后文物抢救保护工作先进个人"荣誉称号（详见文物人发［2011］7号）。

【社团管理工作】

指导协助中国收藏家协会、中国书画收藏家协会完成换届改选工作。

分述篇

北京鲁迅博物馆

【概述】

北京鲁迅博物馆位于北京市西城区阜成门内大街宫门口二条19号，1956年10月19日正式开馆。

北京鲁迅博物馆是中国人民为了纪念和学习中华民族的思想文化巨人鲁迅先生而建立的社会科学类人物博物馆，现为司局级公益性事业单位，隶属于国家文物局，是中央国家机关思想教育基地、北京市爱国主义教育基地。

目前，该馆现有藏品、图书等81763件（套、册）。其中，文物藏品17301件（套）（一级藏品700件、套，未定级藏品16601件、套），主要包含鲁迅文物、鲁迅亲属文物、鲁迅同时代人的文物；一般藏品9617件（套），主要包含文化名人的手稿、照片、生平史料、藏书、藏画等藏品；新、旧图书54845册，主要包含鲁迅著译版本、鲁迅研究著作、新旧期刊、社科图书等。

该馆行政管理机构设置：办公室（服务中心）、人事保卫处（党委办公室）、资产财务处、研究室（鲁迅研究中心）、文物资料保管部（信息中心）、陈列展览部、社会教育部。

【业务建设】

（一）鲁迅研究工作

1. 举办鲁迅诞辰130周年纪念活动和学术研讨

2011年9月23日，由中国作家协会、中国现代文学馆和鲁迅博物馆共同举办的"纪念鲁迅诞辰130周年座谈会"在人民大会堂召开。中共中央政治局委员、中央书记处书记、中宣部部长刘云山出席会议并讲话。鲁迅博物馆杨阳馆长做了会议发言。

5月份，在鲁迅博物馆先后举办"中国的文学博物馆——现状和前景"学术研讨会。"《鲁迅箴言》中日双语版座谈会"，拉开了鲁迅130周年纪念活动的序幕；8月份，召开了"鲁迅外文藏书研究座谈会"。9月17日，举办"在远东的天空下——凯绥·珂勒惠支版画艺术研讨会"；9月17日至18日，鲁迅博物馆与南开大学联合举办"纪念鲁迅诞辰130周年学术讨论会"，围绕"回到鲁迅"、

"鲁迅与当代中国"、"鲁迅研究之再反思"等议题，展开热烈讨论，体现了对鲁迅精神遗产当下意义的强烈现实关怀；10月16日，"鲁迅藏汉画、版画暨黄雅峰版画展座谈会"在鲁迅博物馆举办；11月22日至24日，在澳门大学，鲁迅博物馆与澳门基金会联合举办"鲁迅与汉语新文学"国际学术研讨会。围绕"鲁迅与中国现当代文学"、"鲁迅与台港澳文学"、"鲁迅与海外华人文学"等议题展开学术讨论。《澳门日报》《华侨报》《大众报》《濠江日报》分别以专题新闻报道的形式进行了宣传。

鲁迅博物馆和中华诗词网主办，北京锦绣航旅文化传媒有限公司协办纪念鲁迅诞辰130周年诗词大赛。共收到参赛作品近千首，经过大赛组委会专家组严格的初评、终评，产生各类奖项。其中，一等奖空缺，二等奖6名，三等奖24名，优秀奖80名。

2. 研究项目

完成了国家文物局委托项目《国有可移动文物普查标准与规范》中的近现代文物认定、分类、定名、年代、计量标准的制定工作；副研究馆员葛涛独立承担的国家哲学与社会科学研究基金一般项目《"网络鲁迅"研究》顺利结项，并提交全国哲学与社会科学规划办验收；鲁迅博物馆研究人员编著的《鲁迅藏品丛书》出版。这套丛书包括《鲁迅藏同时代人书信》《鲁迅著译影记》《鲁迅藏书签名本》《鲁迅藏明信片》等，为鲁迅研究提供了新的史料依据。

3. 刊物

完成了《鲁迅研究月刊》的编辑、出版和发行工作。继续与青岛大学共同建设中国现代文学专业硕士授权点，已毕业10余人。

（二）鲁迅文物资料保管及信息工作

1. 文物征集

完成对周海婴所藏鲁迅题赠许广平著译版本二十册资料的征集工作。这批文物为鲁迅和许广平的情感关系提供了物证，填补了鲁迅签名著译本收藏的空白，为鲁迅研究提供了新资料，巩固了鲁迅博物馆在全国鲁迅文物资料收藏中心的地位。

征集了近50幅抗战版画，从而使鲁迅博物馆抗战版画收藏总数达400余幅，成为全国收藏抗战版画最多的博物馆。

2. 文物资料的整理、保护与开发

2011年鲁迅博物馆参加了马鞍山博物馆"鲁迅的艺术世界"展、浙江美术馆的"鲁迅的面容"展、"九一八"历史博物馆的"抗战木刻展"、首都博物馆的"党史文物展"、中央美术学院的"江丰百年文献展"、"李宗津作品回顾展"、北京文史馆"人文北京——文物邀请展"，为其提供文物展品，并为鲁迅博物馆创收12万元。

2011年鲁迅博物馆启动了鲁迅藏外国版画全集、鲁迅藏碑拓全集编辑出版项目，这是一项基础藏品研究整理工程，对于鲁迅研究具有推动作用，同时也使鲁迅博物馆藏品深度数字化，建立并完成鲁迅文物资料电子图库的工作向前迈进一步。

3. 信息中心工作

加强网络平台建设，引入了局域网络流量控制设备和软件，为局域网安全稳定运行提供保障。对恶意抢注鲁迅博物馆无线网址，进行了申诉与仲裁并完成了无线网址的注册工作。完成了国家文物局"全国可移动文物普查"软件的测试工作。

2011年对网站的结构进行了调整，增加了创作园地和党务工作园地栏目，及时报道了鲁迅博物馆举办的会议、展览等重大活动，网站的关注度有大幅提高。全年共发表文章230余篇，是2010年的四倍。

举办了网站优秀作品评选活动，有

新闻类作品 2 名、研究类作品 1 名、创作类作品 5 名获奖。

资料信息整理，完成了出入库文物的拍照留档工作；做好资料查询的接待服务工作。协助完成各类展览所需图片查询工作。

（三）鲁迅生平展示及社会教育工作

2011 年，鲁迅博物馆在陈列展览方面做了大量工作。共举办了 19 个不同类型和规模的展览，是建馆以来展览数量最多的一年，其中一些展览为鲁迅博物馆创造了经济收入，受到了观众和媒体的广泛关注，提高了鲁迅博物馆的社会效益和经济效益。全年临时展览观众数量 25 万余人次。

1. 展览

4 月至 10 月底，由鲁迅博物馆陈列部设计并制作的原创性展览"人间鲁迅"展先后在广州暨南大学、暨南大学珠海校区、房山区阎村镇展出。广州各主流媒体《羊城晚报》《南方都市报》《新快报》等都进行大幅报道。参观师生约 5 万余人。

为纪念鲁迅先生诞辰 130 周年，宣传世界读书日，4 月中旬至 11 月底，"鲁迅的读书生活"流动展先后在福州福建省图书馆、福州大学、福建一中、江苏南通市博物馆、深圳大学展出。福州市、南通市、《深圳特区报》、《羊城晚报》等媒体都报道了本次展览活动。参观的观众约 8.5 万余人。

6 月 30 日至 7 月 30 日，"鲁迅的艺术世界——鲁迅博物馆馆藏文物展"在安徽省马鞍山市博物馆举办。此次展出鲁迅先生手迹、生前所藏各类文物一百三十余件，展现鲁迅的艺术世界，揭示了鲁迅的精神境界，让人们从中体会其光耀中国、鞭策民族的伟大人格。观众 71000 余人次。

8 月 17 日至 9 月 17 日，"鲁迅的面容——中国新兴木刻运动 80 周年暨鲁迅

诞辰 130 周年纪念特展"在浙江美术馆举办。350 余件展品中，国家一级文物 52 件。本次展览有《光明日报》《人民日报》《中国青年报》等十余家媒体进行了专题报道并几乎覆盖了所有的中国媒体网站。接待观众约 2 万人次。这次展览的策划获得 2011 年美术年度人物奖。

8 月 17 日至 9 月 11 日，"佐喜真美术馆藏凯绥·柯勒惠支原作展"在杭州浙江美术馆展出。本次展览由浙江美术馆、佐喜真美术馆、鲁迅博物馆联合举办。观众约 1.8 余人。

4 月至 12 月在鲁迅博物馆先后进行的临时展览有"读书风景摄影展"、"《宪益舅舅的最后十年》新书首发式暨书外文献展"、"文学·记忆·博物馆——中国文学博物馆巡礼"展、"《鲁迅箴言》发布会暨中、日鲁迅著作版本展"、"佐喜真美术馆藏凯绥·珂勒惠支版画展"、"黄雅峰版画展"、"《民族魂》纪念鲁迅诞辰 130 周年全国书画展"、"《纪念鲁迅》——纪念鲁迅诞辰 130 周年书画展"等八个展览，观众 1 万余人次。

2. 社会教育工作

做好对外开放工作。全年鲁迅博物馆共开放 307 天，接待观众共 4.5 余人次。

举办"发现鲁迅——中学生鲁迅文化探究体验系列活动"。社会教育部组织中学生组成探究体验营，对鲁迅故乡绍兴的文化遗产进行探索和发现，同时开展"我与鲁迅"征文活动，10 月 25 日，在鲁迅博物馆举办了北京市中学生"我与鲁迅"征文比赛和纪念鲁迅诞辰 130 周年诗词大赛活动。

"'三味书屋'互动学习室"是鲁迅博物馆新推出的专门为青少年设计的一个交流互动的小天地。2011 年共开展了 5 期活动，主要以学生带家长、小手牵大手的模式开展，得到师生和家长的一致好评。

鲁迅博物馆和北师大白鸽学会开展

的"中学鲁迅作品调查"项目、"中学鲁迅作品课件设计"项目，与财经大学开展的"鲁迅纪念品开发与调查项目"，与台湾大学生开展的"台湾中学鲁迅作品调查项目"和"'我与鲁迅'征文活动"等项目的研究，取得了较好的成果。"中学鲁迅作品调查"项目已成为"博物馆之友"在校研究项目，使博物馆教育与学校教育有机结合。2011 年，培训了400 余名志愿者。

2011 年鲁迅博物馆接受台湾交通大学和东吴大学的 4 名大学生进行寒假实习；接受团中央青少年发展中心和文化部安排的 4 名少数民族大学生来鲁迅博物馆进行暑期实践活动。

从 2009 年起，鲁迅博物馆常年开展"'走近鲁迅'馆校牵手校园行系列活动"。把"走近鲁迅"展览先后送到 18 个郊区县配合助学活动巡回展出，2011 年是这一系列活动的第三年。

2011 年 4 月 12 日，"走近文学巨匠鲁迅，弘扬爱国主义精神"中学生爱国主义教育活动在北京八十中学管庄分校举行。该校师生参观了"走近鲁迅"展览。5 月 13 日，鲁迅博物馆社教部赴门头沟斋堂镇斋堂中学，将"走近鲁迅"展览带进校园。5 月 18 日，鲁迅博物馆与宋庆龄故居等 8 家名人馆联合制作的纪念中国共产党建党 90 周年"红色记忆——文化名人与中国共产党"展览，在朝阳区星河双语学校举办。星河双语学校是朝阳区第一所委托办学模式的打工子弟示范学校。展览还将在北京地区部分打工子弟学校、军营以及郊区县进行巡展。2011 年鲁迅博物馆被北京市教委、共青团北京市委员会、北京市志愿者联合会，授予了"北京市校外教育（中小学生社会大课堂建设）先进集体"、"'关爱农民工子女'志愿服务示范基地"称号。

中国文物
信息咨询中心

【概述】

2011 年，在国家文物局党组的领导下，中国文物信息咨询中心（以下简称"信息中心"）继续深入学习实践科学发展观，紧密围绕国家文物事业"十二五"发展需要，结合文物信息、咨询的核心职能，创新思路、整合资源、勤奋工作，廉洁自律，在全体职工的共同努力下，各方面工作均取得了一定发展。

【内部建设】

（一）政治思想学习、党风廉政教育

信息中心党总支根据局机关党委部署，组织全体党员干部深入实践科学发展观，认真组织学习贯彻党的十七届六中全会精神。

结合中国共产党诞生九十周年纪念活动，组织全体党员和入党积极分子赴爱国主义教育基地青岛海军博物馆接受教育，开展了以"缅怀革命历史　争创岗位先进"为主题的党日活动。

通过党组织和工会活动，激发职工工作热情，更新职工精神面貌，单位的凝聚力和向心力大大增强，推动了单位事业又好又快向前发展。

（二）内部制度建设

2011 年，信息中心通过查找不足，结合工作实际，制定了《中国文物信息咨询中心办公会议管理暂行办法》《中国文物信息咨询中心车辆管理办法》《中国文物信息咨询中心劳务派遣人员、项目

临时聘用人员基本工资标准》《中国文物信息咨询中心专业技术资格评定

管理办法（试行）》《中国文物信息咨询中心津贴补贴标准》等五项管理制度。

（三）招聘和干部选拔

根据局工作部署，完成首次岗位聘用工作。根据工作需要引进 4 名中高级职称人才。在国家文物局的支持下，积极争取 2 名京外调干指标，稳定了业务骨干，充实了人才队伍。

（四）预算执行

严格预算管理，按照有关财务制度执行预算，预算执行率达 100%。

【文博信息化建设】

（一）信息系统

文物安全与行政执法管理信息系统正常运行。考古发掘电子审批系统升级培训工作展开。国家一级博物馆运行评估专家在线评分系统开始使用。建立文物进出境审核信息管理系统申报平台。

（二）文物行政管理和文物资源信息系统

完成国有可移动文物普查数据采集系统原型研发，获得财政部、国家文物局的高度评价。

（三）文物信息数据库建设

完成了 31 个省（市、区）文物普查电子数据，电子数据总容量为 7.78TB。第三次全国文物普查信息服务系统正式运行。

中国长城信息网（长城公众服务子系统）开通，开始正式向社会提供明长城基本数据和三维地图查询服务。

完成数据中心核心 NAS 存储体系建设，整理并完成文物调查、三普、长城调查项目数据入库。

为确保数据库的安全，在广州、海南、新疆和黑龙江进行了文物信息数据

的异地备份。

【文物保护工程咨询评估】

全年完成国家文物局委托的各类文物保护工程方案、文物保护单位保护规划、行政许可等方案 813 份，保障了重大文物保护工程的顺利实施。受国家文物局委托，开展世界文化遗产保护工程检查。服务文博行业，面向社会开展业务咨询和方案评估。

【科研与信息规划工作】

编制完成《国有可移动文物普查项目建议书》、《国有可移动文物信息采集规范》（草案）、《国有可移动文物电子数据处理规范》。

编制完成《中国数字博物馆建设方案》（草案）、《国家文物数据资源的应用服务模式》《文物艺术品交流平台建设方案》《中国国家博物馆 2011—2020 年发展规划》。

【文物征集工作】

受国家文物局委托，按照国家重点珍贵文物征集程序，以远低于国际拍卖市场成交价的价格征集了芮伯壶，促成了国宝的回归，对研究青铜器发展史及芮国历史具有十分重要的意义；完成青铜贮备器等文物征集，对研究西汉时期滇文化具有重大意义。

【资格认证和专业资质培训】

受国家文物局委托，承办了 2011 年全国博物馆专业人员陶瓷器与铜器鉴定研修班、首届全国文物进出境责任鉴定员民族文物培训班、拍卖企业人员考试。

组织专家审核 2011 年文物艺术品拍卖 115 场，审核拍卖标的近 2 万件。

制订《文物拍卖管理暂行规定》等行业管理规定。

【文物移交工作】

按照国家文物局要求，将 39 万件文留文物全部安全地移交给国家博物馆。

【宣传活动】

组织了"第三届全国青少年文化遗产知识大赛"；制作了《文物调查及数据库管理系统建设项目成果汇报》，《长城资源调查成果汇报》宣传影视资料，《文博先锋——国家文物局党员教育电视片》，《第三次全国文物普查电子杂志》（共 10 期）。

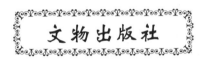

文物出版社

【出版情况】

2011 年是转企改制完成后的第一年，在这样的新形势下，文物出版社根据党的十七届六中全会精神，跟随中央提出的文化改革发展的奋斗方向，总结经验教训，结合 50 余年的发展现状，从实际出发，在企业体制下稳定编辑队伍、提高出书质量、开辟新市场、采取多种营销策略，在摸索中取得进步。

2011 年，文物出版社共出版图书256 种，其中新书 237 种，重印书 19 种。如《佛光寺东大殿建筑勘察研究报告》《长安新出墓志》《昆山绰墩遗址》《邢台商周遗址》《魏晋南北朝唐宋考古文稿辑丛》《古代墓葬美术研究（第一辑）》《丝绸之路上的考古、宗教与历史》《凉山历史墓志碑刻注评》《天骄遗宝——蒙元精品文物》《重庆中国三峡博物馆藏文物选粹》（4 本/套）（古琴、造像·唐卡、瓷器、绘画）、《瑶琨美玉——良渚

博物院藏良渚文化玉器精粹》等考古报告、课题研究、图录类精品图书陆续面市，为广大读者提供了新鲜丰富的精神食粮。

【年度精品】

2011 年出版的《敦煌石窟全集（第一卷）——第 266～275 窟考古报告》（全二册）是《敦煌石窟全集》（百卷本）的第一卷，该书凝聚了石窟壁画研究者长久以来的心血，是"万里长征"的第一步。该书不仅能够满足国内外学者和学术机构对敦煌石窟资料的需求，而且，在石窟受到损坏甚至坍塌毁灭的情况下，将成为文物修缮乃至全面复原的依据，因此对于石窟文物保护意义重大。

【重大出版工程】

《中国法书全集》是中国美术分类全集的重要组成部分，它是以中国古代书画鉴定组在全国巡回鉴定中遴选的法书精品为基础，酌收大陆内外博物馆所藏的部分重要作品编辑而成。该套书于 2004 年 4 月全面启动，通过全体摄影、编辑、出版工作人员近 8 年的共同努力，于 2011 年底全面圆满地完成了出版工作。全集分 18 卷，先秦 1 卷，魏晋南北朝 1 卷，隋唐 3 卷，宋 3 卷，元 3 卷，明4 卷，清 3 卷。无论是在中国书法史上、还是在出版史上，《中国法书全集》都显示着其里程碑意义。

【获奖概况】

文物出版社作为中央级文物考古历史类专业出版社，始终注重经济效益与社会效益的平衡。2011 年是转企后的第一年，在保证经济效益的同时，不放松社会效益，出版了诸多经得起市场考验且对社会、学界产生重大影响的重磅图书，受到了全社会的认可。在"第二届

中国出版政府奖"评选中,《新中国出土墓志》(共10卷)荣获图书奖,《中国记忆——五千年文明瑰宝》荣获装帧设计奖,《秦始皇帝陵》荣获装帧设计奖提名奖;在"2010年度优秀古籍图书奖(2011年评选)"评选中,《银雀山汉墓竹简 贰》荣获一等奖,《闻宥落照堂藏青铜器拓本》《开宝遗珍》荣获二等奖;《中国竹木牙角器全集》(全5册)入选"三个一百"原创出版工程;《中国古代篆刻铭文集》荣获第三届中国书法兰亭奖编辑出版奖三等奖;《汶上南旺——京杭大运河南旺分水枢纽工程及龙王庙古建筑群发掘报告》获得山东省"山东文化艺术科学优秀成果奖"一等奖;在第二届"紫禁城杯"(2010年度)全国文化遗产十佳图书评奖活动中,3部图书入选"十佳图书",此外还获得了"最佳文集"、"最佳图录"、"最佳考古发掘报告"、"最佳论著"分项奖,另有9部图书获得"优秀图书"称号。

【庆祝建党90周年,加强党的建设】

2011年,中国共产党建党90周年,文物出版社全体党员认真学习了胡锦涛同志在庆祝中国共产党成立90周年大会上的重要讲话。为纪念这一特殊的日子,文物出版社在国家文物局的组织下,参加了庆祝建党90周年"红歌献给党"歌咏比赛,并拔得头筹,在庆祝建党90周年党史知识竞赛上获得第三名,文物出版社原第五党支部在"庆祝建党90周年暨创先争优表彰大会"上荣获"先进党支部"的称号。社党委组织全体离退休和在职党员到大寨参观,新老党员共同温习入党誓词,学习新时期大寨精神。

2011年,文物出版社党委根据《党章》要求组织换届选举并对所辖党支部进行了调整。社党委组织社领导班子成员参加了国家文物局2011年党风廉政建设工作会议,选出11名党员代表参加中国共产党国家文物局直属机关第五次代表大会,选出10名党员代表参加了"2011年国家文物局系统第一期党员培训班",组织全社党员学习杨善洲同志先进事迹。

2011年,文物出版社党委荣获"中央国家机关先进党组织"称号。

【海内外交流、销售】

为了响应国家新闻出版事业"走出去"政策,在"走出去"政策的支持下取得最大的经济效益和国际影响力,2011年,文物出版社继续大力开拓海内外图书市场,以书展、学术交流为契机,积极参加国内外各项相关展览、活动,向海内外读者推荐新书好书,力争版权贸易量稳中求进。本年度分别参加了"2010年印度德里国际书展"、"2010年尼泊尔中文图书展销会"、"第43届开罗国际书展"、"巴西里约图书双年展"、澳大利亚、新西兰"中文书刊巡回展览"、《纪念林则徐巡阅澳门172周年、诞辰226周年暨建馆14周年》献花典礼、弘扬林则徐爱国精神学术座谈会等国际交流活动。文物出版社参展的图书都得到主办方、参展商和当地读者的好评,与世界各国出版机构探讨版权合作、图书销售、合作出版等事宜,在向世界展示自我的同时达成多项合作意向,为今后的发展铺好的道路。

【延续献爱心传统】

在国家文物局组织下,文物出版社坚持每年开展"向实行计划生育的贫困母亲献爱心"捐款活动,2011年124名职工共捐款4030元。

为支持边疆少数民族地区文化建设事业，在古籍整理工作委员会的号召下，为牡丹江市朝鲜族图书馆捐赠《文化百科丛书》等共计 77 种 770 册（套）图书，码洋 21860 元。

【概况】

2011 年，中国文化遗产研究院在册职工 139 人，其中具有研究生以上学历的 82 人（博士 28 人，硕士 54 人），具有高级专业技术职称资格者 58 人（正高级 13 人，副高 45 人），共有 3 人获外国政府授勋，19 人享受国务院政府特殊津贴，1 人入选人力资源和社会保障部等七部委联合评选的"百千万工程"人选。

完成首次岗位聘用及院部门、机构的优化重组工作后，中国文化遗产研究院下设二级机构 10 个，即：办公室（人事处、党委办公室）、科研与综合业务处、预算财务处、总工程师办公室（总修复师办公室）、国家水下文化遗产保护中心、文化遗产研究所（古文献研究室）、文物保护工程与规划所（中国世界文化遗产监测中心）、文物修复与培训中心、图书馆、服务中心（安全保卫处）。

【重要专项和科研课题】

1. "南澳 I 号"沉船遗址抢救发掘

2011 年 4 月至 7 月，"南澳 I 号"沉船遗址 2011 年度发掘项目由中国文化遗产研究院与广东省文物考古研究所、广东省博物馆联合实施，并调集了来自国家博物馆、广东、福建、海南、山东、浙江等地的水下考古专业人员参与，克服了台风、低气压等恶劣天气的影响，安全完成年度发掘工作。

此次发掘新揭露出 9 个隔舱，基本廓清了沉船轮廓，并确认船舯位置，同时发现了疑似桅座构件、龙骨、底板等重要船部件；发掘出水文物 17116 件（含铜钱 7680 枚），采集泥样、植物果核、果肉、水银等标本 40 余盒，并提取了部分隔舱板、船舷板等船板。

2. 大遗址保护行动跟踪研究

2011 年 10 月 12 日，国家社会科学基金重大项目（第一批）立项正式公布，中国文化遗产研究院申报的《大遗址保护行动跟踪研究》获准立项，课题首席专家为研究馆员柴晓明。

2011 年 10 月至 11 月，项目组分别赴四川、重庆、河南开展了数次课题调研；12 月 9 日，在北京召开课题开题论证会，来自多家单位的专家学者就大遗址保护理论框架、保护模式、保护规划与管理、大遗址保护当前面临的主要困难和问题，课题的管理运作、选题与总体设计、研究方向和内容、研究进度和人员安排、技术路线、典型案例的选择、子课题的研究计划等方面进行了热烈的讨论，并提出建设性的意见和建议。

3. 规划

2011 年，中国文化遗产研究院人员参与完成了《文物博物馆事业发展"十二五"规划资料汇编》编辑工作，编印了《文物博物馆事业发展"十二五"规划资料汇编》与《文物博物馆事业发展"十二五"规划研究资料汇编》。

4. 水下文化遗产调查

根据国家水下文化遗产保护工作的整体规划和布局，通过加强与有关地方合作，中国文化遗产研究院协调全国力量，2011 年先后在青岛、天津、鄱阳湖及丹江口等地开展了水下文化遗产调查项目。调查采用多波束测深系统、旁侧声纳、GPS 定位系统等科技含量较高的技术，对水面以下的遗址进行了详细探测，从而对上述地区水下遗址的现状有了初步的了解和认识，为进行下一步工作提供了较为可靠的依据。

为贯彻李长春同志关于"加强'南海Ⅰ号'等中国水下文化遗产保护工作及专题片制作、播放"的指示精神，完成"南海Ⅰ号"专题片拍摄，在中央电视台纪录片频道进行了首播；配合国家文物局开展"中国水下文化遗产保护万里行"实地采访活动。

全力推进国家水下文化遗产保护基地建设，根据工作布局，2011 年相继成立了国家水下文化遗产保护武汉基地、福建基地。根据中央领导批示，还启动了国家水下文化遗产保护南海基地筹建工作，组建了西沙水下文化遗产保护南海基地基建办公室，编制完成了《西沙水下文化遗产保护工程专项建议书》等。同时，组织召开了国家水下文化遗产保护基地设施设备座谈会，与会专家对基地的规模、功能等进行了研究与探讨。

在国家文物局办公室、文物保护与考古司的指导下，中国文化遗产研究院进行了前期国内外的广泛调研，组织了项目论证和申报工作，确定了排水量为 580 吨的考古研究船设计方案。该项目已获中央财政支持，完成立项。在广东省文物局等相关单位合作下完成了《水下考古操作规程》（初稿）。结合"半洋礁Ⅰ号"沉船调查项目，中国文化遗产研究院会同福建、漳州文物部门开展了水下文化遗产安全监控试点项目——福建漳州半洋礁Ⅰ号沉船原址监控保护，通过建立与海洋、海事、海监、边防等部门的长效合作机制，探索综合运用包括 GPS、GIS、RS 技术在内的现代安防和监控技术，达到对水下文化遗产进行有效监控的目的。该项目已于 2011 年 12 月通

过了由国家文物局组织的专家验收。

5. 长城资源调查

2011 年，该项目开展的工作有：完成辽宁、青海、新疆、河北、吉林、黑龙江、山西、河南、陕西、内蒙古、湖北、甘肃、北京、山东等十五个省、市、自治区的秦汉及其他时代长城资源调查资料的国家级检查验收工作；完成长城突出普遍价值声明（SOUV）和《长城世界遗产第二轮定期报告》编写工作；组织召开"2011 年长城保护工作会议"；完成长城认定材料审核工作；完成河北明长城烽火台资料整理，区县长城烽火台分布图的标注及烽火台分型分式、分布的研究等。

6. 第七批全国重点文物保护单位申报

2011 年，继续开展第七批全国重点文物保护单位申报材料的审核、整理以及简介编写等工作，组织专家对相关简介进行审核，完成简介图文稿，编辑印刷七批国保推荐名单及简介，并按时上报国家文物局。

7. 石窟岩体结构稳定性评价系统研究

该课题以云冈石窟为例，以云冈石窟岩体稳定问题为对象，开展石窟岩体结构稳定性评价系统研究。至 2011 年底，课题组已基本完成课题研究工作量。下一步工作是在采集监测数据、分析耦合试验研究成果基础上，完成研究报告的编写。

8. 无损或微损检测技术在石窟保护中的应用研究

该课题以云冈石窟为主要研究对象，以石质文物表层风化、裂隙病害的无损或微损检测技术为重点，开展石质文物表层风化和表层裂隙无损或微损检测技术方法研究，建立云冈石窟石质文物主要病害及保护效果无损或微损检测方法，为石质文物保护提供技术支持。2011 年，

课题组基本完成了课题研究工作量，下一步是开展研究报告的编写工作。

9. 南京阿育王塔及出土文物保护技术研究

该课题为国家科技支撑计划课题《南京报恩寺遗址地宫及出土文物保护技术研究》的子课题。课题针对北宋时期鎏金阿育王塔及其他出土文物的病害进行保护材料研发及保护示范，完成了课题任务书的研究内容，基本完成课题结项报告撰写，以配合南京市博物馆于2012年初申请课题结项。

10. 溶胶——凝胶法制备负载缓蚀剂的有机无机杂化涂层及其在铁质文物保护中的应用研究

2011年，该项目按照计划有序推进，完成了添加有负载缓蚀剂的纳米粒子的涂层制备，并进行了性能测试。同时申请了1项专利"一种制备负载型缓蚀剂的方法"。该项目按期于2011年1月提交了项目年度报告。

【重要工程项目】

1. 柬埔寨吴哥古迹茶胶寺保护修复

2011年，中国文化遗产研究院正式成立援柬二期茶胶寺工程项目领导小组。根据国家文物局总体部署，相继完成了茶胶寺保护修复工程总体设计方案和茶胶寺保护修复工程第一阶段施工图设计任务，与商务部和柬方分别签订工程对内、对外承包合同，积极筹备施工，并开展相关研究工作和国际学术交流活动。

2. 大足千手观音造像抢救性保护修复

按照2011年度工作计划，该项目完成千手观音造像龛顶风化砂岩与粉化彩绘的加固，千手观音本体上部7至9区不稳定贴金层的揭取与揭取后的现状评估，7至9区金箔下部风化砂岩加固，在现场建立针对千手观音保存环境的监测

系统，对雕刻岩体的稳定性进行测试，继续开展三维信息留取与虚拟修复效果跟踪监测等工作。2011年1月，大足石刻千手观音造像抢救性保护工程中期修复试验通过专家验收。3月，《大足石刻千手观音造像总体修复方案》获得国家文物局批复同意。4月18日，举行了工程开工仪式。2011年年底，国家文物局世界文化遗产地保护工程检查中，该项目获得检查组及专家的肯定与好评。

3. 大运河遗产保护与管理总体规划与申遗

受国家文物局委托，由中国文化遗产研究院牵头，会同多家科研机构共同承担了《大运河遗产保护与管理总体规划》编制工作。2011年，完成了大运河沿线遗产调研、分析和评估工作，编制了保护措施、遗产利用与展示、遗产管理、遗产研究、遗产环境保护规划以及近期规划等内容基本完成规划文本和图纸、分段规划图纸和表格、规划说明、基础资料汇编以及GIS支持系统等。

受国家文物局委托，中国文化遗产研究院还承担了中国大运河申报世界文化遗产文件与管理规划编制工作。该项目于2011年8月正式启动。截止2011年年底，该项目已基本完成申遗文本核心章节——列入理由（包括对比分析、列入标准）的基本框架，基本确认了技术路线；对各遗产所在省、市提供的基础资料进行了收集、分类、核查；完成了八省、直辖市及荷兰、法国专家的现场调研；针对列入《预备名单》的大运河河道和遗产点提出了保护与整治近期工作建议。

4. 南海Ⅰ号沉船现状评估与发掘保护预研究

根据国家文物局要求，中国文化遗产研究院承担了"南海Ⅰ号"沉船现状评估与发掘保护预研究工作。中国文化遗产研究院在华光礁Ⅰ号保护研究的基

础上，结合院基本科研业务费课题"海洋出水陶瓷、金属盒木质文物保护技术研究"，开展了相关研究工作。2011 年 8 月上旬，召开关于南海 I 号保护的协调会议，并现场筛选了南海 I 号沉船的水下文物的部分样品。2011 年 9 月，组织召开了"南海 I 号"保护与发掘方案研讨会。2011 年 10 月，组织召开"南海 I 号"沉船现状评估与发掘保护预研究研讨会，编写了"南海 I 号"沉船现状评估与发掘保护预研究的实施方案，并报送国家文物局。

5. 高句丽墓葬壁画原址保护

该项目以中国文化遗产研究院人员为主体，建立了具有共享机制的科技基础条件平台，并邀请解放军总装备部工程研究总院、中科院微生物研究所、北京大学、南开大学、西北工业大学、敦煌研究院等单位的相关研究人员参与了项目研究。

通过前期调查与评估，针对高句丽墓葬壁画存在的主要问题，本项目组于 2011 年编写了《高句丽墓葬壁画保护前期实验方案》，通过对墓葬内部凝结水监测与形成机制、微环境控制技术进行研究，取得了一定成果。随着项目进展，已基本上找到了解决危害高句丽墓葬壁画保存主要病害的相应方法。

6. 西藏壁画保护

受西藏文物局委托，中国文化遗产研究院承担了白居寺壁画抢救性保护修复方案的设计工作。为了配合古建筑维修并治理白居寺壁画病害，2011 年 7 月，中国文化遗产研究院组织工程技术人员赴西藏江孜县对白居寺各殿壁画进行了全面调查。在对各殿壁画颜料、地仗层分别进行取样分析和参考相关西藏地区壁画保护实施及其研究报告的基础上，设计了白居寺壁画抢救性保护修复方案。

7. 新疆龟兹壁画保护

为响应党中央援助新疆的号召，提高新疆地区古代壁画的保护技术水平，依据新疆维吾尔自治区文物局与中国文化遗产研究院关于合作开展新疆文物保护工作的《框架协议书》精神，经与新疆维吾尔自治区文物局和新疆龟兹研究院协商，2011 年，中国文化遗产研究院正式在新疆龟兹研究院设立"古代壁画保护工程技术研究新疆工作站"，并完成了克孜尔尕哈石窟壁画保存状况、病害调查与评估，龟兹研究院馆藏彩绘泥塑类文物保存现状调查，库木吐喇第 34 窟、45 窟、50 窟共计 1000 平方米壁画的抢救性保护修复工程及库木吐喇石窟已揭取壁画的抢救性保护修复与预防性保护的方案设计等多项重要工作。

8. 潼南大佛本体保护修复

2011 年，在对大佛的金箔粉化脱落程度、早期不当修复、石质胎体风化程度等的基础上，采用三维扫描技术对现状信息进行精细留取，对粉化、缺失发髻进行加固、补全；同时根据西南地区潮湿环境特点，针对不同部位的不同病害，选取不同材料对大佛本体严重风化砂岩，缺失地仗、缺失贴金层等进行了修复。2011 年 12 月，重庆文物局组织专家组对项目进行了中期评估，并给予充分肯定。

9. 应县木塔底部三层结构加固设计与研究

根据国家文物局相关批复，中国文化遗产研究院承担了应县木塔底部三层结构加固设计与研究项目。截止 2011 年年底，中国文化遗产研究院完成了应县木塔二、三层明层倾斜部位及丧失承载能力构件局部加固方案设计、应县木塔整体结构力学分析、应县木塔木材材质检测与性能评估、一层隐蔽柱保存情况及土坯墙现状等多项内容，并对木塔底部三层进行了基于三维激光扫描的现状测绘。

10. 出水陶瓷器、铁器保护修复及木船构件脱盐保护本着"全面设计开展木船板的保护处理"、"指导陶瓷器保护修复"、"联合修复金属器"三原则,中国文化遗产研究院与海南省博物馆共同启动了"华光礁Ⅰ号"的保护修复工作。2011年3月中旬,完成"华光礁Ⅰ号"出水陶瓷器脱盐及保护修复、出水铁器保护修复、出水木船保护修复(1期)保护修复等技术方案,并顺利通过国家文物局评审。此外,中国文化遗产研究院还跟踪"华光礁Ⅰ号"出水瓷器与木船构件的现场循环水系统的施工工作,提供相应的技术支撑服务。

11. 广西花山岩画保护

自2005年起承担花山岩画保护工作,中国文化遗产研究院先后开展了三维测绘、基本调查、地质条件勘察、保存状况调查、病害调查与分析、环境监测、加固材料实验室试验及现场试验、病害机理研究、编制设计方案、应急性保护工程实施等工作。2010年完成第一期整体抢救性保护工程设计工作,并通过国家文物局审批。2011年3月至12月,中国文化遗产研究院严格按照设计及主管部门的要求实施了花山岩画保护施工工程。2011年12月25日,广西壮族自治区文化厅组织召开宁明花山岩画第一期抢救性修复保护工程的竣工专家验收会并通过验收。

12. 哈尔滨圣索菲亚教堂建筑修缮方案设计

受哈尔滨建筑艺术馆委托,中国文化遗产研究院承担了哈尔滨圣索菲亚教堂建筑修缮、结构加固、壁画保护设计及附属设施方案设计工作,2011年3月,项目正式启动,并开展了圣索菲亚大教堂建筑与结构的现场勘察与数据留取、建筑历史的研究、结构的调查与评估、壁画与外砖墙现状材料测试及其保护材料的室内室外试验工作、建筑设备原状调查及其改设方案设计等多方面工作。

截至2011年12月,已经建立了教堂的建筑与结构的三维模型,绘制完成建筑平、立、剖面白膜图及建筑的残损现状图,通过现场无损、微损试验,建立结构模型,形成结构稳定性评估结果,完成教堂外墙砖、壁画保护修复设计,建筑前期勘测报告初步编制已完成,维修方案已开始制订。

【人才培训】

1. 世界遗产监测与管理国际培训班

2011年3月7日至18日,由国家文物局、ICCROM联合主办,中国文化遗产研究院承办,苏州市文物局、苏州市园林与绿化局、联合国教科文组织亚太世界遗产中心苏州中心共同协办的"世界遗产监测与管理国际培训班"在苏州成功举办,来自亚美尼亚、伊朗、新西兰、波兰、俄罗斯、斯里兰卡、中国香港以及中国大陆的22名学员参加了培训,培训内容涉及世界遗产中心等国际机构的角色介绍、关键概念的解读(遗产公约、操作指南、OUV、管理系统和管理计划)、监测过程的理解和讨论等。

2. 近现代文物保护修复技术培训班

2011年5月4日至9月30日,由国家文物局主办、中国文化遗产研究院承办的"2011年近现代文物保护修复技术培训班"开班,来自黑龙江、北京、西藏等14个省、市、自治区的20名学员参加了培训。培训分别以纸质和纺织文物保护修复为专业方向开展了教学活动。该培训班是国家文物局首次针对近现代文物举办的文物保护修复技术培训班,培训共完成学术论文20篇、修复档案22份、修复方案22份、修复报告75份、实验报告1份、病害及纹样手绘图数张;修复完成纸张类档案文物46件、字画文物10件(套)、古籍25本、新画13件(挂轴、手卷、册页)、近现代书籍装帧形式 9 款、纺织品文物 28 件（套）。

3. 彩绘文物文物保护修复技术培训班

2011 年 7 月 20 日至 12 月 20 日，由国家文物局主办，中国文化遗产研究院承办的"2011 年彩绘文物文物保护修复技术培训班"开班，来自全国 9 个省、市、自治区的 14 名学员参加了培训。本次培训填制调查表格 872 张、拍摄病害照片 2416 张形制照片 410 张、病害图及形制图 240 张；修复完成五件馆藏文物、两处现场试验样区；提交修复日志 7 份、修复方案 9 份、实习报告一份；配合世行项目完成邹城孟庙 412 块碑刻调查、碑文摘录及修复试验；提交论文 14 篇。

4. 大足彩绘贴金石质文物保护修复培训班

2011 年 4 月至 7 月，由中国文化遗产研究院和大足石刻艺术博物馆共同举办，对来自大足石刻艺术博物馆和重庆市文物局所辖 8 个文博机构的 18 名学员进行了综合培训。本项培训旨在为千手观音抢救性保护修复工程培养现场保护修复技术人员，是一次工程实践与教学培训相结合的有益尝试，目前所有学员都学以致用，培训效果良好。

5. 全国新任考古发掘领队岗前培训班

2011 年 5 月 11 日至 25 日，由国家文物局主办，中国文化遗产研究院承办，对来自全国 20 个省、自治区、直辖市、社科院及 5 所高校的 52 名新任考古领队进行了培训。培训内容包括田野考古规程、考古发掘现场保护技术、保护材料和检测方法、信息学应用和公共考古学等进行了讲授，学习结束全体学员提交了学习心得。参训人员获得了国家文物局颁发的考古发掘领队证书和业务培训证书。

6. 国家水下文化遗产保护（考古）培训班

受国家文物局委托，中国文化遗产研究院举办了首届"国家水下文化遗产保护（考古）培训班"。此次培训分为潜水技能培训、文化遗产保护理论与实践培训、水下考古实习三个阶段。2011 年 6 月至 9 月，培训班分别在宁波、厦门、青岛（及烟台）完成潜水培训、水下文化遗产理论学习和水下考古实习三阶段的培训，共培养专业人才 20 名。

此外，中国文化遗产研究院还协助支持重庆市文物局完成了"三峡出土文物保护修复培训班"的培训方案制定及师资推荐、教学管理手册编制等工作，协助重庆市文物局完成了"西南地区陶瓷、金属文物修复培训班"设备、材料、文物选定等准备工作。

【其他业务工作】

1. 院藏珍贵古籍及文物资料抢救保护

根据国家"中华古籍保护计划"，经国家文物局批准，该项目于 2009 年在财政部立项。2011 年，完成 798 套件特藏古籍、书画与碑帖的编目整理、鉴定；完成 5100 部古籍的整理和编目工作；修复古籍、古书画、图纸等 126 件；建立数据管理系统，完成部分藏品的扫描、翻拍和数字化存储工作。出版了《中国文化遗产研究院藏西域文献遗珍》，并于同年 11 月召开"《中国文化遗产研究院藏西域文献遗珍》发布暨古籍整理保护专家咨询会"。经过整理的东晋帛氏注《道行般若经卷第三》、南朝梁大通二年《大方等大集经卷第十九、二十》等 13 种善本古籍陆续入选国务院颁布的《国家珍贵古籍名录》。

2. 中肯合作拉穆群岛考古项目监理

该项目是根据商务部合同委托的中肯合作拉穆群岛考古项目而实施的国外考古监理任务，分别对北京大学和中国国家博物馆承担的陆上与水下考古项目进行全过程的考古监理。2011年，项目于4月底前完成了《2010年度中肯合作考古项目监理工作报告》，已提交商务部国际经济合作事务局；该报告总结了陆上考古、水下考古和肯尼亚出上中国古代瓷器研究等三项监理成果并提出了下一步工作计划，获项目委托单位认可。

3. 肩水金关汉简整理

院与甘肃简牍研究中心共同成立"肩水金关汉简"整理小组，开展肩水金关汉简整理工作，包括：照相、释文、缀合、注释等。经过课题组一年多的努力，《肩水金关汉简》第一卷于2011年8月正式出版，共收录肩水金关汉简2500余枚。

4. 意大利驻华使馆馆藏文物修复

2011年10月至12月，中国文化遗产研究院技术人员全程参与了意大利文物保护修复高级研究院（ISCR）修复工作小组对意大利驻华大使馆馆藏文物修复工作，对使馆收藏的6幅布面油画、1件皮革彩绘屏风、2件木雕和3件青铜器进行保护性修复。双方共同研发了针对皮革文物的新清洗方法，该方法具有中西结合的特点，在有效清除文物污损的情况下，更大限度地实现了对文物本体的保护，进一步降低了修复干预对文物的损害，保护效果得到了一致好评。

5. 曲阜孔庙建筑彩绘和邹城石刻保护修复前期研究

曲阜孔庙建筑彩绘保护前期研究项目，是世界银行曲阜、邹城孔孟文化遗产地保护项目中，针对曲阜孔庙现存建筑彩绘的现状与保护开展的研究项目。

项目组于2011年9月启动现状调研工作，对孔庙内所有建筑彩绘保存现状、不同等级建筑表面彩绘形制与工艺、病害种类和面积等进行了调查和统计，该部分资料经过统计与评估，为下一步针对不同制作工艺、不同病害形式，有选择性的开展保护修复工作提供了重要依据；彩绘的保护修复工作在结合检测分析结果的基础上开展，对彩绘表面清洗、回贴、加固、局部修复与表面封护所采用的材料、工艺等进行了试验，明确了适用的技术路线。

6. 新疆出土文献的保护与研究

《新疆出土文献的保护与研究》课题，主要是对新疆博物馆新近征集的纸质文书和木质简牍进行保护、整理和研究，包括对112组文书（1组为博物馆旧藏，其余为征集）和一些木质简牍的抽样保护、拍照；重点在于对112组纸质文书进行释文、缀合、解题和注释，并对112组纸质文书进行研究。2011年，课题顺利完成，并通过院组织专家组评审。

7. 哈尼梯田申报世界文化遗产项目

受云南省红河州哈尼梯田管理局委托，中国文化遗产研究院承担了红河哈尼梯田申报世界文化遗产文本编制的任务。项目组按照《实施保护世界文化与自然遗产公约的操作指南》（2008版）的有关要求，为申请将红河哈尼梯田列入《世界遗产名录》编制提名文件。至2011年底项目按时、保质完成，项目成果已报送世界遗产中心。

此外，中国文化遗产研究院研究人员还参加了第三次全国文物普查办公室业务指导工作及三峡库区文物保护项目验收相关工作。

【国际合作与交流】

1. 国际文物保护培训项目执行研讨会

2011年2月2日至3日，受日本东京国立文化财研究所邀请，中国文化遗产研究院张可同志赴日本东京参加了"国际文物保护培训项目执行研讨会"。本次"国际文物保护培训项目执行研讨

会"的目的是了解参会各机构在国际合作培训领域的最新动态，交流在不同文化和保护理念的背景下开展交流，分享国际合作培训的经验与成果。

2. 保护水下遗产公约缔约国会议

2011年2月9日至11日，刘曙光院长作为非缔约国代表、以观察员身份在巴黎联合国教科文组织总部参加了教科文组织保护水下遗产公约缔约国会议科学与技术咨询机构的第二次会议。这是中国代表第一次参加水下遗产公约科学与技术咨询机构的会议，受到公约秘书处和咨询机构的重视和欢迎。此次参会在介绍我国水下文化遗产保护和国家水下文化遗产保护中心的有关情况的同时，也进一步了解了关于水下遗产保护国际公约共识和最新动态。

3. 瑞士教授访问

2011年3月30日至4月2日，为开展"中国瑞士科学技术合作计划项目"，瑞士苏黎世大学无机化学所海因茨·贝克（Heinz Berke）教授来中国文化遗产研究院洽谈合作计划，并进行学术访问。3月31日，刘曙光院长接见海因茨·贝克教授，双方签署了《中国文化遗产研究院与瑞士苏黎世大学无机化学研究所合作协议意向书》。来访期间，海因茨·贝克教授与中国文化遗产研究院参加"中国瑞士科学技术合作计划项目"的科研人员洽谈，并制订了该合作项目的详细实施计划，包括合作开展西藏文物保护修复人员培养项目，合作为期三年（2011年至2013年），由普利兹克先生提供资金支持，中国文化遗产研究院负责具体组织实施培养项目。

4. 德国教授来访

2011年6月24日，刘曙光院长与来访的德国考古研究院前院长Gehrke教授等五人进行了会谈。柴晓明副院长主持召开了与德国考古研究院联合工作小组2011年第一次合作交流的座谈会，重点

商议关于《中华人民共和国中国文化遗产研究院与德意志联邦共和国考古研究院关于考古和文化遗产保护合作的谅解备忘录》框架下中德双方合作项目事宜。

5. 吴哥古迹保护技术年会和全体工作会议

在积极开展柬埔寨吴哥古迹茶胶寺保护修复工程施工前准备工作的同时，中国文化遗产研究院技术人员与承担吴哥保护工作的日本、法国、德国、意大利、印度等国家的同行进行交流，探讨吴哥保护工作、交流工程经验。在联合国教科文组织吴哥保护协调委员会（Icc）的主持下，分别于6月和12月，在暹粒召开吴哥古迹保护技术年会和全体工作会议，中国文化遗产研究院专家在会上介绍了茶胶寺保护工程情况，会议期间，联合国教科文组织的专家还到茶胶寺现场指导工作。

6. "丝路霓裳——中亚东部公元前十世纪至公元前后的服饰对话"国际合作项目

2011年6月，由中国文化遗产研究院、德国考古研究院、新疆维吾尔自治区文物局联合开展的"丝路霓裳——中亚东部公元前十世纪至公元前后的服饰对话"国际合作项目启动。该项目以新疆苏贝希等五处遗址出土的服饰文物为研究对象，并配合出土服饰的保护、修复、复制开展对业务人员的专业技术培训。截至2011年底，项目组三方已草签前期工作协议并开展了两次实地考察。

7. 学术交流

根据中国文化遗产研究院与瑞士高等理工大学（苏黎世）及瑞士苏黎世大学三年合作项目研究内容安排，应瑞士苏黎世大学和瑞士高等理工大学邀请，中国文化遗产研究院马清林副院长于2011年8月2日至9月2日赴瑞士苏黎世学术交流，在瑞士苏黎世大学无机化

学研究所和瑞士高等理工大学无机化学实验室从事中国古代人工合成汉紫及相关材料的研究工作。

为开展"中瑞科学技术合作计划项目"（Sino Swiss Science and Technology Cooperation Program）课题，应瑞士苏黎世大学无机化学所和瑞士联邦工学院的邀请，中国文化遗产研究院张治国于2011年9月11日至29日，在位于瑞士苏黎世的瑞士联邦工学院（ETH）开展课题合作研究工作。

8. 学术讲座

2011年9月16日上午，瑞士伊沙贝勒＆贝奇基金会（Isabel & Balz Baechi Foundation）主席巴尔兹·贝奇先生（Balz Baechi）来中国文化遗产研究院，做了题为"西藏阿里托林寺壁画保护"的学术报告。

9. 第四届世界水下考古国际会议

2011年9月28日至10月3日，刘曙光院长带队赴克罗地亚参加了由UNESCO与水下考古国际中心主办的第四届水下考古国际会议（IKUWA），并做了题为"中国的水下文化遗产保护"的演讲，对中国水下文化遗产工作的历史、现状、特点与面临的挑战做了详细介绍。

10. 第3次中日韩建筑遗产保护国际学术研讨会

2011年10月12日至14日，由中国文化遗产研究院、日本奈良文化财研究所、韩国国立文化财研究所合作，并由中国文化遗产研究院主办的"第3次中日韩建筑遗产保护国际学术研讨会"在北京召开。国家文物局文物保护司司长关强、中国文化遗产研究院院领导刘曙光、柴晓明、马清林、侯卫东等出席开幕式。中国文化遗产研究院研究人员、国内文物建筑保护专家和北京大学、清华大学、天津大学等高校师生约70余人出席研讨会。中国文化遗产研究院侯卫东、沈阳、温玉清、永昕群、王林安以

及6位日、韩代表在大会上作了主题发言。

11. 意大利罗马文物修复中心专家来访

2011年10月13日下午，意大利罗马文物修复中心考古遗产部主任玛丽亚·康瑟塔·劳仁蒂女士来中国文化遗产研究院访问交流。刘曙光院长会见了玛丽亚女士，并与玛丽亚女士就中国文化遗产研究院与罗马文物修复中心合作事宜进行了会谈。

12. 亚太地区水下文化遗产保护会议

2011年12月8日至13日，国家水下文化遗产保护中心孙键、周春水、丁见祥三人赴菲律宾马尼拉参加了亚太地区水下文化遗产保护会议，孙键提交了题为《海上丝绸之路与南澳沉船水下考古》的会议论文。

此外，中国文化遗产研究院还广泛与港澳台等地科研机构开展学术交流活动，其中有：2011年8月30日下午，台湾金门县副县长吴友钦先生率代表团来中国文化遗产研究院进行交流；应台湾中华水下考古学会邀请，2011年8月22日至28日，国家水下文化遗产保护交流团赴台湾进行了为期一周的访问与交流，并与相关专家学者进行了"两岸水下文化资产人才培育合作交流"座谈；2011年10月24日上午，台湾文化资产总管理处筹备处研究传习组李丽芳组长、邵庆旺研究助理来中国文化遗产研究院访问交流。

【学术成果】

2011年，全院共发表各类论文109篇。中国文化遗产研究院正式出版专业著作4部。参与或出版的其他类著作11部。共获得专利授权2项。大足石刻千手观音造像抢救性保护工程中期修复试验项目2010年度全国十大文物保护工

程；《博物馆藏品保护与展览：包装、运输、存储及环境考量》获 2010 年度全国文化遗产优秀图书。

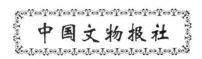

【概述】

2011 年，中国文物报社领导班子认真学习邓小平理论和"三个代表"重要思想，实践科学发展观，学习贯彻党的十七届六中全会精神，在国家文物局党组正确领导下，结合国家文物局年度重点工作和全国文博系统全年工作，带领全社职工扎实勤奋开展文化遗产保护宣传工作，努力推进报社各项工作稳步向前发展，较为圆满地完成了各项业务工作和党风廉政建设责任目标。

【中国文物报】

根据国家文物局年度重点工作和宣传工作要点，对报社各项工作进行部署，对一些已经列上议程的重点工作，如全国"两会"报道、文物事业"十一五"成就回眸、"5·12"汶川地震三周年回顾等工作，召开专门会议，责成专人负责。

2011 年初，国家文物局组织了中央主流媒体进行"文物事业十一五成就回眸系列报道"活动，报社记者积极参加活动，并就"大遗址保护"和"博物馆免费开放"采写了长篇报道。

1 月 13 日，首钢北京石景山钢铁主流程停产。这座始建于 1919 年，为国家和北京市的经济社会发展做出巨大贡献的、最早兴建的近代钢铁企业之一，结束了它在北京的光辉历程。在这片 8 平方公里的土地上留下了大量的工业遗产。首钢的工业文化景观对于提升北京的文化品位，具有特殊重要意义，为此报社特派记者专门采写了《功勋首钢——迎接工业遗产新辉煌》。

自 1 月份开始，报纸的"博物馆""文物考古""保护科学""收藏鉴赏"四个周刊陆续刊发年终专稿，对 2010 年文物保护领域的成就进行了回顾和总结。

3 月份全国"两会"召开，报纸开辟了"两会系列专题"进行重点报道。连续做了"博物馆发展"、"关注大遗址"、"文物保护科技"等主题的"两会特刊"。

4 月 6 日，安徽宣城广教寺双塔建设控制地带内违法建筑历时 6 年，在国家文物局、安徽省政府多次督办下，终于被全部拆除。为此报社记者深入一线采写了长篇报道《宣城广教寺双塔周边违法建设案执法督察纪实》。

5 月 12 日是"5·12"汶川地震三周年。三年的时间，汶川震区文博系统职工，化危为机，崛起危难，创造了人类历史上应对灾难、浴火重生的伟大奇迹，在恢复重建工作步入尾声，即将全面告捷的时刻，文物报编发汶川地震三周年纪念特刊 4 个版。

5 月 18 日是"国际博物馆日"，报纸同时刊发了 4 个版的特刊。

6 月 11 日是我国第 6 个"文化遗产日"，根据国家文物局的总体要求，报纸策划编辑出版了 16 个版的文化遗产日特刊，并提前印制了近 10 万份特刊发往各地，在文化遗产日当天宣传发放。

6 月，国家文物局印发《国家文物博物馆事业发展"十二五"规划》。这是未来 5 年文物博物馆事业发展的战略安排和行动纲领。报纸全文刊发，并配发评论文章和局长专访。

2011 年是中国共产党建党 90 周年，7 月 1 日，报纸特编发了 8 个版的"纪念中国共产党成立 90 周年特刊"。

在 10 月 12 日编发了"纪念辛亥革命百周年特刊"。

还有文物保护一号工程"千手观音维修保护"专版及"文化遗产保护数字化基础工程——文物数据库管理建设项目"专版等。

年底,历时 5 年的第三次全国文物普查全面完成各阶段的工作目标和任务圆满结束。报纸以多种方式对总结会议、数据发布、成果展示等进行了报道。

【文物天地】

1. 报道重大活动

民办博物馆是博物馆发展的重大课题,第 1 期由记者撰写了《民办博物馆发展的新机遇》,详细报道了上年 11 月第二届全国民办博物馆的情况,对民办博物馆的现实、发展和未来都做了探讨。

两岸故宫藏《富春山居图》6 月在台北合璧展出,第 6 期特别组织了《富春山居图新论》、《黄公望的富春情思》和《黄公望及富春大岭图》三稿,对《富春山居图》这一名作进行了详细解读。

2. 关注重大考古发现

考古发现是《文物天地》的特色,也是社会关注的一大热点。第 1 期刊发了山东菏泽沉船出土文物的相关专稿。

3. 观察文物艺术品市场

第 1 期的"中国式收藏"专题呼唤价值时代,重点观察了中国艺术品市场进入亿元时代的种种现象,并提出了建设性的意见。第 2 期对 2010 年文物拍卖进行了总结,通过一组文章对书画、陶瓷、油画、玉器等方面详细评说。

4. 引导文物艺术收藏

每期的策划专题是《文物天地》的特色,磁州窑、明代民窑、明洪武瓷、象牙雕刻、鼻烟壶等专题,特请专家学者及记者从不同角度详细解读,获得学术界的认可及收藏界的追捧。

【中国文化遗产】

第一期的"聚焦"栏目对快速变革的社会大背景下,博物馆社会职能的重新调整和完善进行了积极探讨,提出博物馆必须参与到全球变革的进程中来,完善自身功能和职能,加强能力建设。《关注》栏目对列入申遗预备清单的中国明清城墙的保存现状,在未来所承担的城市文化责任进行了梳理。

第二期从世界文化遗产的角度,对杭州西湖文化景观的历史、价值以及环境的保护与整治进行了阐述和介绍,很好地配合了 2011 年申遗工作的宣传。

第三期探讨了城市革新中的上海城市遗产及其保护问题,提出了当代城市遗产历史保护的特点和意义。

第四期是新疆"十一五"专辑。继 2006 年"新疆专辑"之后,从"战略视野"、"十一五回头看"等视角,对新疆"十一五"期间的文化遗产工作进行全面、深度的扫描。

第五期主抓两个专题,应和辛亥百年。《中国建筑设计的黄金时代》以南京为例,从民国的首都规划和建筑师群体,民国建筑遗产认定、典型案例、家底调查、保护利用探索多个角度反映民国时期对于中国建筑设计的影响。《中国社区博物馆起步》配合国家文物局福州会议提出的社区/生态博物馆建设,以国内外的实例,作了初步探讨。

第六期两个专题均配合国家文物局重点工作。专题《古代水利工程 文明的持续创新》配合"指南针计划";《生态博物馆 唤醒被居民忽视的文化价值》从学者视角探讨中外生态博物馆的 40 年探索。

为配合世界遗产大会宣传工作,《中国文化遗产》编辑部还完成了《中国的世界文化遗产》(英文本)宣传册的编印工作。

【文物工作】

《文物工作》牢牢把握作为国家文物局机关刊物这一明确定位,着重突出其宏观指导性和政策性,在内容上密切配合国家文物局的有关工作,尽可能地做到全面、及时刊登有关领导的讲话,有关会议内容,以及最新出台的有关文物工作的方针政策、法律法规,介绍文物保护工作和博物馆工作方面的先进经验。全年编发 12 期。

【文化遗产资讯参考】

《文化遗产资讯参考》坚持正反两个方面都摘编的全面报道原则,力求以丰富的内容,大量的信息,及时反映文化遗产保护工作的实际情况,交流各方面的信息,揭露典型性问题,报道涉及文化遗产保护各个方面的重要动态,为各级文物行政部门提供舆情参考。全年编发 6 期。

【中国文物信息网】

为实现"打造网络上的中国文物报社"目标,中国文物信息网 2011 年进行了全面改版,加强内容建设和服务改进,及时反映国家文物方针、政策,及时发布国家文物局重要新闻以及文博行业的重要信息,及时上传《中国文物报》的内容,上传主流媒体有关文化遗产的新闻、评论、报道等,成为业内外人士了解文化遗产保护事业和中国文物报社的重要窗口。

积极探索新媒体宣传方式,拓宽宣传渠道,加强宣传力度。2011 年,《中国文物报手机报》免费开通试运行,《中国文物报手机报》整合中国文物报的信息资源,分为综合新闻、收藏鉴赏、文物考古、保护科学、博物馆、读书六大版块,每周出版 2 期,周四、六更新。中国文物报社的官方微博开通后现已拥有六千余名粉丝。

【重要活动】

1. 2010 年度全国十大考古新发现评选和宣传活动

报社作为全国十大考古新发现评选承办方,一直致力于完善评选程序,通过评选传达国家文物局的考古工作理念,促进公众对于考古成果、考古发掘工作及文物现场保护的理解。

2010 年度全国十大考古新发现的评选于 2010 年底启动,共有 56 个候选项目进入初评;之后经国家文物局考古专家组成员、中国考古学会理事、全国 65 家考古发掘资质单位共同参与投票,评选出进入终评的 25 个项目。《中国文物报》和中国文物信息网开设专题。另有 14 万网友参与了初评投票作为评选结果的参考。

2011 年 6 月 8 日~9 日,在北京召开终评会。终评结束当天在国谊宾馆召开了"2010 年度全国十大考古新发现新闻发布会"。《人民日报》、《新华社》、《光明日报》、中新社、北京电视台、中国人民广播电台等近 30 家媒体随后进行了广泛报道。根据百度搜索结果,共有 133 万条关于本年度评选结果的新闻报道。6 月 11 日,国家文物局在济宁 2011 文化遗产日主场城市活动中为荣获年度十大考古的单位代表颁发了奖牌。

同时在终评汇报会现场还举办了入围项目图片展。评选结束后,展览转到北京大学校园并由他们继续在部分展出。作为推广普及的深入,和北京大学考古文博学院协商联合开展了"公众考古考古新发现进校园论坛"活动。

2010 年度全国十大考古新发现评选结果：

河南新郑望京楼夏商时期城址

山东济南大辛庄商代遗址

山西翼城大河口西周墓地

江苏苏州木渎古城遗址

陕西西安凤栖原西汉家族墓地

新疆鄯善吐峪沟石窟群和佛寺遗址

陕西蓝田北宋吕氏家族墓园

湖南永顺老司城遗址

江苏南京大报恩寺遗址

广东汕头"南澳 I 号"明代沉船遗址

2. 第九届全国博物馆十大陈列展览精品评选（2009—2010 年度）

本届评选，共收到 26 个省（自治区、直辖市）报送的 99 个陈列展览项目的申报材料，依据国家文物局《通知》的"参评条件"，经过严格审查，有 86 个陈列展览项目获得参评资格。经过各地初选、北京初评和沈阳终评，于 5 月 17 日在沈阳揭晓。

2011 年 5 月 18 日，"5·18 国际博物馆日"主会场活动开幕式在沈阳市的辽宁省博物馆群众文化广场举行。国家文物局局长单霁翔，辽宁省人民政府省长陈政高，辽宁省人大常委会副主任佟志武，辽宁省人民政府副省长滕卫平，国家文物局副局长、中国博物馆协会理事长宋新潮等为获奖单位颁奖。

本届评选，在总结以往经验的基础上，表现出与时俱进的特点。一是参选范围扩大，分布地区更加广泛，参评陈列展览数量创下历史新高。二是评选过程完全遵照遵循《全国博物馆十大陈列展览精品评选活动办法》，在体现公开、公平、公正原则的同时，更加突出规范性、科学性和专业性。三是首次推出的"实名评分"制，使评选更为公正、客观。本届评选在总结以往经验的基础

上，对评选方式做了重大改进，实行评委"实名评分"。通过量化评价要素，按照陈列展览原理和博物馆功能的发挥，从选题、内容、形式、制作、教育、安全、传播、服务、社会影响力和数字化展示 10 个方面按比例赋以相应分值，由评委实名评分，请具有专业资质的会计师事务所承担评分统计、复核工作，根据评委的有效评分综合平均得出每个陈列展览的最终分值，确定奖项。"实名评分"制的推出在相当程度上可以约束评委的主观倾向，使评选更为公正、客观。四是精心组织第三方专家考察组对进入终评的项目进行了实地考察，大大提高了评选活动的客观性、公正性。五是公众参与度进一步提高，网上投票踊跃。六是评选活动受到地方党委、政府和社会各界的重视与关注，激发了全国博物馆的进取意识、竞争意识和创新意识。

第九届全国博物馆十大陈列展览精品评选（2009—2010 年度）结果：

特别奖：

"西藏民主改革 50 年大型展览"

"延安革命史"基本陈列

"中国文字发展史"

精品奖：

"'自然·生命·人'——浙江自然博物馆新馆基本陈列"

"越地长歌——浙江历史文化陈列"

"中原古代文明之光"

"长安佛韵——古代佛教造像艺术"

"大唐遗宝——何家村窖藏出土文物展"

"松花江的记忆——金源文化展"

"庄严妙相——甘肃佛教艺术展"

"西汉南越王墓出土文物陈列"

"周恩来邓颖超纪念馆基本陈列"

"九·一八历史陈列"

最佳创意奖：

"天工开物——中国盐史"

最佳内容设计奖：

"福建古代文明之光"

最佳形式设计奖：

"抗美援朝战争"

"红色闽西"

最佳制作奖：

"龙蟠虎踞——南京城市史"

最佳新技术、新材料运用奖：

"粤山秀水　丰物岭南——广东省自然资源展"

"北朝神韵——诸城佛教造像艺术陈列"

最佳安全奖：

"早期中国——中华文明起源"

最佳宣传推广奖：

"永远和祖国在一起"

最佳服务奖：

"明代鲁王展"

最受观众欢迎奖：

"淮海战役纪念馆基本陈列"

最佳综合效益奖：

"凤舞九天——楚文物特展"

3. 第二届"紫禁城杯"（2010年度）全国文化遗产十佳图书评选

本届评选，共有199种图书被推荐参评。评选活动办公室从全国文化遗产十佳图书评选评审委员会专家库中抽选部分以中青年为主的评审专家，对全部参评图书进行了初评，再经过读者投票推荐，最终评选出《奢华之色——宋元明金银器研究》第一卷《宋元金银首饰》等10种图书为2010年度全国文化遗产十佳图书，《陶瓷生产、聚落形态与社会变迁——新石器至早期青铜时代的垣曲盆地》等8种图书为年度文化遗产单项最佳图书，最佳古建维修报告空缺，《东北亚考古学论丛》等26种图书为年度全国文化遗产优秀图书。

十佳图书：

《奢华之色——宋元明金银器研究》第一卷《宋元金银首饰》

《明代宫廷陶瓷史》

《青瓷风韵》

《温州博物馆、平湖李叔同纪念馆珍藏弘一大师墨迹》

《谢辰生先生往来书札》

《黄泉下的美术：宏观中国古代墓葬》

《海曲华风：渤海上京城文物精华》

《清华大学藏战国竹简（壹）》

《踏寻遗珍——第三次全国文物普查实地文物调查阶段突出贡献个人手记汇编》

《太平天国忠王府彩画》

（按出版时间排序）

最佳论著：

《陶瓷生产、聚落形态与社会变迁——新石器至早期青铜时代的垣曲盆地》

最佳文集：

《谢辰生文博文集》

最佳图录：

《美岱召壁画与彩绘》

最佳译著：

《经营博物馆》

最佳普及图书：

《中国古代建筑知识普及与传承系列丛书·中国民居五书》

最佳工具书：

《图说中国传统手工书画装裱》

最佳考古发掘报告：

《灵宝西坡墓地》

最佳古建维修报告：

（空缺）

最佳文物鉴赏图书：

《中国传世玉器全集》

4. 承办组织"三普百大新发现"评选宣传系列活动

为使全社会全面了解第三次全国文物普查的内容和成果，全面了解文物价值和当前我国文化遗产保护发展的新趋势，宣传文化遗产保护的理念，宣传文物保护事业在经济社会发展中的重要作用，让越来越多的人更加热爱祖国的文化遗产，更加关心和支持文物保护工作，营造全社会关心文物普查、关心文物保护的良好氛围，根据国务院第三次全国文物普查领导小组办公室《关于"第三次全国文物普查百大新发现系列活动工作方案"和活动经费的批复》，国家文物局决定开展"第三次全国文物普查百大新发现"评选宣传系列活动，活动由报社具体承办。

2010年10月至12月，各省（自治区、直辖市）组织初评，评选出各省（自治区、直辖市）的"十大新发现"。经过31个省、自治区、直辖市普查领导机构的认真遴选、推荐，共计报送参评项目305项。

报社专门组织了具有广泛代表性的评委，对各地报送的参评项目进行了仔细、认真的研究和比对，最终以投票方式选出"第三次全国文物普查百大新发现"项目100个。

2011年底，中英文对照的学术画册《第三次全国文物普查百大新发现》出版发行，在一些会议（如国务院第三次全国文物普查工作电视电话会议）上被广为赠送，得到好评。

举办了第三次全国文物普查百大新发现图片展，展览由国家文物局主办，国家文物局第三次全国文物普查办公室和中国文物报社承办，首都博物馆协办。

5. 与中国文化报社一起主办了"中国历史文化名街"评选活动

"中国历史文化名街"评选推介活动经文化部、国家文物局批准，由中国文化报社、中国文物报社联合主办。第三届"中国历史文化名街"的评选结果为：山西省晋中市祁县晋商老街、江苏省无锡市惠山老街、上海市徐汇区武康路历史文化名街、福建省长汀县店头街、广东省潮州市太平街义兴甲巷、安徽省黄山市歙县渔梁街、贵州省黔东南州黎平翘街、浙江省杭州市清河坊、河南省洛阳市涧西工业遗产街、云南省大理白族自治州巍山彝族回族自治县南诏古街。

6. 编辑出版"中国文物报社年度记录系列图书"等

初期围绕考古、博物馆、文物保护工程等方面进行了策划筹备。现在已出版《中国考古新发现年度记录》2009和2010两卷，《中国博物馆重要陈列展览年度纪录2009—2010》等图书。

【基层党组织工作】

1. 纪念建党90周年

年初，党总支组织全体党员开展"党员示范岗"活动，在每名党员座位上都安放了"共产党示范岗"标牌，时刻提醒广大党员同志从自身做起，立标杆，树典型。党员之间进行"四比四看"：比学习、看理论素养，比奉献、看业绩成果，比作风、看真抓实干，比廉洁、看遵纪守法。每名党员明确自己在学习、工作、服务、遵纪守法、廉洁自律等方面的要求，在实践中履行承诺。

开展主题党日活动。4月20日，报社第二党支部组织党员同志奔赴狼牙山革命教育基地参观，通过倾听狼牙山五壮士感人事迹、参观爱国主义教育展览、重温入党誓词等活动，坚定理想信念，增强党员光荣感与使命感。

2. 树创先争优典型

切实抓好深入开展创建先进基层党组织、争做优秀共产党员活动，在党组织和广大党员中营造学先进、赶先进、作贡献、当表率的良好风气。报社党总支开展了多项活动。党员同志们积极参加"创先争优：理论与实践"征文活动、"知党情、跟党走"党史知识答题竞赛活动和局系统纪念建党 90 周年歌咏比赛活动，展示了风采。

3. 学习杨善洲同志先进事迹活动

4 月 14 日，报社党总支组织全体党员和入党积极分子召开学习杨善洲同志先进事迹组织生活会，传达了中共中央组织部《关于认真学习贯彻胡锦涛同志重要批示精神，广泛开展向杨善洲同志学习活动的通知》精神，共同学习《人民日报》关于杨善洲同志事迹的三篇评论，从信念的坚守、精神的坚守和价值的坚守三个角度深入探讨这位平凡而伟大的共产党员崇高的一生。

【报社队伍建设】

1. 职业道德教育

按照中共中央宣传部、中共中央对外宣传办公室、国家广播电影电视总局、新闻出版总署、中华全国新闻工作者协会《关于深入开展"杜绝虚假报道　增强社会责任　加强新闻职业道德建设"专项教育活动通知》和动员会议的要求和部署，2011 年前几个月，报纸编辑部、期刊编辑部、网站，对查找出的问题和隐患进行梳理分类，就治理虚假报道进展和完善管理制度情况写出了书面报告，根据新闻管理法规制度、宣传报道纪律要求、新闻职业道德准则，进一步完善了《中国文物报》《文物天地》《中国文化遗产》的采编工作制度。

3 月 25 日，报社召开专题座谈会，部分老领导、老专家和采编工作人员一起，就如何紧密联系新闻工作实际、加强对新闻从业人员的教育、坚持新闻真实性原则、严肃新闻纪律、杜绝虚假报道等问题进行讨论。报社全体新闻从业人员认识到，一定要像爱护生命一样捍卫新闻真实，维护中国文物报社所属各媒体的声誉，自觉抵制虚假报道，提高新闻宣传能力，把专项教育活动成果落实到实际工作中。

开展"走基层、转作风、改文风"活动是新闻战线贯彻落实胡锦涛总书记"七一"讲话精神的重要举措。报社认真落实中宣部等五部门部署和要求，在办报办刊过程中扎扎实实开展这项活动，贴近实际、贴近生活、贴近群众，积极报道全国文物系统贯彻落实科学发展观，全力推进文化遗产事业发展的实践活动，采写出了一批感人作品。

2. 通联队伍建设

长期以来，中国文物报社之所以能够在主办"一报，三刊，一网，三活动"过程中取得一些成绩，在很大程度上得益于报社拥有一支力量很强的通联队伍。经过几年的努力，报社也已经在全国范围内建立起新的通联队伍，由驻各省、自治区、直辖市和计划单列市通联负责人以及通讯员组成，通联负责人大多由省级文物部门办公室主任或文物处长担任。

为贯彻国家文物局关于总结文物宣传工作发展的基本经验，探讨新时期文物宣传工作面临的形势和任务，开创文物宣传工作新局面的具体要求，报社在国家文物局的大力支持下，于 10 月中旬在太原市召开了 2011 年中国文物报社通联工作会议，报社同志们和报社驻各省、自治区、直辖市和计划单列市通联负责人共聚一堂，认真学习单霁翔局长在全国文物宣传工作座谈会上所作的主题报告和董保华副局长的总结讲话，就在新形势下如何创新传播方式，提高行业媒体生存能力，做好文化遗产保护宣传工作进行了热烈的研讨，会议取得圆满成功。

3. "评报评刊"活动

季度"评报评刊"活动是报社为提高报刊出版物质量采取的重要措施。通过去年一年的工作，取得了很好的效果。促进了各业务部门人员相互交流和学习，在报社内部形成"人人关心报刊质量"的良好氛围。通过总结探索提高，努力促使这项工作在采编工作和业务人员队伍建设上发挥更大的作用。

【概述】

2011 年，是"十二五"规划开局之年，中国文物交流中心在国家文物局的关心指导下，坚持以科学发展观为统领，围绕建设"国际知名、行业领先、工作规范、服务一流、形象良好的文物交流专业机构和文物外事服务机构"的目标，继续解放思想，勇于创新实践，不断开拓思路，进一步扩大与国内外文博机构的交流与合作，促进工作往来和人员互访，维护和发展良好的合作伙伴关系，为推进文化遗产事业发展、文物交流工作进步贡献了积极力量，为展示中华文明、提高中华文化的国际影响力发挥了重要作用。

2011 年，是中国文物交流中心同心协力再铸辉煌的一年。全体干部职工以中心成立 40 周年为契机，认真总结过去，积极思考未来，在爱岗敬业、踏实工作的良好氛围中出色地完成了各项工作任务，实现了"十二五"的良好开局。2011 年，中心共组织承办出境展览 12 项，国内巡展 2 项，初审出境及来华文

物展览项目 94 个，接待来访团组 8 个 83 人次，为国家文物局系统 109 个出国团组办理签证服务 311 人次，承担文件翻译、口译服务共计 81 项，并提供大量外事礼品服务。

【光荣使命——中国文物交流中心成立 40 周年】

2011 年是中国文物交流中心（以下简称"中心"）成立 40 周年，在国家文物局领导和有关部门的关心支持下，中心举行了系列纪念活动，总结成绩与经验，为今后的发展开拓了思路、明确了方向。

"光荣使命——中国文物交流中心 40 年"展览于 5 月 9 日在北大红楼新文化运动纪念馆举行，国家文物局领导、全国部分文物部门及文博单位代表、中心历任主要负责人及老职工共计 100 余人参加展览开幕式。下午，召开了专题座谈会。同时出版了《光荣使命——中国文物交流中心 40 年》纪念文集、纪念邮册。在中国文物报发表了题为《光荣使命 任重道远》的纪念文章。

【文物展览】

2011 年，中国文物交流中心坚持把对外文物交流作为主要业务，以文物展览为载体，推动中华文化走向世界，积极吸收借鉴国外优秀文化成果。全年举办出境展览 12 项，涉及美国、意大利、印度、韩国、日本及香港、台湾地区；举办国内巡展 2 项。展览为配合外交工作，促进文化遗产保护成果共享，提高中华文化国际影响力发挥了积极作用。

2011 年承办文物展览项目
出境展览

序号	展览名称	展出国家（地区）	展览时间	展出地点	观众人数
1	忽必烈的时代——中国元代艺术展	美国	2010 年 9 月 28 日至 2011 年 1 月 2 日	纽约大都会博物馆	16 万
2	圣地西藏——最接近天空的宝藏	台湾	2010 年 7 月 1 日至 2011 年 1 月 9 日	台北故宫博物院 高雄科学工艺博物馆	23 万
3	秦汉—罗马文明展	意大利	2010 年 4 月 15 日至 2011 年 2 月 6 日	意大利米兰王宫、罗马威尼斯宫和元老院	10 万
4	丝绸之路大文明展	韩国	2010 年 12 月 17 日至 2011 年 4 月 3 日	韩国国立中央博物馆	10.5 万
5	港深古代文化根源展	香港	2010 年 7 月 10 日至 2011 年 6 月 30 日	香港中文大学考古艺术研究中心文物馆	0.5 万
6	华夏瑰宝展	印度	2011 年 2 月 18 日至 2011 年 11 月 7 日	印度新德里国家博物馆、孟买威尔士王子博物馆、海德拉巴萨拉江博物馆、加尔各答国立图书馆	38 万多
7	山水合璧——黄公望与富春山居图特展	台湾	2011 年 6 月 1 日至 2011 年 11 月 7 日	台北故宫博物院	81 万
8	环珠江口史前石拍展（衣服的起源—树皮衣展览）	香港	2011 年 8 月 4 日至 2012 年 1 月 4 日	香港中文大学中国艺术考古研究中心文物馆	0.3 万
9	孙文·梅屋庄吉与长崎展	日本	2011 年 10 月 1 日至 2012 年 3 月 25 日	日本长崎历史文化博物馆	展出中
10	康熙大帝与太阳王路易十四特展	台湾	2011 年 10 月 3 日至 2012 年 1 月 3 日	台北故宫博物院	12 万
11	丝绸之路展	意大利	2011 年 10 月 21 日至 2012 年 2 月 29 日	意大利罗马国家博物馆—戴克里先浴场	展出中
12	从努尔哈赤到溥仪——公元 1559—1967 年	意大利	2011 年 10 月 29 日至 2012 年 5 月 13 日	意大利卡萨德—卡拉雷兹博物馆	展出中

国内巡展

序号	展览名称	展出国家（地区）	展览时间	展出地点	观众人数
1	圣地西藏——最接近天空的宝藏巡展	中国	2011年4月12日至2011年9月5日	湖北省博物馆河南博物院	34万
2	忽必烈的世界——中国元代艺术展巡展	中国	2011年7月12日至2011年9月13日	内蒙古博物院	16万多

【交流合作】

中国文物交流中心按照"十二五"规划确立的"国际知名、行业领先、工作规范、服务一流、形象良好的文物交流专业机构和文物外事服务机构，以及国内外文博机构可依赖、可信赖的合作伙伴"的建设目标，注重加强与国内外文博单位的沟通联系与人员往来，建立多层次、宽领域、全方位的交流合作机制，巩固和发展良好的合作关系。

（一）国际交流

继续发挥平台作用，扩大与国际友好组织、专业机构的联系，促进人员互访、专业培训、学术研究等领域的合作。

中心与日本九州国立博物馆签订双边《合作协议》。

中心与英国博物馆协会联合举办"中英博物馆学术研讨会"，姚安副主任主持研讨会并发表了题为"东方视角——来自中国的观点"的主旨演讲，双方并就合作举办文物展览签署《谅解备忘录》。

中心参加"博物馆工作交流与协作研讨会暨国际博协亚太地区联盟理事会2011年会议"，周明副主任作题为"促进博物馆馆际交流合作 共谋文化遗产事业宽广未来"的交流发言。

此外，中心还与美国、英国、西班牙、泰国、马来西亚、摩洛哥等国外相关文博机构及人士进行了友好交往，并在促进实质性合作方面达成广泛共识。

（二）国内合作

发挥平台作用和资源优势，加强与国内文博机构与相关组织的交流，增进了解，加深友谊。构建展览交流平台，实现展览信息资源的共享，推动实质性双边和多边合作。

10月11日至13日，中心主办的中国博物馆协会展览交流专业委员会暨馆际展览交流工作研讨会在吉林省长春市召开。国家文物局并全国各省、自治区、直辖市的五十余家博物馆及相关机构的负责同志参加了会议。会议增补了展览交流专业委员会常务委员14名，讨论并通过了讨论并通过了专家委员会组成人员名单，完善了组织建设。与会代表对中心起草编写的促进馆际展览交流相关文件给予肯定并提出意见和建议。

中心注重与相关文化机构开展合作，拓宽合作渠道。与华彬集团共同筹办赴英奥运会展；与北京歌华文化发展集团共同建立"北京国际文化艺术保护中心"项目。

【外事服务】

中国文物交流中心始终秉持"外事无小事"的原则，讲政治、顾大局，按照国家文物局的委托任务标准、要求和时限，优质高效地完成包括出入境展览初审、来华团组接待、出境团组护照签证、翻译、外事礼品以及大型会议组织承办等服务，赢得国家文物局有关领导及国内外文博界同仁的好评。

（一）出境及来华文物展览初审

2011年，中心圆满完成国家文物局委托的77个出入境（含港澳台）展览的94个项目的初步审查工作，其中出境展览项目77个，入境展览17个，与港澳台地区合作项目39个。

中心组织协调专家对94项国家文物局委托事项进行函审，并召开14次专家论证会。

（二）来华团组接待

2011年，中心共接待应国家文物局邀请来华访问的美国、英国、柬埔寨、古巴等国家代表团8个，接待外国来宾83人。热情、主动、周到、细致的接待服务得到外国友人的好评。

2011年接待来访团组

序号	团组名称	代表团人数	访华时间	访华地点
1	美国盖蒂保护所春季工作组	6人	5月2日至5月21日	北京、甘肃、河北
2	美国盖蒂基金理事会代表团	32人	5月15日至5月24日	北京、陕西
3	尼日利亚代表团	5人	4月18日至4月27日	北京、上海、广州
4	台湾参访团	18人	8月28日至9月2日	北京
5	英国博物馆代表团	11人	9月13日至9月22日	北京、天津、山东、山西
6	柬埔寨文化艺术部代表团	5人	10月12日至10月16日	北京、广东
7	古巴文物专家代表团	3人	11月1日至11月6日	北京、陕西
8	美国克莱蒙特大学代表团	3人	12月15日至12月23日	北京、陕西

（三）出境团组服务

2011年，为国家文物局系统125个出国团组办理签证服务368人次，其中，中心组织出国（境）团组35个，出访人员180人次，包括赴港澳台团组12个82人次。同时，承担文件翻译、口译服务共计81项，并提供外事礼品服务。

（四）其他外事服务

在承担国家文物局委托的八项经常性工作任务基础上，中心圆满完成中英文化连线——2011博物馆展览设计研讨会、刑事司法国际合作与打击文化财产贩运研讨会、全国文物外事工作会议暨文物对台座谈会的组织承办工作。

【学术研究】

编制出台中心"十二五"规划，规划未来五年中心的发展蓝图。坚持"提高学术水平，培养研究人才"的目标，加大专业人才引进与培养力度，积极承担课题研究任务，提升展览学术含量。

（一）编制中心"十二五"规划

根据《国家"十二五"时期文化发展规划纲要》和《国家文物博物馆事业"十二五"规划》，中心经充分研究论证，编制了《中国文物交流中心 2011 年—2015 年工作规划》，阐明今后五年中心事业发展的思路方向、目标宗旨、基本原则和职能任务，为实现中心可持续发展提供行动指南。

（二）承担馆际展览交流平台建设项目课题研究

受国家文物局委托，中心承担"馆际展览交流平台建设项目"课题研究。为落实好该项目，中心专门成立了项目小组，通过近一年的工作，拟定了《馆际展览交流研究报告》、《馆际展览交流工作规划》、《馆际展览交流管理办法》和《馆际展览交流平台建设实施方案》四份文件，编印了《中国博物馆馆际交流展览信息（2011）》。为提供学术支撑，保障研究水平，组织召开"中国博物馆馆际交流精品展览信息（2011）"和"馆际展览交流管理办法"专题论证会，以及"馆际展览交流平台建设项目"专家论证会。

（三）编辑出版图录、发表学术文章

编印了以 22 个展览为主要内容的《中国文物展览集粹》系列精品图册，以及来华精品展览介绍 9 个。

编制多部精品展览图录，提高中心办展学术水平。

鼓励职工开展学术研究，发表学术文章及新闻稿 20 余篇。

2011 年中心发表部分文章

序号	文章标题	报刊名称
1	山水合璧——黄公望与富春山居图特展 12 问	《中国文物报》
2	文化遗产人人共享——大三国汇报展办展启示	《中国文物报》
3	文艺绍兴——南宋艺术与文化特展侧记	台北《故宫文物》
4	画已合璧人何以堪"山水合璧——黄公望与富春山居图特展"的思考	《中国文物报》
5	文物交流与文化产业	《中国文物科学研究》
6	清康熙时期中法文化交流管窥——以"康熙与路易十四特展"中的满文文物为例	《康熙大帝与太阳王路易十四特展》图录
7	落日余晖——十八世纪中国之映像	《从努尔哈赤到溥仪—公元 1559—1967 年》展览图录
8	丝绸之路展	《丝绸之路大文明展》图录
9	纪念中国文物交流中心成立 40 周年专版文章"光荣使命　任重道远"	《中国文物报》

【基础建设】

注重加强思想建设、队伍建设、制度建设等基础工作，以提高思想凝聚力、队伍战斗力、中心影响力。坚持可持续发展道路，理顺各种工作关系，积极拓展职能任务，不断建立健全与国际接轨的文物交流工作机制和规章制度体系，为构建依法合规、工作高效、科学协调的文物交流机构，提供组织支持、人才支撑和制度保障。

（一）思想建设

按照局党组的部署，7月15日，在王军同志的导读下，中心全体同志集体学习胡锦涛同志"七一"重要讲话精神。10月19日，中心领导班子集体学习了十七届六中全会精神并结合实际座谈。10月25日，组织中心全体同志学习贯彻十七届六中全会精神会议，党支部书记殷稼同志导读全会有关文件。组织学习杨善洲、李林森同志先进事迹，赴四川黄继光纪念馆开展党日活动。全体职工政治理论素养得到提高，思想凝聚力得到加强。

党组织战斗堡垒作用得到提升，党务工作再上新台阶。中心现有中共党员21名，国家文物局任命殷稼同志为党支部书记后，先后增补姚安、周明、张玉亭三位同志为支部委员。殷稼同志被评为局系统优秀党务工作者，张玉亭同志被评为部、局直属机关优秀共产党员。在创先争优活动中，孙鹏同志撰写的征文被中央国家机关工作委员会评为"优秀论文奖"。王军、殷稼、孙鹏三位同志经推选参加中国共产党国家文物局直属机关第五次代表大会，王军同志被推选为中共国家文物局直属机关第五届委员会委员。

（二）队伍建设

根据国家文物局关于中心"三定方案"的批复意见，增设了综合业务处。对中心的部分处级职位和全部职能岗位实行竞争上岗。通过个人演讲、民主测评、班子决定等组织程序，三个部门各产生了一名副处级领导，处级以下人员岗位进行了合理调整，部分编外人员转为中心正式编制。

2011年，中心通过公开招考、择优录取的方式面向社会招聘了4名应届硕士毕业生，中心在岗人员达到35人，本科以上学历27人，其中研究生以上学历12人，人力资源配置和学历层次得到进一步优化，综合素质得到整体提高。

（三）业务学习培训

为推动学习型单位建设，中心坚持业务学习，加大培训力度，今年共举办各项培训讲座16场。中心展览交流处徐银同志赴大英博物馆参加国际培训。

2011年开展培训讲座

序号	内　容	授课人	职务/职称	时间
1	外交礼仪	阎清文	外交部领事司参赞	1月21日
2	摄影基础	余宁川	故宫博物院摄影科长	2月18日
3	博物馆展览策划	姚　安	中国文物交流中心副主任	3月4日
4	台湾工作座谈会	李京文	国台办	3月10日

序号	内　容	授课人	职务/职称	时间
5	合唱的基础	阎秀芬	中央歌剧院合唱团	3 月 18 日
6	社交礼仪	张征辉	北京时美时代礼仪公司培训部主任	4 月 8 日
7	2010 年度考古新发现	李　政	中国文物报文物周刊主编	5 月 12 日
8	中国文物交流中心财务管理办法及相关问题解释	罗利君	中国文物交流中心办公室	6 月 9 日
9	才子与佳人——唐·白行简《李娃传》的考古学诠释	齐东方	北京大学考古文博学院教授	6 月 24 日
10	博物馆运营与管理	三轮嘉六	日本九州国立博物馆馆长	7 月 2 日
11	大英博物馆学习汇报——感受大英博物馆	徐　银	中国文物交流中心	8 月 12 日
12	项目支出资金管理方法	张建平	首博预算部主任	9 月 9 日
13	中英文化连线 2011 博物馆展览设计研讨会		来自中英各博物馆策展人	9 月 22 日
14	展览陈列内容策划和实施	齐　玫	首博经营部副主任	10 月 21 日
15	对外文物展览中应注意的问题	杨　泓	中国社会科学院博导、教授	11 月 25 日
16	摄影佳作赏析与实拍技巧	戴鹏伦	中国文物交流中心展览交流处	12 月 9 日

（四）职工文化生活

充分发挥中心工会、共青团组织作用，组织参加局系统"知党情，跟党走"党史知识答题竞赛，"迎接建党 90 周年、唱响红色革命歌曲"，庆祝建党 90 周年歌咏比赛，派员赴国家文物局帮扶的贫困县甘肃武山参加"心手相连　情系武山"社会实践活动。继续赴河北省清西陵开展植树活动，组织第二届职工摄影比赛，开展篮球比赛、保龄球比赛及卡拉 OK 大家唱活动，丰富了职工的精神文化生活。在 2011 年局系统篮球友谊赛中，展览交流处李微同志获得二等奖。

（五）制度建设

完善主任办公会议、中心办公会议、部门办公会议三级会议制度。坚持财务收支情况中心办公会汇报制度。严格预算管理，2011 年度中央财政部门预算执行率达到 100%。严格公文办理和运转程序，提高办文质量。完善文书档案与图书资料管理制度，加强对固定资产的登记管理，保障资产安全与资源配置合理。进一步加强考勤和绩效考核管理，保障健康向上的工作秩序。

2011 年印发的规章制度

序号	规章制度	印发时间
1	《中国文物交流中心出国（境）工作团组守则》	2011 年 1 月
2	《绩效考核管理暂行规定》	2011 年 5 月
3	《财务管理制度》	2011 年 5 月
4	《考勤管理暂行规定》	2011 年 6 月
5	《文物博物专业职务任职资格评审工作暂行办法》	2011 年 8 月
6	《文书档案管理办法》	2011 年 12 月
7	《图书资料管理办法》	2011 年 12 月

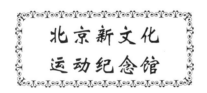

北京新文化运动纪念馆

【概况】

北京新文化运动纪念馆位于北京市东城区五四大街 29 号的红楼。红楼建成于 1918 年，是北京大学旧址，是二十世纪初中国新文化运动的营垒，五四爱国运动的策源地，中国共产党早期活动的重要场所，是中国近代史上具有重要意义的见证地之一。1961 年红楼被国务院公布为第一批全国重点文物保护单位。

2001 年，国家文物局委托原中国革命博物馆筹建北京新文化运动纪念馆，将红楼一层辟为纪念馆对外开放。2002 年 4 月 28 日，北京新文化运动纪念馆正式对外开放。2007 年 9 月，北京新文化运动纪念馆隶属关系变更，成为国家文物局直属单位。2008 年，红楼进行整体维修，北京新文化运动纪念馆闭馆。

2009 年 4 月 22 日，北京新文化运动纪念馆面向社会重新开馆。为突出旧址类博物馆特色，北京新文化运动纪念馆确立以旧址复原为主、陈列展览为辅的原则，恢复了图书馆主任室、登记室、第二阅览室、第十四书库，以及新潮杂志社、学生大教室、红楼大门等七处旧址；举办"新时代的先声——新文化运动陈列"，蔡元培、陈独秀专题展，凸显五四新文化运动时期的红楼历史氛围，使观众通过旧址原状的再现和展品展示，在特定的历史氛围中感受红楼的魅力，获得更多的知识和信息。

北京新文化运动纪念馆是全国唯一一家全面展示五四新文化运动历史的专题性博物馆。2002 年，北京新文化运动纪念馆被命名为东城区爱国主义教育基地和北京市爱国主义教育基地，2004 年被评为全国百家红色旅游经典景区之一，2010 年被命名为北京市廉政教育基地。

【展览和对外交流】

1. "蔡元培——中国文化交流使者"展

2011 年 1 月 11 日~30 日，北京新文化运动纪念馆与中国蔡元培研究会、北京大学联合举办了"蔡元培——中国文化交流使者"展览，展览通过珍贵的历史资料，呈现了蔡元培在德国的留学考察活动，展示了他为中国近代教育、科学事业做出的开创性贡献，以及在中德文化交流方面所做的积极努力。

2. 北京新文化运动纪念馆改陈

2 月~5 月，北京新文化运动纪念馆先后对"新时代的先声——新文化运动陈列"展厅和红楼内蔡元培、陈独秀专题陈列展室进行改造，展厅面貌焕然一新，并全部增加了英文说明。同时，完善了观众互动厅软件，于 2012 年 4 月开始投入使用。

3. 奔向光明——中国共产党北京革命足迹展

6 月 22 日，由北京市文物局主办，北京新文化运动纪念馆、首都博物馆等十余家北京博物馆联合承办的"奔向光明——中国共产党北京革命足迹展"在红楼一层正式展出。展览通过对北京十几家红色旅游景区的简要介绍，再次回顾了党的光辉历史，讴歌了革命先烈的崇高品格，弘扬了爱国主义精神，为中国共产党成立 90 周年献上了一份礼物。

4. "新文化运动中走出的文学大师们"展

10 月，北京新文化运动纪念馆赴日本举办"新文化运动中走出的文学大师们"展览。展览通过 400 余幅历史及文献图片，再现了鲁迅、郭沫若、茅盾、巴金等 10 位文学大师的成长历程，展现了中国新文学运动的发展轨迹。

5. "品味经典，感受大师——中国新文学作家作品展"

11 月 3 日，北京新文化运动纪念馆在台湾花莲松园别馆举办了"品味经典，感受大师——中国新文学作家作品展"，展示了胡适、鲁迅、老舍、郁达夫、徐志摩、朱自清等六位文学大师的生平及创作历程，得到台湾文化界的热烈赞扬。

6. "姚紫文学创作展"

10 月 14 日~19 日，新加坡文艺协会与北京新文化运动纪念馆在红楼举办新加坡文学先驱姚紫的《姚紫文学创作展》。展览期间，北京新文化运动纪念馆组织了多次学术交流活动，为北京新文化运动纪念馆与新加坡文艺协会及国内各学术团体、研究机构、高等院校，提供了学术交流的平台，也为进一步合作提供了良好契机。

7. "胡适文物图片展"

2011 年 12 月 8 日，北京新文化运动纪念馆与台北胡适纪念馆在红楼举办了"胡适文物图片展"，展览集中展示了北京新文化运动纪念馆几年来征集的成果，综合利用多家学术单位的资源，充分吸收了学界最新的研究成果，由胡适研究专家严格把关，确保了展览的学术水准。"胡适文物图片展"在形式设计上颇具创意，整体风格简约、清新、高雅，赢得不少赞誉。

【中国共产党建党 90 周年庆祝活动】

2011 年是中国共产党建党 90 周年，北京新文化运动纪念馆作为北京市爱国主义教育基地，又是中国共产党的早期组织重要活动场所，是各种纪念活动场所的首选。北京新文化运动纪念馆以建党 90 周年为主题，积极主动与社区、学校等共建单位进行沟通、协调，充分利用红楼的资源优势，组织了丰富多彩的教育活动。

4 月 28 日，北京市委组织部和北京新文化运动纪念馆共同举办的"观红楼、学党史、励精神"五四表彰系列主题教育活动在红楼举行。

5 月 3 日，由北京市旅游发展委员会、北京市委党史研究室、北京市东城区人民政府、北京电视台主办，北京新文化运动纪念馆协办的"游览红色京华 追忆激情岁月"，庆祝建党 90 周年北京红色旅游系列活动启动仪式和北京电视台《红色地图》特别报道开播仪式在北京新文化运动纪念馆举行。

5 月 4 日，由北京市委组织部、市委宣传部主办的首都青少年庆祝中国共产党成立 90 周年"寻找党的足迹"主题教育实践活动启动仪式，在北京新文化运动纪念馆举行。

北京市东区邮电局与北京新文化运动纪念馆结成共建马克思主义教育基地。5 月 12 日，揭牌仪式在北京新文化运动纪念馆举行。

5 月 26 日，北京市东城区东华门街道工委与北京新文化运动纪念馆联合开展"千针万线绣党旗，颗颗红心献给党"主题活动，由 12 个社区接力绣制党旗。老党员、老战士、老红军、老模范亲临活动现场，重温入党誓词，现场绣制党旗，并参观北京新文化运动纪念馆旧址陈列展览。

同一天，北京市第 96 中学主题活动"重温红色足迹行，我为党旗添光彩——96 中庆祝建党 90 周年建团退队活动"在北京新文化运动纪念馆举行。

6 月 26 日，中国书店和智美利达文化传播有限公司在红楼举行《新青年》简体横排版出版仪式，并将《新青年》简体横排版赠送给北京新文化运动纪念馆。《新青年》杂志在新文化运动和中国共产党的创建时起到至关重要作用的，在中国共产党建党 90 周年即将来临之际，《新青年》这份历史名刊焕发新颜，为当代的青年人了解历史学习党史提供了方便。

6 月 28 日，北京新文化运动纪念馆与东城区银闸社区、北京市第六十五中学等 6 家单位共同举办"没有共产党就没有新中国"庆祝建党 90 周年文艺汇演活动。

6 月 30 日，东航集团在北京新文化运动纪念馆举行"红色经典"主题服务活动启动仪式暨北大红楼青年教育基地揭牌仪式，双方签署了共建协议。

【参观人数】

2011 年，北京新文化运动纪念馆全年接待观众 60 万人次。其中，未成年观众 42 万人次，外宾 2 万人次。

【藏品保管】

2011 年，北京新文化运动纪念馆一级文物的藏品档案工作基本完成；开展二、三级文物的认定工作，共评定二级文物 198 件，三级文物 931 件，主要为新文化运动时期著名人物致钱玄同的信件。

截至 2011 年 12 月 30 日，北京新文化运动纪念馆馆藏品 4000 余件（套），其中一级文物 59 件（套），二级文物 198 件，三级文物 931 件。

【文物征集】

2011年度北京新文化运动纪念馆征集藏品47件（套），包括1919年前后出版的刊物《北京高等师范学校周刊》《新中国》《新群》《醒农》，真实地反映了五四前后中国思想界的变迁。

【学术研究和出版】

出版《新时代先声——五四新文化运动展览图录》中英文对照版。

【网站建设】

北京新文化运动纪念馆网站建设工作是2011年开展的一项重要工作。网站是面向社会的一个重要的窗口，是北京新文化运动纪念馆信息化建设的重要组成部分。在网站建设的同时，北京新文化运动纪念馆制定了一系列规章制度，以保证网站的运行，充分发挥网站的宣传和服务功能。2011年7月，网站面向社会试运行。

【机构和人员】

北京新文化运动纪念馆是隶属于国家文物局的正局级中央在京一类事业单位。2011年8月，根据国家文物局党组决定，中国博物馆协会秘书处挂靠北京新文化运动纪念馆。

北京新文化运动纪念馆下设办公室、业务部和中国博物馆协会秘书处三个部门。

截至2011年12月30日，北京新文化运动纪念馆共有在册人员37人，其中编制内人员10人。

按学历统计，在册37人中，大专及以上学历25人，占总人数的68%。其中，研究生学历6人，本科学历15人，大专学历4人。

按职称统计，在编10人中，中级及以上职称8人，占总人数的80%。其中，

高级职称5人，中级职称3人。

表彰情况：

北京新文化运动纪念馆党支部获国家文物局"先进党支部"称号。

北京新文化运动纪念馆业务部获国家文物局团委"青年先锋岗"称号。

郭俊英获国家文物局"优秀党务工作者"称号。

陈翔获文化部和国家文物局"优秀党员"称号。

高嵩巍获北京新文化运动纪念馆"优秀党员"称号。

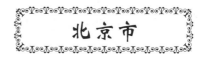

各省、市、自治区

北京市

【概述】

2011年是"十二五"规划的开局之年。北京市文物系统按照市委、市政府的安排，配合建设、规划部门初步制定《首都功能核心区保护性改造工作的若干规定（修订）》，指导旧城、历史文化保护区的修缮改造工作。完成颐和园四大部洲、香山昭庙、大高玄殿乾元阁等文物修缮工程，十三陵裕陵、怀柔区河防口长城等文物修缮工程全面展开；北京中轴线申遗、大运河保护申遗工作有条不紊的开展并取得突出的成效，完成第三次全国文物普查的全部数据整改工作；完成了第四批地下文物埋藏区的公布工作和第八批市级文物保护单位名单的确定工作。截至2011年12月，北京地区注册博物馆已达163家，其中国家一级博物馆11家，全年举办各类展览300余项，接待观众2600万人次，博物馆的规范化管理和服务接待水平普遍提高，展览陈列质量不断提升，博物馆在"人文北京"

及传统文化节日宣传活动中的影响力不断提高，并成立了首都博物馆联盟。

【法规建设】

2011 年，北京市文物局调整了依法行政工作领导小组，确定了领导小组职能；编制完成《"北京地下文物保护办法"立项论证报告》（初稿）；实施《北京市文物局合同管理规定》，开展对局机关各处室和局属各单位合同的审核工作，全年共审核合同 146 份。重新梳理了市文物局的行政许可项目，实现了网上公示和网上申报；开展行政强制清理工作，对政府规章、政府规范性文件、执法主体、市文物局规范性文件进行了清理。

【执法督察和安全保卫】

2011 年，北京市文物行政执法人员对全国重点文物保护单位开展执法巡查 896 次，安全检查 852 次，发现隐患 56 处，责令整改 56 处；对北京市级文物保护单位开展执法巡查 1084 次，安全检查 1156 次，发现隐患 60 次，责令整改 60 次。针对国立蒙藏学校旧址和拈花寺等文物保护单位安全隐患严重且未见有效整改等情况，现场下达责令整改通知书。

2011 年，北京市文物局共接到举报、信访、上级督办事项 61 件，依法处罚 2 起，罚款 30 万元；配合公安机关为涉案文物鉴定 51 次，1000 余件。制定下发《关于认真落实国家文物局〈关于加强文物行政执法工作的指导意见〉的通知》，进一步规范市区两级文物执法部门依法行政行为。

2011 年，从"中长期文物保护修缮计划"中安排 3400 万专项资金，用于 28 个文保单位消防、技防、安防设施项目，进一步完善、解决了重点文物保护单位避雷设施、消防水系统、消防报警系统和电路改造等四个方面存在的安全隐患。

【不可移动文物的保护和管理】

（一）文物修缮工程

6 月 11 日，大高玄殿乾元阁抢险修缮工程拉开帷幕。该工程被列为 2011 年北京市文物建筑修缮保护利用计划项目，并拨修缮专款 400 余万元。

7 月 13 日，全国重点文物保护单位圆明园遗址唯一幸存的建筑——正觉寺保护修复工程竣工，并对社会开放。

8 月 17 日，怀柔河防口段长城抢险修缮工程开工，工程以抢险加固为主，全长 3553 延长米，涉及敌台、敌楼 25 座，总投资 4332 余万元。

10 月 20 日，孔庙碑林保护利用工程竣工。该工程主要对碑刻的位置进行文献考证后重新梳理安置，设置符合风貌要求的展示廊，借助大屏幕电视、多媒体触摸屏、说明牌、夜景照明等手段丰富了进士题名碑展陈形式和参观效果。

11 月 9 日，投资 600 余万元的香山昭庙修缮工程竣工。

11 月 20 日，投入资金 2000 余万元的颐和园四大部洲——须弥灵境建筑群修缮工程竣工。

（二）文物保护基础工作

2011 年，北京市文物局对第七批全国重点文物保护单位进行了初选，征求有关区县和部门意见，完成申报材料的专家论证，已向国家文物局申报；完成第八批市级文物保护单位名单的确定，组织专家进行了论证等工作程序，已上报市政府；组织北京地区各遗产地完成世界遗产第二轮定期报告和突出普遍价值的编制工作，完成回顾性地图资料上报工作；完成第八批市级以上文物保护单位保护范围及建设控制地带划定及规划图纸，上报市政府公布；公布第四批 20 项地下文物埋藏区，使北京市地下文物埋藏区的数量达到 56 项。

（三）区县文物保护工作

2011 年，东城区在全市率先设立了

历史文化名城保护专项资金，在"十二五"期间每年安排1亿元用于名城保护工作，其中明城墙遗址西段抢险工程和美国使馆旧址修缮工程已完工；西城区积极落实北京中轴线申报世界文化遗产的工作部署，初步确定雁翅楼复建等重点工程；昌平区完成市级文物保护单位巩华城及区级文物保护单位沙河关帝庙、沙河清真寺等文物单位腾退及产权移交工作，完成了阳坊药王庙、回龙观玉光寺、长陵福庆庵等区级文保单位修缮工程；怀柔区共计投资4332万元对河防口段长城进行抢险加固修缮，东段已经完成了80%；门头沟区充分利用市、区两级专项资金，完成城镇文物保护修缮计划39项，浅山区文物保护修缮计划34项，深山区文物保护修缮计划31项；通州区积极配合北京市文物研究所对运河核心区全部地块进行考古勘探、发掘工作，发现了通州北城遗址；顺义区先后对牛栏山元圣宫、开元寺进行抢救性维修建设，对清真寺、关帝庙勘验后形成了保护方案；密云县对上峪娘娘庙、古北口长城等多处文物安全隐患进行了抢险修缮；延庆县古崖居前山景区化学保护工程完成现场施工，三处险情较重的洞窟得到了修缮加固；十三陵特区办事处完成了《明十三陵文物保护规划》和《银山塔林文物保护规划》的编制工作；八达岭特区办事处采用先进的实时监控系统和远程GPS指挥系统，实现了核心景区及开放段长城全天候、全方位的监控，动用资金150余万元的八达岭长城南1楼至南7楼直击雷防护设施及南7楼至北12楼监控避雷设施改造工程顺利完工。

（四）大遗址保护

2011年，启动中轴线历史建筑群——城市中轴线、皇家园林、坛庙、胡同申遗工作，成立申遗工作小组，启动遗产申报名单遴选、范围确定、突出普遍价值评估、编制保护规划和申遗文本工作。邀请国际遗产保护专家进行指导，联合规划部门组织北京历史文化名城保护委员会专家和遗产保护专家进行论证，完成了中轴线遗产保护规划，征求区政府和相关部门意见，并通过市政府专题会讨论，向国家文物局提交了申报世界文化遗产预备名单的申请。

2011年，大运河申遗工作全面启动。根据文化部、国家文物局统一部署开展大运河申遗工作，按要求完成大运河保护规划编制上报工作。配合国家文物局进行遗产点与河道的遴选修订工作，组织编制申遗前文物保护和环境整治工作计划，东城区玉河地区、通州区北运河部分河段已开始进行环境整治，八里桥等文物保护工程陆续启动。

10月28日，国家文物局长城项目组四位专家对北京市早期长城调查工作进行验收。专家组一致认为，北京市调查登记工作基本符合《长城资源调查手册》要求和全国秦汉及其他时代长城资源调查验收标准，建议国家文物局通过验收。

（五）第三次全国文物普查

12月27日，经国家文物局第三次全国文物普查办公室核定，北京市第三次全国文物普查共调查登记不可移动文物3840处（古遗址808处；古墓葬285处；古建筑1556处；石窟寺及石刻422处；近现代重要史迹及代表性建筑741处；其他28处），其中新发现不可移动文物1219处，复查不可移动文物2621处；另因并入馆藏文物、古树、分类合并及城市建设等原因登记消失（不予登记）不可移动文物969处。北京市第三次全国文物普查调查工作完成。

【考古发掘】

2011年，共完成考古勘探工作41项，考古发掘23项，勘探面积3043420

平方米，发掘面积90846平方米。发掘和保护古墓葬400余座，古遗址20个，出土文物800余件（套）。出版《北京考古工作报告（2000—2009）》等专著、考古勘探发掘报告14部，发表学术论文和发掘简报14篇。其中在亦庄经济技术开发区、丽泽金融商务区金中都遗址、延庆张山营春秋战国时期聚落遗址等考古发掘中取得了丰富的考古发掘成果。

【博物馆与可移动文物】

2011年，北京市新登记注册博物馆6座，分别为中国妇女儿童博物馆、房山地质公园博物馆、中国消防博物馆、民航博物馆、盛锡福博物馆、紫砂壶与鼻烟壶博物馆。截至12月底，北京地区注册博物馆达到163座，对外开放147座，其中国家一级博物馆11座。2011年全市博物馆共计推出展览300余项，参观人数约2600万人次。

2011年，北京奥运博物馆筹建工作取得重大进展。5月初，北京奥运博物馆从国家体育场接收建设场地，并于6月初开始改造工程。拆改建施工基本完成，展陈施工接近尾声，利用了最新展陈理念和技术成果的展陈设计方案已基本完成，文物征集、上展文物清洗、解说词编制、讲解员培训等开馆前的准备工作已同步进行。

2011年，北京市文物局积极推进全市博物馆基础业务工作。积极申请财政资金开展区县可移动文物数据库系统建设工作，选定朝阳区作为藏品数据普查试点区县；推出《北京地区博物馆接待服务标准及工作流程（试行）》并在全市博物馆范围内实行；开展了局属单位接待服务、合作经营方面的规范化管理和整顿，印发了《局属博物馆接待服务环境检查评比工作方案》，将局属博物馆接待服务工作纳入各单位年度考核主要内容。

5月18日，以"展人文北京风采促世界城市建设"为主题的北京市"5·18国际博物馆日"宣传活动在首都博物馆举行。首次推出了以网络为主要媒介的"我喜爱的博物馆展览""博物馆寻宝大赛"，在全市博物馆启动了《北京地区博物馆服务接待标准及工作流程（试行）》。由8家名人故居举办的"红色记忆——文化名人与中国共产党展览""志愿北京博物馆行动"也正式启动。

6月16日，"唐风一脉——巩义窑陶瓷艺术展"在北京艺术博物馆开幕。共展出展品147件，包括北朝、隋代和唐代的青瓷、白瓷、绞胎、颜色釉瓷等多种品类，体现了高超的工艺技术水平和深厚的文化内涵，其中唐三彩、唐青花更是融合了中原文明和草原文明、中华文明和世界文明的珍贵历史遗存。

7月18日，"物得其宜——黄花梨文化展"在首都博物馆开幕。本次展览以"黄花梨"的历史渊源与文化传承为主线，由"史海钩沉""淮南为橘""巧夺天工""四海藏珍"四部分内容组成，精心挑选了明清时期的黄花梨展品120余件套。

8月8日，"回望大明·走近万历朝"展在首都博物馆开幕。展览以明代北京地区出土的文物为主要支撑，展出了200余件万历朝文物，以万历朝的重大历史事件、历史人物、社会生活等为切入点。展览分为"一位长期罢朝的皇帝""一个多彩的社会"和"一座豪华的帝陵"三大部分，围绕万历朝的政治、军事、经济、社会生活、科技文化、书画艺术等，勾勒明代万历年间全景式的社会画面。

12月13日，"温温玉色照瓷瓯——龙泉窑青瓷艺术展"在首都博物馆正式面向观众展出，通过85件龙泉青瓷精品展示了龙泉窑青瓷的整体发展脉络以及各个时期所呈现的不同艺术特点。此外，本次展览还在最后一部分选取了龙泉大窑枫洞岩遗址出土的数十件瓷器标本进行展示，让观众能够全方位看到龙泉窑的制作工艺。

12月23日，"第三次全国文物普查百大新发现图片展"在首都博物馆开幕，以展板的形式展示了第三次全国文物普查新发现的100个项目。其中北京市有西山古道、清太医院旧址、东方饭店早期建筑、首都钢铁公司旧址四项入选。

【社会文物管理】

2011年，共完成全市239场拍卖会221624件（套）标的依法审核工作，拍卖会场次、数量同比增长20.7%和16.36%，确定国家一级珍贵文物39件，撤拍文物1090件，拍卖成交总额达514.8亿元人民币，同比增长42.83%，创下历史新纪录。嘉德、保利、瀚海、匡时4家拍卖企业第二季成交额均超过20亿元人民币，其中保利以61.3亿元人民币再次刷新中国艺术品拍卖单场成交世界纪录。共有齐白石《松柏高立图·篆书四言联》等6件拍品成交价过亿。

2011年，完成了全市32家申请设立文物拍卖资质企业的初审工作，15家企业经国家文物局批准获得文物拍卖资质。开展对全市13家申报一类文物拍卖资质企业的初审工作，共有宝鼎等3家拍卖企业获得通过。北京共有文物拍卖企业103家，其中具有一类文物拍卖资质的拍卖企业为34家，占全国总数的三分之一。

3月10日，召开2011年北京文物拍卖工作会议。会议总结了2010年度文物拍卖工作，指出了北京文物拍卖市场存在的亟待解决的问题，并对2011年文物拍卖管理重点工作进行了部署。重点传达了全国文物拍卖管理工作座谈会会议纪要的相关精神，强调不得作为拍卖标的的9类拍品。

4月19日~28日，组织北京古玩城、观复博物馆、北京文博交流馆3家单位赴台参加2011海峡两岸文化创意产业展，集中展出了北京市文物与博物馆领域各种文化创意产品。

5月13日~16日，组织北京石刻艺术博物馆、保利博物馆及北京七艺文博文化公司等文物与博物馆领域相关单位，作为北京展区的一部分，第二次参加"第七届中国（深圳）文化产业博览交易会"。此次展出包括实物展出、互动演示和视频介绍三部分，展出了保利艺术博物馆圆明园兽首复制品、古法拓片技艺和"故宫珍宝之旅"3D游戏，展示了北京市文物与博物馆领域文化创意产业最新发展成果。

10月20日，以"促进北京拍卖市场繁荣，加快国际商贸中心建设"为主题的"2011北京拍卖季"开幕式在北京古代建筑博物馆举办，共有103家拍卖企业参加了拍卖季活动，其中文物艺术品拍卖企业约占总数的70%。

11月11日，"2011北京·中国文物国际博览会"在中国国际贸易中心开幕。本次博览会汇集了文物收藏领域中的高端精品，展出面积5500平方米，来自美国、日本、瑞典、澳大利亚、蒙古、中国大陆及香港、台湾地区的56家海内外参展商参会。

【科技与信息】

2011年，首都博物馆《馆藏文物温湿度环境控制关键技术研究》课题通过"十二五"时期第一批市级科技计划储备项目审核；全年共有6部书稿申报2012年度科研成果出版项目、2部书稿申报局青年出版项目，出版北京市文物局图书资料中心《北京延庆古寺庙壁画调查与研究》、首都博物馆《首都博物馆文物保护实验室文物科技研究报告》等 7 本书稿。

4 月 21 日，召开"北京市文物局科研工作会议"，会议对 2007 年以来全市文物科研工作进行了全面的总结和回顾，充分肯定了已取得的成绩，总结了过去 4 年全市文物科研工作取得的有益经验，客观分析了文物科研工作存在的问题和发展机遇，明确提出了"十二五"期间重点课题、基础工作、科研联合、专业队伍和管理机制等方面的基本任务，为此后五年全局科研工作的开展理清了思路，指明了方向。

【文博教育与培训】

2011 年，北京市文物局完成了 8 个行政正职人员的竞聘上岗，全年提职、交流、转任处级干部 21 人。联合首都师范大学建立"北京文博培训基地"，为中青年干部成长搭建平台；加大干部培训力度，举办领导干部培训班、中青年干部能力提升培训、公务员培训、专业技术人员继续教育等。

【文博宣传与出版】

2011 年，以文物保护修缮工程、博物馆特色展览、"5·18 国际博物馆日""文化遗产日"等重要文博事件为重点，特别是纪念建党 90 周年时期，组织新闻媒体开展了有计划、重特色、全方位的新闻宣传活动。共举办各类新闻发布会、组织媒体记者集体采访活动 52 次，接待国内外记者采访 50 次。

2011 年，由北京石刻艺术博物馆参与编著的《新中国出土墓志》系列丛书获得第二届中国出版政府奖图书奖（古籍类第一名），其中《新中国出土墓志·北京卷壹》由北京石刻艺术博物馆主持编著。

【对外交流与合作】

2011 年，北京市文物局承担的北京市政府捐建加拿大渥太华市的中国街牌楼获得了北美工程协会 2011 年度公共工程项目奖；接受了荷兰王国驻华大使馆赠还的清代铁香炉；首都博物馆接受了美国友人休伯特·沃斯捐赠的其祖父为清皇室等绘制的六幅肖像画，引进了"约翰·波特曼：艺术与建筑""海参：华人、望加锡人、澳洲土著人的故事""梵高和阿姆斯特丹的画家们"展览；徐悲鸿纪念馆赴美国丹佛美术馆举办"徐悲鸿画展"；首都博物馆还赴台湾举办"佛教文物珍藏展"。

2011 年，北京市文物局组织开展《对外交流展览目录》设计、策划工作，共收集展览 43 项，其中大型展览 6 项，中型展览 26 项、小型展览 11 项，为向以世界友好城市为主、推介有影响的精品项目互换巡展创造了条件。

【其他】

3 月 22 日～23 日，北京数字科普协会与北京文博交流馆共同主办了首期科普志愿者数字科普技能培训活动，共计 53 家单位 56 人参加。

4 月 1 日，"海参：华人、望加锡人、澳洲土著人的故事"展在首都博物馆开幕。展览汇集了世界各地公共机构珍藏品及澳大利亚顶级收藏机构的珍品，展出文献、手工制品、图画、地图、图片的内容极其丰富，通过海参这条线索，展现了华人、望加锡人、澳大利亚土著文化之间的贸易发展历程。

4 月 7 日，北京博物馆志愿者工作联席会在中国科技馆召开。会议组织学习了《北京市志愿者管理办法（试行）》和《北京博物馆学会志愿者专业委员会章程》，并对 2011 年"志愿北京之博物馆行动"——"关爱农民工子女"志愿者服务活动草案进行了说明。

5月23日，北京市文物局组织业内优秀专业人员，赴新疆和田地区举办了为期3天的"和田地区文化遗产保护专题培训班"。就藏品管理工作的标准与规范、藏品管理中的文物保护、博物馆讲解员素质与能力提升以及文物执法标准化档案建设等方面开展培训。

6月11日，"中轴线申遗文物工程启动暨2011年文化遗产日主会场活动"在永定门南广场举办。活动以"推动中轴保护申遗，共建和谐世界城市"为主题，对中轴线文物保护宣传推广使者征集和万人签名支持申遗活动进行了总结，启动了中轴线相关文物保护工程。

7月26日，由北京市文物局、北京博物馆学会共同举办的"北京地区博物馆开放与接待服务管理人员培训班"在国子监彝伦堂正式开班，来自全市40多家博物馆的百余名相关人员参加了培训。

7月27日，市文物局与市规划委召开专题会议，协调推进首钢工业遗产保护工作。会议对2011版《新首钢高端产业综合服务区规划》中工业遗产保护内容进行了讨论，并结合与首钢总公司初步沟通意见和首钢发展规划，就开展首钢工业遗存文物调查认定和划定保护范围、建设控制地带工作取得了一致意见。

8月8日，中国科学院古脊椎动物与古人类研究所、周口店北京人遗址管理处共同召开周口店遗址第1地点（猿人洞）抢救性清理发掘新闻发布会，发布了周口店遗址第1地点抢救性清理发掘阶段性进展情况和发掘成果。

9月10日，延庆县"十大特色文化遗产"正式揭晓，分别是：长城、特色民间饮食"火勺"、古崖居遗址、永宁天主教堂、山戎墓葬群、京张铁路——青龙桥火车站、永宁南关竹马、八达岭长城传说、延庆旱船、正月十五花会走街。

10月17日，"大千世界——张大千的艺术人生和艺术魅力"展在首都博物馆开幕。该展览分两部分，第一部分汇集了张大千山水、人物、花鸟、工笔、写意精品，另一个部分则集中展示了张大千师友学生往来的书画与书札。

10月28日，"第九届北京地区博物馆科普（文博科技）培训班"圆满结束。本次培训以"文物科技与鉴赏"为主题，通过专家讲授、课堂互动、交流讨论、实地观摩等方式，学习了《铜器文物修复技术》《玉器雕刻艺术与鉴赏》《瓷器的制作与鉴赏》《如何利用新媒体技术进行科普传播》等课程。来自北京地区68家博物馆的70余名学员参加了培训。

11月24日，北京市文物局召开文物保护工程质量监督管理工作会议。会议对2011年北京市文物工程质量监督管理工作进行了总结，同时对2012年工程质量监督工作进行了全面部署。

12月5日，北京博物馆志愿者专业委员会、博物馆志愿服务总队在首都博物馆召开博物馆志愿者工作座谈会。各博物馆负责人汇报了本馆2011年志愿服务工作开展情况，通报了2011年"志愿服务工作调查问卷"调研情况，北京博物馆志愿者专业委员会、博物馆志愿服务总队总结了2011年志愿者服务工作开展情况并部署了2012年志愿服务工作。

12月17日，首都五大联盟成立大会在北京饭店贵宾厅举行，由故宫博物院、中国国家博物馆、中国人民革命军事博物馆、首都博物馆、中国科学技术馆以及北京博物馆学会等6家单位发起的首都博物馆联盟成立。

12月21日，"以诺视景杯——我喜爱的博物馆展览"评选活动抽奖仪式在首都博物馆举行。该活动于2011年5月18日正式启动，共有51家博物馆选送85项展览参与评选活动，2498名观众参与投票，共有近20万人次点击该活动网页。在媒体和参与投票观众代表的见证下，现场抽取一等奖 5 名，二等奖 20 名，三等奖 200 名。

天津市

【概述】

2011 年，天津市文物局认真贯彻落实国家文化遗产保护方针，文物博物馆事业取得了显著的成绩。天津杨柳青木版年画博物馆、李叔同（故居）纪念馆开馆。平津战役纪念馆大修改造工程完成。公共博物馆、纪念馆全年共举办"铁人精神展""中国共产党的光辉历程——从一大到十七大图片展""延安精神永放光芒"等各类展览 60 余场，接待观众 410 余万人次。周恩来邓颖超纪念馆被全国红色旅游工作协调小组授予全国 100 家"红色旅游工作先进集体"荣誉称号，该馆基本陈列荣获"第九届全国博物馆十大陈列展览精品奖"。天津自然博物馆设计的科普展览"变暖的地球——我们如何面对"荣获中国环境科学学会授予的"第三届环保科普创新奖"挂图类二等奖。

【执法督察与安全保卫】

2011 年 7 月 13 日，天津市文化市场行政执法总队执法人员在文物日常检查中发现，和平区文物保护单位张绍曾旧居正在进行施工，内部损毁严重。执法人员立即联系相关单位狗不理集团负责人，令其立即停止施工，制作了《现场检查笔录》。经调查得知，此文保单位由狗不理集团股份有限公司使用，使用者在未经文物行政主管部门批准的情况下，擅自对其进行修缮，致使文保单位内部

损坏严重。执法人员在进行调查的同时，向当事人宣传文物保护相关法律、法规，讲清擅自施工的危害，使当事人的态度逐渐发生了转变。执法人员收集了当事人调查询问笔录、狗不理集团股份有限公司《关于河北路 334 号房屋相关情况的说明》、保证书、委托书、相关人员身份证复印件、企业法人经营执照等证据材料，圆满完成了调查取证工作。2011 年 9 月 2 日，天津市文化市场行政执法总队责令狗不理集团股份有限公司将该文保单位恢复原状，并给予该公司罚款人民币 5 万元的行政处罚。

【不可移动文物的保护和管理】

（一）概述

天津市共有国家重点文物保护单位 15 处，省级重点文物保护单位 113 处。2011 年，天津市圆满完成了庆王府修缮、原浙江兴业银行保护维修等多项工程竣工验收工作，组织召开市教委直属学校校安工程工作会议、望海楼教堂修缮工作会议等，协调财政局、规划局等各有关单位，提出文物保护专业意见，编制文物保护建筑层面的规划体系，编制保护建筑图则，申请保护专项经费。

（二）大遗址保护

按照国家文物局和大运河申遗办公室要求，天津市文物局会同天津大学编制完成《大运河天津段保护规划》，并将规划文本交与市水务局、环保局、交通运输和港口管理局、测绘院、财政局、规划局、国土房管局等大运河保护成员单位和相关区县政府。3 月底，扬州市文物局、建设局、园林局等相关部门一行 19 人来津对天津市大运河遗产申报及文物保护修缮工作情况开展考察活动；11 月，国家文物局世界遗产处一行 5 人考察大运河天津段申遗工作，对天津市工作予以好评。

（三）全国重点文物保护单位

按照国家文物局文件（文物保发〔2003〕93号）和《全国重点文物保护单位记录档案工作规范》的要求，天津市文物局组织各区县完成了天津利顺德饭店旧址、天津劝业场大楼、法国公议局旧址、盐业银行旧址、望海楼教堂、梁启超旧居、天津广东会馆、南开学校旧址、义和团吕祖堂坛口遗址、石家大院、大沽口炮台、独乐寺、千像寺石刻、天妃宫遗址14处全国重点文物保护单位的记录档案录入制作工作。

记录档案包括对全国重点文物保护单位本身的记录和有关文献，内容分为科学技术资料和行政管理文件，形式有文字、图纸、照片、拓片、摹本电子文件等。记录档案分为主卷、副卷、备考卷。主卷以保护管理工作记录和科学资料为主，包括文字、图纸、照片、拓片及摹本、保护规划及保护工程方案、文物调查及考古发掘、文物保护工程及防治监测、文物展示、电子文件、续补等十种案卷。副卷收载有关行政管理文件及日常工作情况，包括行政管理文件、法律文书、大事记、续补等四种案卷。备考卷收载与本处文物保护单位有关、可供参考的论著及资料，包括参考资料、论文、图书、续补等四种案卷。

【考古发掘】

1. 蓟县中节能远景城四期工程考古发掘

3月至5月，发掘面积2948平方米，共发掘墓葬81座、窑址1座，其中汉代墓葬6座、明清时期墓葬75座、唐代窑址1座。这次考古发掘首次清理发掘出天津地区规模最大、序列最清晰、年代延续时间最长的明清时期家族墓地，首次出土反映清代社会退休、养老保障制度的重要物证——"养老"腰牌，首次清理发掘出"长条形"唐代窑址。

2. 中石油（锦州—郑州）成品油工程天津段考古调查

4月至5月，对中石油（锦州—郑州）成品油工程天津段进行考古调查工作，共发现不可移动文物线索10处。

3. 塘承高速公路二线工程考古调查

6月，对该项目线路进行路由调查，共发现张王庄、杨公庄、富民村、李四后等4处古代遗址。

4. 汉代木质井圈文物保护

6月，委托荆州文物保护中心开展汉代木质井圈保护工作，年底前已完成木质井圈的采样、病虫害观测及相关保护数据的测量，中国林业科学研究院木材工业研究所已经将所有样品树种、化学成分分析检测完毕。

5. 北塘仁正营炮台遗址考古勘探项目

6月至8月，对该项目进行考古勘探，基本明确了北塘仁正营炮台遗址的分布范围和布局、明确了部分遗迹的构筑方式与结构、发现了北塘仁正营炮台遗址原始地面并采集到与北塘炮台遗址年代相当的一批遗物。

6. 京秦高速公路天津段工程考古调查项目

9月，对该项目进行路由调查，发现辛西庄汉墓群、杨家套遗址、邦均汉墓群、周于庄战国遗址、瓦岔庄西周遗址、李将官遗址、孟家楼明清墓地、下里庄遗址等八处地点，含有西周、战国、汉代、明清时期文化遗物，地层堆积较厚，遗物较为丰富。

7. 京秦高速公路天津段工程考古调查

9月，对京秦高速公路天津段工程征地范围进行考古调查工作。发现含有西周、战国、汉代、明清时期文化遗址8处。

8. 天津市水下文物重点调查项目

10月，按照国家文物局关于《2011年度天津水下文物重点调查工作的批复》，天津水下文物调查工作由国家水下文化遗产保护中心和天津市文化遗产保护中心共同实施。此次调查基本摸清了该沉船的情况：确定了沉船的沉态、尺寸和保存状况；探索出一套结合物探调查正形图进行潜水探摸的方法和程序；改变了对天津海域水下考古环境不好的传统看法，为天津的水下考古工作奠定了良好的基础。

【博物馆与可移动文物保护】

（一）博物馆

1. 博物馆筹建工作

3月，天津博物馆启动馆藏20万件文物的搬迁工作，为实施安全搬迁，对文物进行账、物、卡三核对。4月，天津博物馆完成新馆布展招标工作。9月5日，根据市领导指示，结合新馆建设进度，天津博物馆开始闭馆，全力筹备新馆展览。9月，经多方研讨，天津博物馆编制完成《天津博物馆新馆（美术馆）运营管理方案》。

4月21日，天津市人民政府批准天津自然博物馆由马场道206号迁至天津博物馆现址。7月20日，环球教育与健康基金会、世界轮椅基金会主席肯尼斯·贝林及中国区首席代表沈安琪来津商讨天津自然博物馆新馆设计规划方案并签署合作备忘录。9月23日，天津市人民政府就天津自然博物馆迁建工程及景观改造事宜召开专题会议，熊建平副市长主持了这次会议并对天津自然博物馆工作作出指示，要把天津自然博物馆的迁址改建纳入天津市文化中心建设项目统一考虑，确保整体效果。10月24日，《天津自然博物馆迁址外檐及景观整修工程立项》通过了天津市发展和改革委员会的批复。

2. 博物馆建设

2011年初，大沽口炮台遗址博物馆新馆竣工。

1月7日至9日，福聚兴机器厂旧址落架大修工程通过验收，天津市三条石历史博物馆的办公地点搬迁至福聚兴机器厂旧址办公室。9月26日，天津三条石历史博物馆陈列布展工程正式启动。本次展览陈列为"三条石地区铸铁机器制造变迁史陈列"与"福聚兴机器厂旧址复原陈列"。

7月1日，平津战役天津前线指挥部旧址陈列馆修缮提升改造工作圆满完成，并正式对外开放。

7月22日，天津杨柳青木版年画博物馆举行开馆开幕式。

8月初，平津战役纪念馆停止对外开放，进行大修改造。12月末，平津战役纪念馆大修改造工程基本完成。此次大修改造包括更换中央空调系统及水电设备，更换部分消防、安防设备，更换场馆首层吊顶，整修墙壁、地面，扩建机动展厅，整修、翻新展厅设施，更新标识牌，增加语音导览设备等。大修改造后的平津战役纪念馆以更加舒适安全的参观环境，更加人性化的服务，在岁末年初之际，迎接国内外各界参观者。

8月16日，"天津梁启超纪念馆维修工程"通过公开招标进行开标，经评标委员会评审，最终确定北京房修一建筑工程有限公司中标。天津梁启超纪念馆正式进入闭馆修缮期。

9月17日，天津市文物局开发办组织的李叔同故居维修工程开始启动，此次维修项目包括电路改造、外沿维修和增添安防监控系统，该工程于10月中旬结束。12月30日，李叔同（故居）纪念馆正式开馆。

3. 博物馆间的交流与合作

5月18日，平津战役纪念馆"百年国耻——八国联军侵华史实展"在沈阳

"九·一八"历史博物馆进行展出。

6月11日,海南省文化广电出版体育厅主办,天津博物馆、海南省博物馆承办的"走近大师——任伯年、吴昌硕、齐白石、徐悲鸿、张大千中国画精品展"在海南省博物馆开幕。

9月16日,深圳博物馆举办"共和之路——辛亥革命在广东"展览,天津博物馆43件文物参展。

10月15日,首都博物馆主办的"张大千艺术人生和艺术魅力"展览开幕,天津博物馆25件张大千及其师友作品参展。

11月5日,浙江省嵊州市文化广电新闻出版局主办、嵊州市越剧博物馆承办的,天津戏剧博物馆文庙博物馆管理办公室协办的"津门越韵——天津和越剧的故事"在天津鼓楼博物馆三楼举行了开幕式。

4. 重要文物陈列展览

1月6日,纪念周恩来逝世35周年"周恩来邓颖超风采——刘洪麟国画作品展"在周恩来邓颖超纪念馆开幕。

4月25日,"天后文化展"在天后宫藏经阁对外开展。这个展览从天后生平、天津天后宫、天津皇会、天津天后宫妈祖文化研究成果等方面,深入全面地再现天后文化对天津民众的影响。

4月26日,中共天津市委宣传部、天津市总工会、天津市文化广播影视局和大庆油田党委联合主办,平津战役纪念馆、大庆油田党委宣传部、大庆铁人王进喜纪念馆承办的"铁人精神展"于"五一"前夕在平津战役纪念馆开幕。

4月29日,天津义和团纪念馆举办《天津市红桥区碑石铭刻辑录及释文》的首发式及"红桥区碑石铭刻拓片展"。

4月30日,"天津市第八届民间收藏展"在文庙博物馆开幕。

6月23日,由中共天津市委宣传部、市委党史研究室、天津市文化广播影视局主办,周恩来邓颖超纪念馆承办,天士力集团协办的"中国共产党的光辉历程——从一大到十七大图片展"在周恩来邓颖超纪念馆展出。

6月29日,由中共天津市委宣传部、天津市文化广播影视局联合主办,天津市延安精神研究会、平津战役纪念馆、延安革命纪念馆共同承办的"延安精神永放光芒"展览,举行了隆重的开幕仪式。

6月30日,新华社举办的"开天辟地九十年"展览在天津博物馆开幕。

8月4日,"百年潮涌——天津设立海关150周年文史展览"在周恩来邓颖超纪念馆开幕。

9月25日,"纪念辛亥百年书画摄影艺术展"在老城博物馆开幕式。

(二)可移动文物保护

2011年度天津各博物馆接收、征集文物272件,修复藏品630件。

天津博物馆对馆藏20万件文物进行搬迁前的账、物、卡核对;制作一、二级文物囊匣300个,确保文物安全搬迁;启动新馆陈列所用文物的展前修复与养护工作。平津战役纪念馆在大修闭馆期间,完成了撤回的1200余件文物资料的拍照、清洁工作。天津自然博物馆修复馆藏古生物化石11件。天津戏剧博物馆、文庙博物馆管理办公室在提升和改造文物库房和办公条件后,文对账工作基本完成,共查对文物707件(套),文物资料2000多件,资料外藏品1000多件,并将707件(套)文物信息全部输入馆藏文物信息管理系统。

【社会文物管理】

1. 文物拍卖工作座谈会。

为传达学习贯彻落实《文物拍卖企业资质年审管理办法》,加强天津市文物拍卖市场管理,规范企业经营行为,天津市文物局于 2 月 23 日召开了全市文物拍卖工作座谈会，天津国际拍卖有限公司等天津市文物拍卖企业负责同志出席了会议。会议传达学习了国家文物局第 16 次局务会议审议通过的《文物拍卖企业资质年审管理办法》，明确了企业应严格执行送审制度，强调严格开展文物拍卖标的审核工作，对疑似出土出水文物，被盗窃、盗掘和走私的文物，历史上被非法掠夺的中国文物，损害国家荣誉和利益或有可能产生不良社会影响的现当代艺术品等，应坚决予以撤拍。

全年审核拍卖标的物品 10408 件，撤拍 30 件，文物商店售前审核 850 件，确定不允许销售文物 36 件。全年文物出入境审核数量为 4401 件，其中办理文物临时进境审核 94 件，复出境 25 件，经审核禁止出境文物 68 件。受天津海关委托，现场鉴定疑似文物 34 次，共计 1254 件，其中经鉴定禁止出境文物 121 件。

【文博教育与培训】

1. "名师教室"工程

天津市文博系统"名师教室"工程于 2007 年 7 月正式启动，到 2010 年 3 月第一期已顺利完成教学培养任务。2011 年，天津文博院汇集了第一期"名师教室"活动的相关文件、活动图片和结业论文，经过系统整理和统编，形成《天津市文博系统第一期"名师教室"成果文集》，于 2011 年 9 月由天津人民出版社出版。

2011 年 4 月，天津市文物局向各区县文化广播电视局（文化和旅游局）与局属各文博单位及下发了《关于开展文博系统第二期'名师教室'活动的通知》。经过学生本人申请，所在单位推荐，初选，聘请导师等程序，学生名单、导师名单已由天津市文物局审定。

2. 文物保护工程勘察设计、施工单位专业人员培训

受天津市文物局委托，天津市文物管理中心于 2011 年初在天津市警备区鞍山道招待所举办两期培训班。授课内容包括文物保护工作的法规管理、文物保护工程档案的搜集与管理、中国文物古迹保护准则的理解和运用、文化遗产与价值、文物保护工程与规划等。

3. 文博系统讲解员培训

2011 年 5 月 23 日至 6 月 27 日，由天津市文物局主办的"2011 年度天津市文博系统讲解员培训班"在天津博物馆举办，共有 120 名讲解员参加。

【文博宣传与出版】

1. 文博宣传

4 月 8 日，天津文庙博物馆举办了首届外籍学子开笔礼，共有 29 位外国学子参加了此次活动。5 月，天津市"5·18"国际博物馆日大型宣传活动在文庙博物馆举行，向观众发放近千份宣传资料，解答文物法规，组织专家为市民提供现场免费文物鉴定与咨询，同时组织文博界著名专家在天津博物馆举办了"大运河与天津""博物馆发展简史及其现实意义"两场公益讲座。9 月 28 日至 10 月 3 日，"天津市首届国学文化节"活动在天津文庙博物馆举办，活动内容包括："国学文化节"开幕式暨公祭和祭祀活动；"中国古代科举制度与天津近代考试文化展"；举办《君子之道》新书签售，国学儒学书籍展卖；国学知识讲座；举办少儿开笔礼仪式；民族乐团进行现场民乐（韶乐）演奏，青少年进行诗歌朗诵；书法作品展示，邀请书法家现场表演书法；象棋名家现场对抗赛，大屏幕现场展示；举办成人礼仪式。

4 月 15 日，天津自然博物馆和天津理工大学主办的迎接"愿与鸟齐翔——纪念爱鸟周"主题活动正式启动。此次

活动旨在让大家认识到鸟类是生态系统重要的组成部分，是大自然的重要成员，是人们身边最常见到、关系最为密切的野生动物朋友。4月22日，在"世界地球日"这天，天津三星数码体验馆携手天津自然博物馆，在位于天津市劝业场步行街的体验馆，举办了包括科普情景剧演出、小学生快板表演、地球知识讲座、三星绿色产品展示、绿色环保承诺签名等节目的系列活动。这是天津自然博物馆首次携手企业共同举办公益活动。5月15日，由天津市科委、市文物局、市教委、市科协共同主办的天津市第25届科技周重点活动——"珍爱自然 保护环境 共建宜居家园"系列科普活动在天津自然博物馆举办。

4月27日，大庆铁人王进喜纪念馆与平津战役纪念馆共同组织举办的"铁人王进喜"宣讲报告会在滨湖剧院举行。

6月2日，周恩来邓颖超纪念馆与中共中央文献研究室第二编研部、天津市文物局、武警医学院、天津市南开中学、中远散货运输有限公司、中国光大银行天津分行在周恩来邓颖超纪念馆举办"纪念建党90周年，迎接党的十八大"党史知识竞赛。

6月11日，天津文物局主办，元明清天妃宫遗址博物馆与天津文物管理中心协办，共同开展"文化遗产日"活动，活动内容主要包括："天津市第三次文物普查成果展"，河东区非物质文化遗产项目"拦手门"武术展演，文物保护知识讲座"发现我们的过去——探索水下遗产"，文物咨询与鉴定及文物保护知识咨询活动。

2. 学术研究与出版

白文源著《故影遗存——图解天津人文史》，科学出版社2011年1月出版。黄克力著《〈明实录〉（1368—1627）中的天津史料》，天津人民出版社2011年3月出版。宋春兰编著《天津市红桥区碑石铭刻辑录及释文》，天津社会科学出版社2011年3月出版。李爱华编著《周恩来中学时代纪事长编》，中央文献出版社2011年6月出版。

【机构及人员】

2011年，天津市文物业机构（包括博物馆、文物保护管理机构、文物商店）28个，其中19座国有博物馆、7个文物保护机构，1个文物管理中心，1家文物商店，从业人员数量总计909人。

【对外交流与合作】

1月2日，在解放军军事交通学院学习的来自亚洲、非洲共26个国家的近60名外军学员专程来到平津战役纪念馆举行参观活动。

3月3日，世界轮椅基金会主席、国际著名慈善家、天津市荣誉市民肯尼斯·贝林先生捐赠给天津自然博物馆25件来自美洲及澳洲的珍稀野生动物标本。

4月15日，巴西资深中国问题专家塔瓦雷斯、贝泽拉来天津博物馆参观。

6月24日，"中国恐龙暨古动物展"在韩国高阳国际会展中心盛大开幕。该展览由韩国 Art & Bridge 株式会社及国内颇具声望的天津自然博物馆、重庆自然博物馆、内蒙古博物院、自贡恐龙博物馆共同举办。7月21日，天津市市长黄兴国在天津迎宾馆会见环球健康与教育基金会、世界轮椅基金会主席肯尼斯·贝林。

9月14日，中英文化连线和中英博物馆交流活动，英国博物馆代表团一行10人来天津博物馆进行交流访问。

11月8日，美国著名慈善家、世界轮椅基金会主席、环球健康与教育基金会主席肯尼斯·贝林先生来津，与天津自然博物馆签订《世界动物标本捐赠协议》，向该馆捐赠200余件、价值5000

多万美金的世界野生动物标本。

【其他】

2011年3月28日，由天津市文物管理中心承办的天津市文物博物馆学会第五届会员代表大会在红楼宾馆举行。来自各会员单位的代表100余人参加了大会。会议对第四届理事会成立以来的学术研讨、交流活动、出版刊物、财务收支等工作进行了全面而系统的总结。选举第五届理事会，并召开第五届理事会第一次会议，通过了《天津市文物博物馆学会章程》的修订稿。中国博物馆协会、天津市文物局及天津市社会科学界联合会的有关领导出席了会议。

河北省

【概况】

2011年，河北省文博系统注重基础，突出重点，强化服务，开拓创新，把文物保护工作融入经济社会发展大局，使文物保护成果惠及广大民众，科学把握文物保护、利用、传承和发展的关系，全力推进文物保护项目工作，重点工程项目取得明显进展，扎实推进基础工作，努力加强能力建设，开展大遗址保护和考古研究，做好基本建设中的文物保护工作，加强博物馆建设和免费开放工作，提高公共文化服务水平，充分发挥博物馆的宣传教育功能。稳步推进博物馆免费开放工作，为建设经济强省、和谐河北做出了积极贡献。

【执法督察与安全保卫】

加强文物单位安全管理工作。针对

文物安全形势严峻的情况，5月，报请省政府印发了《关于加强文物安全防范工作　打击文物盗窃盗掘犯罪活动的通知》，并安排督导组赴全省各地检查文物安全工作。同月召开了河北省文物安全工作厅际联席会议第一次会议，对文物安全工作进行了安排部署。

针对长城保护管理工作中存在的问题，报请省政府印发了《关于进一步加强长城保护管理工作的通知》，11月在涞源县召开了全省长城保护管理工作会议，对长城保护管理工作提出了明确要求，与长城沿线设区市文物主管部门签订了长城保护安全责任书。完善博物馆和文物保护单位的安防、技防、消防设施，与消防部门联合开展火灾隐患排查整治百日行动，会同省气象局开展防雷安全检查。

会同公安部门开展打击文物犯罪专项行动。西安会议后，省文物局认真学习贯彻落实公安部、国家文物局会议精神，认真分析本省文物安全严峻形势，主动及时与省公安厅刑侦局沟通，在全省展开打击文物犯罪专项行动。全省11个设区市都已全部成立了由公安、文物部门联合组成的2011打击文物犯罪专项行动办公室，专项行动领导小组对文物犯罪的重点地区实行分片包干制，形成严打态势。本年度破案10起，打掉犯罪团伙8个、抓获犯罪嫌疑人79人，追缴文物188件。公安部在河北省督办的案件有4起，分别是井陉唐家垴古墓群盗掘案、邯郸赵王陵1号墓盗掘案、蔚县南安寺塔地宫被盗案、易县清西陵文物被盗案。具体情况如下：

（一）省级文物保护单位井陉县唐家垴古墓群，位于井陉县天长镇东关村北侧唐家垴上，2011年4月11日晚9时，井陉县文物安全员电话举报，天长镇唐家垴省级文物保护单位保护范围内有不法分子盗掘古墓。井陉县文物局、井陉县天长刑警中队、井陉县天长派出所、文物安全员及群众20余人10时赶到现场进行布控，10时30分将13名犯罪嫌疑人全部抓获，追缴文物55件，其中二级文物1件，三级文物2件。

（二）全国重点文物保护单位邯郸县赵王陵1号墓，位于邯郸市永年县和邯郸县境内，此次被盗的赵王陵区1号墓位于邯郸县三陵乡陈三陵村。2011年4月3日早7时，赵王陵1号墓文物保护员在正常巡视中，发现1号墓南侧有盗洞，并立即报告有关部门，经现场勘察，发现盗洞口直径约50厘米，斜向墓室方向延伸。据公安部门初步分析，犯罪嫌疑人在作案时受意外惊扰逃窜，盗洞尚未到达墓室，墓室文物可能未被破坏，案件有待进一步侦破。邯郸市文物部门针对当前的文物安全形势，对全市所有区、县的田野文物进行了排查，特别是对古遗址、古墓葬及石刻加强了日常巡查和定期检查，对发现的隐患进行了整改。

（三）全国重点文物保护单位蔚县南安寺塔地宫，位于张家口市蔚县蔚州镇六街，始建于北魏时期，辽代重建，2001年被国务院批准为第五批全国重点文物保护单位。2011年3月9日蔚县南安寺塔地宫发现被盗后，张家口蔚县公安局经过6个月的侦查，已成功抓获犯罪嫌疑人12名、追回包括辽代舍利金塔、舍利银塔、彩绘木雕四大天王、北宋后期景德镇花口盘瓷器在内的国家级重点文物保护单位被盗文物109件，案件成功告破。

（四）全国重点文物保护单位易县清西陵，位于河北易县城西15公里的梁各庄西永宁山下，是清朝皇家园陵之一，面积达80余平方公里。为第一批全国重点文物保护单位，2000年列为世界文化遗产名录。2011年4月20日晚，泰陵大碑楼西南华表石围栏边角的两个石望柱被盗。经过一个月的昼夜奋战，易县公

安局成功侦破了此案，抓获犯罪嫌疑人8名，成功追回被盗文物。

【不可移动文物的保护和管理】

（一）概况

河北省拥有全国重点文物保护单位168处，省级以上文物保护单位930处。第三次全国文物普查从2007年开始，经过五年的艰苦工作，在前期野外调查工作的基础上，2011年全部完成了全省文物普查资料整理工作，其中河北文物普查重要新发现之旧石器时代遗址、古遗址古墓葬、古建筑、近现代文物、队员手记汇编、文物普查纪实等六部书稿已完成。经国家文物局核定，新发现不可移动文物21634处，全省不可移动文物总量达到33943处。

1. 保护规划的编制和公布

编制完成《河北省文物事业"十二五"发展规划纲要》，报经省政府同意正式印发施行，明确了"十二五"时期文物事业的指导思想、方针原则、发展思路和目标任务，制定了保障措施。对全省"十二五"时期的文物保护项目进行统筹谋划，确定了4大类120项文物保护项目。5月，在蔚县召开了全省文物保护项目工作会议，对"十二五"期间的文物保护项目工作进行研究，统筹谋划文物保护项目。组织全省各级文物部门加快编制文物保护规划和设计方案，加快推进文物保护项目的落实。

委托北京市古建所开展清东陵总体保护规划修编及测绘，委托天津大学建筑学院对清西陵总体保护规划进行修编。由中国建筑设计研究院建筑设计研究所编著的《泥河湾遗址群保护总体规划纲要》通过省文物局组织的文物、建设、国土、规划等专家的评审。

完成了梳妆楼元墓文物保护规划、山海关长城（老龙头至角山旱门关段）

文物保护规划、隆尧唐祖陵规划纲要、元氏常山郡遗址规划大纲以及《万全卫城文物保护规划（初稿）》。藁城台西遗址、元氏常山郡遗址、沧州纪晓岚墓规划及运河沿线遗产点邢台油坊码头、衡水郑口险工、沧州捷地分洪闸保护规划项目已开始编制。启动了小宏城遗址、献县汉墓群、隆化土城子遗址、景县封氏墓群、东垣故城保护规划编制工作。

组织编写了11项文物科技保护方案，完成中心库藏106件石造像的保护设计方案。

12月，报请省政府和国家文物局签订了共同推进河北文物博物馆事业发展合作框架协议，为加快河北省文博事业发展提供了强有力的支持和保障。

2. 重大工程项目情况

承德避暑山庄及周围寺庙文化遗产保护工程取得阶段性进展。2010年8月工程全面启动以来，得到了中央领导、国家有关部委和省委、省政府领导的高度关注。截止2011年底，中央财政已拨付保护专项经费3.18亿元，其中水环境治理工程经费6208万元。国家文物局已批复承德避暑山庄及周围寺庙保护方案41项，陆续开工23项，其中有3项已经完工。

怀来鸡鸣驿城城墙加固抢修工程完工。鸡鸣驿城保护工程从2008年启动以来，省文物局会同张家口市和怀来县积极推进工程实施，制定了详细的工作计划，成立了现场专家组，协调解决相关问题。截止2011年末，国家已拨付文物保护资金8400万元，其中，文物本体维修资金3400万元，基础设施及环境治理资金5000万元，鸡鸣驿城城墙整体加固保护工程已经完工，下一步要开展鸡鸣驿城内文物建筑维修工作。

积极推进清东陵和清西陵等文物保护工程。通过多种途径，推进清东陵、清西陵等文物修缮保护工程。组织实施清东陵定东陵安防系统工程和清西陵慕东陵全面维修工程，完成泰东陵全面维修保护工程方案的上报和审批工作。实施涿州永济桥、蔚县华严寺、灵岩寺、真武庙、涞源阁院寺、北戴河近代建筑群、察哈尔都统署旧址、庆林寺塔等保护维修工程。

（二）大遗址保护

在河北省168处全国重点文物保护单位中，古遗址和古墓葬有50处，约占全国重点文物保护单位的五分之二。"十一五"期间，河北稳步推进大遗址保护工作。完成了小宏城遗址、大名府故城遗址、献县汉墓群部分墓葬的勘察工作，为保护规划的编制打下了坚实的基础。推进大遗址保护规划编制工作，中山靖王墓、邺城遗址保护规划已经省政府批准公布；燕下都遗址保护规划、永清宋辽边关地道保护规划已经国家文物局审核通过，已上报省政府；中山古城遗址、元中都遗址、北戴河秦行宫遗址、赵邯郸故城遗址、泥河湾遗址群等大遗址保护规划已经国家文物局专家评审通过；定窑遗址、邢窑遗址、井陉窑遗址、大名府故城遗址、梳妆楼元墓、小宏城遗址、会州城遗址、代王城遗址、邢国墓地、磁县北朝墓群保护规划已开始编制。完成了邺城遗址金凤台保护工程，燕下都城墙护栏工程及虚粮冢安防工程，元中都南城门、角楼保护工程。按照建设国家考古遗址公园的有关要求，重点抓好元中都、赵邯郸故城、中山古城等大遗址的保护工作。省文物局与中山古城遗址、邯郸赵王城遗址、元中都遗址所在地人民政府签订了建设国家考古遗址公园框架协议，各项工作在有序进行。

（三）世界文化遗产

河北拥有3项世界文化遗产，包括长城、承德避暑山庄及周围寺庙、清东陵和清西陵。

1. 世界文化遗产项目的申报、评审

积极推进大运河保护和申遗工作。7月，召开了河北省大运河保护和申遗市厅际会商小组会议，审议通过了《河北省大运河保护和申遗会商小组工作制度》，对下一步工作进行了全面部署。2011年末，大运河河北段文化遗产总体保护规划已经编制完成，香河红庙金门闸、景县华家口夯土坝、东光谢家坝保护加固工程有序展开。

2. 长城认定工作

根据长城资源调查情况，录入长城墙体、壕堑、单体建筑、关堡、相关遗存等文物认定登记表7000份。完成了河北早期长城资源调查工作报告及数据库上报工作，并开展了长城记录档案编制工作。编辑完成张家口市早期长城、迁西县和卢龙县明长城资源调查报告，开始编制河北明长城总体保护规划。

5月，组织河北省世界遗产巡视组，开展对清西陵、清东陵的年度巡视工作。

【考古发掘】

河北田野考察工作仍以基建考古为主，2011年共计调查勘探面积300万平方米，发掘面积约35000平方米，出土可复原器物3000余件，抢救保护了一批珍贵文物，有力地保证了国家基本建设工程顺利进行。主要考古项目包括，组织完成了南水北调中线廊涿干渠野外考古发掘工作，并转入室内资料整理和文物修复工作，发掘面积8000平方米，出土文物1000余件，保障了工程建设的顺利实施。并对石津干渠进行了考古调查，涉及沧州、衡水、石家庄等地区10个县，共发现遗址（墓地）17处。完成了张唐铁路、中石油锦郑成品油管道工程、中海油煤制天然气北线管道、荣成—乌海高速公路、邯长铁路固镇古城遗址等建设工程考古项目32项。

组织考古专业队伍对平山县张扬村墓群进行勘探发掘，清理战国时期墓葬12座；隆化兴州窑的发掘，为河北北部新窑系的确立提供了资料。

曲阳田庄墓葬发掘工作按计划推进。2011年该墓被盗掘后经国家文物局批准进行抢救性发掘，此墓规格较高，时代约为唐代晚期，年内揭露2800平方米，清理出大型封土和19个盗洞。

【博物馆与可移动文物】

（一）博物馆

1. 可移动文物的保护、管理和研究

河北省博物馆新馆主体工程完工，并完成了内外装修。4月，邀请国内博物馆界专家对陈列大纲进行论证，并已完成陈展方案招标工作。以省博物馆为依托，积极筹建河北省文化产品交易物流中心。对阳原泥河湾博物馆、秦皇岛玻璃博物馆、涿州博物馆等博物馆建设进行业务指导，大力扶持行业博物馆建设。积极推进河北省生态博物馆建设，申报蔚县暖泉镇、怀来县鸡鸣驿村、永年县广府镇为生态博物馆建设试点。省文物局组织开展了全省第二届博物馆陈列展览精品评选，六个展览获奖，其中黄骅海盐博物馆"天工开物——中国盐史"展览荣获"全国博物馆系统十大陈列展览精品"评选最佳创意奖。

2. 重要文物陈列展览

在保持长期固定展览的同时，适时推出一批临时展览，积极改进内部管理，创新服务方式，完善服务设施，提升展示水平，树立观众意识，不断充实服务内容，博物馆日渐成为百姓愉悦身心的精神家园。围绕"博物馆与记忆"和"庆祝建党90周年"主题，全省博物馆、纪念馆精心策划，推出400多个陈列展览，各级文博单位举办了丰富多彩的活动，举办文化宣讲活动100多场，得到社会各界的广泛赞誉。组织"古驿瑰宝——鸡鸣驿""国之

瑰宝"图片展赴石家庄经济学院、石家庄铁道大学巡展。省民俗博物馆先后到二十余所学校和社区进行传统文化讲座和举办民俗文化活动，在河北师大举办了"校园民俗文化节"，在石家庄谈村小学举办了"民间艺术进校园"民俗文化活动，在暑假期间举办了"暑期民俗文化进社区"系列活动。

3. 馆间交流与合作

为进一步加强省际间博物馆界的交流与合作，全面提升博物馆工作水平，11月，在秦皇岛市山海关区召开了冀豫晋陕四省博物馆理论与实践交流研讨会，主题为"服务民生——博物馆的责任"，内容包括博物馆与民生、博物馆与建设和谐社会等内容。

4. 主要陈列

3月，省博物馆推出"河北省南水北调工程文物保护成果展"等展览。6月，由中共河北省委省直机关工作委员会主办的"河北省市机关纪念建党九十周年书法绘画摄影展"在省博物馆展出，展览共收到省、市机关460多名干部群众送来的作品600余幅。7月，中国共产党90周年华诞之际，由澳门特别行政区文化局、中央人民政府驻澳门特别行政区联络办公室文化教育部、河北省文化厅、河北省港澳办联合主办，河北画院、河北省博物馆承办的"澳门艺术家走进太行优秀作品展"在河北省博物馆开展。参展的澳门艺术家的73件作品，包括国画、书法、西画、摄影、录像等。

在山海关长城博物馆举行的"万里长城·百年回望"新老图片展，是两个同叫威廉的英国人相隔百年拍摄的长城图片对比展。由河北省博物馆与日本鸟取县立博物馆共同推出的"鸟取县文化遗产图片展"在河北省博物馆举行，展示了日本鸟取县在文物、建筑、遗迹、名胜、天然纪念物、民俗文化等80项著名的文化遗产。省文化厅、省友协、省

博物馆有关领导，以及日本鸟取县知事平井伸治、鸟取县议会议长伊藤美都夫、鸟取县文化观光局局长细羽正出席开幕式并剪彩。石家庄市博物馆9月推出了"太行山与长江的邂逅——石家庄、南通书画交流展"。展览共展出南通书画研究院专业书画家创作的60余幅精品和省会知名画家的力作30幅。

（二）可移动文物保护

1. 文物数量、等级

河北现有馆库藏文物91万件，其中珍贵文物79695件：一级文物8880件、二级文物15259件、三级文物55556件。

2. 可移动文物保护修复基地建设

为解决大量文物及资料急需场地存放、整理、修复和研究的情况，省文物研究所在鹿泉申后村筹建文物整理基地，各项工作有序推进：11月完成基建工程公开招标，施工方已进场，并完成了施工前的准备工作。

为研究河北古代建筑构件形式、功能变化，省古代建筑研究所筹建河北古代建筑构件标本室，收集整理河北境内不同时期、不同地域、不同类型的古建构件。

3. 可移动文物保护技术和方法及其应用

经过研究探索，省文物保护中心与湖北省博物馆合作，成功研制出"青铜器文物修复液"，2011年4月获得了国家知识产权局颁发的发明专利证书，这是河北省文物单位首次获得国家级的文物保护发明专利技术。

【社会文物管理】

经国家文物局批准，大马拍卖公司2011年获得了文物拍卖资格。这样，河北就拥有了3家文物拍卖公司，2011年举办3场文物拍卖会。省文物局对艺术品拍卖标的进行了审核，共计2087件，

并协助工商部门查处一起无资质违法拍卖活动。

受国家文物局委托，河北省文物局共审核拟出境物品 505 件，许可出境文物 466 件，复仿制品（新工艺品）39 件，加盖火漆标识 505 件，出具文物出境许可证 1515 份；完成了全省公安、纪检、司法部门提交的 17 起涉案文物鉴定，共鉴定 256 件，其中一级文物 1 件，二级文物 5 件，三级文物 14 件，一般文物 113 件。

【文博教育与培训】

10 月，举办全省文物保护项目管理培训班，全省文博系统青铜器鉴定培训班，全省博物馆、纪念馆讲解员培训班，提高了基层文博队伍的业务水平。11 月，举办全省文物保护勘察设计、施工和监理资质单位培训班，规范文物保护勘察设计、施工和监理工作。举办了全省重点文博单位宣传报道工作培训班，提高文物宣传工作水平。12 月，组织省直文物行政执法人员参加省法制办举办的行政执法培训。

【文物宣传与出版】

（一）国际博物馆日和文化遗产日宣传

围绕"博物馆与记忆"主题，2011 年"国际博物馆日"期间，河北省各博物馆、纪念馆精心策划了一系列展览和活动，得到社会各界的广泛赞誉。

第六个文化遗产日当天，省内 146 处文物保护单位对公众减免费开放。省文物局、石家庄市文物局、平山县政府联合举办了"穿越千年时空，探访中山古迹"公众考古活动。省博物馆举行了新馆"十大珍宝文物"评选结果发布仪式。省文物局机关、省直各文博单位等有关专家学者在省博物馆广场开展文化

遗产保护宣传活动，举办河北特色民间艺人展演，进行文物法律、法规和文物知识咨询服务，并发送文化遗产保护短信。

（二）重点项目和活动的宣传报道

通过各类媒体，对承德避暑山庄及周围寺庙保护工程、鸡鸣驿城保护工程、大运河保护工程等重点项目进行宣传报道，对文物保护工程、博物馆陈列展览、文物安全等进行重点报道。抓好新华网"河北文物"网站建设维护和《河北文物工作》编辑出版工作，及时发布文博工作动态，加大文物宣传的推介力度。

2011 年出版了《故城寺壁画》《河北长城》《中国古代墓葬壁画·河北卷》《邯郸城与赵文化》《邢台商周遗址》《河北古钱币的发现与研究》《内丘张夺发掘报告》《文明的见证——邢台名胜古迹》《中国瓷器三千年》《馆藏文物精华》《河北陶瓷》《魏县织染》《吴桥杂技》和《武安傩戏》等书籍，还有《涿州史迹图志》《中国赤城历代碑匾刻辑录》《元中都研究》《隆化古代史情》等图书。

【机构及人员】

全省文博机构总计 241 个，其中文物科研机构 4 个，文物保护管理机构 163 个，博物馆 68 个，文物商店 3 个，其他文物机构 3 个。

从业人员 6819 人，其中高级职称 403 人，中级职称 680 人。其中博士 1 人、硕士 30 人，本科 866 人，其余为专科以下学历。

报经省政府同意，省编办批复省文物局新增设项目管理处，负责全省重大文物保护项目管理工作，省财政拨付项目启动资金 500 万元。

【对外交流与合作】

积极组织文物展品参加国家文物局

在意大利举办的"秦汉—罗马文明展"，在美国举办的"忽必烈的时代——中国元代艺术展"，在内蒙古博物院举办的"中国元代文化大展"。

8月，在阳原县召开了"泥河湾——第16届垂杨介与她的邻居们"国际学术研讨会，中国、俄罗斯、美国、韩国、日本等10多个国家近40名从事旧石器考古学和第四纪地质学研究的知名学者。正式启动中日合作研究泥河湾盆地晚更新世中、晚期环境及旧石器时代遗址编年项目。

12月，河北省文物局与北京市文物局联合主办，河北省文物研究所与北京艺术博物馆联合承办的"千年迷梦——邢窑陶瓷艺术展"在北京艺术博物馆开展，展期3个月。

山西省

【概述】

2011年，山西省全省文物系统深入学习实践科学发展观，学习党的十七届六中全会、省第十次党代会和建设文化强省大会精神，通过开展庆祝建党90周年、争先创优、正风肃纪、精神文明创建等活动，各级党组织战斗力明显增强，为山西省文博事业的健康发展提供了有力保证。山西博物院、省考古研究所、八路军太行纪念馆被省委、省政府授予"全省公共文化服务先进单位"荣誉称号，大同市、晋中市在全省文博系统目标责任考核中成绩突出，山西省文物局机关也于2010年通过了省直文明委"文明和谐标兵单位"的验收。

【法规建设】

2011年是"六五"普法的第一年。按照省委依法治省办要求，山西省文物局制定了《山西省文物局开展法制宣传教育和依法治理工作第六个五年规划》。为机关公务员、局直属单位购买了《领导干部学法用法读本》《公务员学法用法读本》《法制宣传资料》《普法漫画》和《普法挂图》等普法书籍和宣传品。从社会主义法治理念教育入手，建立了相应的学习制度，要求局机关、局属各单位理论学习中心组，全年法制学习时间不少于30小时。

山西省文物局非常注重文物法制宣传工作，紧紧抓住各种机会，不断创新宣传手段，利用多种宣传渠道，不断在全社会营造文物保护法制环境。每年的"4·18国际古迹遗址日""5·18国际博物馆日""中国文化遗产日""12·4全国法制宣传日"，山西省文物局都要在全省范围内组织声势浩大的各种普法宣传活动。全省各级文物行政部门、各类文博单位都因地制宜、不失时机地举办各类宣传教育展览活动，把文物法律咨询、法制展览送进工厂、工地、乡村、社区、校园。2011年的文化遗产日期间，山西省文物局和省城高校大学生自行车联盟共同组织了"文化遗产保护环城骑行"活动，百余名骑手身披"文化遗产保护志愿者"绶带，身穿印有"保护文化遗产，共建美好家园"字样的文化衫，穿行于省城各大街道，沿途散发文化遗产保护宣传品，开展有声有色的宣传活动。"12·4法制宣传日"，山西省文物局在文庙广场组织了宣传活动，散发各类宣传品5000余份。通过对文化遗产和文物保护法律法规的广泛宣传，进一步增强了社会公众的文化遗产保护意识，收到了较好的社会效果。

【执法督察与安全保卫】

(一)打击文物犯罪专题调研

3月22日至26日,国家文物局刘铭威副司长、公安部卫永顺处长一行3人,先后到临汾市曲沃县、翼城县、山西博物院、朔州市山阴县、大同市广灵县进行了调研,听取了当地政府主要领导、文物局和公安局负责同志的汇报,详细了解了各地近年来文物犯罪的基本情况,各地在打击和防范文物犯罪方面的经验、做法。并深入到曲沃县曲村—天马遗址和在建的晋国博物馆、翼城县大河口墓地发掘工地、山阴县广武汉墓群、广灵县洗马庄汉墓群现场了解情况,听取基层文物保护人员的工作汇报。

(二)打击文物犯罪专项行动

2011年5月30日,山西省文物局与山西省公安厅于联合召开了2011打击文物犯罪专项行动动员部署电视电话会议。会议主会场设在山西省公安厅,全省各市、县(区)公安局设分会场。会议传达学习了国家文物局、公安部在西安联合召开的"2011打击文物犯罪专项行动动员部署会议"以及山西省政府与国家文物局在太原签署的合作加强山西文化遗产保护工作框架协议精神,对山西省开展"2011打击文物犯罪专项行动"做了动员部署,对专项行动的目标任务、工作重点、时间步骤、阶段划分、工作措施等做了具体要求。

11月15日,山西省打击文物犯罪专项行动推进会议在太原召开。会议听取了各市开展打击文物犯罪专项行动以来,组织部署、工作进展、行动战果的汇报,同时听取省公安厅督办案件侦办进展情况的汇报;分析查找了专项行动中存在的问题和差距;就加强打击文物犯罪的工作进行深入探讨。

山西省"2011打击文物犯罪专项行动"动员部署会召开后,各地及时行动,大力开展宣传,发动群众提供线索,取得积极进展。截至12月,全省共破获各类文物案件77起,其中盗掘古墓葬案件26起,盗窃文物案件45起,其他文物案件6起;打掉犯罪团伙35个,抓获文物违法犯罪人员168名;追缴各类文物173件。

2011年,山西省多次组织开展文物安全检查,主要包括:年初开展了冬季消防安全和田野文物安全检查;联合公安消防总队开展的清明节期间文物消防安全检查;5月份开展了馆藏文物安全专项督察;6月份到10月份开展了迎中博以及国庆节、中秋节期间文物安全检查;9月份联合气象局安排部署防雷安全检查;10月份联合公安厅就进一步加强博物馆安全进行了安排部署;11月份开展"清剿火患"文博单位冬季安全检查。

全省共计检查文博单位1500余家,发现火灾等安全隐患686条,整改650条,下发隐患通知书172份;省局共督察94个文博单位,对55个单位下发隐患通知书,极大地提升了文博单位抵御风险的能力。

【不可移动文物的保护和管理】

(一)概况

截至2011年底,山西省共有全国重点文物保护单位271处,省级文物保护单位428处,市级文物保护单位793处,县级文物保护单位7577处。

2011年,山西省文物局组织完成了平顺龙门寺、平顺夏禹神祠、平顺回龙寺、潞城原起寺、万荣东岳庙、洪洞广胜寺、襄垣灵泽王庙、阳城开福寺、长治潞安府城隍庙、长治正觉寺、曲沃大悲院、沁县大云院等12处重要文物保护单位保护规划的编制;报请山西省人民政府公布了晋城青莲寺、晋城玉皇庙、高平游仙寺、陵川崔府君庙、南北吉祥寺、龙岩寺、泽州岱庙、大阳汤帝庙、临猗临晋县衙、曲沃曲村—天马遗址、侯马晋国遗址、柳林香严寺、芮城城隍庙、平顺佛头寺、山阴广武地区（广武汉墓群、广武旧城）、长子崇庆寺、武乡大云寺、会仙观、襄汾丁村民宅等20处重要文物保护单位的保护规划。

2011年重要文物保护工程投入经费7680万元。山西南部早期建筑保护工程主要完成了霍州观音庙、汾城古建筑群、万荣东岳庙、陵川石掌玉皇庙、武乡洪济院、新绛白台寺、新绛龙兴寺等7处维修设计方案的编制；完成了平顺龙门寺、潞城原起寺、万荣东岳庙等12处保护规划的编制，其中平顺龙门寺、回龙寺、夏禹神祠、曲沃大悲院已报请国家文物局批复；报请国家文物局批复了晋城玉皇庙、屯留宝峰寺、长子天王寺等41处南部工程项目的环境整治方案；组织山西省古建筑维修质量监督站对11处完工的南部工程文物本体进行了质量检查，并审查了工程资料。

（二）大遗址保护

晋阳古城国家考古遗址公园是"十一五"时期全国百大遗址保护总体规划项目之一，是国家文物局首批考古遗址公园立项项目，也是山西省文物局"十二五"期间重点工程之一。

2011年，围绕建设国家考古遗址公园的总体工作思路，报请国家文物局批复了《晋阳古城遗址保护规划纲要》，启动了《晋阳古城遗址保护规划》编制工作；编制并报请国家文物局批复了晋阳古城遗址公园建设考古工作计划和2011年度500平方米考古发掘计划；成立了晋阳古城考古工作队，做好了实施年度考古勘探、发掘重点区域进场准备。

明长城资源调查报告出版工作计划已经国家文物局批复，并与文物出版社签订了出版合同。长城保护规划已经国家文物局批准立项。明长城记录档案建档工作已完成。明长城重点地段保护范围和建设控制地带已划定公布，保护标志已竖立。完成了明长城"四有"档案的编制工作。组织编制了明长城雁门关段、偏关寺沟段、平型关段保护规划和维修保护方案。

（三）全国重点文物保护单位

组织编制了碛口古建筑群、阳城郭峪古建筑群、盂县泰山庙、交城天宁寺、五台延庆寺、武乡八路军总司令部旧址、介休袄神楼、隰县千佛庵彩绘泥塑等8处国保单位的维修方案。组织实施了龙山石窟昊天观、天镇慈云寺、繁峙公主寺、介休后土庙彩塑、太谷净信寺、汾阳太符观、晋祠三圣祠、东岳庙等文物保护工程。

（四）世界文化遗产

1. 平遥古城

2011年督促平遥县文物局委托辽宁有色勘察研究院编制遗产监测方案。在做好平遥城墙日常维护和保养维修的同时，依据国家文物局批复的《平遥城墙结构加固工程总体设计方案》，结合《平遥古城墙可靠性鉴定报告》，对查出的重要隐患及时督促有关方面采取临时加固、灌缝、抹石膏等有效措施加固保护。11月，还组织中国文化遗产研究院、省古建筑保护研究所、平遥县文物局对平遥城墙夯土灌浆加固实验、顶部海墁防水实验、上内墙改性夯土试验、夯土锚杆加固试验进行了回访。完成了西城墙和南城墙共2423米长散水铺设，封堵了西城墙底部80米长的防空洞，消除了威胁城墙安全的重大隐患。针对平遥镇国寺和双林寺存在的险情，组织编制双林寺大雄宝殿抢险维修方案和千佛殿彩塑抢险加固方案。

2. 云冈石窟

为推进云冈石窟防水保护工程的实施，2011年6月和10月两次组织专家现场勘察石窟保护状况，并就防水保护工程设计方案召开论证会。为配合防水工程的顺利实施，组织完成了窟顶遗址5000多平方米的考古发掘任务，发掘出了多处北魏时期的寺庙遗址，为深入研究云冈石窟提供了实物佐证。组织编制了《云冈石窟五华洞洞窟保护性窟檐建设设计方案》《第3窟保护性窟檐建设优化设计方案》《洞窟彩塑保护加固方案》等，年底，五华洞洞窟窟檐建设已进入招投标阶段。

3. 五台山

2011年进一步推进了五台山核心区二期环境整治工程项目，组织编制了《佛光寺东大殿保护棚设计方案》和《佛光寺东大殿维修方案》，为五台山综合提升改造工程的实施奠定了基础。

【考古发掘】

（一）概况

2011年，山西省重大考古新发现包括翼城西周大河口墓地、云冈石窟窟顶北魏寺庙遗址、中条山矿冶遗址闻喜玉坡千金耙、大同汉代古城小坊城遗址等。出版考古成果3部：《长治分水岭东周墓地》《垣曲上亳》《山西碑碣（续编）》；交付出版社的考古成果有7部：《丁村遗址群1976—1980年发掘报告》《清凉寺史前墓地》《沁县南涅水石刻（上、下）》《蒲津渡遗址》《汾阳东龙观宋金壁画墓》《绛县横水西周墓地青铜器科技研究》《屯留余吾墓地》；已完成初稿的考古报告（集）有6部：《柿子滩遗址S9、S14、S24地点》《绛县横水西周墓地》《侯马白店铸铜遗址》《新绛孝陵陶窑遗址》《平遥弓村遗址发掘报告》《吉县洲川河流域区域考古调查》。翼城大河口西周墓地荣获2010年度全国十大考古新发现和国家文物局田野考古奖一等奖；云冈石窟窟顶遗址发掘荣获国家文物局田野考古奖三等奖。

（二）重要考古项目

1. 翼城大河口西周墓地

2009年5月至2011年5月，对翼城大河口墓地进行大规模连续性考古发掘。墓地共分6个发掘区，共揭露面积16000平方米，发现西周墓葬577座，车马坑24座，东周灰坑和窖穴55座，东周房址1座，宋代墓葬1座，明代墓葬1座，清代墓葬2座。其中被盗的西周墓葬19座。共出土青铜容器近220件，锡器约50余件，陶器600余件，总计出土文物15000余件（套）。

从发掘出的青铜器铭文和墓地的面积、墓葬埋藏数量显示，大河口人群规模不大，其所居城邑也不会很大，铜器铭文显示的"霸伯"是这里的最高权力拥有者。墓葬时代横贯西周，晚期进入春秋初年。资料表明"霸"与燕、晋等国和周王朝曾有往来关系，商、周文化因素都比较明显，并具有自身文化风格。其人群应为狄人系统的一支，是被中原商周文化同化的狄人人群。大河口墓地的发现对认识不见于历史文献记载的西周"霸"国的历史及文化，并为研究西周时期的分封制度、器用制度和族群融合等问题提供了宝贵的实物资料。

2. 云冈石窟窟顶北魏至辽金寺庙遗址

为配合云冈石窟窟顶防渗水工程，自2010年8月开始，山西省考古研究所、大同市考古研究所、云冈石窟研究院组成联合考古队对窟顶进行了连续的考古发掘工作。2010年在窟顶西部发掘出一处北魏佛教寺院遗址，印证了《水经注》描写云冈石窟当年"山堂水殿，烟寺相望"的雄宏气象。2011年考古队将发掘目标锁定在云冈窟顶八字墙以东的一处北魏至辽金的建筑遗址上。发掘工作自2011年4月至10月，发掘面积约5000多平方米。

2011年发掘的遗址地层分四层，现

代层、明清层、辽金层和北魏文化层。发现的主要遗迹有塔基、铸造井台、熔铁炉、灰坑、水井、建筑遗迹等。出土遗物有辽金时期的陶罐、瓷碗、瓷罐、兽面瓦当、板瓦、滴水等，北魏时期的"传祚无穷"、"富贵万岁"瓦当残片、陶片、柱础石、筒板瓦残片等。

通过调查，可以了解到：遗址性质是一个北魏至辽金的佛教寺院遗址。时代为北魏至辽金。就北魏的遗物看，时代也在迁都前，与2010年发现的一区北魏寺院遗址年代相近。辽金遗物多于北魏，可见在辽金时代，这里比较繁盛。铸造工场的发现很有意义，它应与辽金寺院建设有密切关系。熔铁炉环绕铸造井台，这种布局以前没有见过，对研究冶金铸造史有重要价值。该遗址与2010年一区寺院遗址一样，同样是北魏云冈寺院的重要组成部分，它的发现，有助于了解北魏云冈寺院在不同时代的布局和范围。塔基是该遗址最重要遗迹，内部正方夯土是北魏遗物，外部八角是辽金补建，形状不一，成为北魏至辽金寺院佛塔演变的物证。

3. 中条山矿冶遗址闻喜玉坡千金耙

"中条山古代矿冶遗址遥感考古调查与研究"在2010年启动后，项目调查组对中条山区域进行了考古调查。2011年9月中旬至11月底，中国国家博物馆与山西省考古研究所组成联合考古队对该遗址进行了考古发掘，发掘面积260平方米。发掘区域内清理采矿竖井、斜井、平巷若干，灶3处（有叠压或复数组合关系），灰坑16个，炭窑4个。地层及遗迹内堆积中主要含二里岗文化期陶片，并出土亚腰形石锤、石臼、石刀等石器100余件，以及炉壁残块、炼渣、矿石、炭屑等与采矿及冶炼相关的标本若干。初步推断发掘区范围内为商早期的采铜及冶铜遗址，在洪积层内包含年代更早的陶器残片，因本次发掘范围所限，尚

无确切证据揭示整个遗址的年代上限。

4. 大同汉代古城小坊城遗址

小坊城遗址位于山西省大同县西坪镇小坊城村与康店村之间，东距康店村200米，西距小坊城村500米。

2010年10月至2011年9月，山西省考古研究所和暨南大学历史系考古专业联合对小坊城遗址进行了考古勘探和试掘。该城址的调查属于晋北古城址考古调查项目，勘探面积约16万平方米，试掘面积180平方米，基本确认了城墙宽度、护城河（城壕）、马面和城门位置及规模、城内主要道路与主要建筑的布局，取得了重要的阶段性成果。采集、出土有汉代绳纹瓦、砖等建筑材料和日用陶器残片。

该城址平面大致呈方形，城址东、西墙外各紧邻一条季节河，夏季洪水不断冲刷，西墙中北段已被彻底冲毁。东墙南部由于村民取土、修路也已不存。北墙残长315米，东墙残长260米，南墙残长331米，西墙残长131米。城址外围东西435米，南北437米。经钻探，该城址发现有城壕（护城河）建筑，宽15米。共发现马面5座，其中北墙和南墙各2座，东墙1座，马面由于破坏程度不同而大小不一。发现东西向道路一条，距地表0.4~0.8米，宽3~4米，大致位于东西中轴线上，与东墙中部豁口相连。

此外，在城内还发现有夯土建筑和灰坑遗迹多处，形制和规模不一。在钻探基础上，选取城址东北部一处较大面积的夯土基址进行了小范围试掘，在夯土基址上发现一处建筑遗迹，由南北向有序排列的54个柱洞组成，建筑东侧有车辙1组。

山西已经发现的两汉时期各类古城址共计70余座，约占全国已发现的汉代古城址的九分之一。此次对小坊城遗址的调查和试掘工作对于探讨和研究汉代地方城址的形制、规模具有重要意义。

【博物馆与可移动文物保护】

（一）博物馆

1. 可移动文物的保护、管理和研究

山西省文物局组织编制了全省"十二五"文物科技保护项目和全省文物收藏单位"十二五"期间文物征集项目上报了国家文物局。

晋城博物馆实施文物保存环境达标工程。为做好达标项目，晋城市旅游文物局和博物馆相关人员专程赴省外试点单位进行了考察，编制了达标方案，并请国内相关专家对方案进行了评审，提出修改完善意见逐步实施。晋城博物馆是山西省第一家由国家文物局确定的市级博物馆馆藏文物保存环境达标项目。

山西省文物局对全省馆藏一级文物、陶瓷和书画类三级以上文物、全部捐赠文物进行了核查确认。全省各市文物局均成立了核查工作小组，赴各县进行核查。山西省文物局组成抽查小组赴运城、太原、晋中市进行抽查，对发现的问题现场解决，对存在的问题现场指出并限期整改。

全省各文物收藏单位完成了国家文物局文物调查及数据库建设项目藏品影像资料的采集和报送工作。完成了第四批国家珍贵古籍名录、第三批山西省珍贵古籍名录的申报。搬迁和保护了 10 座具有山西特色的墓葬壁画、砖雕及其文物。山西博物院"山西古代青铜器数据库建立与应用方法研究"和"实验室改造提升及院藏书画保护修复"项目分别获得了山西省科技厅和山西省文物局的专项经费支持，并已立项实施。选派专业人员参加了国家文物局、中国文化遗产研究院、省文物局举办的纸质文物修复，青铜、陶瓷鉴定培训班的学习，提升了科保人员的专业素质和业务能力。

山西省文物局对山西博物院、山西

省考古研究所、太原市文物考古研究所等文物修复科技保护机构进行实地调研检查，起草了山西省文物科技保护和科研课题及项目管理制度及实施办法。着手开展全省文物保藏环境状况摸底调研。完成国家文物局"十一五"期间重点文物保护专项补助经费支持的馆藏一、二级和重要出土文物保护修复项目调研工作。组织开展全省可移动文物保护修复项目方案的编制工作。山西省 2011 年上报国家文物局可移动文物保护修复方案计 25 个，国家文物局已批准 8 个保护修复方案。

2. 博物馆间的交流与合作

继续加强与其他博物馆的交流与合作。山西博物院先后与浙江、江苏、内蒙、湖北、宁夏、安徽、湖南、甘肃等十余个省级博物馆签订了《博物馆展览合作协议书》，引进或推出不同系列的临时展览和巡展，依托展览举办专题学术讲座 12 场次，组织馆际间交流、互访活动 35 次；参加国际博协及中国博协相关专业领域研讨会 14 次；派员参加国家文物局组织的"海峡两岸文化论坛"和"中英文化连线"互访活动；积极推进与华美协进社中国美术馆、日本东京国立博物馆、美国纽约克拉克艺术中心等国际文博单位的合作。

3. 重要文物陈列展览

山西博物院策划推出了"山西出土两周时期文物精华展""山西佛教雕塑艺术展""山西出土玉器精品展"，先后赴银川、深圳、兰州、南昌等地展出。遴选展品参与了美国大都会博物馆"忽必烈的世界——中国元代艺术展"、深圳博物馆"玄色之美——以吉州窑瓷器为中心"、中国国家博物馆"古代中国基本陈列"等特别展览。全年策划、举办"契丹文物精华展""马王堆汉墓文物精华展""九连墩楚墓出土文物展""景德镇陶瓷艺术展"大型临时展览 4 个。策划

黄宾虹、齐白石、潘玉良等名家及"海派"、"吴派"等重要流派的精品书画展览6个。同时，将当代艺术家的展览纳入视野，举办了李自健"人性与爱"、赵梅生"新写意作品展"、万德"水墨清华"等展览。山西省民俗博物馆、八路军太行纪念馆等单位全年举办各类临时展览30余个。

（二）可移动文物保护

1. 文物数量、等级

根据山西省馆藏文物调查及信息采集，全省文博系统各收藏单位（包括博物馆、文管所等）共收藏文物120余万件，其中珍贵文物5万余件，含一级文物6000余件。

2. 可移动文物保护修复基地建设

2011年山西省文物局投入省级文物科技保护经费500万元，实施山西博物院可移动文物综合保护基地、大同云冈石窟石质文物保护基地、太原市考古所土质文物保护基地、省古建所彩塑壁画文物保护基地、省考古所出土文物保护基地等建设。近年来随着山西博物院文物保护中心、省考古研究所青铜器修复保护实验室的陆续建成和山西博物院、山西省考古研究所、山西省文物技术中心、山西省文物交流中心、太原市考古研究所等单位分别取得可移动文物技术保护设计资质和修复资质，全省可移动文物科技保护机构和平台进一步建立，可移动文物科技保护体系得到初步完善。

【社会文物管理】

经国家文物局批准，山西省2011年增加1个文物拍卖企业。截至2011年底山西省共有文物拍卖资质企业7个（其中具有二、三类文物拍卖资质企业3个）。2011年度举办艺术品拍卖会7场次，上拍4578件（套）艺术品（含文物拍品），成交额9千余万元。

山西省境内现有经批准成立的文物商店3个，其中国有企业1个，民办企业2个。

【文博教育培训】

组织参加国家文物局对县级文物行政部门负责人的调训。14个县文物局长分四期参加了国家文物局在中央文化管理干部学院举办的培训班。

全年举办文物保护工程勘察设计资格、文物保护工程施工从业资格、文物保护工程项目预算编制培训班以及瓷器鉴定、藏品保管员等5个专题培训班，共600余人参加了培训。

全年安排2名同志参加了省委党校正处级干部轮训班；4名同志参加副处级干部轮训；1名同志参加了省委党校中青班培训。

组织干部在线学习和自主选学工作。自7月份启动，局机关干部年平均参加在线学习30课时。24名干部参加省内外自主选学。

【文博宣传】

（一）文化遗产日活动

4月28日，山西省文物局下发了《关于开展2011年中国文化遗产日活动的通知》。6月11日，全省各地以"文化遗产与美好生活"为主题，组织了文化遗产日活动。当天上午，省文物局与太原市人民政府在山西博物院会议中心联合主办了"共建美好家园——晋阳城的昨天今天和明天"大型公众讲坛，省、太原市有关领导和各界代表400多人参加，邀请5位专家结合国内外大遗址保护态势，围绕晋阳古城的历史价值、展示价值和利用前景，就晋阳古城国家考古遗址公园建设进行了深入探讨。

当天，省城各新闻媒体对活动进行

了专题报道，山西电视台、黄河电视台名牌栏目还在当晚黄金时段播放了"古国遗梦——大河口西周墓地考古重大新发现"电视专题片。

各市、县于遗产日前后，分别举办了丰富多彩的宣传活动，如朔州市启动了首届"文化遗产节"，运城市在稷山县、晋中市在太谷县，平遥县、垣曲县、应县等在当地不同场所，古建所在佛光寺，山西博物院在太原科技大学等，开展专家咨询、学术讲座、文物鉴赏等公益性、社会化服务。具备开放条件的文化遗产地、博物馆等，根据实际情况实行了免费或优惠开放。全省各级各类媒体，对文化遗产日活动进行了及时宣传报道。

（二）文化遗产展示工程

在局领导的高度重视和亲自指导下，经过精心筹划、准备，山西省文物局与山西晚报联合主办的"文化遗产展示工程"，于6月11日即文化遗产日当天正式启动，首期以8个版面的大篇幅，对翼城大河口考古新发现进行了全面的深入的宣传报道，收到了很好的效果。"展示工程"每周一期，周五出刊。山西文物网已经全面转载。

（三）媒体宣传

配合国家文物局与省政府签署合作协议这一重大工作，山西省文物局组织省城50多家新闻媒体，进行了广泛宣传，形成了较大声势，扩大了山西省文化遗产工作的社会影响。同时，组织媒体对全省文物局长会议、大河口入选十大考古新发现、晋阳古城遗址保护、应县木塔申遗、"国际博物馆日"等重要工作，进行了宣传报道。

【机构及人员】

山西省省、市、县三级文物保护管理机构数131个。其中省级1个，市级11个，县级119个。

省、市、县（市、区）三级直属文物机构260个，其中省直15个，市直54个，县（市、区）直191个。

全省实有从业人员6451名（在编4733名、非编1718名）。其中省级738名，市级1997名，县级3716名。2011年新增人员450名（省级30名，市县级420名）。大专以下2490名（省级200名，市县级2290名）；大专2548名（省级226名，市县级2322名）；大学本科1372名（省级288名，市县级1084名）；硕士37名（省级20名，市级17名）；博士4名（省级）。

专业技术干部1898名，其中初级968名（省级59名，市县级909名）；中级701名（省级91名，市县级610名）；副高199名（省级84名，市县级115名）；正高30名（省级21名，市级9名）。2011年新增人数326名（省级1名，市县级325名）。

内蒙古自治区

【概述】

2011年，内蒙古自治区文物局制定并落实全区文物保护"十二五"规划，为自治区文物保护事业争取专项经费投入，为全区文化遗产事业的发展创造了更好的条件。按照自治区主席、自治区元上都申遗领导小组组长巴特尔同志的指示，重点开展了元上都遗址申报世界文化遗产工作，并取得了突出成绩。继续开展了全区博物馆免费开放工作，以此为契机，推进博物馆体制创新，加强博物馆文化产品开发，提升了自治区博物馆的地位。同时，加强文物大遗址考古公园建设，加强考古发掘，开展长城保护工作。

按照公安部、国家文物局的部署，积极配合自治区公安厅以及全区各级公安部门，开展了严厉打击盗掘古墓犯罪的专项斗争，并在全区开展了文物单位消防安全专项检查。开展文物干部教育培训工作，加强作风建设，开展文化遗产宣传，做好对外交流与合作。

【法规建设】

2011 年，自治区人民政府通过了《内蒙古自治区元上都遗址保护管理办法》；呼和浩特市、包头市、正蓝旗、巴林左旗，分别颁布了《呼和浩特市文物保护管理办法》《包头市文物保护管理办法》《正蓝旗文物保护保护管理条例》《巴林左旗辽上京遗址保护条例》等。这些地方性文物保护管理《办法》和规范性文件的颁布实施，不仅进一步完善了文物保护管理的法规制度，也为全区文物保护管理工作起到了保障作用。

【执法督察与安全保卫】

2011 年春节前后，内蒙古自治区开展了文物、博物馆安全保卫工作大检查，督促检查各级文化、文物部门做好消防灭火、应急疏散等工作。通过提高防范火灾和防范突发事件的能力，为实现全区文物安全年打好了基础。

开展内蒙古海关文物鉴定站的工作，加强自治区文物专家鉴定工作，继续开展了"草原神灯"文物安防工程建设，重点对全区 30 处国家级文物保护单位，开始安装"草原神灯"报警装置。

按照公安部、国家文物局的部署，积极配合自治区公安厅以及全区各级公安部门，开展了严厉打击盗掘古墓犯罪的专项斗争。自治区公安、文化厅（文

物局）召开联席会议，成立了内蒙古"2011 打击文物犯罪专项行动"领导小组，同时，由公安厅、文物局联合发文，向全区各级公安、文化（文物）部门发布了《全区公安机关和文物行政管理部门打击文物犯罪专项行动工作方案》和《内蒙古自治区公安机关和文物行政管理部门联合打击防范文物违法犯罪工作长效机制》。

开展打击文物犯罪专项行动以来，自治区立案的各类文物案件 12 起，涉及呼和浩特市、赤峰市、乌兰察布市、鄂尔多斯市和呼伦贝尔市 5 个盟市；破案 10 起，破获犯罪团伙 7 个，抓获犯罪嫌疑人 38 人，追缴三级文物 1 件，一般文物 26 件，沉重地打击了文物犯罪分子的嚣张气焰，有效地遏制了一些地方文物犯罪高发的势头。

【不可移动文物的保护和管理】
（一）概况

自治区文物局开展了对全区 79 处国家级重点文物保护单位、313 处自治区级重点文物保护单位和 700 余处旗县级重点文物保护单位的文物档案建设工作，以及树立蒙、汉两种文字石刻保护标志的工作。在全长 7000 多公里的历代长城沿线树立了 1000 多处长城保护标志碑，为 100 个文化遗址安装 100 套安全保卫电子监控报警系统，对 14 个盟市级博物馆和 45 个重点旗县博物馆进行配套设施建设。

自治区文物局会同自治区财政厅，积极争取财政部、国家文物局下达"2011 年度内蒙古文物保护、博物馆免费开放专项经费"总计约一亿元。同时，自治区人民政府下达全区文物保护经费一千万元，为自治区文物事业的发展创造了更好的条件。根据国家文物局下达的《国家考古遗址公园管理办法》，对内

蒙古属于国家级重点文物保护单位并且经过了考古发掘的文物大遗址，如元上都遗址、辽上京遗址、二道井子遗址、和林格尔土城子遗址等，均积极组织申报争取列为国家考古遗址公园。

（二）大遗址保护

按照"全面规划，突出重点，多方争取，统筹安排"的原则，自治区文物局认真制定了《内蒙古自治区文化遗产保护"十二五"总体规划》，及时上报国家文物局。其中内蒙古长城保护、少数民族文物保护、明清古建筑保护等，被列入国家文物局的重点项目。

自治区文物局会同自治区发改委，向国家发改委编制上报了《内蒙古自治区文化遗产重点保护项目"十二五"规划》。其中有49项重点文物保护项目被列入国家发改委"十二五"总体规划项目库中。

2011年，自治区文化厅（文物局）继续开展了配合经济建设的考古发掘，重点保护了一批文物大遗址和古代墓葬。在鄂尔多斯市康巴什新区，对一处旧石器时代的古遗址进行了科学发掘，获得了重要的新发现，受到国内外旧石器考古专家的高度重视。同时，在通辽市科左中旗，对一处新石器时代的古遗址进行了科学发掘，获得了重要的新发现，受到国内外新石器考古专家的高度重视。

2011年，与各盟市文化局继续落实《长城保护及管理责任状》，对包头市固阳县秦汉长城、包头市青山区战国长城、巴彦淖尔市乌拉特中旗秦汉长城、兴安盟科右中旗、突泉县金代长城重点维修保护。同时，推动各盟市文化局把长城保护列为各地的重点工作。

（三）全国重点文物保护单位

2011年，自治区继续开展"草原神灯"文物安防工程建设，30处国家级文物保护单位开始安装"草原神灯"报警装置。

（四）世界文化遗产

1. 世界文化遗产项目的申报、评审

元上都遗址，是2012年我国申报世界文化遗产的唯一项目。2011年4月7日，国家文物局考古司在北京召开元上都申遗文物保护工程方案评审会。专家对保护展示设计方案和保护加固工程设计方案，给予充分肯定。

2. 世界文化遗产保护、管理制度和方法

根据ICOMOS评估元上都遗址申报《世界遗产名录》的需要，2011年9月，分别对砧子山墓葬群、一棵树墓葬群、铁幡竿渠遗址、遗产申报区内12座敖包以及元上都城内建筑基址、城外关厢区域建筑基址、城外关厢区域建筑基址进行了数据采集、记录和测绘等工作。完成了元上都御天门、大安阁、穆清阁、皇城西北角楼遗址保护施工，加强了遗址周边环境的科学保护和监测。

3. 世界文化遗产申报的重点工作

一是加强现场指挥。元上都申遗领导小组、总指挥部研究决定，成立了自治区元上都申遗现场工作指挥部。文化厅抽调精干力量，前往元上都申遗第一线，全面指挥协调各项工作。组织、督促来自北京、辽宁、甘肃、陕西、山东以及内蒙古的十几家工程单位，开展了对元上都遗址的维修保护和展示工程，历时4个月，圆满地完成工程任务。

二是组织考古发掘。自治区文物局组建了4支文物考古队，赴元上都遗址进行重点发掘，2011年5月下旬全面完成了考古发掘任务，发现了一大批珍贵文物，为元上都遗址保护、展示工程提供了有力的实物支撑。

三是接待联合国专家现场考察。2011年8月初，联合国教科文组织委派韩国文物专家、世界遗产委员会代表崔在宪先生，到内蒙古考察元上都遗址。经过现场考察、座谈、访问，崔在宪先生对元上都遗址的世界遗产价值，以及我国政府和人民对元上都遗址的保护、管理、关心等方面的工作给予高度评价。同时，就遗址保护的人才培训、软件建设等方面提出了建设性的意见。之后，世界遗产委员会向国家文物局发来有关元上都遗址需要补充材料（共9条）的来信，内蒙古自治区文物局经过认真研究，作出了书面答复。按照联合国教科文组织专家的意见，国务院同意对元上都遗址周围的元代墓葬区、敖包等，公布为全国重点文物保护单位。

四是加强宣传工作。自治区党委宣传部印发了《元上都遗址申报世界文化遗产宣传工作方案》，要求各级党委宣传部高度重视元上都申遗的宣传工作。在自治区党委宣传部的领导下，报纸、广播、电视、互联网等媒体开辟了专题、专栏，及时宣传报道申遗工作。此间，自治区申遗办还组织人员深入到锡林郭勒盟及正蓝旗、多伦县的各族群众中讲解元上都遗产知识，编印了中英文对照的《元上都申遗宣传画册》和《元上都》图录。内蒙古博物院在正蓝旗举办了"走进元上都"大型文物展览。锡林郭勒盟及正蓝旗、多伦县申遗办编印了《元上都申遗500问》，在锡林浩特等地开展了元上都申遗中小学知识竞赛等活动。

【考古发掘】

2011年，在配合基本建设考古工作中，签订考古调查专项合同47项，对通辽市科左中旗哈民遗址进行了发掘，累计揭露面积4000余平方米，清理房址43座、墓葬6座、灰坑33座、环壕1条，出土各类遗物近千件，该遗址因其突出的历史、科研价值，入选中国社会科学院考古研究所评选的2011年度全国六大考古发现。配合工程建设，分别对赤峰市林西县柳树林红山文化遗址、巴林左旗友好村红山文化墓地、巴林右旗巴彦塔拉辽代墓葬群以及和林格尔县东头号、店里、大堡山、西头号等4处战国秦汉时期的墓葬群进行了发掘；配合和林格尔县盛乐镇翔宇盛乐新城二期工程等的建设，对建设区域内的古墓葬群进行了抢救性发掘，共清理墓葬60座。宣传展览方面，共参与举办对外展览13次。

科研方面，2011年，自治区文物考古研究所发表考古发掘简报和报告9篇、论文21篇，出版期刊、专著6部。其中，《内蒙古日报》2011年3月11日第五、六、八版刊发的《考古大发展　文物谱新篇》和《论元上都的突出普遍价值》二文，被中宣部新闻局第197期《新闻阅评》以《紧紧把握民族团结奋斗发展主题，内蒙古日报突出报道草原文化遗产保护成就》为题，向自治区有关部门及主要领导作了专门的通报表彰。由内蒙古文物考古研究所主办的《内蒙古文物考古》刊物于2011年正式更名为《草原文物》，并出版了1、2期合刊。

（二）重要考古项目

从2009年开始对赤峰市魏家窝铺红山文化聚落遗址进行了连续三年的考古发掘。2011年度揭露面积4204平方米，确认房址39座、灰坑56个、壕沟2条、灶5处，出土了一批陶器、石器、蚌器和动物骨骼等。

为配合乌兰察布市集宁路古城考古遗址公园建设，内蒙古文物考古研究所在以往工作基础上再度对集宁路古城遗址进行了考古调查、勘探与发掘。2011年度揭露面积18000余平方米，清理房址3组（座）、窖藏20个、灰坑15个、灰沟7条、道路3条、烤炉3个，出土陶、瓷、铜、铁、玉、石、骨等各类遗物数百件。

2011年，内蒙古文物考古研究所继续与蒙古国合作，对后杭爱省浩腾特苏木赫列克苏尔山谷6号回鹘墓园及附近的3座墓葬进行了考古发掘，并对浩腾特苏木格枝格布德音回鹘墓园、查干苏木回鹘古城遗址、巴特钦格勒苏木呼都格陶勒盖匈奴墓地、塔林和热姆三连城、中戈壁省瓷器城等文物点进行了考察。

【博物馆与可移动文物保护】

（一）博物馆

2011年，自治区文化厅（文物局）继续深入开展全区博物馆免费开放工作，并向财政部、国家文物局积极争取到全区各级博物馆免费开放补助经费四千余万。通过努力，内蒙古自治区有15个博物馆被列入国家第三批向社会免费开放的博物馆名单，行业、民营博物馆也逐渐获得免费开放补助经费。

2011年，内蒙古自治区博物馆免费接待观众一千余万人，比2010年有较大幅度的增长。加强了对民办博物馆的管理，成立了民营博物馆协会。完成对全区各类博物馆的年检工作，重新换发了注册登记证，系统掌握了全区博物馆的状况。加强了对全区博物馆陈列布展设计的管理，规范了全区博物馆的陈列布展工作。

2011年，内蒙古开展博物馆评估定级和馆藏文物鉴定与数字化档案建设，积极组织各博物馆参加"全国博物馆十大精品陈列展览"的评选活动。

1. 可移动文物的保护、管理和研究

自治区文保中心完成了内蒙古地区直属文博单位及各盟市博物馆馆藏珍贵文物数据的采集录入审核工作。其中对已完成的一级1790件（套）文物、二级4047件（套）文物、三级6488件（套）文物，总计12325件（套）进行了认真逐条审核。2011年3月~9月期间，对审核后的数据做WORD表格，填录主要数据及照片。完成申报内蒙古自治区第七批全国重点文物

保护单位的补充资料工作。

2. 馆间交流与合作

2011年，内蒙古博物院筹备、引进、输出各种展览18个，其中原创性展览3个："天工之韵——内蒙古博物院院藏清代官窑瓷器展览""草原拾珍——蒙古族文物精品展"和草原文化节大型展览"忽必烈的世界——元代精品文物展"；引进临时展览10个：新疆和田玉博物馆的"和田玉精品展"、中国社会科学院考古研究所的"考古中华——中国社会科学院考古研究所成立60年成果展"、新华社的"辛亥革命100周年历史图片展"；国内输出展览3个：赴山西博物院的"大漠雄鹰——内蒙古博物院契丹文物精华展"、赴深圳博物馆的"契丹风韵——内蒙古辽代文物精品展"和赴中国文字博物馆的"少数民族文字文物系列展——内蒙古篇"。国外输出展览2个：赴韩国的"中国恐龙大展"和赴日本的"草原王朝——契丹"辽代文物展。

内蒙古博物院首次与厦门大学、苏州大学大学生共同举办了"化学——我们的生活，我们的未来——国际化学年主题科普展"。

巴彦淖尔市博物馆举办和引进各种展览、展出16次，先后组织举办了"庆祝中华人民共和国成立成就展""伟大的无产阶级革命家乌兰夫的光辉一生图片实物展""青少年科技发明展""大型恐龙及世界珍稀昆虫展"。

（二）可移动文物保护

1. 文物数量、等级

全区国有博物馆拥有文物藏品为50余万件（套），其中有国家一级文物1522件（套）。

2. 可移动文物保护修复基地建设

呼和浩特博物馆内蒙古壁画保护中心由2000年组建的呼和浩特博物馆大召壁画修复小组发展而来，2004年由内蒙古文物局批准正式成立，并于2006年8

月更名为"内蒙古壁画保护中心"。中心拥有由国家文物局颁发可移动文物修复（壁画类）一级资质和由内蒙古自治区文物局批复的"壁画保护工程施工二级资质""壁画保护工程勘察设计乙级资质"，是内蒙古地区唯一从事壁画保护修复的专业机构。

2011年，内蒙古壁画保护中心拥有专业技术人员10名（馆员以上8人），其中取得大学学历6人，硕士1人，涵盖了美术、文物修复、化学分析、装裱等专业。自壁画修复小组成立以来，经过十多年的努力，相继完成了馆藏大召壁画和吐尔基山辽墓壁画保护修复工程，对两种不同材质的壁画保护修复，取得了成功的经验，同时培养出一批技术骨干，并在全国壁画保护修复领域有了一定的影响。

内蒙古壁画保护中心设置壁画库房一处，壁画保护修复室二处（面积约150平方米），购置了电脑、数码像机、数码摄像机、投影仪等设施，并配备了保护修复壁画专用工具（部分专用工具由自己动手制作），专门从事壁画的保护修复工作。

由敦煌研究院与呼和浩特博物馆合作建设"国家古代壁画保护工程技术研究中心技术推广工作站—内蒙古工作站"，于2011年8月在呼和浩特博物馆举行了挂牌仪式。

3. 可移动文物保护技术和方法及其应用

呼和浩特博物馆"馆藏大召壁画保护修复"项目，是2007年由国家文物局立项、呼和浩特博物馆内蒙古壁画保护中心承担的一项重要任务，此项修复工作的圆满完成，不仅使壁画保护修复在原有的基础上取得了很大的发展和进步，修复中对壁画保护理念、原则的理解和把握渐趋准确、深入，而且保护修复技术也得到提高，摸索、总结出一套适合本地区壁画保护修复的方法和工艺。该项目荣获内蒙古考古博物馆学会第六届文物保护科研成果一等奖。

2008年，呼和浩特博物馆参与了中国文化遗产研究院承担的国家文物局文物保护科研课题《濒危馆藏壁画抢救工程——馆藏壁画保护综合研究》项目中的保护修复工作。

呼和浩特博物馆与敦煌研究院合作完成了《内蒙古呼和浩特市大召寺乃春庙壁画保护修复方案》的编制工作（国家文物局已批复），待经费到位后即可开展修复工作。

2011年，内蒙古博物院文物保护中心对清水河县塔尔梁遗址出土的13幅壁画开展了保护性修复，已完成8幅；与瑞士阿贝格基金会合作，对代钦塔拉辽墓出土纺织品进行第二次保护修复，共剥离纺织品9件，有效地防治了病害现象；对部分旗县和内蒙古文物单位160多件文物，进行了相应的保护修复工作；帮助乌海博物馆、正蓝旗博物馆、敕勒川博物馆等单位，完成对1172件文物的修复、清理与养护。

在项目申报方面，内蒙古博物院完成了塔尔梁五代壁画、夏家店上层文化青铜器、院藏文物库房及展厅环境改善、院藏一级文物设置内包装保护、纸质文物健康性评测、皮毛纺织类文物健康调查等项目的修复保护方案制定工作。其中4个项目已由国家文物局审批通过，获得国家文物局批复保护修复专项经费共计140万元。

【文博教育与培训】

2011年，自治区文化厅（文物局）举办了全区文物干部培训班，共有80多位来自各盟市、旗县的文物干部参加了文物专业和行政执法的培训。同时，16名旗县文化局长参加了国家文物局的干部培训班。

2011 年 2 月至 3 月，国家文物局在内蒙古自治区举办了全国民族文物责任鉴定员培训班。本次培训由内蒙古文物局、内蒙古博物院承办，区内外 70 人参加了培训。内蒙古被定为全国文物鉴定人员培训基地。

【对外交流与合作】

内蒙古博物院 2010 年与日本九州国立博物馆结为友好馆后，2011 年，又与蒙古国自然历史博物馆签订了合作协议。2011 年 8 月，内蒙古博物院与日、韩等东亚各国就文物科技保护工作开展交流，并主办了"东亚文化遗产学会第二次学术会议"，

2011 年，内蒙古博物院接待了中央政治局委员、组织部部长李源潮、国民党荣誉主席连战、新加坡国务资政吴作栋等国内外重要领导人 30 余次。

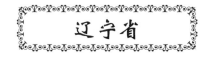

辽宁省

【概述】

2011 年，在辽宁省委、省政府的正确领导下，在国家文物局的大力支持下，辽宁省文物系统按照辽宁省文化厅党组的决策部署，深入贯彻科学发展观，全面落实党的十七届四中、五中、六中全会精神，严格贯彻执行《中华人民共和国文物保护法》，坚持文物工作方针，紧紧围绕中心工作，群策群力，扎实奋进，圆满完成了年度工作任务，文物行政执法督察、不可移动文物保护与管理、考古发掘、博物馆建设等各项工作均取得了显著成绩，为构建和谐辽宁、发展繁荣辽宁文化做出了积极贡献。

【执法督察与安全保卫】

举办了文物行政执法培训班。2011 年 8 月 25 日至 26 日，辽宁省文物局在鞍山举办了辽宁省文物行政执法培训班。全省 14 个市文化局的文物科（处）长、委托和授权担负文物行政执法工作的文化市场执法机构负责人及执法人员，新宾、凤城、桓仁、北镇、建平、本溪 6 个全国文物先进县担负文物行政执法工作的执法人员共计 60 余人参加了培训，通过培训进一步提升了辽宁省文物行政执法工作水平。

开展文物行政执法督察工作。组成行政执法督察组，先后对本溪、铁岭、辽阳、鞍山、阜新、盘锦等 6 市和省博物馆、省考古所、省文物保护中心、省文物总店等 4 个厅直文博单位开展了文物行政执法督察。督察组以省级以上文物保护单位为督察重点，并抽查了部分市、县级文物保护单位，对督察中发现的问题进行了及时反馈，并提出了相关工作建议。有关情况已向省政府和有关市政府进行了通报。

查处了一批文物违法、违规案件。调查处理了营口楞严寺山门失火案、瓦房店复州城横山书院违法建设工程案、绥中姜女石遗址建设控制地带开发建设问题、建昌县东大杖子古墓群盗掘案、大连旅顺郭家村遗址遭破坏等文物违法案件。

严格落实文物安全工作相关规定。元旦、春节期间对鞍山、营口、辽阳三市文物安全工作进行了重点抽查。会同省气象局，对锦州、朝阳等市的古建避雷工程进行了专题检查。对建昌东大杖子战国墓考古挖掘等涉及文物安全的重要工程项目进行了重点检查，并研究解决了重大考古挖掘过程中的安全保障

问题。

完成了一批安防工程。实施了奉国寺、万佛堂石窟、五女山山城、元帅林安全技术防范工程并通过省级验收，进一步提升了文博系统的安全技术防范水平。启动了广济寺古建筑群、北镇庙安全技术防范工程，编制完成了广济寺古建筑群、北镇庙消防工程方案及赫图阿拉故城、玄贞观安全技术防范工程方案并上报至国家文物局。

【不可移动文物的保护和管理】

（一）概况

辽宁省文物资源丰富，名胜古迹众多，2011 年有世界文化遗产地 6 处，列入世界文化遗产预备名单 2 处，全国重点文物保护单位 53 处，省级文物保护单位 296 处，市、县级文物保护单位 2172 处。

2011 年，辽宁省继续加大了不可移动文物的保护力度。各级财政进一步增加了文物保护资金的投入额度，先后对 20 余处省级以上文物保护单位实施了维修保护工程，取得了良好的社会效益和经济效益。

（二）大遗址保护

全面推进牛河梁大遗址保护各项工作。完成了牛河梁遗址第二地点保护工程钢结构检测、补焊；遗址博物馆建筑工程已经完工，开始对展陈工程进行深化设计；101 国道改线方案得到了国家文物局批准；完成了牛河梁遗址第二、三、五地点保护展示方案编制；完成了保护区内征地 137 亩、动迁 69 户居民的阶段性任务；给水工程、内环路及桥梁工程、供电工程、广场及停车场建设工程已基本完成。牛河梁遗址申报世界文化遗产文本及相关附件已经正式报送至国家文物局，为实施牛河梁遗址大遗址保护工程和申遗工作奠定了坚实基础。

姜女石遗址保护工作有序进行。国家文物局局长单霁翔专程考察了姜女石遗址，并对未来保护与展示工作提出了指导性意见；绥中县委托北京建工建筑设计研究院编制完成了《辽宁省绥中县姜女石遗址保护总体规划》（初稿），委托中国建筑设计研究院编制了《姜女石遗址公园规划》（初稿），为实施姜女石遗址保护奠定了基础。

凤凰山山城北门西段城墙维修通过了辽宁省文物局组织的初验，编制完成了《凤凰山山城北门及南北瞭望台维修方案》。

（三）全国重点文物保护单位

全力推进兴城古城保护展示工程。编制完成了《兴城古城保护规划》，完成了论证和评审，得到国家文物局最终批复，已进入修改和公布程序。推进了兴城城墙抢险工程的方案编制和报批工作，完成了城墙、牌坊、周家住宅等古城内重要文物建筑的维修保护工程。

开展了奉国寺、北镇庙、金牛山遗址、庙后山遗址、赫图阿拉故城、西炮台遗址、银冈书院等 20 余处省级以上文物保护单位保护规划的编制和评审工作。编制、论证、审批、核准了中前所城维修、绥中金牛洞长城抢险加固、赫图阿拉故城部分建筑抢险、金牛山遗址 C 点洞穴抢险加固、山西会馆维修、元帅林抢险维修、圣经寺维修保护、清真寺维修保护、周家住宅部分建筑等 30 余项文物保护工程方案。实施了北镇庙、广济寺古建筑群、元帅林、大孤山古建筑群、明性寺、城子山山城、昌图四面城等 20 余处省级以上文物保护单位的维修保护工程。

【考古发掘】

（一）概况

编制了辽宁省"十二五"考古工作

规划，上报至国家文物局。上报了二尺布、小南梁、金牛山、东大杖子等8处遗址、墓地的2011年发掘计划，获得国家文物局批准，相关发掘工作进展顺利。

开展了北京至哈尔滨高速公路沈阳（辉山街道）至铁岭段、沈阳绕城高速公路改扩建工程、民航东北空管局沈阳区域管制中心建设、500KV阜新输变电工程、辽宁能源（北票）国华能源投资有限公司阜新太平沟风电厂、辽宁能源（北票）10MWp光伏发电项目等30余项大型基本建设过程中的文物保护工作，文物调查总里程1000余公里，调查总面积200平方公里，勘探总面积达8.5平方公里。这些工作既有效地保护了地下文物遗存，又有力地支持了地方经济建设。

开展东大杖子古墓群、燕州城山城等项目的考古勘探和发掘工作。东大杖子古墓群发掘的大墓规模大、等级高，较充分地反映了当时大量的社会、历史、文化信息，被评为"2011年度全国十大考古新发现"。

编辑出版了《关山辽墓》《沈阳八王寺地区考古发掘报告》《沈阳碑志》《姜女石——秦行宫遗址发掘报告》等4部考古发掘报告和研究文集。完成了牛河梁遗址、石台子山城、查海遗址、代海墓地、姜屯墓地等5部考古发掘报告的编写任务，并签订了出版合同。

（二）重要考古发掘项目

1. 东大杖子战国墓地

东大杖子墓地及北山、杜梨树遗址位于辽宁省葫芦岛市建昌县碱厂乡东大杖子村东大杖子屯内及屯周围。2011年，辽宁省文物考古研究所对墓地及遗址进行了全面考古勘探，确定了墓地的范围、两处遗址的性质、年代等问题。同时还对M40古墓进行了发掘，发掘面积100平方米，取得了重要的成果。从墓葬形制、随葬陶器组合、器物形态分析，该墓的年代为战国晚期，属燕文化，同时

也具有北方文化的特点。东大杖子墓地的考古发现表明，在秦开却胡前后，这一地区已纳入到燕的势力范围，是东北成为中国一部分的第一步，为秦帝国实行郡县制管理奠定了基础。

2. 高句丽山城——燕州城

高句丽山城位于辽宁省灯塔市西大窑镇官屯村东南，属国家重点项目。经连续两年的考古发掘，发现了门址、马面等重要遗迹，出土了自高句丽到辽金时期的陶、瓷、石、铁等材质的遗物300余件。马面、排水涵洞和城墙等相关遗迹的发现，为研究燕州城城防体系以及建城理念提供了新的资料。

3. 锦州台山遗址

锦州台山遗址位于凌海市板石沟乡大刘屯西侧。2011年6月至8月，辽宁省文物考古研究所对该遗址进行了发掘，台山遗址为一座青铜时代城址，城内遗迹丰富，房址分布较为密集，仓、窖、台等附属设施比较完备，为进一步研究小凌河流域的早期文化内涵及城址布局提供了新的材料。

4. 田家沟红山文化墓地群

田家沟红山文化墓地群位于大凌河支流渗津河左岸，地属凌源市三家子乡河南村田家沟组，共发现4处墓地地点。经过连续三年的发掘，田家沟4处红山文化墓地共计发掘面积2105平方米，发现红山文化晚期墓葬42座、人骨个体46具、祭祀坑4个、方形祭坛1座，出土了大量红山文化玉器陶器等遗物。田家沟红山文化墓地群的发掘，为正确阐释红山文化晚期积石冢墓地的营建与使用提供了弥足珍贵的考古学资料。

5. 金牛山C点洞穴

金牛山C点洞穴位于金牛山西北部。2011年10月，辽宁省文物考古研究所对其进行保护性发掘，发掘面积45平方米，发现的遗物主要有石器及动物（大河狸、肿骨鹿等）骨骼化石。石器由脉

石英石料制作，从其打制方法和类型看，与北京猿人文化有密切关系。同时在上部地层还发现有钻孔骨器，对研究旧石器时代骨制品的制作方法具有重要价值。该洞穴的发掘对研究金牛山遗址的文化面貌及内涵提供了重要材料。

【博物馆与可移动文物保护】

（一）博物馆

完成了2011年辽宁全省博物馆、纪念馆和爱国主义教育示范基地免费开放实施情况调查，编写了免费开放调查报告。经积极争取，辽宁省又有9家博物馆列入国家第三批免费开放名单，辽宁省免费开放的博物馆、纪念馆和爱国主义教育基地达到69家，全年接待观众550余万人次，其中未成年人150余万人次。

圆满完成2011年度博物馆年检工作。辽宁省共有103家单位参加，批准年检通过单位共97家，其中68家博物馆为合格单位，29家博物馆为基本合格单位。97家博物馆当中有文化文物系统所属博物馆61家，行业博物馆12家，民办博物馆24家。

博物馆陈列展览工作成效显著。在第九届全国博物馆十大陈列展览精品评选中，沈阳"九·一八"历史博物馆、抗美援朝纪念馆等5家博物馆参评。"九·一八历史陈列"荣获全国博物馆十大陈列展览精品奖。这是辽宁省第三次获此殊荣。

落实《博物馆管理办法》，规范博物馆准入条件，严格博物馆审批程序，批准设立了中国人民解放军沈阳军区后勤史馆、庄河市博物馆等4家博物馆。

朝阳博物馆、铁岭市西丰鹿城博物馆等中小博物馆完成新馆建设并对外开放，葫芦岛市博物馆新馆建设工程进展顺利。锦州市博物馆、营口市博物馆、阜新市博物馆、铁岭市周恩来同志少年读书旧址纪念馆完成基本陈列的改陈、改造，展览条件得到改善，展示水平得到提升。鞍山市博物馆、锦州市博物馆、锦州市考古所、北镇市博物馆等单位文物库房维修改造工程进展顺利。

（二）可移动文物保护

组织指导相关资质单位编制了《锦州市博物馆馆藏金属文物保护修复方案》《朝阳市博物馆馆藏金属文物保护修复方案》《葫芦岛市博物馆馆藏金属文物保护修复方案》和《五女山博物馆馆藏金属文物保护修复方案》等6项馆藏文物科技保护方案，其中4项通过了国家文物保护专家的论证。

组织辽宁全省博物馆开展了"十二五"期间可移动文物保护修复立项工作，共申报可移动文物保护修复项目22项。

组织和指导全省博物馆开展社会文物征集，填补馆藏缺环，丰富馆藏特色。鞍山市博物馆等全省15家市、县级文物收藏单位编制了文物征集方案22项，其中13项征集方案通过省文物保护专家组论证，征集文物总数254件（套）。

【社会文物管理】

有序推进辽宁省民办博物馆馆藏文物确认登记工作。组织专家和相关业务人员赴锦州、营口、铁岭等地区的民办博物馆进行实地调研，对各民办博物馆藏品进行全面摸底并指导其开展藏品编目造册等相关工作。同时，指导沈阳市开展区域民办博物馆的确认登记工作。

组织开展了文物拍卖资质申报工作。指导辽宁友利拍卖行有限公司和辽宁华安拍卖有限公司申报取得了国家文物局颁发的文物拍卖许可证，使辽宁省从事文物拍卖企业达到10家。组织辽宁省内2家拍卖企业上报了资质升级申请，其中辽宁富佳斋拍卖有限公司取得了一类文物拍卖资质。

加强了文物拍卖标的审核工作。对辽宁省10家从事文物拍卖企业11次拍卖会、4375件拍卖标的进行了审核。批准同意举办拍卖会11场,同意上拍标的4272件,成交数量达到2269件,成交总额度达到16697万元。

【科技与信息】

加强了可移动文物修复资质和可移动文物技术保护设计资质管理,对辽宁省具备甲级设计资质、乙级设计资、一级修复资质、二级修复资质的文博单位按要求进行了年检。向国家文物局上报了辽宁省文物考古研究所申报可移动文物修复一级资质的申请。

【博物馆教育与培训】

组织4批共16名县级文物行政部门负责人参加了国家文物局组织的为期10天的业务培训,提高了全省文博干部队伍的管理能力和业务素质。在结业典礼上,辽宁省参训人员代表全体学员作了交流发言。

【文博宣传与出版】

成功举办了2011年"5·18国际博物馆日"沈阳主场城市活动。本次活动是辽宁省历年"5·18国际博物馆日"宣传纪念活动中,举办规格最高、举办规模最大、活动内容最丰富的一次,被评为辽宁省直机关第二季度最佳实事。国家文物局、辽宁省和沈阳市的领导对此项活动高度重视,全国人大财经委副主任闻世震、国家文物局局长单霁翔、国家文物局副局长宋新潮、辽宁省长陈政高、辽宁省副省长滕卫平、沈阳市委书记曾维等有关领导出席了活动。

在活动期间,辽宁省围绕"博物馆与记忆"的活动主题,组织策划了主场城市广场主题宣传活动、"辽河寻根·文明溯源—中华文明起源展"开幕仪式、沈阳工业博物馆奠基仪式、沈阳记忆专场文艺晚会、第九届全国十大陈列展览精品终评、辽宁十大馆藏文物评选等10项系列宣传活动。

本次活动在广泛争取社会各界支持的同时,积极向群众宣传博物馆,吸引群众走进博物馆,让群众成为活动的最大受益者,实践了"政府主导、行业运作、社会参与、群众受益"的文化惠民运作模式。电视、报纸、网络等各类媒体均给予了高度关注。新华通讯社、人民日报、中央电视台、中国文化报、中国文物报、辽宁电视台、辽宁日报等20余家中央和地方媒体进行了报道,社会各界反响强烈。

【机构与人数】

2011年全省共有文物机构131个,均为事业单位,总数与2010年持平。文物机构中,文物保护管理机构60个,比2010年增加一个;博物馆62个,比2010年增加一个;文物科研机构3个,比2010年减少2个;文物商店3个,其他文物机构2个,均与2010年持平。从业人员总数3642人,比去年增加251人。人员按照职称分类,文物保护管理机构有高级职称33人,中级职称185人;博物馆有高级职称218人,中级职称557人;文物科研机构有高级职称15人,中级职称21人;文物商店有高级职称2人,中级职称9人;其他文物机构有中级职称1人。

【对外交流与合作】

辽宁省考古研究所继续与日本奈良文化财联合开展朝阳隋唐墓葬整理,与美国匹兹堡大学联合开展大凌河流域田野考古调查,并取得了阶段性成果。与日本奈良文化财研究所合作开展了魏晋时期都城遗迹调查研究，与韩国蔚山文化财研究所合作进行了学术考察与交流，均取得了一定成效。

辽宁省博物馆以展品支持的形式参与了赴美国纽约大都会博物馆举办的"忽必烈的时代——中国元代艺术展"和赴韩国京畿道博物馆举办的"辽宁古代文物展"，赴（台北）历史博物馆成功举办了"人巧胜天——齐白石书画展"，有效地扩大了中国传统文化的影响和两岸的文化交流合作。

【其他】

（一）文物基础工作

在辽宁省发改委、财政厅等相关部门的支持配合下，积极向国家文物局和辽宁省政府争取文物保护专项补助经费，年内共争取资金8236万元，其中国家补助经费6526万元，辽宁省本级经费1710万元，为实施文化遗产保护工程提供了坚实的物质基础和资金保障。

按照国家文物局的要求，汇总、上报了64处申报第七批全国重点文物保护单位的相关资料和图片，补报文字材料2万多字，图片资料56幅。启动了第九批省级文物保护单位的遴选工作，收集汇总16个市、县申报第九批省保单位（不含长城项目）文本207份，完成了初稿的审查并启动了专家审核、论证程序。

配合住房和城乡建设部、国家文物局，对国家级历史文化名城沈阳、国家级历史文化名镇新宾永陵镇的文物保护工作进行了全面检查，并提出了下步工作要求。

完成了大石桥、调兵山等5个市、县城市总体规划的修编工作。强化了对文物保护单位历史风貌的管理，依法审核、审批了李成梁石坊周边环境整治、沈阳故宫建设控制地带内人防工程、凤

凰国际商务中心建设工程等20余项涉及省级以上文物保护单位保护范围和建设控制地带的基本建设项目方案。

（二）第三次全国文物普查

按照国家文物局的要求，继续开展三普调查数据的整理和核实工作，进一步完善了三普资料，三普数据已通过国家文物局组织的误差率抽样检查。编写完成了《辽宁省第三次全国文物普查工作报告》，已上报至国家文物局。完成了《大连近代建筑调查》《大连地区明代军事设施遗存调查》《沈阳工业遗产调查与保护措施研究》等7部专题报告的编写。启动了辽宁省第三次全国文物普查不可移动文物名录编写以及营口近现代建筑、大连海防烽火台等三普专题报告的编写工作。会同辽宁日报社开展了辽宁省三普成果系列宣传活动，通过"城市扫描"和"八大历史专题探秘"系列报道以及辽宁长城、水下考古、辽宁的青铜时代、共和国工业长子的"童年照"等多个专题报道，全面介绍了辽宁省三普调查成果。

（三）长城资源调查

长城资源调查年度工作全面、高质量完成。完成了高句丽长城资源调查和明长城资源补充调查，完成了各时代长城资源数据整理工作，绘图585张，填写调查日志3258份，填写各类登记表3214份，拍摄照片9425张，采集影像资料2901份，数据存储量达600G，全部数据通过国家文物局验收。辽宁在各省中率先出版了《辽宁明长城资源调查报告》，国家文物局对报告的信息量和编写质量给予高度赞扬，并建议有关省作为参考。启动了早期长城资源调查报告编写和各时代长城记录档案编制工作。

按照国家文物局《关于开展长城认定工作的通知》要求，组织编写了辽宁省长城认定相关材料，提请国家文物局认定了辽宁省3000余处长城遗迹，并列

入长城管理体系，使辽宁作为长城资源大省的身份得以最终确认。

（四）辽塔文物本体保护工程

2011 年是辽宁省辽塔保护工程的收官和攻坚之年，按照《辽宁省政府工作报告》的有关部署，辽宁省文化厅积极支持和全力指导辽塔所在地政府，克服工程量大、工期紧张等困难，全力推进野外维修工程。先后完成了磨石沟塔、妙峰寺双塔、四官营子小塔、青峰塔、东平房塔、崇寿寺塔、八棱观塔、黄花滩塔、白塔峪塔、班吉塔、沙锅屯石塔等 32 座辽塔的野外施工并通过技术验收。截至 2011 年底，为期 3 年，新中国成立以来辽宁省规模最大、投资最多、涉及地域最广的古代建筑维修工程——"辽塔保护工程"文物本体保护各项任务基本完成，取得了良好的工程效果和社会反响。辽宁省政府主要领导对工程进展情况给予了充分肯定。

（五）工业遗产保护

按照国家文物局主要领导关于在北京、沈阳、洛阳、黄石等基础雄厚的老工业基地建立 4 个工业遗产保护片区的战略构想，以及辽宁省政府主要领导关于加强工业遗产保护的指示精神，开展了工业遗产保护的前期准备工作。

会同沈阳、大连、抚顺、本溪等市文化文物部门，对沈阳铁西装备制造业工业遗址群、本溪湖煤铁工业遗址群、大连机车制造业遗址群、抚顺石油工业遗址群、阜新煤矿遗址群等工业遗产进行了专题调研，确定工业遗产地点总计 240 余处，向辽宁省委、省政府领导提交了调研报告并提出了加强工业遗产保护的工作建议。

协调辽宁省政府主要领导与英国 HBA 城市和区域规划咨询公司总裁迈克尔·布拉玛就保护辽宁省工业遗产举行了专题会谈，代表辽宁省政府与英国 HBA 城市和区域规划咨询公司草签了

《辽宁工业文化遗产保护规划项目》合作意向书。

为推进辽宁重点工业文化遗产保护工程，向辽宁省政府领导上报了《关于辽宁省工业遗产保护工作建议的报告》，提出了下步工作意见和建议，拟定了未来实施工业遗产保护重点项目的名单，为辽宁省开展工业遗产保护工程奠定了基础。

吉林省

【概述】

2011 年，在国家文物局的积极帮助和大力支持下，在吉林省委、省政府的坚强领导和周密部署下，在吉林省文化厅（文物局）的高度重视和强力推进下，在全省文物工作者齐心协力、不懈努力下，吉林省抢抓机遇、乘势而上，全面推动省文物事业持续快速发展，文物工作取得了实实在在的成果。

【执法督察和安全保卫】

（一）文物行政执法

吉林省文化厅（文物局）联合吉林省公安厅开展了全省文物行政执法督查工作，进一步摸清和掌握了文物案件的发生规律和有效解决方法。吉林省文物行政执法支队处理了 2 起案件，完善了文物行政执法程序，文物行政执法能力有所提升。

（二）博物馆安全

2011 年 11 月，吉林省文化厅（文物局）会同吉林省公安厅文教处对全省博物馆安全工作进行了检查，并对存在风险隐患的单位提出了整改意见，各单位

及时进行了整改工作，消除了博物馆安全隐患，为博物馆事业的顺利发展提供了安全保障。

【不可移动文物的保护和管理】

吉林省有全国重点文物保护单位 33 处，省级文物保护单位 272 处，市级文物保护单位 313 处，县级文物保护单位 694 处。集安高句丽王城、王陵及贵族墓葬被列入世界遗产名录。

2011 年，吉林省加快推动省级以上文物保护单位测绘、保护规划和方案编制工作。完成了吉林文庙、龙潭山城、帽儿山墓地、阿什哈达摩崖石刻、西团山遗址、完颜希尹家族墓地、自安山城等 7 处全国重点文物保护单位的测绘及保护规划编制工作。启动百草沟遗址、磨盘村山城、偏脸城等 3 处全国重点文物保护单位的保护规划编制工作。编制完成了罗通山城文物本体保护与维修、吉林文庙保护修缮工程、国内城西城墙排水涵洞保护展示棚、丸都山城南瓮门两侧墙体延伸加固、辉发城址堤坝工程抢救、集安麻线一号壁画墓抢救性保护等 6 个设计方案。启动编制龙潭山城、帽儿山墓地、自安山城、完颜希尹家族墓地保护维修与展示方案。集中开展省级文物保护单位测绘，完成了天恩地局等 14 处省级文物保护单位测绘。

截至 2011 年 12 月，吉林省 33 处全国重点文物保护单位中，27 处古遗址、古墓葬、古建筑、碑刻和近现代史迹及代表性建筑完成了测绘工作，16 处完成了保护规划编制，10 处已开始启动保护规划编制工作。

【考古发掘】

（一）概况

2011 年，吉林省文物考古研究所完成了赤柏松古城、集安国内城东城墙 2 项主动性考古发掘工作及 38 项基本建设抢救性考古调查、勘探及发掘工作，出版考古发掘报告《后太平——东辽河下游右岸以青铜时代为主的调查与发掘》和《扶余明墓——扶余油田砖厂明代墓地发掘报告》，发表 20 余篇学术论文。

此外，吉林省文物局联合吉林大学成功建立了吉林省田野考古实践与遗址保护研究基地，考古发掘取得重大成果，教学科研效果显著，为吉林大学在校学生和省内文博干部提供了良好的田野考古实习条件，达到了培养新型田野考古发掘人才的目的。

（二）重要考古项目

1. 吉林省田野考古实践与遗址保护研究基地——大安市后套木嘎遗址

发掘时间：2011 年 8 月 ～ 10 月

发掘面积：1505 平方米

发掘收获：本年度共发掘墓葬 67 座，灰坑 152 个，沟 14 条，房址 7 座，出土可复原陶器 140 余件，以及数量较多的小型铜器、细石器、骨器等人工制品；大型石器只见少量磨盘、磨棒与石斧。经初步分析，遗存应分属四个时期。发掘中还搜集到大量的蚌壳、鱼骨、兽骨，为研究各时期的经济形态及环境提供了重要的资料。

后套木嘎遗址的发掘，对于构建和完善嫩江流域汉以前考古学文化的编年序列，开展区域内汉以前考古学文化的谱系、生业、人群及环境的综合研究，乃至探索松嫩平原西部极易遭受自然和人为破坏的沙坨型遗址的保护问题具有十分重要的理论和现实意义。

2. 吉林省通化县赤柏松城址

发掘时间：2011 年 4 月 ～ 11 月

发掘面积：3000 平方米

发掘收获：对赤柏松城址内东部缓坡地带的大型院落进行了整体揭露，院落建有环墙，平面整体呈东北—西南走向的长方形，长 67.5 米，宽 66.5 米。墙基和墙体的包含物为黄褐色砂岩碎块和碎屑，堆积较为致密，建筑材质在整个院落中具有同一性。院落外南北两侧有自坡上至坡下与院墙走向平行的排水沟各一条。院落北侧有台基式联排建筑，其上有连续分布的房址四座。

从堆积层位关系分析，该院落兴建之初对原有地貌做了大规模改造，削高垫低以使整体趋于平整。院内出土大量铁镢、铁锸等生产工具。另外，城内临近南墙发现上圆底方凿破基岩的水井一处，口径 1.4 米、深 2.3 米；城外山下南侧发现平面呈瓢形陶窑址一处，破坏严重难以辨别形制，出土陶香炉盖、陶甑、陶筒、筒瓦等灰陶制品。

赤柏松汉代古城的考古工作不仅使城郭的建筑理念得到理清，城内主体院落的建筑布局，与之相关的台基、院墙及排水设施的建筑方式亦更加明晰。建筑布局和同时期遗物表现的文化特征都为认定该城的年代和性质提供了重要的物质资料支撑，同时其他特殊遗存现象也为探讨该城的使用时间和废弃原因提供佐证。

3. 吉林省集安国内城城址

发掘时间：2011 年 6 月 ~ 9 月

发掘面积：1000 平方米

发掘收获：清理的范围从国内城东北角处东墙南端起向南，至团结路北的区域，总长约 85 米。通过发掘，明确了国内城东墙体的宽度约 11.3 米，墙体外侧保存最好处地表残高 1.2 米，保存 5 层楔形石垒砌逐层内收的墙石，墙体地表下保存 2 层、厚约 0.6 米错缝直砌的基础石，基础石下以碎石和沙土铺垫，基础石外侧以黄粘土掺碎石封护。清理过程中，在东墙外侧新发现 2 个马面遗迹，2 个马面间距约 40 米，北侧马面与 2003 年清理的东墙北端马面间距亦为 40 米。马面均仅存基部，形制相同，外周以较规整石块垒砌，内部块石填充，长 9 米、

宽 5 ~ 5.5 米。

通过对墙体的解剖，确认墙体的构筑方式为中部夯土构筑，夯土内外两侧土石混筑，为增强墙体外侧的牢固性，加筑单纯以梭形石错缝咬合，石隙填充碎石的部分，最后在墙体内、外侧垒砌墙面砌石的构筑方式。清理中发现墙体中部土筑部分与其两侧土石混筑的部分存在夯层交互叠压的迹象，证明二者为一体构筑而成，而非两个时期构筑的墙体，并通过墙体中部土筑部分夯层内出土的高句丽时期瓦片和轮制的泥质灰陶片等遗物，大致可认定此段墙体的建筑年代当不早于公元三至四世纪。

【博物馆与可移动文物保护】

（一）博物馆

1. 吉林省博物馆协会

为了理顺体制关系，使吉林省博物馆工作与中国博物馆协会及国际博物馆协会保持高度一致，2011 年 1 月，"吉林省博物馆学会"更名为"吉林省博物馆协会"。经换届改选，吉林省博物院院长赵瑞军当选为吉林省博物馆协会理事长，换届改选产生了 12 位副理事长、29 位常务副理事及秘书长，省博物馆协会下设 16 个专业委员会，确定了各专业委员会的驻会单位及主任委员。

吉林省省博物馆协会换届改选后，功能和作用得到了有效发挥。为推动和鼓励全省文博单位加强科研与交流，营造良好的学术研究氛围，9 月中旬，吉林省博物馆协会第一届学术研讨会在松原召开。这是吉林省博物馆协会成立以来举行的第一次学术研讨会。学术研讨会共收到 35 家会员单位提交的 255 篇论文，是吉林省有史以来规模最大的一次学术研讨会。文物系统博物馆、行业博物馆、高校博物馆、民办博物馆及社会个体会员纷纷投稿，展现了吉林省博物馆整体

科研水平与实力。论文研究内容涵盖了考古学、历史学、文物学、博物馆学、博物馆管理工作等诸多方面。经分组讨论、大会交流、编委会审核，有 38 篇学术论文分获一、二、三等奖，另有 40 篇论文获优秀奖，论文拟公开结集出版。

2. 博物馆馆舍建设

江源长白山松花石博物馆、扶余市博物馆、东辽县博物馆、东丰农民画博物馆 2011 年建成开馆；延边博物馆新馆已开工建设，建筑面积 14533 平方米，展览面积 7547 平方米，文物库房面积 1584 平方米，新馆已封顶，安防、技防和消防设施有待建设完善，计划 2012 年初装修布展，8 月初试运行，9 月初正式开馆；松原市博物馆已开始装修布展。

3. 东北三省博物馆联盟

8 月 26 日，东北三省博物馆联盟成立大会在长春召开。来自吉林省、辽宁省、黑龙江省的博物馆代表 30 多人参加了会议。本次大会通过并签署了东北三省博物馆联盟《长春宣言》。东北三省博物馆联盟在《长春宣言》框架内，就开展学术研究、陈列展览、人员培训等方面进行了一些实质性的工作。

4. 馆间展览交流

由白城市博物馆制作的"可爱的白城风光摄影展"、由四平市博物馆制作的"精品火花展"、由仁德北方古代文明博物馆（属民办博物馆）制作的"北方文物精品展"相继在吉林省博物院展出。这些展览制作精良，特色鲜明，社会反响强烈。此类活动，不仅给春城人民带来了丰盛的精神文化食粮，同时也为以后更好地发挥博物馆服务社会功能、宣传吉林省历史和区域文化以及实现博物馆资源共享起到了引领和带动作用，是文化惠民政策在吉林省文博系统中得以贯彻落实的具体体现。

5. 博物馆免费开放绩效评估模式

吉林省博物馆免费开放工作已经实施了近 4 年，免费开放博物馆数量在不断增加，工作在不断创新。为科学评价博物馆服务社会水平，促进博物馆免费开放工作朝科学化、规范化方向发展，11 月下旬，对全省各免费开放博物馆进行了绩效评估，对免费开放单位建筑面积、展览面积、展览数量、接待观众人数、经费使用情况等方面进行科学量化，评估出博物馆对社会所做的贡献，在肯定成绩的同时，使各单位找到发展中存在的不足及馆际间的差距。通过开展该项工作，很好地调动了各单位积极性，有效激发了博物馆服务社会热情，为博物馆践行服务社会职能做出了科学引导。

6. 扶持民办博物馆发展

梅河老窖酒厂始建于 1950 年，是建国后第一家在国家工商局注册的酿酒企业。梅河老窖博物馆藏有该酒厂建厂以来的丰富的历史资料，许多文物藏品有较高的历史和研究价值。为更好地扶持该馆建设，吉林省博物院对该馆文物科技保护、展览设计以及资料整理等工作进行技术支持，初步形成了省馆与民办馆共建机制。

（二）可移动文物保护

全省可移动文物 20 余万件，其中，一级文物 601 件，二级文物 3605 件，三级文物 15941 件。

【文博教育与培训】

2011 年 1 月，吉林省文物局组织了一期"全省博物馆保管部主任培训班"。授课内容包括"博物馆藏品在博物馆建设发展中的地位""藏品保管部职能和藏品管理制度""藏品日常管理"及"藏品管理登录实际操作"。为了实现全省文物藏品管理标准化、科学化和规范化，省文物局统一制作了一批 17 个种类的文物登记凭证和管理账本，要求各文物收藏单位在培训班结束后，按照文物管理标准和登录要求，统一使用这些账本和凭证对文物藏品进行规范化管理。通过培训，提高了全省文物保管人员的管理水平，通过统一使用制式凭证和账本，文物在保管过程中的安全得到有效保证。

经中共吉林省委组织部批准，2011年8月18日~22日，吉林省文物局举办了全省文物工作重点县（市、区）政府领导培训班，培训29人次，使文物工作重点县（市、区）政府领导对我国文物保护发展形势和吉林省文物保护发展方向有了比较深入的了解，提高了政府领导对文物资源重要性和文物保护责任的认识，坚定了他们做好本地区文物保护与利用工作的决心和信心。

【对外交流与合作】

2011年5月17日~24日，应俄罗斯科学院远东分院民族·历史·考古研究所的邀请，吉林省文物考古研究所宋振鹏书记、李东研究员及张玉春、徐坤、刘玉成等同志组成的学术考察团前往俄罗斯远东地区的滨海边疆区进行了为期8天的学术考察。考察期间，先后参观了俄罗斯科学院远东分院民族·历史·考古研究所博物馆、考古部展览室、远东国立大学博物馆，并对边疆区下辖各个地区的多个城址、遗址和寺庙址进行了实地考察。野外考察项目主要包括乌苏里地区的克拉斯诺亚罗夫斯科耶城址、南乌苏里城址、塞金古城、杏山寺庙址、马蹄山寺庙址、科尔萨科夫卡夫遗址；十月地区的锡尼利尼瓦—1城址和先金纳帽儿山寺庙址；帕尔季赞斯克地区的塞加城址和尼古拉耶夫斯克城址；哈桑地区的巴拉巴什—3遗址和克拉斯基诺城址。通过这次学术考察，增强了两所之间的国际友谊，开阔了吉林省业务人员的学术见识和视野。

2011年9月，吉林省文物考古研究所与俄罗斯科学院远东分院远东民族历史·考古·民族研究所按照科研合作协议，两所联合对克拉斯基诺城址进行了为期20天的考古勘探，勘探面积约4000平方米。共发现建筑遗迹7处，破坏严重、归属不明的墙体遗迹4处，以及早期灰坑2个；遗物多为陶质器物，包括瓦片和陶容器。此次吉林省文物考古研究所将具有中国特色的考古钻探技术应用于克拉斯基诺城址的勘探工作，在短时间内掌握了较大面积地下遗存的埋藏情况，这不仅对该城址的研究工作提供了重要的学术资料，也为研究渤海州城建制等学术问题提供了一条可行之路。

11月15日~20日，应韩国庆熙大学的邀请，吉林省文物考古研究所所长宋玉彬研究员对该校进行了学术访问，并以"近十年来吉林省考古学研究主要收获"为题进行了学术讲演。进一步加强了吉林省与韩国学术机构的交流与联系。

2011年，吉林省文物考古研究所还先后接待了日本奈良文化财研究所庄田慎矢、中村亚希子，日本札幌学员大学臼杵勋等4名学者，以色列希伯莱大学东亚研究中心主任吉迪教授，美国哈佛大学白马克教授，韩国庆熙大学赵仁成等14名学者，日本京都大学吉本道雅教授、爱新觉罗·乌拉熙春博士，俄罗斯科学院远东分院远东民族历史·考古·民族研究所Ю. Г. 尼基京，韩国庆山大学李清圭教授，日本青山学院大学清水信竹教授，俄罗斯科学院远东分院远东民族历史·考古·民族研究所 А. Л. 伊夫里耶夫等3名学者的学术访问，共计5个国家30余人次。

【其他】

编写完成了吉林省第三次全国文物普查工作报告，聘请国家文物局和省内专家完成第三次全国文物普查抽样检测工作。

2011 年 3 月 14 日～27 日，吉林省长城资源调查工作领导小组办公室组织召开了吉林省长城资源调查省级验收工作会议，对各调查队的调查成果进行了全面验收，在验收的基础上，各调查队进一步完善了调查数据。5 月 14 日，国家长城资源调查工作项目组组织相关专家对吉林省长城资源调查工作进行了检查验收，国家文物局文物保护与考古司世界遗产处的有关领导和专家听取了吉林省文物局的省级验收工作报告，审阅了调查资料，进行了现场考察。认为吉林省秦汉及其他时代长城资源调查资料完整、齐备，调查登记工作全面细致，符合《长城资源调查工作手册》的要求，达到验收标准，通过国家验收。

按照长城资源调查的标准，集中长春市、四平市的专业力量，完成了长春市和四平市境内中东铁路遗迹的专项调查，共调查中东铁路长度 225 千米、遗迹 395 处，并编写了调查报告。

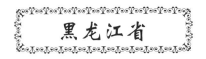

黑龙江省

【概述】

2011 年，是"十二五"规划的第一年，也是落实《国务院关于加强文化遗产保护的通知》第二个阶段性目标的第一年。一年中，黑龙江省各级文物部门以邓小平理论和"三个代表"重要思想为指导，深入学习实践科学发展观，坚持用科学发展观统领文化遗产事业全局，紧紧围绕党委、政府中心工作，抓住党的十七大特别是十七届五中、六中全会确定的文化大发展大繁荣这一契机，以科学保护，惠及民生为理念，以完善保护制度，改善保护状况为基础，以推进重点项目建设为突破口，全面实施文化遗产保护、展示、利用，维护文化遗产尊严，实现了文化遗产事业全面协调可持续发展，为全省构建和谐社会和全面建设小康社会创造了良好的文化环境。

【执法督察与安全保卫】

加强机构队伍建设，夯实管理基础。2011 年 4 月，黑龙江省文化厅成立了文物执法督察室。7 月，下发《黑龙江省文化厅关于建立全省文物执法与文物安全管理人员信息数据库的通知》（黑文发 [2011] 154 号），重新核定登记全省的文物执法人员，建立了黑龙江省执法人员数据库。全省已建立各级文物执法机构 94 个，其中省级机构 1 个，地市级（含省管县级市）机构 14 个，县级机构 79 个；全省各级文物行政执法人员 264 人。

开展文物安全与文物执法专项检查。5 月～11 月，黑龙江省文化厅成立文物安全督查小组，对哈尔滨、双鸭山、黑河、宁安等 20 个市、县的文物保护单位和博物馆开展了文物安全督察工作。指导各地文物执法部门对文物安全违法案件进行依法督查和处理。9 月，省文化厅与省气象局等部门联合，对国保单位、博物馆开展了文物安全和防雷设施安全大检查。10 月，省文化厅配合省公安厅，联合下发《关于转发公安部、国家文物局〈关于进一步加强博物馆安全工作的通知〉的通知》（黑公通 [2011] 96 号）；12 月，对全省各地市的文物安全工作进行抽查。

做好历史文化名城名镇检查工作。8 月 25 日～27 日，国家文物局、住房和城乡建设部联合检查组赴黑龙江省开展国家历史文化名城、中国历史文化名镇保护工作检查。26日上午,召开了黑龙江省历史文化名城名镇保护工作汇报会。会后,检查组对哈尔滨花园街历史文化街区、中华巴洛克历史街区等部分全国重点文物保护单位和历史建筑进行了检查。随后召开的专家讨论会结合检查中发现的问题,就名城传统风貌和地方特色的整体保护,历史街区的真实性、完整性保护,有关职能部门的协作,保护、管理机制创新,以及文物保护单位、历史建筑的保护与利用等提出了具体意见。

【不可移动文物的保护和管理】

(一)概况

截至2011年,黑龙江省有全国重点文物保护单位29处,省级文物保护单位192处,市、县级文物保护单位1030处,国家级历史文化名城1处(哈尔滨市),长城2处(牡丹江边墙、金界壕遗址黑龙江段),省级历史文化名城(区)3处(齐齐哈尔市、依兰县、宁安市),中国历史文化名镇2处(海林市横道河子镇、黑河市爱辉镇),中国历史文化名街2处(哈尔滨市中央大街、齐齐哈尔市昂昂溪区罗西亚大街)。

(二)文物保护基础建设

2011年,黑龙江省文化厅开展了省级文物保护单位标志制作树立工作。在全省国保单位保护标志树立工作完成后,2月,下发了《黑龙江省文化厅关于开展制作树立省级文物保护单位保护标志与界桩工作的通知》(黑文发〔2011〕24号),与29个市、县签订了"省保"标志制作工作责任状及任务通知书。

启动第六批省级文物保护单位的申报评审工作。10月,下发了《黑龙江省文化厅关于开展第六批省级文物保护单位评审工作的通知》(黑文发〔2011〕236号),此次申报工作以五年来第三次

全国文物普查工作中的新成果为重点,将一批新发现的重要遗址纳入其中,加强保护管理工作。各地申报项目共693处。

启动省级以上文物保护单位保护范围重新划定工作。10月,黑龙江省文化厅下发了《关于重新核定全国重点文物保护单位和省级文物保护单位保护范围和建设控制地带的通知》(黑文发〔2011〕241号),要求各地根据当地政府公布的保护范围和建设控制地带文件,结合文物保护单位的保护现状及周边环境,重新核查、确定保护范围和建设控制地带。

(三)文物保护工程

2011年4月,按照国家发改委、国家文物局《关于申报全国"抢救性文物保护设施"建设规划项目的通知》精神,黑龙江省共上报"抢救性文物保护设施"建设规划项目65个,涉及17个全国重点文物保护单位,申请资金158045.4万元。

2011年,一批文物保护工程取得新进展。《侵华日军第七三一部队旧址保护规划》,经多年编制,组织专家论证修订,已正式上报国家文物局,并得到初步审定。金上京会宁府遗址保护项目中的金上京遗址和刘秀屯遗址看护用房建设工程,两项工程已全部完成。启动金长城保护规划,金长城甘南段2处水冲沟抢险保护方案已获国家文物局批复同意。全国重点文物保护单位安防技防措施得到加强,哈尔滨莫斯科商场旧址、渤海国上京龙泉府遗址申报安防、技防和消防设施改造项目3个,方案均获国家文物局批准。中东铁路建筑群整体保护工作稳步推进,霁虹桥推荐为第七批全国重点文物保护单位;海林横道河子镇、齐齐哈尔昂昂溪区中东铁路建筑群整体保护规划立项获国家文物局批复,保护规划编制工作有序开展;积极协调

开展了哈齐客专高速铁路沿线安达、肇东车站等5栋中东铁路俄式建筑迁移保护工作，迁移方案已报铁道部论证，避免了哈齐客专高速铁路沿线中东铁路俄式建筑全部消失的局面。组织文博专家对《克东县蒲与路故城遗址保护设施建设项目可行性研究报告》《昂昂溪遗址抢救性文物保护设施建设项目可行性研究报告》《白金宝遗址抢救性文物保护设施建设项目可行性研究报告》进行论证，并提出审核意见。

哈尔滨工业大学城市规划设计研究院申报国家文物局的文物保护工程甲级勘察设计资质，哈尔滨兰格装饰有限公司申报文物保护工程一级施工资质，均通过国家文物局的专家评审，为保护"十二五"期间全省文物保护工作的完成，提供了设计和施工队伍的保障。

（四）长城资源调查

2011年1月15日~17日，黑龙江省文化厅在哈尔滨市召开了2010年度长城资源调查总结评审会。总结评审会采用调查队长汇报与检查材料相结合的方式。与会专家对金界壕遗址、牡丹江边墙的资料整理成果进行了认真评审，并就存在问题及下步工作提出了要求。

6月1日，黑龙江省文化厅召开了全省长城资源调查工作省级验收会，对5年来的长城资源调查成果、调查资料进行了专项验收。6月25日~27日，由国家文物局世界遗产处、国家长城保护工程项目管理组、中国文化遗产研究院、吉林省文物局、内蒙古文物考古研究所等专家组成的验收组对黑龙江省长城资源调查资料整理工作进行了专项验收。召开了黑龙江省长城资源调查工作国家级验收会议，验收工作顺利完成。据统计，黑龙江省长城墙体总长度为266.285千米。其中牡丹江边墙调查总长度为66.019千米，金界壕遗址（黑龙江段）主墙长度200.266千米。

12月10日，黑龙江省文化厅召开了2011年度长城保护工程项目评审会，省文化厅分别与齐齐哈尔市文广新局、牡丹江市文广新局签订了《黑龙江省长城保护工作目标责任状》，明确了长城保护的职责分工和目标任务。随后召开了全省长城资源调查工作总结表彰会。来自长城沿线7家单位的主要领导和野外调查队员、资料整理人员共28人参加了总结表彰会。

在开展长城资源田野调查的同时，黑龙江省亦关注各地长城受损情况，研究如何保护问题。2011年4月，黑龙江省上报了5个抢救性文物保护设施项目，涉及看护管理用房、防洪减灾等项目。此外，与文物出版社签订了《黑龙江省金长城资源调查报告出版合同》《黑龙江省牡丹江边墙资源调查报告出版合同》，调查报告出版项目获国家文物局批复。

（五）文物普查

2011年是三普工作的收官之年。1月~2月，黑龙江省文化厅普查办向国家文物局普查办和信息中心两次提交了整改数据。4月19日，国务院第三次全国文物普查领导小组办公室下发了《关于核定黑龙江省第三次全国文物普查登记不可移动文物的函》（文物普查函〔2011〕911号），全省共调查登记不可移动文物10759处，其中新发现7065处，复查3694处；另登记消失文物599处。7月~8月，省普查领导小组办公室创新工作思路，在全省开展十三个地市"三普"电子数据互检工作。检查结束后，各地普查队向省领导小组办公室和被检方提交检查报告。

黑龙江省各级普查队员在参加实地文物调查工作的同时，十分注重积累研究素材，开展了多个专题调查，完成了普查工作报告编写出版工作。全省共编写1部省级普查工作报告，13部市级普查工作报告和 132 部县、区级普查工作报告。全省共出版 9 部普查成果：《东北三江流域古代城址——佳木斯地区汉魏时期城址》《日本军细菌战》《日本军细菌战图文集》《日本军细菌战原队员证言集》《寻遗的脚步》《寻找湮没的历史》《宁安市古建筑影帧集》《侵华日军鸡东要塞阵地揭秘》（内部资料）及《历史见证——嫩江县革命遗址与日本侵华遗址纵览》（内部资料）。2011 年，省三普领导小组办公室编写了《黑龙江省第三次全国文物普查成果集》，包括 9 本书，它们是《黑龙江省第三次全国文物普查工作报告》《黑龙江省第三次全国文物普查会议文集》《龙江三普印记》《黑龙江省第三次全国文物普查重要发现》《黑龙江省中东铁路沿线历史建筑图册》《黑龙江省侵华日军罪证遗址》《明代海西东水陆城站调查》《三江平原区域简史》和《伊春市第三次全国文物普查成果荟萃》，已与黑龙江省教育出版社签订了出版合同，书稿已送至出版社编辑。

【考古发掘】

（一）概况

2011 年，黑龙江省文物考古发掘工作稳步进行，全省大型基本建设项目不断增加，全省文物考古发掘单位依法配合大型基本建设进行考古调查勘探和发掘任务，妥善处理了经济建设和文物保护的关系。1 月，省文化厅基建考古办公室与省考古所共同编制完成了《黑龙江省配合基本建设考古法规及相关管理办法汇编》，送报省政府、省发改委、省纪检委、省审计厅、省法制办及相关的大型基本建设工程主管部门及规划、施工单位，为黑龙江省配合基本建设考古工作科学化、规范化管理提供了制度保障，为配合基本建设考古工作进一步深入开展奠定了基础。

（二）重要考古项目

1. 渤海上京城第 1 号宫殿东廊庑遗址

渤海上京城是唐代渤海国的都城，其遗址位于黑龙江省宁安市渤海镇，宫城区中轴线上有 5 座宫殿遗址，其中第 1 号宫殿建筑群由第 1 号宫殿基址、东西漫道、与东西漫道相连的东西廊庑址及廊庑址南端南北向隔墙组成，平面呈"凹"字形，其内为殿前广场。4 月～11 月，为了配合大遗址保护工程，黑龙江考古研究所对渤海上京城第 1 号宫殿东廊庑遗址进行了全部揭露，布 10×10 米探方 73 个，发掘面积约 7300 平方米。出土遗物主要为建筑材料，其中有数量较多的文字瓦。第 1 号宫殿东廊庑址的发掘，对研究唐代渤海建筑、渤海历史以及中国古代建筑史提供了全新的资料。

2. 阿城吉兴屯金代墓地及金上京贵族墓地

吉兴屯金代墓地位于阿城金龙山镇（原称"大岭乡"）吉兴屯西北山，西距金上京城约 25 公里。9 月～11 月，黑龙江省文物考古研究所会同哈尔滨阿城区文物管理所，对于屡遭盗掘的吉兴屯金代墓地裸露出的两座土圹石椁墓，进行了抢救性清理发掘工作。两座墓葬石椁四壁完整，椁室内均未发现人骨、随葬品及木棺痕迹，其中 2 号墓底板已被打碎。由于此次调查仅是地面踏查，而在吉兴屯金代墓地已清理的两座墓葬附近，尚有新旧盗坑多达二三十处，这些盗坑下是否有墓葬，尚需进一步深入调查才能确定。

吉兴屯金代墓地清理工作结束后，省考古所还对金上京东部山区内，原有金代石像生的多处金代贵族墓地进行了专题考古调查。主要有山河镇三青屯老母猪顶子金墓以及人拱洞子洞穴遗迹、大岭上雷木匠沟屯金墓、大岭响水屯金墓、大岭桦皮店金墓、亚沟常胜北岗地金墓、玉泉镇石虎岭屯石人沟金墓、玉泉镇上高家屯金墓、交界镇保安屯金墓。同时，还调查了人头碾子，进一步认证了此为金代和陵附近的历史地理坐标"胡凯山"。

3. 配合基本建设考古

2011 年，全省基建考古调查项目共计 90 余项，包括大型水利枢纽工程、高铁专线工程、公路建设项目、风电场项目、火电厂项目、煤矿及煤矸石项目、管道项目等。其中大型水利工程考古项目 15 项、高铁客运专线工程 4 项，公路项目 12 项、煤矿及煤矸石项目 10 余项、风电场项目 30 余项、火电厂项目 3 项。

（三）考古学术会议

3 月 21 日~22 日，由黑龙江省文物考古研究所和吉林省文物考古研究所联合主办的"嫩江流域史前文化学术研讨会"在哈尔滨市、长春市两地召开。来自中国社会科学院考古研究所、中国文化遗产研究院、吉林大学边疆考古研究中心、辽宁省文物考古研究所等单位的专家学者和负责人共 20 余人参加了会议。此次会议是 2010 年纪念梁思永先生发掘昂昂溪遗址 80 周年活动的延续，也是纪念中国现代考古学诞生 90 周年的一次学术盛会，不仅大大推进了对滕家岗遗址、双塔遗址以及嫩江流域史前考古学文化的研究和认识，也初步成功地探索了一条将两省（同一区域）相关遗址出土的遗物进行现场比对研究的新的学术研讨会议交流模式。

7 月 22 日~25 日，东北三省考古所长会议在黑龙江省哈尔滨市召开。会议的主题是"在新形势下，省级考古所如何加强制度建设，进一步实现科学化管理"。与会人员重点围绕考古工作当前发展过程中面临的机遇与挑战、单位相关制度的制定与规范、业务工作和学术的交流与合作等问题展开了广泛而深入的探讨与磋商。通过交流与讨论，会议就基建考古经费的使用管理问题，田野考古补助标准、科研成果奖励办法，加强开展学术与业务工作交流合作等问题达成共识。

【博物馆与可移动文物保护】

（一）博物馆

1. 文物征集

黑龙江省博物馆采取接受社会捐赠等方式，全年征集邓散木作品和遗物及历史、自然标本等藏品 2315 件（套）。东北烈士纪念馆在北京举行"寻根思源——弘扬东北抗联精神座谈会暨东北抗联博物馆文物征集捐赠活动"，收集珍贵历史照片、珍贵历史资料一百余件。此外，从哈尔滨市公安局、北安庆华兵工厂，征集废旧弹药箱、炮弹壳、报废枪支、炮弹弹头、侵华日军装备等千余件。黑龙江省民族博物馆赴同江、海拉尔等 12 个少数民族地区，征集少数民族文物及相关资料千余件。大庆市博物馆开展东北第四纪古生物化石征集工作效果显著，截止到 2011 年底，馆藏第四纪古生物化石标本达到 20 余万件。哈尔滨市文物管理站、齐齐哈尔市博物馆向社会征集古代历史及近现代文物均超过百件。

2. 文物保护、管理与研究

按照国家文物局关于可移动文物普查的总体部署，黑龙江省文化厅先期启动哈尔滨市可移动文物调研普查工作，并开展对哈尔滨烈士陵园、朝鲜民族艺术馆、哈尔滨南岗区展馆、北安庆华工业遗址博物馆的文物定级工作。黑龙江省博物馆藏品库房配备新型专业防护面具 31 套。"俄文老档"保护与再生工作取得阶段性成果，共加固馆藏俄文报刊数千册，装订旧报纸上万页，扫描馆藏各类报刊达 12 万余页。同时，对馆藏中文古籍善本进行整理、清点与建账工作。

9月，国家文物资源基础数据库异地备份基地在黑龙江省博物馆建立。东北烈士纪念馆申报黑龙江省文化宣传工作课题——抗联文化保护工程项目，积极开展抗联文化的保护与利用工作。黑龙江省民族博物馆维修改造全部库房800㎡，对部分毛皮藏品进行整理、消毒和加药工作。

3. 馆间交流与合作

2011年，黑龙江省博物馆充分发挥省级综合大馆的资源与人才优势，与孙吴县政府直接携手，联手打造"平度村移民文化"村史馆。展览系统展示了平度村移民开垦黑土地、抵抗日寇侵略及新中国建立后村民生产、生活等方面内容。为提升民营博物馆的陈列展览制作水平，黑龙江省博物馆帮扶民办博物馆"三五将军文化博物馆"建馆，指导该馆完成博物馆陈列大纲及布展工作。三五将军文化博物馆于8月1日开馆。

4. 重要陈列展览

2011年，黑龙江省已有57座博物馆免费向社会开放。为配合免费开放后的新形势，黑龙江省文化厅组织全省各类博物馆加大宣传力度，充分发挥博物馆在公共文化服务体系建设中的宣传平台作用，举办特色陈列展览。一是深入挖掘馆藏文物资源，根据馆藏文物特点举办临时陈列展览。黑龙江省博物馆常年坚持开展馆藏精品"每月一星"特别展览。黑龙江省民族博物馆利用馆藏民族文物资源推出反映黑龙江少数民族生活的"黑龙江传统渔猎文化展"，大庆市博物馆利用馆藏古生物化石推出"东北第四纪古生物化石陈列"。二是在重要的节假日或配合形势适时举办展览。黑龙江省博物馆在传统节日相继推出"博物馆里过大年——年俗春节民俗特展"等展览，在寒暑假期间推出系列特展，黑龙江省博物馆的"大自然的宠物——2011寒假兔子特展"等展览受到中小学生的

欢迎。东北烈士纪念馆为纪念抗战胜利推出"共同的胜利——世界反法西斯战争胜利展"，革命领袖视察黑龙江纪念馆结合时势推出"纪念毛泽东同志为雷锋题词48周年——雷锋专题收藏展"、在庆祝中国共产党建党90华诞推出"中国共产党反腐倡廉历程展"、在辛亥革命100周年纪念日推出"走向共和——辛亥革命历史图片展"。这些展览作为博物馆基本陈列的补充，内容更加广泛，形式更加吸引观众，2011年，全省各级各类博物馆接待观众800万人次。

（二）可移动文物保护

1. 文物收藏情况

截止到2011年底，黑龙江省馆藏文物及自然标本超过30万件（套）。三级以上文物17908件（套），其中，一级品430件（套）、二级品1506件（套）、三级品15972件（套）。按照国家文物局要求全部完成数据库建设工作，并且高标准地通过验收和备案。

2. 可移动文物保护修复基地建设

黑龙江省馆藏文物大部分集中在省直及部分重点地市馆。据此，黑龙江省文化厅组织藏品收藏较集中的黑龙江省博物馆、东北烈士纪念馆、黑龙江省民族博物馆分别建立考古器物与自然标本修复中心、纸制品修复中心、毛皮和织物修复中心。大庆市博物馆以收藏第四纪古生物化石为主，馆藏标本超过20万件，在东北乃至全国第四纪古生物化石收藏领域独树一帜，其第四纪古生物化石修复中心开创了集征集、保护、修复和展示于一体的文物保护新模式。2011年，第四纪古生物化石保护中心在大庆市博物馆正式挂牌成立。

3. 可移动文物保护技术及其应用情况

2011年3月，黑龙江省博物馆在接收捐赠的国家一级保护野生动物东北虎幼虎标本后，采用数项全新标本制作方

法，幽兰技术是其中一项重要的应用。使用幽兰技术处理的标本，抗腐蚀性高，保存周期较传统方法更加长久、环保，此项技术开创了幽兰技术在黑龙江省应用的先河。制作中还采用毛皮熟皮鞣制技术，以适应北方寒冷气候，杜绝标本表面失水开裂。

【文博教育与培训】

7月13日，黑龙江省博物馆开办"2011暑期黑龙江省博物馆小小讲解员培训班"。除系统讲解有关自然、历史、民俗及文物常识等方面知识外，对小朋友们进行讲解基本功、讲解礼仪、讲解沟通、语言技巧等专项培训，以全面提高其综合素质和能力。

11月20日，"黑龙江省博物馆讲解员培训中心"在黑龙江省博物馆成立。同时举办黑龙江省首期讲解员培训班，来自黑龙江省13个地市，共计23家博物馆的62名学员参加培训。

12月12日～14日，黑龙江省文化厅在哈尔滨市举办了全省文物保护工程资质单位培训班，来自全省文物保护工程勘察设计、施工、监理资质单位的62名负责人及技术人员参加了培训。

【文博宣传与出版】

（一）文博宣传情况

2月12日，黑龙江省博物馆网站正式对外开通。网站设"典藏精品"、"陈列展览"等栏目，并刊登黑龙江省博物馆近年来各项研究成果。网站正式开通，搭建了一座与群众交流互动的平台，让观众在第一时间了解到馆内展览和相关业务活动的最新动态。

5月3日，由黑龙江省博物馆、共青团黑龙江省委和《生活报》共同发起举办的"黑龙江省博物馆首届十佳志愿者评选活动暨表彰仪式"在黑龙江省博物馆隆重举行。

5月18日，黑龙江省文化厅组织全省各级各类博物馆，在齐齐哈尔市开展"5·18国际博物馆日"主场城市系列宣传活动，暨昂昂溪遗址博物馆开馆仪式。

6月11日，黑龙江省"中国文化遗产日"在牡丹江市开展主场系列宣传活动，活动紧紧围绕"文化遗产与美好生活"主题，采取流动展览、免费参观、相关法规宣传等活动内容，进一步加深了公众，对民族、地域历史文化和自然环境的了解、尊重和认同。

7月，东北烈士纪念馆，推出"光辉的旗帜，不朽的丰碑"主题宣讲活动。制作流动展板，走出馆门，分赴黑龙江省戒毒中心、空军雷达部队、哈尔滨汽轮机厂及大专院校等单位做东北建党历史、抗日英烈事迹报告。

12月25日，黑龙江省博物馆成立业余"龙博剧社"。剧社以演出为载体，依托相关陈列展览内容，将历史故事、民俗内容、人物传奇等通过生动鲜活的表演展示出来。首场公演"财神爷遇上圣诞老人"，演出以诙谐幽默的表现手法，展现当今社会中西方文化的碰撞与交流，题材新颖别致，让人耳目一新。

黑龙江省民族博物馆充分利用馆舍哈尔滨文庙资源，与哈尔滨市中、小学及幼儿园联合举办成人礼、开蒙礼活动；在中考、高考两个月份，举办"祈福鸣钟之旅"活动；在小学生入学前开展"拜孔子送红蛋"活动；在9月28日举办孔氏族人大型"祭孔"等活动。旨在激发社会公众参与意识的同时，宣传以哈尔滨文庙为载体的中国传统文化。

黑龙江长城资源调查网继续发挥宣传功能，利用网络平台，报道国家、本省、省外兄弟省市各方面长城资源调查和长城保护工作新闻，促进了文化遗产保护事业的传播。

（二）重要文献和图书出版

2011 年，黑龙江省考古研究所编著出版了反映黑龙江考古学科研成果的《考古·黑龙江》。该书从考古学视角出发，初步梳理了黑龙江古代文化的演进序列。一方面，是对黑龙江考古学的发展做一次阶段性的学术总结和检阅；另一方面，也是把阶段性的成果向社会做一公布和普及，引领大众对黑龙江区域古代文化和文明化进程产生科学的认识和较深层次的思考。文博期刊《北方文物》出版 4 期，发表的稿件 96 篇，共计 70 万字。黑龙江省博物馆编辑出版《馆藏精粹》《博物馆馆刊》《黑龙江省博物馆论文集》《咱们的博物馆》，宣传馆藏特色藏品、展览动态、业务成果。东北烈士纪念馆与黑龙江省民政厅、黑龙江省烈士纪念事业基金会、黑龙江省党史研究室联合编辑出版《不朽的丰碑》，为"红色家园——爱国主义教育基地网上展馆"《英雄传奇》栏目中人物专辑和《影像记忆》栏目中东北烈士纪念馆宣传纪录片编写内容及分镜头校本。黑龙江省民族博物馆编辑出版《中国孔庙保护协会第十四届年会论文集》《黑龙江文庙概览》《论语印集》及《龙江民博》馆刊。

【社会文物管理】

2011 年 12 月 18 日，黑龙江嘉瑞拍卖有限公司在哈尔滨市道里区友谊路 263 号友谊宫四楼国际厅举办嘉瑞 2011 冬季艺术品拍卖会，拍卖标的为书画类艺术作品计 270 件。拍品吴镇东《国色天香》成交。

【机构及人员】

（一）机构

2011 年文物机构总数共 205 个，其中文物科研机构 2 个、文物保护管理结构 92 个、博物馆 103 个、其他文物机构 8 个。从业人员共 2078 人，其中专业技术人才 1097 人，正高级职称 70 人、副高级职称 183 人、中级职称 488 人；从业人员按隶属关系分，省区市 460 人、地市 786 人、县市区 832 人。

（二）表彰

5 月 18 日，第九届全国博物馆十大陈列展览精品奖（2009—2010 年度）获奖单位揭晓，黑龙江省博物馆松花江分馆的"松花江的记忆——金源文化展"以其鲜明的地域特色与精良的制作荣获精品奖，在全部获奖展馆中排名第六。9 月 14 日~17 日"纪念与传承——'西柏坡杯'中国纪念馆宣教形式创新展示"活动比赛在河北省平山县西柏坡纪念馆举行。东北烈士纪念馆"情景诗朗诵——有这样的共产党员"荣获精品奖和组织奖。

2011 年黑龙江省文化厅下发多个文件表彰在各项工作中涌现的先进集体和个人。5 月，下发《关于表彰黑龙江省文物调查及数据库管理系统建设项目先进集体和先进个人的通知》（黑文发〔2011〕82 号）。11 月，下发《关于表彰黑龙江省长城资源调查工作先进单位和个人的通知》（黑文发〔2011〕270 号）。12 月，下发《黑龙江省第三次全国文物普查领导小组办公室关于表彰我省第三次全国文物普查先进集体和个人的通知》（黑文发〔2011〕285 号）和《黑龙江省文化厅关于表彰 2011 年全国县级文物行政部门负责人培训班优秀学员的通知》（黑文发〔2011〕298 号）。

【对外交流与合作】

5 月 1 日，黑龙江省博物馆"重返侏罗纪——恐龙暨第四纪古生物化石展"在福州市万达广场开幕。展出具有黑龙江地域代表性的白垩纪晚期满洲鸭嘴龙、似鸟龙恐龙化石，东北第四纪的古生物代表——猛犸象、披毛犀骨架化石，及馆藏第四纪和白垩纪化石标本精品，共28件。

9月20日，由故宫博物院主办的"兰亭特展"在故宫博物院午门展厅开幕，黑龙江省博物馆馆藏南宋"兰亭图卷"首次展出。该卷完整地再现了王羲之观鹤和四十二人兰亭雅集的意境，相传出自李公麟，有多种摹本，此卷是目前所见最早摹本。

9月28日，东北烈士纪念馆赴俄罗斯阿穆尔州地质博物馆展出"共同的胜利——世界反法西斯战争中国东北抗战图片展"。展览内容除重点反映中国东北抗战外，中、苏两国共同抗日的图片成为亮点。

【其他】

黑龙江省博物馆新馆于2010年9月28日举行了开工奠基仪式。2011年3月30日总承包单位进现场施工。2011年重点完成工程财务代理单位招标、工程施工图预算评审、工程施工总承包招标和施工前的各项准备工作。截止到2011年11月，已完成±0.00以下全部结构施工和地上一层主体结构、二层底板混凝土浇筑工程。

推进东北抗联博物馆的改扩建工作。东北抗联博物馆改扩建工程于2010年8月16日开工建设，经过三个多月的施工，完成总工程量近50%，冬季进入冬歇阶段。2011年3月开始复工，改扩建工程顺利推进，截止到年底，主体工程实现暖封闭，水、电系统进入收尾阶段。

2011年4月，国家发改委、国家文物局等14个部委下发《关于印发全国红色旅游景点景区第二批名录和全国红色旅游景点景区第一批名录（修订版）的通知》（发改社会［2011］692号），黑

龙江省多处国保、省保单位和纪念馆列入全国红色旅游景点景区名录。

上海市

【概述】

2011年是"十二五"规划的开局之年，根据国家文物局和上海市委、市政府的总体部署，上海市文物博物馆工作按照"三个结合"、"两个坚持"和"一个提高"的原则积极推进，即结合围绕中心服务大局，结合世博会成果利用转化，结合上海市文物局挂牌，坚持"保护为主，抢救第一，合理利用，加强管理"的方针，坚持深化改革与创新驱动的要求，进一步提高上海文化遗产整体保护、管理和利用的水平。

以《国家文物博物馆事业发展"十二五"规划》《上海市"十二五"规划纲要》和《上海文化文物广播影视发展"十二五"规划》为指导，全面完成了《上海文物博物馆事业发展"十二五"规划》的编制工作，为未来五年上海文化遗产事业与经济社会同步协调发展奠定基础。

上海市"十二五"重点文化项目的建设稳步推进，上海崧泽遗址博物馆的筹建工作，顺利完成了相关项目的招投标、建筑概念设计方案、可行性研究调整报告、施工场地平整、管线迁移、宣传、展陈策划方案等大量前期准备工作，并于12月26日在遗址现场成功举行了崧泽遗址博物馆奠基仪式。筹建上海市历史博物馆的各项前期工作进展顺利，先后完成了三处选址方案并编制了项目建议书的初稿，展陈大纲和文物征集工作

取得新的进展。

【执法监督与安全保卫】

安全是文物工作的生命线，上海市文博系统牢固树立安全意识、责任意识，坚持安全第一，做到警钟长鸣，2011年全市未发生重大文物安全事故。2011年8月召开了上海市文物安全工作会议，全面部署全市文物安全工作。根据"属地管理、分级负责"原则，与各区县签署了《上海市文物安全目标责任书》。开展了两轮全市不可移动文物安全大检查，对全市29家重点博物馆的安全工作进行实地检查和督导，对发现的问题和隐患及时给予纠正和落实防范措施。搭建了市文物局和市文化市场行政执法总队双方协作机制，制定了《上海市文物行政执法协作规则》，加强文物保护单位以及田野文物安全保护的执法检查和消防安全排查。按照国家文物局的要求，加强全国重点文物保护单位防雷安全工作，与上海市气象局进行了防雷安全联合检查，对存在的防雷隐患提出了具体的整改措施。

【不可移动文物的保护和管理】

（一）不可移动文物数量

截止至2011年底统计，上海市共有19处全国重点文物保护单位，163处市级文物保护单位，438处区县级文物保护单位，811处登记不可移动文物，8座国家级历史文化名镇，2条中国历史文化名街。

（二）第三次全国文物普查

经过5年的努力，从2007年4月开始的上海市第三次全国文物普查工作，已于2011年11月全面完成各阶段的工作目标和任务，取得丰硕成果。全市共调查登录不可移动文物4422处，包括新发现登录不可移动文物1761处，复查登录不可移动文物2661处。上海市各级文物保护单位和登记不可移动文物总量从普查前的1182处增加到1431处，增加率达21.1%。从类型上来看，此次普查的不可移动文物中，包括古遗址83处，古墓葬31处，古建筑985处，石窟寺及石刻46处，近现代重要史迹及代表性建筑3266处，其他类11处。此次普查发现了许多近现代重要史迹及代表性建筑、名人故居等，如周恩来同志早期在沪革命活动旧址、大场公墓遗迹、中国青年新闻记者协会成立会址——南京饭店、夏衍旧居、张乐平故居、聂耳寓所等。此次文物普查新发现众多既有上海特色又有时代特征的"新"文物，如新昌仓库、福新第三面粉厂旧址、上海丰田纺织厂铁工部旧址、上海彭浦机器厂、上海四方锅炉厂等工业遗产，以及中国抗生素诞生地、改革开放第一只股票诞生地、"七一人民公社"旧址等二十世纪遗产。上海重型机器厂等四处还被评为"第三次全国文物普查百大新发现"。根据普查最新数据及调查成果，上海市完成了第七批全国重点文物保护单位的遴选申报和新增、调整市级文物保护单位名单的准备工作，并着手开始建设"上海市不可移动文物保护管理地理信息系统"。

（三）不可移动文物的修缮

2011年上海市加强了各级文物保护单位及登记不可移动文物的保护和环境整治工程，完成了36处文物建筑保护工程，投入经费共计9200万元。其中全国重点文物保护单位11处、市级文物保护单位11处，实现了全国重点文物保护单位没有重大险情的目标。

（四）文物保护工程资质

2011年11月完成上海市第一批55家文物保护工程勘察设计、施工、监理单位资质核发工作，其中勘察设计乙级资质9家、丙级单位6家，施工二级资质单位20家、三级资质单位8家、暂定级 1 家，监理乙级资质单位 7 家、丙级单位 3 家、暂定级 1 家。

（五）历史文化名城名镇的保护

上海市文物局会同有关部门促进、指导上海市 8 座国家级和 1 座市级历史文化名镇的保护工作，徐汇区武康路成功入选第三届"中国历史文化名街"。2011 年，住建部与国家文物局联合检查组对上海历史文化名城的保护工作进行了检查，并给予了高度评价。

（六）文物保护规划编制

上海市文物局继续开展全国重点文物保护单位、重要市级文物保护单位以及国家级历史文化名镇的现状调查和保护规划编制工作，并组织编制《上海工业遗产总体保护规划》。同时结合世博会的成果利用转化，配合有关部门做好世博园区内历史文物建筑（工业遗产）的保护利用工作。

（七）文化遗产日活动

2011 年 6 月 11 日是我国第六个"文化遗产日"，上海市文物局紧扣"文化遗产与美好生活"这一主题，组织了上海市 18 个区县文物部门，分别举行了文物挂牌、文物展示、学术研讨、流动展览、广场宣传、文艺演出、专题讲座等形式多样、内容丰富的活动，引领和激励广大民众以更大的热情投身文化遗产事业。比如，长宁区为首批 5 处区级文物保护单位揭牌；青浦区举办了"福泉山遗址重大考古新发现展"，共展出发掘文物 78 件（套），其中有相当部分是首次公开亮相的珍贵文物；卢湾区在卢湾区政协礼堂举办了《中共"一大"为什么在上海法租界举行——一个城市社会史的考察》专题讲座；崇明县在崇明学宫明伦堂举办了"至圣先师——全国孔庙门票明信片选展"；静安区举行了"静安文化遗产口述历史抢救工程启动仪式暨谢之光绘画艺术赏析会"等。

2011 年，上海市文物局精心组织安排了 90 处具有历史、科学和艺术价值的文化遗产，于 6 月 11 日、12 日两天免费对公众开放。6 月 11 日文化遗产日当天，上海武康路荣获文化部、国家文物局授予的"中国历史文化名街"荣誉称号。6 月 23 日，上海市文物局与徐汇区人民政府共同举行"武康路中国历史文化名街、名人旧居揭牌仪式"。国家文物局局长单霁翔、上海市委常委、副市长屠光绍亲临现场，共同为武康路中国历史文化名街揭牌。

【考古发掘】

（一）水下考古调查

经上海市文物局批准，由上海博物馆、松江区博物馆、金山博物馆合作开展上海市水下文化遗产调查工作。在松江区黄浦江上游的泖港水域找到了明代晚期由董其昌题字的干禄桥残迹和光绪时建造的铁路桥墩遗迹的线索。在金山区山阳镇找到了保留传统工艺的老造船工匠，有利于传统造船法式研究。至于有县志记载的康城，还在进行文献材料的收集和信息走访工作。

（二）广富林遗址的抢救性发掘

2011 年 10 月至 12 月，继续对广富林遗址进行抢救性考古发掘，发掘面积约 2400 平方米，发现了不同时期的重要遗迹，包括灰坑 372 个、灰沟 28 条、水井 58 口等，同时出土了大量陶器、石器等遗物。出土的春秋时期青铜尊是重要收获，是上海地区考古发掘出土的首件完整青铜器。该尊保存较好，口径 16 厘米、底径 11 厘米、通高 15 厘米，腹部饰圈点纹，圈足上残留浇筑痕迹，似未经使用。灰坑分布较为集中，推测可能与汲水或养殖有关。这些发现说明，广富林遗址在春秋时期规模较大、人口众多，具有较高的社会等级。

（三）崧泽遗址考古调查

受上海市文物局委托，上海博物馆

考古研究部于 2011 年 8 月 1 日~9 月 13 日对青浦新城一站大型居住社区基地进行了考古调查。

此次调查采用地面调查与开挖探沟相结合的方法，以了解工程涉及区域的地下埋藏情况，调查共发掘探沟 1045 个，考古调查涉及面积约 658 万平方米的区域。调查勘探显示，在青浦区新城一站大型居住社区建设用地局部范围内（油墩港与淀浦河交汇处的西北角）发现了较为丰富的地下古文化遗存，以新石器时代崧泽文化和周代文化为主，分布范围约 5 万平方米。

崧泽遗址是长江三角洲地区崧泽文化的命名地，以往的发掘局限于崧泽遗址的墓地。本次考古调查为进一步了解遗址的聚落分布和地下文物埋藏情况积累了第一手材料，为制定下一步的文物保护规划提供了重要的参考。

【博物馆与可移动文物保护】

（一）博物馆

经上海市文物局统计，截至 2011 年底，全市共有博物馆 119 座，其中文物系统所属博物馆 46 座，非文物系统所属博物馆 73 座。全市各级各类博物馆馆藏文物总数超过 100 万件，馆藏珍贵文物 145885 件，其中一级文物 842 件，二级文物 37890 件，三级文物 107153 件。

2011 年，上海设立"上海市民办博物馆扶持资金"。上海市文物局制定的《上海市民办博物馆扶持资金使用管理试行办法》10 月正式印发。上海周虎城曹素功笔墨博物馆、上海纺织博物馆、上海南社纪念馆等 11 家博物馆的 25 个项目被确定为 2011 年度上海市民办博物馆扶持资金资助项目。

1. 国际博物馆日

为纪念"5·18 国际博物馆日"，上海市文物局组织全市的博物馆、纪念馆在 5 月 18 日开展了系列宣传活动。5 月 18 日上午，由上海市文物局、杨浦区文物管理委员会主办的"博物馆与记忆"——2011 年上海市"5·18 国际博物馆日"宣传活动启动仪式在杨浦区国歌纪念广场举行。中共上海市委宣传部、上海市文化广播影视管理局、上海市文物局、杨浦区四套班子等有关方面的领导、专家和社会各界代表共 200 余人出席此次活动。在活动启动仪式上，还举行了 2009~2010 年度上海市博物馆陈列展览评选的颁奖仪式和"杨浦文博记忆之旅"区域博物馆导览手册颁发仪式。启动仪式后，领导、嘉宾及各界人士参观了国歌展示馆和云南玉溪聂耳纪念馆的"聂耳与国歌"专题展览。

与此同时，上海各个区县的文物管理部门、多家博物馆、纪念馆推出了 70 余场丰富多彩的活动，包括特别展览、文博专题讲座、知识竞赛、广场活动等。如卢湾区旅游局、卢湾区文化局共同举办的"红色记忆·绿色巴士旅游专线"观光游览；上海鲁迅纪念馆举办的"博物馆与记忆——纪念建党 90 周年党史知识竞答"；上海科技馆举办的科学小讲台系列活动等。这些活动将吸引更多的市民走进博物馆、理解博物馆、支持博物馆。

2. 免费开放

2011 年，上海市文物局在上一年度工作的基础上，结合市委宣传部和市财政局意见，在上海市 50 余家自行向公众免费开放的博物馆中，选取了展陈质量高、观众反响好的 14 家博物馆，上报国家文物局，申请进入国家第三批免费开放博物馆名单。年底，经国家文物局、财政部等单位审核，嘉定博物馆、中共代表团驻沪办事处旧址纪念馆、江南造船博物馆等 3 家单位被列入《免费开放博物馆、纪念馆名录》。

随着享受国家财政补贴免费开放博

物馆范围的不断扩大，各博物馆免费开放运行管理的进一步规范，社会文化服务质量同步提升，博物馆免费开放工作也越来越完善。2011年，被列入国家文物局免费开放名单的27家博物馆共接待观众586.7万人次，同比增长2.5%；共举办展览109个，同比增长39.7%。

3. 新馆建设

2011年5月18日，上海轻工玻璃有限公司主办筹建的上海玻璃博物馆正式开馆。博物馆展示面积约5000平方米，其中主馆展览区域2100平方米、科普展项1450平方米。馆藏展示区分为上海日用玻璃艺术、上海车料玻璃艺术、上海学院玻璃艺术和当代国际玻璃艺术等四个部分。博物馆收藏玻璃艺术数千余件，古今中外珍贵玻璃文本资料及文物史料数百部。

12月26日，上海崧泽遗址博物馆奠基仪式在青浦区赵巷镇崧泽村举行。博物馆总用地约1.3万平方米，总建筑面积3680平方米。总投资5565万元。博物馆定位为"遗址保护管理、出土文物收藏、学术研究、乡土史教育及文化休闲旅游"。

【社会文物管理】

（一）文物进出境管理

2011年，国家文物进出境审核上海管理处进境文物审核295人次，4907件；出境113人次，2164件；临时进境复出境86人次，1420件；复仿制品审核19件。文物进出境管理是一项跨部门、跨行业的社会系统工程。在长期的工作实践中，上海管理处与海关、公安、工商等部门加强协作、密切配合，2011年鉴定涉案文物共计10次，鉴定数量为123件。2011年7月，上海市公安局黄浦分局将历年办案中扣押的28件涉案文物，包括陶器、瓷器、铜镜、字画等移交给

上海市文物局，全部文物入藏上海市历史博物馆。

（二）民间收藏文物

2011年，上海市对205场文物艺术品拍卖会的161500余件文物拍卖标的进行了审核，426件禁止上拍的标的被撤拍；审核了上海文物商店申报销售的文物5408件。

【科技与信息】

按照国家文物局宏观管理、上海市文物局组织管理、科研机构运行管理的三级管理机制，组织9项文物保护工程科研项目申报国家文物局2011年度科研项目。在原有基础上继续组织开展文物保护工程科技研究工作，完成《文物保护工程勘察技术规程》《近现代文物建筑保护工程设计方案编制导则》《文物建筑保护工程监理规范》的编制工作。

开展全市文物调研工作，完成了《上海文物经营市场调研报告》《上海市行业博物馆调研》课题，为规范文物市场、行业博物馆的管理及立法工作提供了第一手资料。为进一步探索上海市名人故居的保护利用模式，上海市文物局与上海市政协、上海市规土局、上海市房管局共同申报了上海市哲学社会科学规划课题《上海名人故居保护利用对策研究》，已正式立项。

【文博教育与培训】

认真落实国家文物局的文物培训工作要求，承办了"中国近现代书画鉴定培训班"。

继续开展上海市文物保护工程职业资格培训工作，举办了"第四期上海市文物保护工程从业人员培训班"，培训人数261人，累计培训1100余人。

按照国家文物局"文物调查和数据库管理系统建设项目"的相关规范要求，

结合全市博物馆业务的实际需求，举办了"上海市博物馆藏品管理与信息化培训班"。

举办了"上海市文博管理干部培训班"和"上海市博物馆安全管理培训班"，对全市文博系统的管理干部进行综合业务培训，推动上海文物行政管理职能的全面提升。

【文博宣传与出版】

围绕建党 90 周年、辛亥革命 100 周年、鲁迅诞辰 130 周年等重要纪念日，充分发挥上海革命遗址的优势，开展重要革命旧址、名人故居的挂牌工作。开展系列展览、研讨、演出、宣传和教育活动，唱响主旋律。

全市各文物博物馆单位成功主办或承办了中共创建史学术研讨会、上海市纪念鲁迅诞辰 130 周年大会、上海鲁迅纪念馆建馆 60 周年等重大活动。另外，由中共一大会址纪念馆主办的"上海——红色之源"，中共二大会址纪念馆的"日出东方——中共党史""辅德里的昨天与今天— – 二大会址足迹展"，闸北区革命史料馆举办的"红色火花——火花盒收藏展"，上海鲁迅纪念馆的"鲁迅生平陈列"，上海市历史博物馆的"为共和而战——纪念辛亥革命 100 周年历史文物展"等均取得良好社会反响。

组织开展面向社会公众的"国际博物馆日""文化遗产日""历史文化名城日"等宣传普及教育活动。如"5·18 国际博物馆日"，组织协调全市 82 家主要的博物馆、纪念馆集中免费开放，并推出了 70 余场丰富多彩的活动，进一步增进民众对文物博物馆的理解与认同。

【机构与人员】

上海市文化广播影视管理局（上海市文物局）下属共 5 家单位：中共一大会址纪念馆、上海市历史博物馆、上海鲁迅纪念馆、上海世博会博物馆和上海文物商店。

2011 年 1 月 19 日，上海市机构编制委员会正式批复同意成立上海世博会博物馆。12 月 9 日，上海世博会博物馆由上海世博局划归上海市文广影视局（上海市文物局）管理。世博会博物馆选址于世博会地区文化博览区 15 街坊 15—02 地块（上海世博会浦西园区内），建筑面积约 4 万平方米，建设工期约 2 年，布展时间约 1 年，计划于 2015 年建成开放。全球唯一的世博会博物馆是一座国际性博物馆，具有展览陈列、文物征集、收藏保护、科学研究、社会教育、学术交流、文献中心等七大功能，不仅要全面反映 2010 年上海世博会的盛况，同时还要介绍 1851 年以来的世博会历史，以及其后各届世博会的情况，为与世博会相关的文化交流提供一个平台。

上海市文化广播影视管理局（上海市文物局）所属事业单位人员数量共计 258 名，其中：大专以下 48 人，大专 84 人，大学本科 1024 人，硕士 22 人，博士 2 人；初级 93 人，中级 65 人，副高 19 人，正高 9 人。

【对外交流】

在文物赴外展览方面，2011 年 4 月，中国航海博物馆赴荷兰与荷兰鹿特丹航海博物馆联合举办了"'阴与阳'——中荷航海交流展"；2011 年 4 月 16 日至 10 月 23 日，上海博物馆组织 102 件（套）瓷器和织物赴荷兰海牙市立博物馆举办"上海博物馆藏明清官窑瓷器展"；2011 年 5 月 30 日至 9 月 5 日，上海博物馆组织 2 件展品赴台北故宫参加"山水合璧——黄公望与富春山居图特展"；2011 年 9 月 7 日至 11 月 13 日，上海博物馆组织 60 件（套）绘画藏品赴澳门艺术博物馆举办"山水正宗：故宫、上博珍藏王时敏、王原祁娄东绘画精品展"；2011年10月3日至2012年1月3日，上海博物馆组织10件（套）展品赴台北故宫参加"康熙大帝和路易十四展"。

在文物引进展方面，2011年7月22日至11月6日，上海博物馆和新西兰达尼丁市奥塔哥博物馆在上海博物馆举办"毛利人的世界——新西兰奥塔哥博物馆珍藏文物展"；2011年9月22日至11月27日，上海博物馆和瑞士日内瓦美术历史博物馆在上海博物馆举办"亚历山大·佩里耶（1862~1936）风景画展"。

2011年8月，上海交通大学在上海市文物局支持下，组织上海地区从事文物建筑保护的管理、设计、施工、监理等工作的18名专业技术人员赴意大利博洛尼亚大学文化遗产保护与修复技术系集中培训了两周。

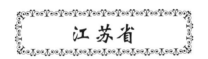

江苏省

2011年，是国民经济和社会发展第十二个五年规划开局之年，江苏文物工作坚持以科学发展观为指导，围绕构建和谐社会、促进经济社会协调发展要求，突出重点，主攻难点，打造亮点，确定28项年度重点工作项目，其中，文物保护单位开放利用、大遗址保护与建设、博物馆免费开放等3项工作被列入江苏省政府2011年重点目标任务。

【执法督察与安全保卫】

2011年，全省文物法制工作抓体制机制建设，抓执法业务培训，抓大案要案查处，为文物事业发展提供良好法制环境。省文物局被江苏省委宣传部、省级机关工作委员会、省司法厅评为"2006—2010年省级机关法制宣传教育先进集体"。

（一）机构建设

在各级党委政府的重视关心、省文物局的指导推动下，镇江、南通、靖江、泰兴、如皋等9个市、县（市）成立文化行政综合执法机构，淮安市楚州区文化行政综合执法机构编制18名已有9人落实到位。省政府将文物保护工作纳入省政府依法行政考核指标体系。

（二）文物安全

省文物局联合省公安厅调研全省博物馆安全情况，共检查13个省辖市、30家博物馆，召开调研会32次，规范博物馆安防审核验收程序，开展全省博物馆安全检查专项行动，督促各级文物、公安部门监督指导各博物馆依法做好博物馆安防达标及整改工作，特别针对已拨付安防经费的博物馆，督促其在规定的期限内尽快完成安防达标任务，4家博物馆通过安防工程验收，16家通过安防方案审核，8家博物馆实施整改。各级文物部门主动应对新闻媒体和社会关注，依法处理文物违法事件，省文物局对镇江双井路宋元粮仓遗址、南京将军山沐英家族墓、南京老城南民居、仪征市仪扬运河两岸工程涉及大运河遗产保护、盱眙明祖陵保护范围内违法建设等问题进行调查处理。

（三）文物行政执法

2011年5月27日，省公安厅、省文物局联合召开江苏省打击文物犯罪专项行动动员部署电视电话会议，传达公安部、国家文物局在西安召开的全国打击文物犯罪专项行动动员部署会议精神，省文物局、省公安厅联合下发"2011打击文物犯罪专项行动"工作方案。省文物局会同省公安厅督办省级文物保护单位——盐城市草堰口—小松林汉墓群被盗一案，召开现场督办会，要求建湖县公安局立案侦查。指导督办淮安市清风园违法案件、徐州市崔家小院被破坏案件、南京市南化十三村不可移动文物被损毁及西天寺工地破坏古墓葬案、南京老城南文物保护问题、省级文物保护单位——矿路学堂遗迹（鲁迅楼）失火问题、国民政府主席官邸（美龄宫）经营问题等在全国有影响的案件。全省共查处文物违法案件12起，其中重大文物犯罪案件5起，制止文物违法行为15起，移交2起，保护不可移动文物32处，可移动文物317件。南京市六合区"1·28"特大盗掘古墓葬案抓获涉案犯罪嫌疑人16名，追回西汉文物107件，其中国家二级文物19件、三级文物62件。央视一套《今日说法》栏目、央视二套《经济与法》栏目专题报道。睢宁县双孤堆汉墓被盗案件抓获犯罪嫌疑人7名。

（四）法制培训和区域合作

全年参加文物法制培训1300余人次，江苏省文物局举办一期江浙沪文物法制业务培训班，邀请省内外文物保护和执法专家授课，江苏、浙江、上海150名文物法制工作人员参加培训。联合浙江、上海文物行政和执法部门在浙江湖州举办一期江浙沪文物执法监察培训班，江苏17人参加培训。

【不可移动文物保护与管理】

2011年，全省不可移动文物、世界文化遗产、历史文化名城名镇名村等文物保护与管理各项重点工作取得较大进展。

（一）文物保护基础工作

文物保护单位申报工作进展顺利。配合国家文物局完成第七批全国重点文物保护单位相关材料后续整理完善工作，完成第七批省级文物保护单位申报初步推荐项目简介编制工作，就第七批省级

文物保护单位推荐项目向省发改委、省水利厅、省国土厅、省民政厅、省委党史办、省住建厅、省军区等单位征求意见，对推荐名单进行修改，上报省政府审批。完成全省第四至六批省级以上文物保护单位保护范围和建设控制地带划定第三轮修改方案，上报省政府审批。省文物局委托南京大学文化与自然遗产研究所开展全省文物保护单位基本情况调查工作，形成调研报告。《江苏省文物保护单位开放利用规范》及文物保护单位开放利用相关等级标准基本完成。加强文物保护工程制度建设，省文物局委托南京博物院负责编制《江苏省文物保护工程方案编制要求》，委托苏州市文物局负责编制《江苏省文物保护工程竣工验收标准》、《江苏省文物保护工程巡查制度》等。完成省级以上文物保护单位记录档案整理建档、文物档案文本整理和档案库建设等工作。

（二）文物保护工程管理

2011年，省文物局组织评审80多个文物保护工程方案和保护规划，完成徐州窑湾赵信隆酱园店维修、如皋文庙大殿彩画保护、扬州岭南会馆维修、无锡大窑路窑群保护、航空烈士墓维修保护、泰州西山寺及北山寺维修保护等一批文物保护工程竣工验收工作。完成2010年度全省文物保护工程资质单位年检工作，2011年第一批资质单位资质申请和等级升级申请材料评审及名单公示工作，包括：勘察设计资质单位乙级2家，丙级1家，暂定级1家；施工资质单位二级2家，三级2家，暂定级1家；监理资质单位乙级2家。省文物局协同省发改委做好"十二五"抢救性文物保护设施项目申报和评审工作。

（三）重点工程项目

全省名人故居古民居抢救保护工程进展顺利，完成第一、二批名人故居古民居抢救保护工程项目及《江苏省名人

故居古民居抢救保护工程（一二批）》成果汇编等相关资料收集整理工作。完成第三批名人故居古民居抢救保护工程项目遴选并上报省委宣传部审批，常州张太雷旧居维修保护工程等 13 个项目入选，省委宣传部从省宣传文化发展基金中拨出 800 万元用于第三批名人故居古民居抢救保护工程项目。已经完成的名人故居古民居抢救保护工程挂牌工作付诸实施。大运河保护和申遗工作稳步推进，完成大运河（江苏段）保护和申遗倒计时工作计划并上报国家文物局备案，按照国家文物局要求建立工作情况季报制度，实时掌握各地工作情况。首批大运河（江苏段）重点文物保护抢救工程 10 个项目基本完成，新沂窑湾古建筑群保护等 8 个项目入选第二批项目，省文物局举行项目启动仪式，并于 8 月 25 日在镇江举行第二批江苏省大运河沿线重点文物抢救保护工程责任书签字仪式。大运河保护规划编制实施工作进展顺利，全省用于大运河保护规划编制的经费达 2000 万元。江苏省大运河保护和申遗市厅际会商小组通过《大运河（江苏段）遗产保护规划》集中评审，上报国家文物局审核，江苏省大运河保护规划第二阶段编制工作宣告完成。徐州、扬州、淮安、镇江、宿迁等运河沿线 8 市市级规划已由当地政府批准公布。

（四）大遗址保护和考古遗址公园建设

在各地申报、专家论证的基础上，确定南京明孝陵等 8 处古遗址古墓葬为江苏首批省级大遗址，并在 6 月 12 日"文化遗产日"举行授牌仪式。根据《国家考古遗址公园管理办法》的有关规定，省文物局对江苏大遗址保护工作进行重点指导，制订保护规划，建设考古遗址公园。盱眙大云山江都王陵、张家港黄泗浦遗址、姜堰天目山遗址等遗址保护规划已由当地政府编制完成。省文物局

组织中国社会科学院等单位相关专家，对《扬州城考古工作计划》进行论证评审，提出扬州城遗址考古的位置，上报国家文物局。

（五）世界文化遗产管理及名城名镇名村保护

根据国家文物局统一安排，组织完成江苏省中国世界文化遗产预备清单更新上报工作。配合国家文物局开展世界遗产监测预警管理信息系统建设、世界文化遗产——苏州园林保护管理情况调研，组织世界遗产地相关人员参加国家文物局在湖北荆州市举办的世界遗产地安全管理培训班、联合国教科文组织和国家文物局在苏州举办的世界遗产监测管理国际培训班，组织参加世界遗产监测管理国际研讨会、中国世界文化遗产监测管理工作会议及大运河申遗准备工作研讨会。根据国家文物局、住房和城乡建设部的统一部署，省文物局、省住建厅对全省国家历史文化名城、中国历史文化名镇名村保护工作检查自查及相关工作进行抽查，完成相关检查材料报送工作。7 月 15 日至 19 日，以国家文物局单霁翔局长任组长，住房和城乡建设部、国家文物局相关司室及有关专家组成的国家历史文化名城中国历史文化名镇名村保护工作检查组，对江苏南京市、镇江市和无锡市贯彻落实《历史文化名城名镇名村保护条例》情况进行为期五天的全面检查，对江苏历史文化名城保护工作给予充分肯定。省文物局、省住房和城乡建设厅联合开展省级历史文化名城名镇名村专项检查。省文物局参加《沙溪历史文化街区保护规划》《大丰古盐运保护区历史地段保护规划》《南京市城市总体规划》《南京市历史文化名城保护规划》《高淳历史文化名城保护规划》《凤凰镇历史文化名镇保护规划》《无锡礼社村历史文化名村保护规划》等一批规划的审核论证工作。

（六）第三次全国文物普查

在全国率先开展全省第三次全国文物普查调查资料档案评比表彰活动，省第三次全国文物普查领导小组办公室对南京市鼓楼区普查办等26个全省第三次全国文物普查调查资料档案工作先进单位和林劲等67名先进个人进行表彰。各市、县（市、区）均建立普查档案库房或档案专柜，安排专人管理。建立全省文物普查调查资料档案管理系统。根据国家文物局普查办《第三次全国文物普查工作报告编制大纲》要求，省普查办制定印发《江苏省第三次全国文物普查工作报告编制细则》，举办全省第三次全国文物普查工作报告培训班，《江苏省第三次全国文物普查工作报告》编制完成并上报国家文物局普查办。按照国家文物局普查办《第三次全国文物普查实地文物调查数据误差率抽样检测指导意见》要求，省普查办制定印发《江苏省第三次全国文物普查文物实地调查误差率抽样检测实施办法》，召开第三次全国文物普查文物实地调查误差率抽样检测试点观摩会，十一个省份代表参加。省普查办选择高邮市界首镇开展省级文物实地调查误差率抽样检测工作。省文物局委托省基础地理信息中心设计研发江苏省第三次全国文物普查不可移动文物地理信息管理系统，集不可移动文物信息查询、数据统计、动态管理于一体，项目历经需求分析、数据库建设、管理系统开发、文物点GPS数据修正、普查数据一审、二审、三审、四审数据修正等一系列系统研发与数据处理，实现设计目标。省普查办委托省基础地理信息中心实施《江苏省第三次全国文物普查不可移动文物管理信息系统》移植工作，实现江苏省第三次全国文物普查不可移动文物的信息共享。完成江苏省普查数据上报工作，经国家文物局普查办最终确定，江苏省第三次全国文物普查点为

20007处。省普查办编制完成《江苏省第三次全国文物普查不可移动文物名录》，由不可移动文物点名称、年代、类别、简介及代表性照片组成。南京市出版《第三次全国文物普查南京重要新发现》、常州市出版《常州市第三次全国文物普查成果集》、扬州市出版《扬州市第三次全国文物普查新发现》、盐城市出版《盐城市第三次全国文物普查新发现》。推动将普查新发现公布为各级文物保护单位，苏州市有241处新发现文物点公布为文物保护单位或控制性保护单位，仪征、高邮、宝应、邗江等县（市、区）公布111处新发现文物点为文物保护单位，金坛市有468处文物点公布为控制性保护单位。

【考古发掘】

全年共上报考古发掘项目38项，考古发掘成果丰富，尤其是汉代墓葬、唐宋遗址的发掘有新的发现。南京博物院牵头开展南水北调二期控制性项目8个项目考古发掘工作，省文物局会同省南水北调办公室进行阶段性总结验收。世界银行贷款项目——泰东河工程文物保护工作稳步开展，工程沿线发现10处古遗址或古墓葬。另外，对句容华晟电厂、徐州华鑫电厂、常州弘博热电厂等，对镇江104国道改造工程、部分房产开发等10多项工程进行考古调查勘探工作。指导南京市做好汤山猿人化石地点、梅花山区域、明故宫遗址大遗址保护和遗址公园建设的前期文物勘探工作。在国家文物局"2010年全国十大考古新发现"评选活动中，江苏南京大报恩寺遗址、苏州木渎春秋古城遗址考古发掘双双入选全国十大考古新发现。盱眙大云山遗址、张家港东山村遗址和苏州草鞋山遗址分别申报国家田野考古奖。省发改委、省财政厅、省物价局联合印发

《江苏省考古调查、勘探、发掘经费预算办法》。

2011年6月9日，"2010年度全国十大考古新发现"评选结果揭晓，江苏苏州木渎古城遗址、南京大报恩寺遗址双双入选"2010年度全国十大考古新发现"。从2009年下半年至2010年年底，由中国社会科学院考古研究所与苏州市考古研究所共同成立的联合考古队，在苏州西南山区木渎、胥口一带山间盆地内进行一年多的考古发掘工作。2010年6月，经专家组论证确认，苏州木渎古城遗址包括苏州市吴中区木渎镇、胥口镇和穹窿山风景区三个乡镇的部分地区，总面积24.79平方公里，是目前所知的我国春秋时期最大的具有都邑性质的古代城址。古城址内已经发现的遗存种类丰富，如城墙、河道、水城门、作坊、墓葬等。苏州木渎古城遗址的确认，是吴文化考古的重大突破。南京大报恩寺遗址考古发掘曾入围"2009年全国十大考古新发现"初评，自2007年2月起，南京市博物馆对遗址北区进行全面发掘，至2010年11月，田野工作基本结束，共完成发掘面积5.6万平方米。在遗址的中轴线上先后清理出明代大报恩寺所属的香水河桥、主道、天王殿、大殿、琉璃塔、观音殿、法堂等主要建筑；在中轴线两侧，先后发掘永乐、宣德两座御碑亭、轮藏殿、伽兰殿、画廊，以及河道、排水暗渠、水井、围墙等建筑和设施。在遗址最高处发现北宋长干寺塔基与地宫，地宫是目前国内发现的最深的佛塔地宫，从地宫中出土的文物达1.2万多件，包括全国最大的"塔王"，还有银椁、金棺、大小银函、水晶瓶等，是研究宋代舍利瘗藏制度的重要材料。最珍贵的是，在地宫出土了佛顶真骨、感应舍利等多份佛教圣物，使我国同时拥有了佛顶骨舍利、佛指骨舍利（陕西法门寺）和佛牙舍利（北京灵光寺）等三

大佛舍利。另出土近百幅保存完好的宋代丝织品，在新中国考古史上非常罕见。

【博物馆与可移动文物保护】

2011年，全省博物馆、纪念馆和考古发掘、大遗址工作围绕县级博物馆建设、服务水平提升、切合民生需求等方面开展工作，在数量上和质量上均实现新的突破。

（一）县级博物馆建设

围绕"十二五"全省"县县有博物馆"工作任务，开展专题调研，制订工作方案，召开全省"县县有博物馆"工作推进会议，来自全省文化、文物系统70余人参加会议，南京市江宁区博物馆、常熟博物馆、仪征博物馆、邳州博物馆、淮安市楚州区博物馆等5家单位作经验交流，宜兴、溧阳、苏州市吴中区、启东、靖江等5个市、区文广新局，代表全省尚未建立博物馆的22个县（区）作表态性发言，会议组织代表参加南京市江宁博物馆新馆开馆仪式。县级博物馆展览展示和服务水平不断提升，柳亚子纪念馆等10家博物馆、纪念馆列为2011年度全省县级博物馆展览展示和服务水平提升工程项目实施单位，省文物局在赣榆县博物馆召开推进会，与10家项目单位分别签订责任书。

（二）博物馆免费开放

据统计，全省文化文物系统符合开放条件的博物馆、纪念馆免费开放率已达90%以上。省文物局与省财政厅、省委宣传部、省文化厅、省科协共同制定出台《江苏省公共文化设施免费开放绩效考核暂行办法》，加强博物馆、纪念馆、科技馆、美术馆和爱国主义教育基地等公共文化服务设施免费开放管理与监督，充分发挥其展览展示和社会服务功能，提高专项经费使用效益。省文物局继续组织开展全省馆藏文物巡回展览，

结合"5·18 国际博物馆日",在仪征市举行全省馆藏文物巡回展启动仪式,确定"月是故乡明——仪征出土文物精品展"等 7 个展览为 2011 年巡回展内容。

(三)博物馆管理

全年新批准设立 25 座博物馆。根据国家文物局《关于做好 2010 年度博物馆年检工作的通知》要求,组织开展博物馆年检工作,全省有 230 座各级、各类博物馆、纪念馆上报年检,222 座博物馆通过省文物局组织的初审,国家文物局核定 188 家。完成全省馆藏近现代文物鉴定定级工作。做好江苏 2010 年度国家一级博物馆运行评估工作。南京博物院、侵华日军南京大屠杀遇难同胞纪念馆、苏州博物馆、南通博物苑、扬州博物馆等 5 家博物馆(纪念馆)参与评估。在国家文物局开展的第九届(2009～2010 年度)全国博物馆十大陈列展览精品评选活动中,南京市博物馆"龙蟠虎踞——南京城市史"被评为最佳制作奖,淮海战役纪念馆"淮海战役纪念馆基本陈列"被评为最受观众欢迎奖。在第二届"全省博物馆优秀陈列展览"评选活动中,无锡鸿山遗址博物馆"鸿山遗址博物馆基本陈列"等 5 个展览获得精品奖,另有 6 个陈列展览获得单项奖。省文物局制定《江苏省博物馆陈列展览设计和施工资质管理办法》,规范博物馆陈列展览设计和施工资质管理。

为扩大东西部文化交流,开展文物援疆工作,南京博物院无偿为伊犁州博物馆设计布展施工,徐州市、扬州市向新疆伊宁市汉家公主纪念馆无偿捐赠陶鼎、陶女俑、茧形壶等 10 件馆藏文物精品,丰富该馆的陈列展览。

【社会文物管理】

国家文物局在江苏召开全国文物拍卖管理工作座谈会。2011 年,全省新增一类拍卖资质企业 1 家,新增文物拍卖企业 1 家。全省现有文物拍卖企业 19 家,其中具备一、二、三类文物拍卖资质的企业 8 家,具备二、三类文物拍卖资质的企业 11 家,全年审核文物拍卖 35 场。

2011 年 1 月 11 日,国家文物局在江苏南京召开全国文物拍卖管理工作座谈会。国家文物局副局长宋新潮、江苏省文物局局长龚良、副局长刘谨胜出席会议。商务部、海关总署、国家工商行政管理总局等部委的相关负责同志以及全国 24 个省、自治区、直辖市文物行政管理部门的负责同志参加座谈会,会议由国家文物局博物馆与社会文物司司长段勇主持。会议回顾总结文物拍卖管理工作取得的成绩和经验,分析当前文物拍卖经营活动出现的新问题和面临的新形势,探讨促进文物拍卖市场持续、健康发展的管理思路和措施,北京、江苏、山东三省介绍了本地区文物拍卖市场管理情况。

【文物宣传】

2011 年,全省文物宣传普及、文物科研、业务培训等工作注重实效,取得新的进展。10 月中旬,国家文物局在山西召开全国文物宣传工作座谈会,江苏被推荐做大会交流发言,介绍江苏的做法经验。

省级机关法制宣传办公室将《文物保护法》、《文物保护法实施条例》、《非物质文化遗产保护法》、刑法等文物保护法律法规纳入全省"六五普法"培训教材。以"文化遗产与美好生活"为主题,成功举办 2011 年文化遗产日暨第五届江苏省文物节系列活动,《新华日报》推出专版,刊登曹卫星副省长署名文章《保护文化遗产 建设美好江苏》。省文物局创新宣传模式,借助地铁和公交移动电

视进行文化遗产保护宣传，受众面达
1200 万人次。新华日报、扬子晚报、江
苏卫视等各大媒体对"双节"进行集中
宣传。苏州市结合地方特色，开展"古
城寻宝大行动""我为城墙添块砖"等活
动，拉近社会公众与文化遗产之间的距
离。全市博物馆志愿者队伍已有海内外
各界人士 150 余人登记注册，平均每年
服务观众 4000 余人次，累计提供中英文
讲解服务 3 万小时。泰州市在全国率先
成立文化遗产保护志愿者队伍，开展文
化遗产保护志愿者第三次全国文物普查
数据核查等活动。

【文博教育与培训】

省文物局分别举办全省博物馆馆长、
第四期文物保护工程管理、文物保护工
程方案编制高级研修等各类培训班。结
合国家文物局在南京博物院举办的纸质
文物保护三个行业标准的培训，全省纸
质文物保护人才队伍的业务水平得到提
高。各级文物部门按照上级要求，结合
地方实际，举办一系列文物博物馆业务
培训班，全面提高全省文物博物馆工作
者的业务水平和综合能力。

【规划编制】

对照国家文物局《国家文物博物馆
事业发展"十二五"规划》，结合江苏经
济社会发展实际，反复论证、修改，完
成江苏省文物事业发展"十二五"规划
文本和项目库的编制，经省、中央两级
专家评审和咨询论证后，首次由省发改
委、省文物局联合印发实施。

2011 年，江苏按照国家文物局的要
求，承办一年一度的中国文化遗产保护
无锡论坛、中国大运河保护与申遗扬州
会议、《辛亥革命纪念建筑》首发式暨民
国建筑保护研讨会等一系列活动。

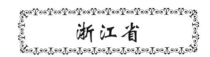

【概述】

2011 年，杭州西湖文化景观提名项
目正式列入世界遗产名录，成为我国第
41 处世界遗产，实现了浙江省世界文化
遗产零的突破。浙江省、杭州市随即采
取措施，推进遗产地的后续保护管理。
按照国务院统一部署，浙江省的第三次
全国文物普查圆满结束。全省依托普查
成果，加大文物保护单位申报力度。全
省文物系统全年组织实施 45 项考古发掘
项目，取得重要成果。

6 月 1 日至 9 月 25 日，由浙江省博
物馆、台北故宫博物院等联合举办的
"山水合璧——黄公望与《富春山居图》
特展"在台北举行，在海内外引起巨大
反响。中国·安吉生态博物馆挂牌，成
为全国首批生态（社区）博物馆示范点
之一。

"文化遗产日"期间，浙江省以温州
市为首个省级"文化遗产日"活动主场
城市中心，上下联动开展宣传。此外，
浙江省全年还举办了宁波海上丝绸之路
与世界文明进程国际论坛、温州东瓯文
化学术研讨会、舟山郑和与航海暨双屿
港国际论坛、余姚河姆渡文化国际学术
论坛、萧山跨湖桥国际学术研讨会等会
议及学术论坛。

【法规建设】

2011 年西湖申遗成功后，杭州市及
时出台了《杭州西湖文化景观保护管理
条例》等地方性法规，强化对世界遗产
的保护。《宁波市文物保护点的确认和取

消管理办法（征求意见稿）》颁布实施。浙江省文物监察总队承担的课题《文物保护单位执法巡查办法》由国家文物局正式发布。

【执法督察与安全保卫】

2011 年，浙江省文物执法监察机构巡查各级文物保护单位（点）、博物馆 8500 家（次）、1.2 万余人次，并协同公安、消防等部门开展 126 次联合检查；还继续做好对 3 万平方米以上大型基本建设工程的前置执法巡查，同时加大对文物违法案件和文物犯罪活动的查处、打击力度，全年共接受各类举报 122 件，罚款 80 万元，追缴文物 2486 件。全省积极开展文物执法交叉检查，在湖州举办了江浙沪文物执法监察业务培训班，浙江省文物监察总队联合开展《文物行政执法巡查工作手册》《文物行政处罚案卷评析》的项目调研与编制撰写，对国家文物局委托项目《文物行政执法巡查档案标准研究》进行了调研、撰写；成立了文物保护监督员队伍，加大对偏远地区文物保护单位的监管力度。江浙沪文物行政执法监察区域合作和监察工作交叉执法检查活动提升了监察执法效能。

2011 年，浙江省建立了省公安厅等十部门组成的全省文物安全工作联席会议制度，召开了联络员和全体成员会议，构筑文物安全工作长效机制。根据国家要求，浙江省各地成立了重大突发性公共事件应急领导小组，大部分文博单位重新修订、完善了突发事件应急预案，构建起重大突发性公共事件应急领导组织网络。为落实安全保卫工作，全省全年实施新建、改造文物库房和安全技术防范工程近 20 项，安全技术防范达标率达 82.85%，文物系统风险单位连续六年实现安全年无事故。此外，浙江省根据当前形势，重新评估、公布了全省 118 家文博单位的安全风险等级。

【不可移动文物的保护和管理】

浙江省的第三次全国文物普查自 2007 年启动，至 2011 年 12 月结束。全省 11 个设区市、90 个普查基本单元经国家文物局数据核定，共调查登记不可移动文物 73943 处（包括新发现文物 61728 处，复查文物 12215 处）。其中古遗址 3773 处，古墓葬 3554 处，古建筑 46214 处，石窟石刻 914 处，近现代重要史迹和代表性建筑 19278 处，其他类 210 处。

2011 年，浙江省共有全国重点文保单位 132 处，省级重点文保单位 748 处（2011 年 1 月浙江省政府新公布第六批省级文物保护单位 373 处、与原有省级文物保护单位合并项目 14 处、更名 2 处），新公布宁波它山堰保护规划。全年省级财政补助各地不可移动文物保护项目 65 项，补助经费 3120 万元，并将此前每年 1000 万的全省廊桥保护专项资金调整为宗祠建筑保护专项资金，用于扶持全省宗祠建筑保护项目。

浙江省不断加大大遗址保护力度，推进大窑龙泉窑遗址、杭州临安城遗址等大遗址保护规划的编制和审查，主动实施大遗址考古项目，组织编制了河姆渡文化核心区及田螺山遗址等七项大遗址考古五年工作计划；并进一步深化良渚国家考古遗址公园建设，组织编制了瑶山遗址展示方案，规划了"一轴一核两心三片"的遗址公园结构形态。

2011 年，浙江省认真执行文物保护工程方案审查专家咨询制度，追求恰如其分的保护技术措施，努力建立开放透明的准入制度，形成开放、有序竞争的行业环境，新申报获批文物保护工程施工一级资质单位 3 家、监理甲级资质单位增加业务范围 1 家；并申报国保单位维修工程立项 9 项，审批国保单位维修工程方案 11 项、国保单位维修工程施工图 4 项。另有一处古墓葬保护工程方案上报国家文物局批准同意。

西湖申遗成功后，浙江省成立了杭州西湖世界文化遗产监测管理中心，实现了信息化、精细化、智能化管理。浙江省人大常委会审议通过《杭州西湖文化景观保护管理条例》，为做好西湖文化景观的后续保护管理提供了坚实的组织、法律保障。此外，大运河（浙江段）第一、第二阶段遗产保护规划及大运河遗产保护与管理总体规划编制工作已经完成，申遗点段保护整治工作全面启动。大运河（浙江段）遗产保护规划获原则通过。全省按国家文物局部署，启动了《中国世界文化遗产预备名单》更新调整工作。

2011 年，浙江省努力推进历史文化名城名镇名村保护工作，完成了第四批省级历史文化名镇、名村的推荐考察；根据建设部和国家文物局统一部署，开展了国家历史文化名城、中国历史文化名镇名村保护工作检查和《浙江省历史文化名城保护条例》的修订。嘉兴市被国务院公布为国家历史文化名城，使浙江省国家历史文化名城达到 7 个。

【考古发掘】

2010 年，浙江省组织实施 45 项考古发掘项目，桐庐小青龙遗址等一批考古发掘项目获得重要成果。湖州毗山遗址，德清火烧山窑址考古发掘品的指定收藏工作宣告完成。《德清亭子桥战国原始瓷窑址》《六家山》等考古发掘报告出版。良渚古城考古项目获"国家文物局田野考古（2009～2010 年）"一等奖。全国首个水下文化遗产保护县级工作站——国家水下文化遗产保护宁波基地象山工作站获批成立，进一步健全了浙江省水下文化遗产保护机构和平台建设。

1. 桐庐方家洲遗址考古

2010 年 10 月起，浙江省文物考古研究所会同桐庐县博物馆对桐庐方家洲遗址进行了第一、二期考古发掘，揭露面积约 1700 平方米。遗址玉石器制造的工作流程较为清晰。这也是长江流域第一次发掘的玉石器制造场遗址。

2. 临平茅山遗址东区考古发掘

2011 年 2 月至 9 月，浙江省文物考古研究所、余杭江南水乡博物馆进行了茅山遗址第三期发掘。其中东区新揭露面积约 12000 多平方米，包括近 8000 平方米稻田遗迹；西区揭露面积 3300 平方米，共清理良渚文化墓葬 23 座、灰坑 14 个、井 5 口、灰沟 3 条、红烧土田埂 2 条，马家浜文化墓葬 2 座、灰坑 64 个，崧泽文化墓葬 2 座、灰坑 1 个，广福林文化灰坑 5 个、井 1 口。

茅山遗址的良渚文化聚落由居住区、墓地区和稻田区组成，布局结构相对清晰完整，是良渚文化聚落考古的新突破。遗址良渚文化中期条块状稻田和晚期大面积水稻田在良渚文化均属首次发现。其中良渚文化晚期大面积稻田揭露出明确的道路系统、灌溉系统和完整的长条形田块结构，是长江下游地区史前稻作农业资料中首次发现的新类型，也是国内此前发现保存最好、结构最完整的新石器时代水稻田遗址。这些发现对于研究良渚文化时期的聚落形态、稻作农业，进而深入理解良渚文化在中华文明起源中的作用等都有重大意义。茅山遗址不同时期稻田遗迹的发现填补了太湖地区史前稻作农业发展演变研究中的空白，为全面系统研究新石器时代中国东南地区稻作农业的发展过程提供了非常珍贵的资料。茅山遗址良渚文化时期独木舟也属首次发现，是国内考古发掘出土中最长、保存最完整的史前独木舟，对于研究中国水上交通史、了解良渚文化时期先民生产生活状态提供了珍贵的实物资料。

3. 临平玉架山遗址发掘

2008 年 10 月起，浙江省文物考古研究所和余杭江南水乡博物馆联合对玉架山遗址进行考古钻探和发掘，已发现四个相邻的、由"环壕"围绕的良渚文化"环壕聚落"遗址。2010 年至 2011 年，考古人员清理良渚文化墓葬 137 座、灰坑 9 座，发现建筑遗迹 3 处。近年来开展的多项考古工作表明，临平山的西、北部地带存在良渚文化较大规模的聚落，玉架山遗址或为该聚落的中心墓地。

4. 余姚田螺山遗址

2010 年 10 月到 2011 年 10 月，浙江省文物考古研究所开展田螺山第二阶段发掘，新出土各类重要聚落遗迹 20 多处，各类遗物 300 余件。其中成排坑底带大块垫板的建筑基础遗迹具有鲜明、典型的建筑技术时代特征；居住区内再次发现可能是最早的茶树根浅坑。保护棚西侧的古稻田发掘区已揭出距地表 60 厘米左右深度的泥炭层、距今 4000 多年的稻田堆积及田边的水沟状遗迹。

5. 海宁瑞寺桥遗址，

2011 年 3 月至 6 月，浙江省文物考古研究所、海宁市博物馆对海宁瑞寺桥遗址进行两期考古发掘，发掘面积 1300 多平方米，发现崧泽时期长条形土台一座，清理崧泽晚期至良渚早期墓葬 34 座，出土陶器、石器、玉器、骨器等 120 余件（套），灰坑 46 个，水井 1 个。其中圆和弧边三角形组合玉件极为重要，在嘉兴地区属首次发现。海宁瑞寺桥遗址是一处保存相对完好的崧泽时期小型聚落遗存，为嘉兴地区崧泽—良渚文化研究提供了新的重要资料。

6. 桐庐小青龙遗址

2011 年 9 月起，浙江省文物考古研究所与桐庐博物馆联合对桐庐小青龙遗址北部进行考古调查和抢救性考古发掘，发掘面积约 1200 平方米，发现良渚文化

时期墓地 1 处，已清理墓葬 30 座，出土各类遗物 150 余件（套），另清理良渚文化房址 1 座，灰坑 15 个，为探索钱塘江中上游山地、丘陵地区的考古学文化面貌、聚落形态及这一地区与东部平原地区史前文化的关系提供了全新资料。

7. 海宁小兜里遗址东区

2010 年 12 月至 2011 年 5 月，浙江省文物考古研究所和海宁市博物馆对海宁小兜里遗址东区进行了考古发掘，发掘面积 1000 平方米，清理崧泽—良渚文化时期土台 5 座、崧泽文化时期墓葬 5 座，崧泽、良渚、马桥三个文化时期的灰坑 44 个，建筑遗迹 1 处，出土陶器、石器、玉器等 43 件。发掘表明，东、西两区年代相同，遗址的形成和演变过程一致，是紧密相连的聚落整体，从而丰富了浙北嘉兴地区该时期聚落考古内容及对小兜里聚落遗址的整体认识。

8. 路桥灵山遗址

2011 年 3 月至 5 月，浙江省文物考古研究所、路桥博物馆对灵山遗址进行正式发掘，面积 500 平方米，共清理灰坑 23 个、灰沟 2 条，还发现一些建筑性质的柱洞遗迹。其中两个坑中套有整木雕挖、厚薄均匀木筒的灰坑比较特殊。此外多处灰坑内发现了数量较多的炭化稻米遗存，增添了新石器时代晚期台州沿海地区农业经济生活的研究资料。

9. 海宁皇坟头遗址

2011 年 3 月至 7 月，浙江省文物考古研究所联合海宁市博物馆对公路工程涉及的海宁皇坟头遗址进行了抢救性发掘，揭露面积 1800 平方米，清理了良渚文化墓葬 35 座，发现了 8 个良渚文化圆形石砌遗迹。这类圆形石砌遗迹在良渚文化发掘中尚属首次发现，其性质及与墓地的关系还有待于进一步发掘。

10. 安吉上马山古墓葬

2010 年 3 月至 2011 年 10 月，浙江省文物考古研究所、安吉县博物馆联合对上

马山古墓群进行抢救性发掘，共发掘土墩40座，揭露面积4000多平方米，清理西周—唐宋时期墓葬107座，出土陶瓷器及玉器、石器、铜器、铁器等878件。其中两座西汉晚期土墩墓发现了汉六朝时期砖室墓中普遍出现的排水沟的雏形。

11. 德清小紫山土墩墓

2010年10月至2011年1月，浙江省文物考古研究所会同德清县博物馆对小紫山商周土墩墓群进行了抢救性发掘，共发掘商周时期土墩14座，墓葬50多座，出土100多件商周时期各种类型的原始瓷、印纹硬陶、石器、玉器等文物。

小紫山土墩墓群出现时期早，延续时间从商代早期直至战国时期，序列相当完整，明确了商代土墩的存在，普遍发现了商周时期土坑型土墩墓，并首次在商代土墩墓中正式发掘出土原始瓷器，为探索土墩墓演变提供宝贵材料，对探索商周时期江南土墩的起源、墓葬制度的发展、原始瓷与印纹硬陶的制作工艺等方面都具有重要的意义。

12. 湖州杨家埠古墓葬

2011年3月至10月，浙江省文物考古研究所对湖州杨家埠古墓葬开展持续性考古发掘，共发掘土墩24个，清理土墩内古墓葬124座，出土各类随葬品1423件。汉代土墩墓是我国汉墓中的新类型，在湖州地区有大量分布，不仅凸显了浙北地区汉墓的独特风格，亦显示了越族遗风的发展。随着考古资料的不断积累，近年来此类土墩墓在山东、江苏、湖南等地发现，应对古代越人后裔的人口流动、丧葬习俗的传承和拓展等研究具有十分重要的意义。

13. 龙游夏金汉六朝墓葬

2011年3月至6月，浙江省文物考古研究所、龙游县博物馆对位于龙游县詹家镇夏金村方家山的古代墓地进行了抢救性考古发掘，面积约2000平方米，共发掘东汉墓葬2座，南宋墓葬2座。

两座南宋墓墓葬形制保存完整，具有一定的文物价值，对研究江南地区南宋时期葬俗具有重要价值。

14. 金华经堂头古墓葬群

2010年10月至2011年1月，浙江省文物考古研究所对金华经堂头古墓葬群进行了大面积考古发掘，揭露面积约4000平方米，共清理汉至宋代墓葬9座。其中4座汉墓排列有序，出土的一批硬陶器及少量青铜容器、铁制兵器较完好。此次发现的汉代青铜容器在金华地区极为罕见，成组的墓葬形制和规模亦居当地历年正式发掘汉墓之首，是研究金华地区汉代经济、文化面貌的重要文物资料。

15. 嵊州外山头土墩石室墓

2011年3月至4月，浙江省文物考古研究所、嵊州市文物管理处联合在嵊州市三江街道缸窑村外山头清理了1座土墩石室墓。该墓石室结构合理，用料考究，出土器物丰富且制作精良，蕴含越国丧葬礼俗和器用制度。其隆重的物质性、礼仪性非平民墓所能涵代，但较绍兴印山越墓、东阳前山越墓、无锡鸿山越墓等大贵族墓又显低，故可能是春秋晚期越国小贵族墓。封门、甬道、空间性是界定室墓的重要因素，该石室墓均已具备，比汉代盛行的室墓早数百年，对中国室墓的独立起源提供了重要依据。

16. 萧山蜈蚣山土墩墓

2011年3月下旬，杭州市萧山区萧山湘湖管委会山林队在例行巡察时发现山顶有多次人工盗挖痕迹，并发现一伙盗墓贼。随后，杭州市文物考古所与萧山博物馆联合进行实地调查，发现7处盗挖痕迹、21个盗洞。3月至10月，杭州市文物考古所与萧山博物馆对该地块进行抢救性考古发掘，发掘面积500平方米，共清理完成30座土墩墓，出土遗物582件。这是杭州地区第一次大规模科学揭露数量众多的土墩墓，清理的土墩墓类型丰富多样，出土遗物较多、类型丰富，对探讨萧山地区商周时期丧葬习俗和文化内涵具有十分重要的意义,为研究浙江甚至江南土墩遗存提供了新的资料。

17. 杭州新宫桥地下停车库项目

2011 年 7 月,杭州市文物考古所对新宫桥地下停车库建设地块进行了抢救性发掘,发掘面积 100 平方米,先后揭露出河道驳岸和房址等遗迹。此次发现的河道驳岸遗迹向东接中河,为古代杭州重要河道之一,南宋时为临安城内重要河道,一直沿用至民国初。发现的河道及桥墩遗迹保存较好,砌筑规整,遗迹年代可上溯至宋代,且历代修整痕迹明显,是杭州城市河道建设演变的重要例证之一,对研究杭州南宋以来城市格局及其历史变迁提供重要的实物依据。

18. 余杭小横山墓群

2011 年,杭州市文物考古所对小横山南坡发现的墓葬进行抢救性发掘,共发掘汉、东晋南朝、隋及明代墓葬 100 余座,其中汉墓 3 座,明墓 1 座,其余均为东晋南朝至隋代墓葬,出土文物 200 余件(套)。此次的东晋南朝墓群为杭州地区数量最多、分布最密集的大型墓地,不少墓葬规模宏大,装饰精美。个别大型墓壁装饰拼镶的砖画种类丰富、制作精良,具有极高的研究和艺术价值。

19. 长春塘遗址发掘

2011 年 1 月至 3 月,宁波市文物考古研究所对长春塘遗址进行抢救发掘,总发掘面积 300 平方米。遗址主要由塘体、木桩及古河道等部分组成。长春塘塘体构造方式与宋代《营造法式》所载"筑基之制"相符,土塘的始筑年代应不晚于宋,石塘为明万历四十六年(1618 年)改筑。本次发掘不仅为《营造法式》提供了难得的实物例证,同时也为再现南塘河历史街区风貌及古代宁波水陆交通、水利工程设施和城市发展史研究提供了重要参考。遗址现已予以原址保护及展示。

20. 句章故城 2011 年度考古勘探与试掘

2011 年 2 月起,宁波市文物考古研究所再次启动句章故城考古工作,通过为期三个多月的勘探试掘,在两条面积约 15 平方米的试掘探沟中出土了数量丰富、具有典型春秋战国时代特征的生活用具,其中不乏等级、规格较高的器物;还各发现 1 处倒塌建筑基址和 1 座干栏式木构建筑遗迹。以上这些遗迹与遗物的发现表明,今宁波地域出现的最早城邑——句章故城的始建年代确有可能是在春秋战国时期,至迟也不会晚于秦汉时期,这与历史文献的相关记载基本吻合,也可互为印证。

21. 余姚大隐云溪南宋魏豹文夫妇合葬墓

魏豹文墓位于余姚市大隐镇西南云溪禅寺观音阁东侧山坡上,2011 年 3 月,宁波市文物考古研究所与余姚市文物保护管理所联合进行了抢救发掘。该墓是宁波地区又一经正式发掘的南宋高等级墓葬,为南宋时期高等级墓葬研究提供了第一手实物资料。

【博物馆与可移动文物保护】

2011 年,浙江省全年推出展陈项目 961 个,吸引参观人数 2205.1 万(其中未成年人参观人数 551.7 万),评出精品项目 27 个,颁发精品奖 10 个,落实了免费开放博物馆的陈列展览补助。

全省共有 246 家博物馆、纪念馆参加了 2010 年度博物馆、纪念馆年检,234 家通过初审,其中新增加博物馆、纪念馆 32 家,通过国家文物局年检的 191 家,继续保持全国第一。揭牌成立的中国·安吉生态博物馆成为全国首批生态(社区)博物馆示范点之一。浙江省完成了《关于我省民办博物馆发展情况》的报告,积极组织博物馆参加国家文物局"国有博物馆对口帮扶民办博物馆"试点申报，加大了对民办博物馆的扶持力度。中国丝绸博物馆与海宁市政府签订合作建设"中国蚕桑丝织文化遗产生态园"的协议，在拓宽蚕桑丝织文化遗产保护、传承和利用途径，创新机制方面进行了探索尝试。同时，嘉兴市博物馆馆藏金属文物等一批可移动文物的保护修复方案审核通过，杭州市所辖市、县国有文物收藏单位的馆藏书画文物鉴定完成，嘉兴南湖革命纪念馆、嘉兴博物馆等单位的一批藏品进行了鉴定和定级。文博风险单位安全技防工程及文物库房新建、改造达标工作循序渐进中，馆藏文物未发生重大人为安全事故。省文保科技项目顺利实施，使文物保护科技开始向体制、机制创新的新阶段迈进。

2011年，浙江省国家文物收藏单位可移动文物总数达771994件，其中一级文物2240件，二级文物10609件，三级文物69900件。8月，"纺织品文物保护国家文物局重点科研基地新疆工作站"在新疆维吾尔自治区博物馆建立，并制订了"新疆工作站工作条例"和"新疆工作站学术委员会工作条例"，成立了学术委员会，开展了为新疆地区培养纺织品文物修复人才的工作。首期新疆学员培训班（杭州）的6位学员在杭完成第一阶段为期3个月的专业理论和实际操作培训。同时，中国丝绸博物馆改造基地纺织品文物修复展示馆，开展纺织品文物纤维标本库、染料标本库、胶粘剂标本库建设，招聘了10名编外纺织品文物修复技工，并进行了技能培训，扩大了修复队伍。

浙江省博物馆运用大型饱水木质文物真空冷冻脱水研究成果，为省内外出土饱水木质文物保护提供技术服务；并依托区域创新联盟员单位技术优势开展临平茅山遗址独木舟提取保护联合攻关，完成茅山良渚文化遗址出土独木舟的保护棚建造、整体提取搬运及独木舟玻璃

钢支持体制作、内部土清除、舟体脱盐等工作；还开展了海洋出水陶瓷、金属和木质文物保护技术研究。中国丝绸博物馆利用技术研发成果，为浙江嘉兴、江西、上海等地文博单位出土丝织品文物保护提供技术服务。

【社会文物管理】

2011年，浙江省进一步规范、强化了文物市场管理和文物进出境审核工作，召开了全省文物拍卖工作座谈会，进一步落实了《文物拍卖企业资质年审管理办法》，审核申报文物拍卖经营资质企业5家，新增文物拍卖企业3家，变更文物拍卖经营地址和法人的企业2家，变更经营地址和法人的民营文物商店1家，增加一类文物拍卖资质企业1家。2011年，浙江省具有文物拍卖资质的拍卖企业共计31家，新增的文物拍卖企业为浙江三江拍卖有限公司、浙江永暄拍卖有限公司、浙江汇通拍卖有限公司。具有一、二、三类文物拍卖资质的拍卖企业11家。文物商店20家，其中国有文物商店8家，民营文物商店12家。

2011年，浙江省全年审核文物拍卖经营活动56场，审核文物拍卖标的40454件（套），撤拍文物标的119件，文物拍卖市场成交总额达35亿元。与2010年相比，拍卖总场次增加1场，拍卖标的总数增加1291件，总成交额增加5.29亿元，增幅达17.8%。

2011年，浙江省有4人通过文物拍卖企业专业人员资格考试。

2011年，浙江省文物鉴定审核办公室（国家文物进出境审核浙江管理处）办理文物临时进境审核登记34起、304件（套）；文物出境（复出境）许可17起，135件（套）；旧家具（新仿制品）出境许可126起，34067件（其中禁止出境7件）；文物复仿制品出境2起6件；

还审核国有博物馆文物出境展览4起，查验文物290件（套）；全年办理涉案文物鉴定72起，鉴定各类器物2082件（其中一级珍贵文物2件，二级珍贵文物1件），现场勘查认定古墓葬96座；受理文物拍卖会55场次，审核文物拍卖标的40123件，撤拍国家禁止流通或超资质范围文物91件；还先后对杭州市所属博物馆及西泠印社的馆藏书画文物进行了定级鉴定。

【科技与信息】

2011年，浙江省制定了国家文化遗产保护科技区域创新联盟（浙江省）建设五年规划，开展了堪称国内考古发掘最长、最完整的茅山遗址出土史前独木舟的保护工作，并积极参与国家973项目、"十二五"国家科技计划项目的联合申报，多个子课题项目成功入选。另有2个项目进入国家文物局"指南针计划"专项，3个课题列入国家文化遗产保护科技研究课题。全省成功举办了国家水下文化遗产保护研修班、河姆渡文化国际学术论坛、中国古陶瓷学会2011年年会暨龙泉窑国际学术研讨会、东瓯文化学术研讨会、2011良渚论坛·中华玉文化中心第三届年会、跨湖桥国际学术研讨会、"海上丝绸之路与世界文明进程"国际论坛等学术活动。特别是"中国考古学会第十四次年会暨庆祝宿白先生九十华诞学术研讨会"等重要会议的成功举办，进一步加强了浙江省文博界与国内外学术界的沟通联系。浙江自然博物馆于1月在美国《科学》杂志上发表研究成果，提出了鉴定翼龙性别的直接依据。这也是浙江自然博物馆馆藏化石论文首次刊登在国际顶尖学术刊物上。

浙江省文物局与浙江省文物监察总队联合开发的"浙江省文物行政执法网络监管平台"整体模块与相关功能已开

发、测试完成，计划于2012年在全省推行。

【文博教育与培训】

7月，浙江省在杭举办全省文物风险单位安防系统操作员知识更新培训班。来自全省文物系统风险单位的安全保卫工作负责人、安防系统操作员共百余人参加了培训。10月，浙江省举办全省博物馆藏品保管培训班。来自全省90余家博物馆、纪念馆的93名学员参加了培训。11月，浙江省举办全省博物馆讲解员培训班。来自全省免费开放博物馆、纪念馆的85名讲解员参加了为期5天的讲解员业务素质专业培训。11月1日至6日，由国家文物局、国家海洋局联合主办，浙江省文物局协办，国家水下文化遗产保护中心、宁波市文化广电新闻出版局承办，国家水下文化遗产保护宁波基地具体执行承办的"国家水下文化遗产保护研修班"在宁波开班。11月中旬，浙江省在杭举办全省第三期文物保护工程从业人员上岗培训班。来自全省文物保护工程资质单位的170余名技术人员参加了为期10天的培训，省文物局对培训考试成绩合格的学员授予浙江省文物保护工程从业人员上岗证书。

【文博宣传与出版】

1月21日至24日，由国家文物局组织，新华社、《人民日报》、中央电视台等中央主流媒体组成的采访报道团先后实地考察了我省多家文博单位，深入了解并广泛宣传、报道了浙江省的博物馆免费开放工作情况。

3月18日，浙江省文物考古研究所、杭州良渚遗址管理区管委会召开新闻通报会，通报了良渚古城考古新进展。

6月11日，文化遗产日浙江省首个主场城市活动暨温州市首届文化遗产节在温州开幕。

8月2日，衢州市举行"崔成志先生文物捐献仪式"。8月10日，《中国文物报》以近整版的篇幅介绍了崔成志常年参与文物保护，在身患绝症的情况下将毕生收藏捐献给博物馆的事迹。随后，国家文物局局长单霁翔亲自写来感谢信表达敬意。

2011年，中国丝绸博物馆完成《中国丝绸博物馆藏品研究报告》《中国纺织品鉴定保护中心鉴定报告》《中国纺织品鉴定保护中心测试报告》和《中国纺织品鉴定保护中心修复报告》等研究成果资料的编印。浙江省博物馆编辑出版《浙江省博物馆武林馆区》大型图录、《走进浙江省博物馆系列丛书》（一套5册）；同时结合临时展览配套编印了《梦粱物鉴——浙藏南宋文物珍品展》《吴越胜览——唐宋之间的东南乐国》等图录、画册15种。《青瓷风韵》荣获第二届"紫禁城杯"全国文化遗产十佳图书，《历代金石考古要籍序跋集录》获第26届全国优秀古籍图书奖二等奖和浙江省第16届哲学社会科学优秀成果一等奖。

【机构及人员】

2011年，浙江全省共有各类文物机构209家，比2010年减少2家，从业人员4580人，比2010年增加21人。其中文物保护管理机构94家，从业人员1427人；博物馆机构99家（含部分文物系统外博物馆），从业人员2859人；文物商店9家，从业人员62人；文物科研机构4家，从业人员92人；其他文物机构3家，从业人员140人。

在浙江全省各类文物机构从业人员中，高级职称400人（其中文物保护管理机构110人，博物馆236人，文物科研机构34人，其他文物机构19人），较

2010年增加22人；中级职称636人（其中文物保护管理机构178人，博物馆424人，文物商店11人，文物科研机构16人，其他文物机构7人），较2010年增加62人。按隶属关系划分：省级文物机构从业人员527人，地市级文物机构从业人员2173人，县市区级文物机构从业人员1880人。

2011年，在第九届全国博物馆十大陈列展览精品评选（2009～2010年度）中，浙江自然博物馆的"'自然·生命·人'——浙江自然博物馆新馆基本陈列"、浙江省博物馆的"越地长歌——浙江历史文化陈列"荣获全国博物馆十大陈列展览精品项目第一、二名。良渚古城考古项目获国家文物局田野考古（2009～2010年）一等奖。

【对外交流与合作】

3月9日，《浙江省博物馆与印第安纳州立博物馆文化交流协议》签署仪式在浙江省博物馆举行。

5月27日，浙江省博物馆与台湾新北市立莺歌陶瓷博物馆签署《2011年"东亚青瓷展"合作协议书》。根据协议，浙江省博物馆组织浙江古代各窑口生产的历代珍贵青瓷器馆藏品60件（套），参与莺歌陶瓷博物馆在11月推出的"青韵流动——东亚青瓷的诞生与发展"特展。

6月1日至9月25日，浙江省博物馆、故宫博物院等和台北故宫博物院在台北联合举办"山水合璧——黄公望与《富春山居图》特展"，分藏海峡两岸逾60年的《富春山居图》实现了360年以来首次合璧，参观人数超过81万人次，在海内外引起强烈反响。

6月28日，"黄金稻现——河姆渡文化特展"在台开幕。这也是宁波文物首次赴台举办展览。

7月15日，"师古妙创——师村妙石创新篆刻展"在良渚博物院开幕。

9月5日至8日，中国茶叶博物馆代表团应邀赴俄罗斯联邦布里亚特共和国首府乌兰乌德市，参加了"伟大的茶叶之路——好客的布里亚特共和国"系列活动。

9月10日，由浙江省博物馆、浙江省文物考古研究所和龙泉青瓷博物馆联袂举办的"碧绿之美——龙泉大窑枫洞岩窑址发掘成果展"在日本大阪市立东洋陶瓷美术馆开幕。

9月23日，由浙江省文化厅主办、哈萨克斯坦卡斯杰耶夫国家艺术博物馆与中国丝绸博物馆承办的"驰骋之美——19~20世纪哈萨克斯坦装饰与实用艺术展"在杭开幕。

11月12日，浙江省文化厅、意大利卫匡国研究中心和卢卡市政厅主办，中国丝绸博物馆和意大利卫匡国研究中心负责承办的"从杭州到卢卡——穿越历史的丝绸之路"展览在意大利卢卡市开幕。

11月16日，由中国古陶瓷学会、省文物考古研究所、龙泉市政府主办，龙泉青瓷博物馆承办的"中国古陶瓷学会2011年年会暨龙泉窑国际学术研讨会"开幕。

2011年11月，国家文物局应邀组团赴摩洛哥，考察商谈援建茶叶博物馆相关事宜，中国茶叶博物馆有关人员参加。

【其他】

2011年1月13日，浙江省文物执法监察工作会议暨2010年度文物行政执法监察工作成绩显著单位表彰会在杭举行。

1月18日，浙江省文物局长会议在湖州安吉县召开。会上颁布了2010年度文化遗产日活动组织奖先进单位和个人、第三届全国文物行政处罚案卷评比、2010年度浙江省陈列展览精品奖获奖

名单。

3月8日，良渚国家考古遗址公园揭幕仪式在良渚博物院举行。

4月7日，浙江省第三次全国文物普查2011年工作座谈会在杭召开。

7月7日至8日，浙江省第三次全国文物普查第三阶段工作推进会在杭召开。

7月14日，全国文物局长座谈会在浙江省安吉县召开。国家文物局领导、机关各部门、各直属单位主要负责人，各省、自治区、直辖市文物局局长，故宫博物院、中国国家博物馆及浙江省、湖州市、安吉县有关负责人参加了会议，还出席了中国·安吉生态博物馆揭牌仪式。

8月24日，浙江省历史文化遗产保护管理委员会扩大会议在杭召开，重点讨论、部署了大运河（浙江段）保护和申遗工作。

8月28日，2011年度浙江省文物局长座谈会在温州举行。

11月22日至23日，中国考古学会第十四次年会暨庆祝宿白先生九十华诞学术研讨会在嘉兴市召开。这也是中国考古学会首次在地市级城市召开年会。会议期间，与会代表参观了"发现历史——浙江新世纪考古成果展"，这也是对近十年来浙江省考古工作的一次系统回顾。

11月30日至12月1日，浙江省博物馆学会、省考古学会第五次会员代表大会在杭举行，并选举产生了新一届理事会。

安徽省

【概述】

2011年，安徽省广大文物工作者，

以党的十七届六中全会精神为指导，按照安徽省第九次党代会提出的"建设文化强省"要求，求真务实，开拓创新，进位争先，奋力拼搏，推动全省文物工作不断取得新成绩，获得新突破，全省文物工作实现了"十二五"规划首年的良好开局。

【执法督察与安全保卫】

按照国家文物局的要求，落实宣城广教寺违法建筑的拆除工作，继2010年拆除第2座、第3座违法建筑之后，2011年4月份，对剩余的2座违法建筑全部彻底进行了拆除，全面完成了国家文物局对这一事件的文物执法督察任务。与省公安厅联合召开全省打击文物犯罪专项行动动员部署会议，与省刑警总队建立打击文物犯罪联席工作机制，成立相应的领导小组和办事机构，2011年，全省共破获各类文物违法案件44起，追缴涉案文物579件，其中二级文物8件、三级文物203件、一般文物368件。对国保、省保单位和重点文博单位进行执法督察与安全监管巡查110余次。

【不可移动文物的保护和管理】

（一）概况

安徽省共有全国重点文物保护单位56处，省级文物保护单位455处。2011年7月，启动第六批省保的申报工作。2011年国保与省保单位数量没有增加。

2011年，完成了《六安双墩汉代王陵保护规划》《淮北石山孜遗址保护规划》《巢湖放王岗保护规划》《阜阳北关古城保护规划》，并通过了专家评审。向国家文物局上报了安庆市振风塔维修加固设计方案、宏村承志堂修缮设计方案、西递三畏斋修缮设计方案、淮海战役总前委会议暨华东野战军指挥部旧址抢修方案、郑村郑氏宗祠修缮设计方案、许

村古建筑群修缮设计方案等22处国保维修方案；核准了黟然别墅修缮设计、凌家滩墓葬—祭祀区保护展示设计、江村古民居群—江氏宗祠修缮设计、德公厅屋和洪公祠保护维修、寿县古城墙整治工程设计、龙川胡氏宗祠五凤楼维修设计、金寨列宁小学维修设计等7处国保维修方案；审批了泗县文庙大成殿修缮设计、歙县潘氏宗祠修缮复原、安庆熊、范二烈士专祠修缮设计、南京巷钱庄修缮设计、泗县释迦寺大殿复原保护维修、陵阳镇上章村李氏宗祠保护维修设计、双墩汉代古墓"黄肠题凑"地下室结构设计与施工、英驻芜领事署旧址保护维修、皋陶墓周边环境绿化设计、林探花府正厅维修设计、黄山疗养院—听涛居修缮设计、霍山文庙西庑维修工程、慈光阁放生池保护修复设计、碛头许氏宗祠修缮、龙溪塔复原维修设计、渚口倪望重宅修缮、谢朓楼重建工程设计、方以智墓园维修设计、当涂李白墓修缮工程设计等19处省保的维修方案。2011年国家支持文物保护经费为16267万元，省本级文保经费为4668万元，其中红色旅游经费100万元，共计20935万元。

（二）大遗址保护

采取加大经费投入、申报世界文化遗产、申报考古遗址公园、推进大遗址保护专门机构建设等方法和措施，全省大遗址保护情况总体较好。和县猿人遗址、寿州窑遗址、朱然家族墓地、曹氏家族墓群等保护规划编制立项得到国家文物局的批准，开始组织单位编制保护规划。

（三）全国重点文物保护单位

严格按照文物工作的方针及国家文物局的要求，切实加强国保单位管理，促进全省文化遗产保护事业向着法制化、标准化、高水平方向发展。为进一步提高文物保护工程质量，严把维修前的方案审批关、维修中的检查督促关和竣工

后的验收关，下发了《关于加强文物保护单位管理工作的通知》（皖文物保[2011]143号），对国保、省保单位的维修和管理上进一步采取有力措施，取得了明显成效。启动了全省国保单位保护规划的编制工作。有26处国保单位的管理单位上报了规划立项报告，经国家文物局批准立项的17个。2011年，省文物局在省保经费中首次拨出部分经费用于省保单位的保护规划编制工作，8家省保单位共获得了65万元的规划编制经费。

（四）世界文化遗产

按照国家统一部署，积极推进大运河申遗工作，多次与宿州市、淮北市政府及文化文物部门沟通协调，督促申遗工作。陪同国家文物局、中国文化遗产研究院领导及专家现场考察调研。8月，召开大运河遗产安徽段保护规划评审会，并原则通过省级保护规划。提请省政府在宿州市召开省大运河保护与申遗市厅际会商小组成员单位会议，副省长谢广祥率队到现场调研，出席会议并作重要讲话。10月，为落实各项具体工作，在宿州召开大运河申遗准备工作促进会，督促地方抓紧申遗倒计时方案及积极准备申遗文本编制资料等具体工作。经征求淮北、宿州市政府意见，对国家大运河申遗预备名单遗产点段及大运河保护总体规划提出建议和意见。

黟县成立了以县长为主任、分管副县长为副主任，各有关乡镇政府与县建设、文物、国土、旅游等有关职能部门组成的世界文化遗产保护管理委员会，综合协调、指导文化遗产的保护管理工作。下设世界文化遗产办公室。2011年，黟县西递、宏村旅游接待量达到767.1万人次，其中入境游客达到36.3万人次，实现直接收入2.85亿元，年均分别增长26%、36.2%、26.3%；。西递、宏村农民人均纯收入近8000元，农民人均

纯收入中旅游收入已占75%以上。以遗产地文化旅游为龙头的旅游业已成为黟县国民经济的支柱产业。

【考古发掘】

（一）概况

配合徐明高速、马鞍山经济开发区、广德经济开发区、寿县新城区、合肥新港工业园等基本建设，共开展了20余项考古调查和勘探，发掘古墓葬800多座，古遗址10000余平方米，出土文物标本3000余件，取得广德南塘土墩墓群等重要发现。

（二）重要考古项目

1. 陶庄遗址

7月~9月，配合当涂县314省道改建工程，安徽省文物考古研究所对马鞍山市当涂县新市镇临川村陶庄遗址进行了考古发掘，发掘面积800平方米，发现战国时期土墩墓一座，出土陶器、原始瓷器等珍贵文物40余件。陶庄土墩墓是江南地区经科学发掘的少数战国早期土墩墓之一，在安徽地区则属于首次发现。陶庄土墩墓位于宁镇地区的核心位置，从西周到战国，这里先后处在吴国、越国、楚国的统治之下，这一发现不仅为研究该地区战国早期墓葬制度与葬俗提供了珍贵的实物资料，同时对于研究宁镇地区土墩墓的形制演变具有重要价值。随葬品中原始瓷器、印纹陶器和仿铜陶礼器共出以及殉葬坑的发现等为探讨战国早期越国政治、经济及其与其他地区的文化交流提供了重要线索。

2. 圣埠战国墓地

圣埠战国墓地位于安庆市菱湖东北部。2011年3月~7月，安徽省考古研究所对圣埠墓地建设范围内的古墓葬进行了发掘，清理战国时期墓葬49座，出土陶器、原始瓷器、青铜器、玉器、琉璃器、金饰等各类珍贵文物364件。随

葬器物数量多，种类丰富，保存状况良好。常见陶礼器组合有鼎、豆、壶，鼎、敦、壶，鼎、盒、壶、钫。青铜礼器有鼎、盒、壶、匜、勺，乐器有铎和铃，青铜兵器有剑、戈、矛等。玉器和琉璃器有玉璧、玉剑璏和玉饰件以及琉璃璧。圣埠墓地从战国早期一直延续到战国晚期，中间没有缺环；既有一般贵族墓，也有庶民墓，且出土文物种类齐全，数量较多，为皖西南地区乃至长江中下游地区战国楚墓形制、分期、葬制、葬俗研究提供了一批重要实物资料。圣埠墓地文化因素多样，对研究战国时期楚越以及与中原地区文化交流具有重要资料价值。

3. 乱墩汉代墓群

乱墩汉代墓群位于合肥市新港工业园庭湖社区，新建联想集团主厂房区域的一期工程范围之内。安徽省文物考古研究所进行考古勘探及抢救性发掘。此次发掘共清理古墓葬51座，出土各类珍贵文物500余件。墓葬多为长方形竖穴土坑、"甲"字形两种，墓葬保存基本完好。长方形墓葬均无墓道，口、底同大，墓壁虽无明显加工痕迹，但陡直。墓室底部多有熟土二层台，木棺一具，人骨多朽，葬式不详，随葬品多置放在墓室的一侧，少数墓葬带有边箱有明显范围；"甲"字形墓葬有六座，这类墓葬多有斜坡式或台阶式墓道及墓室组成。墓室长4.5～7米不等，墓室内有熟土二层台，墓道上有脚窝痕迹较为明显，墓室内有单棺或双棺，人骨及葬具保存较差。随葬品置放在头部及边箱内，部分器物造型很大，高近60厘米。这批墓葬时代跨越西汉200余年的历史变迁。发掘所获资料为研究该地区地域特征、葬俗、葬制及墓葬建造方法和江淮之间汉文化的特点提供了一份重要的实物资料。

4. 刘圩遗址

刘圩遗址位于泗县—长沟镇之间的今汴河北岸，南距303省道50米，东南距泗县县城15公里。为配合徐明高速公路建设，安徽考古研究所通过先期勘探，把该遗址分为三个发掘区，即Ⅰ、Ⅱ、Ⅲ区。在Ⅰ区发现了唐宋汴河北堤，宋代踩踏面及相关遗迹，北宋末土坑墓。唐宋汴河北堤：位于ⅠTG1中南部，南距今汴河河口7.5米，呈西北～东南走向（115°）。现发掘部分的河床（HQ）堆积分为三层。此三层均土质疏松，含有较多的螺蛳壳、少量蚌壳、骨角及铁钉。出土遗物有唐宋瓷片及汉代灰红陶残片。上、中层水平状堆积，下层斜坡状堆积。此次唐宋汴河北堤的发现在隋唐大运河泗县段尚属首次，对该段汴河的考古实物资料进行了必要的补充，再次证实了隋通济渠（汴河）是穿过安徽的宿州、泗县流入盱眙的。宋代踩踏面及相关遗迹：踩踏面土为深褐色，质坚硬，不光滑，从北向南由薄渐厚（2—10厘米），其内夹杂红褐色陶渣和炭粒。与之相关遗迹有：方坑7座、圆柱洞9座、圆形灰坑2座等。推测该处为宋代汴河码头或货物运输场，与北宋漕运的发达密切相关。北宋末墓葬：近长方形竖穴土坑木棺墓。墓口长2.56米、宽0.85～1.00米，方向220度。木棺位于土坑的中部，仅剩朽痕。随葬品："政和通宝"铜钱10枚、酱釉瓷盏及四系韩瓶各1件。人骨保存较好，仰身直肢，墓底有一层白灰。

5. 临泉县辉隆建材大市场建设用地

临泉县辉隆建材大市场位于安徽省临泉县老城区西南约2公里处，为配合建设施工，安徽省文物考古研究所联合临泉县文物管理所对建设用地内进行了考古勘探和抢救性发掘。发掘分五个区，共计清理墓葬67座，其中汉代墓葬55座，宋墓和清代墓葬各6座。汉墓出土遗物以陶器残块为主，多数陶器均为施釉红陶，模型明器占绝大多数，另有少量铜钱出土。本次发掘，对更深入地了解皖西北一带汉代时期的墓葬形制、埋葬风俗和家族制度，研究汉代时期中原和东南地区之间的文化交流提供了重要的实物资料。

6. 南塘汉代土墩墓

为配合广德县经济开发区建设，安徽省文物考古研究所于 2011 年 6 月至 12 月对南塘汉代土墩墓进行了抢救性发掘，共发掘汉代土墩墓 62 墩，合计 269 座单体墓葬，出土了陶、铜、铁、玉、石、琉璃等器物上千件套。此次发掘共出土随葬品上千件（套）。有铜、铁、玉石、（釉）陶、琉璃、鎏金器等。铜器有铜釜、铜甗、弩机、铜镜、铜矛、铜印、带钩和铜钱等。铁器有铁刀、铁剑、铁削、铁镰、铁矛等。玉石器有耳塞、粉板、玉璧等。（釉）陶有壶、罐、瓿、鼎、盒、灶、井等。琉璃有璧等。随葬品分布于墓主人旁一侧，呈一列分布，比较规律。结合墓葬形制推断该墓地的时代从西汉早期到东汉中期晚阶段。

7. 寿县一中新校区建设用地

寿县一中新校区位于寿县城关寿春镇，西距宾阳路约 300 米。属寿春城遗址地下文物埋藏区。2011 年 5 月~8 月，安徽省文物考古研究所对一中征地范围进行了考古钻探和发掘。发掘面积约 600 平方米，清理灰坑 4 个，水井 2 个，排水沟 2 条，10 座墓葬中有 9 座为砖室墓，遭破坏殆尽，另 1 座为窄长方形竖穴土坑墓，四壁竖直，平底。葬具及人骨腐朽殆尽。随葬青瓷碗 1 件，铜钱 2 枚。推测墓葬的年代为明代。一中新址的发掘，丰富了寿春城遗址汉代遗存资料，没有发现早于汉代的遗存，可能预示着在地下文物埋藏区部分，战国遗存很少，或者汉代以后对前期遗存破坏极大。

8. 新城区大古堆遗址

配合凤阳县新城区基本建设用地，安徽省文物考古研究所于 2011 年 3 月至 10 月对新城区大古堆遗址进行了发掘工作。实际发掘面积 700 平方米。遗迹发现有零星分布的灰坑、柱洞和红烧土残墙基等。文化遗物主要是陶片和少量石器等。该遗址的发掘是凤阳县至今发现最早的一处新石器时代遗址，出土遗物和遗迹不是很丰富，但是，这些经过科学发掘出土的不同时代文物，为研究这个地区新石器至商周时代文化属性和时空框架提供了实物证据，为研究这个地区历史提供了重要的实物新资料。

【博物馆与可移动文物保护】

（一）博物馆

1. 可移动文物的保护、管理和研究

安徽省加强可移动文物保护科学化、规范化管理，注重可移动文物科技保护基础建设，馆藏文物得到有效保护和利用。以安徽省博物院文物科技保护中心为依托，技术力量不断增强，科技保护队伍不断壮大。

2011 年，安徽博物院对馆藏十扇槅扇窗、美人靠、活字印刷雕版等木构件进行防虫防霉处理；修复、装裱新馆陈展书画 37 件；修复青铜器展品 5 件、石磬 4 块，为新馆陈列铁画做旧、封护，处理陈列展品凤阳皇陵石刻，修复陶瓷器 26 件。承担全椒县文物管理所、淮北市博物馆馆藏青铜器修复保护项目。为山东烟台市博物馆修复青铜带钩 1 件、青铜甗 1 件。为九华山博物馆复制馆藏明万历十四年盘龙钮地藏印、明代九龙钮地藏印、唐至德二年卧钮地藏印、半自动磨墨器以及重 300 公斤谛听，修复装裱馆藏古字画 3 件。赴亳州为安徽博物院新馆展陈复制鸟形神器 2 件。

安徽博物院组织编写了"十二五"规划文物保护申报材料、"文化遗产保护领域科学和技术研究课题——鄂豫皖地区近现代文物病害调研及分析评估"等；

完成"全国文物科技保护工作会议"交流材料以及《文物保护科技工作调研报告》；与中国科技大学科技考古系合作开展科研活动，组织并参加中国科学技术大学与省直文博单位文物科技保护科研平台建设。

2011年还完成了多项科研申报项目，其中包括《潘玉良作品综合研究》等国家级课题1项，省级课题2项。完成《歙县渔梁街历史文化研究》等省级课题3项。

2. 博物馆间的交流与合作

安徽博物院藏潘玉良油画作品赴云南、甘肃、山西等省展出；凌家滩出土玉器精品赴浙江良渚展出；6月30日由马鞍山市博物馆和北京鲁迅博物馆等联合主办的"鲁迅的艺术世界——鲁迅博物馆馆藏文物精品展"在马鞍山市博物馆开幕，共展出鲁迅先生手迹、生前所藏各类文物一百余件套。

3. 重要文物陈列展览

2011年，安徽省纳入国家免费开放的89家博物馆纪念馆共计举办各类陈列展览591个、接待观众1543万人次。2011年，安徽博物院共引进、举办、承办各类展览40余个，包括自主举办的"纪念江上青同志诞辰100周年生平事迹图片展""安徽民间古陶瓷藏品展"等，引进"廖新学绘画作品展""陈家泠艺术作品展""何家英美术作品展""覃志刚、姜昆、徐沛东、郁钧剑四人书画联展""李自健油画作品新世纪巡展"等一批具有影响力的展览，深受好评。皖西博物馆展陈活动丰富多彩，举办了"走进皖西""皖西民风民俗陈列""皖西庐剧艺术陈列""元亨纪念馆"等陈列展览，陈展面积达到6800平方米。在办好基本陈列和专题陈列的同时，积极组织临时展览，先后举办有"馆藏书画作品展""六安市非物质文化遗产展"等15个。

为纪念建党90周年，全省各博物馆纷纷举办形式多样、内容丰富的展览。安徽省博物院举办"亲切关怀、巨大鼓舞——毛泽东、邓小平、江泽民等党和国家领导人在安徽博物馆"展览，安庆市博物馆举办"红色记忆——中共安庆地方史"展览，展出新民主主义时期图画430幅，宣城市博物馆举办"红色藏品展"，展出红色像章、纪念章、宣传画等，泾县新四军军部旧址纪念馆举办"纪念建党90周年图片展"，淮南市博物馆举办"光辉历程——庆祝建党90周年书画摄影展"，展出200多幅作品。安徽省文物总店举办"省文物总店藏砚珍品展"。

（二）可移动文物保护

1. 文物数量、等级

2011年，安徽省共有各类文物藏品55万件（套），其中全省文物数据库共收录一级文物1674件（套）、二级文物2701件（套）、三级文物40927件（套）。文物数量多、价值高、类型丰富、品种齐全、特点突出。从人类起源时期延续到清代，安徽每个历史时代的文物都有，没有缺环。

2. 可移动文物保护修复基地建设

安徽博物院加强可移动文物保护修复基地建设。购进常规分析检测设备和文物保护处理专用装置，包括便携式X荧光能谱仪、聚对二甲苯（派拉伦N）共形盖覆修复机、双通道光纤多光谱扫描仪、造纸纤维测量仪、显微红外、视频显微镜等先进设备，共计500万元。

3. 可移动文物保护技术和方法及其应用

2011年，安徽省文物考古研究所开展了考古发掘现场文物保护和重要出土文物的保护修复工作。在六安白鹭洲战国墓考古发掘现场，开展了文物保护和脆弱文物的现场提取工作，对战国墓出土的荒帷采用卷轴法从棺盖上成功揭取，采用插板托取的办法将边厢内的漆甲整体取出，并协助考古人员对棺椁等木质文物进行现场维护，确保木质文物在整个发掘期间不会出现严重的开裂、变形，在发掘结束后再将其运至皖西博物馆安置，进行清洗、防腐防霉，并定期维护。在出土文物保护修复工作方面，开展了六安双墩一号汉墓出土木俑的脱水保护及馆藏金属文物保护修复。对六安双墩一号汉墓出土的木俑采用 PEG 法进行脱水保护，通过恒温水浴槽加热的方式，增加 PEG 的渗透性，通过 PEG 和木材纤维的交联，在木材纤维间产生固定和支撑，减少木质文物脱水过程中的开裂和变形。对该所考古发掘出土的馆藏青铜器开展保护和修复，对残损较为严重的采用传统修复方法进行修复，对病害较轻的青铜器则采用清洗、除锈、缓蚀和封护等手段进行保护。在保护修复前，对该批青铜器的锈蚀产物、保存状况进行了细致的分析和研究，在此基础上逐一编制文物信息档案和保护修复方案，并就青铜锈蚀产物分析、青铜合金成分的能谱定量测定方法、有害锈的去除技术等关键技术与中国科学技术大学开展合作研究，确保保护修复的效果和文物安全。

【社会文物管理】

2011 年，面对文化市场的需求，安徽省文物总店进一步加强经营管理，理清思路，拓宽经营渠道，组织专业人员奔赴上海、南京、郑州、重庆等全国各省市文物商店进行收购、征集适销对路的货源，完成了各项经营指标。5 月份举办了"2011 年春季文物艺术品展销会"，实现了社会效益和经济效益的双丰收。

省文物鉴定站积极开展各项文物鉴定审核工作，做到严谨、准确、规范、高效。4 月份开始启动全省第二轮馆藏文物巡回鉴定工作。5 个市 11 个文物收藏单位，共计鉴定文物 3234 件套，其中一级文物 36 件套，二级文物 63 件套，三级文物 850 件套，一般文物 1450 件套，非藏品 8 件套，残器不定 26 件套。积极配合各地市县公安、文物部门，迅速准确打击文物犯罪活动。截止 10 月份，共受理文物司法鉴定 33 起，其中可移动文物涉案物品 862 件套，古墓葬、地面文物 17 处。其中公安部挂牌的案件有两起。审核文物拍卖标的一次：艺海拍卖公司书画艺术品拍卖。审核合肥海关受理的私人携运文物复仿制品 80 件。

【科技与信息】

2011 年度，省考古所科研室承担了安徽省科技厅两个文物保护项目。其中一个是六安双墩一号汉墓出土木俑的脱水保护（2010 ~ 2013 年）。对六安双墩一号汉墓出土的二百多件木俑开展脱水保护，在对木俑的木材种属鉴定、含水率测定和保存现状研究的基础上，采用 PEG 法进行脱水保护。另一个是安徽省文物考古研究所馆藏金属文物保护修复（2011 年 ~ 2012 年）。对馆藏 149 件青铜文物进行拍照、建立文物档案，根据具体病害种类与程度，分别编制保护方案。聘请了苏派传统修复大师金学钢先生对本次修复进行指导，并就青铜锈蚀产物分析、青铜合金成分的能谱定量测定、有害锈的去除技术等关键技术与中国科学技术大学开展合作研究。2011 年度还完成了六安白鹭洲战国墓出土荒帷保护修复方案的编制工作。

【文博教育与培训】

举办"党旗飘扬——全省革命文物讲解"培训班，参加培训人数 200 人。举办全省文博单位安防管理人员业务培训班，参训人数达到 80 多人。

【文博宣传与出版】

组织举办全省博物馆建设发展新闻通气会，邀请省内10多家主流媒体，集中介绍全省博物馆快速发展态势及免费开放工作，2011年1月30日，全省各大媒体同一时间集中进行了大篇幅全面报道，产生了很好的社会反响。6月份，在六安市举办全省第六个文化遗产日主场城市活动并取得圆满成功，全省各地的文化遗产日、国际博物馆日等宣传活动开展得有声有色。围绕纪念建党90周年，安庆、怀宁、固镇等博物馆结合自身特点，制作革命文物展板送到社区、学校、部队、乡村展出。改版开通安徽省文物局新网站，建立全省文博系统信息报送制度，开展"徽博杯"信息报送考评活动。组织开展"鉴宝江淮行"——走进安庆、潜山、六安等大型免费义务鉴宝活动。省文物鉴定站每月坚持开展一次社会义务鉴定，向社会大众宣传普及文物鉴赏知识。

编辑出版了安徽博物院古籍珍本丛书之一《明清名人尺牍墨宝》。

【机构及人员】

全省有文物保护管理机构91个，从业人员518人，其中中级职称125人，副高级职称34人，正高级职称1人。

博物馆131个，其中综合类66个、历史类38个、艺术类6个、其他21个。从业人员1833人，其中高级职称77人，265人。

文物商店2个，从业人员56人，其中中级职称10人，副高级职称1人，正高级职称1人。

文物科研机构1个，从业人员44人，其中中级职称9人，副高级职称8人，正高级职称6人。

其他文物机构1个，从业人员32人，其中副高级职称5人。

省政府对第三次全国文物普查工作中涌现出的37个先进集体、120名先进个人进行了表彰，各市、县也对本地区"三普"工作进行了总结表彰。

【对外交流与合作】

按照国家统一部署和要求，安徽省参加日本"大三国志"展览的11件珍贵文物于6月赴台湾历史博物馆展出；6件文物在美国的"中国元代艺术展"中展出，并在内蒙古博物院进行归国汇报展。

坚持文物安全第一，要求文物收藏单位严格执行国家文物局文物出境、文物外展包装和馆藏文物借用等相关规定，确保文物安全。

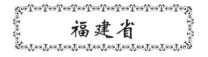

福建省

【概述】

2011年，福建省文物工作者认真学习领会党的十七届六中全会精神，进一步解放思想、转变观念、改革创新，把十七届六中全会精神的贯彻落实融入到文物和文化遗产保护、博物馆免费开放和陈列展示提升、人才教育培训和文物安全防范等方面中，圆满完成各项工作任务。

精心组织"国际博物馆日"、"文化遗产保护日"系列活动；各类博物馆、纪念馆在免费开放中积极发挥公共服务功能，举办丰富多彩的富于地方特色的展览，取得良好的社会效益；健全文物执法巡查、通报工作，行政执法效能显著提高；大力开展对台文化文物交流活动，涉台文物保护工程成果显著；组织编制全省"十二五"文物博物馆事业发展和资金需求计划，争取在"十二五"期间福建省文物保护经费总体上有明显增长。

【法规建设】

2011年9月29日，福建省第十一届人民代表大会常务委员会第二十六次会议通过了《福建省"福建土楼"世界文化遗产保护条例》，自2011年12月1日起施行。这是福建省出台的第二部世界遗产专项保护法规。

为适应"福建土楼"世界文化遗产保护的需求，福建省人大常委会教科文卫工作委员会会同省文化厅、省文物局在开展广泛调研的基础上，起草了《福建省"福建土楼"世界文化遗产保护条例》，并根据省人大常委会的审议意见进行了修改、完善。《福建省"福建土楼"世界文化遗产保护条例》分为总则、规划与管理、保护措施、经费保障、法律责任和附则共6章32条，规定了"福建土楼"的保护应当遵循依法保护、科学管理、加强监督、永续利用的原则，以确保遗产的真实性和完整性，并就"福建土楼"的保护、管理、利用及其所有权人、使用权人权益保护等方面进行了规范。

【执法督察与安全保卫】

围绕新颁布实施的《福建省"福建土楼"世界文化遗产保护条例》和新修订的《福建省文物保护管理条例》，加大文物普法宣传力度。

破获漳州漳浦"7·25"特大水下文化遗产盗捞案，经鉴定，查没的722件水下文物年代为宋末元初，其中三级文物112件、一般文物610件。

依法完成福州海关历年追缴、查扣文物5348件的移交工作，其中二级文物17件、三级文物202件，涉及瓷器、书画、玉器、铜器、杂项等多项门类，涵盖汉、南北朝、唐、宋元、明清、民国等朝代。

积极配合公安、司法部门严厉打击文物违法犯罪活动。鉴定涉及28起案件的文物1095件，其中三级文物128件，一般文物1044件，标本33件，工艺品94件。

加强文物巡查与安全监管工作。在武夷山市馀庆桥火灾现场召开全省文物消防安全工作现场会，研究制定进一步加强全省文物消防安全工作整改措施。加大文物消防安全的设施、设备投入，安排225万元专项经费，分别为闽东北廊桥等10处全国重点文物保护单位和16处重要文物保护单位安装"全球眼"监控设备，为95处具有较大火险隐患的全国重点文物保护单位和省级文物保护单位古建筑配发15台消防三轮车、27台机动消防泵和415瓶大容量灭火器，为闽东北廊桥等10处全国重点文物保护单位下拨专项补助经费建设消防栓。

开展龙海半洋礁I号水下文物安防监控试点工作，并通过国家文物局组织的验收结项。

【不可移动文物的保护和管理】

（一）概况

福建省拥有全国重点文物保护单位85处182个点，省级文物保护单位511处，县（市、区）级文物保护单位4051处，形成了国家、省和县（市、区）三级文物保护的有效管理体系。长汀店头街入选第三批"中国历史文化名街"。

以涉台文物保护工程为重点，推进全省重点文物保护工程项目实施。国家文物局与福建省政府共同组建福建涉台文物保护工程领导小组，完成《福建省涉台文物保护总体规划》编制，明确涉台文物保护工程的工作任务和实施计划。

省政府下拨 1943 万元经费，专项资助 167 项省级涉台文物保护单位的保护规划和维修及安、消防方案的编制。

完成 25 项涉台文物保护工程项目专项保护方案编制工作，33 项涉台文物维修和安、消防工程项目竣工、通过初验，组织开展涉文物保护工程项目进展和资金使用情况的督查。加强文物保护工程勘察设计、施工和监理资质单位与可移动文物技术保护设计和文物修复资质单位的监管，组织全省文物保护工程资质单位年检，组织评定和审核一批文物保护工程资质单位。全省各级文物保护工程资质单位达到 86 家，其中勘察设计 23 家，施工 51 家，监理 12 家。

（二）大遗址保护

积极开展武夷山汉城遗址申报国家考古遗址公园的立项工作；着手组织编制《闽越王城国家考古遗址公园规划》和《城村汉城遗址保护工程方案》；开展遗址核心区 80 公顷范围的征地工作；汉城遗址的核心组成部分——高胡坪甲组宫殿遗址的保护方案已按程序报批。

三明万寿岩遗址博物馆根据国家文物局《关于三明万寿岩船帆洞遗址保护展示设计方案的批复》，进一步修改完善展示方案；完成万寿岩遗址安全技术防范系统工程并试运行；开展万寿岩遗址整体保护工作和周边景观协调整治，为申报考古遗址公园创造条件。

已编制德化窑遗址（德化县）文物保护总体规划初稿；召开 2011 年中国瓷都德化窑学术研讨会；向故宫博物院借展四十余件德化窑瓷器，举办德化窑瓷器精品展；投入 150 万元专项经费编制德化窑遗址——南安市南坑窑址保护规划。

（三）全国重点文物保护单位

根据国家文物局的统一部署，福建省文物局下发了《关于开展 2011 年度全国重点文物保护单位安全情况调查工作的通知》（闽文物［2011］382 号），全省各级文化文物部门认真组织开展本地区和本单位全国重点文物保护单位安全情况的调查工作，填写全国重点文物保护单位安全现状，全面摸清了福建省全国重点文物保护单位安全状况。在此基础上，组织编制保护规划和维修及安防、消防、防雷等工程设计方案，积极争取在"十二五"期间全面完善全国重点文物保护单位的安全基础设施。省文物局与省气象局联合开展了全国重点文物保护单位防雷安全专项检查工作。

（四）世界文化遗产

与南平市人民政府就世界文化遗产、全国重点文物保护单位城村汉城遗址的核心保护区、一般保护范围和建设控制地带的保护展示内容和建设控制要求等达成共识。组织编制《全国重点文物保护单位武夷山船棺葬保护方案》，提升改造闽越王城博物馆。

积极争取"福建土楼"列入国家文物局世界文化遗产监测预警体系建设试点；将福建（华安）土楼保护规划和永定洪坑土楼群、集庆楼、承启楼保护规划立项上报国家文物局；组织编制《福建土楼保护规划纲要》；组织编制南靖河坑土楼群文物保护方案，并报国家文物局备案；完成福建土楼安全监控系统的升级；福建土楼 9 个维修保护工程项目启动实施。

推进世界遗产的申报和管理工作。组织开展厦门"鼓浪屿"、福州"三坊七巷""福建船政建筑群""闽台红砖建筑：闽南红砖聚落""海上丝绸之路：福州、泉州、漳州史迹""闽浙木拱廊桥"等项目推荐申报《中国世界文化遗产预备名单》工作。

【考古发掘】

（一）概况

开展考古科研和水下文物保护工作。

争取到国家文物局支持，组建国家水下文物保护福建基地。密切配合中宣部、国家文物局等部门组织的水下文化遗产保护调研和中央媒体记者团开展"水下文化遗产保护"专题采访活动。组织开展漳州海域水下遗址抢救性考古发掘和全省江河流域文物调查工作，配合经济建设做好文物调查、勘探和抢救性考古发掘工作。

（二）重要考古项目

1. 漳平奇和洞遗址

2009～2011 年，福建博物院与龙岩市文化广电新闻出版（文物）局、漳平市博物馆联合对位于漳平市象湖镇灶头村东北 4 公里的漳平奇和洞遗址考古发掘，发掘面积 120 平方米。根据洞口所布探方已揭露出的文化堆积层分析，时代从旧石器晚期一直延续到新石器早期（北京大学碳 14 实验室年代测定从距今 17000 至 7000 年前）。文化内涵极富地域特色。其器物组合为釜、罐、盆（碗）、钵、盘和盅等；器形以敞口、高领或束颈、鼓腹、平底和圜底为特征。口沿处部分有锯齿状压印纹。以锯齿纹、戳点纹及压印纹组合最具特色，还有绳纹、戳点纹、曲折纹、篮纹等。石器有石锛、石斧、砺石、石坯、石球、石刀、石锤、石砧、石凿、凹石、石网坠、砍砸器和磨制石器等生产工具。

奇和洞揭露出的旧石器时代石铺面、新石器时代初期人类活动面，表明早在距今 17000 年前，人类已经开始了在奇和洞的定居生活，从而遗留下来大量烧石、烧土、烧骨、灰烬和被遗弃的各种食物残迹。遗址出土的两具人类头盖骨和部分肢骨，对研究晚更新世末及全新世初期我国南方人群体质特征，提供了重要新资料。遗址虽位于深山之中，但陶器装饰纹饰、凹石和陶器上疑似贝壳压印纹的发现，表明当时人们从事捕鱼、捞贝作为食物的补充。

2. 武夷山市七丘岗遗址

2010 年 12 月～2011 年 3 月，福建博物院与武夷山市博物馆、闽越王城博物馆联合对武夷山市武夷街道吴齐村济民新村南侧的七丘岗遗址考古发掘，发掘面积 300 平方米。遗址平面呈不规则椭圆形，相对高度约 15～40 米，呈西高东低走势。共发现新石器时代墓葬 13 座、灰坑 2 座，出土陶器、石器、玉器等约 250 件。

上七丘岗遗址是武夷山市乃至整个闽北地区少见的新石器时代墓葬遗址。这些墓葬包含以下几个特点：分布密集且保存相对完好，在 200 平方米内发现了 12 座墓葬；墓葬种类较多，形制多样，13 座墓葬分为浅坑墓和深坑墓两种，深坑墓又包括含腰坑和不含腰坑的两种，并且这几种墓葬还有些包含叠压打破关系，为判断墓葬早晚关系提供证据；墓葬随葬品保存完好，种类非常丰富，包括陶器、石器、玉器等，其中 M5、M7 随葬品数量均超过 80 件，为研究墓主身份等级关系提供宝贵材料。遗址的年代与浦城牛鼻山遗址大体相同，约在距今 4500 年左右。本次发掘分别在 M7 和 M10 中发现两件玉锛，其他各座墓还发现石钺等，在闽北历年考古发掘中实属罕见。上七丘岗遗址的发现，为研究闽北地区新石器时代文化与浙江、江西史前文化的交流提供了有力的证据。

3. 竹林坑西周时期原始瓷窑址

2011 年 11 月～12 月，福建博物院、武夷山市博物馆、闽越王城博物馆联合对武夷山市竹林坑西周原始瓷窑址考古发掘，发掘面积 130 平方米。发掘分Ⅰ、Ⅱ二个区域，共揭露三处西周时期窑炉遗迹，其中Ⅰ区二处，分别编号为ⅠY1、ⅠY2，Ⅱ区一处，编号ⅡY1。其中ⅠY1保存最好，属斜坡式龙窑，分火膛、火道、窑室三部分。其中火膛较宽，窑室较窄，平面略呈葫芦形，窑头朝向西南，方向 215°。可分二期，早期窑炉斜长 9.65 米、高差（早期窑尾与火膛早期堆积底部）3.2 米；晚期斜长 9.4 米、高差（晚期窑尾与火膛晚期堆积底部）3.1 米。

此次发掘出土标本主要为原始青瓷，少量印纹硬陶，此外还发现一件小石锛。原始青瓷器类主要有豆、罐、尊等，胎呈灰色，淘洗不够精细，夹杂有较多细砂。施釉多不均匀，局部有聚釉现象，釉层较薄，胎釉结合较好，除生烧者外，大部分釉色莹润，玻璃质感强。器物内外均施釉，部分器物圈足内部亦有釉。未发现窑具，部分器物底部粘有较多窑砂，在火道底部还粘有部分器物底部，装烧方法为单层裸烧。装饰较为简单，一般在豆、尊、罐的口沿、内底、外壁刻画弦纹、篦划纹等，部分外壁上部贴二个小泥饼或三并列泥条组成半环形系。罐、尊等器物外壁拍印席纹、细方格纹等。陶器主要有罐、瓿、盆等，大部分素面，少量外壁拍印度纹、细方格纹。

竹林坑 I Y1 是我国已发现保存较好的商周时期龙窑遗迹。火膛与窑室顶部保存较好，形状结构清楚，这一窑炉遗迹的完整揭露，为研究我国商周时期原始瓷窑炉的结构形态提供了重要的实物资料。

4. 闽清二师傅岗和捆蛇垱宋代窑址

2010 年 12 月～2011 年 4 月，福建博物院、闽清县博物馆联合对闽清县大若村的二师傅岗和捆蛇垱宋代窑址进行抢救性考古发掘，共发掘捆蛇垱 Y1、Y2 和二师傅岗 Y1 等三条窑炉，发掘面积 1500 平方米。经发掘揭露，捆蛇垱 MKY1 窑炉斜长 52.2 米，宽 2.08～2.45 米，高差 14.6 米；捆蛇垱 MKY2 窑炉残斜长 42.5 米，宽 1.8～2.75 米，高差 11.8 米；二师傅岗 MEY1 窑炉斜长 69.3 米，宽 2.1～2.7 米，高差 20.6 米。窑室坡度前段最陡，中段较陡，后段平缓。捆蛇垱 Y2 主要器物为唇口碗和执壶等，其他有杯、盘、碟、香炉等，出大量火照；捆蛇垱 Y1 主要是唇口碗、折肩钵、枕头、高圈足碗等；二师傅岗窑址不见唇口碗，以高圈足碗为大宗。三条窑炉的年代属于北宋中期到晚期，其中捆蛇垱窑址年代在北宋中期的早段到晚期，二师傅岗窑址是北宋中晚期。捆蛇垱和二师傅岗窑址的发掘，为外销陶瓷的研究提供了科学依据。日本冲绳发现有捆蛇垱和二师傅岗的类似产品，显示出二者之间的密切关系。

5. 福州三坊七巷文儒坊西段遗址

2011 年 10 月～2012 年 1 月，福建博物院、福州市文物考古工作队、福州三坊七巷管委会联合对福州文儒坊西段遗址考古发掘，发掘面积 1300 平方米，揭露出大量具有重大价值及典型意义的古代福州城市遗迹。据初步统计，已经清理出唐五代夯土城墙 74 米、木质挡墙 1 处，宋代房基 4 处，台基 1 处，以及主要属于明清时期的水井 44 处、灰坑 42 处、台基 1 处等，并出土了大量唐代以来的陶瓷片、建筑砖瓦等遗物。其中始建于晚唐五代的城墙主体大致为东西向，由夯土墙体、两侧石砌墙基及外包城墙砖等组成。遗址区南侧宋代房基砌筑于晚唐五代城墙之上方，与北面由唐至宋、逐层垒砌的多期建筑相隔中间东西向的道路而大致对应，形成从早至晚、有序叠压的多期坊巷道路与城内建筑格局。宋代巷路两侧宋代房基的发现表明，宋代时期，在城市由封闭到开放这种大环境影响下，最初的坊巷格局雏形发生较大的变化，其一是将原来区分城内城外的城墙推倒，增筑"外城"，其二是在罗城城墙废墟上"侵街打墙，接檐造舍"，形成了"坊—巷—坊"的格局。推倒城墙后，取而代之的是坊墙，这一格局的变化既反映了里坊制度控制管理功能的弱化，亦体现三坊七巷坊巷空间格局得到完善和加强，为三坊七巷发展至现在的规模奠定坚实的基础。

同时，文儒坊西段遗址还出土了大量的古代遗物，主要有唐五代钱纹砖、瓦当、筒瓦、板瓦等建筑构件，以及延续到宋代的青瓷、黑釉瓷、青白瓷盘、碗、碟、瓶、豆、执壶、瓷枕、器盖等生活用具和商品，生产玻璃器的遗迹等；其中，四面分别阳印陈、郑等十几个捐舍人姓氏的钱纹城墙砖，以及镌有"威武军""东山窑"等字样的城墙砖。

此次发掘，是历年来福州城市考古发掘中面积最大的一次。遗址揭示的唐五代、宋元及明清时期遗迹，对研究福州城市变迁、三坊七巷坊巷格局演变乃至中国南方里坊制度的发展等问题有着重大意义。

6. 诏安县官陂镇乾岗遗址

2011 年 8 月，厦门大学考古队与福建漳州文管办联合对漳州市平和县安厚镇钟铜山遗址、山格镇牛路头遗址、诏安县官陂镇乾岗遗址进行了抢救性考古发掘，发掘面积 550 平方米。清理了 5 座商周时期墓葬，其中安厚钟铜山 3 座，山格牛路头 1 座，官陂乾岗 1 座。墓葬多位于近山顶处，均受不同程度的扰乱或破坏，安厚钟铜山 M1、山格牛路头 M7 仅存墓葬局部。从墓葬形制、随葬品及叠压打破关系推断，这批商周墓葬皆为浮滨文化墓葬，且相互之间应有着地域与期别之差。

【博物馆与可移动文物保护】

（一）博物馆

加强对各级博物馆、纪念馆的动态管理。省文物局加强对全省博物馆、纪念馆免费开放经费使用的管理；依法对全省公共博物馆、纪念馆进行年检；加大文物征集力度，加强和提升博物馆、纪念馆展示水平和馆藏文物保管保存条件。精心组织开展全省博物馆、纪念馆"进校园、进社区"系列活动，将特色浓郁、形式多样的博物馆文化教育资源延伸到学校，深入社区，融入社会。

省文物局和泉州市文化广电新闻出版（文物）局联合举办"2011 年福建省博物馆论坛"和"2011·泉州博物馆节"，来自省内外和台湾、香港的博物馆馆长聚焦进一步加强和共同保护人类珍稀而脆弱的文化遗产的主题，就推动博物馆事业健康持续地发展，提出了许多积极的建议。

举办各种专题展览、巡回展览和临时展览，引进国内外特色展览。福建博物院"福建古代文明之光"和闽西革命历史博物馆"红色闽西"两个基本陈列展览，荣获第九届全国博物馆十大陈列展览（2009～2010 年度）"最佳内容设计奖"和"最佳形式设计奖"。省文物局紧紧围绕纪念中国共产党建党 90 周年、辛亥革命 100 周年的主题开展各项活动，组织全省各级文化文物行政部门和各博物馆、纪念馆联合举办"八闽丰碑——纪念中国共产党诞辰 90 周年全省革命文物联展"，在第六个中国"文化遗产日"期间全面拉开帷幕。

闽西革命历史博物馆组织承建的灌阳水车红三十四师无名烈士墓、湘江战役福建籍红军烈士纪念碑、湘江战役福建籍红军英名碑、湘江战役福建籍红军无名烈士纪念碑等纪念设施在广西兴安、灌阳县落成，以纪念 1934 年湘江战役中英勇捐躯的一万余福建籍红军子弟。

（二）可移动文物保护

根据国家文物局的统一部署，严格按照《福建省文物调查及数据库管理系统建设项目实施工作方案》，全面完成福建省文物系统国有博物馆、纪念馆馆藏珍贵文物 87823 件（套）的数据采集、录入、审核和报送国家数据库的工作，其中一级文物 1029 件（套），二级文物

2466 件（套），三级文物 84328 件（套），拍摄影像 543211 张，数据 8346.5GB。筹建福建省文物博物馆管理数据库与交流利用平台。积极开展福州南屿碗窑山遗址征地工作，筹建福建博物院考古发掘资料整理和保护研究中心。

【社会文物管理】

1. 文物拍卖标的审核

2011 年，为促进文化产业发展，规范和推进福建文化艺术品市场健康发展，福建省注重加强文物拍卖标的的审核管理，对文物艺术品拍卖市场进行严格把关，共审核各类拍卖会 23 场，核准拍卖文物工艺品 12656 件（套），撤拍文物 79 件（套），拍卖成交额近 7 亿元，无涉嫌违法拍卖事件。

2. 文物进出境审核管理

文物进境审核管理方面，办理文物（工艺品）进境审核 44 人次，文物（工艺品）总数 508 件，其中审核美国夏威夷毕士普博物馆至福建省博物馆展览进境复出境文物及复制展品 151 件（套）。

文物出境审核管理方面，办理各类文物出境审核（包括博物馆展览品出境审核）38 人次，审核文物（工艺品）525 件，其中临时进境复出境审核 33 人次，审核文物（工艺品）434 件。

文物复仿制品出境审核方面，办理文物复仿制品出境审核 3 人次，审核鉴定复仿制品 22 件。

【科技与信息】

由福建省文物局承担并组织省内相关研究机构与高校共同开展的全国文物保护科学研究课题《历史文化名镇（乡）名村的保护现状与发展对策——以福建历史文化名镇（乡）名村研究为例》（2007229—11/76）于 2007 年 12 月立项，经过 4 年的努力，已完成课题内所有 59 处历史文化名镇名村的现场调查，摸清各种历史文献与文化遗存的存在现状，基本完成了对福建历史文化村镇保护中所面临矛盾与困难的全面梳理与汇总。

【文博教育与培训】

举办了 7 期各类培训班，共有 900 人次的文化文物干部参加了培训。3 月份，举办福建省文物行政执法人员培训班，各市、县（区）文管办主任、各设区市文化综合执法支队从事文物行政执法人员 220 人参加了培训。6 月份，举办了两期福建省文物保护工程培训班，各地文化文物部门文物保护工程业务骨干，已取得资质和拟申请资质的文物保护工程勘察设计、施工、监理单位的相关人员 150 人参加了培训。9 月份，举办了两期福建省文物安全培训班，全省博物馆、纪念馆、文物保护管理所主要负责人和安全保卫骨干 230 人参加了培训；举办了福建省博物馆、纪念馆保管人员培训班，全省博物馆、纪念馆文物库房保管人员 130 人参加了培训；举办了福建省博物馆、纪念馆讲解员培训班暨"嘉庚杯"讲解比赛，来自全省博物馆、纪念馆的 170 名讲解员参加培训和讲解比赛。

【文博宣传与出版】

以"5·18 国际博物馆日""文化遗产日"活动为文物法律法规的普法宣传和文化遗产保护宣传工作的平台，充分发挥各文博单位阵地作用，开展宣传活动。以第三次全国文物普查实地调查阶段的成果和重要新发现、配合基本建设考古调查和发掘成果为亮点，举办各种形式多样、丰富多彩的展览。举办了福建与南岛语族论坛、闽台对渡（城隍）文化研讨会等。

出版《磁灶窑址——福建晋江磁灶

窑址考古调查发掘报告》《福建连江定海湾沉船考古》《道艺春秋——江逸子国画塑像作品选辑》等书籍。同时，汇聚福建省第三次全国文物普查成果，启动《福建文物地图集》总卷和设区市分卷的编纂出版工作。

【机构及人员】

福建省委机构编制委员会批复同意设立福建省文物保护中心，机构规格为相当副处级，核定事业编制10名。厦门市增加参照公务员管理事业编制10名，加强文物保护工作；为厦门市博物馆增加10名编制，专门从事鼓浪屿文物保护工作。

2011年机构总数153个，其中文物保护管理机构54个，博物馆95个，文物商店2个，文物科研机构1个和其它文物机构1个。从业人员数共1688人（含专业技术人才786人），其中正高级职称40人，副高级职称99人，中级职称266人。

【对外交流与合作】

2011年1月，福建省与浙江省博物馆、美国夏威夷毕士普博物馆共同主办的"夏威夷及波利尼西亚土著文化展"在福建博物院隆重展出。展览集中展示来自夏威夷毕士普博物馆近百年来珍藏的文物精品，美国夏威夷毕士普博物馆馆长蒂莫斯·约翰斯一行出席了开幕式。双方就未来两地之间的学术研究、陈列展览、人员交流、博物馆教育方面等问题进行了探讨，以期进一步开展交流与合作。

组织开展对台文化文物交流活动，福建船政文化博物馆和台湾长荣海事博物馆联合在台北举办为期6个月的"福建船政——清末自强运动的先驱"特展。

江西省

【概述】

2011年是"十二五"开局之年，在省委、省政府的正确领导下，在国家文物局的大力支持下，全省文物系统以科学发展观为统领，围绕中心，服务大局，全面加强文化遗产保护，大力推进公共文化服务体系建设，积极主动对接融入国家文物保护大格局，进一步强化责任意识、机遇意识、改革意识、发展意识，着力打基础、抓项目，突出工作重点，提高工作质量，努力使文物保护成为推动全省经济社会发展、提升文化软实力的重要力量，开创全省文物事业繁荣发展新局面。

【执法督察与安全保卫】

加强管理，开展制度建设。试行《文物行政执法与安全监管公示公告制度》《文物安全案件督察督办管理规定》《文物消防安全检查规程》，提高工作主动性和规范性；换发全国文物执法人员执法证件，为符合核发文物行政执法证件条件的638名执法人员信息进行了统计和审核。

加强合作，开展联合执法。江西省被列入"2011全国重点地区打击文物犯罪专项行动"的17个全国重点地区之一后，江西省文物局积极与省公安厅刑警总队联合制定详细工作方案，开展专项督查。主要督办了高安市祥符镇古墓被盗案、丰城市荣塘镇古墓被盗案、丰城市洪州窑遗址遭破坏案、瑞昌铜岭铜矿遗址被盗挖案、永修县大明秀极僧塔被盗案、新建堺墩古代木椁墓被盗案、万年县古墓被盗案、上饶信州区古墓被盗案、石城县陈氏祠堂古建构件被盗案、宜黄县司马宅文物被盗案、宜黄县谭伦墓墓顶石被盗案、新余市古墓被盗案等12起文物案件，抓获犯罪嫌疑人33人，追缴二级文物1件，三级文物1件，一般文物58件。

加强监管，开展督察工作，先后督办了安义县三国孙虑城遗址违法建设案、玉山考棚违法建设案、九江姑塘海关旧址违法建设案、乐平涌山岩洞遗址违法开采矿石案等。

加强防范，开展安全检查。联合省公安厅治安总队部署开展了为期半年的全省文物安全检查和消防检查工作；派出两个安全督察组分赴各地现场督察，实地抽查了40处文物保护单位和博物馆的安全工作情况，对存在问题下发整改意见；联合省气象局开展了全省全国重点文物保护单位防雷安全专项检查工作；开展全省博物馆安全情况检查和统计工作，对12处博物馆、文物保护单位安防人员装备配备标准进行调研。

【不可移动文物的保护和管理】

（一）概况

截至2011年底，全省共有全国重点文物保护单位52处，省级文物保护单位333处，市县级文物保护单位2300多处，调查的不可移动文物34611处。国家级历史文化名城3座，省级历史文化名城4座，中国历史文化名村镇21个，江西省级历史文化名村镇66个。全年全省重要文物保护工程中央财政投入8058万元，省级财政投入经费3200万元。

（二）基层文物保护

省文物局继续组织开展2008至2010年度全省不可移动基层文物保护项目自查、督查工作，对工程进度、工程资质管理、工程质量、工程验收、资金使用、工程资料收集等情况进行检查，了解实施中的经验做法与存在问题，提出进一步加强和改进的建议。

（三）规划编制工作

紧抓全省全国重点文物保护单位保护规划和维修方案编制、报批工作。向国家文物局报批中央红军长征出发地旧址、兴国革命旧址保护规划、龙虎山仙水崖墓群和瑞昌铜岭铜矿遗址保护规划等。省文物保护中心和部分地市在抓项目规划、方案编制方面做了大量工作，并取得明显成效。协助做好李渡烧酒作坊遗址、洪州窑遗址和筑卫城遗址等保护规划公布实施工作和鹅湖书院等一大批国保单位维修设计方案报批工作。

（四）大遗址保护

继续推进御窑厂遗址、吴城遗址、湖田窑遗址、筑卫城遗址等一批大遗址保护项目的实施。

（五）历史文化名村镇保护

会同省住房与城乡建设部门做好历史文化名城、名镇、名村保护和风景名胜区保护、申报工作，对聂都风景名胜区总体规划、《江西省新型城镇化"十二五"专项规划》、高安市和丰城市城市总体规划、乐安县流坑村和兴国县三僚村等历史文化名村保护规划提出了文物保护工作意见，积极支持德兴市大茅山风景名胜区申报国家级风景名胜区。

（六）世界遗产保护与申报

庐山世界文化遗产的总体保护规划编制项目立项获国家文物局批复，总体保护规划编制工作顺利推进；完成庐山世界文化遗产突出普遍价值声明、定期报告调查表、地图信息填报和提交工作；开展世界文化遗产预备名单更新申报工作。

【考古发掘】

（一）概况

2011年，江西省考古资质单位配合基本建设工程进行的文物资源评估、考古调查、考古发掘项目共30个。省文物考古研究所顺利完成皖赣铁路（江西段）电气化改造工程、抚州至吉安高速公路、万安核电厂等一批大型基本建设工程文物资源调查评估和抢救性考古发掘项目，新建县墎墩墓葬考古发掘工作、筑卫城遗址等多项抢救性主动考古调查发掘项目获国家文物局批复并有序实施，鄱阳湖水域水下考古调查勘探前期工作有序展开，发现了3处古代沉船地点。

（二）重要考古项目

1. 新建墎墩墓

截至年底，完成了墎墩墓葬及其周围方圆5平方公里的区域的考古调查，初步建立墎墩墓葬田野考古调查、勘探、发掘的地理信息（GIS）系统；制定了《江西新建墎墩墓葬考古发掘工地安全保卫工作预案》，安装了铁丝网隔离围栏、安防监控系统、安全保卫、值班、监控室活动板房等设施。

2. 筑卫城遗址

截至年底，着手建立筑卫城遗址考古地理信息系统（GIS），启动了以筑卫城为中心的清江盆地史前文化遗址调查，开展了对筑卫城遗址北城垣的考古发掘工作，对城墙垒建过程有了初步认识。

3. 靖安老虎墩遗址

完成与厦门大学合作的第三次考古发掘，此次发掘布方300平方米，出土了一批从史前时期到明清时期的遗迹和遗物，尤其是特殊结构的汉墓和相当于夏代的祭祀遗迹、遗物。

4. 鄱阳湖水下考古

2011年5月，完成了鄱阳湖地区和全省大小水库以及五大河流的水下文物专项普查工作。下半年，对都昌县多宝乡鄱阳湖水域的老爷庙沉船遗址和新余市仙女湖水域的分宜古县城遗址这两处重点水域进行了重点勘查。

（三）文物科技保护

5月，与东华理工大学地球物理系合作，开展了新建墎墩墓葬地球物理探测工作，通过钻探确认了墎墩墓葬是中国江南地区大型汉代列侯墓葬的性质，其陵园布局和墓葬的形制是西汉诸侯国"制同京师"的体现，价值重大。

6月，与吉安航校合作，利用空中遥感技术对靖安老虎墩遗址进行了航空遥感摄影，获得了第一手空中拍摄资料。

8月，与中国（武汉）地质大学地球物理与空间信息学院和东华理工大学等科研院所合作，运用水下文物探测技术磁法探测对这片水域进行了全方位的扫描式探测，发现了9个磁异常区，并且通过对这9个磁异常区的详查，发现了16个磁异常点，其中6个磁异常点很可能存在古代沉船，取得了阶段性成果。

10月，国家文物局及中国社会科学院有关专家在靖安举办了靖安东周墓纺织品文物清理和保护专家论证会，对靖安东周墓出土纺织品进行了现场勘查与讨论，并与中国社会科学院考古研究所签订了靖安李洲坳墓葬出土纺织品及南昌明宁靖王夫人吴氏墓出土纺织品文物进行修复保护的有关协议。与湖北荆州文物保护中心达成了靖安李洲坳墓葬竹木漆器保护协议，该墓葬出土的200余件竹木漆器已搬运至湖北荆州进行文物保护。

与中科院高能物理研究所、景德镇陶瓷学院、北京师范大学等单位就景德镇南河流域青白瓷窑址发掘报告整理进行了接洽，初步达成双方合作，共同研究景德镇南河流域青白瓷窑址中各种釉色瓷器的常量元素、微量元素的化学组成以及青白釉瓷器的起源问题。

【博物馆与可移动文物保护】

（一）概述

截至 2011 年底，全省在省级文化行政管理部门登记的博物馆共有 123 家，其中文化（文物）系统管理的 106 家，行业博物馆 7 家，民办博物馆 10 家。2011 年新增 20 家博物馆列入中央免费开放博物馆名单。江西省已纳入中央免费开放的博物馆、纪念馆和全国爱国主义教育示范基地的共 93 家，其中全国爱国主义教育基地 18 家，排名全国前列。全年共举办展览 550 余个，免费接待国内外观众近 2000 万人次。

（二）博物馆免费开放

按照"博物馆质量提升年"的要求，江西省着力巩固提高国有博物馆，积极支持行业博物馆，引导规范民办博物馆，大力发展特色博物馆。召开"回眸与展望"全省博物馆建设发展座谈会，组织全省博物馆学术成果（2008～2010 年度）评选暨展示会，评选"全省博物馆（2008～2010 年度）十大陈展提升创新奖"，完成"十二五"期间江西省文物征集计划、可移动文物保护修复工作立项，陆续批复设立赣州客家民俗博物馆等 6 家民办博物馆。促进博物馆文化产品开发，组织赴台进行博物馆文化产品考察，举办全省博物馆文化产品创意设计营销暨展示博览会，全省 80 家博物馆自主或联合开发的 319 件（套）文化产品参展。

（三）博物馆馆舍建设

东固革命纪念馆、八大山人真迹陈列馆、南昌新四军军部旧址陈列馆等新馆陆续建成开放，九江、宜春、吉安、南昌 4 个设区市级博物馆和进贤、德安、新干、玉山、星子等 10 余个县级博物馆新馆主体工程相继完工，高安、上高、资溪等 10 余个县级博物馆新馆开始筹建。赣州市博物馆新馆工程荣获 2010～2011 年度"中国建筑工程鲁班奖"。井冈山革命博物馆、赣州市博物馆新馆建筑荣获"第一届江西省十佳建筑"称号，萍乡博物馆、中华苏维埃共和国历史纪念馆新馆建筑被评为"第一届江西省十佳建筑入选奖"。

（四）文物陈展与交流

全省馆际交流与文物交流活跃。博物馆交流活动活跃，不少博物馆走进社区、校园，与军营办活动，到省外办展览，借展文物搞交流，走出国（境）门寻合作，社会效益不断增强。特别是省博物馆与美国驻华大使基金、台湾历史博物馆、台湾海峡两岸古文物研究协会建立友好合作关系，开展人员交流、业务培训、展览合作及技术协作等，扩大了对外交流渠道。

1 月 1 日，省博物馆与良渚博物院联合举办的"玉叶金枝——明代江西藩王墓出土玉器精品展"在良渚博物院展出，共展出文物 86 件（套），展期 2 个月。

3 月 5 日，省博物馆与吉林省博物院联合举办的"新干商墓出土文物精品展"在吉林省博物院展出，共展出文物 125 件（套），展期 2 个月。

3 月 25 日，省博物馆与广东省博物馆联合举办的"南粤隽秀——广东省博物馆藏岭南画派精品展"在省博物馆展出，共展出文物 80 件（套），展期 1 个月。

5 月 1 日，省博物馆与广西壮族自治区博物馆联合举办的"瓯骆印象——广西百越文化文物精品展"在省博物馆展出，共展出文物 130 件（套），展期 2 个月。

6 月 28 日，省博物馆与墨西哥驻广州总领事馆联合举办的"玛雅：记忆的空间——墨西哥哈维·伊诺霍沙摄影作品展"在省博物馆展出，共展出摄影作品 40 件，展期 1 个月。

7 月 31 日，省博物馆与中国军事博物馆联合举办的"功勋与荣誉——中国人民革命军事博物馆馆藏革命军事证章、军旗精品展"在省博物馆展出，共展出文物411件（套），展期1个月。

9月15日，省博物馆10件（套）吉州窑瓷器参与深圳博物馆主办的"中国黑釉及吉州窑瓷"联展，展期6个月。

12月26日，省博物馆与山西博物院联合举办的"法相庄严——山西佛教造像艺术精品展"在省博物馆自然馆展出，展出文物69件（套），展期3个月，并配套出版了《法相庄严——山西佛教造像艺术精品展》图录。

【社会文物管理】

社会文物管理工作有条不紊。加强与工商、海关的交流与合作，共同打击文物走私活动。加大对省文物商店的监管和指导，省文物商店文化产品研发工作取得进展，年营业额收入首次突破1500万元。

【文博教育与培训】

组织全省17个县的文物行政负责人参加了国家文物局举办的4期培训班，派员参加国家文物局与国家海洋局联合开展的水下文化遗产保护人员培训班，以及国家文物局组织的田野考古领队培训班；举办全省文物保护工程施工从业人员上岗资格与项目负责人职业资格培训班、全省普查工作报告编制培训班、全省博物馆文化产品设计与策划培训班。邀请北京大学文博学院教授来江西做关于考古地理系统的讲座。

【文博宣传与出版】

"首届江西省博物馆系统美术、书法、摄影大赛作品展""蓦然回首——全省博物馆系统'博物馆与记忆'摄影作品展"等得到社会各界好评。全省文博系统开展了丰富多彩的"5·18国际博物馆日"庆祝宣传活动，成功举办"庆祝中国共产党成立90周年暨全省博物馆质量建设年颁奖演出"。江西省博物馆学会成立客家专业委员会，在赣州召开成立大会暨首届客家学术研讨会，编辑出版论文集《江西客家》；编撰、出版了《胜迹流光——文物古迹图典》《故园寻踪》两部普查文物书籍；南昌八一起义纪念馆召开"2011中国·南昌国际军乐文化研讨会"；新余市成立"抱石文化研究会""天工文化研究会"；景德镇组织开展"督陶官文化与景德镇"研讨会。瑞金、安源、八一、井冈山馆在"纪念馆与传承——'西柏坡杯'中国纪念馆宣传形象创新展示"活动中获得"最佳创作奖""最佳表演奖"，瑞金馆成功举办第六届全国毛泽东纪念馆（地）联谊会。8月22日至26日，由中国文物信息咨询中心、江西省文物局共同主办，江西省博物馆承办的"2011年全国青少年文化遗产夏令营"在江西举行。

【第三次全国文物普查】

全省第三次全国文物普查工作圆满结束，顺利通过了国家文物局"三普"实地文物调查数据误差率抽样检测。经核定，全省共有不可移动文物32831处，其中新发现28433处，复查4398处，另登记消失不可移动文物417处。不可移动文物数量较"三普"工作开展之前的5000处增长了六倍多，是全国增长数量最多的省份之一，江西不可移动文物总量在全国的排名由二十多位移至前十位。开展江西省第三次全国文物普查百大新发现评选活动，表彰了一批普查工作先进集体和先进个人；高安华林造纸作坊遗址、靖安水口李洲坳墓葬、景德镇7501瓷生产基地和南昌洪都机械厂八角亭车间旧址等4处文化遗产获全国文物普查百大新发现殊荣。

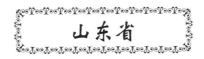

山东省

【概述】

2011 年，是《山东省文物保护条例》颁布实施第一年，也是全省文博事业开拓创新、拼搏进取、高潮迭起、硕果累累的一年。在山东省委、省政府的正确领导下，在国家文物局的关心支持下，山东省文物工作以科学发展观为指导，围绕中心，服务大局，文物保护工作在多个领域取得了历史性突破。山东省人民政府和国家文物局签署《合作加强山东文化遗产保护工作框架协议》，《山东省文物博物馆事业"十二五"发展规划》正式发布，第三次全国文物普查圆满完成，大遗址保护稳步推进，博物馆建设步伐加快，考古发掘成果丰硕，行政执法步入制度化轨道，为山东经济文化强省建设做出了重要贡献。

2011 年，省委、省政府高度重视文物保护工作。中共山东省委九届十三次全会通过的《关于认真贯彻党的十七届六中全会精神加快建设文化强省的意见》第八部分，专题对加强文化遗产保护工作提出了新的更高的要求。《中共山东省委常委 2012 年工作要点》和山东省十一届人大五次会议《政府工作报告》对加强历史文化遗产的保护和利用、推进中华文化标志城规划建设、办好尼山论坛等工作做了安排部署。为进一步加强文物保护工作，省委、省政府重新组建了省政府直属的正厅级山东省文物局，召开全省文物工作会议，成立了分管副省长任主任的山东省文物保护委员会，将文物保护重点项目纳入全省经济社会发展"十二五"规划。山东省财政设立了大遗址保护专项经费，并积极争取国家经费支持，2011 年全年争取经费达 4.2 亿元，是 2010 年的 4 倍。

【法规建设】

1. 合作加强山东文化遗产保护工作框架协议

2011 年 3 月 16 日，山东省人民政府和国家文物局正式签署《合作加强山东文化遗产保护工作框架协议》。根据协议，国家文物局把山东省"大遗址保护曲阜片区"、大运河山东段、齐长城、沿海明清海防与近代建筑群，以及鲁国故城、南旺分水枢纽工程、大汶口遗址 3 处国家考古遗址公园优先列入全国文物事业发展"十二五"规划"六片四线一圈"战略框架，涉及大型文物保护项目 300 多个；国家文物局在项目立项、经费安排和人才培养等方面给山东以重点支持；山东省政府加大文物保护及大遗址保护专项资金投入，加强机构队伍建设，全面提升文化遗产事业综合发展水平。

全省各级文物部门以贯彻落实《框架协议》作为推进工作的总抓手和机遇，全省文物保护工作地位显著提升，各项工作迈上新的台阶。

2. 山东省文物博物馆事业"十二五"发展规划

为适应山东省文博事业发展的迫切需要，科学规划"十二五"期间山东省文博事业发展蓝图，2010 年 6 月，山东省文物局组织省内社科研究机构、大学等进行专题研究，起草了《山东省文物博物馆事业"十二五"发展规划》，之后又多次召开专家论证会，广泛征求和吸纳了各级文物部门、文博科研机构、社会团体的意见和建议。2011 年 11 月 28 日，省文物局正式发布了《规划》，这是山东省文博事业发展制定和正式发布的第一个五年发展规划，为山东省文博事业发展指明了方向。《规划》明确了把山东建设成全国重要的文物保护、利用示范区，实现与建设文化强省相适应的文物强省的目标任务；提出了规划建设"七区两带"文化遗产保护片区的战略规划，即突出文化遗产的区域特色，打破现有行政区划，将全省分为"七区两带"即曲阜片区、淄潍片区、泰山片区、黄河三角洲片区、半岛片区、沂蒙片区、鲁西片区和大运河、齐长城两条文化带；确定实施大遗址保护和重大项目带动战略，规划布局了一批关系全局、意义深远、带动作用强的重点项目和一般性保护利用项目；制定了切实可行的保障措施。

为规划实施"七区两带"文化遗产保护片区战略，《山东省文化遗产片区保护规划大纲》于年底编撰完成并征求有关部门和专家学者意见。

【执法督察与安全保卫】

2011 年是《山东省文物保护条例》实施第一年，山东省文物局采取有效措施贯彻落实《条例》。

一是积极推进各级文物管理机构和队伍建设。2011 年，全省 10 个市设立了文物局，管理和专业人员队伍不断壮大。

二是加大依法行政和文物执法力度。制定《山东省文物安全工作责任书》，全面推进文物安全责任制；与山东省公安厅联合开展 2011 打击文物犯罪专项行动，全省共破获盗掘古墓葬、盗窃、倒卖文物等犯罪案件 100 余起，抓获犯罪嫌疑人 120 多名，追缴文物 60 余件，对犯罪分子形成了强大震慑。

三是加强文物管理。全省 17 市和文物重点县（市、区）馆藏文物保护、展示条件和安全设施有了较大改善；山东博物馆、山东省文物考古研究所、青岛市博物馆等文物保护修复中心建设陆续启动，20 个可移动文物保护修复项目经

国家文物局批准实施。

四是加强普法和文物宣传力度。经过积极争取，《文物保护法》和《山东省文物保护条例》被列入山东省"六五"普法规划。采取在主流媒体开辟专栏、专版，结合文物节庆开展声势浩大的普法宣传等措施，普及文物保护法律法规。

【不可移动文物的保护与管理】

（一）第三次全国文物普查

第三次全国文物普查自 2007 年 4 月启动，于 2011 年 12 月圆满完成。全省共调查登记不可移动文物 4 万余处，其中登录国家数据库 33551 处，新发现的文物点占调查总数的 63%。全省参与文物普查的人员 2580 余人，其中一线普查人员近 2000 人。文物普查进一步廓清了全省文物资源状况，广泛宣传普及了文化遗产保护政策和知识，培养造就了一支高素质的人才队伍。在国家文物局普查办的指导下，组织开展"山东省第三次文物普查百大新发现"评选活动。

（二）大遗址保护

结合山东省文物工作实际，山东省委、省政府确定将大遗址保护作为实施重点突破、带动全局战略的一项重大战略性工程。2011 年初，山东省文物局召开全省大遗址保护协调会议，就"曲阜片区"和国家考古遗址公园规划建设，加强保护机构建设，增加大遗址保护经费，落实大遗址保护责任制等提出明确要求。截至 2011 年底，大遗址保护初见成效。南旺枢纽国家考古遗址公园水工博物馆、古建筑维修、考古发掘和环境综合整治等工作初见成效，成为全省大遗址保护工程和大运河保护"申遗"的亮点；全省 2011～2013 年亟须实施的相关大遗址保护规划工作方案已编制完成；"曲阜片区"保护整体规划编制接近完成；齐国故城、两城镇遗址、城子崖遗

址、大辛庄遗址已完成立项申请。台儿庄古城被国家文物局命名为我国第一座"国家文化遗产公园"。

（三）重大工程项目

全省 2011 年展开曲阜颜庙、四门塔、牟氏庄园、阳谷七级下闸、南旺分水龙王庙等文物本体保护修缮工程、保护设施建设项目 16 项。审核、审批和上报青岛八大关、曲阜孔庙孔府古建筑、嘉祥武氏墓群石刻等省级以上重点文物保护单位保护方案、维修方案 40 余项。

1. 大运河山东段保护与"申遗"工作

根据国家"申遗"总体工作计划，山东省大运河山东段保护与申遗规划委托山东省文物科技保护中心编制完成，于 2011 年 12 月上报国家文物局审核。大运河沿线济宁、枣庄、泰安、聊城、德州 5 市政府全部公布了市级规划，并全面展开列入大运河申遗预备名单的 4 段河道、60 个遗产点的文物本体维修保护、环境整治和古街区保护工作。组织编制南阳闸、土桥闸、临清钞关、阳谷七级码头等遗产点的保护规划，南阳古运河、金口坝、周店船闸、辛闸等重要遗产点、段、片区的保护工作全面启动。

2. 齐长城保护工程

历经三年艰苦细致的工作，齐长城资源调查 2011 年 11 月顺利通过国家验收。编制完成《齐长城总体保护规划》。省及各地加大资金扶持力度，稳步推进齐长城长清、五莲、莒县、沂水、诸城、临朐段以及莱芜青石关等重点区段和重要文物点抢救性保护维修方案的编制工作，五莲段、临朐沂山段保护方案报国家文物局审批。

【考古发掘】

2011 年山东省考古勘探面积 1100 万平方米，考古发掘面积 2.2 万平方米。

组织开展西气东输、南水北调、国高青兰线、日兰高速、锡林郭勒盟至南京特高压工程等 40 多项重点基本建设工程的考古勘探等文物保护工作。

济南大辛庄遗址考古发掘入选"2010 年度全国十大考古新发现"，山东省连续三年都有项目入选"全国十大考古新发现"。定陶灵圣湖汉墓自 2010 年 10 月开始考古发掘以来取得阶段性成果，该墓葬的"黄肠题凑"形制独特，木椁保存完好，结构清楚，是山东地区迄今所见等级最高的古代墓葬，在全国范围内也是规模最大、规格最高、保存最完整的大型"黄肠题凑"墓葬。阳谷京杭大运河七级码头遗址、菏泽古沉船考古发掘和保护工作取得新成果。水下考古取得初步成效，在近海海域发现了烟台牟平蛤堆后沉船等文物遗址。经过积极争取，国家水下考古基地落户山东省青岛市。

【博物馆与可移动文物保护】

（一）博物馆

1. 山东博物馆新馆

山东博物馆新馆自 2010 年 11 月 16 日开放，截至 2011 年底累计接待观众突破 200 万人，荣获多项殊荣，成为山东省的文化新地标，展示齐鲁文化的重要平台。中央政治局常委李长春，全国政协副主席孙家正，近百位国家和省部级领导及 80 多位外国政要、驻华使节、国际友人前来参观、指导。李长春同志参观后说，山东博物馆硬件建设好，陈列展览、讲解服务等"软件"建设同样过硬。举办亚太地区馆长高层论坛暨国际博协亚太地区联盟理事会 2011 年会议。举办"山东博物馆十大镇馆之宝评选"、"山东省第五届讲解员大赛"、"山东历史文化进校园"、孔子讲堂特色国学推广等系列活动，引起广泛社会关注。"明代鲁王展"荣获"全国十大精品陈列最佳服务奖"。组建起一支来自社会各个阶层的4800人的志愿者团队。

2. 博物馆事业发展

全省博物馆事业实现稳步健康发展，各级各类博物馆达195家，全年新增和改造基本陈列150个，举办临时展览768个，征集文物14981件，保护修复文物9213件，承担科研项目46项，发表论文609篇，出版专著50部。

博物馆社会服务功能充分发挥。2011年全省博物馆接待观众3192.3万人次，比2010年增加544万人次，增幅超过20%。免费接待观众2667.4万人次，比2010年增加647万人次；其中青少年观众1067.5万人次，比2010年增加191万人次。全省近四分之三的博物馆实现了免费开放，达141家，比2010年增加了14家。

博物馆建设投入力度不断加大。"山东博物馆效应"带动了全省博物馆建设，全省博物馆建设步伐进一步加快，体系日益完善，服务水平不断提高。全省实施博物馆新建、改扩建项目38个，总建筑面积42.1万平方米，总投资达35.5亿元。烟台市博物馆新馆、临沂市博物馆新馆、文登市博物馆新馆、利津县博物馆等14家博物馆新馆相继建成并向社会免费开放。山东博物馆等6个文物保护修复中心建设陆续启动，馆藏文物保护、展示条件和安全设施大为改善。积极推动特色博物馆和新型博物馆建设，鼓励、支持社会力量兴办行业博物馆和民办博物馆。一批民办和行业博物馆通过审批设立。

文物藏品科学化管理基础日益增强。全年实施馆舍维修、文物库房改造、安防消防设施更新、文物保存环境改善等基础设施项目157个，总投入1.3亿元。

【文博宣传与出版】

2011年6月11日，中国2011"文化遗产日"主场城市落户济宁市，是这一全国性文化盛事首次来到山东乃至江北地区。活动开闭幕式、全国青少年文化遗产知识大赛、全国青少年文化遗产保护座谈会、山东省文物保护成果展、运河之都济宁展、南旺枢纽考古遗址公园奠基、曲阜颜庙复圣殿维修竣工仪式等活动，特色鲜明，异彩纷呈。山东省委副书记、省长姜大明，国家文物局局长单霁翔，山东省委常委、宣传部长孙守刚等领导出席，全国文博界、省直部门、济宁市等各界人士参加活动。山东电视台全程进行了4个小时的现场直播。全省各地围绕"文化遗产与美好生活"主题宣传活动形式多样，富有成效。

在《大众日报》设立"文物保护"专版，借助高端主流媒体搭建宣传平台，集中宣传文物保护工作，受到省领导和广大读者一致好评。不完全统计，2011年新华社、大众日报、中国文化报、中国文物报和省级各类媒体编发文物工作新闻稿件1200余篇条，山东文博网改版全年累计近130万的浏览量。

【机构与人员】

山东省委、省政府为进一步加强对文物工作和中华文化标志城规划建设的领导，决定整合组建新的山东省文物局（与省中华文化标志城规划建设办公室一个机构、两块牌子），为山东省人民政府直属正厅级行政单位，承担全省文物工作和中华文化标志城规划建设工作。2011年9月1日举行了揭牌仪式，山东省委副书记、省长姜大明出席揭牌仪式并作重要讲话，省领导高晓兵、孙守刚出席仪式。

新的山东省文物局领导班子按照山东省委、省政府领导同志指示精神和省编委《关于组建省文物局（省中华文化标志城规划建设办公室）的通知》精神，在山东省委宣传部的直接领导、省文化厅和有关部门大力支持下，经过充分准备、酝酿，2011 年 12 月 19 日至 26 日进行了处级领导职位竞争性选拔和内设机构干部调整配备。在干部选拔配备中，山东省文物局党组严格执行《党政领导干部选拔任用工作条例》，通盘考虑，慎重研究，集体决策，确保了省文物局、省文化城办公室机构整合的顺利进行和整个工作的连续性、稳定性。通过竞争性选拔，局机关 8 个处室的处长及工作人员全部到岗到位，全体人员在 12 月 31 日迁入整修后的办公楼办公，整合工作圆满完成。

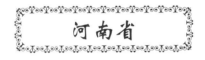

河南省

【概述】

2011 年，是中原经济区建设的开局之年，也是全面实施"十二五"规划的起步之年。在河南省委省政府的正确领导和国家文物局的指导支持下，全省文物系统围绕中原经济区建设大局，团结奋进，开拓创新，各项工作都取得了新成绩、新进展，为全省经济社会发展发挥了积极作用。

【法规建设】

配合省人大完成了《河南省实施〈中华人民共和国文物保护法〉办法》释义编写、定稿、出版工作。对《河南省地质环境保护条例》等 3 个地方性法规征求意见稿提出修改意见。对《河南省地质环境保护条例》《洛阳市邙山陵墓群保护条例》等 3 个地方性法规征求意见稿提出修改意见。对国家文物局《文物保护单位安全管理办法》《文物安全综合管理实验区管理办法》《文物进出境审核规范》《考古发掘工地安全管理规定（试行）》征求意见稿提出修改意见。完成《河南省考古调查勘探发掘管理办法》代拟稿草拟、调研、论证等工作，并上报省政府审查。经过申报、统计审核并报国家文物局核准，组织发放第一批 997 名文物行政执法人员执法证。同时，结合人事变动和机构改革等情况，组织开展第二批文物行政执法人员审核、统计工作。

【执法督察与安全保卫】

（一）文物安全

1. 逐级签订文物安全目标责任书，夯实安全责任

年初，在对各地 2010 年文物安全工作完成情况考评通报的同时，又与全省 18 个省辖市文物部门和 5 个省直文博单位签订了"2011 年度文物安全目标责任书"，并要求各省辖市文物行政部门与各县（市、区）文物部门、文博单位签订责任书，进一步强化各级各单位安全责任意识，把文物安全工作任务细化分解到具体工作岗位和责任人。在年初全省文物工作会议上，对 96 名优秀业务文物保护员进行了表彰奖励。同时，按照业余文物保护员登记、备案制度的规定，对全省 5500 名业余文物保护员重新进行了登记。

2. 落实上级工作部署，加强文物安全工作

根据省政府指示精神，及时下发了《关于开展全省文物系统安全生产大检查的紧急通知》在全省范围内组织开展安全生产大检查，加强河南省文物系统安全生产工作，防止文物安全、考古发掘、文物保护维修等重特大事故发生。根据公安部和国家文物局安排，积极协调与

省公安厅联合下发了《关于进一步加强博物馆安全工作的通知》，要求各地公安、文物部门进一步加强博物馆安全防范，深入开展安防大检查工作。11 月 8 日至 10 日国家文物局公安部联合督察组来河南省检查，对河南省博物馆安全工作给予了充分肯定。按照《国家文物局中国气象局关于开展全国重点文物保护单位防雷安全专项检查的通知》要求，在全省组织开展安全大检查，防患于未然。根据国家文物局要求，组织开展了 2011 年度全国重点文物保护单位安全情况调查工作，博物馆、文物保护单位安防人员装备调查情况抽查汇总等工作。根据国家文物局要求，对洛阳龙门西山北坡石刻文物被盗案、洛阳邙山陵墓群保护等问题进行调查，及时向国家文物局专题汇报。完成了国家文物局打击文物犯罪成果展撤展工作。组织河南省驻马店 2010 年 1 月 1 日特大盗掘古墓葬案、许昌市刘某、谈某两个特大盗墓团伙案所追缴的 67 件（套）文物参展。

3. 组织文物安全大检查

故宫博物院文物被盗案发生后，与省公安厅联合下发了《关于进一步加强全省文物安全防范工作的紧急通知》，要求各地公安、文物部门进一步加强文物安全防范、深入开展安防大检查工作。陈爱兰局长亲自带队对河南博物院、平顶山等地文博单位进行安全检查。同时，组织四个督察组开展 2011 年文物安全与行政督察工作。进入冬季后，组织开展了冬季文物安全工作专项督察，由局领导班子带队深入各地排查、分析文物安全保护工作中存在的突出问题，督促采取有力措施，保证文物安全。全省各地、各单位在文物安全防范大检查活动中出动人员 3000 余人次以上，检查中发现重大安全隐患 300 余处，下发安全隐患整改通知 50 余个。省文物局对存在安全隐患的南阳汉画馆、淅川县博物馆提出整

改要求，对没有经技防验收的许昌市博物馆、周口市博物馆下发了闭馆整改通知。

4. 开展打击文物犯罪专项行动

在对以往文物被盗抢案件梳理汇总的基础上，及时会同省公安厅在全省范围内组织开展打击文物犯罪专项行动。各地先后通过召开贯彻落实会议，制订下发本地行动方案等形式，积极开展打击文物犯罪专项行动。各地公安、文物部门密切协作，关口前移，行动迅速，给文物犯罪分子以沉重打击。同时，加大督察力度，与省公安厅联合对内乡法云寺塔被盗掘案进行督察，督促内乡县公安局立案调查。全省公安机关共立文物案件 57 件，其中盗窃文物案件 11 件，盗掘古墓葬案件 24 件，其他文物犯罪案件 22 件；破获文物案件 32 件，其中盗窃文物案件 2 件，盗掘古墓葬案件 15 件，其他文物犯罪案件 15 件；抓获犯罪嫌疑人 125 名；追缴珍贵文物 49 件，其中一级文物 1 件，二级文物 2 件，三级文物 46 件。期间，破获文物犯罪团伙案件 21 起，抓获团伙成员 98 名，有力地震慑了文物犯罪。

5. 推进全省文博单位技防达标工作

按照局领导班子积极进行项目储备的要求，督促全省各地对文物风险单位进行文物安全技术防范的规划和方案设计。审核批复了阳台宫、奉仙观、内乡县衙博物馆、郑州北大街清真寺等 4 处文物保护单位消防方案；审核批复了八路军驻洛办事处纪念馆、淅川香严寺、淮阳太昊陵等 3 处全国重点文物保护单位防雷方案；对濮阳博物馆、灵宝市博物馆、郑州市北大街清真寺、许昌市文物工作队、洛阳祖师庙、嵩山历史建筑群、濮阳市冀鲁豫边区革命根据地旧址（清丰）、济源市大明寺、济源市阳台宫、民权县博物馆等 27 个技防方案进行审核，向国家局上报信阳城阳城、济源市

济渎庙、济源市奉先观、卫辉比干庙、淅川香严寺、鹤壁市博物馆、确山竹沟纪念馆、洛阳关林、红二十五军长征出发地、汤阴县岳飞庙、嵩山历史建筑群、濮阳市冀鲁豫边区革命根据地旧址（清丰）、济源市大明寺、济源市阳台宫等技防方案 14 个；对信阳博物馆、安阳市博物馆、省文研所西山库房、洛阳市文物工作队、中牟县文物库房、社旗山陕会馆、新乡潞简王墓博物馆等 7 个单位的技防工程进行了达标验收。审核上报了汤阴县岳飞庙保护设施建设项目方案。补助张仲景墓、潭头河南大学旧址等 33 个文物保护单位或博物馆实施技防达标工程经费 1500 万元，进一步推动了全省文博单位技术防范达标工作的开展。

（二）执法督察

1. 认真做好文物执法督察

采取现场督办的方式，提高执法督查工作效能，督促查处处理伊阳高速公路破坏古墓案、三门峡大鹏酒店二期违法案、叶县楚长城违法施工破坏案件、郑州市登封"天地之中"历史建筑群违法建设案、舞阳县土长城违法建设案件、开封兰考县焦陵周边建设案件、安阳市殷墟小庄村违法建设案件、许昌子产墓许昌境内违法炸石案件、辉县共城遗址违法建设案件、开封尉氏县刘青霞故居违法建设案、安阳市房地产公司违法施工破坏古墓葬案件等 10 余起文物行政违法案事件。目前，大部分案件得到了依法处理，或者控制了事态进一步发展。尤其是，发生在世界遗产地安阳殷墟的当地群众违法在殷墟保护范围建房一案，因为处置及时，采取措施果断，督办有力，受到国家文物局表扬。同时，加强部门协作，提高执法督察力度，协调省工商局调查处理了国家文物局督办"郑州文交所"非法交易文物案，联合省住建厅调查处理了开封市"祥和嘉苑二期"违法建设案件。

2. 开展全省文物执法大检查

按照省政府要求，会同省住房和城乡建设厅对殷墟事件进行通报，并布置执法大检查活动。从各地上报的检查情况看，绝大部分地方文物部门会同城乡建设部门按照要求进行了联合检查，发现问题及时进行了整改。组织开展河南省全国重点文物保护单位和遗址类博物馆经营性活动调查工作，在国家文物局规定的时限内完成了河南省 198 处全国重点文物保护单位和 15 处遗址类博物馆的调查数据上报工作，受到国家文物局肯定。

【不可移动文物的保护和管理】

（一）概况

组织制订了 7 处全国重点文物保护单位保护规划和 54 处省级以上文物保护单位维修方案。编制省级文物保护单位（地上部分）三年维修规划，进一步摸清了全省文物建筑保存现状、维修重点和经费需求。实施登封"天地之中"历史建筑群、开封城墙、洛阳白马寺、南阳武侯祠、商丘城墙、济源阳台宫等 50 余处重点文物保护维修工程，对郑州古荥城隍庙、登封崇福宫等文物保护工程进行了竣工验收。省古代建筑保护研究所承担的青海玉树、甘肃天水地震灾区文物援建工作进展顺利。

（二）大遗址保护

2011 年，河南省大遗址保护继续围绕保护规划编制、保护方案制订、保护展示项目建设、考古遗址公园建设、专项立法建设等内容开展相关工作。

完成了《郑州商代都城遗址考古遗址公园规划》《郑韩故城城垣东北角城垣保护展示方案》《宋陵文物保护总体规划》《大河村仰韶文化房基保护房设计方案》《巩义石窟寺文物保护规划》《隋唐洛阳城国家考古遗址公园天堂明堂地块

景观设计方案》《新密古城寨遗址保护规划》《宋陵文物保护总体规划》《隋唐洛阳城应天门遗址保护展示初步设计方案》等9个大遗址保护规划、方案的编制、审核、报批工作。

继续推进汉魏洛阳故城二号宫门遗址、铜驼大街遗址、东北城墙遗址,隋唐洛阳城明堂遗址、天堂遗址,郑州商城东、南、西三面城垣遗址保护展示工程。

组织编制了《隋唐洛阳城水系考古工作计划》和《郑州商城遗址考古工作计划》,开展了隋唐洛阳城回洛仓遗址、宁人坊遗址和汉魏洛阳故城北魏宫城阊阖门北侧四号建筑基址主动性发掘的报批及准备工作,为下一步的大遗址保护工作提供考古基础资料。

(三) 世界文化遗产申报与保护

2011年度,河南省的世界文化遗产申报和保护管理工作取得新进展。为推进大运河申遗工作,河南省政府召开大运河河南段申报世界文化遗产工作领导小组全体会议。省文物局组织编制完成省级和市级大运河遗产保护规划,郑州、开封、安阳、新乡、鹤壁、商丘、滑县等市县规划已经当地政府批准公布。大运河沿线重要遗迹考古调查发掘、文物维修、河道环境整治等工作进展顺利。浚县黎阳仓遗址考古勘探取得重要成果,已探明仓窖遗址33处。商丘南关码头遗址已发掘2000平方米,发现残高约5米的夯筑驳岸。丝绸之路河南段遗产保护和管理总体规划的初稿编制完成,各遗产选点文物本体维修和环境整治工作有序推进。根据国家文物局部署,开展更新《中国世界文化遗产预备名单》工作,推荐巩义北宋皇陵、偃师二里头遗址、新乡潞简王墓为申报项目。洛阳龙门石窟、安阳殷墟、登封"天地之中"历史建筑群的保护、管理、研究工作取得新成绩,综合效益进一步提升。

【考古发掘】

(一) 概况

2011年,河南省各考古发掘研究机构主要配合各类基本建设项目开展考古发掘研究工作。截至2011年12月底,河南省已获国家文物局批准的考古发掘项目98项,累计发掘各类遗址14万平方米,发掘古墓葬570余座,出土了一大批珍贵的地下文物。本年度,郑州市文物考古研究院主持的新郑望京楼夏商时期城址考古发掘项目入选"2010年度全国十大考古新发现"。由中国社会科学院考古研究所、洛阳市文物工作队联合发掘的河南洛阳隋唐洛阳城宫城中心区建筑基址,北京大学、郑州市文物考古研究院联合发掘的河南新密李家沟遗址,郑州市文物考古研究院发掘的河南新郑望京楼遗址等3个项目荣获国家文物局"2009~2010年度田野考古奖"二等奖;由北京大学、河南省文物考古研究所联合发掘的河南禹州瓦店遗址,洛阳市文物工作队发掘的河南洛阳邙山陵墓群等2个项目荣获"2009~2010年度田野考古奖"三等奖。

(二) 重要考古项目

1. 郑州老奶奶庙旧石器时代遗址

郑州老奶奶庙旧石器时代遗址位于郑州市二七区侯寨乡樱桃沟景区内。自2011年4月以来,由北京大学考古文博学院与郑州市文物考古研究院组成的联合考古队对该遗址进行了持续的科学发掘,揭露面积近50平方米,发现了3000多件石制品、12000多件动物骨骼及碎片、20余处用火遗迹以及多层叠压、连续分布的古人类居住面。这处新发现确切地证明了早在距今3~5万年前中原地区已有繁荣的旧石器文化与复杂的栖居形态,为研究现代人类及其行为在东亚地区出现与发展提供了重要资料,完善了郑州地区乃至整个华北地区旧石器时代晚期的文化谱系，是一项重大考古发现。不仅于郑州、河南、中国，乃至对于世界古人类学研究都具有重要意义。

2. 淅川坑南史前遗址

2011年3月至8月，为配合南水北调中线工程建设，中国科学院古脊椎动物与古人类研究所和研究生院科技考古系合作，对河南淅川坑南遗址进行了发掘，揭露面积2700平方米，发现各类石制品8000余件，同时出土新石器时代早中期陶器残片、石磨盘、研磨球、燧石制品等重要遗存。该遗址大致处于旧石器时代晚期向新石器时代的过渡阶段，连续的文化堆积和丰富的文化内涵构成了其一大特色。遗址出土的石器类型既有刮削器、砍砸器、凹刮器、尖状器等，显示出南方砾石石器工业面貌；同时又发现一定数量的石叶、石片和小石器，如端刮器、镞状器、石钻等，显示了我国北方石片石器工业的特点。遗址第②层和第③层堆积中出土了陶制品碎片二十余片，综合陶质、陶色和火候等因素分析，当为迄今为止汉水流域发现的年代最早的陶制品。

3. 淅川龙山岗新石器时代遗址

龙山岗遗址又称黄楝树遗址，位于河南省淅川县滔河乡黄楝树村西，是南水北调中线工程丹江口水库淹没区文物保护项目之一。遗址总面积约20万平方米，其中新石器时代堆积范围约14万平方米。2011年，河南省文物考古研究所对该遗址进行了考古勘探和发掘，发掘面积9000平方米。遗址堆积较为丰富，包含有明清、宋元、汉代、西周、王湾三期文化、石家河文化、屈家岭文化、仰韶时代晚期（朱家台文化）等时期遗存，其中以新石器时代遗存为主。发掘表明，龙山岗遗址是一处以新石器时代堆积为主的聚落遗址，新石器时代文化遗存丰富，延续时间长。仰韶时代晚期（朱家台文化）聚落不仅面积较大，而且

发现有堤防、大型分间式房屋、祭祀区等大型遗迹，这些都反映出当时这里是一处拥有相当人口规模区域性中心聚落。发现的堤防遗存，其建造方式和长江中游地区发现的众多新石器时代城址城墙的建造方式类似，对于认识长江中游史前城墙的功能具有一定意义。遗址地处文化交汇地带，南北两大史前文化系统在这里此消彼长，相互交流与融合，留下了深刻的印记。该遗址的发掘，不仅对研究汉水中游地区新石器时代文化发展序列，探讨该地域新石器时代各发展阶段聚落形态变迁及其演变规律，而且对认识南北文化中介地带的文化面貌和性质有重要的价值。

4. 洛阳汉魏故城北魏宫城西南角遗址

洛阳汉魏故城北魏宫城西南角遗址位于河南省孟津县平乐镇金村南，北距金村约1.5公里。2010年10月~2011年11月，中国社会科学院考古研究所对该遗址进行了发掘。发掘清理出了魏晋至北魏时期的宫城西墙、南墙和西南角建筑基址，西墙外侧的河渠和内侧的排水沟渠等遗迹。这些新的发现，为深入探讨洛阳汉魏故城的城市布局、宫城形制变迁等提供了准确资料。对北魏宫城西南角遗址的发掘，是在对北魏宫城南区主要建筑轴线上的阊阖门遗址、二号建筑遗址和三号建筑遗址先后进行发掘之后，为明确北魏宫城的空间范围和时代演变而进行的又一次重要发现，具有重要的学术意义。首先，发掘明确了洛阳汉魏故城北魏宫城的空间范围，尤其是西界的位置，廓清了长期以来关于宫城西界的争论；其次，以完整、清晰的地层关系，揭示出了不同时期宫城城墙的修筑与改建，进一步明确了该宫城始建不晚于汉晋时期，历经北魏和北周时期的沿用，其范围和形制基本未有大的改动；第三，宫城西墙外侧发现的汉晋和

北魏时期的河渠遗迹，基本可以确认就是《水经注》等文献记载的汉魏时期的"阳渠"遗迹，这对于深入探讨汉魏洛阳故城的城市布局、河道水系的构成和演变有重要的意义。

5. 滑县宋代古船遗迹

滑县宋代古船遗迹位于河南省滑县新区寺庄村东北，距县城约10公里。2011年2月，当地一建筑工地在施工过程中发现该古船遗迹，安阳市文物考古研究所随即派工作人员对古船进行了考古发掘。考古发掘工作于2011年2月19日开始，4月结束。此次清理的两艘古船，保存状况不甚理想，出土器物较少，包括破损的瓷器、陶器以及少量的生活物品（席子、簸箩、编织物等已朽）。西侧古船长25.5米，船首宽4米，船尾宽3.75米，船中部最宽处5.85米，船型虽较完整，但构件多已遗失。东侧古船残长23.6米，中部最宽处5.5米，船身从北往南共设有船舱10处，在第5舱内残留有东西向的甲板，第8舱有桅杆底座，船体内侧不规则铺设有用整根硬木制成的"龙筋"。滑县古船遗址为豫北地区首次发现，古船时代早，体量大，保存相对完整，是内陆地区发现的最大、最完整的宋代古船标本。两艘古船的发现为研究黄河古文化、黄河的地质变迁具有重要意义，也为北宋时期的漕运史、河运史及造船工艺研究提供了新的资料。宋金时期是我国古代历史上造船业发达时期。这次发掘的2艘古船为豫北地区古黄河考古所少有，时代早，船体保存相对完整，实属不易。古船的发现，反映出当时内陆水运交通的发达和内陆造船技术的先进，是黄河水运繁荣的实物见证。

【博物馆与可移动文物保护】

（一）博物馆

1. 博物馆建设

洛阳、许昌、信阳、周口、濮阳、新乡6座市级博物馆新馆和河南古代壁画馆、渑池仰韶文化博物馆、禹州钧官窑址博物馆、开封刘青霞故居纪念馆等4座专题博物馆建成开放，新增宣传展示厚重中原文明的亮丽窗口。平顶山、商丘、驻马店博物馆和信阳城阳城址博物馆等加快建设。以新郑市、沁阳市、淮阳县博物馆为试点单位，开展全省馆藏文物清库建档试点工作。当代文物资料征集工作取得阶段性成果。

2. 博物馆服务和教育

2011年，河南省新增中央补助免费开放博物馆、纪念馆23家，省级补助10家，免费开放博物馆、纪念馆达到106座。全省博物馆、纪念馆积极贯彻落实国家和省委省政府关于推进免费开放的部署，进一步提升陈展水平、完善配套设施、提高服务质量，全年举办展览485个，开展志愿者、义务文物鉴定、展览进校园进社区等活动，有效发挥了公共文化服务和社会教育功能，文物保护成果进一步惠及广大公众。河南博物院举办"华夏遗韵——河南出土音乐文物展"等各类展览27个，以历史教室活动、华夏古乐展演、中原国学讲坛等六大品牌为主体，创新形式，拓展服务，影响日益广泛。中国文字博物馆举办展览10余个，其策划推出的"中国少数民族文字文物文化系列展"，成为特色品牌。纪念辛亥革命100周年，全省各地博物馆举办了一系列展览，深受公众好评。中国文字博物馆、河南博物院陈列展览分别荣获"第九届全国博物馆十大陈列展览精品"特别奖和精品奖。

【可移动文物保护】

1. 文物数量、等级

全省国有馆藏文物180余万件（套），珍贵文物164568件（套），其中一级文物1623件（套）、二级文物13537

件（套）、三级文物149408件（套）。

2. 文物保护修复基地建设

河南省目前共有5家省级文物保护重点科研基地，分别是依托河南博物院成立的金属文物保护研究基地、依托河南省文物考古研究所成立的动物考古研究基地和"许昌人"研究基地、依托龙门石窟成立的石窟寺考古研究基地以及依托洛阳古代艺术博物馆成立的古代壁画保护研究基地。几年来，通过所在单位及省辖市文物行政部门对科研基地资金投入的加大以及人才培养的加强、文物保护科技水平得到快速提升。除了龙门石窟外，其余的4家科研基地都具有可移动文物修复一级资质和可移动文物保护修复技术设计甲级资质，其中河南博物院于2011年成立了文物科技保护中心，为副处级院设科研机构，拥有专业技术保护人员16名。国家古代壁画保护工程中心河南工作站也于2011年11月在洛阳古代艺术博物馆挂牌成立，现有壁画保护修复专业技术人员14名。除此之外，河南省的新乡、许昌、驻马店、南阳、周口等地也纷纷成立可移动文物保护修复实验室，机构建设得到明显加强。

3. 文物保护技术、方法及其应用

"十一五"期间国家文物局资助河南省的4个可移动文物保护项目已基本完成，有待结项验收。2011年新资助的10个保护项目也已经顺利进入实施阶段。

为了进一步提升河南省可移动文物保护技术人员的专业水平，2011年，河南省文物局投入30万元，举办了第一期河南省青铜器文物保护修复技术培训班，共有来自全省国有文博单位的21名学员参加了为期2个月的培训，有效缓解了全省文物保护修复专业人才短缺的局面，为进一步做好全省可移动文物保护修复工作打下良好的基础。

在金属文物保护修复方面：以传统修复技术的科学化为核心，采用传统技术结合现代工艺，开发出了针对变形、腐蚀严重的器物的有效修复手段及保护材料，较好地满足了修复保护需求。

在木质文物保护研究方面：采用"活性碱＋尿素"作为出土干缩变形木质文物的润胀复原剂，有效恢复了干缩木质文物原状，同时也突破了干缩木质文物变形是"不可逆过程"的既有认识，该成果先后在《Journal of Archaeological Science》、《功能材料》等国际知名期刊发表，极大地拓展了木质文物保护研究领域的宽度和深度。

2011年，河南省共有4个科研课题获得国家文物局立项资助，同时新立项省文物局科研课题7项。2010年度的两项省文物局科研课题——《河南省馆藏纸质文物保护现状调查》和《河南省文物建筑历史遗存彩画抢救调查》通过结项验收。

【社会文物管理】

社会文物管理工作有条不紊。组织修改《河南省文物商店管理暂行规定》，进一步规范了全省文物商店管理工作。指导省文物交流中心成功举办了"2011年春季、秋季全国文物艺术品展销会"。完成河南华旭文化投资有限公司华旭文化艺术品文物商店的审批设立。完成河南万邦等6家文物经营企业拟拍卖文物标的进行了审核，配合工商部门查处违法经营文物案件一起。完成文物拍卖企业、文物商店经营情况年度检查。在郑州组织召开了河南省文物鉴定委员会工作会议，完成河南省文物鉴定委员会成员调整工作。积极配合各级司法机关、海关和执法部门开展涉案文物鉴定工作，全年共进行司法鉴定111起，其中，对被盗掘现场鉴定31次，鉴定涉案文物15158件，二级文物10件，三级文物773件，出具司法鉴定证书111份。

【文博教育与培训】

文博教育与培训内容丰富。结合河南省文物局工作实际，制定了《河南省文物局"十二五"教育培训规划》，明确了"十二五"期间教育培训工作目标。参加了国家文物局组织的全国县级文物行政部门负责人培训班四期23人次；组织举办了2011年全省文物局长培训班，18个省辖市、10个省直管试点县（市）、148个县（市、区）的文物局长及省直文博单位和省文物局机关各处室的主要负责人共190多人参加培训；举办了赴美国、意大利文化遗产保护管理和专业技术人员培训班、全省保管员培训班、全国文物行政执法人员培训班（河南片区）、以3S技术为支持的南水北调禹州段考古区域系统调查与培训班等。

【机构与人员】

截止2011年底，受河南省文物局业务指导的省直文博单位5个，分别是河南博物院、河南省文物考古研究所、河南省古代建筑保护研究所、河南省文物交流中心、国家文物出境鉴定河南站。在职人员400余名，局机关43名，其中博士12人，硕士41人，大学本科227人，大专84人，大专以下45人；正高29人，副高58人，中级120人，初级69人。

河南省文物局因登封"天地之中"历史建筑群申报世界文化遗产成绩突出，被省政府记"集体一等功"；被省委、省政府授予"河南省对口支援江油市恢复重建工作先进单位"称号，被国家文物局授予"文物系统汶川地震灾后文物抢救保护工作先进集体"称号。荣获省政府表彰的个人一等功2名；被上级部门表彰为先进个人的6名。

【文博宣传与出版】

宣传工作日趋活跃。全省各地组织"国际古迹遗址日"、"国际博物馆日"、"中国文化遗产日"系列宣传，开展了"镇馆之宝背后的故事"、走进考古发掘现场、文物保护成果展等丰富多彩的活动。服务中原经济区建设，面向社会公众，组织举办了3场"打造华夏历史文明传承创新区"专家报告会。结合新闻媒体"走基层、转作风、改文风"活动，会同省广电局，组织河南电视台、《东方今报》等10余家媒体，深入开封、南阳等地，对南水北调文物保护和文物普查工作进行了集中采访报道。支持《大河报》采编刊发了《行走大运河》系列报道。编辑出版《河南文物志》、《华夏文明的摇篮——中国河南》等图书。这些宣传活动，进一步扩大了文物工作的社会影响，增强了全社会的文物保护意识。

【第三次全国文物普查】

河南省第三次全国文物普查圆满完成。第三次全国文物普查是国务院部署开展的一项重大国情国力调查，是加强文化遗产保护的重要基础工程，普查从2007年4月开始，到2011年12月结束。在文物普查工作中，结合河南实际，积极创新，勇于实践，为全国探索了路子，积累了经验。组建了159个文物普查工作队，2855名专职人员参加普查工作，各级财政累计投入经费5175万元。普查期间，河南省在各类媒体上发表文章2000余篇，举办展览550场次，向社会发放宣传品80余万份，社会公众参与人数12374人次，提供线索44481条。经过2011年最后阶段普查数据汇总、整改、验收，圆满完成了普查任务。经国家核定公布，河南省共普查不可移动文物65519处，位居全国前列，进一步奠定了河南文物大省的坚实地位。长城资源调查顺利通过国家验收，确认长城墙体（含山险及消失部分）长度391.79公里。

【对外交流与合作】

赴日本"华夏文明之源——河南文物珍宝展"历时一年圆满落幕，先后在东京、九州、奈良等三大国立博物馆巡回展出，社会各界踊跃参观，引起强烈反响。配合第二届"联合国中文语言日"活动，在维也纳联合国总部成功举办了"中国文字展"，各国外交官给予高度评价，外交部为此专门给省文物局发来感谢信。配合省政府"中原经济区合作之旅走进台湾"活动，在台北成功举办"我们的符号：汉字"图片展，受到台湾同胞广泛好评。

河南博物院、省文物考古研究所、郑州博物馆、洛阳博物馆等，分别与美国、德国、奥地利、日本、韩国和港澳台地区的文物博物馆机构签署合作交流协议，进一步深化项目研究、文物展览和人员互访。成功举办赴美国、意大利2个文化遗产保护管理专业人员培训班，进一步拓宽了工作视野，提升了业务水平。

湖北省

【概述】

2011年，湖北省各级文物部门结合建党90周年、辛亥革命100周年等系列重大纪念活动和党的十七届六中全会胜利召开，以科学发展观为统领，正确把握新时期文化遗产保护工作的新变化新特点新要求，围绕中心、服务大局，狠抓重点、攻克难点，扎实推进各项工作：科学编制文化遗产保护事业"十二五"发展规划；第三次全国文物普查、长城资源调查项目等文物基础性工作取得新成绩；局省共建大遗址保护工作取得重大阶段性成果；文物保护工程、考古发掘和世界文化遗产工作取得新突破；三峡、南水北调文物保护工作取得新亮点；博物馆基础设施建设和公共服务能力水平进一步提升；文物执法和文物安全机制建设得到规范与加强；对外交流与宣传工作取得新进步；体制改革、人才队伍建设及经费综合管理水平得到进一步增强；文物系统作风建设取得明显成效，实现了"十二五"时期良好开局，形成整体推进、重点突破、协调发展的良好态势，为实施湖北文化强省建设战略提供了有力支撑。

【法规建设】

经广泛征求意见，反复修改完善，组织专家评审，高质量编制完成《湖北文物博物馆事业发展"十二五"规划》。

强化文物保护工程审批程序，规范文物保护工程管理。启动《湖北省文物保护工程勘察设计（施工）资质管理办法》（试行）修订工作。

加强制度建设，夯实安全基础。省文物局联合省公安厅、监察厅、财政厅颁布《湖北省文物保护单位和博物馆纪念馆安全防范工程管理办法》。

省文物局、中南财经政法大学联合成立文物保护法研究中心。

【执法督察与安全保卫】

打击文物犯罪活动成果显著。黄冈市博物馆持刀劫案发案39小时即被破获，被劫文物悉数追回，完好无损。省政府成立以分管副省长为组长、省公安厅等单位为成员的打击文物犯罪专项行动领导小组，开展为期8个月专项行动。全省各级公安、文物部门全力以赴，多管齐下，多措并举，通过强势打击，共破获文物犯罪案件17起（其中盗掘古墓葬案件 12 起），摧毁犯罪团伙 14 个，抓获犯罪嫌疑人 42 名，追缴文物 21 件，成功侦破公安部挂牌督办的随州义地岗东周古墓群系列盗墓案等重大案件，文物犯罪得到有效遏制。

文物安全长效机制初步形成。经省政府同意，建立由省文化厅牵头、省公安厅等 10 个单位为成员的全省文物安全工作联席会议制度，并在全省逐级推广，各部门通力合作，确保文物安全。

文物安全基础工作取得长足进步。各级文物保护单位以全面落实"四有"为核心，逐一明确保护机构或专职保护人员，全面推行文物安全责任人制度，建立文物安全末端守护机制。加大文物安全防范设施建设力度，有效提高安全防范水平，增强安全保障能力。

文物安全监管制度逐渐完善。建立全省文物安全月报制度；制定《湖北省文博单位安全管理规定》，强化文博单位安全岗位工作职责，推动建立全员安全责任制；颁布《湖北省文物保护单位和博物馆纪念馆安全防范工程管理办法》，进一步规范安防工程各个环节工作。

安全隐患巡查整改落实到位。各级文物行政部门和各文博单位坚持预防为主的原则，采用日常巡查和节假日定期巡查相结合的方式，以排查和整治隐患为重点，认真开展安全检查，强化日常监管。组织 7 个检查组对 87 个博物馆、纪念馆及部分国保单位进行安全检查，仅对全国重点文物保护单位开展的文物安全检查即达 1560 次，发现各类安全隐患 62 项，整改率 100%。

【不可移动文物的保护和管理】

（一）概况

湖北省共有全国重点文物保护单位 91 处，省级重点文物保护单位 826 处，县级以上文物保护单位 4000 余处。省文物局委托中国文化遗产研究院等单位完成鹤峰五里坪革命旧址、襄阳城墙、襄阳王府绿影壁、钟祥文风塔等 6 处全国重点文物保护单位的保护规划编制工作，启动武当山古建筑群、利川鱼木寨、宜昌三游洞摩崖规划的编制工作。完成世界文化遗产钟祥明显陵、全国重点文物保护单位来凤仙佛寺石窟保护规划修改工作。积极开展第六批湖北省文物保护单位的推荐申报工作。

第三次全国文物普查、长城资源调查项目等文物基础性工作取得新成绩。一是摸清全省不可移动文物家底，共调查登记不可移动文物 36473 处，其中新发现 26182 处，复查 10291 处，总量位居全国第七；二是建立全省不可移动文物信息管理系统，公布不可移动文物名录；三是普查成果丰硕，一大批重要发现得到展示，《湖北省第三次全国文物普查工作报告》顺利通过国家普查办审查，筹备编辑出版文物普查专项成果报告，武昌表烈祠等 3 处文物点被列入《第三次全国文物普查百大新发现》。长城资源调查项目工作取得阶段性成果，完成田野调查、考古发掘、资料整理、汇总建档等任务并通过国家验收。项目共调查登录长城墙体 37 段 17671.8 米，关堡、敌台、铺房、烽火台 25 个，基本摸清湖北长城的底数、分布、保存状况及构筑特征。

文物保护工程共实施 30 项，总工程量 3 万平方米。重点工程项目主要有：武当山古建筑群、明显陵、八七会议会址、武昌起义军政府旧址、黎元洪墓、红四军红六军会师旧址、大水井古建筑群李氏庄园、仙佛寺石窟维修工程等。

（二）大遗址保护

11 月 24 日～26 日，国家文物局和湖北省政府在荆州共同主办大遗址保护现场会暨大遗址保护高峰论坛。国家文物局局长单霁翔、副局长顾玉才，湖北省省长王国生，省委副书记张昌尔，省委常委、宣传部部长尹汉宁，副省长张通，以及江苏、河南等省份领导及会议代表 600 余人出席会议。会议通过的《大遗址保护荆州宣言》，是大遗址保护理论和理念的重大发展，在中国大遗址保护历程中烙下了鲜明的湖北印记。

大遗址保护荆州片区重点文物保护展示项目取得重大阶段性成果：楚纪南城国家考古遗址公园建设项目成功奠基，熊家冢遗址车马坑展示厅建成，八岭山墓群考古工作进展顺利，龙湾遗址国家考古遗址公园全面开工，荆州文物保护科研大楼接近竣工。

主要经验：一是保护管理与合理利用相结合，充分发挥文化遗产综合效益，使文化遗产惠及民众；文化遗产事业纳入经济社会发展全局，使文化遗产事业与经济社会共同发展；政府主导与社会参与相结合，使文化遗产事业成为全民事业。二是建立局省共建工作机制，充分发挥地方积极性，做到优势互补、形成合力；建立突破行政区划的管理机制，实行统一领导、统一规划。三是科学统筹，加强协调，及时解决重点、难点问题；集思广益，借助科研单位和人民群众力量，为大遗址保护注入生机和活力。

（三）全国重点文物保护单位

加大全国重点文物保护单位规划的编制和维修力度，重点督促、指导做好武当山古建筑群等保护规划的编制工作，做好武当山、明显陵、利川大水井李氏庄园等重点保护维修工程。进一步完善全国重点文物保护单位的"四有"工作，召开专家评审会，为正式划定湖北省第一至第六批全国重点文物保护单位的保护范围和建设控制地带提供技术支持。

（四）世界文化遗产

1. 世界文化遗产项目的申报、评审

积极申报遗产加入中国世界文化遗产预备名单：一是黄石工业遗产片区，经省政府批复设立，由铜绿山古铜矿遗址、大冶铁矿露天采场旧址、华新水泥厂旧址、汉冶萍煤厂矿旧址组成。2011年中国世界遗产申报工作汇报会上被列为工业遗产唯一项目；二是恩施土司遗址，该项目与湖南联合进行，启动实施考古发掘和保护规划编制等前期工作；三是荆州城墙和襄阳城墙作为中国明清城墙组成部分，申报文本初稿基本形成。

2. 世界文化遗产保护、管理制度和方法

全省有武当山古建筑群、钟祥明显陵两处世界文化遗产，被纳入国家文物事业发展"十二五"规划"明清皇家建筑保护重大专项"。武当山遇真宫保护工程有序进行。通过严格世界文化遗产保护工程的报批程序，规范工地管理，强化施工现场资料记录，全面提升工程质量与和管理水平。

【考古发掘】

（一）概况

对随州叶家山西周早期曾侯墓地、天门石家河遗址开展具有较强科研性质的考古工作；配合大遗址保护，对楚纪南城 30 号台基和烽火台遗址进行发掘，对八岭山墓群冯家冢、平头冢进行局部发掘工作；配合恩施土司遗址申遗工作，对咸丰唐崖土司遗址和鹤峰容美土司遗址进行局部发掘；配合南水北调工程，对武当山月亮地墓群等 22 处地下文物点进行抢救性考古发掘，发掘面积 4.2 万平方米；开展三峡工程消落区抢救性考古发掘，主要包括秭归东进门墓群等；配合高速公路等建设工程开展房县三溪沟墓地等考古发掘；国家水下文化遗产保护武汉基地成立，在丹江口库区开展首次内陆水下考古工作，对河南省淅川县龙城遗址、湖北省丹江口市均州古城和武当山周府庵进行水下物理探测。

2011 年湖北的重大考古新发现有随州叶家山西周早期曾侯墓地等。出版的考古发掘报告有《随州金鸡岭》《余岗楚墓》等。

（二）重要考古项目

1. 随州叶家山西周早期曾侯墓地

发掘时间：2011 年 2 月 18 日 ~ 6 月 14 日

发掘面积：3700 平方米

发掘单位：湖北省文物考古研究所

出土重要文物及价值：已发掘的 63 座墓葬共出土随葬品约 739 件（套），主要为铜器、陶器等。铜器共 325 件，其中 78 件有铭文，器类主要有鼎、簋、鬲、甗等。随葬出土文物的器类组合和形制，与已发掘的西周姬周文化如陕西高家堡戈国墓、河南鹿邑太清宫长子口墓相同或相近，年代属西周早期。在多座墓葬中发现有"曾""曾侯""曾侯谏"的铭文。经初步研究，M65 可能为曾侯谏墓、M2 似为曾侯谏夫人媿氏墓、M27 可能为曾侯谏之子白生或其夫人墓。该墓地是近 30 年来湖北省最重大的考古发现，使西周曾国历史研究获得重大突破。

2. 天门石家河遗址

发掘时间：2011 年 3 月 ~ 4 月

发掘面积：200 平方米

发掘单位：湖北省文物考古研究所

出土重要文物及价值：出土典型的屈家岭文化晚期特征的陶片、疑似为古桥的木构遗迹，以及大量有机质遗物（包括木制舟形器、竹编制物等）。通过发掘，揭示东南部城垣的走向和堆积状况，东南段城垣的兴建与毁弃的相对时代，推测城垣的兴建年代不早于屈家岭文化晚期。出土的有机质遗物为湖北新石器时代遗址首次发现，大大丰富对新石器时代生产工艺和工具选材的认识。此外，两处发掘地点采集的土样，提取的植物种子和动植物遗存，为研究当时的环境、气候提供了科学的资料。

3. 武当山月亮地墓群

发掘时间：2011 年 5 月 ~ 9 月

发掘面积：3000 平方米

发掘单位：襄阳市文物考古研究所

出土重要文物及价值：发掘各时期墓葬 86 座，其中秦代 15 座，西汉 69 座，宋代、西晋各 1 座。出土陶器、铜器等，部分有铭文。经研究，初步确认月亮地墓群始于秦代，以西汉时期墓葬为主，有少量西晋、宋及以后各期墓葬，对于进一步研究鄂西秦、汉时期区域文化内涵、探索该区域葬俗的演变提供了重要的材料。

4. 荆州八岭山古墓群

发掘时间：2011 年 8 月 ~ 11 月

发掘面积：1500 平方米

发掘单位：荆州市博物馆

出土重要文物及价值：发掘冯家冢"七行冢"中的殉葬墓 3 座，出土玉器、铜器等器物共计 18 件。根据已发现的大型异穴合葬的楚墓布局特点，可以推断冯家冢冢主的墓主为战国时期某位楚王，陪冢的墓主为其王后。对平头冢环濠、东西墓园通道及西门阙遗址进行局部发掘，可基本确定平头冢墓地与熊家冢墓地具有较相似的格局，很可能是东周楚国高等级贵族墓地之一，且平头冢墓地具有更丰富的陵园特征，尤其是环濠、东向台阶通道、西向平坦通道及"门阙"遗迹、两个车马坑及与五家冢墓地的密切关系等，是熊家冢墓地及其他已知同类墓地中所罕见的，具有较高的研究价值。

【博物馆与可移动文物保护】

（一）博物馆

1. 可移动文物的保护、管理和研究

扎实推进全省博物馆基础设施建设。总投资近 10 亿元的湖北省博物馆三期扩建工程于 12 月 22 日举行开工仪式，国家文物局副局长顾玉才，湖北省委书记李鸿忠，省长王国生等领导出席。该项目是新中国成立以来全省投资最多、规模最大的文化基础设施。辛亥革命武昌起义纪念馆旧址主楼维修完成。武汉市启动"博物馆之城"建设，辛亥革命博物馆、中山舰博物馆于辛亥革命百年庆典之际建成开放。积极推进中等城市及部分重点县级博物馆建设。荆州博物馆 2 万平方米新综合陈列楼完成概念设计国际招标并启动方案设计。咸宁、鄂州、黄冈等中等城市博物馆新馆主体工程竣工，宜城、钟祥、丹江口新馆陈列布展完成。

湖北省馆藏文物数量大，种类多，质量高，涵盖金银器、玉器、青铜器、铁器、石器、陶器、竹木器、丝织类、石刻、名人书画等类别。其中省博物馆 26 万件（套），荆州市博物馆 13 万件（套），襄阳市博物馆 7 万件（套）。

全省加强对全省馆藏文物的借用、复制、调拨等的规范管理，积极鼓励和支持各博物馆馆际交流。建立健全藏品管理制度，提升库房保存水平，添置技术安防设备，完善安全保卫制度，确保文物安全。有计划地对馆藏文物进行清理和保护，并制订科学合理的文物修复保护方案。为做好辛亥革命 100 周年庆典活动，湖北省博物馆、辛亥革命武昌起义纪念馆为辛亥革命博物馆复制辛亥革命文物 22 件（套），用于辛亥革命历史陈列展览。

2. 博物馆间的交流与合作

全省博物馆全年共举办临时展览 300 多个，观众达 1610 余万人次。

省博物馆与西藏博物馆联合举办"圣地西藏——最接近天空的宝藏展"、与省内 20 家博物馆联合举办"荆楚英华——全省博物馆馆藏文物精品联展"等临时展览。省博物馆"荆楚遗泽——湖北枣阳九连墩楚墓出土文物特展"在

浙江、重庆、山西等省（市）博物馆展出，社会反响强烈；武汉市博物馆与南京市博物馆联合举办"金玉满堂——南京市博物馆馆藏金银玉器特展"、在内蒙古包头市举办"江城瑰宝——武汉博物馆藏书画、铜镜展"；荆州市博物馆引进云南省楚雄博物馆的"霓彩彝裳"、内蒙古自治区包头博物馆的"草原古韵"、江苏南京市博物馆的"金玉满堂""暑运时辰"等展览，并推出赴云南省楚雄市的"丹青神韵"展和赴四川省成都市、湖北省十堰市的"楚风汉韵"展等。

3. 重要的文物陈列展览

4 月 12 日～30 日，西藏博物馆"圣地西藏——最接近天空的宝藏展"在湖北省博物馆展出，精选展品 127 件（套），其中一级文物 36 件。

6 月 28 日，武汉市革命博物馆推出"情系长江——老一辈革命家在武汉"展览，共展出图片 355 幅，实物 54 件。

6 月 28 日～9 月 18 日，为庆祝建党 90 周年，省博物馆、武汉市博物馆等 20 家博物馆联合举办"荆楚英华——全省博物馆馆藏文物精品联展"，展出旧石器时代至明清时期文物精品 300 余件（套），涵盖铜器、瓷器、金银器、玉器、漆器等类别。

9 月 28 日～11 月 27 日，意大利"重返巴洛克——那不勒斯的黄金时代绘画展"在湖北省博物馆展出，展出距今约 300 年油画 40 幅。

10 月 8 日，辛亥革命 100 周年庆典活动期间，辛亥革命武昌起义纪念馆"鄂军都督府旧址复原陈列""辛亥革命武昌起义史迹陈列""辛亥革命人物画展"三项重要展览开展，省委常委、宣传部部长尹汉宁，省人大常委会副主任周洪宇，副省长张通，省政协副主席涂勇等省领导出席开展仪式。

10 月 10 日，辛亥革命博物馆举办"共和之基——辛亥革命历史陈列"展。

10月，武汉市中山舰博物馆推出"中山舰复原陈列""一代名舰——中山舰史迹陈列""中山舰出水文物精品陈列"等三个基本陈列，并正式向公众开放。

（二）可移动文物保护

1. 文物数量、等级

截至2011年12月，全省博物馆、纪念馆馆藏文物藏品及标本总量115万件（套），三级以上珍贵文物10.6万件（套），一级文物2514件（套）。

2. 可移动文物保护修复基地建设

依托湖北省博物馆、荆州文物保护中心成立的出土漆木器保护国家文物局重点科研基地发展态势良好。投资9300多万元、建筑面积达1.28万平方米的荆州文保中心科研大楼主体竣工。基地拥有专业仪器设备100多台（套）；积极组织申报相关文物保护技术科研课题，2011年获得国内专利授权1项，发表学术论文近10篇。承办全国木漆器纺织品保护方案编制培训班、全国文物出土现场保护移动实验室技术应用示范和技术培训培训班。

湖北省具备可移动文物保护修复一级资质单位3家（湖北省博物馆、荆州文物保护中心、湖北省文物总店），具备可移动文物保护修复二级资质单位5家（武汉市博物馆、襄阳市博物馆、鄂州市博物馆、武当博物馆、宜城市博物馆）；湖北省博物馆、荆州文物保护中心具备可移动文物设计甲级资质。

3. 可移动文物保护技术和方法及其应用

2011年，竹木漆器类文物保护修复技术应用于国家博物馆、安徽宣城市博物馆等多个单位的木漆器保护项目。

纺织品类文物保护修复技术应用于荆门市博物馆馆藏战国丝织品、广西民族博物馆民族服饰等保护修复及湖南韶山毛泽东同志纪念馆馆藏纺织品的病害

调查、组织分析等工作。

加温矫形工艺修复青铜器技术应用于湖北省博物馆青铜器保护、浙江安吉县博物馆馆藏青铜器保护、湖北云梦县博物馆馆藏青铜器保护等项目。

【社会文物管理】

湖北省文物局加强文物拍卖管理，促进文物艺术品交易市场健康有序发展，为拍卖公司依法审核拍卖活动12期，审核拍卖标的5701件（套）。

配合打击文物犯罪专项行动，为省高检、武汉市蔡甸区检察院和阳新等县市公安部门鉴定涉案文物9批次，共253件。其中二级文物1件，三级文物9件，一般文物243件。

【科技与信息】

文物科技和人才队伍建设势头良好。湖北省文化厅古建筑保护中心组织实施的《指南针计划——基于传感器集成融合的武当山南岩宫两仪殿精细测绘与三维建模技术研究》课题基本完成，承担的《文化保护工程管理模式研究》成果获第二届湖北发展研究三等奖。湖北省文物局积极组织全省文博单位申报文化遗产保护领域科技课题，2011年全省共申报《农业遗产调查与评价研究——以湖北省为例》等课题14项。

【文博教育与培训】

荆州文物保护中心举办全国竹木漆丝织品类可移动文物保护修复方案编制培训班。

依托湖北省高校优势，多渠道联合办学，构建文博教育培训的长效机制，全省文物博物馆专业学位研究生教育启动实施。与武汉大学联合承办世界文化遗产地安全管理培训班，培训各省及澳门学员78人，国家文物局局长单霁翔亲

自授课。

举办全国文物行政执法人员（湖北片区）轮训班，培训学员 139 人。加强对基层文物行政部门领导干部业务素质和管理能力的培养，推荐鹤峰、建始等 16 个县级文物局局长参加全国县级文物行政部门负责人培训班。

【文博宣传与出版】

组织开展文化遗产保护宣传活动。利用文化遗产日契机，邀请新华社湖北分社及湖北省主流新闻媒体采访报道赤壁摩崖石刻专家论证会。在"文化遗产日"和"5·18 国际博物馆日"期间，各地文博单位通过悬挂横幅、张贴海报、印发宣传册、举办讲座等形式，开展丰富多彩的宣传纪念活动，营造良好的文化遗产社会氛围，"文化遗产人人保护"的理念深入人心。文化遗产保护先进典型不断涌现。大悟县文物局荣获"全国红色旅游工作先进集体"称号，省博物馆志愿者喻梦华荣获"牵手历史——第三届中国博物馆十佳志愿者之星"称号，向襄阳市博物馆无偿捐赠 1500 余件文物的退休环卫女工秦富荣荣获第四届"薪火相传——中国文化遗产保护年度杰出人物"称号。

编辑出版《三峡古代聚落形态研究》《三峡地区地面建筑聚落与民居现状、历史与保护研究》等课题成果。

【机构及人员】

机构总数按单位类型分：文物科研机构 3 个、文物保护管理机构 39 个、博物馆 125 个、文物商店 1 个、其他文物机构 7 个，其中新增机构 11 个；从业人员共 3596 人，其中新增 374 人。按单位类型分：正高 57 人、副高 183 人、中级 891 人、初级及以下 2465 人。按隶属关系分：省区市 384 人、地市 957 人、县市

区 2255 人。

湖北省文物局组织开展 2011 年度系列评奖表彰活动，评出优秀论文奖 16 项，考古奖 14 项，文物保护工程奖 7 项，博物馆纪念馆优秀陈列奖 23 项，文化遗产日和博物馆日活动先进集体 29 项、先进个人 31 人，文物安全与执法工作先进集体 25 个、先进工作者 48 人。

【对外交流与合作】

文物出入境展览和交流亮点纷呈。省博物馆引进意大利"重返巴洛克——那不勒斯黄金时代绘画展"。加强对港台的交流活动，辛亥革命武昌起义纪念馆赴台举办"流年似水——旧上海广告月份牌写真展"；省博物馆赴港举办"辛亥革命百周年展"、中山舰博物馆赴港举办"中山舰出水文物香港特展"和"一代名舰——中山舰舰史图片展"；辛亥革命武昌起义纪念馆赴港参加辛亥革命百周年纪念学术研讨会和辛亥革命旅游推介会；邀请辛亥志士后裔和台湾同胞参加辛亥革命 100 周年庆典活动；完成 30 余家境内外媒体拍摄辛亥革命文物的审批与协调工作；湖北省委书记李鸿忠率湖北代表团出访意大利、瑞士期间，就文物科技保护、展览交流等领域与两国达成合作意向，并签订湖北省博物馆与意大利托斯卡纳大区展览交流等协议。

湖南省

【概述】

2011 年是湖南省文物事业发展"十二五"规划实施的开篇之年，湖南全省广大文物工作者齐心协力，开拓奋进，

积极实施文物惠民工程，努力推进博物馆免费开放、大遗址保护、国家考古遗址公园建设、文化遗产申报、考古发掘与研究、古民居保护开发利用、革命文物和名人故居保护、第三次全国文物普查等工作；乘湖南省人民政府和国家文物局签署《共同推进湖南文化遗产保护发展框架协议》之东风，攻坚克难全面铺开包括湖南省博物馆改扩建工程在内的各项重大项目。全省文物事业呈现出蓬勃生机，保持了又好又快发展的良好势头。

【文物法规与执法督察】

1. 文物法制

修订了《湘西土家族苗族自治州凤凰历史文化名城保护条例》并由湖南省第十一届人民代表大会常务委员会第二十四次会议批准公布，修改了行政许可项目实施程序并制定了《规范权力运行制度》，完成了行政执法依据清理工作及地方性法规中行政强制规定的清理工作。

2. 文物安全

全年查处、督办、办结了一批在文物保护单位保护范围内的违法建设案件；与省公安厅建立了联合办案机制，成立了"文物公安联合执法办公室"，开展了"2011年打击文物犯罪专项行动"，成功侦破了一批案件，抓捕犯罪嫌疑人17名，追缴涉案文物40余件。下发了《关于加强田野文物安全工作的紧急通知》《关于开展全省国有文物收藏单位馆藏文物全面清查工作的通知》等文物安全管理方面的专项通知，对省级以上文物保护单位与文博单位开展了消防、安防大检查。

【不可移动文物的保护和管理】

（一）概况

全年湖南不可移动文物保护管理工作成效显著。1月，湖南省政府公布了456处第九批省级文物保护单位。积极开展了第七批全国重点文物保护单位申报的后续工作，完成第六批全国重点文物保护单位科学记录档案的建档工作。有4处大遗址进入国家文物局第一批23项国家考古遗址公园立项名单。

6月，住房和城乡建设部、国家文物局组织专家来湖南检查评估国家历史文化名城工作，并对凤凰、岳阳进行了实地勘查。

省文物局组织编制了《湖南近现代文化名人故居保护利用规划》，决定对名人故居实施文化遗产保护、新农村建设、农村文化建设和旅游发展"四结合"的大保护大利用开发模式。

（二）考古遗址公园

1. 里耶古城国家考古遗址公园

二期工程已开始规划建设。《湖南省里耶古城国家考古遗址公园遗址本体保护工程设计方案》完成报批；《里耶古城国家考古遗址公园总体规划》编制完成并上报国家文物局；里耶古城遗址本体保护工程（第一期）通过国家文物局专家组验收。

2. 长沙铜官窑国家考古遗址公园

遗址博物馆已报国家发改委立项；遗址的发掘已实现了全程数字化；觉华塔复建工程已竣工验收；谭家坡1号龙窑保护展示设施、长沙铜官窑研究中心、石渚坪广场、入园的彩唐桥和标志门楼主体工程完成。7月4日，国家文物局局长单霁翔一行前来考察调研。

3. 老司城国家考古遗址公园

《老司城遗址抢救性保护工程方案（一期）》、《老司城遗址考古工作规划》完成报批；《老司城国家考古遗址公园总体规划》、《老司城国家考古遗址公园文物保护工程设计方案（一期）》编制完成并上报国家文物局；2011年度考古发掘面积为2000平方米。

（三）大遗址保护

1. 城头山与澧阳平原古遗址群

省委常委、副省长郭开朗先后两次主持会议，专题研究城头山遗址的保护利用工作。《城头山遗址护城河保护整治工程初步设计方案》《湖南省澧县城头山古文化遗址考古工作规划》编制完成并上报国家文物局；《城头山国家考古遗址公园总体规划》完成了初稿；完成了规划区的土地征用、房屋拆迁工作；修建了进入遗址核心区的道路和题词广场，新建了管理办公用房、停车场。

《澧阳平原片区史前遗址群考古工作规划》《湖南澧县彭头山遗址环境整治与展示利用方案设计》《湖南澧县八十垱遗址环境整治与展示利用方案设计》完成报批；实施了彭头山遗址、八十垱遗址的部分抢险加固工程与环境整治工程。

2. 舜帝庙遗址

《湖南省宁远县舜帝庙遗址本体化学加固保护方案》编制完成并上报国家文物局；遗址环境整治与基础设施建设工作基本完成。

3. 炭河里遗址

编制完成《炭河里遗址考古工作规划》《炭河里国家考古遗址公园总体规划》《湖南宁乡炭河里遗址水系保护整治方案》《湖南宁乡炭河里遗址城墙本体抢救性保护方案》，并上报国家文物局。

4. 西汉长沙王陵遗址

《西汉长沙王陵园大遗址保护考古工作计划》完成报批。3月，省委常委、副省长郭开朗对遗址进行了专题考察调研；4月，国家文物局两次专程考察调研遗址的保护工作。

（四）全国重点文物保护单位

全年完成了上甘棠村古建筑群（一期）、黄兴故居、抗日胜利芷江洽降旧址、平江起义旧址等全国重点文物保护单位的维修保护工程，累计投入专项维修资金1722万元。确定以园区建设理念来推动浏阳文家市秋收起义纪念园、永顺塔卧湘鄂川黔革命根据地纪念园等的保护和建设。

齐白石故居和黄兴故居维修工程方案、湖南省立第一师范学校旧址保护规划获国家文物局批准。完成了谭嗣同、蔡锷、刘少奇、任弼时等的故居保护规划和维修工程方案以及余家牌坊、蔡侯祠、宁远文庙保护规划；完成向警予故居维修工程方案的编制和上报工作。完成了《湖南怀化洪江古建筑群修缮工程方案》（第二期）、《湖南省通道坪坦风雨桥保护修缮工程方案》、《沅陵龙兴寺整体维修方案》、《余家牌坊抢救性保护方案》、《常德铁幢迁移工程方案》的编制和上报。完成了《秋收起义纪念园概念设计》。

（五）世界文化遗产申报

省政府成立了老司城申遗工作领导小组，下拨了专项资金。考古发掘现场抢救性保护试验工程取得阶段性成果；永顺县城至老司城遗址公路硬化、绿化工作完成；成立了永顺县老司城遗址管理处和永顺县老司城开发经营有限责任公司。7月，湖南省省长徐守盛、国家文物局副局长童明康分别考察了老司城遗址；8月，省文物局邀请国内知名专家学者考察了老司城遗址，并召开了专家论证会。

在组织专家深入研究的基础上重新定位，决定以"凤凰区域性防御体系"申报世界文化遗产。

7月，县人民政府决定启动通道侗族村寨申报世界文化遗产工作。

【考古发掘】

（一）概况

正式启动了考古调查勘探、发掘的网上申报系统，全年向考古单位开具调查勘探委托书78份，审核上报国家局的考古发掘项目40个，其中32个获批并发证照。启动了沅水流域楚汉城址、澧水中下游商周遗址、资水中上游古遗址的调查与发掘，重点做好了长沙铜官窑、永顺老司城的调查与考古发掘工作。

全省全年共完成长株潭城际铁路等23个重点工程的文物调查勘探，长沙湘江枢纽等19个重点工程的考古发掘工作。共审阅考古调勘结项报告15个，考古发掘结项报告11个。全省考古调查勘探15万平方米，考古发掘1.5万平方米，出土文物1万余件。省文物考古研究所被省政府评为"省重点工程组织协调管理先进单位"，并举办了配合基本建设的考古发掘成果展览。

（二）重要考古成果

1. 老司城遗址

在2010年取得成果的基础上，进一步摸清了遗址区的排水系统、宫殿外围的道路系统。荣获国家文物局"2010年度全国十大考古新发现"和中国社科院"2010年度中国六大考古新发现"。

2. 长沙铜官窑遗址

全年考古发掘面积1700平方米，出土各类瓷器5000多件，发掘出1条较为完整的唐代龙窑，揭露出一处挖泥洞和存在打破关系的两座窑炉。长沙铜官窑考古发掘获国家文物局"田野考古奖二等奖"。

3. 城头山遗址

确定了遗址东门位置，发现了横跨护城河的道路系统。

4. 澧县乌鸦山旧石器遗址

出土石制品1500多件，采集石制品数百件，并发现了湖南目前唯一一处出土大量旧石器、保存有完整年代序列的旧石器遗址。

5. 长沙国际金融中心建设用地

发现了战国、汉、魏晋至唐代城墙及宋代街坊建筑遗迹、明代藩王府建筑遗迹、护城河遗址等。

6. 万达广场建设用地

发现唐、五代至明清时期城墙一处，为唐、五代、宋代及明清时期城墙遗址相互叠压。其中唐五代时期城墙为网纹红土堆积而成；宋代为砖砌，保存较好。

【博物馆与可移动文物保护】

（一）概况

全年工作重点放在加强馆藏文物的保护管理工作。省文物局先后发出多个文件要求全省各国有文物收藏单位加强馆藏文物安全工作，同时派出检查组赴省内部分国有文物收藏单位进行专项检查。

年内省文物局组织专家组对株洲市博物馆、周立波故居管理所、桂阳县文物管理所等25家文物收藏单位新征集的文物进行了鉴定，共鉴定文物4200件（套）。

基层博物馆和专题博物馆建设加快。3月，濂溪博物馆建成开馆；4月，慈利县博物馆升级改造工程竣工对外开放；6月，炎陵红军标语博物馆落成并试开放；8月，会同粟裕纪念馆改扩建工程开工；9月26日，湖南（长沙）辛亥革命人物纪念馆开工建设，全国人大常委会副委员长、民革中央主席周铁农出席奠基仪式。

省博物馆改扩建工程全面推进。完成了设计方案的国际征集、评审和优化，以及交通影响评估和上大垅变电站高压线下地改造的报建审批工作。7月4日举行了改扩建工程开工仪式，省委书记周强、省长徐守盛、国家文物局局长单霁翔等领导出席。

7月，在2008～2009年度国家一级博物馆运行评估中，省博物馆在全国83家一级博物馆中获得总分第二的成绩。11月，省博物馆志愿者团队荣获"第三届中国博物馆'十佳志愿者之星（团队）'"称号。

（二）博物馆、纪念馆免费开放

省文物局与省委宣传部、省财政厅、省文化厅共同研究、编制并向中央上报了《全省博物馆、纪念馆免费开放实施情况报告》。省文物局起草了《免费开放博物馆、纪念馆陈列提质改造补助经费管理使用办法》报送省财政厅。

11月，里耶秦简博物馆、资兴五岭农耕文明博物馆等9家博物馆、纪念馆纳入第三批国家免费开放博物馆、纪念馆范围。至此，全省共有73家博物馆、纪念馆纳入免费开放范围。

（三）重要文物陈列展览

全年全省博物馆、纪念馆共推出临时展览210个。特别是围绕纪念中国共产党成立90周年和辛亥革命100周年，省文物局组织举办了一系列专题展览。如：省博物馆的"红色记忆——湖南革命纪念地油画写生展"；岳阳市博物馆的"'双百人物'中的共产党员"大型图片展；郴州市博物馆的"辛亥革命在郴州——纪念辛亥革命100周年实物图片展"；临澧县博物馆的"纪念辛亥革命一百周年大型图片展"等。

年初，省文物局组织开展了"十一五"期间全省博物馆、纪念馆优秀陈列展览评选，"大秦迁陵""五岭农歌——五岭农耕文明实物展"等12个陈列展览被评选为"十一五"期间全省优秀陈列展览。5月，省博物馆举办的"凤舞九天——楚文物特展"在第九届"全国博物馆十大陈列展览精品"评选活动中荣获"最佳综合效益奖"。

（四）文物调查及数据库管理系统建设

湖南省是国家文物局、财政部确定的全国第二批"文物调查及数据库管理系统建设"项目试点省份。经过5年努力，初步实现了文物信息的动态管理。全省馆藏珍贵文物信息已全部进入省文物信息中心机房，其中文字数据56740条，数码照片160346张，数据总量达1500G。

【对外交流与合作】

2011年是"中美合作稻作农业起源研究项目"启动的第一年。11月～12月，省文物考古研究所与北京大学、哈佛大学、波士顿大学等联合对临澧县杉龙岗遗址进行了考古发掘，发现了距今约8000年的炭化稻谷。

3月，省委常委、副省长郭开朗率湖南省文化遗产考察团赴英国、秘鲁、意大利进行考察。

2月～6月，省博物馆与华美协进社中国美术馆在纽约联合主办了"长江中游商周青铜器展"。

【社会文物管理】

全省民间收藏文物市场和民间收藏交流日趋繁荣。年内仅长沙市区就有湖南古玩城、长沙古玩城、天心阁古玩城、白沙古玩城、大麓珍宝古玩城、湖湘艺术品市场及清水塘古玩街等七个市场营业。湖南古玩城2011年销售额达1.65亿元，先后成功举办了第五届、第六届全国文物艺术品交流会，交流会期间成交高达1亿多元。省文物商店实现年度销售收入2400万元，比2010年度增长25%。

【文博宣传】

继续办好《湖南文化遗产》网站和同名内刊，共编辑发送文物新闻、信息500多条。组织省内各文博单位在中央、省级新闻媒体发表新闻稿件100余篇（条）。成功组织"湖南发现之旅——走进汝城"活动。参与湖南经视《文化之江》采访报道等宣传活动4次。

省博物馆开展了"印象·湘博"系

列主题活动，配合湖南经济电视台《越策越开心》栏目录制并播出了以省博物馆志愿者为主题的节目。

省文物考古研究所联合《三湘都市报》在澧县乌鸦山旧石器遗址举办了第三次"湖湘考古志愿者活动"。

长沙市博物馆开展了"遗址探秘"活动。

郴州市博物馆在湘南学院举办了"郴州市馆藏文物精品图片展览"和"郴州文化古今谈"讲座。

7月26日~27日，人民日报、中央电视台、光明日报、经济日报、中国文化报、中国文物报等中央媒体来长沙进行不可移动文物安全管理的专题采访报道，将长沙不可移动文物安全保护的经验和措施向全国进行推介。

【教育培训及重要会议】

1. "考古工地的数字化管理及重要遗迹数字信息采集系统研究项目"及编制"大遗址考古工作要求"研讨会。国家文物局主办，湖南省文物局、湖南省文物考古研究所联合承办，3月21日~24日在长沙召开。来自国家文物局和吉林、洛阳等省市文物局领导以及中国社会科学院考古研究所、部分省市考古研究院（所）的专家出席了会议。

2. 大遗址保护、博物馆整体水平提升调研座谈会。国家文物局政策法规司主办，5月16日~19日在长沙召开，国家文物局副局长董保华出席。湖南省文博界有关领导、专家，以及省政府办公厅、发改、财政、国土、住房和城乡建设、人力资源和社会保障、法制、旅游等部门领导和长沙市政府领导参加了会议。

3. 湖南省水下文化遗产保护工作座谈会。省文物局5月20日在长沙举办。全省14个市州文物局（处）、洞庭湖周边市县及重大水库所在地文物部门的负责同志近60人参加了会议。国家文物局、国家水下文化遗产保护中心、国家内陆地区水下文化遗产保护武汉基地、云南省抚仙水下古迹研究协会、湖南省水利厅的相关负责人及专家应邀参加会议。

4. 中美博物馆国家标准及最佳做法研讨会。中国博物馆协会和美国博物馆协会联合主办，湖南省博物馆承办，8月9日~11日在北京召开。来自全国40余家博物馆和相关单位的50余位代表参加了会议。会议对博物馆标准和道德规范、战略规划、认证与评估等方面进行了深入研讨。

5. 第一届古尸保护和研究国际研讨会。中国博物馆协会和国际博物馆协会埃及学委员会主办，湖南省博物馆、中南大学、湖南省马王堆古尸和文物研究保护中心承办，9月16日~20日在长沙召开。我国以及来自比利时、英国、德国、瑞士、葡萄牙的20余位专家、学者出席会议。国际博协埃及学委员会主席克莱尔·德里克斯（Claire Derriks）出席会议并致辞。

6. 第二届全国动物考古学研讨会。湖南省文物考古研究所、动植物考古国家文物局重点科研基地共同主办，10月11日在长沙召开。来自中国社科院考古研究所、国家博物馆、北京大学考古文博学院等18个考古院所和科研机构的30余位专家学者出席会议，交流研究成果。

7. 第四届边疆民族考古与民族考古学论坛。湖南省文物考古研究所、中国社会科学院考古研究所边疆考古研究中心、中山大学社会学与人类学学院人类学系共同主办，10月17日~18日在长沙市召开。来自社科院考古研究所、中山大学人类学系、北京科技大学冶金与材料史研究所等十几家大学及科研院所的40多名专家学者参加。共收报告36篇。

8. 2011年度全国文物行政执法人员（湖南片区）培训班。10月24日~29日在浏阳市举行，来自湖南全省各市州县文物局（所）主要行政负责人和执法人员共150余人参加了学习。

9. 考古与文化遗产保护学术研讨会。湖南省文物局主办、湖南省文物考古研究所承办，12月7日在长沙召开。来自中国社会科学院考古研究所及山西、浙江、湖北、四川、西藏、湖南、重庆等省市文物考古研究所的代表出席会议。

10. 国家考古遗址公园工作研修班。由国家文物局主办、湖南省文物局与湖南省文物考古研究所共同承办，12月13日~17日在长沙举行。来自北京、山西、辽宁等18个省市近60名学员参加了学习。

【科技与出版】

《长沙市博物馆馆藏饱水漆木器文物保护修复方案》和《长沙12·29系列古墓被盗案追缴饱水漆木器文物保护修复方案》通过国家文物局审批。

湖南省文物考古研究所出版《里耶秦简》第一卷（文物出版社）、《濂溪故里》（科学出版社）、《岳州窑》（岳麓书社）、《湖南简牍名迹》（湖南美术出版社）。

【湖南省第三次全国文物普查】

2011年，全省第三次全国文物普查工作圆满结束。据普查统计，全省不可移动文物总量达20366处，其中新发现不可移动文物12165处。湘南鬼仔石像遗址群、大园苗族建筑群、安化茶马古道、红二方面军长征司令部旧址等4个项目获评为"第三次全国文物普查百大新发现"。省三普办部署推进"三普"成

果转化实践，在高标准图形数据的数字化和文本数据精准化基础上，探索建立跨行业、兼顾学术研究与行政管理需求的文物资源信息综合管理平台，并取得了初步成效。

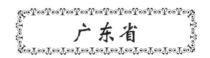

广东省

【概述】

2011年是"十二五"开局之年和"加快转型升级、建设幸福广东"的关键之年。这一年，党的十七届六中全会审议通过的《中共中央关于深化文化体制改革、推动社会主义文化大发展大繁荣若干重大问题的决定》提出，要加强国家重大文化和自然遗产地、重点文物保护单位、历史文化名城名镇名村保护建设，抓好非物质文化遗产保护与传承，这从根本上为广东省推进文化强省建设、做好文化遗产保护工作指明了方向。这一年，广东省文物局围绕省委、省政府中心工作，扎实工作，以欣喜的业绩和丰富多彩的活动隆重庆祝了中国共产党建党90周年、纪念辛亥革命100周年，实现了"十二五"良好开局，各项工作再创佳绩。积极实施文物博物馆惠民工程，有效加强文物工程维修管理、社会文物管理、文物安全管理等基础性工作，全省文物保护事业继续保持了积极向上、蓬勃发展的良好势头。

【第三次全国文物普查工作】

广东省第三次全国文物普查工作在全省上下高度重视下，经过近五年的不懈努力，2011年12月底圆满完成，取得了丰硕成果。全省123个县域普查单位、

1601 个乡镇、25005 个行政村（社区），共调查登记不可移动文物 37156 处，其中新发现文物点 27110 处，登记总量全国排名第六位，进一步奠定了广东省文物资源大省的地位。佛山市、韶关市在普查试点和普查队伍培训方面提供了宝贵经验，广州市、东莞市、江门市、河源市在完成普查任务，提高工作效率，有效保护普查文物等方面创造许多新工作思路和工作方法。这次文物普查，既培养和锻炼了队伍，全面提高了文物保护管理整体水平，增强了全社会共同参与文物保护意识，同时也宣传和展示了改革开放以来广东省文化遗产保护所取得的伟大成就，全面落实国务院、省委和省政府对第三次文物普查的要求和部署，为推进文化强省建设做出了积极贡献。

【不可移动文物的保护和管理】

截至 2011 年 12 月 31 日，广东省共有全国重点文物保护单位 66 处，省级文物保护单位 408 处，市县级文物保护单位 2500 多处，调查登记不可移动文物 37156 处。国家级历史文化名城 7 座，省级历史文化名城 16 座，中国历史文化名镇 10 个，省级历史文化名镇 5 个，省级中国历史文化名村 15 个，省级历史文化名村 13 个，省级历史文化街区 8 个，全国近现代优秀建筑 9 处。

2011 年，广东省加大了文物保护基础工作的力度。组织专家对珠海宝镜湾遗址岩画抢救性保护设计方案、汕头南昌起义南下部队指挥部旧址、肇庆悦城龙母祖庙、升平社学旧址（含义勇祠）等 32 项保护工程方案，以及广州市、乐昌市、云浮市等 7 个城市总体规划项目进行了审核。

会同省住建厅等部门对佛山简氏别墅、玉喦书院、满堂围、林则徐销烟池

与虎门炮台旧址、叶剑英故居等 9 个文物保护单位的保护规划进行了评审和报批。会同省公安厅等部门对连州慧光塔、西汉南越王博物馆陈列楼、广东革命历史博物馆（广东咨议局旧址）等 7 个文保单位的安防技防工程进行了审核和报批。组织专家对梅州长乐学宫附属建筑、深圳大鹏所城（一期二标段），广州海关"红楼"、广州三元里平英团旧址等 7 项文物维修工程进行了验收。

完成 2010 年度 31 家文物保护工程资质单位的年检，并对其中 1 家违规单位作了停业整顿的行政处罚。完成第六批广东省文物保护单位保护范围和建设控制地带划定与公布，启动广东省第七批广东省文物保护单位申报工作，增补罗福星故居等三处不可移动文物为广东省第六批文物保护单位。同时开展了涉台文物、党史文物、华侨文物等专题调查。组织完成中国历史文化名街的申报工作，全省共推荐 6 处参评，其中潮州市太平街义兴甲巷成功获评。开展了广州、梅州、潮州、雷州、佛山、肇庆等六市的历史文化街区和文物保护省级检查，配合住建部、国家文物局开展了国家历史文化名城广州、潮州的检查。

组织开展了广东省首批大遗址评估工作。经过申报、初审、实地考察、评审和公示，林则徐虎门销烟池与虎门炮台旧址等 8 处古代文化遗址成为广东省首批重要大遗址。

在经费申请和安排方面，2011 年度共向财政部、国家文物局、国家发改委申报中央财政文物保护专项 12 个，获补助经费 5768 万元。获得中央财政下达的博物馆免费开放补助经费超过 8000 万元。会同广东省财政厅联合下达了 2011 年度重点文物保护专项经费，安排国民党"一大"旧址维修等 68 个项目补助经费 3150 万元。

【考古发掘】

1. 基建考古

配合基建工程进行考古发掘，有效保护和研究历史文化遗产。截至2011年10月，广东省具有团体考古资质的单位配合基本建设工程的抢救性考古调查、勘探和发掘项目共41个，其中调查、勘探项目32个，发掘项目9个，发掘面积约4500平方米。五华县狮雄山秦汉建筑群落遗址的发掘，揭露出秦汉时期的大型房屋基址、木构望楼基址、夯土墙体、排水沟、环壕等，出土了一批遗物，不仅有助于确认该遗址的年代、布局、结构和性质，也有助于研究秦、汉时期岭南地区的城邑形态和建筑聚落形态的演变；广州市中山四路鸿晖大厦建设工地晋南朝至宋代城墙遗址的发掘，清理出东晋、南朝时期广州城墙的东南角台及南城墙一部分，南汉广州城东城墙一段和大型砖砌排水渠，以及宋代广州城子城东城墙（东城西城墙）一段，此次考古发掘的不同时期的城墙对于广州古城发展变迁及广州历史地理研究具有重要意义，是广州城市考古重大发现；广州市西湾路旧广州铸管厂（富力唐宁花园）建设工地古墓群的发掘，发现西汉南越国、东汉、三国东晋南朝、唐五代、宋及明代墓葬100余座，出土了丰富的遗物。

2. 水下考古

2011年3月至5月，由广东省文物考古研究所承担，并抽调广东省内多家单位的水下考古队员，对"南海Ⅰ号"沉船进行入驻广东海上丝绸之路博物馆"水晶宫"之后的第二次试掘。此次试掘，在船体和船载文物完全保水的情况下，逐步形成了"水中探方发掘法"，实际完成6平方米的发掘面积。经过试掘，初步确认了船首在沉箱南部的位置，确认木质船体在水晶宫中保存较好，并提取了大量水样、泥样进行测试与检验，丰富了对水晶宫内水体环境、沉箱锈蚀、淤泥成分的认识，为进一步的全面发掘和文物保护提供了依据。边发掘边展示，国家文物局会同中央电视台联合摄制了纪录片《南海Ⅰ号》，以"南海Ⅰ号"为主线，全面回顾了中国水下考古事业的发展历程。

2011年4月至7月，广东省文物考古研究所、广东省博物馆和国家水下文化遗产保护中心再次联合对"南澳Ⅰ号"沉船进行了第二次发掘，出水近万件文物，其中不乏大量精品。此外，还新揭露并确认9个船舱，进一步弄清了沉船遗址的海底分布范围、船体尺寸和结构、货船在各舱中的具体分布和上下层装载特征等沉船情况，绘制了更加详细的沉船遗址平剖面图。中央电视台对"南澳Ⅰ号"的发掘过程进行了全程直播。2010年度"南澳Ⅰ号"水下考古成果显著，引起了国家领导人及社会各界的广泛关注，并于2011年获评为"2010年度全国十大考古新发现"。

受国家文物局的委托，广东省文物局组织广东省文物考古研究所完成了《水下考古工作规程》（初稿）的编制工作。

【博物馆与可移动文物保护】

（一）博物馆

广东省各类博物馆、纪念馆共计177座，其中国家一级博物馆3座，二级博物馆11座，三级博物馆14座。免费开放博物馆总数达到150多个。全省国有博物馆共藏有文物藏品755886件（套），其中一级文物1291件（套），二级文物14329件（套），三级文物57269件（套）。每年举办各类展览近千个，吸引观众3000余万人次。

1. 免费开放

以博物馆免费开放、流动博物馆网络建设、馆藏文物巡回鉴定、公益性文物惠民活动为主要内容的广东省文物系统公共文化服务体系已经形成，其服务领域和内容仍在不断拓展中，文物与人民群众的距离越来越近。

2011年10月22日，省文化厅与香港大学、潮州市人民政府在广东省博物馆联合举办"岭南风韵——饶宗颐教授书画艺术特展"暨电视纪录片《饶宗颐》首播式。中央政治局委员、广东省委书记汪洋出席了展览开幕式。此外，还有省博物馆举办的大型临时展览"吴南生捐赠书画展""南国瓷珍——潮州窑瓷器精品展""重返巴洛克——那不勒斯的黄金时代绘画展""南粤隽秀——广东省博物馆藏岭南画派精品特展"和"天南重地——雷州文化展"，南越王博物馆的"皇家瑰宝——故宫金银器展"、孙中山故居的"馆藏辛亥革命文物展"等，吸引了大批观众，社会各界反响强烈。

2. 流动博物馆

流动博物馆网络覆盖全省。流动博物馆网络成员单位不断增加，为社会特别是村镇基层群众提供了便利的博物馆服务，受到广泛好评。迄今为止共发展成员单位81家，联合举办展览238场次，制作巡回展览51个，参观总人数高达668万人次。2011年新增流动展览10个，为边远山区和农村群众提供了更加便利的博物馆服务，受到广泛好评。

3. 馆藏文物巡回鉴定

启动了馆藏文物巡回鉴定。为配合省级文物数据库管理中心建设，广东省文物局从2011年起全面开展国有博物馆、民办博物馆和行业博物馆馆藏文物巡回鉴定工作，这是继1992～1993年和2005～2006年之后开展的第三次全省馆藏文物巡回鉴定。鉴定组专家对在全省范围内分片区逐个博物馆进行，每个博物馆鉴定时间约为3天。2011年，专家组完成了潮州、揭阳、汕头、汕尾等粤东片区的馆藏文物鉴定工作。

4. 公益性文物惠民活动

由省鉴定站、省博物馆联合举办的"博古鉴真——2011大型公益性文物鉴定及文物法规咨询活动"全年共举办了五期，参与群众上千人，已经成为广东省文化惠民的新品牌。深圳市考古鉴定所开展的"盛世收藏"系列活动，全年共举办了11场免费鉴定、4场知识讲座和2场收藏沙龙，累计接待市民二千余人次，鉴定物品上万件，取得了非常好的社会效果。其他各文博单位也纷纷组织了"文物和博物进校园、进社区、进工厂"等公益性文物惠民活动，均受到社会各界广泛赞扬。

（二）文物安全及可移动文物保护

文物安全管理常抓不懈，全年无重大文物安全事故发生。根据国家文物局的统一部署，广东省文物局特别加强了对春节、"五一"、"十一"等重大节假日文物安全的监控和防范工作，尤其将消防、防雷放在重中之重，组织了几次专项大检查。2011年，广东省文物局分别会同省文化市场综合执法局组织开展了全省文保单位、田野考古工地安全大排查，重点查处了一批文物破坏案件，会同省气象局对广州、佛山、韶关、潮州、肇庆等地文保单位的防雷情况进行重点抽查，会同省公安厅联合转发《关于进一步加强博物馆安全工作的通知》，会同省海洋与渔业局制定了管辖海域内水下文化遗产联合执法工作方案等。通过"借力"执法，或与有关部门沟通合作，加大了执法力度，而且还有效改变了过去文化遗产保护孤军作战的被动局面。各地市也加强了文物安全工作，江门市在文物科的基础上成立了文管办，并联合市文化市场综合执法分局拟定了文物单位巡查计划，将文物执法巡查工作常态化。

【文博教育与培训】

2011 年，广东省文物局积极参加由国家文物局及相关单位主办的各类培训班 19 个，参训干部员工达百余人次。此外，广东省普查办在 5 月举办广东省第三次全国文物普查不可移动文物摄像培训班和广东省第三次全国文物普查不可移动文物名录及三普工作报告编制培训班，通过这两次培训，全面提升了广东省文物普查人员的业务素质，为顺利完成广东省第三次全国文物普查工作打下了良好的基础。

【社会文物管理】

2011 年，完成全省 11 家文物拍卖公司共 23 场拍卖会的材料初审和报批工作，对所有拍品及人员变更进行严格审批和把关。配合广东海关查处和截获了一批走私文物，并将罚没的 4 万多件文物调拨给全省国有博物馆入藏。2011 年 3 月，广东省文化厅调拨存于广东省博物馆的海关罚没文物共 29467 件给省内其他国有博物馆入藏，调拨范围为 2009 年年检合格的文化文物系统国有博物馆，共 99 家。11 月 ~ 12 月，将调拨存于江门、黄埔、深圳等海关的 12422 件文物给省内国有博物馆入藏，充实各地博物馆藏品。

【科研情况】

2011 年，广东省建设文化强省十大工程中的广东省文物保护科技中心项目和广东省水下文化遗产保护中心项目取得了阶段性进展。其中广东省文物保护科技中心项目已报给广东省发展改革委员会申请立项；广东省水下文化遗产保护中心项目已经完成选址阶段，完成了立项前的准备工作。

2011 年，广东省文物局组织全省文博单位及高等院校积极申报各级单位和组织的科研课题。新增国家文物局 2011 年度文化遗产保护领域科学和技术研究一般性课题 4 个。同时广东省文物局还组织开展了 "南海Ⅰ号" 出水文物保护、不可移动文物数字化保护技术研究等多个科研项目。

【对外交流与重大展览】

进一步加强对外展览交流力度，粤港澳三地文化交流合作日益紧密。广东省博物馆全年举办涉外展览 7 个，其中与法国美术家协会合办的大型巡回展览 "握手中国——雷米艾融林若熹巡回画展"、从意大利那不勒斯引进的大型油画展览 "重返巴洛克——那不勒斯黄金时代绘画展"、与香港香江博物馆合办的 "气吞河岳——辛亥风云人物墨迹展"，都产生了巨大反响。此外，省文化厅与香港、澳门在广州举办了 2011 年十二届粤港澳文化合作工作会议，联手港澳成功举办了 "5·18" 国际博物馆日和中国文化遗产日活动，其中粤港澳三地联动举办 "国际博物馆日" 活动，2011 年是第八届。5 月 8 日，"2011 澳门国际博物馆日嘉年华" 活动在澳门塔石广场举行。广东省文物局组织深圳博物馆、东莞市博物馆等 11 座博物馆参加广场展位活动。

【文博宣传】

主动加强与地市级政府合作，加大了对区域文化的支持和宣传力度，不断拓展文物宣传渠道和内容。2011 年 6 月，广东省文化厅与阳江市人民政府合作，共同主办了 "'南海Ⅰ号'与海上丝路文化论坛"。9 月 ~ 10 月，广东省文化厅与潮州市人民政府合作，共同举办了 "南国瓷珍——'潮州窑'瓷器精品展览"和 "岭南风韵——饶宗颐书画艺术特

展"。9月28日,广东省文化厅和潮州市人民政府举行了《笔架山潮州窑遗址保护合作框架协议》签字仪式,提出了将潮州笔架山窑遗址打造成国家级的考古遗址公园的保护目标,这是广东省贯彻国家文物局关于科学做好大遗址保护的一次有益尝试和实践创新。12月,广东省文化厅与湛江市人民政府合作,共同举办了"天南重地——雷州历史文化展"及雷州文化研讨会。

成功举办了"5·18国际博物馆日"和"中国文化遗产日"宣传活动,延续了八届的粤港澳三地联动共庆"国际博物馆日"已成为粤港澳合作的文化品牌。广州博物馆的"博物馆与城市记忆"广场活动,孙中山大元帅府纪念馆的"和谐家庭,幸福广州,寻找记忆中的童趣游园会"等,黄埔军校旧址纪念馆的"黄埔精神,永不磨灭的记忆"话剧表演等,形式多样,精彩纷呈。成功地庆祝了纪念辛亥革命100周年和中国共产党90周年的活动。协助中央电视台成功摄制的纪录片《南海Ⅰ号》,在中央电视台重播3次,受到社会各界的好评。为加强正面宣传文化遗产保护的力度,与羊城晚报联合开办了每周一期博物馆"镇馆之宝"专栏。

【创先争优活动】

2011年,广东省文物局按照广东省委、省政府的部署,深入开展创先争优活动,不断加强党的思想建设、组织建设、作风建设、制度建设和反腐倡廉建设,认真学习党的十七届六中全会精神,广东省委十届全会的精神,在工作中争先,在实践中创优,2011年获得了包括"全国十大陈列展览精品奖""全国十大考古新发现""全国十大文物维修工程奖""田野考古奖""中国文化遗产保护年度杰出人物"等国家级文物年度奖项。

其中广东省中山市被国务院列为国家历史文化名城。广东潮州市太平街义兴甲巷荣膺第三届"中国历史文化名街",成为广东省首条获此殊荣的历史文化名街。很好地践行了"创先争优,促发展"主题实践活动。

广西壮族自治区

【概述】

2011年,广西美术馆建设取得新进展,桂林博物馆等20多家博物馆动工建设,广西城市规划馆等20多家博物馆建成开放。龙胜龙脊壮族生态博物馆入选全国首批5家生态(社区)博物馆示范点。全面完成第三次文物普查,调查登记不可移动文物10495处,其中新发现文物点5562处。组织左江岩画、灵渠、海上丝绸之路·北海史迹、南侗侗族·三江侗族村寨申报世界文化遗产。开展花山岩画、扶绥中山纪念堂、恭城文庙、梧州英国领事署旧址等58处文物保护维修。开展大遗址保护,桂林甑皮岩国家考古遗址公园项目开工建设,桂林靖江王陵考古遗址公园项目立项。开展基本建设考古和重大考古研究工作,组织合浦至河唇线铁山港铁路等30余项基本建设工程用地范围内的文物调查、勘探、发掘等工作,抢救保护一批文物,开展海上丝绸之路始发港汉代合浦草鞋村遗址研究、北部湾水下考古调查等重要课题研究。配合开展历史文化名城名镇名村保护工作,加强对特色文化型名镇名村建设的指导,落实有关帮扶项目和经费。文物安全和执法监管切实有力。组织开展昭平县黄姚古镇等文物行政执法督察工作。查处南宁市某古玩公司违法拍卖文物案件。广西第一个文物公安派出所桂林市公安局尧山派出所正式挂牌成立。为 11 个县级文物管理所（博物馆）配备了重点文物巡查和行政执法工具设备。

【法规建设】

对《广西壮族自治区文物保护条例》进行修订，草案通过自治区人民政府常务会议审核并报自治区人大常委会审议。开展《广西左江岩画保护管理办法》立法调研和文本起草，争取自治区法制办列入 2012 年自治区政府立法计划。研究起草《广西博物馆、纪念馆基本陈列内容设计方案编制、评审、审批管理暂行办法》《广西壮族自治区博物馆管理暂行办法》《广西壮族自治区馆藏文物保护管理暂行办法》《广西国有文物收藏单位文物征集管理办法（试行）》等 4 个办法初稿。

【执法督察与安全保卫】

2011 年安排 11 个大遗址保护管理机构、文物大县文物保护管理机构配备重点文物保护及文物执法交通工具。调查处理了昭平县黄姚古镇群众建房、灵山县隋唐故城、全州精忠祠、桂林靖江王陵等文物行政执法案件，与自治区、南宁市文化市场稽查队联合查处南宁市某古玩公司违法拍卖文物案件，指导调查处理广西自然博物馆洞穴遗址调查人员中毒事件、全州县精忠祠戏台被毁案件，支持桂林市成立广西第一个文物公安派出所——桂林市公安局尧山派出所，承办 2011 年全国文物行政执法师资力量培训班。开展国有全国重点文物保护单位及遗址类博物馆经营性活动、博物馆和文物保护单位安防人员装备配备情况、全国重点文物保护单位安全、防雷设施

等专项调研。与自治区气象局联合组织开展全国重点文物保护单位、自治区文物保护单位防雷安全专项检查工作；向国家文物局报送 2010 年第四季、2011 年三个季度的全区文物行政执法与安全监管工作情况。与自治区公安厅联合组织开展文物系统三级以上风险单位的博物馆及馆藏文物的安全检查；与自治区海洋局开展广西管辖海域内文化遗产联合执法工作。

【不可移动文物的保护和管理】

（一）概况

年内，财政部、国家文物局补助广西 2011 年重点文物保护专项经费 1.5613 亿元，是广西历年获得此项经费最多的一年。争取领导重视，2012 年自治区本级部门预算增加 1000 万元专用于抢救性文物保护、安全消防和文物征集。向国家发展和改革委员会、国家文物局申报列入"十二五"国家文化和自然遗产保护抢救性文物保护建设项目储备库项目。编制完成连城要塞遗址及友谊关文物保护总体规划和大、小连城专项规划、合浦汉墓群、顶蛳山遗址等 8 个文物保护和容县近代建筑群、武宣文庙、八路军桂林办事处旧址等 10 多个维修保护方案。国家、自治区和地方投入 2505.3 万元对恭城文庙、宁明花山岩画本体一期抢险加固保护和平台加固工程等近 60 个文物保护单位进行保护维修，维修总面积 21.1349 万平方米。实施太平天国永安活动旧址陈列馆维修等基本建设项目 19 个。花山岩画本体抢救性保护第一期工程中期和平台地基加固工程通过验收，花山岩画保护工程在加固材料、多学科联合攻关等方面为国内外同类文物保护工程创造了宝贵经验。为纪念辛亥革命活动，配合开展了梧州中山纪念堂、李济深故居、刘永福旧居等 11 处辛亥革命

文物维修保护，拓宽了通过党委、政府专项工作争取文物保护投入的新途径。因对汶川地震灾后文物抢救保护的突出贡献，广西文物保护研究设计中心荣获"联合国教科文组织（UNESCO）亚太文化遗产保护奖"，"文物系统汶川地震灾后文物抢救保护工作先进集体"称号。

配合自治区住房和城乡建设厅开展国家历史文化名城名镇名村检查评估工作，并与住建厅联合指导桂林、柳州市做好接受国家历史文化名城检查组的检查评估工作。参与自治区特色文化型名镇名村建设指导工作，开展有关工作调研、建设方案评估和文化厅帮扶项目研究、经费筹措和人员培训等工作，派人指导特色文化型名镇名村建设，落实有关帮扶项目方案和经费。

2011 年，完成文物普查资料误差率抽样检测、《第三次全国文物普查不可移动文物登记表》数据核定、普查工作报告编写、不可移动文物电子地图制作、《广西孔庙》等专题调查资料修改、新发现重要文物保护等文物普查第三阶段的任务，至此全面完成第三次文物普查工作。经国务院第三次全国文物普查领导小组办公室验收核定，全区共调查登记不可移动文物 10495 处，其中新发现不可移动文物 5562 处。

（二）大遗址保护

2011 年度，国家投入 2120 万元用于靖江王陵保护规划编制、保护与展示项目工作。靖江王陵安防工程顺利实施，靖江王陵、甑皮岩遗址考古遗址公园建设工程全面启动，成为桂林市重点推进的文化建设项目之一。指导编制《桂林靖江王陵考古遗址公园（一期）项目建议书》《靖江王陵考古遗址公园一期建设项目可行性研究报告》《广西桂林甑皮岩遗址抢救性文物保护基础设施项目可行性研究报告》等，指导处理靖江王府及王陵内乱葬民坟及公墓建设。

（三）世界文化遗产

继续组织左江岩画申报世界文化遗产，6 月 21 日在宁明县举行了左江岩画摄影启动仪式，共拍摄了 25 个岩画文物点照片，为建立左江岩画数据库奠定基础。8 月和 10 月，"海上丝绸之路"申遗城市联谊会分别在蓬莱市和北海市召开，北海与广州、漳州、泉州、宁波、扬州、蓬莱等 6 市达成一致意向，未来联手共同申报世界文化遗产，广西申遗项目增添了新的内容。国家文物局 4 月启动世界文化遗产预备名单重设工作，自治区文化厅、自治区文物局组织、指导兴安灵渠、左江花山岩画、海上丝绸之路·北海史迹、南侗侗族·三江侗族村寨编制中国世界文化遗产重设预备名单申报文本，有关地方党委、政府申报世界文化遗产的积极性高涨。

【考古发掘】

（一）概况

2011 年，广西开展合浦至河唇线铁山港铁路、云桂铁路广西段、云南金沙江中游电站送电广西直流输电工程柳南换流站、中缅油气管道工程广西段、西气东输二线广西段等 30 余项基本建设工程用地范围内的文物调查、勘探、发掘工作，批复了有关项目涉及文物评估意见，抢救保护一批文物。指导海上丝绸之路始发港汉代合浦草鞋村遗址研究、北部湾水下考古调查等重要课题研究。参与举办上思与明代历史文化研讨会。全年完成考古调查面积 4000 多万平方米，考古勘探面积 1500 多万平方米，考古发掘面积 10698 平方米，发掘古墓葬 18 座，抢救保护一批文物。

此外，配合科研课题研究，广西自然博物馆开展桂西南地区洞穴哺乳动物化石、桂北地区洞穴哺乳动物化石、扶绥那派盆地恐龙化石地点、桂西南中越边境地区两栖爬行动物多样性、北部湾海洋动物多样性和西南地区翼手目多样性等项目调查与研究。

(二) 重要考古项目

那效遗址：位于田东县思林镇思林村那效屯北面约 300 米的那效北坡上，属旧石器时代中晚期。因云桂铁路工程建设，2011 年 10 月~2012 年 1 月，广西文物考古研究所对田东县那效遗址进行发掘，发掘面积 1000 平方米。出土文物为石核、石片、石锤、刮削器、砍砸器、手镐等。此次发掘不仅扩大了广西旧石器时代文化的分布范围，而且进一步表明从距今 80 万年前开始，就一直有古人类在百色盆地繁衍生息，并创造出古老的文化。

鹿谷岭遗址：位于柳州市柳南区太阳村镇和平村岭背屯鹿谷岭，距今约 6000~7000 年。因湘桂高铁工程的建设，2010 年 12 月~2011 年 1 月，广西文物考古研究所对柳州市鹿谷岭遗址进行发掘，发掘面积 525 平方米。出土的石器有打制石器和磨制石器。打制石器有石锤、砍砸器等，还有人工加工痕迹的石核、石片等。磨制石器有石斧、石锛和砺石。遗址还出土陶片，为夹砂红、黑陶两种，且有纹饰均为较粗的绳纹。根据出土的石器和陶片判断，该遗址体现出的独具特色又与广西其他地区相联系的文化特征，对广西新石器时代考古学的研究具有重要意义。

渌沙坡遗址：位于田阳县那坡镇百峰村南面约 1 公里处的山坡顶上，属新石器时代晚期。因百色至靖西高速公路建设，2011 年 4 月~7 月，广西文物考古研究所对渌沙坡遗址进行发掘，发掘面积 1000 平方米。出土有磨制的石锛、砺石以及打制的砍砸器等。该遗址揭露的信息对于研究右江河岸新石器时代晚期遗址的分布及地理环境具有重要参考价值，同时也对研究该区域的新石器时

代遗址的变迁关系提供了新的材料。

贵城遗址：位于贵港市老城区解放路与建设路之间的人民路一带，属两汉、六朝、唐宋及元明清时期。因贵港市防洪改造工程，2011 年 7 月~10 月，广西文物考古研究所对贵城遗址进行发掘，发掘面积 1025 平方米。从堆积情况看，遗址为两汉、六朝、唐宋及元明清时期，其中尤以两汉、六朝及宋元堆积较为丰富。遗迹包括各时期的水井、灰坑、排水沟、柱洞及唐宋时期的建筑基址、城墙。遗物以建筑材料为主，包括各时期的瓦片、砖块、汉代云纹或云树瓦当、唐宋时期的莲花纹瓦当、宋代兽面纹瓦当等。特别是两汉时期的瓦片和瓦当，无论陶质陶色还是火候纹饰均与广州南越宫苑遗址所处瓦片瓦当相同。另外，在一些东汉瓦片上还发现有"永元十年""永元四年""零陵郡⋯""零陵郡三年⋯"等戳印文字。还发现唐代城墙。从发掘情况看，该遗址的文化内涵及时代系列与贵港历史沿革情况基本相当，为贵港历代郡、县故址遗存。

百银城址：位于田东县祥周镇百银村上寨屯西面约 800 米的台地上，属北宋晚期至南宋之间。因田东鱼梁航运枢纽工程建设，2011 年 3 月~6 月，广西文物考古研究所对百银城址进行发掘。发掘面积 1500 平方米。此次发掘，共清理出灰坑 6 个、沟 3 条、窑 1 座、砾石堆 2 处等遗迹，解剖城墙 1 处。出土罐、擂钵、盆等陶器，碗、盘、罐、壶、盏等瓷器，以及砖、瓦等建筑构件、"皇宋通宝"、"圣宋元宝"、"元丰通宝"、"熙宁通宝"等宋代年号的铜钱等近 300 件及一大批普通标本。

大浪古城：位于合浦县石湾镇大浪村古城头村，古城于上世纪 60 年代发现，由于该城城墙上有明墓叠压，1981 年公布为县级文物保护单位。城址基本呈正方形，城墙外侧边长约 211 米，周

长 844 米，面积 44520 平方米。地表散见几何印纹陶片和刻画纹陶片。初步确定年代为西汉中期前后。2011 年 9 月～12 月，在建筑遗址的北部扩方，并解剖城墙与护城河。城墙为一次筑成，剖面呈梯形，外侧较陡直，内侧较平缓。城基宽 11.6 米，先用黑色的腐殖土找平，其上通筑网纹红土，间有直径约 3 厘米的河卵石，夯层不明显，偶见夯窝，亦无陶片等包含物。护城河开口宽 10 米，斜直收分至底部宽为 1.5 米，深约 3.4 米。古城的年代初步确定及土筑码头的发现，对寻找《汉书》所记载的海上丝绸之路始发港提供了重要线索。

【博物馆与可移动文物保护】

（一）博物馆

指导百家博物馆建设，4 月 15 日召开 2011 年全区文物工作座谈会暨建设百家博物馆工作会，5 月 18 日在柳州市召开了广西建设百家博物馆新闻发布会、广西博物馆发展论坛，9 月 6 日召开 2011 广西文博工作座谈会，研究推进百家博物馆建设等工作。12 月 14 日召开全区文物工作座谈会和 12 月 28 日举办广西新设立博物馆馆长培训班。指导项目业主单位编制项目建议书、可研报告、选址立项等前期工作，组织博物馆建筑设计、基本陈列方案、安防设计方案等方案评审，指导开展建设施工，组织博物馆设立审批等。2011 年有北部湾博物馆、西江文化博物馆等 8 个博物馆完成项目建议书、可行性研究报告编制等前期工作。组织评审了广西美术馆、柳州工业博物馆、西江文化博物馆、贵港市博物馆、防城港市博物馆、浦北县博物馆等 6 个馆的有关陈列展览方案、安防消防工程设计方案和广西城市规划展示馆陈列展览策划、广西铜鼓博物馆外观建筑设计等 2 个。指导柳州工业博物馆、梧州市

博物馆等 15 个建设施工，广西方志馆（广西史志博物馆）、南宁孔庙博物馆、灵山县博物馆、梧州市博物馆新馆等 15 个博物馆建成开放。完成广西建林博物馆民办博物馆设立审批，开始办理马山县博物馆、柳州工程机械博物馆、桂林天然奇石博物馆等 9 个博物馆设立审批，批准南宁古风博物馆、中医药博物馆、华夏文博收藏博物馆、石磨文化博物馆等 4 个民办博物馆筹建。

5 月，金秀坳瑶生态博物馆建成开放，自治区 "1＋10" 民族生态博物馆建设工程全面完成，建成了全国最早、最大的民族生态博物馆群联合体，民族生态博物馆建设的 "广西模式" 获得国家文物局的高度肯定。龙胜龙脊壮族生态博物馆列入国家首批五个生态（社区）博物馆示范点建设项目之一。争取广西北部湾博物馆、河池市民族博物馆、北海市博物馆、来宾市博物馆、玉林市博物馆、贵港市博物馆、贺州市博物馆、右江民族博物馆等 8 个博物馆列入了国家 "十二五" 地市级公共文化设施建设博物馆项目储备库，为争取经费打下基础。

2011 年合浦汉代文化博物馆等 9 家博物馆、纪念馆列入全国第三批免费开放名单，全区免费开放博物馆、纪念馆增至 45 个。11 月 3 日组织召开第三批免费开放博物馆纪念馆工作座谈会，指导各免费开放博物馆纪念馆认真落实中央四部委关于博物馆纪念馆免费开放工作有关精神，完善服务设施，提升展览水平，免费开放博物馆使文博工作成果进一步融入社区生活、融入经济发展，更加充分发挥了博物馆、纪念馆服务社会的公共文化职能。国家和自治区安排博物馆、纪念馆免费开放专项经费近 5000 万元。全年免费开放的博物馆纪念馆先后举办 "瓷美如花——馆藏瓷器精品展" 等基本陈列 196 个，"馆藏汉代陶制明器

展""佛风梵韵——缅甸佛文化展"等专题展览231个，接待观众1074万多人次，其中未成年人299万多人次。

（二）可移动文物保护

2011年，自治区本级财政预算中安排全区可移动文物保护工程专项配套经费50万元，完成了广西博物馆、柳州市博物馆馆藏青铜器、字画修复保护、广西民族博物馆馆藏服饰、竹木器和铜鼓修复保护和广西自然博物馆馆藏兽类鸟类标本保护工作。

【文博教育与培训】

11月24日～29日，由自治区人力资源和社会保障厅、自治区文化厅主办、广西民族博物馆承办的广西民族生态博物馆建设可持续发展高级研修班于在南宁市举办。此次高级研修班的内容包括生态博物馆发展政策研究、国内外生态博物馆建设情况及实践经验、生态博物馆与社区文化遗产保护、广西生态博物馆建成后的运营管理及可持续发展问题、生态博物馆的田野调查方法等。研修班以专题讲座为主，学员研讨交流为辅，邀请广西文化厅副厅长、文物局局长覃溥、中央民族大学教授潘守永、中国文物报社副总编曹兵武、美国亚利桑那州大学博士倪威亮等4位老师授课。广西10个已建成生态博物馆所在地文化行政部门和生态博物馆工作站负责人，环江毛南族自治县、罗城仫佬族自治县文化行政部门和文博单位负责人，以及广西大学、广西民族大学、广西民族文化艺术研究院、广西民族问题研究中心等相关机构的研究人员共40多人参加本次高级研修班。

12月29日，自治区文化厅在南宁市举办2011年广西新设立博物馆馆长培训班，来自全区新设立的共30个行业、国有企业、民办博物馆的近50名馆长和业务骨干参加了培训。本次培训班是广西实施百家博物馆建设工作以来，第一次举办的有各类型博物馆学员参加的培训。针对新设立博物馆管理经验和专业人才缺乏等诸多实际问题，培训班选派了在博物馆管理、藏品管理、陈列设计等业务方面具有丰富实践经验的专家和领导前来授课，自治区文化厅覃溥副厅长专程传达全国文物局长会议有关博物馆和文化遗产事业发展的指示精神，并安排培训班学员前往广西壮族自治区博物馆、广西民族博物馆等已经成熟并具有一定成果和特色的博物馆实地考察。

【文博宣传与出版】

2011年，开展围绕纪念建党90周年、辛亥革命100周年，组织全区文博单位开展了一系列的有关革命遗址维修、文物展览宣传等活动。配合有关部门在自治区博物馆举办了纪念建党90周年、辛亥革命100周年专题展览。围绕2011年"国际博物馆日""中国文化遗产日"活动主题组织2011年广西文化遗产保护宣传月活动，5月18日，在柳州市举办了宣传月启动仪式、召开了广西建设百家博物馆新闻发布会和广西博物馆发展论坛。

年内，广西壮族自治区博物馆、越南国家历史博物馆编著、文物出版社出版《越南铜鼓》。

【机构及人员】

广西共有各级文物博物馆机构145个，其中：文物行政主管部门3个，博物馆（纪念馆）71个，文物管理所（站）61个，文物商店4个，文物考古研究所1个，文物考古工作队（考古队）3个，文物保护研究设计中心1个，文物拍卖企业1个，形成了覆盖全自治区100%的三级文物保护网络。

全区文博系统从业人员 1622 人，其中专业技术人员 779 人，获得高级专业技术职称人员 114 人，中级专业技术职称人员 296 人。

【对外交流与合作】

引进印度尼西亚国家博物馆"多彩而独特的民族文化——印度尼西亚国家博物馆与中国广西民族博物馆联展"、缅甸国家博物馆、缅甸佛教艺术博物馆"佛风梵韵——缅甸佛文化展"和越南国家历史博物馆"东方文明之光——越南国家历史博物馆馆藏文物精品展"，组织"多彩而独特的民族文化——印度尼西亚国家博物馆与中国广西民族博物馆联展"赴印度尼西亚展出，发挥文物工作在国家发展战略和对外交流的独特作用。10 月 19 日~21 日，配合文化部、国家文物局、广西壮族自治区人民政府联合主办以"博物馆运营管理与文化产品创意开发"为主题的"2011 中国—东盟文化产业论坛"，该论坛探讨经济全球化、市场化背景下的博物馆运营管理、博物馆文化产品创意开发以及促进国际间博物馆合作交流等内容，来自东盟各国文化部官员、东盟秘书处官员，东盟各国国家博物馆、日本国立民族学博物馆馆长、专家，文化部、国家文物局和广西壮族自治区的领导，以及故宫博物院、国家博物馆和各省博物馆馆长等国内知名博物馆馆长近 200 人参加。举办中国博物馆文化创意产品展，主办"广西与东盟青铜文化学术研讨会"，取得较好的效果，扩大了广西文博工作的影响。此外，配合组织了"锦绣八桂——广西少数民族文化展"赴台湾交流。

【学术研讨会】

12 月 13 日，为纪念著名爱国人士李宗仁先生诞辰 120 周年，由桂林市委统战部、广西桂学研究会、广西抗战文化研究会与桂林市文化局共同主办，李宗仁文物管理处承办的"纪念李宗仁先生诞辰 120 周年学术研讨会"在桂林市开幕。本次学术研讨会通过对李宗仁文物资源的保护利用，加强对外宣传、研究、学术交流等活动，弘扬爱国精神，延续历史文脉，让爱国历史在构建和谐社会、促进社会主义文化大发展大繁荣中发挥更大的作用。广西文联主席、广西桂学研究会会长潘琦，广西社会科学院院长、广西桂学研究会副会长吕余生，桂林市委常委、统战部部长叶兆泉，桂林市政协副主席刘明昱以及来自南京总统府、张氏帅府博物馆、阎锡山故居、台儿庄大战纪念馆等单位的专家学者、兄弟单位领导、李宗仁亲属和关心支持李宗仁文物事业的各部门、社会人士共约 100 人出席了研讨会。

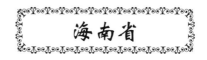

海南省

【概述】

至 2011 年，海南省共有国家重点文物保护单位 14 处 17 点，省级文物保护单位 94 处，市县级文物保护单位 375 处。全省有各类博物馆、纪念馆 29 家，其中有 19 家文化文物部门归口管理的公共博物馆、纪念馆列入国家免费开放名单，还有一批博物馆、纪念馆自行向社会免费开放。全省国有文物收藏单位文物总量约 9 万件，其中一级文物 81 件，二级文物 250 件，三级文物 1325 件。

2011 年，国家文物局单霁翔局长多次来海南省调研文物保护工作，并作出一系列重要指示；海南省委、省政府主要领导也多次专题调研，对文化遗产保护作了一系列指示；市县地方政府也逐步加强文化遗产保护，仅2011年，文昌、澄迈、三亚等地方政府投入文化遗产保护的资金超过1.15亿元。各市县党委和政府认真实施文物保护法，认真做好全国第三次文物普查工作，重视保护历史资源，挖掘历史文化，突出人文特色，建设具有海南特色的城市乡村文化，加快海南国际旅游岛建设，从而促进我省文物保护工作走上新台阶。

【执法监督与安全保卫】

为加强对西沙海域水下文化遗产的保护与管理，进一步了解该区域水下文化遗产的保护状况，2011年4月至5月，海南省文物局和海南省西南中沙群岛办事处共同组织开展了2011年西沙群岛水下文化遗产保护状况巡查和文物执法督查工作。先后对华光礁、盘石屿、玉琢礁、石屿、银屿、七连屿、北礁等海域共18处已登录的水下文化遗存的保护状况进行巡查、文物执法和水下考古调查工作，同时根据渔民提供的线索，在巡查工作中新发现水下文化遗存30处。

在执法巡查工作中，对48处沉船遗址、遗物点都采集了文物标本，并对文物标本进行了初步的整理和研究工作。经统计，在48处水下文化遗存中，盗掘面积占遗存面积50%以上的有26处。因此，进一步加强对西沙群岛海域水下文化遗产的保护工作，已迫在眉睫。

同时，加大对全省执法队伍的培训。2011年，全省有文物执法人员49名，都经过培训考试合格，全部持证（国家文物局颁发的执法证）上岗。文物执法机构和制度建设的逐步加强，为文物的安全保护工作打下了良好的基础。

【不可移动文物的保护和管理】

至2011年，海南省共有国家重点文物保护单位14处17点，省级文物保护单位94处，市县级文物保护单位375处。维修了丘濬故居、海瑞墓、吴贤秀墓、东坡书院、陵水县苏维埃政府旧址、云龙改编旧址、林文英烈士墓、冯白驹故居，定安王氏宗祠后殿、五公祠、宋氏祖居、崖城学宫、青云塔、文昌文庙等34处文物保护单位。

（一）大遗址保护

拟定将西沙群岛海域水下文化遗产申报为大遗址，已开始前期调研工作并准备编制保护方案。

（二）全国重点文物保护单位

2011年，共有全国重点文物保护单位14处，其中古遗址4处，古墓葬2处，古建筑4处，近现代重要史迹及代表性建筑4处。

全国重点文物保护单位"四有"工作基本完成，2011年安全状况良好，儋州故城、海瑞墓、美榔双塔、丘濬故居、丘濬墓、东坡书院、五公祠、中共琼崖一大旧址等8处设立了专门的管理处，其他单位由当地文体局设专职人员负责管理；落笔洞遗址、儋州故城、海瑞墓、丘濬故居及墓、东坡书院、五公祠、中共琼崖第一次代表大会旧址编制完成了保护规划，其中中共琼崖一大旧址及丘濬墓保护规划已通过省人民政府审批；美榔双塔、丘濬墓、五公祠、秀英炮台、蔡家宅、陵水县苏维埃政府旧址编制了维修方案；着手开展北礁沉船遗址海上监测项目。

【考古发掘】

完成了配合三亚崖州古城规划设计的考古发掘工作，完成了国电海南西南部电厂工程项目、洋浦150万吨/年乙烯项目和210万吨/年对苯二甲酸项目建设用地配合基本建设工程的考古调查工作，完成了陵水土福湾文物分布区域的考古发掘清理工作等。

【博物馆与可移动文物保护】

（一）博物馆

2011 年，海南省共有省博物馆、海口市博物馆、李硕勋烈士纪念亭、定安县博物馆等 29 家博物馆、纪念馆向社会免费开放，参观人次达 200 万人次以上。其中省博物馆在确保做好四大基本陈列的同时，自主创作"大海的方向——华光礁Ⅰ号特展"，并从自身特点出发，紧紧围绕"三贴近"原则，在引进国内高端特色临时展览上大胆尝试，如 2010 年引进的国内最大规模的考古大展"考古中华"等十大精品展览。同时，为配合海南国际旅游岛建设，在引进展览时注重国际间的文化交流与合作，承办了墨西哥"玛雅：记忆空间摄影作品展"等展览。全年共引进各类临展 52 个，平均每七天就有一个新展览隆重登场，极大地发挥了省博物馆作为海南历史文化窗口单位的重要作用，受到了各级领导和广大观众的充分肯定和好评。

国有文物系统博物馆共有 16 家，其中历史类 7 家，专题类 4 家，建筑类 2 家，有机构无馆舍 3 家。

全省博物馆陈列展览约 50 个，2010 年度延续的陈列展览 6 个，2011 年度举办的陈列展览 44 个，博物馆陈列展览投入经费近 200 万元。

【社会文物管理】

海南省有泰达拍卖有限公司和安达信拍卖有限公司等 2 家文物拍卖企业，均为二类文物拍卖资质企业。

2011 年审核文物拍卖活动 2 场次，为海南泰达拍卖有限公司申报的 2011 春季拍卖会和秋季拍卖会。2011 春季拍卖会于 3 月 27 日在海口文华大酒店举办。此次拍卖会汇集了多幅名家书画及海南花梨、象牙、紫砂、木器、翡翠等各类艺术精品约 200 件，成交总额达 1754.67 万元，创下了历年来的新高。成交率达 37%。2011 秋季艺术品拍卖会，全部拍品共 295 件，其中包括国画、油画、黄花梨艺术精品等在内的 92 件拍品成功拍出。整场拍卖会成交总额 3062.18 万元人民币，再创海南艺术品拍卖新高。成交率达 27%。

【文博宣传与出版】

2011 年，海南省各级文物行政部门坚持结合中国文化遗产日、世界博物馆日，利用挂图、发放宣传资料、演讲、电视、报刊报道等方式宣传文物保护法，不断提高领导干部、机关单位、广大人民群众的文物知识和法律水平，逐步增强人们保护文物的意识，使全社会初步形成了文化遗产成果人人共享，保护文物人人有责的氛围。第三次全国文物普查期间，海南省出专题简报 50 多期，在海南日报出专刊 2 期，举办文化遗产保护专题摄影展 2 期和摄影大赛 1 次，并在省政务网、南海网等网站发稿 300 多篇，印发文物普查宣传海报 50000 份。通过这些宣传教育，不断增强文物工作人员的文物安全意识和广大人民群众的文物保护意识。二是加大文物安全保护工作力度，确保文物安全。

海南省博物馆以海南省解放 60 周年为契机，自 2010 年 5 月开始策划并发起为期一年半的环岛巡展活动，陆续把"二十三年琼崖革命史展""五千年金戈铁马军事科普展""红色影像——敌后抗日战场纪实图片展"等送到部队、学校、社区和街头。

截止到 2011 年 12 月，海南省博物馆巡展下基层共途经白沙、东方、昌江、儋州、临高、澄迈等全省 18 个市县及西、南、中沙群岛办事处（县级），完成环岛巡展目标，行程 5000 多公里，免费发放展览宣传资料 8000 余份，吸引观众 5 万余人。

以巡展的形式送爱国主义教育进基层，这种崭新的教育方式，是海南省博物馆的一次创新尝试，通过巡展将进一步拓展博物馆社教工作的空间，锻炼社教队伍，提高工作能力。巡展以丰富的史料图片，多角度、全方位再现了解放海南光辉历程和琼岛军民二十三年浴血奋战革命精神，使全岛人民在回顾历史的同时，受到了一场爱国主义教育的洗礼，得到了社会各界的肯定和赞扬。

研究工作是博物馆发展的重要支撑。近几年，海南省博物馆鼓励职工对馆藏文物、文献等进行研究，并大力加强编辑出版工作力度，向社会提供自己的科研成果；编辑出版《海南省博物馆图录》，展示了部分馆藏的重要文物；编写《澳门多珍堂文物图录》，为举办澳门多珍堂文物展览做好充分准备；编辑出版《海南省博物馆论文集》《海南省文博学会文集》等，收录了全省各地具有代表性的文章五十余篇，配合"大海的方向——华光礁Ⅰ号特展"，出版了专集，以图文并茂的形式更加具体的展现海南省博物馆水下考古及文物保管保护的成果。

【机构与人员】

2011 年全省文物机构数量为 30 个，其中文物保护管理机构 13 个，博物馆 16 个，文物科研机构 1 个，其中省级文物保护管理机构 1 个，博物馆 2 个，文物科研机构 1 个，市级文物保护管理机构 12 个，博物馆 2 个，其他文物机构 13 个，县级博物馆 12 个。

重庆市

【概述】

2011 年，重庆市按照国家文物局、重庆市的"十二五"规划积极推进国家文化遗产地、抢救性文物、抗战遗址、革命遗址、工业遗产和博物馆事业等，履职尽责，奋力而为，文物保护工作上了一个新台阶，有力促进了文化强市和西部文博高地建设。

【不可移动文物的保护与管理】

2011 年文物保护实现五大突破。一方面文物保护意识逐步增强，理念逐步转变。全市文物保护从以保护为重，逐渐转向以保护和利用并重，更加注重融入经济社会发展和惠及民生；市委、市政府更加重视文物保护利用，市委常委会、市政府常务会、专题会多次研究文物工作，市领导新年伊始就要求将大足石刻打造世界级有影响力的文化遗产地，市长黄奇帆更是将文化遗产保护作为建设文化强市的三个标志之一。另一方面，文物保护的平台更为巩固，发展后劲更有保障。国家文物局对重庆市文物保护工作给予了充分肯定，认为重庆市文物保护工作环境明显改善，力度明显加大，效果突出；国家文物局与重庆市政府、中国文化遗产研究院与我局还分别签署合作加强重庆文化遗产保护工作框架协议，进一步加大了对全市文物保护工作的支持力度，为全市文物保护工作提供了良好的发展平台。有 5 家文物保护勘察、设计、施工、监理单位通过国家文物局组织的资质审查，两年时间，全市文物保护甲级（一级）资质单位从1家增至8家。三是规划项目有突破。大遗址、革命遗址、石窟寺及石刻保护及文管所标准化建设项目进入国家文物局《文物博物馆事业"十二五"发展规划》专项；三峡后续文物保护工作纳入《三峡后续工作规划》；抗战、革命、统战遗址，重庆会馆、重点寺观教堂等进入市级专项规划，实施会馆、寺观教堂和统战遗址项目分别达到10个、12个和5个。四是文物保护经费上有突破。全年文物保护资金总量达到3.7亿元。争取中央财政投入超1亿元，争取三峡文物保护剩余资金1.65亿元，解决了三峡博物馆建设资金缺口1.2亿元，基本落实2011年三峡后续文物保护经费7000余万元；市级文物保护专项经费成倍增长，达到4000万元，其中常年维修经费从200万元增至1000万元；此外，配合基本建设的文物保护经费也达到1500万元，部分区县还设置了文物保护专项经费。五是活动和培训有突破。第一次承办了"4·18国际古迹遗址日"中国区系列活动，千手观音造像抢救性保护工程正式启动修复。举办了"东亚文化遗产保护与可持续利用"学术研讨会和全市抗战遗址保护利用研讨会。举办了重庆市第二届"文化遗产宣传月"活动。《重庆日报》刊登专题文章《守护家园之根 惠及文化民主》，大力宣传文化遗产保护工作。

2011年三峡文物保护任务基本完成。总到位资金9.26亿元，实施项目752个，销号项目734个，销号率达98%；完成了三峡文物保护资金财务总决算；白鹤梁水下文物保护工程顺利通过竣工综合验收。

2011年第三次全国文物普查全面完成。全市共登记不可移动文物25908处，其中新登记17244处、复查8644处。第三次全国文物普查数据在全国第一批通过国家文物局普查办审核，工作进度在全国名列第五；编辑完成《第三次全国文物普查工作报告》，出版了《重庆市第三次全国文物普查重要新发现》，对15个先进集体和60名先进个人进行了表彰。

2011年白鹤梁题刻、钓鱼城遗址申报世界文化遗产工作顺利启动。成立了重庆市白鹤梁题刻、钓鱼城遗址申报世界文化遗产工作委员会和专家组；基本完成白鹤梁水下题刻、合川钓鱼城遗址保护规划和申遗文本编制工作；指导涪陵区、合川区开展了遗址区域周边环境整治工作。

2011年国家历史文化名城名镇保护工作获国家充分肯定。开展了走马古镇、塘河镇清源宫维修保护、白沙镇抗战遗址保护规划编制和秀山洪安古镇维修设计工作。会同市城乡建委、市规划局，对重庆市国家历史文化名城名镇名村进行了自查、抽查和检查，并于10月初接受了国家文物局和建设部联合检查组的检查，得到检查组的充分肯定。

2011年"做亮"五大文物保护工程。一是大足石刻。实施了千手观音造像抢救性修复工程和宝顶山景区提档升级工程，建成大足石质文物保护中心。二是抗战遗址和革命遗址。实施抗战、革命、统战遗址抢救维修工作，全面完成120处抢救维修工作。三是大遗址保护工程。加快建设合川钓鱼城考古遗址公园，继续实施渝中区南宋衙署遗址考古发掘，编制大白帝城遗址保护规划。四是宗教寺观教堂和会馆保护工程。完成南岸区鸡冠石法国教堂，璧山县露德堂，大足县马跑教堂、圣寿寺等重点寺观教堂修缮保护工程；完成渝北区龙兴寺（禹王庙），綦江区东溪镇万天宫、南华宫，潼南县双江镇禹王宫等10个保护维修项目。五是三峡后续文物保护工程。完成白鹤梁水下博物馆设施设备完善及陈列布展工作并对外开放；基本完成《三峡后续工作规划自然与历史文化遗产保护和完善专题规划实施规划》编制工作；实施24个2011年三峡后续文物保护项目。开展三峡出土文物修复、科研和成果出版工作。

【博物馆与可移动文物】

2011年博物馆纪念馆免费开放有新的突破。一是免费开放范围进一步扩大。全年新增5家免费开放博物馆纪念馆（万州革命烈士陵园、张培爵纪念馆、饶国良纪念馆、綦江博物馆、宝林文化艺术博物馆），全市共有免费开放博物馆39家，全年接待观众人数估计约1500万人次（其中三峡博物馆接待观众170余万人次，推出和引进展览64个，推出原创展览15个，引进境外展览3个）；全市博物馆在"5·18国际博物馆"日集体开通微博，拉近了和群众的距离。二是免费开放资金保障进一步增强。新增落实到位中央免费开放专项资金2750万元（其中：第三批免费开放资金1650万元、展览提升资金1100万元），首次落实市级配套资金362万元，全年投入免费开放的专项资金达7985万元，有力保障了免费开放博物馆基础服务设施改善和正常运行。三是实行免费开放绩效考核。为提高免费开放专项资金的使用效率和免费开放服务工作的提档升级，注重制度顶层设计，坚持"用钱必问效、问效必问责、问责效为先"的绩效管理理念，委托高校制定绩效考核办法和实施细则，已开始进行方案细化完善和征求相关部门意见，拟于2012年初正式实施。

2011年博物馆建设推进有新的机遇和进展。一是博物馆建设面临良好的政策支撑。国家发展改革委员会、国家文物局高度重视博物馆建设，重庆市9个区县博物馆建设项目纳入中央"十二五"

期间"三馆（文化馆、图书馆、博物馆）建设"项目库，每馆可获得最高2000～3000万元的专项资金补助，资金总额约2亿元；国家三建委在三峡后续工作发展规划中，计划对重庆三峡库区博物馆建设给予资金总额1亿元左右的专项补助；重庆市"十二五"社会文化事业发展规划将五大（历史、红色、抗战、工业、自然和科技）博物馆群建设纳入其中，为构建具有重庆特色的博物馆展示利用体系和建设西部文博事业高地确立了时间表和路线图；未建博物馆的区县中有13个区县计划在"十二五"期间规划建设政府投资的博物馆，以实现80%的区县有博物馆的目标；重庆中国抗战大后方历史文化博物馆、重庆工业博物馆、大足石刻博物馆被纳入市级新十大文化设施建设项目；市委市政府将白鹤梁水下博物馆、奉节白帝城陈列展览及配套功能设施提档升级作为全市打造"六大精品旅游景区"的重要工作内容和抓手之一。二是博物馆工作得到各级领导的大力支持。3月29日，中央统战部部长和各民主党派负责人及市委书记和市长集体为扩建后的中国民主党派历史陈列馆剪彩，全国政协主席贾庆林转达对开馆的问候，陈列馆建设期间，市委领导亲自审定设计方案和主雕塑方案，邢元敏主席多次过问并视察布展工作；市委领导还3次亲自审定大足石刻博物馆的建设方案，何事忠部长、谭栖伟副市长多次过问并指导其选址工作；为推进重庆自然博物馆新馆建设和高标准建设，市委领导还亲自接见美籍慈善家贝林先生，贝林先生已决定捐赠重庆自然博物馆250件标本（总值约1500万美元）；谭栖伟副市长4次召开会议专题研究重庆工业博物馆建设。三是博物馆建设加速推进。重庆中国抗战大后方历史文化博物馆已开始开展可行性研究和选址等前期工作；重庆工业博物馆开始开展方案设计和文物征集；大足石刻博物馆于 4 月 18 日奠基开工；重庆自然博物馆建筑主体工程完工，已完成第一阶段陈列布展方案招标；三峡移民纪念馆、开县博物馆开始开展室内装潢和设备安装；綦江博物馆、新华日报陈列馆建成开放；巫山县和云阳县博物馆开始开展陈列布展工作；抗战遗址展示利用方面，委托三峡博物馆和红岩革命历史博物馆编制《川军抗战史陈列》《重庆抗战乡村建设实验区陈列》《抗战美术陈列》大纲；结合三峡库区地面文物搬迁复建开展文物展示利用工程；支持民办博物馆发展的政策及实施意见已完成部门意见征求工作。

2011 年基础工作有新的突破。一是为 14 个博物馆和文管所落实了 1146 万元专项资金，用于文物库房建设和设备购置。二是万州、巫山、涪陵文物区域性中心库房建设完工，文物保管条件进一步改善。三是提升后三峡时期文物保护水平。适时开展了"三峡出土文物保护修复培训班"和三峡库区地面复建文物展览展示座谈会，启动三峡库区出土文物修复工作，配合考古所完成荣昌县瓷窑里窑址群 1393 件发掘品移交，并逐步探索形成考古发掘移交长效制度。四是开展文物司法鉴定 15 次，馆藏文物鉴定 6 次，拍卖文物鉴定 5 次，共鉴定文物 8319 件。五是联合市公安局认定了博物馆、文管所二级风险单位 8 家，三级风险单位 31 家。六是委托中国文化遗产研究院开展了重庆馆藏珍贵文物价值及保存现状评估。七是开展了馆藏文物数据库建设项目先进集体和个人表彰工作。

2011 年重庆中国三峡博物馆成绩显著。重庆中国三峡博物馆全年征集文物 1185 件（套），接受捐赠各类文物 171 件（套），全年发表文章 119 篇，其中 SCI、EI 检录的英文论文 3 篇，核心期刊 35 篇；出版著作 10 部。全年共完成 149 件

馆藏文物，巫山县文管所 5 件书画文物，合川区文管所 3900 枚古钱币和 4 处不可移动文物的修复保护工作。完成重庆市文物局委托编写的《重庆地区"十二五"期间馆藏珍贵文物保护修复计划》；完成馆藏三、四级古籍定级、建档工作，20 本珍贵古籍申报国家珍贵古籍名录。全年巡展 594 场，共接待观众 558016 人次；完成"壮丽三峡"基本陈列改陈工作。全年推出和引进展览 64 个，推出原创展览 15 个。引进境外展览 3 个；承接各类展览 46 个；全年举办教育推广活动 37 项（45 次）；新招募小小讲解员志愿者 60 名，博物馆志愿者累计达 800 余人。2011 年首创设立"爱心日"，为前往参观的残障人士等特殊群体提供免费讲解服务，开创全国博物馆为残障人士服务之先河。三峡博物馆网站年访问量达 2270343 人次。主办全国学术研讨会 2 次，承办全国安全技术及管理培训 1 次。举办"三峡文博大讲坛"讲座 12 次。成功申报国家级科研项目 1 项，省部级科研项目 3 项（《抗战时期重庆大空战研究》获批重庆市社会科学规划一般项目）。全年完成重要接待 75 次，其中中央领导来馆视察 5 次，省部级领导来馆参观 31 次，外国政要代表团来馆参观访问 39 次。全年开发文化创意产品 19 类，共 62221 件。全年共引进博士 2 名、特殊专业技术人才 1 名。

2011 年红岩革命历史博物馆表现突出。于纪念建党 90 周年纪念日在中央电视台《百家讲坛》推出了《信仰的力量》六集；出版了《忠诚与背叛》《信仰的力量》《我是红岩人》《故事红岩》《中国民主党派历史陈列馆讲解词》《民主党派简介》《记忆重庆》等七本图书；维修并对外开放了《新华日报》总馆；在纪念辛亥革命 100 周年纪念日，完成了中国民主党派历史陈列馆的布展，于 3 月 29 日对外开放，同时推出《天下为

公》展演剧；创作排演京剧《江姐》《张露萍》；《忠诚于背叛》《信仰的力量》报告在全国各地机关部队院校演讲96场；红岩联线获"全国红色旅游工作先进集体"；《红岩联线》网站"红岩情"展览获全国出版者协会颁发的"中华奖"优秀电子出版物第一名；京剧《金锁记》在12届亚洲艺术节获得优秀剧目奖、优秀导演奖，程联群获优秀表演奖；话剧《河街茶馆》获得剧目奖；京剧《张露萍》参加第六届中国京剧节获得铜奖；经过连续数年的改革创新发展，红岩联线固定资产从5600万增加到4.2个亿，公益性的事业单位与文化产业彻底实行了两分开，新组建了红岩文化产业集团。

【考古发掘及大遗址】

2011年考古工作呈现良好局面。签订考古发掘协议47项，是2010年的1.3倍，比2010年增长31%；实施调查、勘探、发掘项目74项，是2010年的年度1.7倍，比2010年增长68%，出土文物4811件（套）。完成合川钓鱼城遗址3000平方米的考古发掘，新发现宋代城门、城墙等重要遗址。顺利开展了主动性的大遗址考古发掘，带动了考古遗址公园建设等相关工作；完成三峡消落区年度考古任务、实施三峡出土文物修复保护，顺利启动了后续三峡文物保护工作；首次承接了重庆市外的文物保护修复项目，扩大了修复保护影响力；首次承接了文物保护以外的规划设计任务，积极尝试参与市场竞争；首次举办修复保护、田野考古两个培训班，壮大了区县力量；首次主办和承办了大型国际学术研讨会，加强了国际合作与交流。重庆市文物考古所获国家文物局"文物系统汶川地震灾后文物抢救保护工作先进集体"荣誉；合川钓鱼城遗址考古发掘

获国家文物局"田野考古三等奖"荣誉。

【文物保护机构】

2011年文物保护机构、编制和资质上有突破。积极向市编委争取单设市文物局，已获批准，原在市文化广电局挂牌的市文物局调整到市文化广电局，相对独立运行。在市文化广电局内设文物保护处（三峡文物保护处）、博物馆处的基础上，增设综合处、安全与督察处，增加行政编制15名。完成重庆市文化遗产研究院筹建，并新增全额拨款事业编制20个。

【社会文物管理】

文物交易市场活跃，全年共举行5场文物拍卖，成交金额达8768万元，比2010年（5698万元）增长35%。6月11日，重庆收藏品交易市场正式开街。

【文博教育与培训】

举办了3期文物保护专业人员培训，在班次、专业性、投入上较以往都有所突破。举办了多班次、小班额的大足石质文物培训、依托考古发掘工地的考古培训，以及文物保护资质年检培训，参与人数达到100余人，均为专业技术人员，投入经费也超过100万元，通过培训，文物保护专业人员的专业素质得到较大提高。

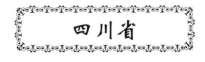

四川省

【概述】

2011年，四川文化遗产事业顺利推进，繁荣发展，实现了"十二五"良好

开局。灾后文物抢救保护成就辉煌，39个重灾县245项灾后文物抢救保护项目基本完成。第三次全国文物普查成果丰硕，共调查登记不可移动文物65231处，其中新发现51836处，数量排名全国第三。文物基础工作成绩突出，《四川省文物博物馆事业发展"十二五"规划》编制发布，项目储备和资金申报工作扎实推进，文物法制建设继续加强，人才队伍建设持续开展。不可移动文物保护工作成绩显著，大遗址保护成都片区各项工作稳步推进，申报《中国世界文化遗产预备名单》工作顺利进行，基本建设中的文物抢救保护工作卓有成效，文物维修保护工程有序开展，第八批省级文物保护单位遴选工作圆满完成，凉山州会理县被国务院公布为国家历史文化名城。博物馆体系日臻完善，全省博物馆纪念馆总数达227座。博物馆纪念馆免费开放再掀高潮，全省免费开放博物馆纪念馆数量达89座，全年接待观众1653万人次（未成年人约680余万人次）。可移动文物保护科技水平逐步提升，社会文物管理和文物鉴定工作不断加强。文物安全工作深入推进，全省文博系统安全大检查、大整治工作扎实开展。四川省公安机关和文物行政管理部门打击防范文物违法犯罪工作机制及时建立，"2011打击文物犯罪专项行动"收效明显。文物宣传渠道日益拓展，各种围绕重点工作开展的宣传活动异彩纷呈。

【法规建设】

为推动大遗址保护成都片区保护利用工作顺利有序开展，四川省加快推动《四川省成都片区大遗址保护管理办法》立法进程。11月，该《办法》入选四川省人民政府法制办汇集的《拟列入省政府2012年立法计划的项目》，四川文物法制体系有望得到进一步完善。

【执法督察与安全保卫】

（一）文物行政执法与安全工作

1月，文物行政执法与安全监管情况公告制度开始实行。截至12月底，全省各市（州）文物行政部门对省级以上文物保护单位（共706处）开展文物执法巡查2507次，对文物收藏单位（共305家）开展文物执法巡查426次；对省级以上文物保护单位开展安全检查5406次，发现安全隐患329项，整改297项，整改率达90.3%；对文物收藏单位开展安全检查1352次，发现安全隐患13项，整改11项，整改率为84.6%。文物行政执法与安全监管情况公告制度的实行，有力地推动了全省文物安全巡查、执法督察工作的开展，对保障文物安全发挥了重要作用。

12月14日～16日，由国家文物局督察司和中国气象局联合组成的国保单位防雷安全工作督察组对四川省梓潼七曲山大庙、广元千佛崖摩崖造像、皇泽寺摩崖造像、罗江庞统祠、三星堆遗址、成都武侯祠、杜甫草堂、金沙遗址等8处全国重点文物保护单位进行了防雷安全督察。督察组对四川文物安全工作给予了充分肯定，同时也针对检查中部分文物保护单位存在的问题，提出了整改要求。此次督察调研活动的开展，对于进一步加强四川文物安全和防雷工作起到了积极的作用。

（二）2011打击文物犯罪专项行动

按照公安部、国家文物局"2011年打击文物犯罪专项行动动员部署会议"精神，四川省各级公安机关和文物部门密切配合，通力协作，立即出台了《四川省公安机关和文物行政管理部门打击防范文物违法犯罪工作机制》，及时启动和开展了"2011打击文物犯罪专项行动"。截至12月底，全省立案总数69起，其中省公安厅挂牌督办案2起，重点案件 8 起；破获文物犯罪案件 74 起，抓获犯罪嫌疑人 52 名，捣毁文物犯罪团伙 5 个，追缴文物 80 余件，打击文物犯罪专项行动取得了辉煌战果，有效遏制了田野文物被盗现象的发生。

【不可移动文物的保护和管理】

（一）概况

截至 12 月 31 日，全省共有全国重点文物保护单位 128 处，省级文物保护单位 578 处。

不可移动文物灾后抢救保护工作成就辉煌。1 月，国家文物局童明康副局长检查指导理县桃坪羌寨灾后文物抢救保护工程；4 月，"都江堰伏龙观古建筑群灾后抢救保护工程"被联合国教科文组织授予"2010 年亚太地区文化遗产保护优秀奖"；4 月 21 日，理县桃坪羌寨一、二期修缮工程通过竣工验收；5 月 6 日 ~ 8 日，国家文物局在四川省成都市召开"全国文物系统 5·12 汶川地震灾后抢救保护工作总结大会"，四川省文物管理局被国家文物局授予"文物系统汶川地震灾后文物抢救保护工作突出贡献奖"；6 月，"都江堰二王庙古建筑群灾后抢救保护工程"和"七曲山大庙古建筑群灾后抢险维修壁画彩绘保护修复工程"获得"全国 2010 年度十大文物维修工程"殊荣；12 月，"汶川县萝卜寨灾后抢救保护修复工程"通过竣工验收。截至 12 月底，四川列入国家灾后规划的 153 处不可移动文物得到及时有效抢救保护。

第三次全国文物普查工作成果丰硕。7 月 5 日 ~6 日，四川省文物管理局在成都召开"2011 年四川省第三次全国文物普查第三阶段工作会议"；9 月，四川省顺利完成第三次全国文物普查实地文物调查数据误差率抽样检测；12 月 23 日，四川省九寨沟县阿梢脑遗址、犍为县清溪古建筑群、通江县佛尔岩源石窟寺、

安岳县灵游院石窟寺、梓潼县中国工程物理研究院旧址共 5 处新发现不可移动文物成功入选"第三次全国文物普查百大新发现"；12 月 29 日，四川省召开第三次全国文物普查工作电视电话会议，对四川省第三次全国文物普查工作进行了全面回顾，并对下一步工作提出了具体要求。截至 12 月底，四川省共调查登记不可移动文物 65231 处，新发现 51836 处，复查 13395 处；其中古遗址 3652 处，古墓葬 30548 处，古建筑 17465 处，石窟寺及石刻 3609 处，近现代重要史迹及代表性建筑 8454 处，其他类 1503 处。至此，四川圆满完成了"三普"工作，四川的第三次文物普查没有因地震而耽误。

同时，四川省启动了第八批省级文物保护单位遴选、初审工作。凉山州会理县被国务院公布为国家历史文化名城，四川省国家级历史文化名城数量达到 8 座。此外，四川省文物管理局还联合四川省住房和城乡建设厅对成都、自贡、泸州、宜宾、乐山、阆中等国家级历史名城进行了专项检查。

（二）大遗址保护

2011 年，四川省人民政府与国家文物局共同下发了《关于成立大遗址保护成都片区共建合作委员会的通知》（川府函［2011］271 号），四川省人民政府省长蒋巨峰、国家文物局局长单霁翔担任共建委员会主任，四川省人民政府副省长黄彦蓉、国家文物局副局长童明康担任副主任，国家文物局各司室及四川省各有关厅局的主要负责人担任委员。这充分体现了四川省人民政府对大遗址保护工作的高度重视。此外，成都市、广汉市和邛崃市也相继成立大遗址保护地方领导机构，并建立了大遗址保护相关机制。

截至 2011 年底，《大遗址保护成都片区保护规划纲要》雏形基本形成；《三星堆遗址保护规划》《金沙遗址文物保护

规划》由专业资质单位进行了修编；《邛窑遗址保护规划》经过多次修改后上报国家文物局审批；《宝墩遗址保护规划》《朱悦濂墓保护规划》和《鱼凫古城保护规划》编制工作已基本完成。与此同时，根据批复同意的《三星堆遗址保护展示方案》和《三星堆遗址重点遗迹保护展示实施方案》，三星堆国家考古遗址公园建设和遗址保护展示工作全力推进；《三星堆遗址 2011～2015 年度考古工作规划》获得国家文物局批复同意，遗址航拍、测绘、调查等工作已经开始；邛窑遗址河堤加固工程已经完成，本体保护、展示、环境整治工作稳步推进；对成都古蜀船棺遗址出土的大型船棺、漆木器进行脱水防护保护和技术性修复；金沙遗址及博物馆的安全防护和展示服务设施建设、文物保护中心建设逐步得到完善。

（三）全国重点文物保护单位

全年共开展 28 项全国重点文物保护单位维修保护工程，包括红军强渡大渡河遗址、平武报恩寺、杜甫草堂、卓克基土司官寨、广元千佛崖摩崖造像、富顺文庙、泸定桥、庞统祠墓、况场朱德旧居、直波碉楼、木门寺、领报修院、彭州佛塔、张桓侯祠、阆中永安寺、五龙庙文昌阁、平武报恩寺、云岩寺、塔梁子崖墓群、茂县三元桥、黑水县沙窝会议会址、芦花会议会址、小金县红一、四方面军会师遗址、两河口会议会址、布瓦村寨及碉楼、黑虎村寨及碉楼、营盘山遗址、武侯祠。

全年共完成 17 处全国重点文物保护单位的保护规划编制和审核报批工作，包括资中文庙和武庙、开江陶牌坊、觉苑寺、塔梁子崖墓群、木门寺、白利寺、大邑刘氏庄园、犍为文庙、邛窑遗址、罗家坝遗址、况场朱德旧居、庞统祠墓、燊海井、巴中西龛摩崖造像、巴中北龛摩崖造像、安岳石窟华严洞、安岳石窟圆觉洞。

10 月 12 日，广元千佛崖石窟保护工程正式开工。国家文物局局长单霁翔、四川省政协副主席晏永和、四川省文化厅厅长郑晓幸、四川省文物管理局局长王琼、广元市委书记罗强等有关领导参加开工仪式。单霁翔要求广元市委市政府和文物部门以此次工程为契机，将千佛崖石窟保护工程做成国家文物保护修缮工程的典范，让文物保护更好地融入经济社会发展并惠及民生。

（四）世界文化遗产

1. 都江堰—青城山

1 月 14 日，都江堰二王庙古建筑群灾后抢救保护工程竣工。3 月 25 日，二王庙文物区水电、消防工程竣工。4 月 25 日，二王庙正式对外开放。5 月 6 日，都江堰秦堰楼维修工程竣工。

2. 峨眉山—乐山大佛

3 月 6 日，"乐山大佛保护维修工程研讨会"成功召开。6 月，乐山大佛三维激光扫描工作由中国铁科院西南勘察院顺利实施，并编制《乐山大佛三维激光扫描报告》。8 月，《乐山大佛景区地质灾害调查评价报告》《乐山大佛窟洞天危岩加固工程立项建议书》编制完成。同时，《乐山大佛文物保护规划》《峨眉山古建筑群文物保护规划》已开始编制，《峨眉山万年寺保护修缮设计方案》已经完成。

3. 全国政协"蜀道"文化线路保护和"申遗"专题调研

9 月 7 日～11 日，全国政协副主席、民盟中央第一副主席张梅颖率全国政协专题调研组，在四川就"蜀道文化线路保护"和"申遗"问题进行考察。张梅颖一行先后到广元、绵阳、德阳、成都等地，实地考察"蜀道"沿线的遗存遗迹。9 月 8 日，调研组在广元举行"蜀道文化线路保护"和"申遗"研讨会，与会代表和专家学者达成《广元共识》。9 月 11 日上午，调研组在成都举行"蜀道文化线路保护"与"申遗"座谈会,四川省人民政府副省长黄彦蓉代表省政府就四川"蜀道文化线路的保护"和"申遗"的步骤及下一步工作思路作了汇报;全国政协委员、国家文物局局长单霁翔代表调研组作总结讲话。此次全国政协"蜀道文化线路保护与申遗"专题调研意义重大,对"蜀道文化线路保护"和"申遗"工作具有积极的推动作用。

4. 茶马古道文化遗产保护(雅安)研讨会

8月21日,由四川省雅安市人民政府和四川省文物管理局共同主办的"茶马古道文化遗产保护(雅安)研讨会"在四川省雅安市召开。国家文物局局长单霁翔作《保护千年古道 传承中华文明》的主题演讲,来自全国各地的专家学者纷纷发言,研讨会形成并一致通过了"茶马古道文化遗产保护(雅安)共识"。会议期间,国家文物局局长单霁翔对雅安博物馆和雅安茶马古道文化遗产保护工作进行了考察。11月,四川省雅安市文物局正式委托四川省文物考古研究院承担《茶马古道(雅安段)保护规划》编制任务。11月17日,四川省文物考古研究院对此工作进行专题研究,就"茶马古道"的时代界限、文化内涵、前期田野考古勘探及规划文本编制等问题进行了界定,并立即着手开展规划编制相关工作。

5. 四川省《中国世界文化遗产预备名单》更新暨大遗址保护培训工作会

11月15日~17日,四川省文物管理局组织召开《中国世界文化遗产预备名单》更新暨大遗址保护培训工作会议。四川省文物管理局局长王琼出席会议并讲话,对当前四川"申遗"和大遗址保护工作形势进行了深入分析,并针对下阶段工作提出了明确要求。国家文物局文物保护与考古司司长关强和中国古迹遗址保护协会秘书处处长郑军受邀专程赴川授课。本次培训会具有较强的指导性,对于深入推进四川"申遗"及大遗址保护工作具有重要意义。

【考古发掘】

(一)概况

四川省文物考古研究院全年共完成60余项基本建设项目考古调查勘探工作,发现各类文物点110余处,勘探面积超过10万平方米;发掘面积近5万平方米,发现墓葬、灰坑、房址等遗迹1150余座(个),出土文物2800余件(套),各类标本数万件。成都市文物考古研究所全年共完成考古勘探和发掘305个,发现各类文物点157处,出土文物2000余件(套),勘探面积超过3万平方米,并编辑出版《四川邛崃龙兴寺考古发掘报告》《成都考古发现2009》等书籍。

(二)重要考古项目

1. 宜宾石柱地遗址

石柱地遗址位于四川省宜宾市屏山县楼东乡田坝村,地处金沙江北岸。为配合向家坝水电站建设,2010年5月~2011年12月,四川省文物考古研究院对其进行了考古发掘。发掘面积8000平方米,清理各时期遗迹近190个,主要为新石器、商周时期灰坑、房址等,出土铜器、陶器、玉器、铁器、石器等500余件。

该遗址的发掘对于研究蜀文化的南迁提供了重要资料,而其新石器遗存是继叫化岩遗址发掘后的又一重大收获,对于研究金沙江流域新石器文化及源流有着重要意义。

2. 宜宾槽坊头遗址

槽坊头遗址位于四川省宜宾市宜宾县喜捷镇红楼梦村,遗址面积约3000平方米,分为东区和西区。本次发掘主要集中在西区,发掘面积450余平方米。清理出房屋基址、酒窖等遗迹,从出土遗物和遗迹判断,此处应是明代晚期废弃的一处酿酒作坊遗址。

该遗址是川东南地区白酒金三角发现的要素最全、时代最早、保存最好的一处酿酒作坊遗址，为明代酿酒工业的研究提供了难得的实物资料。

3. 凉山州盐源县八家村墓地

八家村墓地位于四川省凉山彝族自治州盐源县梅雨镇八家村三组，面积约1.2万平方米。2月~3月，四川省考古研究院联合凉山州博物馆、盐源县文管所对墓地进行了抢救性发掘清理，发掘面积300平方米，共发现墓葬28座，出土器物有青铜器、陶器、铜铁合制品、骨器、绿松石、玛瑙珠等。

八家村墓地所反映的文化面貌具有突出的地域特征，又与北方系青铜文化和川西高原的石棺葬有着某些相似的文化特征和相近似的文化因素，对于横断山区的古文化研究及民族学研究具有重要意义。

4. 三星堆遗址周边遗存调查

2011年度，四川省文物考古研究院开展了对三星堆遗址以西，地跨广汉、什邡两市的鸭子河北岸的新平、西高、四平、南泉、马祖5个乡镇约30平方公里区域的考古调查工作。共发现10处商周时期遗址，且分布密集（尤以广汉境内甚），面积大多在10000平方米左右，文化堆积保存较好。

这批遗址的文化面貌与三星堆遗址第三至第四期相同，它们的发现为三星堆遗址群聚落特征和聚落关系的研究提供了极为重要的线索。

5. 宝墩遗址

2011年，成都文物考古研究所会同新津县文管所对宝墩古城外城进行了大规模钻探和发掘，钻探面积近200万平方米。钻探结果显示，在外城区域均有宝墩文化时期的文化堆积，主要分布于外城的西北部和东南部。同时，在宝墩城址的内城中心偏北位置进行了较大规模的发掘，收获颇丰。发掘区内地层堆

积较厚，文化遗存丰富，包含有宝墩文化一、二期遗存。

尤为重要的是，在鼓墩子北侧揭露出一组大型建筑基址，年代相当于宝墩文化一期2段，布局严谨，主次分明，且规模较大，规格较高，可能为宝墩文化的一座大型公共礼仪性建筑。

6. 十二桥遗址新一村地点商周至隋唐时期遗址

十二桥遗址新一村地点位于成都市青羊区十二桥路以南。2011年度，为配合成都市内环线（通惠门—青羊上街）道路工程建设，在紧邻1995年发掘区的南面布方发掘，发掘面积共计1900平方米，主体文化堆积为宝墩时期至隋唐时期文化层。

宝墩时期遗物在十二桥遗址及1995年新一村地点的发掘中均未发现，而本次在新一村地点则发现了一批遗存，这是一个重大突破，为探讨宝墩文化的发展演变提供了进一步的证据，也有利于进一步推进十二桥文化的文化性质、年代下限、聚落功能等研究的深度拓展。

7. 后蜀宋王赵廷隐墓

后蜀宋王赵廷隐墓位于成都市龙泉驿区十陵镇青龙村一组，墓志表明，墓主人为后蜀宋王赵廷隐。墓葬原为一近圆形封土包，直径约40米，高度约4米。墓葬由墓道、封面墙、墓门、甬道、主室及南、北、西三耳室构成，总体呈中字形。墓葬出土器物主要包括陶瓷器和陶俑，另含少量金属器，皆出自琉璃场窑。

该墓葬的发掘对研究五代时期该区域墓葬制度、宗教思想、音乐绘画以及区域间文化交流都有极高价值。

【博物馆与可移动文物保护】

（一）博物馆

1. 概述

四川省2011年新增博物馆19家，博

物馆总数达 227 家。"5·12"抗震救灾纪念馆、绵竹市博物馆、江油李白纪念馆、汶川县博物馆、青川地震博物馆等完成建设并向公众开放；北川地震纪念馆、茂县羌族博物馆、北川羌族民俗博物馆等主体建筑封顶，进入陈列布展阶段。全省免费开放博物馆纪念馆数量达 89 座，全年接待观众 1653 万人次（未成年人约 680 余万人次），大中小学生及农民工、城镇低收入群体参观人数明显上升。

2. 馆间交流与合作

国家文物局委托的"国有博物馆对口帮扶民办博物馆"试点工作顺利完成。2011 年，四川省文物管理局会同成都市文物局组织开展了成都武侯祠博物馆对口帮扶成都华通博物馆开放服务提升试点项目。通过帮扶，成都华通博物馆教育服务、开放管理和工作制度得到优化，社会活动能力得以提高，博物馆功能进一步发挥。同时，此项试点工作的顺利完成，也为国家文物局在全国推广国有博物馆对口帮扶民办博物馆积累了经验。

四川博物院与地震灾区新建博物馆共建帮扶工作积极开展。5 月 4 日，四川博物院与绵阳市博物馆、北川羌族民俗博物馆、安县博物馆、茂县羌族博物馆、青川县博物馆正式签订《共建协议》，四川博物院与五家地震灾区博物馆在陈列展览、人员培训、博物馆基础建设等方面开展了广泛的合作，为进一步加强相互间文化文物交流奠定了基础。

3. 重要文物陈列展览

1 月～2 月，四川博物院与成都武侯祠博物馆联合举办"雪域高原的神佛世界—四川博物院唐卡展"；5 月～10 月，"5·12 灾后文物抢救保护成果展"在四川博物院成功举行，国家文物局局长单霁翔、四川省文化厅长郑晓幸、四川省文物管理局局长王琼等领导出席展览开幕仪式并作重要讲话，展览分"山崩地

裂 国宝濒危""众志成城 转危为安""妙手回春 文物重光""奋进崛起 走向豪迈"四个部分，全面回顾和展示了四川和全国文物系统的灾后文物抢救保护工作和成果；8 月～12 月，湖北荆州博物馆与成都华通博物馆联合举办"楚风汉韵——荆州出土楚汉文物精品展"；10～12 月，四川博物院与首都博物馆合作举办"张大千的艺术人生和艺术魅力展"；10 月 22 日，由广汉三星堆博物馆、成都金沙遗址博物馆承办的"神秘的古蜀王国——三星堆、金沙出土文物珍宝展"巡回展览圆满结束。此次巡展自 2009 年 4 月启动以来，先后在深圳博物馆、广州南越王博物馆、山西博物院、辽宁博物院、天津博物馆、苏州博物馆、良渚博物院、无锡博物院等八个省（市）级博物馆展出，累计观众人数超过 80 万人次。

此外，重要的展览还有：四川博物院主办的"共和之光——纪念辛亥四川保路运动 100 周年展""珍宝蕴含的情怀与哲理——台湾艺术大师许伯夷作品展""意大利皮埃蒙特大区摄影和油画展""龙佑天府——龙文化展"以及成都武侯祠博物馆举办的"馆藏庙堂画展"等。

（二）可移动文物保护

四川共有藏品总数 15346084 件（套），其中珍贵文物 155158 件（套），一级文物 4385 件（套）。

全年评审各类方案 17 个，其中形式设计方案 4 个，馆藏文物保护修复方案 12 个，革命文物征集方案 1 个；初审馆藏文物保护修复、文物保存环境和预防性保护方案 48 个。顺利完成都江堰、新津、中江、三台、苍溪、宝兴、茂县等地的可移动文物修复工作，修复可移动文物 1600 余件。全面完成"5·12"灾后地震文物征集工作，全省 13 个文物收藏单位共征集地震文物 46 万件（套、张），其中实物资料 15 万件（套），图片

资料31万张，征集有关音、视频资料4万余分钟。及时启动地震遗址遗迹数字化工程，如期完成招投标及有关方案编制工作。

12月23日，四川文物保护研究中心正式成立。中心由四川文物保护研究中心的川博工作站、省考古研究院工作站、华通工作站三站组成，这标志着省内三家文博单位打破传统体制，整合优势资源，开辟了探索国有文博单位与民办博物馆通力合作的一条新路。此外，中法合作建设的成都金沙遗址博物馆文物保护中心局部建成并投入使用；四川省文物考古研究院文物保护中心作为主要参与单位的安岳圆觉洞石刻保护项目的现场封护加固和修复试验工作顺利完成。

【社会文物管理】

全年办理文物临时进境审核2次，办理文物临时出境审核4次。新增取得国家文物局《文物拍卖许可证》的拍卖企业2家，四川取得《文物拍卖许可证》的企业达到5家。全年举办艺术品拍卖会5场，鉴定拍卖标的908件。

2月23日，四川省文物拍卖管理工作座谈会在成都召开。会议传达了宋新潮在《全国文物拍卖管理工作座谈会》上的讲话精神，对文物拍卖标的备案复核程序、文物拍卖标的审核范围和重点、文物拍卖专业人员资格认定等问题进行了详细说明。五家拍卖行的负责人在认真学习《文物拍卖企业资质年审管理办法》后分别介绍了各自的工作经验，并对当前文物拍卖中的一些热点、难点问题进行了探讨与交流。

9月19日~23日，中编办、文化部、国家文物局联合组成调研组赴四川调研文物进出境审核机构管理工作。四川省编办、成都海关、四川省文物管理局、国家文物进出境审核四川管理处等

相关单位负责同志参加调研。调研组在听取四川省文物管理局工作汇报后，对四川近年来文物进出境审核机构管理工作和国家文物进出境审核四川管理处所取得的成绩给予了充分肯定，并希望四川在下阶段工作中加大机构建设和人才培养力度，加强与成都海关的沟通协作，更好地履行文物进出境审核职责。

【科技与信息】

国家文物局文化遗产保护领域科学和技术研究课题申报工作顺利完成，其中4项课题通过初审；四川博物院"文物技术保护与修复能力提升项目"获国家文物局正式立项；成都杜甫草堂博物馆申报并获得国家文物局颁发的可移动文物保护设计乙级和修复二级资质。同时，数字化测绘、三维成像、物探技术、激光无损技术、空间信息技术、遥感技术、激光清洗技术等现代科技在四川文物保护领域中得到更加广泛的应用。

【文博教育与培训】

5月22日~26日，四川藏羌地区第四期传统建筑维修保护技术培训班在阿坝州理县木卡羌寨举办。来自理县维州城遗址、沙吉五屯藏族民居、蒲溪古羌民居、广柔县城址、木卡羌寨等文物保护工程的项目管理人员和传统工匠共60余名学员参加培训。四川省文物管理局局长王琼作"新形势下的文化遗产保护事业"专题讲座，并为学员颁发了结业证书。

9月1日~2日，四川省文物管理局举办四川省第一期文物保护工程资质单位培训班，全省取得文物保护工程勘察设计、施工及监理资质的38家单位，共计90余名代表参加培训。四川省文物管理局局长王琼出席开班仪式，并作"加强文物保护工程资质单位管理"的主题

讲座，第二批通过审核的 25 家新增文物保护工程资质单位领取了相应的资质证书。

10 月 7 日~12 日，四川省市州级文博管理干部培训班在四川大学历史文化学院举办，来自全省 21 个市（州）文物部门和国保单位管理机构负责人共计 150 余人参加培训。国家文物局人事司副司长黄元、四川省文物管理局局长王琼等有关领导出席开班仪式。王琼为学员们作"当前文化遗产保护发展新趋势与四川文物工作基本情况"的讲座，国家文物局局长单霁翔专程为学员和川大师生作了题为《中国文化遗产保护现状》的专题报告。参训学员经考试合格领取了国家文物局颁发的"地市文博管理干部"和"全国重点文物保护单位管理机构负责人"上岗资格培训证书。

10 月 11 日，国家文物局与四川大学在成都签署《国家文物局、四川大学考古与博物馆学科共建协议》。国家文物局局长单霁翔、四川大学校长谢和平、国家文物局副局长董保华、四川省文物管理局局长王琼等领导出席签字仪式。《协议》的共建重点是通过五年努力，力争将四川大学历史文化学院建成我国西南地区高校文博培训中心和中国藏区文博人才培育基地；将四川大学博物馆建成具有一定规模且具有较高展示研究和社会服务水平的综合性高校博物馆。

11 月 29 日~12 月 4 日，首届全国民办博物馆馆长培训班在四川大学举办。国家文物局副局长董保华、四川省文物管理局局长王琼、四川大学历史文化学院院长霍巍等有关领导出席开班仪式，来自全国 28 个省（自治区、直辖市）的民办博物馆馆长共计 50 余人参加培训。此次培训是国家文物局在全国范围内首次举办的专门针对民营博物馆的人才培训，聘请了南开大学、浙江大学、中国人民大学、四川大学等相关学科的教师为学员授课。

12 月 1 日~4 日，四川省博物馆纪念馆馆长培训班在成都举办，省内 62 家博物馆纪念馆和灾后新建、恢复重建博物馆的馆长参加培训。培训班邀请了首都博物馆、陕西历史博物馆、云南省博物馆、浙江大学、四川博物院等单位的专家，为学员讲授了《博物馆藏品管理》《博物馆规划与运营管理》《博物馆展览策划与设计》《文物保养与保护修复》等课程。

【文博宣传与出版】

文物宣传渠道日益拓展。电视、电台、广播、网络、书籍、报纸、专题讲坛等各种宣传媒介的作用进一步发挥，各种新闻宣传稿件和简报数量大幅增加。四川省文物管理局全年累计上报《中国文物报》、国家文物局网站稿件 600 余篇，除 1 月和 10 月稿件采用量在全国各省（自治区、直辖市）中名列第二外，其余月份均为第一名。同时，网络宣传力度进一步加大，四川省文物管理局门户网站及子网点击率超过 20 万次。

文物宣传活动异彩纷呈。四川博物院华灯博物馆于 5 月正式启动，"大篷车"流动博物馆赴全省展览 20 余次；四川省文物考古研究院举办的"三星堆进校园"大型公益讲座活动于 6 月 11 日圆满结束，活动遍及四川省 21 个市（州）102 所大中小学及幼儿园，听众人数达 2.2 万人；成都金沙遗址博物馆成功举办第三届"成都金沙太阳节""金沙记忆——金沙遗址发掘十周年图片展"等活动；成都武侯祠博物馆成功举办"2011 成都大庙会"，参观人数 120 余万；成都杜甫草堂博物馆举办"中国（成都）诗圣文化节""夜游草堂""文化名人走进草堂"等文化活动，成功策划"'仰止堂'青少年诗歌教育基地项目"；广汉三星堆博物馆与成都传媒集团时代教育报刊社联合开展"2011'我们去春游——春约三星堆,梦回古蜀国'主题征文、摄影、小报、书画作品大赛暨三星堆2011年社会实践活动",与广安市教育局、广播电影电视局联合举办"我爱三星堆小小讲解员大赛"。

文博系统发表论文150余篇,出版文献专著十余部。主要著作有《川藏南线民族考古综合考察》、《三星堆进校园——一项公众考古新纪录的诞生过程》、《寻踪五尺道》、《博物馆学刊》（第一辑）、《西行壮歌 川陕革命根据地斗争史》、《四川博物院藏百品珍赏》、《中国聚落考古的理论与实践（第一辑）——纪念新砦遗址发掘30周年学术研讨会论文集》、《行走在三江上游地区的石棺浅议三江上游地区秦汉时期的族群》、《历史源流与民族文化"三江并流地区考古暨民族关系研究学术研讨会"论文集》、《诸葛亮三国文化（四）》、《成都通史》卷二（秦汉三国时期）、《关公——一骑当千的中国战神》、《自贡恐龙》、《泸县龙桥》等。

【文物交流与合作】

5月20日~22日,成都武侯祠博物馆"2011高雄—四川·成都大庙会"在台湾高雄市文化中心广场成功举办,活动集中展示了四川悠久的传统文化、独特的风土人情,高雄民众踊跃参与,对庙会策划组织、内容形式等给予了高度赞誉。

7月12日~20日,应中共四川省委书记、四川省人大常委会主任刘奇葆邀请,98名台湾师生赴川开展第二届台湾学生天府夏令营。参加本届夏令营活动的台湾师生分别来自云林县、南投县和苗栗县,其中有20余名为经历过"9·21大地震"的大学生。夏令营期间,台

湾师生参观了四川博物院、成都武侯祠博物馆、成都金沙遗址博物馆和都江堰等博物馆和文物景点,领略了四川悠久的历史、灿烂的文化,增强了对四川的认知和对中华民族的认同感。

8月6日~9月6日,经香港中国文化艺术传播有限公司推介,自贡盐业历史博物馆在香港将军澳中心举办全港首个中国盐展。此次展览共展出该馆井盐开采工具模型、盐业契约和"岩口簿"仿制品等三十余件,展示了恢宏的井盐发展历史以及井盐科技在人类科技史上的重大贡献,成为宣传中国井盐文化的又一平台。

12月20日,在金沙遗址博物馆举行四川文物赴台展览启运仪式,台湾东森电视台、省内各主要媒体约30名记者赴现场对活动进行了追踪报道。

此外,自贡恐龙博物馆与德国波恩大学的Hayashi博士签订"剑龙剑板和尾刺形态功能的研究"合作项目,并开展了标本观察和采样工作。同时,自贡恐龙博物馆还与加拿大阿尔伯塔皇家梯雷尔古生物博物馆和美国杨伯翰大学开展了"自贡和新疆地区恐龙化石年代测定"合作研究,并进行了测试样品采样工作。

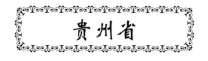

贵州省

【概述】

2011年,在国家文物局的指导下,在贵州省委、省政府和省文化厅的坚强领导下,贵州省文物保护工作按照求真务实,开好局、起好步的总要求,把握新形势,适应新变化,围绕中心、服务大局,精心谋划,科学发展。在文物执

法督察、文物保护、博物馆免费开放、世界文化遗产等方面取得了骄人的业绩，在文化遗产科学保护与合理利用方面成效显著，圆满完成了 2011 年各项工作任务，开创了文物事业的新局面。

【文物执法】

加强法规和制度建设，认真开展文物安全和执法督察工作。积极配合做好贵州文物保护立法调研，下发了《关于加强博物馆纪念馆行业作风建设的通知》。坚持预防为主，开展全省文物行政执法巡查和文物安全督察工作，加大文物保护工程和节假日文物安全监管力度。协助国家文物局到贵州省进行文物消防安全检查。与省气象局联合启动文物防雷情况调查。开展文物保护资质、资格年检工作，对年检合格的单位和个人颁发证书。颁布了《关于省外文物勘察设计施工企事业入黔备案条件的通知》，加强外省入黔文物企业备案工作规范化管理。认真处理好媒体、信访及其他举报信息，充分了解情况，联系当事人，正面回应，妥善答复，树立了良好形象。

【文物保护和考古工作】

指导增冲鼓楼、黔西观音洞、安顺文庙等保护规划编制工作，并组织专家评审。启动万山汞矿遗址、盘县大洞遗址、普定穿洞遗址、安顺宁谷遗址保护规划以及赫章可乐考古遗址公园规划编制工作。遵义海龙屯保护规划经国家文物局审核批准。

组织编制和申报全国重点文物保护维修方案 11 个，可移动文物修复方案 27 个，文物安防方案 6 个，其中，18 个方案得到国家文物局批准。与贵州省发改委共同编制全省"抢救性文物保护设施"建设规划，涉及全省所有全国重点文物保护单位，共有 85 个项目。

组织对省级文物保护单位桐梓周西成祠、苟坝会议会址等 50 余个文物保护维修方案进行审批。指导实施湄潭浙江大学旧址、铜仁东山古建筑群、苟坝会议会址等 30 余个文物保护维修工程。组织对铜仁东山古建筑群、兴义府试院等 10 余个文物保护工程进行验收。

参与省级历史文化名镇（村）保护规划审查工作，积极配合国家历史文化名城（镇、村）检查评估；组织第三届中国历史文化名街申报工作，黎平翘街荣获中国历史文化名街称号。

完成黔中水利枢纽工程、中缅石油天然气管道、仁怀工业园区、国电清江发电厂、遵义机场城市快速通道、麻沟水库、贵阳市保障性住房、务川至正安高速公路、沿河至榕江高速公路等 30 余项配合建设工程考古调查、发掘和地面文物保护工作。

【"百村计划"文化 遗产保护工程】

制定贵州省"百村计划"文化遗产保护工程方案，切实加强乡村文化遗产的保护和合理利用，促进乡村经济社会发展。省十届十二次会议通过的《关于贯彻党的十七届六中全会精神推动多民族文化大发展大繁荣的意见》提出，实施全省文化遗产保护"百村计划"，建立多彩贵州文化线路保护和利用体系。"百村计划"成为贵州省乡村和民族文化遗产保护的重要抓手。

2011 年，启动"百村计划"，采取村落文化景观、生态博物馆等方式整体保护一批真实性、完整性保存较好，具有突出价值的村寨。将雷山县控拜村、榕江县大利村、黎平县堂安村、印江县兴旺村、锦屏县文斗村、乌当区渡寨村、黄平塘都村等列为"百村计划"第一批实施村寨。目前，村寨调查、方案规划设计、乡村组织建设等已经开始实施。

【博物馆与可移动文物保护】

2007年以来，全国公布了三批次免费开放博物馆、纪念馆，贵州省有47座列入全国免费开放博物馆、纪念馆名单之中。根据党中央的部署，贵州省文物局与相关部门对全省博物馆、纪念馆现状进行深入调研，提出全省博物馆、纪念馆免费开放总体思路和工作方案。贵州省每年争取到中央免费开放专项资金单位平均数位居全国前列。

为加强对免费开放单位管理，贵州省文物局与贵州省财政厅制定颁布了《贵州省免费开放博物馆纪念馆专项经费管理办法》，同时，引入网络媒体、自愿者以及专业社会调查队伍，对免费开放单位进行绩效考评。根据考评结果，对免费开放资金实行动态管理。这一举措，调动了各免费开放单位工作的积极性、主动性，提高了陈列展览质量和社会服务水平，保障了人民群众的文化权益。受到财政部、国家文物局以及媒体和社会各界的广泛好评，产生了良好的社会影响。

开展全省博物馆年检以及国家一级博物馆运行评估工作，贵州省登记注册并经国家文物局公布的博物馆、纪念馆达到65座，年接待观众300万人次。完成贵州省博物馆新馆建设年度任务。铜仁傩文化博物馆、毕节市博物馆等的建设进展顺利。

贵州省生态博物馆本土化探索取得重大突破。贵州省是全国率先引进生态博物馆理念，并建立生态博物馆的省份。10多年前，贵州省与挪威合作陆续建成的4座生态博物馆，被称为中国第一代生态博物馆。

随着生态博物馆的建立，在国内外生态博物馆专家的指导下，开始探索生态博物馆本土化道路，改革国有生态博物馆管理体制，支持民办生态博物馆建设和发展。在2011年8月国家文物局举办的"全国生态（社区）博物馆研讨会"上，贵州省生态博物馆发展经验在会议上进行交流推广。黎平堂安侗族生态博物馆被公布为国家首批生态（社区）博物馆示范点（全国共有5家）。2010年底，国家文物局委托贵州省负责编写《乡村生态博物馆建设指南》，以作为全国生态博物馆建设的指导性文件。2011年，北京、江苏、新疆、浙江、湖南以及青岛等地文物部门到贵州省学习生态博物馆建设经验，并进行实地考察调研。

【第三次全国文物普查】

圆满完成了第三次文物普查工作，摸清了贵州省不可移动文物资源状况，培养了一支高素质的人才队伍，极大地宣传普及了文物法规和文物保护知识。贵州省经审核的文物点数量为14852处，文物普查数据通过了国家文物局第三次文物普查办公室验收。还建成了贵州第三次文物普查数据管理系统，编写完成《贵州省第三次全国文物普查工作报告》。组织了全国第三次文物普查"百大新发现"评选及"百大新发现图片展"等工作，编辑出版《夜郎故地遗珍：贵州省第三次全国文物普查重要新发现》一书。各市（州）和部分县（市、区）也相继编辑出版了第三次文物普查成果。

【文化遗产申报等工作】

积极申报中国世界文化遗产预备名单，根据国家文物局的要求和贵州省的文物资源状况，贵州省文物局建议将侗族村寨（贵州、湖南、广西联合），黔东南苗族村寨和遵义海龙屯申报中国世界文化遗产预备名单。委托北京大学、同济大学编写的申报文本和保护管理规划。

完善和上报了第七批全国重点文物保护单位补充资料。启动了第五批省级文物保护单位申报工作。推进第六批全国重点文物保护单位和第四批省级文物保护单位"四有"工作，各地基本划定了文物保护单位保护范围和建设控制地带。

【文博教育与培训】

大力培养文物保护技术和管理人才。积极配合国家文物局举办的全国县级文物行政部门负责人培训班，2011年贵州省选送4批次16人参加全国文物保护法律和业务管理知识培训。贵州省文物局还指导了免费开放博物馆讲解员业务培训，举办了全省可移动文物调查登记培训，以及全省文物保护工程单位资质和个人资格培训。

毕节、黔东南、遵义等地举办了文物干部培训班。通过培训，提高了全省文博干部的政策理论水平和专业技术能力，为夯实全省文物保护工作奠定了坚实的人才基础。

【机构及人员】

到2011年底，贵州省文物保护机构总数为155个，其中文物保护管理机构90个，博物馆62家，文物商店1家，文物科研机构2个。文博从业人数为954人，其中，具有博士学位的1人，硕士18人，大学本科381人，大专295人，大专以下258人；具有正高职称5人，副高40人，中级职称128人，初级职称221人。

【文物宣传、利用、 出版和交流】

组织开展"国际博物馆日"、"中国文化遗产日"以及纪念中国共产党建党90周年，辛亥革命100周年全省系列宣传活动。参与策划并组织开展"玉兔迎春大家乐"春节文化活动，取得良好的社会效益。

继续做好《贵州文化遗产》编辑出版工作，为黔西南州出版了一期专刊。启动《考古贵州》系列丛书和《贵州民族节日导览》等图书编辑工作。

邀请联合国教科文组织、全国政协文史委、国家文物局、中国文化遗产研究院、北京大学、清华大学、同济大学以及北京、江苏、新疆、湖南等地相关部门到贵州省考察调研，并进行汇报和交流。

组织文物资源利用状况调研，启动全省文化遗产利用规划编制工作，探索文物资源利用的新方法，科学审批和监管文物利用项目。加强文物资源研究，促进研究成果转化，推进民族村寨文化旅游、工业遗产和文化景观的综合利用，将文化遗产保护成果惠及广大民众。

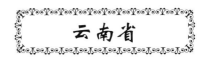

云南省

【概述】

2011年，是实施"十二五"规划的第一年，云南省文物局围绕云南省委、省政府、国家文物局中心工作，结合工作实际，深入贯彻落实科学发展观，认真执行"保护为主，抢救第一，合理利用，加强管理"的文物工作方针，根据年初制定的工作目标，创造性地开展文化遗产保护工作，使全省的文化遗产保护工作取得了新的进展，一是创新文化遗产保护方式上有了新举措；二是在体现文化遗产保护成果上做了新尝试；三是在推进文化遗产保护事业上有新突破。

【不可移动文物的保护与管理】

1. 第三次全国文物普查

2011 年是第三次全国文物普查的最后一年，云南省文物普查各项工作任务圆满完成。全省文物普查专项经费累计投入 4556.53 万元，普查经费投入数额居全国第七位。全省有 1500 人参加普查机构工作，1700 人组成 300 多支普查队奔赴第一线进行田野调查，参与文物普查人员数位居全国第四。通过云南省第三次文物普查，全省不可移动文物由 5300 处增加到 14704 处，其中新发现 10998 处。全国文物普查文物数量由复查的 23 万处增加至 76 万处，增幅为 232%，全省不可移动文物数量由复查的 3706 处增加到 14704 处，增幅为 297%，远高于全国平均水平，位居全国第五位（前四位是江西、河南、浙江、四川），极大地丰富了云南省文化遗产的数量和类型，为云南的文化事业、旅游产业和经济社会发展提供了优势资源。

2. 文物保护单位

2011 年 2 月 15 日，云南省文物局发出《关于开展云南省第七批重点文物保护单位申报工作的通知》，启动申报工作。截至 8 月 30 日，各州市共上报项目 523 项。2011 年 9 月 6 日至 9 日，云南省文物局在石屏县召开了云南省第七批省级文物保护单位评审会，最后评出玉水坪遗址等 143 项作为报批项目。2012 年 1 月 7 日，云南省人民政府印发《关于核定并公布第七批省级文物保护单位的通知》（云政发 [2012] 4 号）对玉水坪遗址等 143 项予以正式批准公布。

2011 年，各级政府和文化部门在对第三次文物普查大量新发现文物进行认定的基础上，积极公布各级文物保护单位，努力做好新发现文物的保护维修工作，使大量文物依法得到国家保护和维修。据统计，各级文物保护单位和挂牌保护文物由 2764 处增加到 5346 处，其中国家级、省级、州市（县区）级和挂牌保护文物分别由 74 处增加到 121 处、243 处增加到 386 处、2070 处增加到 3741 处、374 处增加到 1098 处。不仅全面构建了具有云南特色的文物史迹网络和非物质遗产名录体系，而且使全省保存完整、价值较高、可以利用的重要地面文物受到法律的保护，极大地增强了国家依法保护文化遗产的力度。

3. 文物抢救性维修工程

云南省积极落实文物保护专项经费，在对保护维修方案进行论证审批的基础上，及时启动窦垿故居、龙陵松山战役旧址、勐旺塔及西北文笔塔、凤庆文庙、金沙江石鼓渡口、鲁都克教堂、依氏土司衙署、牛羊太平桥、张冲故居、杜文秀帅府、李文学农民起义遗址、拱辰楼、刀安仁墓、南甸宣抚司署、片马人民抗英斗争遗址、叶枝土司衙署等 40 个省级重点文物保护工程，包括规划编制、文物维修、杀虫灭菌、科技保护等工作内容，使一大批不可移动文物得到及时维修保护。启动全国重点文物保护单位云南陆军讲武堂消防、安防工程，该工程已通过国家文物局顺利验收；启动了孟连宣抚司署文物维修和消防工程，启动姚安龙华寺消防、避雷工程。实施两个云南早期建筑——唐代安宁曹溪寺和大姚白塔的维修，成立了以熊正益副厅长为组长的维修工作指导组，把安宁曹溪寺作为重点工程进行维修，积极争取将曹溪寺申报为全国文物维修精品工程。

云南省文物局分别向国家文物局、省政府、省民政厅及时报告盈江"3·10"地震灾区文物受损情况，迅速组织专业技术人员编制抢救性文物保护方案和保护利用规划，指导地震灾区文物的维修保护和开发建设工作；积极争取盈江震后文物保护单位维修保护补助经费，组织开展全国重点文物保护单位盈江允燕塔、南甸宣抚司署，省级文物保护单位刀仁安墓、刀仁安故居震后修复工程，加快推进震后文物抢救保护工作。

4. 红河哈尼梯田

2011 年 12 月 6 日上午，高峰副省长在省政府主持召开"红河哈尼梯田申报世界文化遗产工作领导小组第二次全体会议"，研究部署哈尼梯田申报世界文化遗产工作。省发展改革委、民委、财政厅、国土资源厅、住房和城乡建设厅、旅游局，世博旅游控股集团，红河州政府、文化局、哈尼梯田管理局，元阳县政府有关领导参加会议。会议听取了省文化厅（省文物局）、红河州政府、元阳县政府关于红河哈尼梯田申报世界文化遗产工作进展情况的汇报，与会同志发表了意见，高峰同志讲话。会议认为，红河哈尼梯田申报世界文化遗产是省委、省政府作出的重大决策，是关系到全省和各民族利益的大事。切实做好哈尼梯田申遗工作，有利于实施哈尼梯田的整体保护、和可持续发展；有利于树立国际知名品牌、促进滇南旅游环线的发育，为云南省实施"两强一堡"战略提供重要支撑。各级各部门一定要坚定申遗信心、扎实推进各项工作，确保 2013 年申遗成功。

5. 茶马古道

云南省文物局积极将云南茶马古道保存完好的 24 段、300 多公里茶马古道路段和沿线村落、寺庙、客栈、商号、古茶园共计 150 多个点统一申报为全国重点文物保护单位，纳入国家依法保护范畴。茶马古道与丝绸之路、海上瓷器之路被列为中国古代三大国际交通线路之一，被国家文物局纳入《中国文物保护事业发展十二五规划》进行保护、研究和利用。组织编辑出版了 20 万字的《茶马古道研究论文集》，与云南大学共同举办"茶马古道与桥头堡—中国古代大通道"系列学术活动、与普洱市政府联合举办"首届普洱茶马古道节""普洱

茶艺术节"活动，使"茶马古道"成为云南的一张更为响亮的名片，掀开了茶马古道文化线路遗产保护、开发的新篇章。

【考古发掘】

1. 广南牡宜古墓葬

2011 年 3 月 10 日至 5 月 15 日，经国家文物局批准，云南省文物考古研究所主持对广南县牡宜坝子南部的古墓葬进行了考古发掘。此次发掘共清理墓葬 7 座，其中封土堆墓 5 座，2 座小型墓葬。墓葬内埋藏随葬品丰富，以铜器、鎏金铜器、漆木器为主，还有铁器、金器、玉器等；种类包括了炊器、食器、酒器、礼器、乐器、仪仗器、生活用具、兵器等，既有中原地区常见的器形，也有独具地方特色的器形与纹饰。通过本次发掘，发现该地区出露地表的封土堆墓葬的规格、级别均较高，特别是其中一座封土堆大墓除了铜鼓、大量鎏金铜器、漆器外，还出土了龙虎图案的金腰扣、铜镦铁矛、车马器、牛角形鎏金铜饰等。到目前为止云南仅发现两件金腰扣，金腰扣龙虎搭配图案，含蓄地反映了皇权与王权的关系，应为西汉王权赐予地方诸侯的象征身份的信物，此次发掘的墓葬应与句町贵族墓葬有关。

2. 华宁小直坡墓地

2011 年 10 月至 11 月，经报请国家文物局批准，云南省文物考古研究所主持对小直坡墓地进行了抢救性考古发掘。华宁小直坡墓地位于玉溪市华宁县华宁坝子西南边缘的小山上，2006 年以来，当地盗墓猖獗，对墓地造成了极大的破坏，很多墓葬同时被好几个盗洞破坏，大墓则完全被盗掘一空。此次共发掘清理墓葬 299 座。其中，青铜时代早期墓葬 291 座，明清时期的竖穴土坑墓 3 座，明清时期的火葬墓 5 座。出土随葬品 450 余件（套），以青铜

器和陶器为主，另有骨器、石器、木器、铁器和瓷器等。

此次华宁小直坡墓地的发掘，是华宁县历史上的第一次科学考古发掘，也是抚仙湖东岸一次重要的考古发掘。

【博物馆与可移动文物保护】

1. 云南省新增 5 座博物馆、纪念馆享受国家财政补助

2011 年，中宣部、财政部、文化部和国家文物局联合印发新增第三批博物馆、纪念馆免费开放名单，其中，昆明市聂耳纪念馆、普洱市博物馆、宣威市浦在廷纪念馆、玉龙县红军长征过丽江纪念馆、西南联大蒙自分校纪念馆等 5 座博物馆、纪念馆被列入中央补助地方博物馆纪念馆免费开放专项资金补助名单。截至 2011 年底，云南省已有 43 座博物馆、纪念馆享受到国家财政补助，补助金额达 4710 万元。

2. 云南省博物馆

云南省博物馆是云南省文物陈列展览的主要单位，是国家一级博物馆，以 1951 年"云南省博物馆筹备委员会"成立为标志。馆内现有 10 个部门，职工 100 余人；藏品数量达 20 余万件；全馆共举办展览 318 个，参观观众达 600 万余人；出版专著 60 余部。60 年来，各项事业取得了长足进步和发展，在全国文博系统精神文明、政治文明、社会文明等建设中发挥了重要作用，在云南省建设文化强省、发展先进文化事业中做了大量富有成效的工作。2011 年，为庆祝建馆 60 周年，云南省博物馆出版《春秋——云南省博物馆 60 年》馆史志，举办了"春秋——云南省博物馆建馆 60 周年馆藏珍宝展"。该展览由发掘文明、秘境瑰宝、近世珍藏、翰墨丹青、炉火留青、佛国遗韵六个单元组成，共展出云南省博物馆牛虎铜案、金阿嵯耶观音立像等珍贵文物 154 件，涵盖青铜、民族、宗教、陶瓷、书画等各个门类馆藏精品，许多国家一级文物珍品是第一次面向广大观众公开展示，包括聂耳生前使用的小提琴和创作手稿、廖新学的雕塑作品、蔡锷的军刀等。展览全方位展示了云南省博物馆成长、发展的历史，这也是云南省博物馆历史上展出珍品数量最多、展出最集中、价值最高的展览。

2011 年 7 月 10 日至 10 月 30 日，由法国领事馆、云南省博物馆、法国哥伦比亚公司联合主办的"深海奇珍——大型自然科普展"在云南省博物馆开展。这也是云南省近 20 年来首次引进的大型国际性展览，省博物馆围绕展览开展了"我是'深海奇珍'大型科普展览小小讲解员"、"保护海洋大家齐参与"大型征文比赛、六场"深海奇珍"科普知识讲座、彩绘深海奇珍等活动，累计接待观众 16 万余人。法国驻成都领事馆总领事鲁索先生，云南省文化厅党组书记、厅长黄峻，云南省人民政府外事办公室副主任施明辉，云南省博物馆馆长马文斗出席了开幕式。

2011 年 11 月 3 日上午，为传达十七届六中全会精神，并对云南文化建设情况进行调研，具体指导云南文化工作，中央宣讲团成员、中央宣传部副部长、文化部部长蔡武同志等一行 4 人莅临云南省博物馆视察参观。云南省委常委、宣传部长张田欣等云南省党政领导和省文化厅厅长黄峻、副厅长黄丕义、黄玲、熊正益陪同参观，云南省博物馆馆长马文斗为蔡武部长等一行介绍有关情况。

【科技与信息】

在国家文物局及云南省文物局要求下，云南省博物馆自 2009 年正式启动藏品信息化工作，珍贵文物已经基本进入

数据库，截至 2011 年云南省博物馆库存文物共计 204768 件。其中一级 507 件，二级 1386 件，三级 12146 件，一般文物含资料 190729 件。

【文博教育与培训】

2011 年 11 月 29 日，由云南省文物局主办，云南省博物馆、怒江州文化局、怒江州文物管理所协办"2011 年滇西地州文博干部培训班"在怒江州举行。此次培训班针对文物保护、文物鉴定、文物信息化建设、民族文化保护和征集等方面进行培训，这是云南省博物馆贯彻落实党的十七届六中全会精神，用专业技术的培训扶持边境地区文博事业发展，推动云南文化大发展、大繁荣和文化强省建设的具体举措。

按国家文物局《2011 年全国县级文物行政部门负责人培训班培训学员报名工作》的通知文件要求，云南省从 6 月开始，选送了大理市、会泽县、建水县、通海县、西山区、剑川县、孟连县、广南县、腾冲县、元阳县、巍山县、弥渡县、石屏县、凤庆县和安宁市等 20 个县的文化局负责人作为学员参加在中央文化管理干部学院举办的培训班学习。

西藏自治区

【概述】

截至 2011 年 12 月 31 日止，西藏已调查登记的各类文物点有 4277 处（古遗址类 1379 处、古墓葬类 516 处、古建筑类 1543 处、石窟寺及石刻类 587 处、近现代重要史迹及代表性建筑类 242 处、其他类 10 处），其中：各级文物保护单位 945 处（全国重点文物保护单位 35 处，自治区级文物保护单位 224 处，市县级文物保护单位 686 处）。拉萨市、日喀则市和江孜县为国家级历史文化名城；世界文化遗产一处三个点，即：布达拉宫及其扩展项目大昭寺、罗布林卡。馆藏文物数 10 万件，其中：一级文物 1 万多件。

【法规建设、宣传】

2011 年，向自治区九届人大常委会申请《西藏自治区布达拉宫保护办法》列入自治区立法规划；同时，为了进一步加强贝叶经的保护和管理工作，依据《西藏自治区文物保护条例》等法规，草拟了《西藏自治区贝叶经保护管理办法》并初步征求了有关部门的意见和建议。

2011 年 2 月 23 日至 24 日，全区文物工作会议在拉萨召开。自治区副主席丁业现出席会议并作重要讲话。区党委宣传部副部长、文化厅党组副书记、厅长尼玛次仁主持会议。自治区人民政府副秘书长王维杰、自治区人大教科文卫委员会副主任委员鲁韬、区党委宣传部副部长张晓锋等相关部门的领导出席会议。自治区文物局副局长旦增朗杰作了题为《总结经验 谋划发展 努力开创我区文卫事业新局面》的工作报告，全面总结了"十一五"时期和 2010 年全区文化遗产工作，明确了"十二五"时期全区文物事业的指导思想和目标任务，安排部署了 2011 年全区文化遗产工作。会议还表彰了 2010 年度文物保护、安全、信息、"十一五"文物维修工程、文物普查工作先进集体和先进个人，与各地市文化（文物）局和区直文博单位签订了《2011 年度文物安全责任书》。各地市文化文物局局长（书记）、部分县文物局局长和区直文博单位的负责人以及高级职称专业技术人员近 200 人参加了会议。

布达拉宫、罗布林卡和西藏博物馆等自治区文物单位作为重要的文化旅游景点，是进藏考察、旅游的重要参观场所，也是展示西藏传统文化魅力、展现西藏文化遗产保护成果的重要场所。一年来，各级文物单位以加强基础设施建设、讲解人员水平、增强服务能力为切入点，不断提高自身的接待服务水平。布达拉宫、西藏博物馆圆满完成了习近平、回良玉、杜青林、热地等党和国家领导人以及中央、国家机关和兄弟省市重要客人2100多人次的接待工作。区直文博单位全年共接待游客和朝佛群众209.7万人次，同比增长14%。其中：布达拉宫为115.56万人次，同比增长14.3%，再次突破百万人次；罗布林卡为72.88万人次，同比增长5.9%；西藏博物馆为20.58万人次，同比增长53.8%，是接待人数最多的一年，体现了免费开放的社会效益。

【执法督查与安全保卫】

为进一步加强全区文物安全工作，西藏自治区文物局在年初召开的全区文物工作会议上与各地市文化（文物）部门和区直文博单位签订了《2011年度文物安全责任书》，随后各地市文化（文物）部门也与各县和文保单位层层签订了《年度文物安全责任书》，始终将安全工作做为文物工作的生命线，建立健全安全防范长效机制和奖惩机制，将文物安全责任落实到基层单位，落实到每一个岗位、每一个人上。使文物单位安全防范工作建设进一步得到加强。同时，在三大节日和重大活动期间加大对文物单位的安防、消防检查和督导力度，坚持定期会同公安、消防等部门组成检查组开展全区文物单位安防、消防和施工现场大检查，对存在的问题和隐患及时排查、及时整改。截至2011年底，全区"三级"文保单位没有发生安全责任事故，有效地确保了文物系统的古建筑安全和文物安全。

2011年中，累计下发《关于加强文物安全防范工作的通知》等共计20个，组成近60批、240人次的安防、消防和施工现场专项大检查，深入七地（市）和文物重点县（区）开展调研、业务指导和安全督导、检查工作，对基层文物工作给予了强有力的扶持，逐步解决了部分基层单位的突出问题和实际困难，受到了基层单位的普遍欢迎和赞誉，所做的调研为促进西藏文化遗产事业的发展提供了重要的决策依据。还勒令拆除了世界文化遗产地保护范围内的违章铁塔。积极配合国家文物局文博单位防雷工作组进藏对自治区防雷工作进行检查、指导，初步形成了自治区文博单位防雷意见。

【不可移动文物的保护和管理】

（一）文物保护单位保护及维修

"十一五"重点文物保护维修工程进入全面的"收官战"。大昭寺等14处文物维修保护工程已竣工并完成初验，扎什伦布寺等8处文物保护维修工程在建项目进展顺利。

全区抢救性文物保护维修工程有序展开。唐波切寺等8处抢救性文物保护维修工程已竣工。自治区财政厅已下达冲康庄园等6处文物保护单位应急抢险维修保护工程经费2351万元，已陆续组织实施。

全区革命历史文物保护工程项目进展顺利。昌都解放委员会办公旧址等6处首批以重要历史和革命文物为代表性的革命历史文物保护维修工程基本完工；西藏自治区筹备委员会礼堂等6处保护维修工程的前期勘察设计工作已完成。

"十二五"重点文物保护规划项目、资金已确定。自治区"十二五"重点文物保护工程项目包括：近现代重要史迹及代表性建筑保护、重点文物保护设施建设、部分地市博物馆建设工程，共46个项目，计划总投资达10.9亿元。在此基础上国家文物局同意再追加8亿多元用于自治区文物保护维修工程。2011年10月举行了西藏"十二五"重点文物保护工程暨敏竹林寺保护工程开工仪式，标志着"十二五"重点文物保护工程正式启动。

印度锡金邦"9·18"地震发生后，自治区文化厅党组成员、文物局局长桑布同志在第一时间召开专题会议并签发紧急通知，对全区文物系统抗震救灾工作进行安排部署，选派技术人员赴日喀则地区亚东县现场察看文物单位受损情况、慰问受损的东嘎寺等重点文物保护单位管理人员，对受损的文物点进行评估和技术指导，对36处古民居的保护和利用提出了意见。同时，积极与自治区财政厅、发改委、民宗委协商，形成了《关于对亚东地震灾区文物保护单位及宗教活动场所灾后维修重建事宜的意见》上报自治区人民政府。

（二）强基惠民工程

4月21日，旁多水利枢纽工程文物保护工作正式启动。旁多水利枢纽工程地处拉萨河流域中游，是一座以灌溉、发电为主兼顾城市供水及防洪等综合性大型水利枢纽工程，是《全国水利发展"十一五"规划》确定的118项重点工程之一，是西藏自治区"十一五"重点水利建设项目。为使工程建设顺利实施，确保建设区文物遗存得到妥善保护，自治区文物保护研究所和拉萨市文物局等单位组成的专家工作队进驻林周县旁多乡，开展旁多水利枢纽工程文物保护工作。

据不完全统计，在2011年已经开工

建设的各项文物保护工程中，参与工程的农牧民工达5万多人次，5300多万元直接用于农民工工资，改善了当地农牧民群众的生产和生活条件，且无一拖欠农牧民工工资现象。二是区直文博单位坚决贯彻落实自治区党委、政府关于开展创先争优强基础惠民生活动的重大决策部署，在自治区文化厅党组的统一部署和安排下，自治区文物局和局属单位布达拉宫管理处、罗布林卡管理处、西藏博物馆创先争优强基惠民活动四个驻村工作队已按规定时间分别进驻那曲地区巴青县江锦乡7村、12村和拉西镇11村、15村，并全面开展了学习宣传、摸底调查以及"五项任务"的各项工作。

（三）第三次全国文物普查

第三次全国文物普查自2007年7月启动以来，共投入资金1517万元，一线普查人员近300人，长年在野外风餐露宿、顶风冒雨，完成73个县692个乡镇的普查工作，普查区域覆盖率达到98%以上（除藏北无人区外），共调查、登录不可移动文物点4277处，为下一步规划完整的自治区文化遗产保护体系奠定了基础，文物普查诸多工作在全国榜上有名，得到了国务院普查领导小组办公室和国家文物局的肯定。

【博物馆与可移动文物保护】

（一）博物馆

召开了西藏自治区博物馆工作汇报会，国家文物局局长单霁翔、自治区人民政府副主席甲热·洛桑丹增和国家文物局副局长宋新潮等领导出席会议并发表了重要讲话。自治区博物馆的建设步伐在加快，博物馆体系日益健全，社会力量办馆的力度在加大，公共服务能力在加强。

西藏和平解放60周年大庆项目圆满完成。按照自治区大庆办、区党委宣传部、文化厅的安排部署，由文博系统负责和配合的"西藏和平解放60周年成就展"和山南地区克松村第一党支部旧址"历史的变迁——克松村的昨天、今天、明天"展览成功举办；上海世博西藏馆复原重建和展览正式对外开放；大庆期间各项工作受到国家和自治区领导的充分肯定和表扬。

（二）可移动文物

文物建档和鉴定工作有序开展。根据国家文物局的安排，自治区国有文物系统馆藏文物调查和数据库建设工作已在布达拉宫、罗布林卡、西藏博物馆、山南雅砻历史博物馆启动。2011年，自治区共完成"三级"以上1815件（套）馆藏文物数据库的登录工作，总图片7308张，数据15056.6MB，完成6925部典籍文献、瓷器等类文物的电脑登记造册和编目工作；完成了山南地区5个边境县、63处文物点、2153件文物（一级10件、二级71件、三级699件、一般1365件）的电子档案登记制作工作；完成了阿里地区53个文物点的文物鉴定工作。还应云南迪庆藏族自治州博物馆的邀请，首次赴区外对该州文博中心所征集的1652件文物进行了鉴定。

【社会文物管理】

依照国家文物法规的相关规定，为扶持自治区文物保护施工企业的发展，西藏自治区文物局积极向国家文物局申报自治区2家施工单位为文物保护工程施工二级资质，1家勘察设计单位为文物保护工程乙级勘察设计单位资质。同时，进一步加强对西藏收藏家协会和民间文物收藏活动进行规范和业务指导工作，对文物征集工作和丰富馆藏活动给予有力扶持。申请并安排资金5万元，征集文物7件；无偿接受单位或个人捐赠文物128件（套）。接待、鉴定文物收藏人员50人次，鉴定瓷器、玉器、丝织品、钱币等文物300余件。

组织开展了第七批全国重点文物保护单位的推荐补报工作。为进一步加大对拉萨市老城区内具有较高历史、艺术、科学价值的历史建筑的保护力度，按照国家文物局的总体部署，经与拉萨市等有关部门认真研究，报请自治区人民政府同意，向国家文物局补报拉萨市老城区内的冲赛康等7处文物单位作为第七批全国重点文物保护单位。至此，自治区共向国家文物局申报自治区拉萨关帝庙、冲赛康等43处文物单位作为第七批全国重点文物保护单位。

【文博宣传、出版】

（一）宣传

2011年6月11日，是我国第六个"文化遗产日"。按照国家文物局及自治区文化厅的统一安排，西藏自治区文物局对全区文物系统开展"文化遗产日"活动进行了专题部署，制定了在全区开展文化遗产日活动的方案。当天，围绕"文化遗产与美好生活"这一主题，自治区文物局组织布达拉宫管理处、罗布林卡管理处、西藏博物馆、西藏文物总店、西藏文物保护研究所、拉萨市文物局等单位，在拉萨市邮政局临街路段开展"文化遗产日"宣传咨询活动；其他地区、县都举行了相关的活动；全区累计向广大干部群众发放各种宣传资料5万余册（张），向全区手机用户发送了主题短信，宣传范围覆盖全区，进一步提升了全民的文物保护意识。全区各级博物馆于5月18日组织开展了以"博物馆与记忆"为主题的"国际博物馆日"宣传咨询活动，西藏博物馆还组织开展了民间收藏品鉴定工作，让更多的人们走进博物馆，认知博物馆。此外，还邀请中央电视台科教频道、人民日报、光明日报、新华社西藏分社、中央人民广播电台、中国国际广播电台、中国新闻社、西藏电视台专题部等中央和自治区新闻媒体深入拉萨、山南、昌都等地区文物保护单位和施工现场，实地采访报道 60 年来西藏文化遗产保护成就，进一步扩大了西藏文化遗产工作的影响，增强了全民文化遗产保护意识。

（二）出版

《西藏文物》（季刊）出版 4 期，每期印刷 600 册，先后向全区各级文化文物部门和文物保护单位无偿发行 2000 册。

按照自治区的统一部署和要求，《中国文物地图集·西藏自治区分册》、《罗布林卡珍藏文物辑选》和《西藏涌泉木雕唐卡》画册出版发行，顺利完成了《西藏自治区志·文物志》的编辑工作，印刷工作准备就绪，此项工作得到了自治区地方志办公室的充分肯定。

【科技与信息】

9 月 22 日，"国家古代壁画保护工程技术研究中心西藏工作站"挂牌仪式在自治区文物保护研究所举行，标志着西藏自治区在文化遗产保护领域与国家级工程技术研究中心合作正式启动，敦煌研究院与西藏文博系统的合作进入了一个新的阶段。

截至 2011 年底，全区各级文化（文物）部门报送信息 461 条；其中，自治区文物局撰写、报送信息 90 条，被国家文物局采用 25 条、区党委办公厅《业务通讯》采用 19 条、区政府办公厅《内部情况通报》采用 26 条。这些文物信息的报送和采用，为各级领导了解自治区文物发展态势、指导自治区文物保护工作发挥了积极作用。

【文博教育与培训】

为进一步加大干部队伍的培训力度，提高在职干部的理论水平和业务技能，西藏继续采取"请进来""送出去"和挂职锻炼等多种形式，加强人才培养工作，共选派 38 人次在职干部参加国家文物局和兄弟省市文物局举办的文物专业知识培训，邀请 29 人次内地文物保护专家进藏，通过开展文物保护、调查等各项业务实践工作锻炼和培养人才，进一步提高了在职干部的整体素质。

利用自治区寺教办每年举办的"全区寺庙民管会主任培训班"的机会，向学员讲述《中华人民共和国文物保护法》《西藏自治区文物保护条例》《西藏自治区文物单位消防安全管理办法》及文物保护管理和安全防范知识。

【对外交流与合作】

在文物外事交流合作工作中，西藏始终坚持"以我为主，于我有利"的外事工作方针，积极探索，充分发挥独特的宣传作用，努力推进自治区文物外事工作的发展。2011 年，由中央统战部、国家文物局主办，中国文物交流中心、西藏自治区文物局承办的"西藏考古与艺术展"相继在湖北省博物馆、河南省博物院、湖南省博物馆成功展出，累计共有 40 多万观众参观了展览；同时，派人参加了中央外宣办在希腊举办的"第三届中日西藏发展论坛会"。这些活动展示了西藏悠久的历史和灿烂的文化，展现了国家保护西藏文化遗产的成果。

【机构与人员】

2011 年，在自治区党委、政府的高度重视和亲切关怀下，区、地、县三级文物管理机构和区直文博事业单位的建制和人员编制得到进一步增强。西藏自治区文物局由原来的 3 个副处级内设机构增加到 4 个正处级，即：办公室（政策法规处）、督察处、文博处（考古管理处）和计划财务审计处；并单设正科级机关后勤服务中心。自治区文物局直属有布达拉宫管理处、罗布林卡管理处、西藏博物馆、自治区文物保护研究所4个正处级和西藏文物鉴定中心（文物进出境审核管理中心、文物信息中心）1个副处级及自治区文物总店1个正科级事业单位。拉萨市、山南和林芝地区设立一套人马三块牌子的正处级文物局，日喀则、昌都、那曲和阿里地区设立副处级文物局。拉萨市和日喀则、山南、昌都、林芝、阿里地区的63个县（市、区）相继成立了文物局，极大地提升了自治区文物保护管理的整体实力。截至2011年12月31日止，全区有各级文物管理机构73个、博物馆3个、文物科研机构1个、文物总店1个和文物鉴定机构1个。

西藏现有从事文物工作的人员355名，其中藏族占85.1%。具有大专以上学历的233人，占总人数的65.6%。专业技术人员104人（获得文博副研究员以上的15人，文博馆员32人，文博助理馆员以下的57人），占总人数的29.3%。

陕西省

【概述】

2011年，陕西文物工作坚持依法行政、科学管理和目标责任，深入贯彻科学发展观和党的十七届五中、六中全会精神，坚持文物工作方针，紧紧围绕服务陕西经济社会发展大局，认真落实陕西文物工作会议精神，按照"提升文物

保护水平，加快展示利用步伐，促进文化强省建设"的发展思路，狠抓工作落实，取得了突出成效。在全国率先完成第三次文物普查，2项考古发掘被评为"全国十大考古新发现"，3个博物馆陈列荣获全国十大陈列展览精品奖和特别奖，全年新增博物馆19座，10项工作在陕西或全国产生重要影响，13项工作受到省级以上表彰，文物事业发展整体水平迈上了新台阶。

从陕西文物事业的地位和作用上看，陕西省政府首次将文物工作纳入民生工程，文物惠民、文物为民逐渐成为文物工作中心；从文物保护的理念和思路上看，陕西创造的大遗址保护"四个结合"、建设遗址公园"五种模式"等经验逐渐在全国推广；从文物工作的实践和成效上看，文物考古、博物馆建设、陈列展览等工作屡获国家级大奖，文物外展有力地提升了陕西的影响力，文物工作逐渐成为陕西的核心竞争优势之一。

【法规建设】

配合陕西省人大教科文委对《延安革命遗址保护条例》和《陕西省秦始皇陵保护条例》的实施情况进行了评估，并提出了改进意见。颁布施行《陕西省文物行政处罚自由裁量权细化标准》《陕西省文物行政处罚自由裁量权适用规则》，进一步规范了文物行政处罚。举办了陕西省文物系统法制宣传培训班。深入开展了"六五"普法活动，普法知识考试成绩优异，陕西省文物局普法工作受到通报表彰。

【执法督察与安全保卫】

2011年度，严格依法保护文物安全，先后30余次深入咸阳、渭南督察唐帝陵开山采石违法行为。先后对汉阳陵周边违法建厂、高陵杨官寨遗址违法施工等 10 项基本建设中的违法行为进行行政督察，全年累计督察和督办各类违法事件 44 次，陕西省文博系统没有发生火灾事故和馆藏文物被盗案件。逐级签订了 2011 年文物安全和消防安全责任书。陕西省宝鸡市把文物重点县文物安全工作纳入年度目标考核，市、县、乡、村四级文物安全防范网络进一步完善。设区市先后建立了市级文物安全联席会议制度。咸阳、宝鸡市分别建立了文物和公安部门联合执法机制。承办了公安部、国家文物局在西安联合召开的 2011 打击文物犯罪专项行动动员部署会议，"全国文物犯罪信息中心"落户陕西。

陕西省文物局与陕西省公安厅联合建立打击文物违法犯罪长效机制，配合公安机关先后破获部督案件 4 起、省督案件 8 起，追回流失海外的唐贞顺皇后墓壁画。积极开展田野文物夜间巡查，成功制止盗掘古墓 5 起。西安市文物稽查队会同公安部门查办文物案件 9 起，抓获犯罪嫌疑人 21 人。宝鸡市配合公安机关抓获文物犯罪嫌疑人 46 人。陕西省文物局被公安部、国家文物局表彰为全国重点地区打击文物犯罪专项行动先进组织单位，并在全国文物安全工作会议上介绍经验。

全年补助文物安全项目经费 6255 余万元，争取国家文物局安防专项补助 2690 万元。对 22 家博物馆文物库房和保存设施进行改造，为重点文保单位配备或更新了防护器材；申报全国重点文物保护单位安防工程建设项目 37 项，评审批复省级文物保护单位安防方案 39 项。在陕西省澄城县善化古墓群开展田野文物技防试点工程，率先在田野文物安防工程中引进热成像等高新技术；调整、补充 5000 余名文保员队伍。

【不可移动文物的保护和管理】

（一）概况

在全国率先完成了第三次全国文物普查工作实地调查阶段任务，率先完成了实地调查验收工作，率先完成了普查工作报告的编制。陕西省共登记不可移动文物 49058 处（古遗址 23453 处，古墓葬 14367 处，古建筑 6702 处，石窟寺及石刻 1068 处，近现代重要史迹及代表性建筑 3213 处，其他 255 处）。其中新发现不可移动文物 34187 处，复查不可移动文物 14871 处。建立了全国首家"文物普查标本库""文物普查电子地图"和"文物普查地理信息系统"。陕西普查工作得到了国家文物局的充分肯定，在国务院第三次全国文物普查工作总结会上，陕西省副省长吴登昌代表陕西作了经验交流发言。

（二）大遗址保护

2011 年，陕西省政府、国家文物局在西安召开了汉长安城国家大遗址保护特区建设工作会议，重新确定了汉长安城国家大遗址保护特区工作领导小组，省长赵正永和时任国家文物局局长单霁翔担任组长，使陕西大遗址保护利用工作提升到了新的战略高度。全国 12 家国家考古遗址公园成立了"国家考古遗址公园联盟"，秦始皇陵、汉阳陵和唐大明宫国家遗址公园首批加入联盟。汉长安城、秦咸阳城遗址公园建设进展顺利，汉阳陵博物馆前广场改造工程建设已经完成。延安市"十大"革命旧址环境整治明显改善。

编制完成了《汉阳陵考古遗址公园规划》《关中—天水经济区（陕西境）文物保护总体规划》和《国家大遗址西安片区规划》等 7 部大遗址保护规划；编制了《陕西省早期长城保护总体规划》《陕西省魏长城保护总体规划》大

纲；安陵、长陵、延陵、义陵、康陵等六个汉陵的规划大纲已上报国家文物局；完成了《陕西省明长城资源调查报告》（墙体卷）上、中、下三部报告的编写工作。

（三）全国重点文物保护单位

截至2011年12月，陕西省共有全国重点文物保护单位140处。文物保护单位标识工作进一步规范，对11处29个全国重点文物保护单位的保护范围和建设控制地带逐步树立标志碑、标识牌和栽桩亮界。先后完成了秦咸阳城、汉帝陵等27处文物保护单位的紫线划定工作。西安青龙寺遗址保护项目建设完成；韩城早期古建筑基础设施保护方案、古建筑保护维修工程等项目立项先后获批；咸阳昭陵北司马门祭坛遗址保护、礼泉文庙保护维修等工程顺利完成；《榆林卫城保护规划》《红石峡文物保护区岩体保护方案》进一步完善，榆林市政府新公布58处文物点为市级文物保护单位；安康市白河张氏民宅、岚皋双丰桥禁赌石碑保护维修工程主体竣工。

（四）世界文化遗产

2011年度，完成了秦始皇帝陵文吏俑坑、百戏俑坑遗址博物馆建设工程。配合"丝绸之路"跨国"申遗"工作，完成了《汉长安城考古工作计划》《未央宫遗址环境整治一期方案》《直城门遗址保护展示工程施工图设计》的编制工作，组织实施了263万多平方米考古勘探工作。实施了天禄阁遗址、未央宫前殿遗址和城墙东南角遗址保护工程，拆除遗址区违章建筑面积44000余平方米，超额完成年度任务。继续完善大明宫遗址公园服务设施，新增243个说明标识牌，编制完成了丹凤门本体保护的新方案，兴教寺、张骞墓等十五个大遗址"申遗"工作有序推进。

【考古发掘】

（一）概况

全年开展考古调查、勘探和发掘590余项，面积290平方公里、线性项目长度约1400公里，发掘各个时期墓葬1200余座、遗址近50处。先后完成了汉长陵、杜陵和唐献陵共94万平方米的考古勘探；完成唐光陵、端陵共800余万平方米的考古调查。《新丰秦汉墓考古发掘报告》《米家崖新石器时代遗址》《商洛东龙山》《杨桥畔汉代壁画墓》《高阳原隋墓》《唐长安城醴泉坊遗址二》等6部考古报告编撰完成。配合基本建设，组织开展了西安—成都铁路客运专线、黄韩侯铁路和柞水—山阳、榆林—佳县高速公路等项目的考古调查勘探工作，全年完成勘探项目468项、考古发掘项目73项，勘探总面积3568万平方米、公路和铁路里程628公里，发掘古墓葬1000余座、古遗址6000余平方米。西安凤栖原西汉家族墓地、蓝田五里头北宋吕氏家族墓园被评为"全国十大考古新发现"，西安凤栖原西汉家族墓地和汉帝陵考古发掘（汉阳陵东阙门发掘）荣获全国田野考古大奖。

（二）重要考古项目

1. 汉阳陵东阙门发掘

汉阳陵帝陵东阙门遗址发掘项目自从4月19日正式启动以来，在阳陵考古队的不断努力下，经过近一个多月来的辛苦发掘，帝陵东阙门南侧阙门的内塾和部分阙台遗迹已被揭露出来。已揭露出的部分遗址的夯土结构保存较好，层理清晰。门塾与阙台、内塾与外塾之间的夯土隔墙保存完整，可以清楚地看到东阙门南侧阙台内塾的建筑形制和结构特征。同时已发掘部分区域内存在的厚实的红烧土遗迹，也为研究帝陵东阙门的毁弃原因提供了新的线索。

2. 陕西黄陵寨头河战国戎人墓地

为配合延安南门沟水库建设，陕西省考古研究院组建了南门沟水库考古队，从2011年4月份以来，对库区开始进行考古发掘和文物保护，共钻探战国时期古墓100多座，目前已经发掘完了其中的80座。出土了一批非常重要的铜器、陶器、玉石器、骨器、铁器等，这一批墓葬材料的出土，对整个陕北地区文化格局的研究意义重大。出土的陶器和铜器大致可以分为两个系统，一个就是所谓的戎狄系统，一个就是所谓的中原系统。这一批墓葬时代处于战国中晚期，属于来自西北地区的戎人系统。它的性质可能就是文献中记载的在晋国西南生存的战国时期的戎人。这个墓地的发现，至少提供了一个线索，就是部分族源于寺洼文化的西戎人，进入了陕北和关中交界地区。

3. 陕西洛南盆地张豁口旧石器时代遗址

2011年4月～10月，陕西省考古研究院、中国科学院古脊椎动物与古人类研究所、洛南县博物馆和南京大学在榆林—商洛高速公路洛南—岔口铺段引线孟洼旧石器遗址抢救性发掘期间，在时隔10余年之后，再次对附近南洛河干流与南部支流县河之间第二级阶地的"四十里梁塬"地带进行了详尽的旧石器遗址普查工作。调查过程中，意外地在城关镇中心村张豁口地点已建成民居旁前期开挖的长20余米、高约2米的黄土地层剖面上，采集到包括两面修理刃缘的手镐在内的数十件石制品。张豁口地点位于洛南盆地西部南洛河干流与南部支流县河之间第二级阶地顶部"四十里梁塬"的中脊上。遗址东南距洛南县城约2公里，海拔约1019米。本次发掘共揭露遗址面积170余平方米。从遗址不同时代形成的黄土及古土壤堆积地层中已出土各类石制品16000余件，除此之外，还在遗址周围陆续采集到脱层石制品数

百件。张豁口地点地层中出土的石制品种类包括石料、石锤、石砧、石核、石片、经过二次加工修理的工具以及碎片屑（块）等。在修理的工具类型中，既包含有手斧、手镐、薄刃斧、砍砸器、大型石刀和石球等重型器物，又含有轻型的刮削器和尖状器等。遗址出土石制品中，小碎片屑数量最大。一些石制品出土时还可以在原地拼合起来。

本次抢救性发掘中，首次在洛南盆地张豁口遗址发现了丰富的流行于非洲和欧亚大陆西部阿舍利工业的器物组合，如手斧、薄刃斧、三棱手镐和大型石刀等，这些用具向来被认为是属于非洲和欧亚大陆西部流行的阿舍利石器工业的器物，本次田野考古发掘首次从地层关系上证明了阿舍利工业类型的典型器物在洛南盆地出现的年代不晚于第二级阶地上部黄土堆积物形成的时代。张豁口地点相应的遗址年代学和古人类生活环境、石器工业特征、石制品微痕和残留物分析等研究工作已取得一些可喜的进展。张豁口地点的发掘收获对进一步认识和研究中国南北自然地理过渡地带秦岭山区的旧石器遗址年代学、石器工业性质、古人类生存环境、生存行为、东西方旧石器工业比较和早期人类技术交流与传播等具有极为重要的学术价值。

【博物馆与可移动文物保护】

（一）博物馆

1. 概况

陕西省新增各类博物馆19座，博物馆、纪念馆总数达到197座，数量规模继续居于全国前列。陕西历史博物馆唐代壁画珍品馆、秦始皇陵文吏俑坑、百戏俑坑遗址保护展示厅先后对外开放。西安碑林博物馆石刻艺术馆项目荣获国家建设工程"鲁班奖"。川陕革命根据地

纪念馆、镇安县博物馆等一批县级博物馆（展览厅）先后落成开放。咸阳市博物院、渭南市博物馆、汉中市博物馆、安康市博物馆、宝鸡市民俗博物馆建设进展顺利，陕西省考古博物馆、杨凌中国农业历史博物馆已经立项。

2. 馆间交流与合作

2011 年度，共举办展览 126 个，接待观众 1200 余万人次。组织论证评估了 30 余座博物馆的陈列方案。"西安碑林博物馆古代佛教造像艺术展""陕西历史博物馆何家村窖藏出土文物展"荣获全国博物馆十大陈列展览精品奖，"延安革命纪念馆延安革命史基本陈列"获得特别奖。

组织出省展览 13 次，"汉阳陵博物馆微笑彩俑展""西安碑林名碑拓片展""宝鸡青铜器博物馆玉器展览"分别在广西、江苏、浙江、安徽、宁夏等地展览，受到当地群众的热烈欢迎。承办了国家科技部、国家文物局主办的"中原文明华夏之光——中华文明起源展"和"新中国 60 年出土文物成就展"。特别是首次引进了"日本考古展——古都奈良考古文物精华"展，开辟了文物交流的新模式。

3. 重要文物陈列展览

配合西安世园会，举办了"陕西精品文物展"，成为这届世园会引人关注的一大亮点；配合第十五届西洽会，举办了"陕西历史博物馆新入藏文物精华展"，受到省政府表彰；配合第四届陕西省旅游商品博览会，完成了 15 个展位的布展工作，受到了各方面的好评和肯定；承办了欧亚经济论坛文化遗产保护与人文旅游分会，中外学者 300 余人参加了会议；结合纪念建党 90 周年和辛亥革命 100 周年，协调组织举办了"翰墨颂辉书画大展""陕西收藏家协会会员藏品展"等一系列展览；配合关中—天水经济区建设，加强跨省区文物保护合作，与甘肃省文物局联合举办了"秦陇一脉—先秦文物展"。

（二）可移动文物保护

1. 文物数量、等级

陕西省馆藏文物约 100 万件（套），其中已确认的三级以上珍贵文物 10.5 万件（套）。

2. 可移动文物保护修复基地建设

截至 2011 年底，由于陕西省在全国文物保护领域的传统优势和取得的成绩，共成功申报国家级重点科研基地 4 个，分别是"砖石质文物保护国家文物局重点科研基地""陶质彩绘文物保护国家文物局重点科研基地""考古发掘现场文物保护国家文物局重点科研基地""国家科技部重点科研基地"。

①砖石质文物保护国家文物局重点科研基地

2011 年以来，"砖石质文物保护国家文物局重点科研基地"的科研业务活动进展顺利，运行情况良好。目前以砖石质科研基地为平台承担的"十一五"支撑计划课题"石窟文物表面有害污染物清洗技术研究"和"十一五"支撑计划子课题"云冈石窟石质文物保护材料防风化效果评估研究"进展顺利，承担 2 项文物保护国家标准、2 项文物保护行业标准编制的以及《石质文物保护技术手册》编写等工作，按计划完成 2011 年度工作任务。

2011 年，砖石质文物保护国家文物局重点科研基地还充分利用发挥自身科研优势，新申报了"十二五"国家科技支撑计划项目——《遗址博物馆环境监测调控关键技术研究》课题和国家文物局课题《文物多孔隙材料的超声 CT 检测系统研究》。《遗址博物馆环境监测调控关键技术研究》课题已于 2011 年 11 月 14 日通过了科技部组织的可行性报告专家论证，进入实施阶段。《文物多孔隙材料的超声 CT 检测系统研究》课题已获国家文物局批准。

以砖石质文物保护国家文物局重点科研基地为依托，陕西省文物保护研究院与西北大学共同举办了"三维成像技术在石质文物保护中的应用学术研讨会"。

②陶质彩绘文物保护国家文物局重点科研基地

2011 年以来，陶质彩绘文物保护国家文物局重点科研基地在完成依托单位（秦始皇帝陵博物院）日常文物保护修复任务外，通过科研课题的研究工作保持和提高本科研基地的学术水平。2011 年度进行的主要科研工作：继续开展国家"十一五"科技支撑计划《出土陶质彩绘文物保护关键技术研究》的课题研究工作；成功申报了国家"十二五"科技支撑计划项目《遗址博物馆预防性保护关键技术与古代建筑传统工艺科学化研究》子课题《遗址博物馆遗址本体保护关键技术研究》和国家"973"计划项目《脆弱性硅酸盐质文化遗产保护关键科学与技术基础研究》子课题《保护材料与工艺的系统评价方法及其应用示范》；在秦俑博物馆和"丽山园"开展了物联网及相关技术的应用示范工程；承担的《文物彩绘保护修复》文物保护行业国家标准和《可移动文物病害评估技术规程 – 陶质文物》文物保护行业标准的编制工作已经完成，形成了报批稿，通过了国家文标委的评审；组织相关保护修复人员编写了《陶质彩绘文物保护修复技术手册》，已形成了初稿；结合全国陶质彩绘文物保护要求，分别为榆林、河南焦作、山东临淄等地的博物馆编制了文物保护修复方案；陆续开展了榆林和山东沂源等地出土陶质彩绘文物的保护修复工程；申报了两项国家文物局科研课题和三项省文物局科研课题。同时成功筹办了"秦时期冶金及相关社会考古学涵义国际学术研讨会"和"文化遗产保护领域物联网建设座谈会"，大大提升了陶质彩绘文物保护国家重点科研基地在文物保护领域的科研能力和影响力。

③考古发掘现场文物保护国家文物局重点科研基地

陕西省考古研究院已完成国家文物局重点科研基地运行管理计划书，制定了基地内部管理规章制度，还完成了考古发掘现场文物保护研究现状调研报告，并在北京和西安各召开一次有关基地运行和研究规划的专家研讨会。针对考古发掘现场文物保护研究成果匮乏、任务繁重、人员不足的现状，在调研的基础上，通过专家咨询和研讨会，制定了适合陕西省考古研究院实际的管理制度及运行模式。陕西省考古研究院在考古发掘现场文物保护方面取得的成果得到了广泛认同，同时也标志着陕西省考古研究院的文物保护工作迈入了一个新的台阶。

④国家科技部重点科研基地

2011 年，陕西省文物保护研究院以科技部文物保护"国际科技合作基地"为依托，开展中德合作科研项目 3 项，包括中德合作金川湾石窟保护研究项目、水陆庵泥塑彩绘保护项目、陕西紫阳北五省会馆壁画保护项目，开展了中意合作《戴家湾考古发掘报告》的资料整理工作。2011 年 5 月，省科技厅推荐陕西省文物保护研究院为科技部"十一五"期间优秀"国际科技合作基地"，推荐材料已经上报。2011 年度，陕西省文物保护研究院已经圆满完成蒙古国博格达汗宫保护项目回访报告的编写工作，并向国家文物局做了专项汇报；按照国家文物局、省文物局的指示编写博格达汗宫项目报告，已经完成初稿。由该院推荐的德国专家沃尔夫·施奈斯拉格（Rolf Snethlage）获得陕西省人民政府首届"国际科学技术合作荣誉奖"，并于 2011 年 5 月 5 日在西安召开的"全省科学技术大会"上被省政府表彰。

2011年，陕西省文物保护研究院邀请了来自德国、意大利、蒙古、日本、新加坡等国25名专家、学者到该单位开展合作研究和业务交流，深入讨论了在文物保护领域开展国际合作的方案、意向。另外，陕西省文物保护研究院2名科研人员分别受到美国"亚洲文化协会"资助和德国歌德学院与中国文化部联合选拔资助，于2011年5月和8月分别赴美国史密森博物馆文物保护中心和德国柏林进行了交流和学习。

3. 可移动文物保护技术和方法及其应用情况

2011年度，陕西省文物局系统共完成国家"十一五"科技支撑计划课题2项：《云冈石窟文物表面有害污物清除技术研究》《云冈石窟保护防风化材料研究》子课题；国家文物局课题1项：《石刻计算机三维彩色图像处理研究——以陕西唐陵石刻为例》；文物保护国家标准3项：《馆藏砖石类文物病害分类与图示规范》《馆藏砖石类文物保护修复档案记录规范》《文物建筑砖石结构加固与维修技术规范》；文物保护行业标准2项：《可移动文物病害评估技术规程——石质文物》《古代建筑彩画保护技术要求》；陕西省文物局课题5项：《陕西文物环境监测系统及数据库研发》《陕西古蜀道调查与保护研究》《陕西古塔调查及研究》《五十年代考古发掘资料的整理研究》等。此外，陕西省文物局进一步加大与文物重点市（区）和高校的合作力度，合力推动区域文物事业协调发展。先后与咸阳、铜川市政府签署了战略合作协议；与西北大学签署了共建协议，与北京大学就文博人才培养、科技保护等方面达成广泛共识；筹备与渭南、延安和汉中市政府签署战略合作协议，共同加快文化遗产保护工作步伐。签署这些协议标志着区域战略合作迈上新水平，部分地方文物工作已经实现了从部门

单一作战到省文物局与市政府合力推动的转变。

基地开展的主要中外合作文物保护项目有：中德合作金川湾石窟保护项目、中德合作水陆庵彩绘泥塑保护研究项目、中德合作陕西紫阳北五省会馆壁画保护项目；中英合作开展《合作研究秦代专业化生产及标准化课题》；中日合作研究《西安碑林博物馆藏石纹样研究》课题；并对蒙古国博格达汗宫博物馆门前区古建保护项目的回访工作。以及承担陕西省财政厅重点支持的陕西省馆藏珍贵文物抢救性保护修复项目、山西大同北魏墓壁画保护修复项目；为响应"关中—天水经济区"规划，承担甘肃天水博物馆藏彩绘围屏石棺床保护修复项目。并与广西南宁市博物馆、桂平市博物馆、横县博物馆、杭州市文物考古所、淄博市博物馆、天水市博物馆等7家文博单位签订了文物保护修复和文物健康评测委托意向书，涉及的文物类型包括壁画、青铜器、陶瓷器等。

【社会文物管理】

陕西省文物局按照"规范文物复仿生产、开拓文物创意产品、丰富群众文化生活、推动文化产业发展"的工作思路和"博物馆与文化投资企业合作模式、博物馆与创意产业合作模式、博物馆与社会企业合作模式"的发展模式，积极推动文物相关产业。指导陕西历史博物馆、西安碑林博物馆等单位先后研究开发的纯锡茶罐、文物复仿品、丝质彩绘长卷等11种32款新的创意产品，受到广大游客的普遍欢迎。

加强文物拍卖、复制、鉴定及出入境管理工作。完成了陕西省文物商店、安康康博文物商店等4家5批3242件拟销售文物的售前审核工作和批复，以及陕西大唐西市诚挚拍卖有限公司、陕西

润德拍卖有限公司、西安力邦拍卖有限公司拟拍卖文物标的 3 批 80 件审核和批复工作，完成了拟出境文物复制品 7 家 9 批 4140 件（套）的审核工作。新征集文物 2392 件（套）；文物商店销售文物审核工作和出境文物复制品管理工作更加规范。

【科技与信息】

组织申报国家文物局科研课题 26 项，立项 3 项，是申报和立项最多的一次，占国家文物局立项课题的 10%。组织申报和审定了陕西省文物局科研课题 66 项、立项 18 项，也是申报和立项最多的一次。其中，组织申报的科技部"十二五"科技支撑计划项目——"遗址博物馆预防性保护及古代建筑科学研究"获得批准，并获得经费支持 2500 万元。组织申报的文保中心设备提升方案，获得财政部、国家文物局专项经费 1200 万的支持。组织申报的"973"计划（科技部国家重点基础研究发展计划）项目——"脆弱性硅酸盐质文化遗产保护关键科学与技术基础研究"获得批准，这是全国文物系统首次参与国家"973"计划。同时，组织编制了全省文物保护环境监测系统实施方案，并在汉阳陵、唐顺陵等处试点实施；启动了秦始皇帝陵博物院物联网项目，中德合作秦俑坑土遗址保护项目、紫阳北五省会馆壁画保护项目和水陆庵泥塑保护项目进展顺利。

陕西是国家文物局确定的省级国有可移动文物普查试点省份，本年全面启动了陕西省国有可移动文物普查试点工作。可移动文物数据库工作继续加强，全年共完成 36 万件一般文物信息采集，在全国博物馆数据库建设总结会上介绍了经验。在商洛、榆林、延安、宝鸡四市举办了馆藏文物数据库建设培训班。

组织编写了《博物馆藏品综合管理信息系统 2.0 用户手册》《博物馆藏品信息采集系统 1.1 版安装操作使用手册》《博物馆藏品信息采集系统 2.0 版安装操作使用手册》，实现了全省 202 个文博单位的数字资源共享。在全国率先制定了《陕西省古钱币分类标准》，全面开展对古钱币、古旧图书、碑刻拓本及民俗文物等类别文物的信息采集。进一步加强博物馆藏品保护修复工作，组织编制了 19 个藏品保护修复方案，实施了 6 个保护修复项目。编制了《陕西省国有可移动文物普查试点工作方案（草案）》，已上报省政府。

【文博教育与培训】

陕西省 48 家免费开放博物馆、纪念馆全年接待游客 740 余万人次，社会效益更加明显。西安博物院、西安半坡博物馆、大唐西市博物馆、关中民俗博物院等获评国家 4A 景区。博物馆宣教队伍建设进一步加强，在安康举办了全省讲解员大赛，行业博物馆和民办博物馆讲解员首次参赛，文物讲解水平进一步提升；注册志愿者队伍发展到 1530 人，同比增长 17%。举办了全省民办博物馆保管员培训班。由西安市文物局牵头、市级 12 个部门联合编制了促进民办博物馆发展的实施暂行办法，明确了支持民办博物馆的政策与资金渠道。大唐西市博物馆承办了欧亚经济论坛遗产保护与人文旅游分会，社会反响良好。

制定了《陕西省文物局"十二五"人才队伍建设规划》和《陕西省文物局"十二五"干部教育培训规划》。全年组织各类培训班 11 期，培训人员 826 人，参加了国家文物局、省委组织部等单位组织的培训共 38 项 125 人次。还组织了机关公务员网络培训。渭南市等地举办了文博干部职工业务培训班。

【文博宣传与出版】

配合中宣部、省委宣传部完成了《秦风》《陕西人》《大鲁艺》《国宝档案》《黄河启示录》等56部有关陕西文物的影视作品的拍摄，扩大了陕西的对外影响力。全年向省委党务信息、省政府政务信息和省委宣传部舆情报送信息30条、刊发10余条，刊发数处于省直宣传文化系统领先地位。全年新闻媒体宣传陕西文物工作5000余条（幅）。完成了《陕西文物年鉴（2010）》编撰出版工作。

陕西省文物系统在"国际博物馆日"、"中国文化遗产日"和"12·4法治宣传日"积极开展宣传活动，深入开展法律"六进"活动。全省文物系统和文博单位突出宣传主题，先后举办宣传活动300余场，开展"六进"活动180余次，运用手机发宣传短信1000余条，张贴宣传标语8000余幅，散发宣传资料40余万份，中央电视台、陕西电视台、《陕西日报》等媒体多次报道了陕西省的宣传活动情况。特别是文化遗产日期间，在宝鸡召开了全省文物保护先进个人表彰会暨杨家村群众保护文物碑揭碑仪式，这是首次政府为群众保护文物立碑，受到了社会各界的好评。国家文物局局长单霁翔专程出席，表示在杨家村农民发现青铜器窖藏十周年之际，支持在国家博物馆举办"陕西农民保护文化遗产特别展览"。大唐西市博物馆理事长吕建中、陕西省文物勘探有限公司总经理王德义入选第四届"薪火相传——中国文化遗产保护年度杰出人物"。

【机构及人员】

2011年，陕西省文物局被评为全省专业技术职称改革工作先进单位。分别制定了《陕西省文物局"十二五"人才队伍建设规划》《陕西省文物局"十二五"干部教育培训规划》《文物保护科学技术研究课题成果配套奖励办法》《专业技术职务任期考核办法》。在选人用人上，严格按照《党政领导干部选拔任用工作条例》的规定和要求，严把民主推荐、考察、公示等重要环节，重品行、重能力、重民意，确保选人用人的公信度，全年提拔处级干部3名（其中正处2名）、调整交流9名、退居二线4名。通过调整，干部年龄进一步优化，正处级领导干部平均年龄由50.8岁降到50.3岁，副处级领导干部由49.8岁降到48.1岁；干部的知识结构、专业结构，管理力量进一步加强。同时，全年组织各类培训班11期，培训人员826人，参加了国家文物局、省委组织部、人力资源和社会保障厅等单位组织的培训共38项125人次。另外，通过开展对陕西省文物局直属9个单位的领导班子及41名班子成员的研判，促进了直属单位领导班子和干部队伍建设。

在"全国文物系统5·12汶川地震灾后抢救保护工作总结大会"上，国家文物局授予陕西省文物局"特别贡献奖"，授予陕西省文物保护研究院和陕西省文化遗产研究院等三个单位"先进集体"荣誉称号，授予陕西省文物系统周萍、张新颖等七名同志"先进个人"荣誉称号，授予马涛等三名同志"特别贡献奖"。

【对外交流与合作】

2011年度，共组织出国（境）团组53批143人次，邀请外国专家18批52人次，接待美国、加拿大、英国等24个国家的外宾和港澳台客人142批1707人次。审核国（境）外专题片和电视节目27部，协助14个国（境）外媒体完成了涉及文物的拍摄工作。文物对外交流合作迈上新台阶。

2011年在加拿大、荷兰、日本、新

加坡等国家和地区举办文物展览7个、引进展览3个，参观人数超过100万人次。特别是11月16日在荷兰德伦特博物馆举办了"中国的黄金时代——大唐遗珍展"，荷兰女王比阿特丽丝等政要出席了开幕式。这些展览在当地引起了强烈的社会反响，有效提升了陕西在国际上的知名度和影响力。

积极推动外宣出版工作，陕西省文物局荣获"优秀组织奖"；另有5件外宣品获奖，其中一等奖3个，二、三等奖各1个。推荐的德国专家爱莫林教授荣获省政府颁发给外国专家的最高荣誉奖"三秦友谊奖"。省文物局向美国洛杉矶宝尔博物馆董事长刘秀枝女士颁发了首个"陕西文化遗产大使"奖。

【"十二五"规划】

编制完成了《陕西省文物事业"十二五"发展规划》并发布实施，《规划》明确了"十二五"文物事业指导思想、基本原则、工作思路和具体目标，提出了文物保护利用框架，制定了保障措施，遴选了重点项目，是未来五年陕西省文物事业科学发展的行动纲领。围绕《陕西省文物事业"十二五"发展规划》，《汉阳陵考古遗址公园规划》《关中——天水经济区（陕西境）文物保护总体规划》《陕西省早期长城保护总体规划》和《延安"十大"革命旧址保护规划》等一批重要文物保护配套规划相继完成。

甘肃省

【概述】

2011年，甘肃省文物安全形势保持总体平稳，甘肃省文物局加大了行政执法督查力度，会同省公安厅开展了打击文物犯罪专项行动。文物法制体系进一步健全，省政府办公厅批转实施了省文物局等六部门联合制订的《甘肃省建设工程文物保护管理办法》。第三次文物普查和长城资源调查全面完成，全省不可移动文物家底基本摸清，巩固了文物资源大省地位。文物保护单位"四有"等基础工作持续加强，省政府公布了第七批省级文物保护单位，一批重要文物保护维修工程陆续实施，长城保护工程全面实施。世界文化遗产工作水平显著提高，敦煌莫高窟保护利用工程进展顺利，嘉峪关文化遗产保护工程正式启动，丝绸之路申遗持续推进。配合经济建设，积极开展抢救性考古发掘和文物保护；服务学术研究，多项主动性考古发掘取得新成果。博物馆建设管理更加规范，陈列展览水平进一步提升，甘肃省获得中央财政专项经费补助的免费开放博物馆、纪念馆数量居全国之首，社会效益显著。文物科研成果丰硕，文物科技保护成效明显。国际交流合作深入开展，人才队伍建设和文物宣传力度不断加大，文物事业对于经济社会发展的贡献和促进作用日益显现。

【法规建设】

为规范建设工程中的文物保护工作，省文物局会同省发展改革委、国土资源厅、环保厅、建设厅、交通运输厅、水利厅等部门，经过充分调研联合制定了《甘肃省建设工程文物保护管理办法》（以下简称《办法》），省政府办公厅2011年12月30日予以转发。《办法》适用于甘肃境内建设工程中的文物保护工作，《办法》所指建设工程包括交通、水利、能源、工业园区等重大基础设施项目；占地面积10万平方米以上的项目；

涉及文物保护单位和尚未核定公布为文物保护单位的不可移动文物的项目。《办法》明确省文物行政主管部门负责全省建设工程中文物保护工作的协调管理和组织实施；规定建设工程选址应当尽可能避让不可移动文物，无法避让的要制定文物保护方案；建设单位要配备专人负责建设期间的文物保护工作。《办法》规定，建设单位进行工程建设，必须在相关部门核发建设工程项目选址意见前，向省文物行政部门申请对建设工程范围内进行考古调查、勘探和发掘，《办法》还对建设工程中的考古调查、勘探和抢救性发掘及不可移动文物的保护作出了具体规定，明确了建设工程施工中发现文物的处置程序、建设工程中造成文物损毁的责任追究等问题。

【执法督察与安全保卫】

（一）安全保卫

2011 年，甘肃省文博系统深入开展文物安全年活动，馆藏文物安全无事故。针对野外文物安全和考古工地安全管理中暴露的问题，甘肃省文物局进一步健全文物安全责任制，实现了安全检查的常态化、制度化和规范化；甘肃省文物局制定了《甘肃省文物局文物安全目标责任考核办法》和《甘肃省文物系统安全技术防范工程通用程序与管理要求（试行）》印发各市州，部分市县召开了文物安全工作会议。甘肃省文物局对全省全国重点文物保护单位保护机构、专职保护人员和博物馆安保机构人员设置情况进行了全面摸底登记，对全省文物行政执法主体和执法依据进行了清理，为全省文物执法人员换发了执法证；全省业余文物保护员实行了目标管理，文物保护网络建设更趋规范化。

（二）执法督查

2011 年，甘肃省文物局在全省范围内开展了田野文物安全检查和执法督察活动，对天水、平凉、庆阳、武威、张掖、酒泉等市文物安全及行政执法情况进行了重点检查，对兰州、庆阳等市田野文物安全工作进行了重点督查，对张家川县马家塬战国墓地考古发掘工地文物被盗案件、部分县区田野文物盗掘案件、永昌县河西堡镇境内长城遗迹损毁案件等进行了调查处理，及时制止了兰新二线工程建设中个别施工单位不履行报批程序擅自在文物保护单位保护范围内施工的行为。

（三）打击文物犯罪

2011 年，根据公安部和国家文物局统一部署，省文物局协调省公安厅开展了为期半年的打击文物犯罪专项行动，与省公安厅组成联合督察组，赴平凉、庆阳、白银等市，对专项行动开展情况进行督查。专项行动期间，全省公安机关破获包括 2 起公安部督办大案在内的盗掘古墓葬案件 6 起（含 3 起未遂），抓获犯罪嫌疑人 21 名，追缴被盗出土文物 140 件，其中珍贵文物 26 件。

【不可移动文物的保护管理】

（一）概况

截至 2011 年底，甘肃省有敦煌莫高窟和嘉峪关关城两处世界文化遗产地，全国重点文物保护单位 73 处，省级文物保护单位 625 处，市县级文物保护单位 3880 处；国家级历史文化名城 4 座、省级历史文化名城 8 座，国家级历史文化名镇 7 座、省级历史文化名镇（村）19 座；第三次全国文物普查任务圆满完成，全省调查登记不可移动文物点 16895 处（含新发现 6368 处），其中：古遗址 10550 处，古墓葬 2130 处，古建筑 1432 处，石窟寺石刻 730 处，近现代重要史迹及代表性建筑 1879 处，其他 174 处。长城资源调查工作全面结束，查明甘肃省明长城总长度 1738.3 千米，居全国之首；秦、汉等时代长城总长度 2036 千米，居全国第二。

2011 年 12 月，省政府印发《甘肃省人民政府关于公布第七批省级文物保护单位的通知》，公布第七批省级文物保护单位 116 处，全省省级文物保护单位增至 625 处。2011 年，部分市县区结合三普新发现文物保护工作，陆续公布了 580 处市县级文物保护单位，全省市县级文物保护单位增至 3880 处。甘肃省文物局不断加大全国重点文物保护单位保护规划编制工作力度，启动了 11 个保护规划编制工作，3 个保护规划通过省级论证，3 个保护规划通过国家文物局审批，嘉峪关关城文物保护规划由省政府公布实施。

（二）文物保护工程

2011 年，甘肃省一批重要文物保护维修工程陆续实施。兰州黄河铁桥加固维修、东大湾城遗址加固、西河滩遗址防洪等工程竣工，民勤瑞安堡、天水玉泉观等文物保护维修工程启动实施；长城保护工程全面实施，凉州区、古浪县、瓜州县、敦煌市境内长城及烽燧抢险加固工程开工，玉门市、肃州区、山丹县等 8 县市区境内重点地段长城防护围栏设施、保护标志建设工程接近完成；完成了陇东南地区 34 座中小石窟野外调查工作；汶川地震甘肃省重灾县区 35 个灾后文物保护项目基本完工，舟曲灾区 4 处文物点保护维修工程开工实施，其余 9 处完成了测绘及保护方案编制工作。省文物局进一步加强了对文物保护维修工程的管理，公布了全省第二批获得文物保护工程设计、施工、监理资质的单位。

（三）世界文化遗产

1. 丝绸之路申遗

2011 年，甘肃省丝绸之路申遗工作持续推进，各备选遗产点保护规划编制、文物本体保护、基础设施建设、环境整治等工作全面开展。锁阳城遗址和马蹄寺石窟群保护规划已报请省政府公布实施，榆林窟、果园—新城墓群、玉门关及长城烽燧遗址、悬泉置遗址保护规划完成初稿；水帘洞石窟群危岩体加固工程完工，壁画塑像保护工程通过阶段性验收，骆驼城遗址抢险加固工程、炳灵寺石窟 171 龛大佛保护修复工程开工，麦积山石窟壁画塑像保护和马蹄寺石窟群金塔寺石窟病害治理项目立项实施。张掖大佛寺、麦积山石窟核心区内与整体环境风貌不协调的构筑物已全部拆除，麦积山石窟、炳灵寺石窟、锁阳城遗址保护设施建设项目开始实施。2011 年 5 月，在土库曼斯坦首都阿什哈巴德举行的丝绸之路跨国系列申遗协调委员会第二次会议商定由中国、哈萨克斯坦和吉尔吉斯斯坦联合提出首批丝绸之路跨国申报项目，名称暂定为"丝绸之路：起始段和天山廊道"，12 月底，在新疆乌鲁木齐举行的申遗协商会形成了首批申遗大名单，甘肃有 7 处遗产点进入名单：玉门关及河仓城遗址、麦积山石窟、悬泉置遗址、锁阳城遗址及墓群、炳灵寺石窟—下寺、张掖大佛寺、果园—新城墓群。

2. 莫高窟保护利用工程

敦煌莫高窟保护利用工程于 2008 年 12 月开工，包括莫高窟游客服务设施、崖体加固及栈道改造工程、风沙防护工程、安防工程等四个子项目。截止 2011 年底，风沙防护、莫高窟安防系统和栈道改造工程基本完成，游客服务中心主体结构封顶，主题电影数字节目制作工作顺利开展。6 月中旬，敦煌莫高窟、榆林窟、西千佛洞石窟遭受暴雨洪水袭击，造成部分文物受损后，积极组织开展了抢险救灾工作，启动了受灾文物抢救保护工作。

3. 嘉峪关文化遗产保护工程

2011 年 7 月，中共中央政治局常委李长春在甘肃考察期间视察嘉峪关关城，指示要加强对嘉峪关文物的保护，超出常规，加大投入，修旧如故。甘肃省认真贯彻落实李长春同志重要指示精神，经过积极协调争取，在国家文物局大力支持下，嘉峪关文化遗产保护工程于同年11月正式启动，工程主要包括关城及周边长城保护维修、世界文化遗产公园和遗产监测中心建设等项目，该工程的实施标志着甘肃省世界文化遗产保护管理工作进入了一个新的阶段。

【考古发掘】

（一）概况

2011年，甘肃省文物考古研究所在省文物局指导下，按照"加强服务、主动参与"的工作思路，完成了新建包兰铁路、金昌—武威高速公路、兰州—定西输气管道、永昌风电、新建兰州轨道交通一号线等24项工程建设项目涉及的考古调查工作，编制了文物影响评估报告及文物保护方案，对工程涉及的19处古遗址或墓葬进行了勘探，勘探面积54万平方米，发现文物遗迹215处，对兰州夏官营古城等7处遗址和城址进行了抢救性清理发掘。做好考古资料整理研究和报告编写工作，完成了河西走廊冶金遗址调查简报和临潭陈旗磨沟遗址、秦安王洼遗址发掘简报，编写完成了礼县大堡子山遗址、悬泉置遗址、敦煌佛爷庙湾魏晋十六国墓葬、广河齐家坪遗址等考古发掘报告初稿。

（二）临潭县磨沟遗址

临潭县磨沟遗址为2008年全国十大考古新发现，自2008年起，甘肃省文物考古研究所和西北大学合作对该遗址进行了抢救性发掘。2011年度的发掘分为前、后两个阶段，第一阶段（3~5月）主要是对2010下半年发掘的灰坑、窖穴、壕沟及窑址等40余处遗迹单位的出土文物进行拼对、修复、照相及绘图整理。第二阶段

（5~11月）主要是对遗址齐家文化墓地冲沟北侧区域进行发掘，揭露面积约2500平方米，清理墓葬共496座，出土随葬陶器、石器、骨器、铜器等约3200余件组，对遗址全貌进行了高空照相和发掘区内墓葬分布的实地测绘。

（三）张家川县马家塬战国墓地

张家川县马家塬战国墓地为2006年全国十大考古新发现，2007~2010年，甘肃省文物考古研究所对该墓地进行了连续发掘和保护，取得重要阶段性成果。根据工作计划安排，2011年度发掘任务主要是继续清理M18、M19、M20和M21。其中：M18为中型墓，八级阶梯式竖穴墓道偏洞室墓；M19~M21为三座中小型墓葬，为阶梯式竖穴墓道偏洞室墓；M59为小型竖穴土坑墓道洞室墓。甘肃省文物考古研究所根据国家文物局批准的《马家塬战国墓葬车辆搬迁提取保护方案》，对M14、M16和M57等墓葬内部分马车进行了进一步发掘和解剖，搞清了其内部结构。同时为配合马车的提取和搬迁工作，对M3、M4、M13、M14、M16和M57内马车周围随葬的动物骨骼进行了提取，对佩有铜、铁饰的马头骨石膏加固后进行了整体打包提取。对2011年度发掘的M19、M20和M21墓内棺木及人骨进行整体加固打包后搬迁至省文物考古研究所技术实验室做进一步发掘清理；对已提取至实验室的M4和M57的棺木进行了实验室考古发掘清理，通过实验室可控环境的发掘和清理，完整揭示了人体上装饰品的分布和组合情况。

（四）张掖市黑水国遗址

2010~2011年，甘肃省文物考古研究所与中国社会科学院考古研究所、北京科技大学冶金与材料史研究所、西北大学联合对该遗址进行了发掘。已发掘面积345平方米，共发现遗迹单位180处，主要为房址、灰坑、灶、窑、沟、独立墙体、墓葬等，获取各类遗物千余件（套），包括陶器、石器、玉器、玉

料、骨器、骨料、铜器以及大量冶炼遗物和炭化作物等。其中发现房址 19 座，包括地面式土坯建筑，地面式立柱建筑，半地穴式建筑三大类，地面式土坯建筑的发现在河西地区尚属首次；发掘墓葬 11 座，出土 30 余件铜器，为恢复马厂晚期至四坝时期冶铜技术的面貌，揭示其工艺特点和技术水平，认定其产品特征、数量，探索矿料来源、产品去向等奠定了基础，为中国早期冶金技术研究提供了新资料；绿松石、玛瑙、水晶、煤精、珍珠、蚌壳制品等遗物的发现，为河西地区早期文化交流提供了实物证据；在河西走廊地区首次获得了马厂晚期——"过渡类型"——四坝文化这一完整的地层序列。

（五）马鬃山玉矿遗址

马鬃山玉矿遗址位于肃北县马鬃山镇西北约 22 公里的河盐湖径保尔草场。2007 年，甘肃省文物考古研究所和北京大学考古文博学院在肃北进行早期玉石之路调查时发现该遗址。2008 年 7 月，甘肃省文物考古研究所、北京科技大学对马鬃山玉矿遗址进行了重点复查。2011 年，经国家文物局批准，甘肃省文物考古研究所对该遗址进行发掘，批准发掘面积 200 平方米。解剖古矿坑 1 处，解剖疑为防御性的建筑 2 处，发掘探沟 3 条、探方 1 个，发掘总面积 150 平方米。发现遗迹单位 14 处，其中房址 2 座，灰坑 12 处，出土器物百余件，有陶器、铜器、铁器、石器、骨器、玉器、玉料等。通过调查发掘，初步确定了遗址的范围，了解了遗址的聚落形态，基本确定了遗址年代。

【博物馆与可移动文物保护】

（一）博物馆

1. 博物馆建设与管理

2011 年，甘肃省文物局严格按照《博物馆管理办法》和《甘肃省各级博物馆建设方案论证审核暂行办法》，指导各地博物馆、纪念馆建设。陇南、定西、武威、麦积区、肃南、崇信等市县博物馆开工建设，临夏州、西和、成县、康县、两当、玉门、张家川、阿克塞等市县博物馆、八路军兰州办事处纪念馆新馆建成或开馆。组织开展了全省博物馆年检，140 个博物馆通过年检。

2. 重要陈列展览

2011 年，甘肃省各级各类博物馆、纪念馆共推出新陈列展览或改造提升旧陈列展览 30 多个，引进和举办临时展览 135 个。围绕纪念中国共产党成立九十周年，甘肃省博物馆推出大型革命题材展览"红色甘肃——走向一九四九"并作为固定展览向社会免费开放；甘肃省文物局和陕西省文物局主办的"秦陇一脉——先秦文物展"先后在天水市博物馆和省博物馆展出。省博物馆基本陈列"庄严妙相——甘肃佛教艺术展"荣获第九届全国博物馆十大陈列展览精品奖，省政府进行了通报表彰；"风雨同舟 舟曲不屈——甘肃舟曲特大山洪泥石流灾害抢险救援主题展""甘肃省重大革命历史题材美术作品展览"等专题展览得到社会各界好评。

3. 甘肃省首届博物馆陈列展览精品奖评选

2011 年 6 月，甘肃省文物局组织开展的全省首届博物馆陈列展览精品奖评选结果揭晓，天水市博物馆"历史文物基本陈列"、高台县中国工农红军西路军纪念馆"理想高于天，热血铸祁连"、会宁红军长征胜利纪念馆"红军长征胜利展"、灵台县博物馆"周秦化育——灵台精品文物陈列"等 4 个展览获"全省陈列展览精品奖"，武威雷台汉文化博物馆"天马西来——雷台汉文化陈列展"、肃南裕固族自治县民族博物馆"尧熬尔——中国裕固族"获最佳内容设计奖，兰州秦腔博物馆"秦腔博物馆陈列展"、甘肃地质博物馆"生命的形成与演化"获最佳形式设计奖，兰州市地震博物馆"兰州市地震博物馆陈列展"、会宁县博物馆"会宁县博物馆馆藏书画精品展"获最佳社会效益奖。该评选活动于2010年10月启动，历时八个月，全省共有33个博物馆、纪念馆的42个陈列展览参评，集中体现了博物馆纪念馆实行免费开放以来甘肃省基层博物馆、纪念馆陈列展览的最高水平。

4. 博物馆免费开放

2011年，甘肃省文物局在详细调查摸底的基础上，组织开展了第三批中央财政补助的免费开放博物馆、纪念馆申报工作，经过积极争取，甘肃省又有52个博物馆、纪念馆列入全国免费开放博物馆、纪念馆名单，使甘肃省列入中央财政补助的免费开放博物馆、纪念馆数量增至112个，居全国第一。省文物局针对免费开放中出现的新情况和新问题，在全省范围内组织开展了加强和改进博物馆、纪念馆服务工作，有效提升了博物馆、纪念馆服务质量。2011年，全省免费开放博物馆、纪念馆共接待观众1082万人次。

（二）可移动文物保护

1. 概况

截至2011年底，甘肃省有各级各类博物馆（纪念馆）159个，其中140个通过省文物局组织的年检；由文物系统管理的博物馆和纪念馆137个（国家二级博物馆4个，三级博物馆9个），行业和民营博物馆16个；有馆藏文物43万余件，其中珍贵文物11万余件，含一级文物3240件（国宝30件）、二级文物11386件、三级文物96299件。

2. 可移动文物保护

2011年，甘肃省文物局组织完成了全省馆藏彩绘陶质文物、铁质文物、丝质文物保护修复前期调查工作；组织编制完成了武威市、敦煌市、庆城县、镇原县、华亭县等市县级博物馆馆藏文物预防性保护方案并通过国家文物局审核；指导一批县级博物馆完成了"十二五"期间可移动文物科技保护项目方案的编制、上报工作；省文物考古研究所完成了马家塬战国墓地出土文物和河南淅川大石桥墓群出土文物的保护修复工作，天水市博物馆完成了隋唐石棺床保护修复工作并与西安文保中心共同完成了全省铁质文物调研及环县博物馆铁质文物修复保护方案；省文物考古研究所获得可移动文物技术保护设计甲级资质和可移动文物修复一级资质。

【文物科研】

2011年，甘肃省文物局进一步加强了对文物科研工作指导和管理，对省直属文博单位承担的3项省级科研课题进行了结项验收，组织开展了国家文物局2011年度文化遗产领域科学和技术研究一般课题申报工作。敦煌研究院承担的多项国家社科基金项目、国家社科基金青年项目、国家社科基金西部项目、教育部人文社会科学重点研究基地项目及一批省级和院级科研课题有序开展，承担编制的4项国家和国家文物局行业标准基本完成，2项国家文物局行业标准基本完成。挂靠在敦煌研究院的国家古代壁画保护工程技术研究中心召开首次技术委员会会议。省文物考古研究所等单位申请的指南针计划中的"中国古代车舆价值挖掘及复原研究"项目获准立项。

【文博教育与培训】

2011年，甘肃省文物局进一步加大人才队伍建设力度，完成了省直属文博系统事业单位公开招聘工作，充实了队伍力量、优化了队伍结构；调整增补了省文物鉴定委员会成员，进一步增强了服务社会、满足公众收藏诉求的能力；组织文博系统专业人员赴德国进行"文物展览中的文物保护设施和手段"项目培训；举办了全省文物收藏单位藏品保管员培训班和全省首届文物保护工程培训班；国家文物局主办、敦煌研究院承办的"全国馆藏壁画保护修复培训班"完成理论培训，有效提高了文物从业人员业务素质。

【文博宣传与出版】

2011年文化遗产日期间，甘肃省文物局在兰州举办了主题宣传活动，副省长咸辉出席并发表重要讲话，全省范围内同步组织开展了形式多样的宣传活动；第十三届中国上海国际艺术节期间，甘肃省举办了以"敦煌韵·丝路情"为主题的甘肃文化周活动，"敦煌艺术展"和敦煌文化主题讲座备受瞩目；首届"敦煌行·丝绸之路"国际旅游节期间，包括文物展览、学术论坛等在内的多项重大文博活动成功举办，为旅游节增添了浓郁的文化氛围。

2011年，《中国文物地图集·甘肃分册》（上、下）出版发行，该书运用地图形式，较为全面地反映了第三次全国文物普查之前甘肃省已知现存不可移动文物的全貌；《甘肃省第三次全国文物普查重要新发现》出版发行，该书选取甘肃省第三次全国文物普查新发现中有代表性的220处文物点汇编成册，图文并茂，集中反映了甘肃省第三次全国文物普查的重要成果。《肩水金关汉简报告》（第一册）、《麦积山石窟环境与保护调查报告》、《炳灵寺石窟研究文集》（上下册）、《甘肃博物馆巡礼》丛书正式出版，《敦煌石窟全集考古报告》（第一卷）、《敦煌佛爷庙湾魏晋十六国墓葬发掘报告》交付出版，《麦积山石窟丛书》、《北石窟寺内容总录》完成初稿。甘肃省文物局启动了《甘肃文物年鉴·2011》编纂工作。

【机构人员】

截至2011年底，甘肃省文博从业人员3000余人，其中专业人员近1000人，具有中级及以上职称540余人（高级职称147人）。全省14个市州、86个县区中有7个市、14个县区成立了单独建制的文物局，专门文物管护机构增至49个。2011年，陇南市文县文化馆、甘南藏族自治州舟曲县文化馆等2个单位、陇南市康县文化体育局苟长途、西和县博物馆姬天泉、徽县文化体育局张霖和两当县博物馆左敏等4名同志荣获全国文物系统汶川地震灾后文物抢救保护工作先进集体（个人）称号。甘肃省人社厅、省文物局联合对兰州市文物局等20个"全省文博系统文化遗产工作先进集体"和武卫国等40名"全省文博系统文化遗产工作先进工作者"进行了表彰。

【对外交流与合作】

2011年，甘肃省深入开展文物保护国际交流合作，继续与美国、英国、日本等国科研机构合作，在莫高窟游客承载量研究、洞窟环境监测、洞窟水分布及运移状况调查、国际敦煌合作项目、麦积山石窟数字化应用研究等领域开展卓有成效的合作，取得了一批成果；与日本秋田县就进一步加强合作进行了深入交流，确定了2012年在秋田县举办两省县友好合作三十周年文物图片展，2014年在秋田县举办"甘肃·秋田文化交流纪念展"；"2011敦煌论坛：文化遗产与数字化国际学术研讨会"和"简牍学国际学术研讨会"相继召开。

青海省

【概述】

2011 年，青海省文物管理局在国家文物局和青海省文化和新闻出版厅党组的正确领导下，以"人一之、我十之"的实干精神，紧紧围绕国家文物博物馆事业"十二五"发展规划，在玉树灾后恢复重建、第三次全国文物普查、法规建设、执法督察、不可移动文物的保护与管理、考古发掘、博物馆建设等重点工作中，取得显著成绩，为实现青海省文博事业"十二五"发展规划打下良好的基础。

【法规建设】

积极配合青海省人大法工委、教科文卫委完成了《青海省实施〈中华人民共和国文物保护法〉办法》审议前期的调研、座谈工作。该办法已由青海省十一届人大常务委员会第二十六次会议审议通过，于 2012 年 2 月 1 日起实施。2011 年初，会同青海省发改委、财政厅、住房建设厅起草完成了《玉树地震灾后文物保护工程建设工作指导意见》，并经省政府转发。

【执法督察与安全保卫】

根据国家文物局、公安部的统一安排，部署了青海省打击文物犯罪专项活动。配合公安机关破获文物案件 5 起，组织开展涉案文物鉴定 11 次，鉴定涉案文物 54 件（套），盗掘古文化遗址、古墓葬的犯罪行为得到有效遏制，馆藏文物实现绝对安全。组织开展文物安全大

检查，对全省重要的文物保护单位普遍进行了检查，对存在的安全隐患下发了整改通知，杜绝了文物单位重大安全事故的发生，全省文物安全形势基本平稳。

【不可移动文物的保护和管理】

（一）概况

截至 2011 年底，已公布为全国重点文物保护单位 18 处（其中古遗址类 6 处、古墓葬 1 处、古建筑 7 处、石窟寺及石刻 1 处，近现代重在史迹及代表性建筑 3 处）；省级文物保护单位 383 处（其中古遗址类 164 处、古墓葬 45 处、古建筑 122 处、石窟寺及石刻 18 处、近现代重在史迹及代表性建筑 28 处、其他 6 处）。

（二）青海省玉树地震灾后文物抢救保护工程

组织实施了 4 处玉树全国重点文物保护抢救工程。一是及时启动了玉树藏娘佛塔及桑周寺紧急抢险支护工作，随后进行了抢险修缮工程、边坡加固工程、壁画保护工程方案设计的评审报批及各工程的招投标工作。抢险修缮工程（一期）已全部完工并进行了初验收，边坡加固工程已完成工程量的 50%，壁画保护工程稳步推进。二是完成新寨嘉那嘛呢抢险修缮工程的招标工作，并于 7 月 4 日正式开工。截至 2011 年 10 月底已完成工程量的 30%。三是完成贝大日如来佛石窟寺及勒巴沟摩崖危岩体抢险修缮方案设计评审报批及工程招投标工作，并于 7 月 26 日正式开工建设，已完成工程量的 55%。四是完成了格萨尔三十大将军灵塔及达那寺抢险修缮（一期）方案设计的评审报批及工程招投标工作，并于 10 月底举行了开工仪式。截至 2011 年年底，4 处全国重点文物保护工程完成投资 3600 余万元，全年工程建设中未发生任何安全事故。五是编制完成新寨嘉那

嘛尼文物保护总体规划，报国家文物局待批。

督促、指导完成了玉树藏族自治州45处省级及以下文物保护单位抢险修缮方案的评审论证，共下达方案批复44项，开工38项，完成招投标44项。截至目前，省级及以下文物保护单位抢险工程完成投资2885.2万元。

完成了玉树灾后文化遗产抢救保护规划实施情况中期评估工作。

（三）大遗址保护

编制完成喇家遗址文物保护总体规划和喇家遗址文物保护工程设计方案，均已上报国家文物局。

开始编制都兰热水墓群文物保护总体规划；启动都兰热水墓群保护性抢救设施建设工程。

全面完成了秦汉及其他时代长城资源调查验收工作。国家文物局长城项目组依据《长城资源调查全面检查验收规定》，按长城资源调查工作标准和规范，调阅了青海省省级验收报告，抽检各类登记表67份，抽检率为32%。经过认真检查、核对、质询、审验，专家组一致认为："青海省文物局提交的秦汉及其他时代长城资源调查资料完整、齐备；调查登记工作全面细致，符合《长城资源调查工作手册》的要求；调查资料符合验收标准。"

启动了《青海省明长城保护规划》编制工作，完成了《青海省明长城资源调查报告》编撰工作，并已交付印刷出版。完成了青海明长城门源、互助、湟中、大通段抢险维修方案设计，并通过了国家文物局审核。启动青海明长城湟中段抢险加固工程。

（四）全国重点文物保护单位

文物项目、经费申报工作取得一定成绩。完成2011年全国重点文物保护经费和"十二五"抢救性文物保护设施项目申报工作。争取国家重点文物保护经费6200余万元，抢救性文物保护设施项目4个，总投资3500万元。

编制完成全国重点文物保护单位隆务寺保护规划，已上报国家文物局；启动全国重点文物保护单位互助却藏寺文物保护维修、塔尔寺4处活佛府邸修缮工程。

【考古发掘】

配合基本建设项目，积极开展考古调查与发掘工作。本着"既有利于经济建设，又有利于文物保护"的原则，主动作为，先后配合有关单位完成青海师范大学新校区建设工程、海东地区临空经济园工程、大通桥头铝电建设工程、民和工业园区建设、西宁生物园区建设等重大工程的考古调查勘探，有效保护了所发掘的文物。

【博物馆与可移动文物保护】

（一）博物馆

1. 可移动文物的保护、管理和研究

博物馆建设进一步提高，社会功能得到更好发挥。青海省共17家国有博物馆实施免费开放，累计接待观众50余万；馆藏文物科技保护工作得到加强，青海省文物考古研究所取得国家文物局颁发的"可移动文物技术保护设计（乙级）资质和修复（二级）资质"；全省可移动文物保护修复立项申请，已获国家文物局批准立项；完成《青海省"十二五"期间文物征集项目清单》并报国家文物局，拟征集文物总件数：5023件，征集费：22221.359万元。另外，民办博物馆的管理工作更加规范。首次对2家民办博物馆进行了省级年检，并报送国家文物局进行审核。

2. 馆间交流与合作

展览交流取得新成绩，省内博物馆赴省外举办各类展览8次，接待观众30

万余人次。通过文物展览交流，极大地提高了青海的知名度，为宣传青海、介绍青海起到了积极推动作用。

3. 重要文物陈列展览

2011 年，各级博物馆新举办陈列展览共计 40 个，其中青海省博物馆举办 1 个，青海柳湾彩陶博物馆举办 1 个，青海民俗博物馆举办 15 个，格尔木博物馆举办 1 个，贵德县博物馆举办 1 个，海南藏族自治州博物馆举办 3 个，海西州博物馆举办 3 个，互助县博物馆举办 5 个，黄南藏族自治州博物馆延续 2010 年临时展览 2 个，湟源县博物馆举办 1 个，湟中县博物馆举办 1 个，乐都县博物馆举办 3 个，民和县博物馆举办 1 个，西海郡博物馆举办 2 个。

（二）可移动文物保护

1. 文物数量、等级

藏品数量：藏品总数 128241 件，珍贵文物 2469 件，一级文物 282 件。

2. 可移动文物保护修复基地建设

向国家文物局递交了青海省可移动文物保护修复立项申请，已批准立项。

3. 可移动文物保护技术和方法及其应用

馆藏文物科技保护工作得到加强，青海省文物考古研究所取得国家文物局颁发的"可移动文物技术保护设计（乙级）资质和修复（二级）资质"。

【社会文物管理】

青海省共有文物商店 1 个，从业人员 12 名，其中中级职称 2 人，文物库存数量是 4792 件（套）。2011 年度新增 73 件（套），共销售 183 件（套），销售额为 8.8 万元。

【科技与信息】

青海省第三次全国文物普查已完成全省全部 43 个县域单位的普查工作，共调查乡镇 305 个，行政村 3233 个，普查启动率和完成率均为 100%。普查登记文物点 6411 处，其中新发现 2416 处，复查 3995 处，调查消失文物点 370 处。新发现占总登记文物点的 33%。青海省文物局组织专家组成员多次加班加点，审核青海省第三次文物普查数据，反复沟通、协调，多次修改完善普查工作报告。到 2011 年 12 月，青海省第三次全国文物普查各项工作任务圆满顺利完成。

经过第三次全国文物普查，基本摸清了青海省文化遗产的家底，文化类型涉及古遗址、古墓葬、古建筑、石窟寺及石刻、近现代重要史迹及代表性建筑、其他等。除传统文物对象外，新发现、新门类得到大量补充，不少新发现价值较高。特别是青海省冷湖行委填补了文物的空白，实现了零的突破，意义重大。在此基础上，青海省文物局组织编写并出版了《青海省第三次全国文物普查资料精选》。

【文博教育与培训】

2011 年度，组织全省各级领导和专业干部 17 人次，分别参加了国家文物局主办的"全国县级文物行政部门负责人培训班"等培训班。

2011 年 12 月，组织青海省各州（地、市）、县（区）文体广电局分管领导，博物馆、文管所业务人员，省直各文博单位业务人员约 110 人，参加了文博干部业务培训班。培训班安排了文物鉴定概论、彩陶鉴定、书画鉴定、唐卡赏鉴、玉器鉴定、青海省实施中华人民共和国文物保护法办法、消防安全知识等课程和 2 处全国重点文物保护单位的参观学习。培训班还安排了 2 个晚上的交流座谈，使学员们在工作、学习等方面互通有无、取长补短，对进一步强化州、县文博管理干部素质，提升青海省文博工作水平，有效开展文化遗产保护重大工程建设具有十分重要的意义。

【文博宣传与出版】

2011 年 5 月 18 日 "国际博物馆日" 和 6 月 13 日 "文化遗产日" 期间，全省组织直属单位，联系 6 家省内媒体和教育部门，在西宁市新宁广场开展了形式多样、内容丰富的宣传教育活动。全省各文博单位也同时举办传活动，共展览图片 1.3 万余幅、印发宣传资料 10 余万份。通过设立现场宣传咨询点、图片展览、发放文化遗产宣传资料、开展专题讲座及文化遗产日书画展等形式，增强了广大群众对文化遗产保护的意识。

青海省文物局组织编写了《青海省第三次全国文物普查资料精选》《青海省第三次全国文物普查工作报告》。

【机构及人员】

截至 2011 年底，青海省文博单位共 42 个，其中博物馆 18 个，考古研究所 1 个，文管所 22 个，文物商店 1 个；青海省从事文博事业的专业、专职人员 300 余人，其中具有高级职称的 26 人，中级职称的 80 余人。

【概述】

2011 年是 "十二五" 规划的开局之年。在自治区党委、政府的正确领导下，在国家文物局的大力支持下，在全区文物工作者的共同努力下，自治区文物局按照年度工作计划，坚持文物工作方针，精心组织，扎实工作，在文物保护、考古发掘、博物馆事业、文物安全、申报世界文化遗产等各方面工作均取得了优异成绩，实现了 "十二五" 良好开局。完成《宁夏回族自治区文物博物馆事业发展 "十二五" 规划》编制，国家文物局与自治区人民政府签署了《合作加强宁夏文化遗产保护框架协议》，颁布实施我国第一部岩画保护地方性法规《宁夏回族自治区岩画保护条例》，正式启动西夏陵申报世界文化遗产和国家考古遗址公园等重要工作。

【法规建设】

2011 年进一步完善了宁夏地方文物法规体系，文物法治建设取得了新突破。依据《中华人民共和国文物保护法》和《宁夏回族自治区实施〈中华人民共和国文物保护法〉办法》，宁夏文物局起草了《宁夏回族自治区岩画保护条例》，提交自治区人大，于 2011 年 8 月 5 日宁夏回族自治区第十届人民代表大会常务委员会第 25 次会议通过，自 2011 年 10 月 1 日起施行。《宁夏回族自治区岩画保护条例》共 6 章、33 条，主要内容有：明确了岩画的定义和保护范围，明确了文物管理部门的监管、保护职责，从制定岩画保护规划、实现分级保护、划定保护范围和建设控制地带等方面，明确了保护的目标，有针对性地制定了 12 条具体的保护措施，对岩画的研究和利用做出具体规定，对各种破坏行为做出处罚规定。这是全国第一部由省、自治区、直辖市人大颁布的岩画保护条例。

为确保政策落实到位，加强专项资金管理，规范文物征集程序，自治区文物局制定并印发了《全区文物保护专项经费管理使用办法》、《文化厅直属博物馆文物征集管理办法》，编印了《文化遗产保护法律法规汇编》，推动文物保护工作有效开展。

【执法督查与安全保卫】

2011 年，大力开展文物执法督查工作，有力地遏制与查处了文物违法、犯罪行为，取得了一定的成绩。为推进文物依法行政工作，强化文物行政部门的执法职责，整合文化行政管理部门。经自治区党委、政府研究决定，撤销了文化市场行政执法总队，设立正处级文化市场综合执法管理局，负责统筹协调、指导监督文化、文物市场管理和综合执法工作。五市也相继成立文化市场综合执法队。加强日常巡查工作，将文物违法行为及安全隐患遏制在萌芽状态，2011 年，自治区文物局在全区范围内对国家重点文物保护单位、一级风险收藏单位开展执法巡查和安全检查 350 余次，遏制文物违法行为 8 起。与日常巡查工作相结合，全区各地还开展了专项执法检查，联合公安、消防、气象等部门开展消防、防雷、文物安全专项检查，对全区文物保护单位和文物收藏单位安全工作进行了集中检查，认真查找安全隐患，督促做好整改工作。尤其是在春节、国庆节等节日期间，均重点开展了文物安全检查工作，协同消防部门对文物保护单位，特别是古建筑进行安全检查，对发现的安全隐患及时发出整改意见，责令限期整改。加强了基层文物行政管理部门执法力度，2011 年 7 月银川市文物局联合银川市兴庆区文体旅游局、月牙湖乡政府对自治区级文物保护单位明烽火墩遭破坏（取土）情况进行调查，遏止破坏文保单位的行为并督促管理单位尽快采取保护措施。

近年来犯罪分子盗掘古墓葬，偷盗古建筑构件，买卖国家禁止买卖的文物等犯罪活动时有发生，为此，自治区文化厅联合公安厅开展全区范围内打击文物犯罪专项行动，要求各级文物行政部门与公安部门紧密配合，严厉打击文物犯罪活动，落实联合打击文物犯罪工作机制。全区各级文物部门配合当地政府、公安等部门，对发生的盗掘古墓葬、古窑址案件进行专项打击，取得成效。2011 年公安机关文物案件共立案 4 起，即彭阳县盗挖秦沟墓地案件和盗挖汉代墓葬案件，同心县古钱币被盗挖案件以及西夏陵 4 区两座西夏陪葬墓被盗案件，共抓获犯罪嫌疑人 10 名。其中彭阳县两起盗挖古墓案抓获犯罪嫌疑人 7 名，因抓捕及时，墓葬尚未被盗挖开，未造成严重后果，当地文管所已对秦沟墓地进行抢救性清理，确定其时代为秦至西汉早期，共出土文物 7 件。2011 年 10 月 4 日，同心县文广局接到群众举报说有人盗挖地下古钱币，经公安机关密切配合，抓获犯罪嫌疑人 3 人，收缴出土古钱币数十公斤，收缴探宝仪一部，收缴出土铁器两件，石器一件，洛阳铲一把。案件经审后，两人被判处有期徒刑五年，一人有期徒刑三年半。

【不可移动文物的保护和管理】

（一）概况

1. 文物保护单位

截至 2011 年 12 月，宁夏已登记不可移动文物 3818 处，其中全国重点文物保护单位 18 处（其中古遗址类 7 处；古墓葬 1 处；古建筑 7 处；石窟寺及石刻 2 处；近现代重要史迹及代表性建筑 1 处），自治区文物保护单位 143 处（其中古遗址类 65 处；古墓葬 8 处；古建筑 28 处；石窟寺及石刻 24 处；近现代重要史迹及代表性建筑 17 处；其他 1 处），市县文物保护单位 264 处。其中将台堡革命旧址、西夏王陵和水洞沟遗址被列入全国 100 处大遗址。

2. 文物保护工程

2011 年组织编制了海宝塔、拜寺口双塔、承天寺塔等全国重点文物保护单位保护规划，启动了开城遗址保护规划的编制工作。完成了西夏陵 6 号陵保护工程。继续实施董府抢救修缮加固工程、须弥山石窟安全技术防范工程。举行了西夏陵申报世界文化遗产和国家考古遗址公园工作启动仪式，配合银川市委托相关单位编制申遗文本和遗址公园总体规划，文物保护、环境整治等工作也正在进行中。早期长城调查资料顺利通过国家验收；开展隋、宋长城认定工作。启动《宁夏长城保护总体规划》工作，编制明长城盐池段保护工程方案。2011 年 1 月～10 月，开展"宁夏岩画资料档案建设"工作，顺利完成灵武东山岩画（32 册）、中卫北山（57 册），中宁黄羊湾（9 册）、石马湾（2 册）共计 100 册档案的审校、修订和编制、装订工作。

（二）大遗址保护

以国家文物局《"十一五"时期大遗址保护规划》为指导，立足实际，坚持不懈地做好大遗址保护基础工作。《西夏陵保护规划》《水洞沟遗址保护规划》已经国家文物局审核批准、自治区人民政府公布实施。开城遗址保护规划的编制工作也已经正式启动。通过编制大遗址保护规划，进一步理清保护思路，明确保护方法，使大遗址保护始终沿着科学的道路有序进行，大大提高了遗址保护工作的可操作性。

（三）世界文化遗产

2011 年 7 月 5 日，国家文物局与自治区人民政府在银川签署了《合作加强宁夏文化遗产工作框架协议》，明确了国家文物局将大力支持西夏陵申报世界文化遗产工作和国家考古遗址公园建设。2011 年正式启动了西夏陵申报世界文化遗产暨国家考古公园建设项目，委托中国建筑设计研究院历史建筑研究所编制完成了《西夏陵国家考古遗址公园总体规划大纲》，通过了国家文物局《中国世界文化遗产预备名单》专家组实地考察

验收。

（四）第三次全国文物普查

圆满完成第三次全国文物普查工作，完成全区文物普查名录汇编。开展了全国"普查百大新发现"和全区"普查十大新发现"评选活动，彭阳小河湾秦汉遗址、青铜峡铁桥被评为全国"普查百大新发现"。截至 2011 年底，共登记不可移动文物 3818 处，其中新发现 2455 处，占全区不可移动文物总数的 64%；复查 1363 处，占总数的 36%。从文物点种类来看，古遗址 2226 处，占文物总量的 58.3%；古墓葬 417 处，占文物总量的 10.92%；古建筑 367 处，占文物总量的 9.61%；石窟寺及石刻 110 处，占文物总量的 2.88%；近现代重要史迹及代表性建筑 693 处，占文物总量的 18.15%；其他类 5 处，占文物总量的 0.13%。许多工业遗产、乡土建筑、传统民居、农业遗产、交通、水利设施等重要新发现，首次纳入了文物保护的视野。

【考古发掘】

（一）概况

2011 年配合经济建设和基本建设项目开展文物调查、勘探和抢救性考古发掘，取得了丰硕成果。配合基本建设的考古调查、发掘项目主要有西气东输中卫至贵阳联络线、宁夏电网改造、宁东能源化工基地以及中石油等建设项目中发现的各类遗址、墓葬。

（二）重要考古项目

1. 配合基本建设进行的考古调查

为配合西气东输中卫至贵阳联络线项目建设，2011 年宁夏考古所对管线所经海原石岘子汉墓、草场汉墓、鸦儿沟遗址、固原申庄、恭家庄遗址、西吉崔家湾墓地、西吉县大湾里新石器遗址等七处遗址、墓地进行了勘探，勘探面积

近100万平方米。2011年6月至7月，宁夏考古所对位于管线所经海原县石砚子汉墓及时进行了清理发掘，共发掘两座汉墓。两座汉墓均被盗扰，为长斜坡墓道土洞墓，墓道内的工具痕迹明显，墓室内具有椁木痕迹。2011年9月至10月，对西吉明台遗址进行了田野考古发掘。发掘出土陶片较少，从出土的遗物分析，该遗址属于齐家文化。

除了西气东输二线和西气东输中卫至贵阳联络线外，其余共43个小项目，重点是配合宁夏电网改造、宁东能源化工基地以及中石油等建设项目进行的考古调查和勘探。

宁东西夏遗址位于灵武市区东北直线距离约28公里处。为配合神华宁煤集团400万吨煤炭间接液化项目，2011年11月至12月对该遗址进行了发掘。总计发掘10个探方，出土遗物50余件。从出土遗物判断该遗址疑为宗庙祭祀场所或行宫，因天气原因发掘暂告一段落，更进一步的结论需待大规模的发掘来研究。通过配合基本建设的这些考古调查、勘探和发掘工作，一方面贯彻落实了国家"保护为主，抢救第一"的文物保护方针，获得了大量珍贵的考古资料；另一方面也有力地支持了国家和自治区的经济建设。

2. 抢救性考古发掘

2011年在固原市原州区彭堡乡肖沟村发现有战国墓葬被盗，其中被盗墓葬达14座之多。宁夏考古所组织人员对墓地进行勘探、发掘。共发掘3座墓葬，均早期被盗。从发掘的情况看，殉牲较多，其中一座墓葬出土牛、羊头达30多个。

(三) 报告出版

考古资料整理和编辑出版工作取得一定进展。《唐史道洛墓》报告的编写工作已完成，并交付出版社。2011年8月正式出版了《丝绸之路上的考古、宗教

与历史》考古论文集。其他重要报告有：

1. 明长城资源调查报告

2010～2011年，长城资源调查项目除了进行早期长城野外调查外，还进行了明长城资源调查资料的整理和报告的编写。在报告编写过程中进行了线图和照片的补充工作。2011年底，明代河东长城、固原内边和河西长城的初稿已经完成，有待进一步修改。

2. 西夏六号陵发掘报告

为了配合西夏六号陵的加固保护工作，2007年7月至2008年10月，宁夏文物考古研究所和银川市西夏陵管理处对六号陵地面遗迹进行了清理发掘。出土遗物主要是一些建筑材料和建筑饰件。建筑材料有砖、瓦、瓦当、滴水等，建筑饰件有脊兽、鸱吻、套兽、螭首等。另外还有石像生残块和残碑块等，采集标本约数千件。2010年6月至10月，宁夏考古所与西夏陵管理处共同对六号陵发掘材料进行了整理，拣选标本近800件，分别进行了绘图、拍照和器物描述。2011年，对发掘资料进行了整理，并已完成了报告大部分章节的编写工作。六号陵报告涉及资料较多，修改、统稿及图像资料的编辑整理工作仍在继续，计划于2012年出版报告。

【博物馆与可移动文物保护】

(一) 博物馆

宁夏博物馆事业稳步向前推进，截至2011年已建成和充实完善70座独具特色、形式多样、内容丰富的行业专题博物馆，涉及工业、农业、交通、电力、通信、科技、自然地理资源开发利用和革命历史等多个门类，初步形成了门类齐全、风格多样、布局合理、功能完善的博物馆体系和以自治区级博物馆为龙头，行业民办博物馆为支撑的现代博物馆体系的雏形。

2011年，全区国有文物类博物馆共接待游客194万人次，特别是在第三届文艺旅博会和第二届中阿经贸论坛举办期间，宁夏博物馆接待文博会及中阿论坛与会国内外嘉宾1000多人次，受到普遍好评。行业专题博物馆中宁夏湿地博物馆2010年开馆以来接待各界参观者70余万人次，成为沙湖景区参观游览项目的一大亮点和热点。

积极开展文物展览活动，2011年共完成各种展览23个（其中自办6个、外展3个、引进14个）。宁夏博物馆作为省级综合性博物馆，不断拓展创新办展内容和形式，2011年先后与故宫博物院、山西省博物院、山西省考古所、吉林省博物院、四川博物院、中国文字博物馆、青海博物馆、甘肃省博物馆等多家单位联合引进和推出了"清宫遗珍——故宫御用金银器特展""晋国瑰宝——山西出土两周文物精华展""海纳百川——张大千书画精品展""妙境梵音——青海藏传佛教艺术展""云岭飞歌——云南少数民族民俗风情展"等各类展览13项。完成了西北五省区联合举办的"丝绸之路——大西北遗珍"在浙江省博物馆、辽宁省博物馆和大连现代博物馆的巡回展出和"朔地恋歌——宁夏岩画特展"在浙江省博物馆的成功展出。固原市博物馆作为国家一级博物馆，2011年也引进和举办了"山西出土玉器精品展""非物质文化遗产——固原民间剪纸雕塑展""庆祝中国共产党建党90周年——靳守恭、苏维童、刘存、马文敏四人书画展""西海固的守望——中国写意水墨画作品展"等10项展览。并与国内其他博物馆一起在韩国举办了"丝绸之路大文明展"。这些展览满足了广大群众的不同文化需求，取得了良好的社会效益。

（二）可移动文物保护

2011年宁夏博物馆完成馆内外书画类、陶瓷类、金属类、纺织品等修复项目共计27件，其中书画类3套6件、金属类4件、丝织品2件、陶瓷器12件、石器1件、骨器2件；重点进行了馆藏一级品"西夏朱漆彩绘木座椅"的修复工作。

固原博物馆完成了馆藏壁画和铁器的项目文本编制和项目预算，修复二、三级陶器10件，青铜器14件；向国家文物局、自治区文物局报送了文物征集和文物科技保护、安防、消防方案，争取到国家文物局科技保护经费20万元；继2010年二、三级文物数据化建设工作之后，完成了后续馆藏1400多件二、三级文物的数据、影像、信息采集及补录工作；完成了2000余枚钱币的拣选、编号、上账及装册工作。接受民间文物收藏家李存吉捐赠青铜器、陶器、铁器、钱币等文物61件（套）。

加大对区内外回族文物的征集力度。认真落实《宁夏博物馆藏品征集鉴定暂行办法》，为丰富馆藏回族文物，进一步提升陈列水平，宁夏博物馆抽调专家成立四个小组，重点从回族文物的界定、回族文物与伊斯兰文物的联系和区别，以及欣赏价值、收藏价值和研究价值的考量等方面，分别赴福建、云南、甘肃、青海等地进行回族文物征集，先后征集文物274件，共计537050元，极大地丰富和提升了馆藏文物的数量和质量。

【文博宣传与出版】

开展了文物法规宣传，文物普查及文物知识宣传，组织了"国际博物馆日""文化遗产日""宁夏长城保护宣传日"等纪念日的宣传系列活动。文化遗产日当天，在全区范围内向手机用户发送文化遗产日宣传短信。2011年6月

10 日，自治区文物局和青铜峡市人民政府联合在全国重点文物保护单位一百零八塔举行唐徕渠、秦渠、汉渠古渠引水口地理标志点揭幕仪式。同日，中卫市结合宁夏长城保护日等活动，利用横幅、展板、宣传材料等大力宣传第三次全国文物普查和文化遗产事业在自身发展、融入社会、改善民生等方面取得的成就。6 月 11 日，西吉县在"文化遗产日"活动现场举行了第三次全国文物普查成果展示。同日，在银川市举行庆祝"文化遗产日"专题活动，并在主要街道悬挂宣传横幅。自治区文物局、博物馆等单位印制并发放了文物保护法规宣传单、组织了自治区博物馆文物鉴定专家现场义务为市民介绍鉴定知识，解答市民"鉴宝"问题。自治区博物馆于 2011 年 6 月 11 日~8 月 11 日举办"文化遗产在我身边——世界遗产图片特展"。

通过举办"国际博物馆日""文化遗产日"以及"贺兰山岩画学术研讨会"等宣传活动，增强了社会各界保护文化遗产的意识，推动了宁夏文化遗产保护工作。《文物保护法》颁布施行以来，自治区文物局每年都组织开展宣传月和宣传周活动，充分利用新闻媒介、编印材料、举办展览、免费发放《文物保护法》单行本及宣传画册、义务鉴定文物等多种形式宣传文物保护法律法规和文物保护成果。2011 年，宁夏文物局对全区文物保护法实施情况进行了调研，从调研结果来看，文物保护法实施在全区取得积极的成效，这与文物保护法宣传普及工作的加强是分不开的。

2011 年文博学术研究成果丰硕，出版了《固原博物馆馆刊》2011 年 1、2 期及《岩画研究》等期刊；编辑出版《典藏之韵》《从井冈山到六盘山——各路红军长征中的会师》《丰碑永存——

典藏宁夏红色文物》《宁夏博物馆 2010 年年鉴》《固原精品文物图集》（上）、《固原文博探究》等书；此外，为配合大型展览，编辑出版了《妙境梵音——青海藏传佛教艺术精品辑萃》《海纳百川——张大千书画精品集》《云岭飞歌——云南少数民族文物辑萃》《朔地恋歌——宁夏岩画特展图录》《晋国瑰宝——山西出土两周文物精华展图录》《清宫遗珍——故宫御用金银器特展图录》和馆藏回族文物图录《塞上回韵》等专著 7 部；做好了《固原精品文物图集》（中）出版前的编辑、统稿工作；2010 年出版的《固原历代碑刻选编》一书获 2011 年宁夏第十一次社会科学优秀成果三等奖；宁夏博物馆、固原博物馆专业人员在全国各级刊物上发表文章共 37 篇。

【机构及人员】

2011 年，宁夏共有文物保护管理机构 31 个，从业人员 654 人，比 2010 年增加了 93 人，具有高级职称的 47 人，比 2010 年增加了 14 人；具有中级职称的 88 人。

【对外交流与合作】

2011 年 8 月 9 日，宁夏岩画研究中心赴意大利举办"宁夏岩画特展"，并纳入了文化部意大利"中国文化年"活动中。这是宁夏首次在意大利举办的高规格岩画展览，为意大利各界了解宁夏、宁夏岩画提供了一个重要窗口。

2011 年 10 月 25 日~11 月 2 日，应台湾故宫博物院院长周功鑫的邀请，宁夏文物考古研究所罗丰同志赴台对该院进行学术交流和访问。期间，对台湾故宫博物院拟收藏的一批文物提供了学术意见。

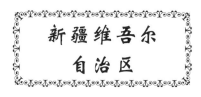

【概述】

2011年，在新疆维吾尔自治区党委、人民政府的高度重视和领导下，在国家文物局的大力支持下，在相关部门和各地的支持协助下，新疆维吾尔自治区文物工作战线认真贯彻落实十七届六中全会、中央新疆工作座谈会和自治区第八次党代会精神，坚持文物保护工作方针，服务发展稳定大局，抓住机遇、锐意进取、扎实工作，推动文物事业保持加快发展的态势，各项业务工作取得了显著的进展和成果。

【执法督察与安全保卫】

（一）文物普法宣传

利用"文化遗产日""文物保护宣传周""5·18博物馆日"等活动，举办发放文物法制宣传材料、制作文物法制宣传展板、免费参观博物馆等活动，加大宣传力度，充分利用多种形式和手段，深入宣传文物保护法律法规，提高宣传效果，扩大影响，既提高了广大群众的文物保护意识，更提高了本系统干部职工的文物法制意识。

充分发挥广播、电视、报刊、网络等传媒的积极作用，与强势媒体合作，广泛宣传文物保护法律法规，新疆文物系统工作人员自觉树立起知法、懂法、用法的法律意识，从而带动法制宣传教育工作；并以新疆维吾尔自治区第三次全国文物普查为契机，由普查队伍将文物法律法规送到田间地头，增强了全民文物保护意识，在开展公益性法规宣传教育工作中起到了积极推进作用。

（二）打击文物盗窃、走私犯罪

根据国家文物局"2011打击文物犯罪专项行动"动员部署会议精神，2011年6月27日，新疆维吾尔自治区公安厅、自治区文物局在乌鲁木齐市召开了2011打击文物犯罪专项行动动员部署会议，公安、文物、海关、铁路、民航等相关部门负责同志参加会议，明确了自治区2011打击文物犯罪专项行动的任务目标。公安厅、文物局联合印发了《新疆打击文物犯罪专项行动工作方案》（新公通〔2011〕155号），确定和田地区、巴音郭楞蒙古自治州、吐鲁番地区、阿克苏地区、哈密地区、伊犁哈萨克自治州六个地、州为打击文物犯罪专项行动重点地区。会议确定了各地公安机关和文物部门要建立联席会议制度，密切合作，努力形成良性互动、形成打击盗窃、破坏、贩卖文物犯罪长效工作机制。自治区公安厅、自治区文物局还联合印发了《新疆维吾尔自治区公安机关和文物行政管理部门打击防范文物犯罪工作长效协作机制》（新公通〔2012〕10号），加大公安机关和文物部门联合打击文物犯罪力度。截至2011年底，公安部、新疆维吾尔自治区公安厅挂牌督办的巴音郭楞蒙古自治州且末县"12·18"重大非法倒卖文物案、和田地区策勒县达玛沟佛教遗址被盗掘案两起重点文物犯罪案件，公安部门经过深挖，取得了阶段性成果，共抓获犯罪嫌疑人34人，涉案文物总计3657件，其中二级文物9件，三级文物6件。

（三）文博系统安全保卫

强化文物安全工作。完成北庭故城等8处全国重点文物保护单位的安防设计方案。开展了田野文物安全大检查工作，对和静、昭苏2个考古发掘工地的安全制度、防范措施及落实情况进行了抽查。对伊犁州 8 个国保单位和伊犁州博物馆进行了文物安全检查，对检查出的安全隐患进行了整改。

加强执法督察工作。对国保单位开展了执法巡查与安全检查。对国家文物局交办的重点案件进行了认真督办，下发了《执法通知书》。对温巴什石窟被盗挖一案等 3 起案件进行督办或现场调查。完成了文物行政执法证的发证工作。组织完成了本行政区域内《国有全国重点文物保护单位内经营性活动调查表》、《遗址类博物馆内经营性活动调查表》的汇总上报。

【不可移动文物的保护和管理】

（一）概况

截至 2011 年底，新疆维吾尔自治区共有文物点 9545 处，其中全国重点文物保护单位 58 处（其中古遗址 25 处，古墓葬 18 处，古建筑 5 处，石窟寺及石刻 7 处，近现代重要史迹及代表性建筑 3 处）；自治区级文物保护单位 373 处（古遗址 195 处，古墓葬 79 处，古建筑 40 处，石窟寺及石刻 23 处，近现代重要史迹及代表性建筑 36 处）；市县级文物保护单位 3717 处；其他未公布级别的不可移动文物 5397 处。

重要文物保护工程管理主要有：坎儿井地下水利工程保护项目，完成 23 条坎儿井的掏捞加固工作，资金总投入 1000 万元；北庭故城考古遗址公园建设项目，实施西大寺本体保护、故城部分城墙加固、5、6 号佛寺遗址考古发掘及保护、西门区考古勘探，以及完成考古遗址公园规划（大纲）审核报批等工作，投入经费 1200 万元；遗产地保护设施建设项目，包括克孜尔千佛洞、楼兰古城、吐峪沟石窟、苏巴什佛寺遗址、台藏塔遗址、麻赫穆德·喀什噶里墓等，2011 年克孜尔千佛洞先期启动，其余项目都

已完成项目前期的方案审核、施工图设计及招投标工作，完成投资 1500 万元；吐鲁番地区烽燧保护项目，对吐鲁番地区 4 处重要的烽燧遗址进行了保护设施建设，总投入 200 万元；实施了哈密回王墓安防项目、昭苏圣佑庙安防项目，共投入 330 万元；启动了哈密回王墓保护规划、托库孜萨来遗址保护规划编制项目，共投入 120 万元；完成了哈密回王墓修缮项目，对九世回王墓及台吉墓进行了修缮，共投入 150 万元；吐峪沟石窟抢险加固二期、乌拉伯古城抢险加固二期项目开工实施，已完成经费拨付 330 万元。

（二）大遗址保护

2010 至 2011 年，新疆开展的重点大遗址保护项目主要包括交河故城二期抢险加固工程、高昌故城三期抢险加固工程、柏孜克里克石窟一期抢险加固工程、克孜尔尕哈石窟抢险加固工程以及一些以防洪为内容的文物保护工程等。

1. 交河故城二期抢险加固工程

交河故城抢险加固二期工程主要采用土坯砌筑、锚杆锚固、表面渗透、充填注浆等技术方法对土建筑遗址本体进行保护加固；采用楠竹复合加筋锚杆对遗址危崖体进行锚固；采用局部改沟、筑堤等工程措施消除地表汇水、积水对土建筑遗址的危害。

2. 高昌故城三期抢险加固工程

采用的主要保护工程措施包括：墙体防坍塌加固；墙体裂缝灌浆加固；锚杆注浆加固；墙体顶部防风蚀和防雨水冲刷加固；墙面防风蚀和防雨水冲刷加固；孔洞、拱券、券洞加固；木栈道、木围栏修建。

3. 克孜尔尕哈石窟抢险加固工程

克孜尔尕哈石窟抢险加固工程保护措施主要包括表面防风化加固、锚杆锚固、窟顶加固裂隙注浆、裂隙充填注浆、冲沟整治、防护围栏等。同时这次抢险

加固还对克孜尔石窟通过修筑防洪坝进行防洪改造，减少洪水的石窟的破坏作用。2011年10月完工。

4. 柏孜克里克石窟抢险加固工程

主要采取锚杆锚固、土坯砌补、裂隙注浆、PS表面防风化、窟顶防水整治等措施对崖体和洞窟进行加固。栈道工程指在1~8号窟、40~51号窟下方依地形修建两段钢筋混凝土栈道。2011年7月竣工。

通过各方的努力，各项工程均按计划推进，达到了预期的目标，竣工后的工程对文物的保护作用实际效果明显。其中，交河故城二期抢险加固工程荣获"2010年度全国十大文物维修工程"荣誉称号。

（三）全国重点文物保护单位

新疆2011年有全国重点文物保护单位58处，其中古遗址25处，古墓葬18处，古建筑5处，石窟寺及石刻7处，近现代重要史迹及代表性建筑3处。

2011年完成13处保护规划工作方案的审核与上报工作。至此，全区58处全国重点文物保护单位保护规划编制工作全部启动。

完成库木吐喇千佛洞、艾比甫·艾洁木麻扎、平定准格尔勒铭碑、塔城红楼、尼勒克县努拉塞铜矿遗址等全国重点文物保护单位保护方案的审核与报送工作。

自治区参考内地省市相关管理文物保护勘察设计、施工、监理单位的成熟管理经验，建立了新疆项目管理资料库，并筹建了文物保护工程专家库，确保自治区文物保护项目的质量和安全。

在国家文物局的协调指导下，积极与援疆对口单位、援疆省市联系接洽，争取援疆文物保护项目，开展了《惠远古城及伊犁将军府文物保护总体规划工作方案》等项目。

（四）世界文化遗产

5月，新疆维吾尔自治区文物局启动了《中国世界文化遗产预备名单》更新工作，在吐鲁番召开"丝路遗产——吐峪沟石窟寺遗址保护筹划会"。新疆维吾尔自治区文物局印发《新疆丝绸之路文化遗产地基础设施建设工程管理办法（试行）》。7月，新疆维吾尔自治区发改委启动台藏塔、苏巴什遗址、吐峪沟石窟、麻赫穆德·喀什噶里墓等遗产地保护设施建设项目。10月，吐鲁番地区文物局完成坎儿井保护利用工程二期23条坎儿井的保护维修工作。11月，"新疆哈密地区坎儿井保护总体规划评审会"在哈密召开，由北京清华城市规划研究院编制的《哈密地区坎儿井保护总体规划》通过自治区级评审。

12月，国家文物局在乌鲁木齐召开了"丝绸之路跨国申遗协商会"，中国、哈萨克斯坦和吉尔吉斯斯坦三国代表研究推动三国联合申遗工作，并草签了《丝绸之路跨国申遗工作备忘录》。根据备忘录，中、哈、吉三国以"丝绸之路起始段和天山廊道"作为首批丝绸之路申报项目，计划于2013年2月1日前联合提交丝绸之路申遗文本，力争在2014年列入《世界遗产名录》。

【考古发掘】

（一）发掘概况

1. 考古发掘重要收获

2011年新疆文物考古研究所积极贯彻国家文物考古工作方针，全力配合自治区"定居兴牧"等大中型基本建设，深入开展考古科研工作，全年共组成27支考古队伍、100多人次参与抢救性考古发掘。共发掘古墓葬1000余座、遗址2000多平方米，出土器物近2000件，主要有陶器、金器、铜器、铁器、木器、骨器等。考古发掘涉及的古代文化遗存时间跨度大，遗存分布空间广。干沟遗址发掘出土的细石器具有准确地层，在新疆地区尚属首例，填补了新疆地区考古学上的空白。额敏县吉尔特墓地发掘的石棺墓也是塔城地区首次发现。伊犁汤巴勒萨伊墓地和库克苏河西2号墓群两处墓地青铜时代墓葬，不仅在墓葬形制及葬俗葬式方面与安德罗诺沃文化遗存显示出强烈的一致性，而且在随葬器物及其组合方面，也与安德罗诺沃文化时期的同类器物极为接近，表明这一考古文化遗存，与安德罗诺沃文化之间存在明显的文化联系，从时代特征看，两处墓地青铜时代墓葬，相当于安德罗诺沃文化的中晚期。初步研究，汤巴勒萨伊墓地和库克苏河西2号墓群青铜时代考古文化遗存，很可能是分布在我国伊犁河中上游地区、具有强烈地方特征的独特考古文化遗存；其文化内涵与安德罗诺沃文化关系密切。因此，这类遗存可命名为伊犁河流域青铜时代考古文化的"汤巴拉萨伊类型"。对于全面研究新疆史前时期文化渊源以及延续传承，具有十分重要的学术价值和研究意义。

2. 考古报告整理出版

2011年整理完成的发掘报告有：《2007年度高昌故城第二次发掘报告》《07—08年巴旦木墓地考古发掘报告》《2008年台藏塔遗址考古发掘报告》《2008年鄯善一棵桑墓地发掘报告》《2008年鱼儿沟遗址、阿拉沟墓地发掘报告》《2009库车库俄沿线考古发掘简报》《2010塔城白杨河考古发掘简报》《2010年度尼勒克县汤巴勒萨伊墓地考古发掘报告》《2010年尼勒克县铁列克萨伊墓地考古发掘报告》《2010年度新源县别斯托别墓地考古发掘报告》《2011年木垒县干沟墓地发掘简报》《2011年木垒县干沟墓地细石器遗址发掘报告》等十三项考古简报或报告。

（二）重要考古项目

1. 布尔津县也拉曼墓群

发掘时间：2011年4月至6月。也拉曼墓群位于阿勒泰地区布尔津县，涉及喀喇塔斯墓地，博拉提一号墓地，博拉提三号墓地一区、二区，博拉提四号墓地，库木达依力克墓地六处墓地，共发掘墓葬90座。墓葬在地表有石堆、土堆、石圈石堆等地表标志。墓葬形制有竖穴土坑、竖穴偏室、竖穴石棺等类型，葬式以单人仰身直肢葬为主。出土石器、陶器、铜器、铁器、骨器等近100件器物。其中带有墓道的竖穴土坑墓在阿勒泰地区尚属首次发现，主要有博拉提三号墓群一区的M6，二区的M2、M9等。该类型墓葬在墓室一端带有斜坡墓道，墓道与墓室间立有石板。墓室内多以石板构筑成石棺。葬式仍以单人仰身直肢葬为主。就墓葬形制、丧葬习俗及随葬品等文化内涵看，也拉曼墓群墓葬的主体年代应在早期铁器时代至汉晋时期，少数墓葬的年代可上溯到青铜时代。除墓葬外，在库木达依力克墓地东北约400米的山沟出口处发现有岩画分布，与墓群主人存在有一定的关系。该墓群时间跨度较大，空间分布较为广泛，有山丘、平原、沙地等，充分展现了古代生活在这里的人群风貌，表明当是这里的环境十分适宜居住生活。

2. 哈巴河县东塔勒德墓地

发掘时间：2011年6月至7月。墓地位于阿勒泰地区哈巴河县东北约20公里的加依勒玛乡塔木齐村，墓葬分布于阿尔泰山前支脉间的多条山梁上。墓地被一道西北—东南向的山岭分为两区：

Ⅰ区位于墓地北部，共发掘墓葬47座，墓葬在地表多存有平面呈圆形的石堆。墓葬形制以长方形竖穴土坑墓为主，少数墓葬在墓室底部用石板或条石构筑成石椁，并以石板或圆木封盖。多数墓葬早年被盗，保存完整的墓葬以单人仰身直肢葬为主。出土遗物匮乏，出土铜、陶、铁、石、金器共计约40余件。在墓地西缘山岩上发现有岩画。

Ⅱ区位于墓地南部，共发掘墓葬14座。墓葬在地表存有平面呈圆形的土石封堆，少数墓葬的封堆边缘堆砌有一周小卵石。墓室均开口于封堆下，以竖穴土圹石棺墓为主，墓葬规模较大。多数墓葬早年被盗，从保存较好的墓葬观察，葬式以单人仰身直肢葬为主。由于墓葬早年被盗，所出土的器物均为小饰件，且已失去原生位置。出土遗物以铜器、金器为主，不见有陶器。金器多以金箔加工而成，制作精细，多采用模压工艺制作出蜷曲的雪豹、金虎等形象。

就墓葬形制、葬式葬俗以及随葬器物所反映的文化内涵来看，东塔勒德墓地的年代跨度较大，大致在距今3000至2000年左右。

3. 特克斯县军马场一连墓地

发掘时间：2011年4月至5月。墓地隶属于特克斯县科克苏乡军马场一连，距特克斯县城直线距离约14公里。墓葬分布于特克斯河支流库克苏河东岸的山前台地上。共发掘墓葬56座。墓葬在地表存有平面呈圆形或近似圆形的土堆和石堆，经清理后，石堆可分为石堆、双石围石堆、但石围石堆等类型。墓葬形制有竖穴土坑、竖穴石棺（室）、竖穴偏室与地表石棺四种形制。除地表石棺墓中未发现人骨外，其余墓葬的葬式均以单人仰身直肢葬为主，少数偏室墓葬有木棺。出土遗物匮乏，多出土于竖穴土坑墓之中，器物多置于墓主头端的一侧。共出土陶器、铜器、骨器、石器、铁器等随葬器物46件。该批墓葬形制多样且出土遗物匮乏，依据墓葬形制、葬式葬俗与出土遗物所反映的文化内涵，我们初步判断该批墓葬的主体年代应在青铜时代至早期铁器时代，部分偏室墓的年代可晚至宋元时期。

此外，2011年的主要考古遗址还包括昭苏县斯木塔斯墓地、木垒县干沟墓地、塔城裕民县阿勒腾也木勒墓地、沙湾县宁家河墓地、和静县莫呼查汗墓地等。

【博物馆与可移动文物保护】

（一）博物馆

1. 可移动文物的保护、管理和研究

2011年编制完成《新疆博物馆馆藏泥塑彩绘文物、纺织品、壁画、漆木器、古代干尸等文物修复保护方案》《新疆文物考古研究所所藏纺织品、漆木器、纸质文书、壁画等文物保护修复方案》《新疆龟兹研究院院藏壁画、纸质文书文物保护修复方案》《吐鲁番地区博物馆馆藏纺织品、纸质文书、壁画文物保护修复方案》《哈密地区博物馆馆藏青铜器、古代干尸文物保护修复方案》《巴音郭楞蒙古自治州博物馆馆藏青铜器、纸质文书文物保护修复方案》等。这些方案的及时编制完成，为以后项目的实施提供了有力保障。

2. 馆际交流与合作

2011年3月～12月，由新疆维吾尔自治区文物局、新疆维吾尔自治区博物馆、新疆维吾尔自治区文物考古研究所、伊犁哈萨克自治州博物馆等单位共同举办的"丝路遗韵——新疆出土文物展"先后在深圳博物馆、河南博物院展出。

2011年4月～10月，河南省博物院"青铜文明 中原瑰宝——河南出土夏商周文物展"先后在新疆维吾尔自治区博物馆、吐鲁番地区博物馆隆重展出。

2010年12月～2011年10月，"丝绸之路——大西北遗珍展"先后在浙江省博物馆、沈阳市博物馆和大连市博物馆展出。

2011年4月～10月，"新疆民族服饰文字文物展"先后在河南安阳中国文字博物馆、贵州省博物馆、扬州市博物馆展出。

2011年8月，福州市博物馆"福州平潭碗礁一号出水文物展"在昌吉回族自治州奇台县博物馆展出。

3. 其他重要展览

其他重要展览还有"新疆古代服饰展"（中国国家博物馆）、"四海一家——第五届驻华使馆藏品展"（新疆维吾尔自治区博物馆）、"军垦魂"（新疆生产建设兵团军垦博物馆）、"哈密·新疆航空历史陈列展"（哈密民航博物馆）、"庭州记忆——老照片展"（昌吉回族自治州博物馆）等。

（二）可移动文物保护

1. 文物数量、等级

截至2011年12月31日，全区可移动文物总量127607件，其中一级文物707件（套），二级文物1339件（套），三级文物4038件（套），馆藏珍贵文物全部实现了信息化管理。

2. 可移动文物保护修复基地建设

2011年新疆维吾尔自治区博物馆与中国丝绸博物馆合作建立了"纺织品文物保护国家文物局重点科研基地新疆工作站"，新疆维吾尔自治区龟兹研究院与中国文化遗产研究院合作成立"古代壁画保护修复研究中心新疆工作站"，新疆文物古迹保护中心与敦煌研究院合作成立"国家古代壁画保护工程技术研究中心新疆工作站"。各工作站已完成了第一批文物修复保护方案，并已着手实施。

【科技与信息】

文物科研工作有序推进。在国家文物局的大力支持下，新疆维吾尔自治区先后成立了"生土遗址保护加固新疆工作站""古代壁画保护修复研究中心新疆工作站"和"国家文物局纺织品科研基地新疆工作站"，提升了全区文物科研水

平。召开了吐峪沟石窟考古成果展示会，通过了《"丝路遗产——吐峪沟石窟寺遗址保护筹划会"倡议书》。举办了龟兹石窟保护与研究国际学术研讨会，70余名中外专家学者出席研讨会。

【文博宣传与出版】

2011年新疆维吾尔自治区文物局加强与新闻媒体的合作交流，进一步加大文物宣传工作力度。与新疆电视台合作推出纪录片《达玛沟发现》，合作出版音像制品《博物馆之旅》。与中国文物报合作推出《中国文化遗产——新疆"十一五"专辑》，面向国内外公开发行。与文物出版社合作出版了丛书《带你走进博物馆——新疆维吾尔自治区博物馆》《带你走进博物馆——吐鲁番地区博物馆》和《带你走进博物馆——兵团军垦博物馆》。出版了《新疆馆藏文物精品图录》，新疆文物局官方网站（xjww.com.cn）实施全面改版。在新浪网开通新疆文物局官方微博。围绕"文化遗产日"，组织开展了图片展等宣传活动。对各类符合文物法规的文物拍摄宣传活动给予积极支持，及时办理有关审批、报批手续。通过一系列宣传活动，扩大了文物保护工作的影响力，推动了文物保护的社会化进程。

【文博教育、培训情况】

2011年4月，新疆维吾尔自治区文物局举办了"全疆文物保护重点工程'十二五'规划项目编制培训班"。培训班邀请了国家文物局、新疆维吾尔自治区发展和改革委员会、文化厅、文物局有关负责人进行了专题授课，来自全疆各地州市（县）文物部门、国家重点文物保护单位辖区分管领导及自治区区属文博单位主要领导和主要骨干80多人参加了培训。6月，国家文物局援疆项目"新疆壁画保护

修复培训班"在新疆和田地区策勒县举行，培训班为期二个月，在理论学习的基础上组织学员赴敦煌进行实地学习并在策勒县进行现场实习，为新疆壁画保护修复工作培养了一批专业人才。

7月，由国家文物局主办，新疆维吾尔自治区文物局承办的"2011年度全国文物行政执法人员培训班（新疆片区）"在新疆昌吉回族自治州昌吉市开班。培训班为期6天，共有来自全疆各地州市（县）文物部门160余名学员参加了培训。

10月，受国家教育部等部委委托，在新疆维吾尔自治区文化厅和新疆维吾尔自治区文物局的大力配合下，新疆文博系统18人赴南京大学接受为期一年的文物保护与考古方向的专业培训；同月，有20人在兰州大学开始接受为期一年的文物保护维修方向的专业培训。

【机构及人员】

截至2011年底，新疆维吾尔自治区共有文物业机构176个，包括文物保护管理机构99个，博物馆73家，文物科研机构2家，文物总店1家，文物古迹保护中心1家。其中，2011年新设文物保护管理所1家，是巴音郭楞蒙古自治州博湖县文物保护管理所；新建博物馆2家，分别是阿克苏地区阿瓦提县多浪民俗文化博物馆、塔城地区托里县博物馆；新划拨文物系统博物馆1家，为察布查尔锡伯自治县博物馆。新疆文物行业从业人数1706人，其中具有高级职称的79人，中级职称158人。

【对外交流与合作】

经国家文物局批准，2011年2月，新疆维吾尔自治区文物局在美国宾夕法尼亚大学人类与考古学博物馆举办的"丝路奥秘——新疆文物大展"隆重开幕。展览在美国引起了广泛关注，成为美国民众近距离了解新疆自古以来就是多民族聚居，多种宗教、多种文化并存，是中国不可分割的一部分这一历史意义的重要平台。

2011年4月，由新疆维吾尔自治区文物局选送的145件（套）文物圆满结束在韩国国立中央博物馆举办的"丝绸之路大文明展"，安全返回乌鲁木齐。展览举办期间，收到了韩国民众的热情关注，韩国总统李明博、国务总理金滉植等国家元首及宗教界人士参观了展览。

为感谢日本友人、新疆维吾尔自治区人民政府文化顾问小岛康誉先生近30年来对新疆文物、文化、教育等事业的支持和帮助，2011年9月，新疆维吾尔自治区人民政府在新疆大学隆重举行"纪念小岛康誉访问新疆30周年纪念大会"。自治区党委书记张春贤，党委常委、宣传部长胡伟接见了小岛康誉一行，自治区人民政府副主席出席纪念大会并讲话。

2011年10月，新疆维吾尔自治区文物局选送15件（套）精美文物参加了由中国文物交流中心与意大利罗马考古与遗产特别监管局共同主办的"丝绸之路展览"。该展览是罗马市政府于2011年举办的"丝绸之路：文化与创新双年展"系列活动之一，展出时间是2011年10月至2012年2月。我国驻意大利大使丁伟在开幕式上致辞，意大利外交部、罗马文化局及新疆维吾尔自治区文物局等近200名嘉宾出席了展览开幕式。

【对口援疆】

扎实推进文物对口援疆工作，中央财政投入力度进一步加大，中央直属文博单位及浙江大学、西北大学、吉林大学等高校分别与新疆签订合作框架协议。北京、江苏等文物部门编制了对口援疆工作规划，并积极落实援助资金。北京市文物局投入资金用于和田地区和农十四师文物保护。山东省完成喀什艾提尕尔清真寺一期工程投资，开始抓紧推进二期工程。南京博物院出资援建伊宁市汉家公主纪念馆展览提升工程。山西省启动农六师五家渠市农垦博物馆规划编制工作。故宫博物院完成《伊犁将军府展厅设计方案初期报告》。

其他

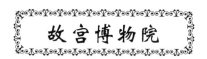

故宫博物院

2011 年，对故宫博物院而言，是极其特殊的一年。针对"斋宫展品失窃案"及其引发网络热点问题所暴露出安全管理、制度建设等方面存在的问题和薄弱环节，按照中央领导、文化部的要求，故宫博物院切实吸取教训，全面进行整改，落实管理责任，完善规章制度，逐步提高管理水平，积极回应社会各界对故宫工作的关切。在学习胡锦涛总书记"七一"重要讲话精神和党的十七届六中全会精神的同时，把贯彻落实与故宫博物院实际工作充分结合，转化为推进各项工作的强大动力，全院上下同心同德，振奋精神，奋力开创故宫博物院事业发展的新局面，为推动社会主义文化大发展大繁荣贡献力量。

【开放安全】

发生"斋宫展品失窃案"后，故宫博物院立即开展了安全隐患的"自查自纠"工作，对照失窃事件暴露出的安全意识薄弱、责任心不强、执行制度不严格等问题，结合各岗位职责，进行彻底的自查和整改。

开展安全教育，强化责任意识。着眼于增强责任心、提升责任感、落实责任制，院党委在全院组织开展了"弘扬故宫精神　强化责任意识"主题教育活动。引导和动员全体职工戮力同心，在挫折中奋起，以昂扬的精神状态、扎实的工作作风，高度的责任感，过硬的岗位素质，发奋工作。同时，对展品失窃、宋代哥窑瓷器损伤中涉及的责任人进行了行政处罚，以警示教育全体职工。开放管理部门通过组织职工分四批 265 人到斋宫现场实地查看作案人作案过程，回顾和反思封门检查中存在的问题，强调重视容易被忽视的细节，教育职工警钟长鸣，牢记安全教训。

开展"技防""物防"隐患排查和整治工作。加强了技防设施建设，在事发的斋宫室内加装 3 种不同类型的报警器，在室外连廊、大门、院墙设置周界报警，室内、外加装监控摄像机并配有阵列式红外灯作为摄像机辅助光源，在诚肃殿西耳房控制机柜区域加装了报警及监控设备。同时投入经费 90 万元对 29 个区域机加装备用 UPS 电源；投资经费 27 万元，在原有监控设备基础上对故宫 3 个停车场增装了夜视摄像机，对进出的所有车辆实施监控，消除了夜间监控盲区；修订了城墙周界防范设计方案，追加经费约 200 万元，在城墙上新装了 3 道激光对射报警器及夜视激光摄像机。新增设封门检查巡更系统触点 374 个点，配备触摸棒 98 个。2010 年 11 月 1 日开工的安防控制室改扩建工程，主体建筑基本完工。

在物防方面，开始对所有安全防控不达标的展厅进行门窗玻璃、地板、展柜的重新改造，提高展室安全性。通过以上的"技防""物防"的改造，大大提高了故宫的安全防范水平。

加强制度建设和培训演练，提高安全管理能力。陆续制订了《故宫博物院职工工作卡使用管理规定》《故宫博物院临时工作证使用管理规定》以及《院内工作人员佩带工作卡的管理办法》，严禁无卡人员入院或在院内走动，并加大了检查和处罚力度。完善了《各夜班岗位人员巡检制度》，加强了对夜岗人员的检查力度。修订完善了工作职责、出警应急预案及相关规章制度；加强了应急预案的演练，改进了处置警情程序，提高了警情处置快速反应能力。对警卫人员进行了集中培训。全年组织封门演习42次。从安全出发考虑，7月2日起，实行自南往北单向参观的新规定，参观秩序大大好转。

2011年接待购票观众1400万余人次，票款收入6.5亿元。

【文物保管与非物质文化遗产保护】

进一步加强对藏品的管理。以宋代哥窑瓷器损坏事故为契机，在全院开展文物安全意识的教育，全面检查文物工作各个流程和环节，排查、整改安全隐患，避免文物损伤事故的再次发生。严格执行现有的文物操作规范，完善文物测试工作的安全措施。全年对文物库房进行了8次抽查，确认文物保存状况符合院藏品管理制度的要求。同时，将防震工作确定为故宫博物院重要的战略任务。

自2010年底七年文物清理工作结束后，开始编写验收报告简本，并陆续落实文物清理各项后续工作。继续进行文物简目的编定和《故宫博物院藏品大系》的编辑出版工作。

继续协调长年外借文物的续借、清理工作。2011年，共接收捐赠作品14件，其中黄苗子、郁风夫妇捐赠作品10件，台湾胡焱荣先生捐赠翡翠作品2件。

开展文物科技保护工作。继续开展白蚁防治、虫害防治、《七佛说法图》展室环境整治、X射线无损检测、纺织品

保护、中美乾隆花园保护合作项目材料的科技分析、古陶瓷科研基地科研工作等文物科技保护工作。配合赴国（境）外展览、国内各地展览、院内展览以及院藏文物的抢救性修复除尘及囊匣制作377件。

拓展非物质文化遗产保护领域。8月，故宫博物院"青铜器修复及复制技艺""古书画临摹复制技艺"列入第三批国家级非物质文化遗产名录项目。同时，故宫博物院陆续完成了"传统木器家具修复技术""传统文物囊匣制作技术""古代钟表传统修复技术""传统漆器修复技术""中国传统镶嵌修复技术"等五项传统技艺申报材料的准备工作。

【古建筑保护】

对古建筑认真履行保护管理职责，按照统一部署进行安全隐患排查和整改，做好古建筑日常巡视、维护和古建保护维修项目，成立故宫世界文化遗产监测中心，稳步开展遗产监测工作。5月11日召开故宫修缮工程专家咨询委员会第七次全体会议，通报了2011年古建维修项目并2012年维修计划。

端门收回管理。按照文化部确定的端门在2011年"五一"前划转给故宫的指示，故宫博物院在4月29日与国家博物馆正式签署了端门划转协议书，正式收回端门区域。已开始协调原商户的腾退工作，以后计划作为观众服务区。

遗产地监测。12月，成立故宫世界文化遗产监测中心，制定故宫世界文化遗产监测管理工作规则和故宫文化遗产监测实施方案。与北京市气象局合作，在上驷院完成了故宫自动气象站设备安装，以监测故宫气象（温度、湿度、风速、风向、降水量、气压、总辐射量）状况。完成了室外陈设监测数据库基础数据调查工作。继续开展午门城台沉降

变形监测工作。

主要修缮工程进展。慈宁花园修缮工程 2011 年 4 月 11 日开工，已完成工程总量的 30%，预计 2013 年完工。建福宫区维修工程 4 月 1 日开工，已完成工程总量的 50%。英华殿区维修工程 4 月 12 日开工，已完成工程总量的 70%，预计 2012 年 8 月份完工。大高玄殿乾元阁抢险工程 6 月 30 日开工，已完成工程总量的 80%，预计 2012 年 5 月完工。延禧宫内灵沼轩修缮工程 2011 年 8 月 11 日开工，因进行结构稳定性检测，工程处于停工状态。东华门修缮工程 2011 年底前开工，预计 2012 年底完工。慈宁宫修缮工程 2007 年 4 月 2 日开工，2010 年 12 月全面完工，2011 年 5 月 16 日通过竣工验收。御史衙门区修缮工程 2007 年 9 月 12 开工，2011 年 5 月全面完工，11 月 17 日通过竣工验收。乾隆花园项目，符望阁内檐硬木装修保护修复工作已完成 60%，倦勤斋保护修复纪录片修改完成。继续进行西玉河基地建设、西河沿文物保护综合业务用房建设以及基础设施现状管线维修与改造工程建设。

古建保护资料整理与研究。《故宫古建筑保护工程实录——武英殿》第一册已出版，第二册已开始编辑。《符望阁保护前期调研报告》即将出版。继续进行清宫匾联、英华殿修缮与保护、明代紫禁城布局变迁、故宫彩画的调查研究和保护等科研课题。

【展览与公众服务】

2011 年，赴国内博物馆展览 13 个；引进展览 7 个。在院内举办的展览有 8 个，包括武英殿书画馆"历代书画展"第二轮次的一、二、三期陈列展览工作、"浙江青瓷精品及火烧山窑考古发掘成果展"、"黄苗子郁风书画艺术展"、"百年好合——胡焱荣翡翠艺术展"及年度重点展览"兰亭特展""兰亭珍拓展"等。

此次兰亭展不仅展出故宫珍藏虞世南、褚遂良和冯承素等历代书法家的摹本和临本，更有首次亮相的乾隆皇帝所集《兰亭八柱》帖，西晋陆机的《平复帖》、东晋王珣的《伯远帖》。兰亭展开幕以来，观众络绎不绝，每天达到 2000 人，这在以前是从来没有过的。配合展览出版的《兰亭图典》《兰亭的故事》以及《紫禁城》兰亭专刊受到多方喜爱和好评。

兰亭展的成功，一方面是独一无二的展品的稀缺性、珍贵性以及公众对传统优秀文化的喜爱所决定的，另一方面也与故宫博物院精心筹备和宣传策划密不可分。针对如何办好兰亭大展，故宫博物院提前两年开始筹备，同时，为推介该展，特制订了兰亭展宣教活动总体方案。以"5·18 国际博物馆日""6·11 中国文化遗产日"为契机，在兰亭展开幕前就启动宣传，并逐步通过举办兰亭文化系列讲座、拍摄播出展览预告短片、网上虚拟兰亭展、北京城中寻找兰亭印记、第六届故宫知识课堂活动等一系列活动以及志愿者参与讲解及观众问卷调查等多种形式，来普及弘扬兰亭文化，为展览凝聚人气。

此外，2011 年的公众宣教服务活动还包括了接待新疆生产建设兵团"老战士走进北京"活动、邀请 700 名来京务工人员子女参加以"寻宝"为主题的故宫知识课堂、与北师大附中合作开展"故宫校本课"系列教育活动，以及由北京故宫文物保护基金会和中国宋庆龄基金会共同主办的"孩子，圆你故宫梦"活动。同时，在中央民族大学举办 2 次"永远的故宫"系列讲座。

【科研与出版】

故宫学建设。随着一批高校的加盟，

故宫学研究队伍逐步壮大，有力地推动故宫学的学科发展。浙江大学2011年成立了故宫学研究中心，南开大学故宫学与明清宫廷研究中心的成立已准备就绪，即将举办成立仪式。浙江大学、东北师范大学和中国社会科学院研究生院计划在2012年招收"故宫学"方向研究生，招生目录均已公布。华中师范大学已决定下学期开始开设故宫学课程。东北师范大学亚洲文明研究院特在中国史学科下设立"明清故宫学"研究生招生方面。《故宫学研究丛书》首批选题已经落实。为推动故宫学的发展，11月举办了"故宫学的范畴、体系与方法"学术研讨会，9月举办"辛亥革命与故宫博物院建院"学术研讨会，与国家清史编纂委员会联合举办了主题为"辛亥革命史研究和清史专题研究"的第十四届国际清史学术研讨会。

随着对学术科研支持力度的不断加大，一大批有故宫学术特色的"故宫学"著作陆续问世。《故宫学刊·第七辑》《中国紫禁城学会论文集·第六辑》《明清宫廷史学术研讨会论文集·第一辑》《图文天下：明清舆地学要籍》等。

科研管理与人才培养。2011年共有14个院级科研课题批准立项。历年院级科研课题有"中国古代治玉工艺研究"等3项课题在2011年结项。故宫博物院国家自然科学基金项目立项取得突破性进展，获批准立项3项。继续推进大型出版项目《故宫百科全书》。《故宫博物院院刊》《紫禁城》按期编辑出版。

为推动学术交流与人才培养，先后组织5期学术讲座、6期学术沙龙、科研课题项目与故宫学研究交流会，举办了业务人员培训班、文博专业英语口语培训班。与中国艺术研究院联合培养硕、博士工作，故宫博物院第二届研究生共7人已顺利毕业，2011年有1名博士生和1名硕士生顺利通过全国研究生考试，成为故宫博物院第五届研究生。

出版工作。全年出版图书共计167种，其中合作项目24种。《明永乐宣德文物特展》荣获2010年度"北人杯"质量大奖，《故宫博物院藏品大系》"玉器编""雕塑编""珐琅编"在第十二届优秀美术图书"金牛杯"评奖中被评为荣誉奖。

3月，紫禁城出版社圆满完成转企改制，正式成为一家全民所有制企业。6月9日，紫禁城出版社正式更名为故宫出版社。改企后的故宫出版社，积极推行思路创新、措施创新、机制创新，增强发展的动力活力。由出版社报送的《故宫经典》系列、《明代宫廷史研究丛书》、《赵孟頫书画全集》、《钦定武英殿聚珍版书》、《故宫博物院藏清宫陈设档案》、《苏轼书法全集》、《蔡襄书法全集》、《黄庭坚书法全集》、《养心殿造办处史料辑览》（乾隆朝）、《故宫书画馆》、《故宫藏古代民窑陶瓷全集》、《故宫博物院藏品大系》12种图书选题被列入"十二五"国家重点图书出版规划项目。

依托故宫丰富的馆藏资源，同时面向社会，统筹谋划，出版社积极运作书画、历史与文化、器物、学术与研究以及故宫经典等板块。书画板块已成为出版社的品牌产品，有《故宫珍藏历代法书碑帖集字系列》24种，《米芾书法全集·精选本》。历史与文化板块，出版了《山阴道上》《瓷之色》《紫禁城的黄昏》《清宫八大疑案》等图书。其中《瓷之色》数次登上了三联书店的图书销售排行榜，面世不久便开始重印，社会反响很好。故宫经典系列中的《故宫唐卡图典》《故宫古琴》《故宫珐琅图典》，学术与研究板块中的《书法经纬》《书谱译注》《中国古陶瓷研究：龙泉窑研究》均已出版发行，并取得了良好的社会效益和经济效益。

【信息化建设】

继续加快信息化建设，以信息化推动故宫博物院公共文化服务事业，弘扬优秀传统文化。全面推进院内管理信息系统建设，完成固定资产管理系统、预算管理系统—预算编报子系统、薪资管理、经营网络管理系统等的上线工作；完成文化遗产监测系统 V1.0 建设工作，继续开展 2012 年系统 V2.0 的需求调研工作。完成院档案室历史档案影像扫描以及《奏案》和《奏销档》全文录入工作。

深化内容策划，丰富展示形式，大力提升数字文化展示水平。网站全年访问量 192 万人次，总点击数 4.7 亿次。制作网上展览 17 个。完成《数字故宫》宣传片。积极开展与首都机场合作的《文化国门——故宫印象》展示项目。完成《故宫专家讲国宝》系列视频片 4 集片子的前期拍摄制作。《龙孩儿守故宫》动画片项目，6 月 1 日起在太和门开始播放第 1 集和第 2 集，第 3 集和第 4 集已开始制作。

制作第 5 部虚拟现实（VR）作品《延禧宫》第一期数据。虚拟现实演播厅共接待 185 场 4157 人次。

【与港澳台地区的交流与合作】

以 2012 年香港回归十五周年为契机，建立与香港康文署的全面合作关系。2011 年 3 月，香港康文署署长冯程淑仪一行来院，与故宫博物院就 2012 年香港回归十五周年之际在港再次举办高水平文物展以及后续的合作等议题进行了会谈，并初步约定 2012 年至 2017 年故宫博物院与香港康文署辖下的博物馆（香港艺术馆、香港文化馆、香港历史博物馆）每年举办一项展览。同时，积极开拓与香港文化机构的联系。6 月，故宫博物院首批专家组应香港城市大学中国文化中心邀请前往香港，为"走进

故宫——观察明清帝王的生活"系列讲座进行主讲，受到当地学者和学校师生的热烈欢迎。

故宫博物院到澳门艺术博物馆先后举办了两个展览，一是"山水正宗——王时敏、王原祁'娄东派'绘画精品展"，二是"玉貌清明——故宫珍藏两宋瓷器精品展"。

与台北故宫的各项交流合作项目顺利开展。10 月 30 日至 31 日在故宫内召开了"2011 年兰亭国际学术研讨会"。台北故宫博物院副院长冯明珠带领台北故宫同仁参加了此次会议。

【对外交流与合作】

故宫博物院 2011 年的外展同往年展览相比具有水平高、规模大、影响广的特点。全年举办和参加各类涉外展览共 15 项。其中，9 月 26 日开幕的赴法国卢浮宫"重扉轻启——明清宫廷生活文物展"是故宫博物院 2011 年最重要的外展项目，也是故宫博物院首次在卢浮宫这一西方最主流的古典文明的核心地带高水准、大规模地展示中华文化遗产，打破了中国乃至东方文物从不在卢浮宫博物馆展出的惯例，具有重要而深远的意义。

赴美国"乾隆花园古典家具与内装修设计展"，共吸引了近 30 万人次参观，获得了极大的成功。赴日本"地上的天宫"展虽然因为日本遭遇地震而延期举办，但自 7 月开展之后，在神户、札幌等地的展出十分受欢迎。11 月初开幕的赴夏威夷檀香山博物馆"紫禁城山水画精品展"是配合 2011 年亚太经合组织首脑会议而举办的重要文化活动。

馆际交流日趋活跃，交流范围不断扩大，从以往的通过展览交流发展到现在多层次、多门类的合作项目交流。与弗吉尼亚美术馆签署合作意向书，明确

双方的合作项目。与东京国立博物馆的战略合作伙伴关系全面发展，双方就2012年故宫博物院赴日举办展览开始紧张的筹备工作。与伊朗国家博物馆等机构达成了初步合作意向。

【概述】

在文化部部长蔡武同志的直接领导下，在办公厅、财务司、人事司、外联局、机关党委、监察局和国家文物局等司局的大力支持下，2011年是国家博物馆近百年来最重要的收获之年，同时也是经受严峻考验的一年。一是新馆建成，顺利投入使用，开馆试运行总体情况良好；二是顺利完成100多万件馆藏文物安全回迁；三是初步建立了具有国博特色的展陈体系；四是以人为本的公众服务体系初步形成；五是建立健全安全有效的安保运行体系；六是建立健全和完善了科学管理的规章制度体系；七是伴随着各项业务活动的蓬勃开展，学术活动大大增加，学术水平大大提高，学术影响力不断扩大；八是继续加强党的建设，围绕新馆开放积极开展创先争优活动；九是对外文化交流活动持续扩大，文化软实力窗口作用彰显；十是贯彻"四个立馆"办馆方针，各项工作都取得了历史性的进展和辉煌成就。

【新馆开馆试运行】

国家博物馆改扩建工程从2007年3月动工，经过近四年时间的建设，2010年底全面竣工，到2011年3月1日开馆试运行。李长春同志出席"复兴之路"

复展和开馆仪式，开馆以来运转良好，接待观众总数410多万人次，接待党和国家领导人105人次视察参观，接待外国政要、贵宾63人次。领导同志、外国政要、贵宾和观众专家及广大公众对新馆普遍给予高度评价，称赞新馆庄重、朴素、大气，具有中国文化元素和中国气派，两院院士、著名建筑学家吴良镛先生讲到，"国博最终使用的方案非常正确，既没有改变原有的建筑外貌和风格，又实现了新老建筑的有机协调，保持了天安门广场原有风貌的和谐统一，设计实施的方案思路非常成功，结合了传统和现代的文化元素，整体视觉效果很好，尤其是室内外空间及流线处理上显得简洁大方、庄重朴素"。两院院士、著名建筑学家李道增先生认为，"国博的设计走的是一条中国式的设计路线，既吸收了西方的先进设计，又结合了中国的文化，新馆建筑空间结构简洁、实用，整体和谐统一，总体设计思想符合科学发展观，体现了中国人讲究天人合一的思想，很有中国气势，符合世界大馆的地位，新旧馆实现了和谐统一，使观众油然而生民族自豪感"。

【藏品回迁】

为配合新馆建设，2007年年初，国博将馆藏65万件文物安全地搬到在首都机场租用的临时库房，一件无损。2011年，又将国家文物局划拨的40多万件文物移库清点，这些文物是50年代以来积攒下来的，国博员工用了180个工作日，不怕辛苦，不辞辛劳，清点移库完成。新馆建成后，国博又将100多万件文物回迁至新馆库房及大兴文物库区，这是百年一遇的大事、难事，国博保证了万无一失。2011年10月，国博完成了原国际友谊博物馆划拨的1万多件礼品的清点和移库工作。12月上旬，完成了中央办公厅保管的中央国际礼品近万件的清点和移库工作。文物藏品是国家博物馆组织陈列、展览和进行学术研究的根源，是为公众提供文化服务和对外文化交流等业务活动的基础，是国家博物馆赖以生存的根本条件之一。国博文物藏品现在总量已达 120 多万件，数量大大增加，品类更加丰富多样，为展陈和学术研究提供了更好的基础。

【陈列展览】

陈列和展览是国博开展业务活动和为公众服务的主要手段和形式，是发挥社会教育功能等社会效益的主要途径，如何建立有国博自己特色的展陈体系，如何将近 7 万平方米、48 个展厅利用好，是摆在国博面前的一个历史性课题。

从 2007 年开始，国博就进行了两个基本陈列的研讨论证，一个是"中国古代通史"陈列，这是唯有国博才有条件承办的一个重要陈列，也是国家博物馆的看家陈列，1959 年首次推出的"中国古代通史"陈列，是由周恩来总理和郭沫若同志亲自关心，中宣部、文化部及各方面专家学者直接领导参加审定，当时的陈列大纲是以原始社会、奴隶社会、封建社会来划分，以阶级斗争、农民起义为线索。如今，"古代中国"基本陈列如何布展，是国博面临的艰巨任务，国博先后召开了 4 次全国性的论证座谈会，请史学、考古学、博物馆学、艺术学等新老专家学者共同研究陈列大纲，最终形成以反映中国古代文明为主线，以历史朝代来划分，用博物馆语言来说话，以文物来表现，而非以教科书的语言来表现。"古代中国"基本陈列大纲经国家文物局、文化部上报中央和国务院领导同志批准，于 2011 年 5 月底开始预展，广泛听取广大公众的意见。

另一个是"复兴之路"基本陈列，是李长春同志确定的陈列题目，陈列大纲经过中办、中宣部、中央党史办、文献办等部门的领导专家学者共同讨论审定，主要回顾了 1840 年鸦片战争以来，中国各阶层人民在屈辱苦难中奋起抗争，为实现民族复兴进行种种探索，特别是中国共产党领导全国各族人民争取民族独立、人民解放、国家富强、人民幸福的光辉历史，充分展示历史和人民怎样选择了马克思主义，选择了中国共产党领导，选择了社会主义道路，选择了改革开放，通过陈列昭示大家，没有中国共产党就没有新中国，就没有中国特色社会主义，只有社会主义才能救中国，只有改革开放才能发展中国，发展社会主义，发展马克思主义。该陈列于 2011年 3 月开始复展。"古代中国"和"复兴之路"两个基本陈列开放后受到广大公众的欢迎，参观者如潮，留言者、称赞者甚多。

除上述两个基本陈列之外，已陆续开展了 10 多个专题陈列，"馆藏现代经典美术作品展""古代青铜器艺术""古代佛造像艺术""古代瓷器艺术""古代玉器艺术""古代钱币艺术""古代书画艺术"已经开展。2011 年还举办了 4 个国际交流展览，有德国"启蒙的艺术"、秘鲁"印加人的祖先——公元 1 至 7 世纪的古代秘鲁展"以及法国、意大利两个高档工艺美术品的展览。此后若干年内，还要陆续与英国、意大利、法国、美国、俄罗斯等大国的著名博物馆合作举办展览。国博还设有一个地方展厅，每年推出一个地方博物馆的藏品展览，于 2011 年 12 月第一个推出的是"新疆古代服饰展"，是国博文化援疆的一个重要项目。2011 年开馆以来，已开展陈列和展览 50 余个，数量之大，质量之好，品质之高，种类之丰富，也是前所未有的。国家博物馆的展陈体系主要思路是，在展陈组成上力求丰富多样，既要展示中华古代文明，又要展示中国近现代文明和在中国共产党领导下取得的巨大成就，同时还要展示世界文明成果；既有基本陈列，专题陈列，也有临时性展览；既有历史类展览，又有艺术类展览；既有本馆的藏品展览，也有与国内外合作的展览；既有侧重于学术的展览，也有配合时政的展览；既有反映传统艺术的展览，也有反映当代艺术成就的展览。国博计划用三分之二的展厅，用于基本陈列和专题陈列及国际展览，三分之一的展厅接待临时展览。

【公众服务】

国博自2011年3月1日试运行以来，克服种种困难，边收尾、边调试、边开放，面对大量观众涌入新馆，在安全有序的前提下，有计划、有步骤地推出多项公共服务内容，完善公众服务设施，不断提高为公众服务的水平。一是尽可能创造条件为观众提供方便快捷的门票预订服务。为方便公众参观，目前提供4种门票预订方式，团体观众电话预约，零散观众通过网站预约或者短信预约，没有预约的观众也不拒之门外，随时提供现场实名制取票的办法，针对不同观众的构成，分别在西门北侧设立零散观众入口，西门南侧设立绿色通道方便残疾人和高龄老人进入，西门中部设立国宾通道，专门为国务外交活动使用，北门设立团体观众入口，集中安排团体观众进入。二是存包服务、安检服务、查询服务、标识信息提示和公共广播等系统努力做到有求必应，处处体现以人为本。在确保观众参观的同时，确保文物安全，在北门和西门设有存包处，在入口检票处设有安检门、X光机和安检设备，西大厅和西门厅分别设4个服务台，为观众提供贴心服务，在公共区域设有标示牌，电子信息提示屏，方便观众用

最快的速度查到展陈的信息。三是配备专职讲解员和志愿讲解员，设有语音导览和手机导览，让观众体验设施，开展学术讲座和沙龙。公共教育手段多样，内容丰富，国博手机导览中文版和英文版现在可以提供500件藏品的、20个小时在线的导览服务，以后还会逐步增加，特别是以服务青少年服务为核心的1500平方米观众体验区，青少年可以在美术、戏剧、音乐、影视、试验和制作等6个方面进行娱乐体验活动，同时还组织高水平的讲座和论坛对话和沙龙等活动。四是设有咖啡、茶座、自助餐等休闲服务项目，备有公益纪念品、出版物等文化产品，满足各类观众的需求。五是为全面服务公众的需求，新闻发布、专题报道、网站微博，传统媒体与新媒体技术相结合，向公众提供更多的信息量，同时了解公众的需求情况，为公众服务系统不断完善，服务水平不断提高。

【安保运行系统】

新馆建筑规模巨大，珍宝巨多，安保工作巨重，因此建立国博安全保障体系是头等大事，目前国博安保体系由5部分组成，一是安全机制，二是人防系统，三是技防系统，四是物防系统，五是规章和预案系统。

一是安全管理机制。《国家博物馆安全管理办法》明确规定，安全领导小组组长由馆长任第一责任人，相关部门主任为小组成员，全馆逐级签署安全责任书和安全奖惩办法，这种安全管理机制，从管理组织架构上确定了安全工作是由馆长负总责而开展，各部门参与实施，安全保卫处具体执行和监督执行。

二是人防系统。人是安全管理的核心，任何技术设备物防等都需要人去合理组织实施，国博的人防是由保卫处组织强干的干部队伍和驻馆武警官兵共同

组成。

三是技防系统。技术防范主要包括安全监控报警系统、消防报警系统、消防水系统、安检防爆系统、租车防范系统、展柜报警系统等主要技术设备。

四是物防系统。

五是规章制度和应急预案系统。

国家博物馆的安保工作是一个完整有效的整体，以后会进一步结合国博安全机制和制度，不断加强和完善人防、技防、物防之间的联动，形成强有力的整体效能，在安全上做到万无一失。

【规章制度】

规章制度建设是国家博物馆健康、顺利发展的保障。国家博物馆十分重视规章制度的建设。自国博组建以来，已先后制定了30余项全馆性的规章制度。为适应新馆运行需要，国博从2008年开始有重点地开展规章制度的修订工作。从2009年至2011年，共修订了29项全馆性的规章制度，内容涉及全馆行政和业务工作的各个方面，有效理顺了人才培养、行政办公、财务管理、安全运行、新闻宣传、文物保护、业务发展、学术研究、产业管理等内部管理体制和运行机制。为加强制度的落实和执行工作，在馆长办公室增设督查科，具体负责规章制度的督查落实工作。按照制度要求，开展了大规模的人员培训工作，加强了安全运行检查工作，统一了新闻发布的渠道，设立了新闻发言人制度，加强了展厅管理，改进了行政办公程序等。国博在制度建设和落实工作方面的成效是显著的。

国家博物馆基本形成按制度办事，用制度管权，靠制度管人的科学有效的运行机制。同时，在馆办设立了督查科，负责全馆事务的督促检查，以保证各项决策的贯彻落实。

【学术研究】

开馆以来，围绕展览等业务活动开展的学术科研活动日益活跃，国博的学术水平和学术影响力大大提高。"展览与学术并举"是重新开馆以来专业方面的一个亮点。国博注重展览的学术含量，尤其是"古代中国"和"复兴之路"基本陈列的筹备过程中，先后邀请了近300名国内著名专家进行详细的论证工作，极大地提升了展览的学术含量。全年共举办了32场学术讲座活动，包括4次中德"启蒙之对话"论坛、4次"国博讲堂"讲座以及韩国国立博物馆交流学者的2次讲座。国家博物馆馆刊顺利改刊，完成全年度馆刊的出版，在国内外产生了很好的影响。出版国家博物馆2007—2009年学术讲座文集。征集《国博百年纪念文集》170余篇。组织《国家博物馆简史》的编写工作。召开了"馆刊百期纪念及文博单位学术期刊定位与发展学术研讨会"。组织申报成功文化部科技提升项目《中国古代青铜器铸造工艺及展示传播研究》科研项目1项。"铁质文物抽真空脱盐方法"、"一种室外铁质文物氟碳复合封护的方法"研究成果获得两项国家发明专利。编制完成2011—2013馆级自主科研课题申报指南，征集2011年科研课题申报近30项。

【对外交流与合作】

新馆试运行以来国家博物馆对外文化交流活动持续扩大，文化软实力的窗口作用日益彰显。2011年接待来访团组逾300批次，近8000人次，组织大型外事活动专场10场，派出团组33个，出访24个国家和地区，共计124人次。与美国、英国、法国、俄罗斯、德国、意大利、日本、奥地利、加拿大、澳大利亚等大国博物馆馆长商谈合作交流事宜。

4月1日，"启蒙的艺术"大型展览

开幕。德国副总理兼外长韦斯特韦勒和中共中央政治局委员、国务委员刘延东应邀出席开幕式并致辞，中外嘉宾1000余人参加了开幕式。为配合展览，德累斯顿国家管弦乐团等德国交响乐团在新馆剧场举办了音乐会，成功举办由德国墨卡托基金会资助的"启蒙之对话"系列学术论坛四次。

4月28日至10月28日，与秘鲁文化部和秘鲁国家考古、人类学历史博物馆合作推出"印加人的祖先——公元1至7世纪的古代秘鲁展"。2011年还与各国文博机构洽谈合作举办"中欧瓷器精品展""佛罗伦萨与文艺复兴展""奥地利哈布斯堡王朝精品展"等10个国际交流展。承接了10场大型外事活动，其中包括中日合办影视周、动漫节启动仪式，阿塞拜疆文化日开幕演出暨国庆招待会，委内瑞拉独立200周年庆典演出，中欧文化高峰论坛等。

成功举办了第六届中日韩国家博物馆馆长会议暨第三届亚洲国家博物馆联合会会议。开展馆际合作研究与人员交流活动，分别与韩国国立中央博物馆、德国柏林国家博物馆、德累斯顿国家艺术收藏馆、慕尼黑巴伐利亚国家绘画收藏馆、大英博物馆、朝鲜革命博物馆建立了人员合作与交流机制。与日本东京大学历史编纂研究所合作开展了馆藏《抗倭图卷》和日本藏《倭寇图卷》的比较研究，筹备出版《海外藏中国古代文物精萃》系列丛书。

【文物保护】

文物保护工作成效显著。2011年度共征集古代文物409件，近现代文物及艺术类藏品150余件（套），原版历史图片410余幅。完成藏品编目、归档等日常管理及地下文物库房设施安装工作，完成开馆展览展品的上陈工作。在展厅中建立了温湿度实时监测系统。完成书画装裱360余件，文献复制124件，修复杨家湾汉代陶马10件；完成"后母戊"方鼎等器物复制41件。

【考古工作】

综合考古工作取得成果。对山西绛县周家庄遗址进行了大规模发掘，共发掘面积约1800平方米。对山东青岛海域"伊丽莎白皇后号"沉船等遗址进行了大量的水下考古调查。开展丝绸之路文化遗产保护与文化援疆工作，筹建新疆遥感考古工作站。

【机构及人员】

人才建设全面推进。2月，经中央机构编制委员会办公室批准，国博事业编制增加332名，为国博快速发展奠定了坚实的基础，目前，正式职工950人，派遣制用工550人。国博新馆近20万平方米，比人民大会堂还多2万多平方米，没有足够的人力保障是不行的。为提高各类人员的素质，国家博物馆分期分批进行全员培训，特别是对安保队伍和工程设备队伍、公共服务人员队伍的培训，使全馆人员素质大大提高，2011年公开选拔任用60余名处科级干部，保证了新馆的正常运行。

2011年是恭王府全面开放的第三年，也是落实"调整、改革、巩固、提高"战略部署的"巩固"之年。一年来，在文化部党组的正确领导下，在各司局和直属单位的支持配合下，在社会各界的

关注带动下，在全体干部职工的共同努力下，管理中心坚持以改革创新为动力，以规划项目为支撑，紧紧围绕文物保护、旅游开放、博物馆业务建设、优秀传统文化展示和文化产业发展五大职能开展工作，以事业带动产业发展，以产业促进事业繁荣，开创并巩固了恭王府文化发展的新模式，各项工作都取得了新的成绩。荣获 2011 年中国旅游职业装展示大赛金奖、2011 年度中国民族建筑传承奖、国家旅游局 2011 年行风建设工作先进单位以及"北京十佳博物馆志愿者团队"称号。

【制度与规范】

坚持体制机制创新，深化机构改革；建设学习型机构，理论学习与业务培训相结合，增强职工队伍建设。依靠人才、规范制度、强化管理，各项工作得到全面巩固。

1. 健全机构建制，强化协同配合

实现事企分开，明确事业和企业职责分工；独立设置"综合经济管理办公室"，对工程、项目和经济活动的管理和监控更为有力；提升业务部门的核心地位，拓展业务职能，明确分工和协作；细化支撑保障体系的职能和作用，明确职责和分工，强调协调配合，保证各项工作顺利开展；增设退休人员服务办公室，完善退休人员管理制度；进一步明确细化管理、业务、经营和工勤等岗位，管理更加规范。

2. 夯实基础工作，加强制度规范

各部门普遍开展基础性的梳理和建档工作，制度进一步细致、规范；加强督促检查和工作落实；进一步完善经济形势分析会制度，及时掌握经营情况的数据和动向；对各部门支出进行细化汇总，增加了部门核算、项目核算、工资核算，合理控制经费使用，为中心财务

核算提供资料。

3. 加强组织学习和宣传教育，统一思想提高认识

学习贯彻十七届六中全会通过的《中共中央关于深化文化体制改革推动社会主义文化大发展大繁荣若干重大问题的决定》、胡锦涛总书记在庆祝中国共产党成立 90 周年大会上的重要讲话、蔡武部长在"文化部贯彻落实十七届六中全会精神干部大会"的讲话等重要精神和要求，领导班子更加团结，全体员工进一步统一了思想。

4. 加强员工培训和人才队伍建设

组织全员培训、党员培训、新入职员工培训和淡季学习培训等，增长知识、开拓眼界，激发学习的自觉性和主动性；树立"和恭仁文"的核心价值观，增强员工的主人翁责任意识和职工队伍的凝聚力；增进员工彼此间的交流和部门之间的沟通，促进和谐发展；提供展示自我的平台，有助于发现人才；成立共青团委，重新划分支部，围绕建党 90 周年积极组织开展活动，激发了广大青年和业务骨干的积极性和创造性，增强了职工战斗力。

【保护与开放】

严格遵循"保护为主、抢救第一、合理利用、加强管理"的文物保护方针，实现保护与开放的和谐统一。

（一）保护

1. 加强安防设施建设力度

整体改造后花园监控系统，加强旅游重点区域的监控点位；提高后花园区域的监控设备等级，确保监控图像清晰度和质量；提高处理突发事件监控能力和指挥能力，为事后处理事件提供可靠的图像资料奠定了基础；坚持每年两次的全员消防培训和演练；细化停车、出入证、电器使用的管理制度，严把安全关口。

2. 确保文物古建安全

继续做好团队预约工作，合理调整客流，保证古建安全；编制《恭王府文物保护总体规划》，指导恭王府未来20年的保护和发展；设计《花园整体修缮方案》，有计划地对花园文物古建进行修缮保护；进行后罩楼承载力测试，为更好地利用和保护后罩楼提供依据；加强每周两次的文物巡视工作，及时掌握文物古建的保护情况。

3. 确保国有资产安全

将安全与资产的保值增值统一起来。经过充分论证，通过展览展示丰富馆藏："青海唐卡艺术展"征集当代工艺美术大师作品62件；后罩楼王府生活场景复原添置古典家具和文物陈设品等，均已呈现广阔的升值空间。

4. 确保单位事业安全和游客人身安全

引入风险评估机制，坚持"不出租、不承包、不抵押"，避免政策风险和经营风险；收回的四川饭店已开始进行改造，以减少收入换取古建安全；赠送游客人身意外伤害险和意外医疗险，以增加投入保障游客安全。

5. 加强基础保障，维护日常安全

强化日常设备设施的检修和维护，加强水、电、暖的运营和保障力度，确保日常运营安全；加强服务和基础设施建设，完善公务用车、医疗服务、日常办公用品领用发放制度，确保职工人身安全和单位事业安全。

（二）开放

1. 完备游客服务中心功能

设立接待厅、咨询处、影视厅、存包处、预定处、医务室等；在配备自助语言导游机、多媒体触摸屏等设施基础上，增设了休息厅、手机加油站、雨伞架、饮水机、残疾人服务设备等便民服务设施；细化团队、散客售票和导游服务处；多点设置游客意见征询箱和投诉电话，接受游客和社会监督。

2. 改进景区硬件设施

更新景区标牌导视系统，规范使用公共信息图形符号，添加了英、俄、日、韩4种文字；改进验票处、滴翠岩等客流密集区的栅栏设置，预防踩踏事件的发生；翻新改造了台阶、坡道，健全完善了特殊群体的相关服务举措。

3. 优化旅游服务环境与水平

将府邸区域科学规划为观众缓冲区、游览过渡区、展览展示区、休闲服务区、体验互动区、接待服务区等不同区域；加强展厅管理，更新展厅警戒线等，美化展厅环境；进一步加强保洁和绿化，美化景区开放环境；强化员工的服务意识和责任意识，提高服务水平。

【事业和产业】

凭借高度的文化自觉、独特的文化创新，恭王府开创了文化发展新模式——"以事业带动产业发展，以产业促进事业繁荣"。2011年，用于安全保卫、设施建设、古迹保护、文物征集、展览展示、宣传教育、科研课题、文化活动、环境维护、知识产权保护等文化事业建设的投入累计达8300万元，有力地保障了事业的发展。丰富的展览、多彩的文化活动吸引了大量游客和观众，截至10月底，已累计接待游客291万人次；通过发掘王府文化内涵，散客数量成倍增长，高端游客比例再创新高；蕴含丰富内涵的文化产品收入达到全部收入的45.6%。

（一）事业

1. 展览进一步丰富，触角更加广泛

与文化部非物质文化遗产司、青海省文化厅合作举办"莲生妙相——青海唐卡艺术精品展"，提高了组织策划实施大型展览的能力；举办"大梅诗意——任熊、倪田绘《姚大梅诗意》册展"

"读往会心——侣明室藏黄花梨家具展"等，尝试了与著名文化企业合作，提供有偿服务的办展新模式；稳步推进"艺术系列展"品牌化进程，陶瓷展的加入丰富了系列展的艺术门类。

2. 文物征集工作取得新突破

征集种类多样化，征集方向更趋于陈设类器物，便于展线展示；征集到清康熙郎窑红釉荸荠瓶一件，经鉴定为当年恭王府旧藏器物，迈出了旧藏文物回归的第一步；完成佛堂内部主体部分复原，立体展示了清代王府生活的一个侧面；完成后罩楼二楼过厅的室内装修，以恭王府经典藏品作为陈设，展示的同时也凸显了恭王府的悠久历史。

3. 清代王府文化研究取得长足发展

成立王府文化学术委员会；出版《清代王府文献资料汇编》300卷；发行《恭王府》中型画册；征集历史老照片和清光绪恭亲王自刊《萃锦吟》等一批填补空白的王府历史文献资料；完成影像室建设项目。

4. 发掘文化内涵，打造文化空间

举办恭王府海棠雅集、"百福具臻——百位名家写百福"、"百年辛亥——全国政协书画家联谊"等文化活动；连续第四年举办非物质文化遗产昆曲演出周，并专门拿出经费与地方剧团合作，发掘恢复了一批传统剧目，为非遗的保护和传播做出了实际贡献；新春"福"文化周、"二月二龙抬头"民俗演出、"十一"黄金周民俗文化演出等活动，加强了与游客的互动，亮出了恭王府以"福"文化为核心的民俗牌。

5. 公共宣传向纵深发展，知名度进一步扩大

一年来，在《人民政协报》《北京日报》等主流媒体分别刊出了《一座恭王府 半部清代史——文化铸品牌 精品树特色》《恭王府，阅尽半部清朝史》等与恭王府相关的新闻报道329篇；安排

北京卫视、湖南卫视、凤凰卫视、英国第四频道、香港有线电视等主流电视媒体采访、拍摄节目8次，其中《永远的王府之恭王府》、《博物馆奇妙夜》、《"福"从天降》、辛亥百年纪念纪录片《首义》等4部已播出。

（二）产业

1. 发掘文化资源，开发经营项目，打造王府品牌

启动以"福器·我设计"为主题第二届旅游纪念品设计大赛，注重特色文化纪念品的开发设计；围绕福文化、非物质文化遗产、民俗文化项目等形成完善的产品开发和销售体系；新增龙王庙商亭、佛堂商店等项目，优化了产品结构；电子收银备份系统和导游积分兑换系统进一步完备；非遗长廊二期装修改造、邀月台福文化项目均已竣工并投入使用；柳荫街24号院改造和经营开发项目已开始建设。

2. 开拓市场，稳定客源

与旅行社签订年度协议，建立长效沟通、定期走访机制，继续做好团队预订工作，稳定团体旅游市场；通过华铁传媒铁路广播广告拓展散客市场。

3. 发挥潜能，规范服务

查阅历史资料，完善讲解词；提高讲解员文化知识及带团技巧，规范导游讲解；发挥蝠厅接待环境优势，打造恭王府高端消费市场，优化散客经营模式。

4. 保护知识产权，加强商标管理

建立数据库，对已注册商标进行动态管理，有效保护注册商标的权益和安全；对侵犯知识产权情况进行调研，为维护知识产权提供依据；与相关实力单位合作，开拓新的发展模式，打造恭王府的品牌效应。

【接待与交流】

自全面开放以来，随着各项事业的

长足发展，恭王府的知名度和社会影响力迅速扩大，日渐成为文化部、外交部外事接待、政务活动的前沿阵地，对外文化交流工作更加活跃。2011年先后接待了法国国民议会议长阿夸耶、蒙古国教科文部副部长库兰达、毛里求斯艺术和文化部长丘尼、丹麦腓特烈国家历史博物馆馆长梅特·斯库哥特、日本九州国立博物馆馆长三轮嘉六、新加坡规划之父刘太格、台湾中国文化总会会长刘兆玄等多位政要和文化界人士。同时先后派出5个团组，出访9个国家和地区，加强了与国际博物馆界的交流与学习。

【责任与奉献】

作为一个底蕴深厚的公益性社会文化机构，恭王府在事业发展的同时，主动担当社会责任。

1. 倡扬志愿者行动，积极开展公共教育

成功组织了"关爱农民工子弟""关爱夕阳红文化生活""国际博物馆日"主题宣传等活动；继续开展"恭王府残疾人公益文化日"活动；增设志愿者工作站，开展志愿者沙龙活动；组织志愿者自编自导自演历史情景剧《恭王府的主人们》，每周六为观众义务演出；志愿者李其功被评为全国十佳博物馆志愿者。

2. 回馈社会，多做贡献

作为什刹海地区的旅游龙头，带动周边地区旅游经济和文化产业的发展。截至2011年10月底，当年累计上缴各项税款1000余万元；直接创造400余个就业岗位，并为什刹海地区创造1000余个就业机会；时刻不忘文化建设事业，承租北总布10号院，改造工程历时近1年，累计投入达500余万元。

3. 关切民生，与周边居民和谐共建

中心主任孙旭光同志当选西城区人大代表，进一步密切了恭王府与社区和属地的联系；每逢重要节日，孙主任等中心领导亲自前往困难家庭看望问候，带去礼品和慰问金；热心为周边居民部队学校组织参观、座谈等文化活动，弘扬传统文化，活跃社区气氛；2011年为周边居民发放演出票、参观券累计超过100万元。

【概述】

2011年，中国古迹遗址保护协会（ICOMOS/China，以下简称协会）在国家文物局的指导下，在各地方文物主管部门、各团体会员单位的支持下，配合国家文物局中心工作，贯彻落实协会重点工作任务，发挥协会专业优势，积极为我国世界文化遗产申报和管理提供服务；主办、协办学术研讨会和申报世界文化遗产项目专家论证会；加强与国际相关机构的学术交流；承担文物古迹保护准则修订及有关世界文化遗产管理相关课题研究；加强文物保护宣传工作和协会自身建设，对我国文化遗产保护事业，日益发挥出更加重要的作用。

【协会重要工作会议和活动】

12月23日，协会2011年理事会暨理事长会议在北京召开。受理事长童明康委托，常务副理事长关强主持会议并做协会2011年工作报告；常务副秘书长、代理财务总监朱晓东做协会2011年财务报告。会议讨论通过协会2011年度的工作报告和财务报告，讨论并通过2012年召开协会会员代表大会的决议。会上理事们还就《中国文物古迹保护准则》修订稿发表了意见。

受理事长童明康委托，常务副理事长关强还主持了2011年度理事长会议，副理事长安家瑶、吕舟、陈同滨、侯卫东参加了会议。会上进一步明确向国际科学委员会推荐我国会员，以增强我国在国际上的影响力的要求。

1月8日成功举办了协会2011年春节联欢会，协会顾问委员会、理事会部分在京专家近50人参加了春节团拜活动。

【世界文化遗产项目】

6月20日，联合国教科文组织在法国巴黎召开世界遗产委员会第35届大会，协会为我国代表参会准备预案。协会专家在会上代表中国发言，同时参与了《实施保护世界文化和自然遗产公约操作指南》修订等"游戏规则"的制定，加强了我国在世界遗产事业中的话语权。

在世界遗产委员会第35届大会上，我国首个以文化景观申报世界遗产的项目杭州西湖文化景观获全票通过，成功列入《世界遗产名录》。协会为该项目提供了ICOMOS中国国家委员会的意见。

协会为该项目提供了补充资料和国家委员会意见；陪同国际专家考察并担任翻译。该项目已经通过文本审查和现场考察，将于2012年在世界遗产委员会第36届大会上讨论是否列入《世界遗产名录》。

在以前工作的基础上，3月2日至15日，协会与大运河沿线八个省、市文物行政管理部门和大运河保护总体规划编制单位多次沟通、核校，编印了《大运河申遗预备名单遗产点及河道简介》（征求意见稿）、《大运河申遗预备名单遗产点调整说明》和《大运河申遗预备名单河道调整说明》，并上报国家文物局。

为应对国际古迹遗址理事会对丝绸之路申报世界遗产技术路线的变化，协会参与了国家文物局组织的一系列工作座谈会，和跨国申报国际会议。5月2日至6日，协会副理事长兼秘书长郭旃等参加了在土库曼斯坦召开的"丝绸之路跨国系列申遗协调委员会第二次会议"。

9月20日至24日，协会副理事长陈同滨等赴乌兹别克斯坦参加"中亚次区域丝绸之路世界遗产系列跨国申报的文件标准及进程研讨会"、及"丝绸之路世界遗产系列跨国申报协调委员会专家会议"，就丝路申遗工作进行技术交流。

10月26日至11月2日，协会副理事长兼秘书长郭旃、副理事长陈同滨等，参加了由协会团体会员单位、国际古迹遗址理事会西安中心组织的对吉尔吉斯斯坦和哈萨克斯坦开展的丝绸之路遗产考察和跨国申报工作交流，为丝绸之路联合申报世界遗产打下了基础。

5月9日至10日，受国家文物局委托，协会在北京组织召开"中国世界文化遗产申报工作座谈会"。童明康理事长在会上就推进申报工作、加强项目储备做重要指示。我国世界文化遗产领域的10位著名专家、11个省级文物行政部门、14个文化遗产地的代表出席会议。协会常务副理事长关强，副秘书长陆琼分别主持了会议。专家依次听取了北京中轴线、山西应县木塔、辽宁牛河梁遗址等14项世界文化遗产申报文本编制单位的汇报，并对申报项目进行了评议。

7月15日，受国家文物局委托，协会在北京组织召开"世界文化遗产项目专家评审会"。中国世界文化遗产委员会专家听取了哈尼梯田文化景观、古蜀国遗址、牛河梁红山文化遗址、北京中轴线和厦门鼓浪屿申遗文本编制单位的汇报，对申报项目进行评审，形成综合评审意见，并列出 2013 年世界文化遗产提名项目申报推荐排序，为国家文物局的决策提供了专业咨询。

【世界文化遗产管理】

6 月协会正式受国家文物局委托，承担了我国世界文化遗产第二轮定期报告的组织、培训及填写工作。这项工作包括三个内容，即回顾性突出普遍价值陈述、第二轮定期报告表格的填写和回顾性地图信息的初审。截至 2011 年底，此项工作基本完成。因我国世界文化与双遗产数量较多，该项目涉及了大部分省、市、自治区。这项工作的完成不仅满足了世界遗产中心的要求，体现了我国的世界遗产管理水平，同时在很大程度上也提高了遗产地管理者对遗产价值的认识，提高了保护和管理水平，加强了遗产地之间的经验交流。

4 月，国家文物局正式委托协会承担《中国世界文化遗产预备名单》（以下简称《预备名单》）更新项目。3 月 25 日，协会在北京组织召开"中国世界文化遗产预备名单更新工作座谈会"，国家文物局相关司处负责人和部分省级文物主管部门代表，就《预备名单》更新工作的思路、设想和工作计划等提出意见。协会拟订了《中国申报世界文化遗产预备名单文本格式》，为一些遗产地提供了技术咨询。

为贯彻落实《世界文化遗产保护管理办法》、《中国世界文化遗产监测巡视管理办法》，8 月 25 日至 26 日，协会组织专家对世界文化遗产地庐山国家公园进行了专项监测巡视。来自中国世界文化遗产专家委员会、联合国教科文中国委员会、及其他文物保护研究相关院校

和科研机构的专家学者，就庐山遗产价值真实性、完整性保护，遗产核心区文物本体的保护和管理等进行了重点考察，并提出意见和建议。这是自 2009 年以来举办的第二次集专家监测、巡视、座谈为一体、针对我国世界文化遗产地的专业指导活动。

【《中国文物古迹保护准则》修订】

2010 年 4 月，《中国文物古迹保护准则》（以下简称《准则》）修订项目启动。

2011 年 4 月 21 日，组织召开由中方《准则》修订小组专家参加的《准则》修订专家座谈会；5 月 4 日，组织了由中方专家与美国盖蒂保护研究所专家共同参加的《准则》修订研讨会，对《准则》条款进行逐条讨论；10 月 28 日，组织了《准则》修订专家研讨会，修订小组专家对《准则》修订稿做进一步讨论。12 月，向协会顾问委员会专家征求"《准则》修订说明及《准则》修订最新征求意见稿"的意见。6 月 19 日至 7 月 3 日，《准则》修订专家组成员赴美实地考察了美国的遗产地，就《准则》涉及的新的遗产类型、价值、保护理念和实践等问题与美国遗产地管理者和盖蒂保护所的专家进行交流。年底《准则》文本的修订工作基本完成。

【学术交流】

11 月 25 日至 12 月 2 日，童明康理事长率团参加了在法国巴黎召开的国际古迹遗址理事会第 17 届大会、科学研讨会和顾问委员会会议。会上，童明康理事长与各国代表进行了广泛而深入的交流。大会通过无记名投票选举产生了新一届理事会

负责人，协会副理事长兼秘书长郭旃再次成功连任国际古迹遗址理事会副主席。

4月10日至11日，协会协办了"中国文化遗产保护无锡论坛——运河遗产保护"，理事长童明康出席论坛开幕式并致辞，国家文物局局长单霁翔做主旨报告。童明康在闭幕式上对论坛做总结报告。谢辰生、郭旃等协会专家，和来自国内、外的其他有关专家，及运河沿线8省市相关部门负责同志80余人参加论坛。会上讨论形成了运河遗产保护的纲领性文件《关于运河遗产保护的无锡倡议》。

9月19日至20日，协会协办了国家文物局在苏州召开的"中国世界遗产监测管理国际研讨会"，协会专家与会并做专题发言。国际文化财产保护与修复研究中心（ICCROM）总干事，多个国际古迹遗址理事会（ICOMOS）国家委员会主席和我国世界遗产管理方面的专家汇聚一堂，就世界遗产的监测和管理交流了经验。会议获得了非常积极的反响，中国的世界遗产监测水平得到国际社会的肯定和称赞。

协会参加了国家文物局于7月6日在扬州召开的"大运河保护和申遗工作会议"，并对大运河申报世界遗产提出了建议。

由协会副理事长郭旃翻译的国际著名文化遗产保护史学家和哲学家尤卡·尤基莱托所著的《建筑保护史》中文版10月在中国大陆正式出版。该书在国际建筑遗产保护界深受欢迎，被译成多种文字。中文译书的出版对我国建筑遗产保护具有很高的参考价值。

【文献的翻译和相关课题研究】

6月，受国家文物局委托，协会承担了《保护世界文化与自然遗产公约操作指南》2008版的更新核校，和《世界遗产申报筹备手册》的翻译审校工作，并于2011年年底完成初校。这两本书对我国世界遗产的申报实践具有很高的指导意义。

8月，协会受国家文物局委托承担了"世界文化遗产区域划定和管理研究"项目，目的在于通过对世界文化遗产区和缓冲区边界划分问题的分析，找出指导边界划分的原则和方法，为遗产地的申报、保护和管理提供参考。10月14日，协会在北京组织召开"世界文化遗产区域划定研究专家咨询会"，专家们就课题的目标、结构、研究方法等发表了意见，提出建议。该项目拟于2012年上半年完成。

受国家文物局委托，协会承担了"国际文化景观遗产保护研究"课题的研究。研究目的在于通过对国际文化景观遗产概念的形成和发展脉络、保护理念和实践等进行梳理，为我国文化景观遗产的申报和保护提供参考。8月25日，在江西庐山"世界文化遗产专家座谈会暨课题结项评审会"上，"国际文化景观遗产保护研究"课题通过验收。

2010年底，协会受北海公园委托承担了《北海公园申报世界文化遗产预备名单文本》文本编制工作，2011年年底文本编制工作完成并通过验收。

【国际交流】

2011年，协会先后接待了国际古迹遗址理事会日本国家委员会主席、墨西哥国家委员会主席、澳大利亚国家委员会专家，国际古迹遗址理事会前财长乔拉·索拉、以色列专家迈克尔·特伦尔等，并进行了学术交流。

11月16日，在国际文化财产保护与修复研究中心（ICCROM）第27届大会上，协会副秘书长陆琼代表中国竞选IC-

CROM 执委并成功当选。

【协会建设】

发展团体会员 66 个，个人会员 667 人。完成协会会刊改版，编印了以运河遗产保护为主要内容的《通讯》总第 18 期。

纪事篇

1月5日 《清华大学藏战国竹简（壹）》成果发布暨出版座谈会在清华大学举行。

1月6日 部分地区文物行政处罚案卷研讨会在广州举行。

1月7日 承德避暑山庄及周围寺庙文化遗产保护工程领导小组第一次会议在承德召开。

1月7日 《故宫博物院藏品大系》之《雕塑编》《玉器编》《珐琅编》《绘画编》新书发布会在故宫举行。

1月7日 检察机关惩治和预防渎职侵权犯罪展览云南巡展开展。

1月9日 苏州东吴博物馆临时馆正式开馆。

1月10日 文化部正式公布2010年全国文化市场十大案件。

1月11日 全国文物拍卖管理工作座谈会在南京召开。

1月11日 陕西秦东陵大墓被盗案成功告破。

1月11日 "中国社会科学院考古学论坛——2010年中国考古新发现"在北京举办。

1月11日 "蔡元培——中国文化交流使者"展在北京新文化运动纪念馆开幕。

1月13日 "中国历史文化名街主题艺术展"在北京中国美术馆开幕。

1月14日 国家文物局检查北京文物安全工作。

1月15日 《大壮营造录——北京市古代建筑设计研究所作品集》在北京举行首发式。

1月15日 "文化遗产保护理论研讨会"在西安召开。

1月16日 于希宁先生作品捐赠仪式及展览开幕式在山东博物馆举行。

1月16日 "中日建筑抗震技术人员培训项目——历史建筑保护"在日本举行。

1月17日 "第三届全国民族团结进步书法摄影展"在北京举行。

1月17日 "中国文化遗产油画创作大展"在北京公布初评入围作品。

1月18日 "反假货币展"在北京开幕。

1月19日 国际友谊博物馆在北京举行纪念建馆30周年座谈会。

1月21日 著名敦煌学家段文杰先生逝世，享年95岁。

1月21日 国家文物局召开创先争

优工作会议。

1月21日　国家文物局召开2010年预算执行工作总结暨2011年预算执行工作布置会。

1月21日　大足石刻千手观音造像抢救性保护工程中期修复试验通过了专家验收。

1月21日　"法门寺地宫与唐代文物大展"在台湾高雄科学工艺博物馆展出。

1月25日　"非洲文物艺术展"开幕式在郑州博物馆举行。

1月26日　"西域遗珍——新疆历史文献暨保护成果展"在北京开幕。

1月26日　国家文物局与总后勤部基建营房部共商军队营区文物保护工作。

1月27日　国家文物局赴安阳调研考古遗址公园建设。

1月28日　殷墟国家考古遗址公园揭牌仪式在安阳举行。

1月28日　"大清盛世·沈阳故宫文物展"在台北拉开帷幕。

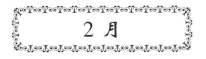

2 月

2月1日　湖南省博物馆"长江中游商周青铜器展"在纽约展出。

2月7日　福州千年古寺法海寺发生火灾。

2月10日　承德避暑山庄及周围寺庙文化遗产保护工程项目研讨会在北京召开。

2月11日　国家文物局召开2011年第一次局务扩大会议。

2月12日　国家文物局召开2011年党风廉政建设工作会议。

2月15日　国家文物局领导与科技部领导会谈文物保护科技工作。

2月15日　第七批全国重点文物保护单位推荐项目征求意见会议在北京召开。

2月17日　广西博物馆启动关爱农民工子女志愿服务行动。

2月18日　文化部、财政部召开全国美术馆、公共图书馆、文化馆（站）免费开放工作电视电话会议。

2月19日　"华夏瑰宝展"在印度新德里开幕。

2月19日　四川博物院"大篷车"流动博物馆走进"小平故里"广安。

2月19日　"精诚笃爱——孙中山与宋庆龄文物特展"在台北开幕。

2月22日　大足石刻千手观音造像抢救性保护工程总体修复方案在北京通过专家评审。

2月25日　《中华人民共和国非物质文化遗产法》获表决通过。

2月25日　《中华人民共和国刑法修正案（八）》通过，调整了文物犯罪量刑标准。

2月25日　复旦大学纪念中国历史地理学主要奠基人谭其骧先生诞辰100周年。

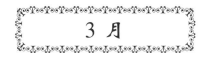

3 月

3月1日　中国国家博物馆改扩建工程竣工暨"复兴之路"基本陈列复展仪式在北京举行。

3月1日　文化部召开贯彻落实《非物质文化遗产法》专家座谈会。

3月3日　全国政协十一届四次会议在北京开幕。

3月4日　《国家文物局　湖南省人民政府关于共同推进湖南文化遗产保护与发展框架协议》在北京签署。

3月5日　十一届全国人大四次会议在北京开幕。

3月6日　大型历史画册《中国妇女运动百年》出版座谈会在北京召开。

3月7日　"华夏遗韵——古乐音乐会"拉开序幕。

3月7日　"我眼中的中国——驻华女使节和使节夫人摄影展"在首都博物馆举办。

3月9日　财政部、国家文物局就"文物调查及数据库建设项目"完成情况进行调研。

3月10日　云南省德宏州盈江县境先后发生5.8级和4.7级两次大地震。

3月11日　"孙中山与南京临时政府"图片展在台北孙中山纪念馆开幕。

3月13日　全国政协十一届四次会议闭幕。

3月14日　十一届全国人大四次会议在北京闭幕。

3月15日　"丝路遗韵：新疆出土文物展"在深圳博物馆开幕。

3月16日　新华社全文播发《中华人民共和国经济和社会发展第十二个五年规划纲要》。

3月16日　国家文物局在长沙召开"2011年度文物保护专项补助经费申报工作布置及培训会议"。

3月16日　国家文物局与山东省人民政府在济南签署《合作加强山东文化遗产保护工作框架协议》。

3月18日　首届全国文物与博物馆专业学位研究生教育指导委员会第一次工作会议在北京召开。

3月18日　世界遗产监测与管理培训班在苏州举办。

3月21日　"茶马古道与桥头堡：通达世界的中国文化经济大通道"研讨会在昆明召开。

3月21日　国家文物局组织专家考察指导云南盈江地震灾后文物抢救保护工作。

3月21日　"考古工地的数字化管理及重要遗迹数字信息采集系统研究项目"研讨会在长沙召开。

3月22日　国家文物局直属机关党委召开全委（扩大）会议，总结2010年工作，研究2011年工作计划。

3月22日　中国国家博物馆事业发展基金会正式成立。

3月24日　国家文物局与苏格兰文物局签署《关于合作开展苏格兰十大世界文化遗产项目之河北省清东陵数字记录工作的联合声明》。

3月25日　陕西省汉中市川陕革命根据地纪念馆建成开馆。

3月25日　第八届中国书法史论国际研讨会在长沙举行。

3月29日　大运河保护和申遗省部际会商小组第三次会议在北京召开。

3月29日　北京故宫文物保护基金会及北京故宫文化促进会正式成立。

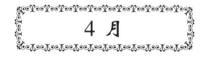

4 月

4月1日　"启蒙的艺术"大型主题展览在中国国家博物馆开幕。

4月2日　"新玉树　新家园"——"4·14"玉树地震一周年美术书法摄影展在北京开幕。

4月6日　第三届"中国历史文化名街"评审推介活动专家评审会在北京召开。

4月7日　承德须弥福寿之庙保护修缮工程开工。

4月9日　欧洲26国驻华大使代表团参观山东博物馆。

4月10日　第六届"中国文化遗产保护无锡论坛"开幕。

4月12日　"珍藏的记忆·宋庆龄故居馆藏孙中山文物展"开展。

4月12日　大运河保护和申遗工作

会议在扬州召开。

4月13日　全国政协委员会调研首钢工业遗产保护工作。

4月14日　中罗双方在布加勒斯特签署《中华人民共和国国家文物局及罗马尼亚文化和国家遗产部关于文化遗产领域交流合作的共同声明》。

4月16日　洛阳博物馆新馆正式开馆。

4月18日　"国际古迹遗址日"中国区系列活动在重庆举行。

4月20日　全国政协提案委员会和国家文物局联合调研组赴湖北荆州调研古城古都遗址保护工作。

4月22日　《国家文物局　中国石油天然气集团公司关于合作开展文化遗产保护工作的框架协议》在北京签署。

4月22日　"国家水下文化遗产保护武汉基地"正式成立。

4月22日　"中国水下文化遗产保护实地采访"活动在武汉启程。

4月22日　"从犍陀罗到尼雅——丝绸之路摄影展"在清华大学开幕。

4月27日　因天气原因中断9个月的"南澳I号"水下考古发掘工作再次启动。

4月27日　2011年长城保护工作会议暨长城保护规划编制研讨会在北京召开。

4月28日　中秘两国在中国国家博物馆签署《中华人民共和国国家文物局与秘鲁共和国文化部关于在文化遗产保护、保存及归还和博物馆发展领域的合作与培训的谅解备忘录》。

4月29日　国家文物局检查北京中轴线文物保护和安全工作。

5月

5月3日　"5·12"汶川地震文化恢复重建工作汇报会在北京举行。

5月4日　国家文物局团委开展"坚定信念跟党走，心系文博砺青春"主题学习活动。

5月5日　"丹青辉映　琴瑟和鸣中国艺术研究院伉俪艺术家绘画展"在北京举行。

5月6日　全国文物系统5·12汶川地震灾后文物抢救保护工作总结大会在四川成都召开。

5月6日　"5·12"汶川地震灾后文化文物重建成果展在四川博物院开幕。

5月7日　桃坪羌寨灾后抢救保护工程竣工。

5月8日　故宫引进的临时展览"交融——两依藏珍选粹展"部分展品失窃。

5月9日　纪念中国文物交流中心成立40周年"光荣使命——中国文物交流中心40年"展览在北京新文化运动纪念馆开幕。

5月9日　"中国世界文化遗产申报工作座谈会"在北京召开。

5月10日　由国家文物局主办的全国县级文物行政部门培训班在中央文化管理干部学院举行开学典礼。

5月10日　荷兰向中方捐赠清代铁炉。

5月10日　"莲生妙相——青海唐卡艺术精品展"开幕式在恭王府举行。

5月11日　公安部、国家文物局在西安联合召开"2011打击文物犯罪专项行动"动员部署会议。

5月11日　全国文物安全工作部际联席会议办公室"全国文物犯罪信息中心"授牌仪式在西安举行。

5月11日　陕西警方向文物部门移交被盗唐代贞顺皇后敬陵壁画。

5月11日　"雷霆出击——陕西省打击文物犯罪成果展"在陕西历史博物馆开幕。

5月11日　5·12抗震救灾纪念馆在四川成都大邑县安仁镇成立。

5月11日　《富春山居图》（剩山图）赴台合璧展览点交启运仪式在浙江省博物馆武林馆区举行。

5月16日　中国国家博物馆"古代中国"基本陈列举行预展仪式。

5月18日　2011年国际博物馆日主会场活动开幕式在辽宁省博物馆西侧群众文化广场举行。

5月18日　"辽河寻根　文明溯源——中华文明起源展"在辽宁省博物馆开幕。

5月19日　中国文化遗产研究院与普利兹克先生"关于举办西藏文物保护修复人员培养项目合作备忘录"签字仪式在北京举行。

5月19日　应县木塔监测阶段性成果汇报会在北京举办。

5月22日　著名考古学家徐苹芳先生逝世，享年81岁。

5月22日　浙江大学艺术与考古博物馆奠基。

5月24日　国家文物局2011年度重点工作暨文化遗产日主场城市活动新闻发布会在北京举行。

5月24日　著名古建筑专家杜仙洲先生逝世，享年96岁。

5月25日　《国家文物局、山西省人民政府合作加强山西文化遗产保护工作框架协议》在太原签署。

5月26日　国家文物局党组中心组集体学习国务院第四次廉政工作会议精神和《〈中国共产党党员领导干部廉洁从政若干准则〉实施办法》。

5月26日　广西民族生态博物馆建设"1+10工程"顺利完工。

5月27日　北京数字博物馆研讨会在北京科协召开。

5月30日　中国西班牙博物馆与文物保护专家论坛在北京塞万提斯学院召开。

5月30日　"回望中国——纪念辛亥革命100周年综合美术作品展"采风、考察、创作活动在北京启动。

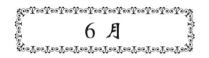

6月1日　"山水合璧——黄公望与富春山居图特展"在台北故宫博物院开幕。

6月1日　"艰难与辉煌——纪念中国共产党成立九十周年馆藏珍贵历史文献展（1921—1949）"在国家图书馆开展。

6月3日　南京孙中山纪念馆获赠《建国大纲》复制件。

6月8日　"册府琳琅，根脉相承——中华典籍与非物质文化遗产特展"在国家图书馆开幕。

6月9日　"2010年度全国十大考古新发现"揭晓。

6月9日　宣传贯彻《非物质文化遗产法》座谈会在北京举行。

6月9日　陕西省文物局在宝鸡市眉县杨家村召开"十一五"期间群众保护文物先进个人表彰大会暨杨家村群众保护文物碑揭碑仪式。

6月10日　"保护三线工业遗产，传承三线建设精神"主题系列宣传活动在四川广安举行。

6月10日　第三届全国青少年文化遗产知识大赛决赛、颁奖暨"十二五"文化遗产知识教育普及工程启动仪式在山东济宁第一中学举行。

6月10日　中国拍卖行业协会正式公布了《中国文物艺术品拍卖企业自律公约》。

6月11日　2011年中国文化遗产日主场城市活动在山东省济宁市举行。

6月11日　第三届"中国历史文化名街"评选结果揭晓。

6月11日　南旺分水枢纽考古遗址公园在山东汶上正式奠基。

6月11日　全国首批获得国家文物局授牌的12家考古遗址公园代表在大明宫共同启动了中国考古遗址公园联盟并发布了《国家考古遗址公园联盟宣言》。

6月14日　第四届"薪火相传——中国文化遗产保护年度杰出人物"颁奖典礼暨事迹报告会在无锡举行。

6月14日　"首届国家水下文化遗产保护（考古）培训班"在浙江宁波开班。

6月15日　"西藏和平解放60年成就展"在北京民族文化宫开幕。

6月16日　"文物调查及数据库管理系统建设"项目总结会议在北京召开。

6月16日　"唐风一脉——巩义窑陶瓷艺术展"在北京艺术博物馆举办。

6月16日　中蒙在北京签署《中华人民共和国政府和蒙古国政府关于防止盗窃、盗掘和非法进出境文化财产的协定》。

6月18日　中国博物馆协会第五届第二次会员代表大会暨博物馆与记忆学术研讨会在西安召开。

6月19日　"《赵城金藏》档案文献暨保护资金捐赠仪式"在国家图书馆展览厅"艰难与辉煌——纪念中国共产党成立九十周年馆藏珍贵历史文献展"展场进行。

6月19日　"为抗战呐喊——中国共产党与抗战文艺"专题展览在北京开幕。

6月20日　第35届世界遗产大会在联合国教科文组织巴黎总部开幕。

6月20日　国家文物局在湖北举办首届世界文化遗产安全管理培训班。

6月21日　"辛亥革命文物图片香港特展"在香港中央图书馆开幕。

6月25日　"杭州西湖文化景观"成功登录《世界遗产名录》。

6月26日　"一切为了人民"——北京市纪念中国共产党成立90周年展览在中华世纪坛开展。

6月26日　"淮北隋唐大运河出土陶瓷器学术研讨会"在淮北市举办。

6月27日　《国家文物局　重庆市人民政府合作加强重庆文化遗产保护工作框架协议》在北京签署。

6月28日　国家文物局召开庆祝中国共产党成立90周年暨创先争优表彰大会。

6月28日　《清华大学藏战国竹简（壹）》国际学术研讨会在北京举行。

6月28日　"一代伟人周恩来"大型专题展览在香港中央图书馆揭幕。

6月29日　"盛世天工——中国木雕艺术展"在中国国家博物馆举办。

6月29日　全国政协提案委员会在北京召开"立项建立国家文物安全与违法预警系统"提案办理协商会。

6月30日　南湖革命纪念馆开馆仪式在中国共产党的诞生地——浙江嘉兴举行。

6月30日　"鲁迅的艺术世界——鲁迅博物馆馆藏文物精品展"在马鞍山市博物馆开幕。

7月

7月1日　"香港文物旅游博览"展在北京开幕。

7月4日　湖南省博物馆举行改扩建工程开工仪式。

7月4日　第一届中法文化遗产法研讨会在中国人民大学法学院举行。

7月5日　"各族人民心向党——建国初期少数民族敬献礼品展"在北京民族文化宫开展。

7月5日 国家文物局与宁夏回族自治区人民政府签署《合作加强宁夏文化遗产工作框架协议》。

7月5日 中国博物馆学专业委员会2011年学术年会和博物馆藏品研究与陈列展览研讨会在郑州召开。

7月6日 全国文化厅局长座谈会在银川召开。

7月7日 国家文物局党组中心组集体学习胡锦涛总书记在庆祝中国共产党成立90周年大会上的讲话。

7月7日 国家文物局在北京召开2011年第二次局务扩大会议。

7月7日 国家文物局官方网站公布了2010年"三公"经费财政拨款决算和2011年"三公"经费财政拨款预算情况。

7月10日 海峡两岸记者"重走辛亥路"联合采访活动在广州启动。

7月11日 "情系巴蜀——两岸文化联谊行"活动在成都开幕。

7月11日 郑和与航海暨舟山双屿港国际论坛在舟山市成功举行。

7月12日 《中国文化报》创刊25周年座谈会在北京举行。

7月12日 文化部直属机关先进基层党组织、优秀共产党员和优秀党务工作者表彰大会在北京举行。

7月13日 杭州西湖世界文化遗产监测管理中心揭牌仪式在杭州西湖博物馆举行。

7月14日 2011年全国文物局长座谈会在浙江安吉举行。

7月15日 中国·安吉生态博物馆揭牌仪式在浙江安吉溪龙乡万亩茶园举行。

7月15日 中国文物学会在北京举行《新中国捐献文物精品集(系列)》(暂定名)专家座谈会。

7月15日 首届"书法名家邀请展"学术座谈会在河南安阳中国文字博物馆举行。

7月15日 首家军队营区文化遗产保护研究中心在解放军理工大学挂牌成立。

7月21日 "历史的变迁——克松村的昨天、今天、明天"展览在西藏博物馆开幕。

7月23日 江苏溧阳举行"纪念陈毅元帅诞辰110周年暨陈毅与张茜铜像、陈毅元帅诗词将军法书碑廊落成仪式"。

7月24日 联合国教科文组织在全球的第一个基于空间技术的世界遗产研究与培训机构——联合国教科文组织国际自然与文化遗产空间技术中心成立大会在北京举行。

7月25日 纪念辛亥革命100周年全国书画作品展在北京中国美术馆开展。

7月26日 西安事变纪念馆获捐张学良珍贵遗物。

7月26日 "航海·文明之迹"中国航海博物馆第二届国际学术研讨会召开。

7月28日 中国·唐山地震博物馆科普展馆正式对外开放。

7月28日 中国收藏组织发展创新研讨会在深圳举行。

7月28日 "三星堆与南方丝绸之路:中国西南与欧亚古代文明国际学术研讨会"在广汉市三星堆博物馆召开。

8 月

8月2日 国家文物局通报故宫博物院珍贵文物损坏情况。

8月2日 "阳光海南,爱心传递"百名日本灾区儿童海南之旅在海南省博物馆正式启动。

8月4日 湘绣合璧卷《富春山居图》入藏中国国家博物馆。

8月4日 广西民族博物馆首批"小小志愿者"上岗。

8月8日 周口店遗址第1地点抢救

性清理发掘新闻发布会在周口店遗址召开。

8月8日 《中国建筑文化遗产》首发暨《20世纪中国建筑遗产大典（天津卷）》启动仪式在天津举行。

8月9日 "中美博物馆国家标准及最佳做法研讨会"在北京召开。

8月9日 河南省文物考古研究所牙齿切片实验室建成。

8月9日 "宁夏岩画特展"在意大利卡波迪蓬特开幕。

8月14日 "日本人民的反思——二战时期日军对妇女的犯罪图片展"在中国人民抗日战争纪念馆正式开展。

8月16日 纺织品文物保护国家文物局重点科研基地新疆工作站揭牌仪式在新疆维吾尔自治区博物馆举行。

8月18日 国家文物局印发《关于促进生态（社区）博物馆发展的通知》。

8月19日 "文化上'早期中国'的形成和发展学术研讨会"在北京召开。

8月20日 海上丝绸之路史迹与申报世界文化遗产座谈会在广州召开。

8月21日 茶马古道文化遗产保护（雅安）研讨会召开。

8月23日 全国生态（社区）博物馆研讨会在福州召开。

8月23日 第九次北京历史文化名城保护论坛在北京召开。

8月23日 福建涉台文物保护工程领导小组成员会议暨《福建省涉台文物保护总体规划》评审会召开。

8月23日 "大泉源杯——第六届全国部分省市文物系统乒乓球邀请赛"在吉林延吉举行。

8月24日 "国家水下文化遗产保护福建基地"在福建博物院挂牌成立。

8月24日 福州三坊七巷社区博物馆举行揭牌仪式。

8月25日 2011年中国博物馆协会民族博物馆专委会年会暨学术研讨会在广西南宁召开。

8月26日 东北三省博物馆联盟成立大会在长春召开。

8月27日 隋唐大运河古陶瓷馆在北京举行开馆典礼。

8月27日 《张大千精品集》画册首发仪式在四川博物院举行。

8月31日 "加强八达岭长城保护改建关城重点保护区过境公路工程"全面竣工通车。

9 月

9月1日 国家文物局、国家海洋局联合发出《关于加强我国管辖海域内文化遗产联合执法工作的通知》。

9月1日 "山东省文物局'山东省中华文化标志城规划建设办公室'成立及揭牌仪式"在济南举行。

9月2日 由中国国民党革命委员会中央委员会筹划建立的辛亥革命网上博物馆正式开通。

9月2日 "梵高和阿姆斯特丹的画家们"展在北京首都博物馆开展。

9月5日 2011年全国博物馆教育研讨会在四川博物院召开。

9月5日 "2011青岛市讲解员大赛"在青岛市博物馆举行。

9月6日 "纪念辛亥革命一百周年于右任书法展"在全国政协礼堂开幕。

9月8日 "蜀道文化线路保护与申遗"研讨会在四川广元举行。

9月14日 "瓷之色——中国古代颜色釉瓷器展"在北京观复博物馆举行开幕式。

9月16日 "纪念辛亥革命一百周年何香凝艺术精品展"在北京中国美术馆开幕。

9月16日 首届古尸保护与研究国

际研讨会在长沙召开。

9 月 16 日 "辽金历史与考古国际学术研讨会"在沈阳召开。

9 月 17 日 中国历史文化名街保护和管理工作研讨会在北京西藏大厦召开。

9 月 18 日 纪念中国人民抗日战争胜利 66 周年、九一八事变发生 80 周年暨"日本侵华罪证展"开展式在中国人民抗日战争纪念馆举行。

9 月 19 日 世界遗产监测管理国际研讨会在苏州召开。

9 月 21 日 "纪念《保护世界文化与自然遗产公约》颁布 40 周年暨世界遗产保护与发展北京八达岭长城座谈会"召开。

9 月 21 日 中英文化连线 2011 博物馆展览设计研讨会在国家博物馆举行。

9 月 21 日 首届国家水下文化遗产保护工作座谈会在青岛举行。

9 月 21 日 故宫"兰亭大展"开展。

9 月 22 日 国家文物局在北京召开中国世界文化遗产监测管理工作会议。

9 月 22 日 国家文物局在长沙组织举办《文物保护单位安全管理办法》《文物安全综合管理实验区管理办法》座谈会。

9 月 22 日 2011 年度文化遗产保护科学和技术研究课题立项评审会在北京召开。

9 月 23 日 纪念鲁迅诞辰 130 周年座谈会在北京举行。

9 月 23 日 2011 欧亚经济论坛文化遗产保护与旅游发展分会在西安举行。

9 月 25 日 "小雁塔抗震与保护"国际学术研讨会在西安举行。

9 月 26 日 第二次全国文化文物系统对口支援新疆工作会议在乌鲁木齐召开。

9 月 26 日 故宫"重扉轻启——明清宫廷生活文物展"在法国卢浮宫博物馆开幕。

9 月 26 日 首届"黄淮七省考古论坛"在郑州召开。

9 月 27 日 中国早期人类与中石器文化座谈会在北京自然博物馆举行。

9 月 29 日 "刑事司法国际合作与打击文化财产贩运"研讨会在北京召开。

9 月 29 日 《福建省"福建土楼"世界文化遗产保护条例》经福建省十一届人大常委会第二十六次会议审议通过。

10 月

10 月 1 日 "孙中山、梅屋庄吉与长崎"特展在日本长崎历史文化博物馆开幕。

10 月 8 日 武汉辛亥革命博物馆开馆。

10 月 9 日 "辛亥·海军"纪念辛亥革命 100 周年特别展览在中国航海博物馆开展。

10 月 11 日 国家文物局与四川大学在成都签署《国家文物局、四川大学考古与博物馆学科共建协议》。

10 月 12 日 第三次中日韩建筑遗产保护国际学术研讨会在北京召开。

10 月 12 日 东亚文化遗产保护与可持续利用学术研讨会在重庆举行。

10 月 12 日 第三届海峡两岸文化遗产保护论坛在台中文化创意产业园开幕。

10 月 14 日 全国文物宣传工作座谈会在太原召开。

10 月 19 日 文化部、国家文物局在北京召开学习贯彻落实十七届六中全会精神干部大会。

10 月 19 日 中国博物馆协会与加拿大洛德文化资源公司在北京签署《关于在中国博物馆领域开展战略合作的谅解备忘录》。

10 月 22 日 "岭南风韵——饶宗颐

教授书画艺术特展"在广东省博物馆开幕。

10月25日 西藏敏竹林寺保护维修工程开工仪式在山南地区举行，标志着西藏"十二五"重点文物保护工程正式启动。

10月25日 "蜀道文化线路保护与申遗工作座谈会"在北京召开。

10月27日 "第九届全国文物修复技术研讨会暨庆祝中国文物学会文物修复专业委员会成立二十周年大会"在湖北襄阳召开。

10月28日 "从努尔哈赤到溥仪——公元1559—1967年"展在意大利特拉维索市的卡萨德·卡拉雷兹博物馆开幕。

10月29日 2011年兰亭国际学术研讨会在故宫博物院召开。

10月29日 重庆中国三峡博物馆庆祝建馆60周年，举办国际化背景下的博物馆免费开放学术研讨会。

10月29日 "骆驼墩文化论坛——骆驼墩文化遗存与太湖西部史前文化"学术研讨会在宜兴举行。

11 月

11月2日 长沙市属博物馆、纪念馆联合送展下乡活动在长沙县青山铺赛头村举行。

11月3日 "人民科学家钱学森"事迹展览在中国国家博物馆开幕。

11月4日 "魅力北京"图片展在老挝万象开幕。

11月5日 由公安部和国家文物局联合主办、陕西省公安厅承办的"全国文物犯罪信息管理系统"数据录入工作培训班在西安举办。

11月6日 仰韶文化发现九十周年纪念大会暨国际学术研讨会在河南省三

门峡市渑池县召开。

11月7日 侨鑫博物馆开馆庆典暨2011年国际博物馆高峰文化论坛在广东从化开幕。

11月7日 仰韶文化博物馆在河南渑池开馆。

11月9日 中国消防博物馆正式开馆，试运行免费开放。

11月9日 陕西省文物局与香港康乐及文化事务署签订文物交流合作备忘录。

11月10日 51个国家的54名驻华武官参观中国航空博物馆。

11月11日 "了解广东，热爱广东，共建共享幸福广东——外来工广东文化景观游"活动在广东省中山市举行启动仪式。

11月12日 "天山南北——中国美术作品展"在中国美术馆开幕。

11月12日 "2011北京高校研究生考古学论坛"在中国人民大学举行。

11月12日 瑞昌铜岭遗址保护与建设研讨会在北京召开。

11月14日 国家文物局学习十七届六中全会精神培训班举行开班仪式。

11月15日 海南省博物馆举办"大海的方向——华光礁Ⅰ号沉船特展"。

11月15日 军队营区文物保护与管理培训班在南京举办。

11月16日 中国代表再次当选国际文化财产保护与修复研究中心理事。

11月16日 "中国的黄金时代——大唐遗珍展"在荷兰德伦特省阿森市开幕。

11月16日 "博物馆免费开放与公民文化权益保障"亚太地区馆长高层论坛暨国际博协亚太地区联盟理事会2011年会议在山东博物馆举行。

11月18日 嘉峪关文化遗产保护工程启动仪式在嘉峪关关城举行。

11月19日 "郭炎先生捐赠文物仪

式"在北京举行。

11 月 21 日　中国民航博物馆开馆暨"民航强国之路"主题展开幕仪式在北京举行。

11 月 22 日　国务院、中央军委授予布达拉宫消防大队"布达拉宫模范消防大队"荣誉称号。

11 月 22 日　中国考古学会第十四次年会暨庆祝宿白先生九十华诞学术研讨会在嘉兴举行。

11 月 23 日　西夏王陵遗址申报世界文化遗产暨国家考古遗址公园建设启动仪式在银川西夏王陵遗址举行。

11 月 25 日　大遗址保护现场会暨大遗址保护荆州高峰论坛举行。

11 月 25 日　楚故都纪南城国家考古遗址公园熊家冢遗址博物馆在湖北荆州挂牌成立。

11 月 29 日　首届全国民办博物馆馆长培训班在四川大学举办。

11 月 29 日　谢云捐赠书法、方成捐赠漫画作品展在中国国家博物馆开幕。

12 月

12 月 3 日　著名考古学家佟柱臣先生逝世，享年 92 岁。

12 月 4 日　第一期全国博物馆入职员工培训班在上海复旦大学开班。

12 月 5 日　《北京市"十二五"时期历史文化名城保护建设规划》正式公布。

12 月 5 日　首届全国文物安全管理培训班在山东青岛举办。

12 月 9 日　我国管辖省城内文化遗产联合执法工作会议在北京举行。

12 月 9 日　国家社会科学基金重大项目——大遗址保护行动跟踪研究开题。

12 月 9 日　第七届中国·河套文化研讨会暨阴山岩刻申报世界文化遗产论证会在北京召开。

12 月 10 日　"海上丝绸之路与世界文明进程"国际论坛在宁波举行。

12 月 12 日　马克思主义传播史展览馆开馆仪式在北京举行。

12 月 13 日　"变化世界中的博物馆：新挑战、新激励"中国博物馆教育研讨会在广州召开。

12 月 13 日　《韩国考古学重大发现2002—2007》在北京举行首发式。

12 月 15 日　广东开平碉楼认养工作新闻通报会在开平举行。

12 月 15 日　国家文物局与香港特别行政区政府民政事务局签署合作协议。

12 月 15 日　"胡厚宣先生百年诞辰纪念会"在北京举行。

12 月 16 日　"新疆古代服饰展"在中国国家博物馆开幕。

12 月 17 日　2011 中国文物保护基金会年会在北京举行。

12 月 17 日　"中华文明历史题材美术创作工程"在北京启动。

12 月 19 日　《国家文物局与澳门特别行政区社会文化司关于深化文化遗产领域交流与合作的谅解备忘录》在澳门特区政府总部签署。

12 月 21 日　中国博协藏品保护专业委员会 2011 年学术研讨会在合肥召开。

12 月 23 日　第三次全国文物普查百大新发现图片展在北京首都博物馆开幕。

12 月 24 日　我国文化遗产保护领域第一个立项的 973 项目——脆弱性硅酸盐质文化遗产保护关键科学与技术基础研究在上海启动。

12 月 25 日　2011 年全国文物局长会议在北京召开。

12 月 26 日　故宫世界文化遗产监测中心揭牌成立。

12 月 26 日　上海崧泽遗址博物馆奠基仪式在上海举行。

12 月 27 日　国家文物局与河北省人民政府签署《共同推进河北文物博物馆事业发展合作框架协议》。

12 月 28 日　全国文物安全工作部际联席会议第二次会议在北京召开。

12 月 29 日　第三次全国文物普查工作电视电话会议召开。

12 月 29 日　"第三次全国文物普查成果发布会"在北京召开。

12 月 29 日　中共国家文物局直属机关第五次代表大会在北京召开。

附录

全 国 各 地 区 文 物 业

	机构数（个）	从业人员（人）	专业技术人才	正高级职称	副高级职称	中级职称	文物藏品（件／套）	一级品	二级品	三级品
总　计	5728	111338	37528	1570	4524	14943	30185365	68588	757563	2666103
中　央	13	3420	1372	155	318	565	2908666	13340	419953	432297
北　京	96	5141	905	14	78	352	3720324	852	10384	53378
天　津	28	909	570	11	90	231	1057753	1041	5162	132568
河　北	254	6936	1735	85	321	720	562888	1249	12924	59077
山　西	225	6057	1474	52	177	599	782881	3589	8438	76051
内　蒙　古	147	2108	1147	34	120	498	489949	1853	4265	10017
辽　宁	132	4003	1713	83	209	836	749095	1617	13996	126572
吉　林	112	1505	943	38	143	325	304559	564	3555	18934
黑　龙　江	205	2078	1097	70	183	488	306430	475	1750	20063
上　海	44	1663	905	34	88	311	1956095	1370	46367	157835
江　苏	328	5336	2084	142	278	907	2489717	3005	96490	443824
浙　江	211	4609	1745	152	248	640	820544	2242	10622	70085
安　徽	226	2482	1111	17	116	409	833904	1996	4845	52404
福　建	153	1688	786	40	99	267	496246	1032	2776	85955
江　西	185	3433	1170	29	112	380	650343	1469	6449	45204
山　东	238	5796	2624	96	312	1041	1355055	3270	11047	88779
河　南	312	9281	2423	77	294	1025	1912920	2371	16663	227023
湖　北	175	3596	1853	57	183	891	1446195	2523	6078	63264
湖　南	193	3821	1131	29	89	485	889723	2166	5936	55811
广　东	201	3563	1436	40	132	513	1124316	1331	15132	66990
广　西	142	1630	780	42	72	296	376608	333	5094	30950
海　南	32	402	100	5	8	25	66556	122	368	1976
重　庆	92	1995	747	38	86	255	620620	1091	2329	23185
四　川	323	5925	1717	39	141	696	1374585	4588	9398	109418
贵　州	131	1705	470	15	32	146	189925	919	2082	6109
云　南	209	1590	1077	19	139	437	474652	837	2034	15541
西　藏	466	5055	73	3	11	21	198650	1463	1771	4629
陕　西	363	8707	2137	69	213	810	976671	7020	13929	77789
甘　肃	207	4092	1187	44	107	440	593630	3396	12063	97722
青　海	53	389	183	5	35	88	217765	390	897	1133
宁　夏	31	654	281	13	34	88	84730	367	3418	7416
新　疆	201	1769	552	23	56	158	153370	707	1348	4104

基 本 情 况 （ 一 ）

在藏品数中（件/套）			本年修复藏品数（件/套）				基本陈列（个）	举办展览（个）
本年新增藏品数（件/套）	本年从有关部门接收文物数（件/套）	本年藏品征集数（件/套）		一级品	二级品	三级品		
196888	447827	90365	50689	366	1333	6229	8048	11142
53	413802	893	479	10	172	144	56	84
2555	3000	2480	2058		6	40	122	191
272	146	102	630			95	76	65
4215	8	1770	618	4	33	99	152	357
713	1149	82	296	18	68	194	141	149
3115	17	1782	372	25	89	256	190	188
3753	739	3607	413	8	46	85	165	247
4309	323	3540	1747	20	45	202	129	256
6003	85	5046	1679	1	10	80	286	366
15643	407	8768	276	2	28	120	100	190
13353	1368	5388	1737	41	65	323	727	1160
18878	2728	11404	1498	2	19	282	331	755
6812	1979	1548	428	12	38	57	458	530
12370	278	1703	327	3		124	247	489
1756	244	731	909	18	140	713	375	374
7190	984	1255	3702	9	23	329	554	745
11700	155	742	10297	4	53	833	374	695
3659	609	2850	3257	12	57	219	367	351
5147	131	2277	2824	39	101	343	245	343
12491	5832	5831	1821	1	9	77	412	897
9272	1050	2398	1038		4	86	196	231
247	63	165	40				88	67
12213	1161	9520	3295	22	10	123	171	223
4348	166	2615	5273	4	49	813	572	561
1408	7773	885	235	11	7	10	208	266
13880	1461	2480	900	2		3	304	339
137	137	357	133	1	9	122	67	66
4848	978	2960	3130	94	245	425	389	281
14988	606	4607	575	1	1	7	313	367
296	10	225	68				43	65
387	304	135	97	1	5	24	29	36
877	134	2219	537	1	1	1	161	208

全 国 各 地 区 文 物 业

	参观人次（万人次）	未成年人参观人次（万人次）	门票销售总额（千元）	本年收入合计（千元）	财政拨款	基建拨款	上级补助收入	本年收入 事业收入
总　　计	56686.82	14021.21	4626616	23630638	16656940	1587704	717351	3022701
中　　央	2179.93	265.03	730663	2046671	1513838	315920		307199
北　　京	1373.41	196.59	486039	2016576	895507	4000	1615	279882
天　　津	424.00	106.75	6332	524494	321771		150	11311
河　　北	2195.72	626.68	415454	1086192	647349	18000	2070	372973
山　　西	1639.33	302.09	321278	1110449	891140	79390	8872	130513
内　蒙　古	687.28	207.02	9778	439532	403957	37885	3310	16861
辽　　宁	1094.88	286.21	103980	596899	503054	35483	6981	41260
吉　　林	742.69	224.58	37529	267079	205656	26000	14935	43487
黑　龙　江	1277.97	391.37	7666	229046	175810	8500	5584	7203
上　　海	813.78	119.20	43180	615587	413475		16258	56169
江　　苏	5461.24	1277.27	122168	1243484	801436		65864	77520
浙　　江	3467.79	696.04	259623	1373507	937360	24533	31335	302442
安　　徽	2703.18	943.50	6081	390044	291631	6450	30299	32250
福　　建	1688.50	561.80	669	388263	322666	27005	18705	9071
江　　西	2061.87	733.03	11733	346604	277497	11950	15696	14953
山　　东	2205.17	616.81	336454	1158952	652259	78930	110056	135813
河　　南	3542.25	829.11	321971	1283810	927682	99204	70286	192096
湖　　北	1784.45	568.97	12429	538576	422812	14821	26531	37932
湖　　南	3217.89	1194.90	39005	581543	483297	4300	10504	29793
广　　东	2964.32	574.31	52909	1015947	811161	74494	7367	74563
广　　西	1074.15	299.25	1231	348975	283816	26237	15445	20249
海　　南	246.14	73.12	1086	113319	98144	30000	3665	3141
重　　庆	1762.34	454.89	87165	485638	368354	2988	15102	43550
四　　川	4143.82	924.54	211103	1452961	1052504	274928	26821	247635
贵　　州	1083.27	214.18	14312	260104	217927		17412	11076
云　　南	1097.76	297.29	212	227130	175668	3535	6585	24002
西　　藏	260.24	21.23	100892	330655	211055	143666	2	100782
陕　　西	3109.24	404.36	690027	1497809	1058297	45861	94869	193119
甘　　肃	1476.83	380.21	139207	717632	504695	19004	26328	171006
青　　海	83.01	14.53		224021	217865	174620	1248	2975
宁　　夏	193.50	35.67	22361	90034	62580		1485	21795
新　　疆	630.87	180.68	34079	629105	506677		61971	10080

基 本 情 况 （ 二 ）

合计（千元）				本年支出合计（千元）			在支出合计中：
经营收入	附属单位上缴收入	其他收入		基本支出	项目支出	经营支出	工资福利支出
654419	**121542**	**714089**	**21667454**	**8813160**	**10150196**	**551300**	**4376841**
17443	119207	45076	1993452	659441	1268956	12115	270608
285245		17267	1581342	612171	506503	159603	294468
1310		6335	376230	110801	110790	1310	52786
10112		32260	764715	451541	283359	6655	246221
13365	96	16868	954795	416458	465382	5868	203152
		13820	383185	209126	162055	13	84531
6115	1	3047	585879	254417	281446	8084	154118
		5405	264757	113937	143616	471	47200
2169		38280	225778	149687	44642	2945	72062
861		19034	570421	161751	266761	11162	152058
44750	210	41708	1117370	470947	433972	24202	236133
19904	25	29137	1325576	581182	665390	3741	283666
3641	130	19164	385520	164685	176970	3068	74021
226		8147	325693	115537	180551	303	61632
7670		4240	313261	157431	108184	6548	76374
147674		39876	1347026	625580	398912	230996	232483
11741	820	44576	1162254	555166	535905	8734	237526
15917	61	20113	459289	175735	242178	9879	114142
3105		9411	613197	281927	265728	2415	133139
2852		26694	969934	332387	542398	2959	196350
8320		14425	289395	107350	161892	8483	46426
440		7929	112409	23925	84379	530	16717
23122		9820	664960	151116	299512	7373	88504
9216	165	79559	1356178	383468	891275	5873	234099
350	427	3835	206153	99357	89873	439	44627
823		7289	269721	109326	134271	762	61559
3170	400	14840	255726	65293	45303	17760	31800
11084		100433	1443367	766538	573236	3130	371361
2435		9720	674584	281562	376533	4069	142889
		900	49280	35465	10908		18470
1359		2815	96912	49362	35359	1379	28779
		22066	529095	140491	363957	431	68940

全 国 各 地 区 文 物 业

	本年支出合计（千元）							
	在支出合计中：							
	商品和服务支出				对个人和家庭补助支出		其他资本性支出	
	差旅费	劳务费	福利费	各种税金支出		抚恤金和生活补助		各种设备购置费
总　　计	266239	550933	115390	360886	1055924	37254	2502947	386574
中　央	26751	38063	5136	28795	145063	1159	296987	32054
北　京	8513	21035	15179	120058	54067	2715	26787	6986
天　津	2437	1960	2070	18288	27110	308	74312	2723
河　北	4714	22754	2595	1738	36281	1959	33325	6257
山　西	8210	22868	5191	5120	23648	1088	99425	18117
内　蒙　古	10017	17311	1617	298	14885	1054	99881	17338
辽　宁	6724	27082	1760	2962	58749	757	72960	2927
吉　林	8733	3265	386	420	22444	515	16845	11806
黑　龙　江	4426	3355	936	146	21084	257	32655	4169
上　海	2688	1986	5806	16597	17974	762	76528	10029
江　苏	12214	20922	7179	16594	65907	2640	55723	19820
浙　江	14463	37091	10254	12021	77094	1363	105463	20799
安　徽	11926	9252	2946	557	26032	691	31397	8490
福　建	3691	7908	805	1353	16107	221	14877	3568
江　西	6851	2615	3141	1560	22297	1882	9410	4352
山　东	8188	21403	2560	28108	38298	894	253764	22899
河　南	13119	85346	5240	3515	37316	1540	232016	17734
湖　北	8179	19120	6691	430	28744	736	43146	14629
湖　南	9151	16364	3793	2535	26760	1513	79914	18457
广　东	5768	14739	6422	12050	67641	3837	50108	14922
广　西	4785	5116	2486	2378	13214	691	43896	4405
海　南	1079	862	7	123	3489	161	50529	944
重　庆	7100	19810	2065	4417	39485	1435	19080	3379
四　川	27685	68714	4429	4192	42131	1773	99292	19405
贵　州	3634	5706	1100	559	8396	226	8367	2394
云　南	4055	6359	324	901	13311	215	76946	3508
西　藏	3104	839	591	211	6791	174	65	65
陕　西	14865	21321	7375	68202	53525	4484	258784	36780
甘　肃	12095	15494	5465	4943	24682	1496	85079	33481
青　海	1462	941	115	375	3684	121	4277	3269
宁　夏	2516	2142	886	159	5417	178	12979	4471
新　疆	7096	9190	840	1281	14298	409	138130	16397

基 本 情 况 （三）

资产总计（千元）		实际使用房屋建筑面积（万平方米）			实际拥有产权面积（万平方米）	增加值（千元）
	固定资产原值		展览用房	文物库房		
46275653	28489653	2207.88	645.63	139.33	3003.33	8747935
3002311	1569519	62.78	16.74	7.47	32.43	588985
2891437	592420	38.51	11.22	3.93	10.50	854396
785224	76763	14.86	8.13	2.69	5.96	165106
1531249	1085885	49.65	22.82	3.85	39.97	527209
806150	448642	52.33	15.24	3.62	44.05	294855
646364	460085	42.07	19.54	3.25	25.92	140507
954323	534657	44.50	19.76	3.87	108.65	294166
325758	184752	18.43	10.88	1.22	3.78	95480
1049529	949094	40.01	27.24	2.25	14.90	135589
2636575	1769498	20.15	8.61	2.70	17.85	314264
4547891	3428261	128.83	67.42	8.66	95.63	542010
3302383	2037818	96.43	31.02	5.91	19.48	583667
1031585	639702	52.87	23.43	3.89	32.16	144554
408700	203782	41.89	18.11	2.84	29.69	101851
853625	638013	51.46	24.05	6.73	21.10	139038
2520387	1210018	76.27	39.56	7.25	32.61	391316
2657493	1259932	171.50	38.86	12.82	55.46	449321
1654931	1048857	60.11	21.96	5.83	29.33	216449
1286999	945206	48.50	17.76	4.07	86.87	225946
1418781	1009204	89.87	39.87	7.82	44.57	382648
763105	587861	25.43	10.91	2.57	4.83	94058
141953	106846	6.74	2.46	0.20	6.61	25535
936432	504349	31.61	13.22	2.50	51.28	199389
3156821	2294913	88.94	37.89	8.95	52.87	492365
1478892	1095735	18.53	7.87	1.26	19.70	106990
570622	416018	31.86	15.16	3.07	15.17	104363
145203	44511	377.04	9.31	2.96	2.76	102221
2183455	1472045	333.97	27.40	9.03	352.05	602669
1424442	1212456	44.73	18.93	4.39	1702.99	245618
162390	146827	5.98	3.26	0.71	3.60	30118
120448	91976	8.43	2.99	0.81	33.29	42657
880195	424008	33.60	14.01	2.21	7.27	114595

全 国 各 地 区 省 级

	机构数（个）	从业人员（人）	专业技术人才	正高级职称	副高级职称	中级职称	文物藏品（件/套）	一级品	二级品	三级品	在藏品 本年新增藏品数（件/套）
总　　计	259	16885	7597	614	1384	2762	13676326	24246	214591	1296759	43774
中　　央											
北　　京	49	1738	571	13	71	241	3673167	607	9800	50757	753
天　　津	8	702	468	10	80	188	1035484	1041	5157	132492	215
河　　北	7	396	206	26	64	76	289433	504	3921	33398	
山　　西	15	904	221	21	75	73	260506	1842	1534	55594	300
内　蒙　古	3	325	167	14	39	68	173373	764	1374	2631	
辽　　宁	4	258	172	25	18	76	334351	492	5047	45410	500
吉　　林	5	256	132	9	31	52	129590	295	2404	13886	182
黑　龙　江	9	460	323	27	100	84	167680	189	1113	15528	1833
上　　海	7	708	489	32	64	181	1882278	1092	45081	151599	8567
江　　苏	7	650	219	29	38	98	545461	1062	88438	360422	111
浙　　江	7	527	319	60	72	94	219261	829	5510	35988	11687
安　　徽	6	348	196	11	31	50	443734	889	2465	13040	632
福　　建	6	415	204	13	30	54	204374	569	473	37749	461
江　　西	8	788	250	11	41	91	279458	543	1730	11340	
山　　东	6	448	255	18	32	73	359773	1417	1554	46047	542
河　　南	6	750	292	29	59	127	453307	616	3183	42092	172
湖　　北	7	384	264	29	61	87	441258	928	1645	18079	380
湖　　南	14	855	289	22	38	114	450648	583	1981	23662	143
广　　东	6	237	151	12	19	41	365240	404	6506	12216	828
广　　西	7	418	225	30	23	80	145317	184	2462	9314	4070
海　　南	2	154	34	3	7	17	48759	58	135	707	109
重　　庆	16	959	380	25	48	112	370340	930	1915	16969	11056
四　　川	5	422	97	4	23	50	145254	750	2071	46298	
贵　　州	3	102	69	8	15	27	37511	436	1014	3931	
云　　南	4	158	102	9	26	28	234237	509	1400	12176	262
西　　藏	6	230	71	3	11	20	114439	372	1027	2581	137
陕　　西	9	1294	524	48	111	205	425515	3614	5100	18386	668
甘　　肃	11	1185	503	41	75	214	182860	1731	6427	76624	3
青　　海	6	162	76	3	23	32	138480	273	579	593	5
宁　　夏	5	275	130	13	24	41	56898	281	2834	5619	114
新　　疆	5	377	198	16	35	68	68340	442	711	1631	44

文 物 业 基 本 情 况 （一）

本年从有关部门接收文物数（件/套）	本年藏品征集数（件/套）	本年修复藏品数（件/套）	一级品	二级品	三级品	基本陈列（个）	举办展览（个）	参观人次（万人次）	未成年人参观人次（万人次）	门票销售总额（千元）	本年收入合计（千元）	财政拨款	基建拨款
2042	32535	14498	202	474	1441	387	1025	7435.57	2107.96	768815	7255071	5109901	523193
	700	1946		6	27	54	110	383.52	45.04	15177	1291442	654461	
146	72	630			95	34	40	256.19	90.73	3713	486865	291370	
	632	85				7	20	45.69	16.49		102204	66031	1440
236	44	101	18	68	15	13	64	243.79	89.61	691	387810	340842	
	229	43	3	4	36	9	18	158.00	45.20	2482	130381	103945	
	500	41	4	23	14	2	15	42.22	14.39		111550	74591	
	182	225	8	10	15	2	29	68.87	32.52		81245	70098	26000
	806	787		9	19	26	48	344.14	152.94	2084	75393	70355	
56	7704	228	2	24	118	14	49	301.57	47.31		378649	245092	
	109	258	28	35	75	26	47	288.60	12.93	59701	190707	96281	
6	8963	564	2	11	33	15	47	310.24	135.27		203811	190925	
	500	138	6	29	9	6	32	89.00	3.00		145047	103780	
51	323	11			11	15	42	210.67	68.58		139891	128641	
		3			3	12	30	637.11	252.56		126269	95748	
141	1	462			182	11	9	0.15	0.05		241531	162017	76400
42	130	803			213	5	30	198.60	74.29		154450	115111	7340
	10	727	9	50	88	14	18	179.70	45.40		138064	110783	8496
	53	277	4	6	118	10	26	771.17	328.74	589	196224	145168	500
3	745	546			4	6	25	140.00	28.00	565	184152	161707	13852
	1033	827		2	9	7	43	160.43	44.10		170823	130855	
63	46	30				12	30	72.34	30.00		62319	61715	30000
1085	8998	2643	22	8	18	17	83	1059.72	328.98	1502	290851	223045	
	361	2	18	62		10	37	141.41	51.14		217986	110084	18930
	242	64				1	13	50.00	14.50		59533	51113	
	5	752	1		2	5	5	95.30	36.01		60929	21013	3535
137	137	133	1	9	122	1		166.36	13.40	81956	261192	174764	143666
76	218	884	90	155	124	15	34	726.82	50.47	505991	565808	514627	8200
	48	321		1	4	16	24	160.78	6.91	94194	278714	139168	12974
		68				7	24	32.00	9.79		198222	193317	171860
	61	55	1	5	24	10	22	55.94	23.43		42550	37953	
	44	485	1	1	1	5	11	45.24	16.18	170	280459	225301	

全国各地区省级

地区	本年收入合计（千元）					本年支出				在支出		
	上级补助收入	事业收入	经营收入	附属单位上缴收入	其他收入		基本支出	项目支出	经营支出	工资福利支出	商品和差旅费	劳务费
总　计	82823	701942	53921	210	163428	6254862	1635949	3660047	38221	827644	104035	173088
中　央												
北　京		88968	3384		10668	792249	183771	313207	3384	71203	6437	19171
天　津	150	11281			447	337553	83453	100772		41265	2373	872
河　北		26572			6674	122384	57644	64291		20509	1527	12184
山　西		28633	4396		6683	334995	54046	273395	3473	33135	2699	7567
内　蒙　古		13673			12589	104635	19703	84932		12050	6459	12617
辽　宁	310	8144			742	107643	34291	57802		12523	1623	7075
吉　林		9387			1369	117122	16500	99951		7543	5867	377
黑　龙　江	1529	18	1939		1552	74866	42218	27670	1835	18031	1298	1980
上　海	934	12883			10808	320675	72236	161238		67486	1690	1154
江　苏	31182	22235	21344	210	4429	176353	45365	108315	11240	24255	3582	6915
浙　江		5600			3970	167479	50833	114876		43434	4737	11773
安　徽	750	23349			5661	153325	30167	113232		10847	8538	6933
福　建	3412	3460			671	109968	17265	88129		15302	1020	1628
江　西		6281	4404		99	114919	33876	60107	1579	23325	2344	834
山　东		1047			16564	336682	24068	252288		12274	2697	6728
河　南	2892	20646			3670	141602	62633	68075		25705	2317	12505
湖　北	90	18166	3452		1588	137032	29594	92486	3452	20923	3200	11614
湖　南		10589	2852		747	196356	64588	89846	1612	34242	2894	3821
广　东	471	17252			66	185793	36626	144827		13790	1315	395
广　西		16398	8320		9954	137782	32034	92292	7757	14825	2603	3363
海　南					604	74977	9905	65072		5525	490	367
重　庆	755	39698			2389	304281	59287	226188		45998	4925	15760
四　川	2900	73980			3348	155471	24927	105315		24452	10398	10077
贵　州		6551			1555	33600	8221	25379		3328	1071	8
云　南		21777	99		5277	121028	31814	77207	99	9328	2206	2068
西　藏		85621			525	172778	40630	22823		22084	2721	23
陕　西					33209	593424	273454	318790		95735	3110	3003
甘　肃	3710	121640	2433		8418	338711	127867	205221	2433	58701	7831	9420
青　海		2975			897	25808	16348	8677		7675	1161	715
宁　夏	19	911	1298		2369	51326	25737	21223	1357	12770	1540	648
新　疆	33719	4207			5886	214045	26848	176421		19381	3362	1493

文物业基本情况（二）

合计（千元）合计中：服务支出 福利费	各种税金支出	对个人和家庭补助支出	抚恤金和生活补助	其他资本性支出	各种设备购置费	资产总计（千元）	固定资产原值	实际使用房屋建筑面积（万平方米）	展览用房	库房	实际拥有产权面积（万平方米）	增加值（千元）
23636	245179	293507	11000	914782	185745	12629368	6671382	257.02	85.40	36.86	1794.93	2469010
1668	118142	24247	315	2819	1992	1978556	310463	22.59	7.73	3.55	3.79	574418
1755	17382	21865	299	73273	2009	748306	52314	10.65	5.01	2.58	5.96	145055
209	157	7894	95	4759	1837	190683	143175	4.21	2.24	1.39	3.15	47025
1009	433	8937	229	46553	13771	267563	92110	11.01	3.67	1.60	2.99	63152
459	290	2607	75	9514	9105	156885	42401	7.53	2.05	1.23	6.52	33385
543	2167	5381		10895	682	131409	49223	9.66	3.62	0.60	9.06	48118
147	285	5671	89	12143	10132	78244	37406	2.92	0.60	0.30	0.07	16363
61	94	13347	167	6113	996	456446	414235	7.05	4.47	0.68	6.33	50013
2928	15240	6252	461	60177	7081	1392941	881861	8.27	2.32	1.99	5.70	176523
71	5275	9831	1567	19625	10074	1158939	936382	9.49	5.85	1.44	7.79	92221
827	349	13581	122	29003	17471	652527	431642	32.26	4.17	1.63	1.35	88737
1456	421	10487	84	14280	6069	137873	80780	3.45	1.15	0.99	2.26	37964
244	601	5391	51	2627	1917	133786	34648	7.13	2.51	0.70	13.80	27209
928	777	6960	114	713	474	218701	203491	8.42	3.98	1.12	5.95	49128
154	1998	8412	21	171113	8424	414392	162839	11.20	5.82	1.59	1.19	41849
532	749	8550	402	3953	3953	527412	406897	8.67	2.69	1.72	6.25	67926
2141	228	11067	109	8288	6343	487514	306035	5.97	1.79	0.98	0.82	63415
810	1917	9502	775	19645	7001	351157	226681	8.78	2.90	0.50	6.06	64771
571	418	13737	92	19857	5397	253056	200259	7.55	1.89	1.07	1.70	39103
2209	2337	3901	260	7695	2791	150018	68034	5.71	1.36	0.65	0.02	29725
3	26	2384	66	46803	68	29009	18863	3.86	1.40	0.06	1.93	9025
845	3159	25154	1205	4189	2229	294868	96793	11.46	4.46	0.74	1.71	112849
759	2327	4833	242	13532	5847	148239	47043	4.50	1.00	0.69		81416
45	341	1932		1740	861	91097	15229	1.31	0.36	0.26	1.31	6578
136	781	4647	78	65603	748	107656	27910	1.50	0.86	0.41	0.14	23243
2	211	6652	174	65	65	137660	37436	0.18	0.13			89081
1447	66564	23891	2445	176467	16198	960450	719853	14.45	3.34	4.67	10.19	217188
1290	815	13877	1119	46595	28972	498392	380762	13.33	2.40	2.02	1677.93	102662
18	375	2911	121	3421	2683	135779	120349	4.07	2.30	0.52	2.70	17147
40	109	3616	148	9110	3990	79629	52911	5.75	1.61	0.66	5.55	19251
329	1211	5990	75	24212	6565	260181	73357	4.09	1.72	0.52	2.71	34470

全 国 各 地 区 地 市 级

	机构数（个）	从业人员（人）				文物藏品（件／套）				在藏品
			专业技术人才				一级品	二级品	三级品	本年新增藏品数（件／套）
			正高级职称	副高级职称	中级职称					
总　　计	1104	32915	12994	588	1820	5514	7135938	14014	67318	503426	57280
中　　央											
北　　京											
天　　津											
河　　北	35	2523	728	37	186	289	75973	296	6866	13783	613
山　　西	49	1734	526	18	78	234	141539	447	1346	6461	26
内 蒙 古	20	751	442	11	65	186	191164	498	1454	2971	2154
辽　　宁	45	2445	1030	56	167	480	285880	923	7639	68744	1552
吉　　林	26	647	499	26	69	113	103309	199	855	3657	1266
黑 龙 江	43	786	361	36	44	187	75628	161	411	3001	1764
上　　海											
江　　苏	146	3023	1302	97	179	583	1716410	1329	6335	72743	9253
浙　　江	56	2173	708	65	102	274	295615	740	2577	14387	1623
安　　徽	46	641	278	3	37	128	108111	247	672	12913	3000
福　　建	31	612	292	20	42	109	145733	364	931	15270	10525
江　　西	34	1041	319	14	38	135	127344	206	1473	6302	406
山　　东	51	1443	880	44	131	388	417433	823	4955	20825	1754
河　　南	87	3203	1228	40	187	549	969491	1065	8260	104724	7277
湖　　北	33	957	516	20	63	265	369842	571	1957	24206	2011
湖　　南	33	810	305	6	38	158	256240	624	2385	18558	3134
广　　东	64	1837	891	26	94	333	519871	799	7030	35656	4206
广　　西	31	644	315	11	38	133	143315	66	1625	11023	2329
海　　南	13	142	34	2	1	5	3785	45	148	758	71
重　　庆											
四　　川	49	2173	678	26	68	290	480023	1739	2497	22685	272
贵　　州	16	619	98	3	8	38	66501	327	490	683	713
云　　南	43	601	421	6	72	182	127970	108	164	1522	2332
西　　藏	2	22									
陕　　西	59	2032	571	15	67	257	288553	1595	4958	34927	287
甘　　肃	32	1058	285	1	21	101	147464	583	1585	5716	128
青　　海	12	59	38	1	5	20	15642	20	158	102	214
宁　　夏	8	226	40		4	13	6662	44	77	261	238
新　　疆	40	713	209	4	16	64	56440	195	470	1548	132

文 物 业 基 本 情 况 （ 一 ）

本年从有关部门接收文物数（件/套）	本年藏品征集数（件/套）	本年修复藏品数（件/套）	一级品	二级品	三级品	基本陈列（个）	举办展览（个）	参观人次（万人次）	未成年人参观人次（万人次）	门票销售总额（千元）	本年收入合计（千元）	财政拨款	基建拨款
15753	26708	20549	94	409	2552	1919	3441	19929.76	4004.05	1416630	6932489	4786867	223680
	617	148	3	25	19	39	140	448.58	56.32	271564	562825	248573	
478	26	195			179	20	26	317.42	32.11	145879	308093	221395	
	361	52	4	48		34	44	259.45	71.78	5128	167657	162239	9685
156	1360	305	1	21	71	90	146	786.47	181.78	98302	397610	364820	35483
1	1821	357	12	34	179	50	111	421.72	77.69	33800	140599	91765	
1	1554	240				68	104	399.28	98.64	3649	102829	60305	6100
535	4801	872	12	9	176	338	524	3503.97	722.57	22788	749745	465958	
408	1132	350			89	99	256	1901.40	290.19	212952	704338	395004	21576
470	618	65			5	96	175	618.60	199.24	971	86947	68112	5950
74	253	270	3		68	46	106	614.15	210.07		149103	121016	23605
91	221	585	13	54	503	73	105	422.17	163.71	2429	103400	94272	10450
347	614	1126	1	14	31	93	288	760.59	159.99	20580	212390	170188	
	8	8079	4	53	610	121	220	1389.47	274.22	269138	647547	451873	20010
131	1849	1399	2	3	103	69	99	483.46	118.05	776	111874	90267	
128	1479	2367	35	94	198	75	148	497.15	188.69		137400	124243	1500
3032	2917	1143	1	8	63	173	440	1898.86	273.78	29531	567856	419366	39117
56	1079	171			40	59	76	494.77	105.06	868	101602	89081	5344
	71					30	18	163.75	37.10	180	37246	27674	
13	425	1133	1	5	67	66	103	1449.76	190.51	166847	632909	382474	12420
7665	353	131				21	27	416.00	37.95	50	86840	70663	
1443	1827	29	1		1	98	99	569.35	129.80		79182	74483	
											12037	12037	
166	1777	1523	1	41	148	56	47	1157.19	167.67	43385	363759	213908	26910
536	586	9			2	56	52	517.27	125.91	39646	181234	136483	2770
	110					10	11	36.30	1.68		12739	12304	2760
	65					1	1	71.84	2.60	20271	33560	12719	
22	784					38	75	330.79	86.94	27896	241168	205645	

全 国 各 地 区 地 市 级

	本年收入合计（千元）					本年支出 在支出					
	上级补助收入	事业收入	经营收入	附属单位上缴收入	其他收入		基本支出	项目支出	经营支出	工资福利支出	商品差旅费
总　　计	184084	1208238	27973	1012	267669	6201601	2949772	2668998	29410	1437849	68414
中　　央											
北　　京											
天　　津											
河　　北		272183			23568	250008	182126	46581	270	107741	739
山　　西	3302	63911	885	70	6832	298181	187546	92997	559	72838	2934
内　蒙　古	2220	992			796	144139	91747	42469		38284	2038
辽　　宁	88	26372			874	393987	167981	210385	1666	108824	3985
吉　　林	11261	33800			3773	107318	70110	37207		25548	1673
黑　龙　江	266	7185	180		34893	99931	70732	8189	1092	30692	2390
上　　海											
江　　苏	20159	35885	6607		26224	701232	285912	235329	6244	144824	6402
浙　　江	10796	245910	364	25	9840	715135	333479	329687	1138	135030	5597
安　　徽	6368	7583	1000		4081	82556	52360	23544	500	22460	1068
福　　建	3801	681	195		3584	124439	49235	58937	272	24291	1425
江　　西	2786	4853	3		986	83974	56541	21765	144	21199	1715
山　　东	7607	21535			5288	248800	173823	49543	6536	71452	2393
河　　南	24939	138066	9999	800	7965	643879	265953	333514	7382	100079	6137
湖　　北	6985	7201			4300	110772	50294	57650		34573	1272
湖　　南	4474	5385			1640	137544	81316	54972		35243	2502
广　　东	829	39966	1739		18736	535839	195734	259597	305	120979	3205
广　　西	4790	3010			3848	82213	37645	41312	726	18806	1424
海　　南	240	1891	350		7091	25160	10998	12055	500	8395	390
重　　庆											
四　　川	2332	165072	5755		67889	553858	175074	355193	1170	107783	9575
贵　　州	10344		117	117	4	66646	39882	17395	3	17129	756
云　　南	1061	1833	714		1091	71202	32718	37018	535	21854	1512
西　　藏						11980	6464	16		785	32
陕　　西	43447	61865	65		28932	312211	172007	119150	65	93177	5011
甘　　肃	2500	42055			93	143573	65335	77422		33122	1141
青　　海	432				3	10538	7469	1569		3545	211
宁　　夏	1317	19487			37	31192	13769	12495		8315	644
新　　疆	11740	1517			5301	215294	73522	133007	303	30881	2243

文 物 业 基 本 情 况 （ 二 ）

合计（千元）
合计中：

和服务支出			对个人和家庭补助支出		其他资本性支出		资产总计（千元）		实际使用房屋建筑面积（万平方米）			实际拥有产权面积（万平方米）	增加值（千元）
劳务费	福利费	各种税金支出		抚恤金和生活补助		各种设备购置费		固定资产原值		展览用房	库房		
202746	30045	42460	372648	8566	715631	78912	14703489	9080408	865.12	237.48	44.80	523.61	2850692
7008	962	1133	19102	407	13728	2658	349541	210245	19.23	8.59	1.01	12.90	304918
12136	1672	381	8912	216	31786	3318	255749	156448	20.26	6.06	0.69	25.64	107881
3013	796	4	8199	625	29453	6395	246093	186256	14.27	5.82	0.82	1.78	57612
15561	951	501	47596	553	57370	1750	723754	414238	26.43	12.18	2.51	7.72	195032
2574	127	10	14187	308	2394	1581	193560	109445	8.87	6.76	0.34	2.12	57134
269	392		5433	75	24211	1397	300003	266841	19.72	13.91	0.50	3.29	47540
10328	4567	10794	45271	892	23392	5029	2161540	1503757	75.30	37.65	4.75	33.06	322450
13551	5052	8503	40524	924	36003	1680	1967061	1158363	34.66	14.14	1.99	7.68	323093
717	637	69	5994	94	6530	565	388202	177469	16.64	8.05	1.24	21.02	38143
1761	364	751	7751	34	9745	299	130615	85460	14.77	7.07	1.12	7.22	41609
215	642	27	7650	838	3851	1979	104181	52013	13.48	5.29	2.73	4.57	31639
7462	615	1074	19986	402	67365	4882	584135	440926	21.63	10.13	1.81	17.34	121632
62493	2389	2236	21722	645	182430	9545	1611747	443477	114.00	20.88	7.44	25.93	226236
1529	1486	50	7079	103	1019	1007	341806	276242	16.07	6.75	1.64	6.78	56005
7989	484	95	10272	288	8171	2065	413983	381583	15.62	5.31	2.28	6.49	69405
10067	2500	11211	39782	363	23750	7170	701654	441832	52.29	22.04	4.94	23.29	248271
1404	192	41	6214	178	14901	594	515382	437572	9.55	4.45	0.96	1.36	44905
328	4	93	935		2290	830	69094	54068	1.49	0.41	0.07	0.85	12097
21152	2039	1712	23298	538	26025	8715	1129181	695134	28.26	7.70	2.04	14.08	193710
2875	102	191	4486	121	207	105	783788	542841	6.65	2.25	0.38	0.01	48519
2174	144	106	4482	75	8469	2415	306525	289777	14.87	7.81	1.78	7.19	40496
57													844
10877	1923	300	11121	457	8790	2900	626914	258842	290.80	14.98	2.24	284.09	139311
2566	1703	3148	5462	195	30343	2132	343859	279860	10.11	4.66	0.48	7.00	57331
158	17		716		850	586	8972	8922	0.96	0.42	0.07	0.41	4807
849	9	30	835		2983	65	15521	13807	1.53	0.78	0.04	0.67	11932
3633	276		5639	235	99575	9250	430629	194990	17.66	3.39	0.93	1.12	48140

全 国 各 地 区 县 级

	机构数（个）	从业人员（人）					文物藏品（件／套）			
			专业技术人才					一级品	二级品	三级品
			正高级职称	副高级职称	中级职称					
总　　　计	4352	58118	15565	213	1002	6102	6464435	16988	55701	433621
中　　　央										
北　　　京	47	3403	334	1	7	111	47157	245	584	2621
天　　　津	20	207	102	1	10	43	22269		5	76
河　　　北	212	4017	801	22	71	355	197482	449	2137	11896
山　　　西	161	3419	727	13	24	292	380836	1300	5558	13996
内　蒙　古	124	1032	538	9	16	244	125412	591	1437	4415
辽　　　宁	83	1300	511	2	24	280	128864	202	1310	12418
吉　　　林	81	602	312	3	43	160	71660	70	296	1391
黑　龙　江	153	832	413	7	39	217	63122	125	226	1534
上　　　海	37	955	416	2	24	130	73817	278	1286	6236
江　　　苏	175	1663	563	16	61	226	227846	614	1717	10659
浙　　　江	148	1909	718	27	74	272	305668	673	2535	19710
安　　　徽	174	1493	637	3	48	231	282059	860	1708	26451
福　　　建	116	661	290	7	27	104	146139	99	1372	32936
江　　　西	143	1604	601	4	33	154	243541	720	3246	27562
山　　　东	181	3905	1489	34	149	580	577849	1030	4538	21907
河　　　南	219	5328	903	8	48	349	490122	690	5220	80207
湖　　　北	135	2255	1073	8	59	539	635095	1024	2476	20979
湖　　　南	146	2156	537	1	13	213	182835	959	1570	13591
广　　　东	131	1489	394	2	19	139	239205	128	1596	19118
广　　　西	104	568	240	1	11	83	87976	83	1007	10613
海　　　南	17	106	32			3	14012	19	85	511
重　　　庆	76	1036	367	13	38	143	250280	161	414	6216
四　　　川	269	3330	942	9	50	356	749308	2099	4830	40435
贵　　　州	112	984	303	4	9	81	85913	156	578	1495
云　　　南	162	831	554	4	41	227	112445	220	470	1843
西　　　藏	458	4803	2			1	84211	1091	744	2048
陕　　　西	295	5381	1042	6	35	348	262603	1811	3871	24476
甘　　　肃	164	1849	399	2	11	125	263306	1082	4051	15382
青　　　海	35	168	69	1	7	36	63643	97	160	438
宁　　　夏	18	153	111		6	34	21170	42	507	1536
新　　　疆	156	679	145	3	5	26	28590	70	167	925

文 物 业 基 本 情 况 （ 一 ）

在藏品数中（件/套）			本年修复藏品数（件/套）				基本陈列（个）	举办展览（个）	参观人次（万人次）	
本年新增藏品数（件/套）	本年从有关部门接收文物数（件/套）	本年藏品征集数（件/套）		一级品	二级品	三级品				未成年人参观人次（万人次）
95781	16230	30229	15163	60	278	2092	5686	6592	27141.56	7644.17
1802	3000	1780	112			13	68	81	989.89	151.55
57		30					42	25	167.81	16.02
3602	8	521	385	1	8	80	106	197	1701.45	553.87
387	435	12					108	59	1078.12	180.37
961	17	1192	277	18	37	220	147	126	269.83	90.04
1701	583	1747	67	3	2		73	86	266.19	90.04
2861	322	1537	1165		1	8	77	116	252.10	114.37
2406	84	2686	652	1	1	61	192	214	534.55	139.79
7076	351	1064	48		4	2	86	141	512.21	71.89
3989	833	478	607	1	21	72	363	589	1668.67	541.77
5568	2314	1309	584		8	160	217	452	1256.15	270.58
3180	1509	430	225	6	9	43	356	323	1995.58	741.26
1384	153	1127	46			45	186	341	863.68	283.15
1350	153	510	321	5	86	207	290	239	1002.59	316.76
4894	496	640	2114	8	9	116	450	448	1444.43	456.77
4251	113	604	1415			10	248	445	1954.18	480.60
1268	478	991	1131	1	4	28	284	234	1121.29	405.52
1870	3	745	180		1	27	160	169	1949.57	677.47
7457	2797	2169	132		1	10	233	432	925.46	272.53
2873	994	286	40		2	37	130	112	418.95	150.09
67		48	10				46	19	10.05	6.02
1157	76	522	652		2	105	154	140	702.62	125.91
4076	153	2190	3779	1	26	684	496	421	2552.65	682.89
695	108	290	40	11	7	10	186	226	617.27	161.73
11286	18	648	119				201	235	433.11	131.48
		220					66	66	93.88	7.83
3893	736	965	723	3	49	153	318	200	1225.23	186.22
14857	70	3973	245	1		1	241	291	798.78	247.39
77	10	115					26	30	14.71	3.06
35	304	9	42				18	13	65.72	9.64
701	112	1391	52				118	122	254.84	77.56

全 国 各 地 区 县 级

	门票销售总额（千元）	本年收入合计（千元）	财政拨款	基建拨款	上级补助收入	事业收入	本年收入 经营收入
总　　计	1710508	7396407	5246334	524911	450444	805322	555082
中　央							
北　京	470862	725134	241046	4000	1615	190914	281861
天　津	2619	37629	30401			30	1310
河　北	143890	421163	332745	16560	2070	74218	10112
山　西	174708	414546	328903	79390	5570	37969	8084
内　蒙　古	2168	141494	137773	28200	1090	2196	
辽　宁	5678	87739	63643		6583	6744	6115
吉　林	3729	45235	43793		3674	300	
黑　龙　江	1933	50824	45150	2400	3789		50
上　海	43180	236938	168383		15324	43286	861
江　苏	39679	303032	239197		14523	19400	16799
浙　江	46671	465358	351431	2957	20539	50932	19540
安　徽	5110	158050	119739	500	23181	1318	2641
福　建	669	99269	73009	3400	11492	4930	31
江　西	9304	116935	87477	1500	12910	3819	3263
山　东	315874	705031	320054	2530	102449	113231	147674
河　南	52833	481813	360698	71854	42455	33384	1742
湖　北	11653	288638	221762	6325	19456	12565	12465
湖　南	38416	247919	213886	2300	6030	13819	253
广　东	22813	263939	230088	21525	6067	17345	1113
广　西	363	76550	63880	20893	10655	841	
海　南	906	13754	8755		3425	1250	90
重　庆	85663	194787	145309	2988	14347	3852	23122
四　川	44256	602066	559946	243578	21589	8583	3461
贵　州	14262	113731	96151		7068	4525	233
云　南	212	87019	80172		5524	392	10
西　藏	18936	57426	24254		2	15161	3170
陕　西	140651	568242	329762	10751	51422	131254	11019
甘　肃	5367	257684	229044	3260	20118	7311	2
青　海		13060	12244		816		
宁　夏	2090	13924	11908		149	1397	61
新　疆	6013	107478	75731		16512	4356	

文 物 业 基 本 情 况 （二）

合计（千元）		本年支出合计（千元）				在支出合计中：			
附属单位上缴收入	其他收入		基本支出	项目支出	经营支出	工资福利支出	商品和服务支出		
							差旅费	劳务费	福利费
1113	237916	7217539	3567998	2552195	471554	1840740	67039	137036	56573
	6599	789093	428400	193296	156219	223265	2076	1864	13511
	5888	38677	27348	10018	1310	11521	64	1088	315
	2018	392323	211771	172487	6385	117971	2448	3562	1424
26	3353	321619	174866	98990	1836	97179	2577	3165	2510
	435	134411	97676	34654	13	34197	1520	1681	362
1	1431	84249	52145	13259	6418	32771	1116	4446	266
	263	40317	27327	6458	471	14109	1193	314	112
	1835	50981	36737	8783	18	23339	738	1106	483
	8226	249746	89515	105523	11162	84572	998	832	2878
	11055	239785	139670	90328	6718	67054	2230	3679	2541
	15327	442962	196870	220827	2603	105202	4129	11767	4375
130	9422	149639	82158	40194	2568	40714	2320	1602	853
	3892	91286	49037	33485	31	22039	1246	4519	197
	3155	114368	67014	26312	4825	31850	2792	1566	1571
	18024	761544	427689	97081	224460	148757	3098	7213	1791
20	32941	376773	226580	134316	1352	111742	4665	10348	2319
61	14225	211485	95847	92042	6427	58646	3707	5977	3064
	7024	279297	136023	120910	803	63654	3755	4554	2499
	7892	248302	100027	137974	2654	61581	1248	4277	3351
	623	69400	37671	28288		12795	758	349	85
	234	12272	3022	7252	30	2797	199	167	
	7431	360679	91829	73324	7373	42506	2175	4050	1220
165	8322	646849	183467	430767	4703	101864	7712	37485	1631
310	2276	105907	51254	47099	436	24170	1807	2823	953
	921	77491	44794	20046	128	30377	337	2117	44
400	14315	70968	18199	22464	17760	8931	351	759	589
	38292	537732	321077	135296	3065	182449	6744	7441	4005
	1209	192300	88360	93890	1636	51066	3123	3508	2472
		12934	11648	662		7250	90	68	80
	409	14394	9856	1641	22	7694	332	645	837
	10879	99756	40121	54529	128	18678	1491	4064	235

全 国 各 地 区 县 级

	本年支出合计（千元）				
	在支出合计中：				
	商品和服务支出	对个人和家庭补助支出		其他资本性支出	
	各种税金支出		抚恤金和生活补助		各种设备购置费
总　　　计	44452	244706	16529	575547	89863
中　　　央					
北　　　京	1916	29820	2400	23968	4994
天　　　津	906	5245	9	1039	714
河　　　北	448	9285	1457	14838	1762
山　　　西	4306	5799	643	21086	1028
内　蒙　古	4	4079	354	60914	1838
辽　　　宁	294	5772	204	4695	495
吉　　　林	125	2586	118	2308	93
黑　龙　江	52	2304	15	2331	1776
上　　　海	1357	11722	301	16351	2948
江　　　苏	525	10805	181	12706	4717
浙　　　江	3169	22989	317	40457	1648
安　　　徽	67	9551	513	10587	1856
福　　　建	1	2965	136	2505	1352
江　　　西	756	7687	930	4846	1899
山　　　东	25036	9900	471	15286	9593
河　　　南	530	7044	493	45633	4236
湖　　　北	152	10598	524	33839	7279
湖　　　南	523	6986	450	52098	9391
广　　　东	421	14122	3382	6501	2355
广　　　西		3099	253	21300	1020
海　　　南	4	170	95	1436	46
重　　　庆	1258	14331	230	14891	1150
四　　　川	153	14000	993	59735	4843
贵　　　州	27	1978	105	6420	1428
云　　　南	14	4182	62	2874	345
西　　　藏		139			
陕　　　西	1338	18513	1582	73527	17682
甘　　　肃	980	5343	182	8141	2377
青　　　海		57		6	
宁　　　夏	20	966	30	886	416
新　　　疆	70	2669	99	14343	582

文 物 业 基 本 情 况 （ 三 ）

资产总计（千元）		实际使用房屋建筑面积（万平方米）			实际拥有产权面积（万平方米）	增加值（千元）
	固定资产原值		展览用房	库房		
15940485	**11168344**	**1022.96**	**306.01**	**50.20**	**652.36**	**2839248**
912881	281957	15.92	3.49	0.38	6.71	279978
36918	24449	4.21	3.12	0.11		20051
991025	732465	26.21	11.99	1.45	23.92	175266
282838	200084	21.06	5.51	1.33	15.42	123822
243386	231428	20.27	11.67	1.20	17.62	49510
99160	71196	8.41	3.96	0.76	91.87	51016
53954	37901	6.64	3.52	0.58	1.59	21983
293080	268018	13.24	8.86	1.07	5.28	38036
1243634	887637	11.88	6.29	0.71	12.15	137741
1227412	988122	44.04	23.92	2.47	54.78	127339
682795	447813	29.51	12.71	2.29	10.45	171837
505510	381453	32.78	14.23	1.66	8.88	68447
144299	83674	19.99	8.53	1.02	8.67	33033
530743	382509	29.56	14.78	2.88	10.58	58271
1521860	606253	43.44	23.61	3.85	14.08	227835
518334	409558	48.83	15.29	3.66	23.28	155159
825611	466580	38.07	13.42	3.21	21.73	97029
521859	336942	24.10	9.55	1.29	74.32	91770
464071	367113	30.03	15.94	1.81	19.58	95274
97705	82255	10.17	5.10	0.96	3.45	19428
43850	33915	1.39	0.65	0.07	3.83	4413
641564	407556	20.15	8.76	1.76	49.57	86540
1879401	1552736	56.18	29.19	6.22	38.79	217239
604007	537665	10.57	5.26	0.62	18.38	51893
156441	98331	15.49	6.49	0.88	7.84	40624
7543	7075	376.86	9.18	2.96	2.76	12296
596091	493350	28.72	9.08	2.12	57.77	246170
582191	551834	21.29	11.87	1.89	18.06	85625
17639	17556	0.95	0.54	0.12	0.49	8164
25298	25258	1.15	0.60	0.11	27.07	11474
189385	155661	11.85	8.90	0.76	3.44	31985

全 国 各 地 区 文 物 主 管

	机构数（个）	从业人员（人）					藏品数（件／套）			
			专业技术人才					一级品	二级品	三级品
			正高级职称	副高级职称	中级职称					
总　　计	848	7593	1413	39	140	615	257338	962	1955	15189
中　央	1	92								
北　京	17	178	39		11	13	151			
天　津	1									
河　北	18	351	123	5	26	64	1100	3	25	194
山　西	86	1382	224	5	11	95	71097	380	330	1441
内　蒙　古	1									
辽　宁	13	174	74		9	49	8949	39	183	574
吉　林	2	6								
黑　龙　江	4	22	15	2	1	11	3482		2	
上　海	1									
江　苏	22	59	16	8	3	3	1055	1	7	41
浙　江	36	123	25	2	10	7				
安　徽	6	23	2		1		543	10	4	294
福　建	5	17	1			1				
江　西	22	181	56	4	5	24	9174	3	48	429
山　东	19	296	88	3	10	32	2737	8	18	158
河　南	94	1535	175	2	17	99	25941	245	625	7257
湖　北	50	358	139	1	4	55	34435	16	111	794
湖　南	40	537	106	1	6	58	38575	73	242	2728
广　东	45	78	2		1	1	530			
广　西	6	23	11		3	7	256			
海　南	4	14	5		1					
重　庆	1									
四　川	20	181	42		7	19	7479	106	145	491
贵　州	29	194	80	2	6	28	34246	9	79	228
云　南	4	10								
西　藏	45	205	2			1	3220	56	28	54
陕　西	119	1061	64	1	2	21	13254	11	70	447
甘　肃	101	160	42			6	1114	2	38	59
青　海	17	65	5			3				
宁　夏	1	5	1	1						
新　疆	18	263	76	2	6	18				

部 门 基 本 情 况 （ 一 ）

在藏品数中（件／套）			本年收入合计（千元）					
本年新增藏品数（件／套）	本年从有关部门接收文物数（件／套）	本年藏品征集数（件／套）		财政拨款		在财政拨款中		
					基建拨款	行政运行	一般行政管理事务	文物保护等经费
1293	7844	823	3642932	3443549	530022	352172	132422	1754531
			144461	143812		16528	15666	63220
			411187	408088		20700	5626	162869
			233880	225312	15900	12277	6896	176233
			539241	501023	79390	65302	14557	239175
			2724	2550		174		2376
172	134	38	17168	16836		998	175	8023
			3993	3993		253	40	3700
			1869	1869		562		721
			4830	4830				4830
187	187		73494	71630		5583	5635	56599
			107635	91877	3964	19042	6839	45436
			10697	9078		1137	482	7033
			88939	73214		3235	243	69712
			35782	29471		910	1183	21155
			63154	58048		17555	1158	29950
42			317905	301795	26321	51226	14529	138657
15		48	137574	125426		10805	3594	100926
331		4	76486	68286	500	12029	4315	19371
			124512	122735	38180	16362	5022	17810
			97384	96732		407	180	91040
			49411	49411	30000	538		5048
			41503	41503				41503
383		383	40462	37493	18930	6924	850	3578
62	7522	30	69954	66221		5180	9948	45924
			2035	2035		524	30	1406
		220	169324	169234	143666	6417	11	124422
101	1	100	222135	183883	1311	57646	27812	33760
			92225	92104		8028	951	75695
			177672	177276	171860	4066		542
			4888	4888		60	2100	2728
			280408	262896		7704	4580	161089

全 国 各 地 区 文 物 主 管

	本年支出合计（千元）			在支出合计中：					
		基本支出	项目支出	工资福利支出	商品和服务支出	差旅费	劳务费	福利费	各种税金支出
总　　计	2849920	657784	1998973	311377	1204859	29436	35708	3766	589
中　央	193067	26107	166960	7278	176809	4782	1199		
北　京	315480	30945	277304	17587	58295	61		22	
天　津									
河　北	113464	34076	79387	15355	66719	785	564	85	
山　西	418085	106171	300248	49821	246983	2844	6875	1011	52
内　蒙　古	864		864		744	596			
辽　宁	19431	7727	5369	4848	7237	688	1773	16	
吉　林	393	293	100	253	140	20		11	
黑　龙　江	1869	1869		1003	399	27			
上　海	4830		4830		4830				
江　苏	76980	8409	67871	4722	49069	444	1494		
浙　江	106775	23942	76733	12128	38679	1463	1509	174	
安　徽	12898	6047	6542	1433	7199	534	203	2	
福　建	70400	2367	66933	990	62812	32			
江　西	32633	7772	21497	2864	19768	491	99	14	
山　东	60497	21459	34486	12839	35821	574	3151	33	66
河　南	322662	97150	224430	47665	58209	2798	6834	598	348
湖　北	55689	20324	27872	11346	18892	1424	708	230	12
湖　南	71566	34819	34785	20034	35175	1421	1635	382	13
广　东	111822	6945	104406	5985	21501	796	1759	70	
广　西	49214	1565	47442	527	2809	372	19	11	
海　南	55093	764	53259	525	4245	108	43		33
重　庆	46316		46316	341	19				
四　川	28009	8576	19433	5522	10155	430	226	87	
贵　州	45377	13480	30190	7410	17861	1092	1841	276	
云　南	2472	807	1056	391	504	60	47		
西　藏	146713	8294	24433	7110	14506	184	58	3	
陕　西	219788	137959	62811	50813	83364	2780	3295	437	65
甘　肃	48617	9473	38848	5856	29612	1454	975	167	
青　海	5733	5089	408	3242	1199	178	35	7	
宁　夏	4888	3280	1608	278	600	400			
新　疆	208295	32075	172552	13211	130704	2598	1366	130	

部 门 基 本 情 况 （ 二 ）

本年支出合计（千元）				资产总计（千元）		实际使用房屋建筑面积（万平方米）	实际拥有产权面积（万平方米）	举办出国（境）文物展览（个）
在支出合计中：					固定资产原值			
对个人和家庭补助支出		其他资本性支出						
	抚恤金和生活补贴		各种设备购置费					
78043	5272	330813	15479	2542915	825878	30.94	10.67	9
7362	102	582	582	217254	55602	0.28		
6961	180			296477	25698	2.05		3
4752	56	10895	378	131842	90179	0.48	0.94	
6345	210	38881	1322	211190	64243	2.42	1.94	
		120		18223	1108			
930	102	288	288	15903	6260	0.35	0.09	
				3600		0.04		
467	3			2551	2551	0.10	0.10	
841		656	606	27551	7292	0.20		
4959		12943	288	92147	43253	1.50	0.10	
1151	4	575		24058	6284	0.04	0.04	
378		2396	25	17877	501	0.08	0.04	
618	250	478	466	99534	85384	1.78	1.39	2
2396	2	1369	310	79984	32355	0.88	0.06	
7177	302	149189	2891	235015	79667	6.51	2.40	2
4190	63	3139	739	50063	29083	2.00	1.16	
3750	95	2612	1144	31758	21998	1.49	0.67	1
3193	2946	2102	388	14842	5598	0.22		
229		219		3886	777	0.17		
102		47148		9844	1073			
		1						
1531	99	6884	155	30381	14364	0.24	0.02	
2256	89	2945	560	109048	29668	1.04	0.46	
94		427	354	610	610			1
833				25854	25843	0.53		
14000	693	14081	1895	392272	90495	2.84	1.05	
906	20	1123	66	57052	11155	0.22	0.01	
252		25	25	6894	4814	0.10	0.04	
				1902	1902	0.04		
2370	56	31735	2997	335303	88121	5.34	0.16	

全 国 各 地 区 文 物 主 管

	对外交流情况					本年度接受国内培训		
	出国（境）人次（人次）	与国外文博机构签署协议或备忘录个数（个）	赴港、澳、台人员数（人次）	对港、澳、台交流项目数（个）	参加国际组织活动数（个）		国家级培训班	省级培训班
总　计	746	11	147	41	9	9970	912	3776
中　央	368	2	41	16		57	57	
北　京	68		27	9	2	1289	11	102
天　津								
河　北	6					390		380
山　西	1		2			724	14	38
内　蒙　古								
辽　宁	2	1	1			31	1	
吉　林						183	93	90
黑　龙　江								
上　海								
江　苏	5					142	5	42
浙　江	6		1			96	1	9
安　徽						10		5
福　建	3				1	688	166	95
江　西	20		20	1		397	25	371
山　东	2					75	4	13
河　南	110	6	10	1	2	1275	96	661
湖　北	1					145	9	39
湖　南	8		9	1	2	213	16	150
广　东	29					691	123	320
广　西	30		13	1		213	11	192
海　南						211	112	99
重　庆								
四　川						303	29	200
贵　州			3			302	11	132
云　南	5					1	1	
西　藏						75	16	27
陕　西	12	2	6	1	1	1572	15	158
甘　肃	67		13	11	1	408	47	284
青　海			1			77	4	28
宁　夏	3					8	8	
新　疆						394	37	341

部门基本情况（三）

培训情况		本辖区文物点（处）			各级文物保护专项资金设立情况			增加值（千元）
人员数（人次）市县级培训班	出国接受培训人员数（人次）	全国重点文物保护单位	省级文物保护单位	市县级文物保护单位	中央级（千元）	省级（千元）	市县级（千元）	
4603	**44**	**592184**	**2378**	**14128**	**96434**		**612556**	**316839**	

人员数（人次）市县级培训班	出国接受培训人员数（人次）	全国重点文物保护单位	省级文物保护单位	市县级文物保护单位	中央级（千元）	省级（千元）	市县级（千元）	增加值（千元）
								18267
587	15	3840	98	255	662		150000	11840	25421
		1300	15	113	155		3900	1100	
10		32312	168	930	2834		13820	450	24358
666		50000	271	428	10000		33000	23285	66649
		22701	79	316	700		15000		82
30	1	2521	53	296	2172			18	7759
		9017	33	271	822		2000		265
		10759	29	192	420		2000		1571
		622	19	163	440				
95	1	20007	120	833	2211		40000	5720	7376
86	1	73943	132	755	3839		99000	242071	20593
2		25005	56	455	2489		26600		3072
427		4196	85	511	3600				1390
1		3085	52	333	2700		32000	30	6790
58		7622	101	687	6834		40000	1342	19813
518	5	6695	189	1050	5456		22550	14521	65684
85		38513	91	826	4115		10600	5114	17677
47		23256	60	809	2685		21000	2973	26690
238		37000	66	407	2690		31500	5111	8336
10		10495	42	355	1732		1980		840
		4405	14	108	313				753
		25908	20	317	1329				341
64		65231	128	578	3351		31520	960	7870
154		21381	39	342	21000		12000	800	12951
		14704	76	386	3122		1056	50	560
31		4283	35	224	484				9052
1399		49058	140	668	2090			706	71714
47	21	4551	73	621	3857		5900	598	8424
42		6411	18	383	369		1000	120	3740
		3818	18	143	314		450		380
6		9545	58	373	3649		15680	30	20713

全国各地区省级文物

（甲）	机构数（个）	从业人员（人）	专业技术人才			藏品数（件／套）			
			正高级职称	副高级职称	中级职称		一级品	二级品	三级品
	1	2	3	4	5	6	7	8	9	10
总　　计	32	569	60	8	20	18	0	0	0	0
中　　央	0	0	0	0	0	0	0	0	0	0
北　　京	1	74	35	0	11	13	0	0	0	0
天　　津	1	0	0	0	0	0	0	0	0	0
河　　北	1	39	0	0	0	0	0	0	0	0
山　　西	1	49	0	0	0	0	0	0	0	0
内　蒙　古	1	0	0	0	0	0	0	0	0	0
辽　　宁	1	8	0	0	0	0	0	0	0	0
吉　　林	1	0	0	0	0	0	0	0	0	0
黑　龙　江	1	0	0	0	0	0	0	0	0	0
上　　海	1	0	0	0	0	0	0	0	0	0
江　　苏	1	30	8	5	2	1	0	0	0	0
浙　　江	1	19	2	0	2	0	0	0	0	0
安　　徽	1	13	0	0	0	0	0	0	0	0
福　　建	1	0	0	0	0	0	0	0	0	0
江　　西	1	7	0	0	0	0	0	0	0	0
山　　东	1	17	0	0	0	0	0	0	0	0
河　　南	1	43	0	0	0	0	0	0	0	0
湖　　北	2	38	0	0	0	0	0	0	0	0
湖　　南	1	38	8	1	2	2	0	0	0	0
广　　东	1	0	0	0	0	0	0	0	0	0
广　　西	1	4	3	0	1	2	0	0	0	0
海　　南	1	5	0	0	0	0	0	0	0	0
重　　庆	1	0	0	0	0	0	0	0	0	0
四　　川	1	17	0	0	0	0	0	0	0	0
贵　　州	1	15	3	1	2	0	0	0	0	0
云　　南	1	0	0	0	0	0	0	0	0	0
西　　藏	1	25	0	0	0	0	0	0	0	0
陕　　西	1	50	0	0	0	0	0	0	0	0
甘　　肃	1	30	0	0	0	0	0	0	0	0
青　　海	1	10	0	0	0	0	0	0	0	0
宁　　夏	1	5	1	1	0	0	0	0	0	0
新　　疆	1	33	0	0	0	0	0	0	0	0

主 管 部 门 基 本 情 况 （ 一 ）

在藏品数中（件/套）			本年收入合计（千元）					
				财政拨款	在财政拨款中			
本年新增藏品数（件/套）	本年从有关部门接收文物数（件/套）	本年藏品征集数（件/套）			基建拨款	行政运行	一般行政管理事务	文物保护等经费
11	12	13	14	15	16	17	18	19
0	**0**	**0**	**1505026**	**1473160**	**366396**	**51674**	**27430**	**936504**
0	0	0	0	0	0	0	0	0
0	0	0	274098	274098	0	9239	3307	150000
0	0	0	0	0	0	0	0	0
0	0	0	11238	8690	1440	2645	3245	2800
0	0	0	224871	221244	0	4423	460	184730
0	0	0	2724	2550	0	174	0	2376
0	0	0	3240	3240	0	0	0	3240
0	0	0	0	0	0	0	0	0
0	0	0	4830	4830	0	0	0	4830
0	0	0	20248	20190	0	3083	5435	11100
0	0	0	12640	9577	0	2503	3551	800
0	0	0	6090	6090	0	975	432	4683
0	0	0	61300	61300	0	0	0	61300
0	0	0	20430	20430	0	0	400	20030
0	0	0	14784	14500	0	2000	0	12500
0	0	0	20390	20390	0	4250	5750	10390
0	0	0	17062	16139	0	4245	0	11893
0	0	0	6477	6477	500	3314	0	0
0	0	0	3749	3749	0	0	0	3749
0	0	0	93625	93625	0	0	0	89650
0	0	0	33330	33330	30000	0	0	3330
0	0	0	41503	41503	0	0	0	41503
0	0	0	26103	24264	18930	1081	850	650
0	0	0	30914	30600	0	0	1500	29100
0	0	0	1056	1056	0	0	0	1056
0	0	0	147394	147394	143666	3728	0	106412
0	0	0	30200	12228	0	5118	0	5700
0	0	0	28993	28872	0	1523	0	25894
0	0	0	173002	172606	171860	746	0	0
0	0	0	4888	4888	0	60	2100	2728
0	0	0	189847	189300	0	2567	400	146060

全 国 各 地 区 省 级 文 物

					本年支出合计 在支出合 商品和服务		
	基本支出	项目支出	工资福利支出		差旅费	劳务费	福利费
(甲)	20	21	22	23	24	25	26	27
总　　计	1089297	99153	874377	37626	516942	10083	4008	286
中　　央	0	0	0	0	0	0	0	0
北　　京	204098	15096	188791	7198	3617	61	0	10
天　　津	0	0	0	0	0	0	0	0
河　　北	28634	4037	24597	1941	25274	405	77	16
山　　西	187758	6086	181672	2766	168215	415	271	2
内　蒙　古	864	0	864	0	744	596	0	0
辽　　宁	4765	749	0	749	3758	536	203	0
吉　　林	0	0	0	0	0	0	0	0
黑　龙　江	0	0	0	0	0	0	0	0
上　　海	4830	0	4830	0	4830	0	0	0
江　　苏	22854	5300	17554	2124	1979	305	947	0
浙　　江	15637	4365	11272	1879	9648	532	577	54
安　　徽	6695	2012	4683	867	4329	407	197	0
福　　建	61300	0	61300	0	61300	0	0	0
江　　西	17330	275	17055	306	17021	177	30	0
山　　东	15013	2201	12812	1119	13598	273	301	2
河　　南	17454	4657	12797	2686	652	16	9	19
湖　　北	16784	4890	7194	2358	11041	698	295	67
湖　　南	6477	3459	3018	2007	3060	643	0	38
广　　东	3749	0	3749	0	3576	239	172	0
广　　西	45908	1	45907	1	1340	362	19	0
海　　南	49808	0	49808	0	0	0	0	0
重　　庆	46316	0	46316	341	19	0	0	0
四　　川	13991	1447	12544	986	6038	268	124	9
贵　　州	10000	808	9192	971	8569	539	8	0
云　　南	1056	0	1056	0	0	0	0	0
西　　藏	122441	3728	11873	2028	14173	59	1	2
陕　　西	30387	30235	152	3135	25143	289	47	0
甘　　肃	20940	2792	18148	1271	19235	1082	693	39
青　　海	1168	1168	0	480	431	110	0	0
宁　　夏	4888	3280	1608	278	600	400	0	0
新　　疆	128152	2567	125585	2135	108752	1671	37	28

主 管 部 门 基 本 情 况 （ 二 ）

（千元）计中：支出					资产总计（千元）		实际使用房屋建筑面积（万平方米）	实际拥有产权面积（万平方米）	举办出国（境）文物展览（个）
各种税金支出	对个人和家庭补助支出	抚恤金和生活补贴	其他资本性支出	各种设备购置费		固定资产原值			
28	29	30	31	32	33	34	35	36	37
0	18845	442	74228	2565	875961	211933	3.37	1.13	9
0	0	0	0	0	0	0	0	0	0
0	4490	180	0	0	228043	16762	0.95	0	3
0	0	0	0	0	0	0	0	0	0
0	842	34	577	0	79502	73410	0	0	0
0	1712	62	15065	65	83193	5609	1.13	1.13	0
0	0	0	120	0	18223	1108	0	0	0
0	0	0	258	258	5856	1727	0.02	0	0
0	0	0	0	0	0	0	0	0	0
0	0	0	0	0	0	0	0	0	0
0	699	0	237	237	4240	4240	0.11	0	0
0	1922	0	2188	276	33423	26690	0.33	0	0
0	957	4	540	0	12607	3490	0	0	0
0	0	0	0	0	0	0	0	0	0
0	0	0	3	0	0	0	0	0	2
0	259	0	37	37	14718	3323	0	0	0
0	853	120	179	179	49612	9814	0	0	2
0	2274	0	507	507	11092	2365	0	0	0
0	1210	10	0	0	4939	4085	0.15	0	1
0	0	0	173	173	0	0	0	0	0
0	0	0	50	0	0	0	0	0	0
0	0	0	46735	0	0	0	0	0	0
0	0	0	1	0	0	0	0	0	0
0	103	0	6864	143	24127	8110	0.15	0	0
0	0	0	460	460	47213	3355	0	0	0
0	0	0	0	0	0	0	0	0	1
0	694	0	0	0	18768	18768	0	0	0
0	1957	12	152	152	36849	10722	0.31	0	0
0	381	20	53	53	53143	8669	0.1	0	0
0	231	0	25	25	3218	1181	0	0	0
0	0	0	0	0	1902	1902	0.04	0	0
0	261	0	4	0	145293	6603	0.08	0	0

全 国 各 地 区 省 级 文 物

		对外交流情况				本年度培训		
	出国（境）人次（人次）	与国外文博机构签署协议或备忘录个数（个）	赴港、澳、台人员数（人次）	对港、澳、台交流项目数（个）	参加国际组织活动数（个）	接受国内培训人员数（人次）		
						国家级培训班	省级培训班	市县级培训班
（甲）	38	39	40	41	42	43	44	45	46
总　　计	328	7	93	24	7	5787	720	3166	1288
中　央	0	0	0	0	0	0	0	0	0
北　京	68	0	27	9	2	950	0	11	350
天　津	0	0	0	0	0	0	0	0	0
河　北	6	0	0	0	0	370	0	370	0
山　西	1	0	0	0	0	10	6	4	0
内　蒙　古	0	0	0	0	0	0	0	0	0
辽　宁	2	1	1	0	0	1	1	0	0
吉　林	0	0	0	0	0	183	93	90	0
黑　龙　江	0	0	0	0	0	0	0	0	0
上　海	0	0	0	0	0	0	0	0	0
江　苏	5	0	0	0	0	35	5	30	0
浙　江	6	0	1	0	0	2	0	2	0
安　徽	0	0	0	0	0	5	0	2	0
福　建	0	0	0	0	0	662	161	81	420
江　西	20	0	20	1	0	395	25	370	0
山　东	2	0	0	0	0	13	2	11	0
河　南	105	6	9	1	2	1086	86	600	400
湖　北	1	0	0	0	0	0	0	0	0
湖　南	7	0	8	1	2	130	10	120	0
广　东	0	0	0	0	0	430	120	310	0
广　西	30	0	13	1	0	200	10	190	0
海　南	0	0	0	0	0	208	112	96	0
重　庆	0	0	0	0	0	0	0	0	0
四　川	0	0	0	0	0	206	26	180	0
贵　州	0	0	0	0	0	229	2	109	118
云　南	5	0	0	0	0	1	1	0	0
西　藏	0	0	0	0	0	0	0	0	0
陕　西	0	0	0	0	0	0	0	0	0
甘　肃	67	0	13	11	1	332	43	268	0
青　海	0	0	1	0	0	24	4	20	0
宁　夏	3	0	0	0	0	8	8	0	0
新　疆	0	0	0	0	0	307	5	302	0

主 管 部 门 基 本 情 况 （ 三 ）

情况 出国接受 培训人员数 （人次）	本辖区文物点（处）			各级文物保护专项资金设立情况（千元）			增加值 （千元）
	全国重点文 物保护单位	省级文物 保护单位	市县级文物 保护单位	中央级	省级	市县级	
47	48	49	50	51	52	53	54	55
44	592184	2378	14128	96434	0	612556	1145	69444
0	0	0	0	0	0	0	0	0
15	3840	98	255	662	0	150000	0	12192
0	1300	15	113	155	0	3900	1100	0
0	32312	168	930	2834	0	13820	0	5804
0	50000	271	428	10000	0	33000	0	4940
0	22701	79	316	700	0	15000	0	82
1	2521	53	296	2172	0	0	0	1055
0	9017	33	271	822	0	2000	0	0
0	10759	29	192	420	0	2000	0	0
0	622	19	163	440	0	0	0	0
1	20007	120	833	2211	0	40000	0	3959
1	73943	132	755	3839	0	99000	0	5534
0	25005	56	455	2489	0	26600	0	2183
0	4196	85	511	3600	0	0	0	0
0	3085	52	333	2700	0	32000	0	347
0	7622	101	687	6834	0	40000	0	1831
5	6695	189	1050	5456	0	22550	0	3841
0	38513	91	826	4115	0	10600	0	5133
0	23256	60	809	2685	0	21000	0	3450
0	37000	66	407	2690	0	31500	0	187
0	10495	42	355	1732	0	1980	0	43
0	4405	14	108	313	0	0	0	0
0	25908	20	317	1329	0	0	0	341
0	65231	128	578	3351	0	31520	0	1564
0	21381	39	342	21000	0	12000	0	1148
0	14704	76	386	3122	0	1056	45	0
0	4283	35	224	484	0	0	0	3479
0	49058	140	668	2090	0	0	0	5574
21	4551	73	621	3857	0	5900	0	2780
0	6411	18	383	369	0	1000	0	765
0	3818	18	143	314	0	450	0	380
0	9545	58	373	3649	0	15680	0	2832

全 国 各 地 区 地 市 级 文 物

	机构数（个）	从业人员（人）				藏品数（件／套）			
			专业技术人才						
			正高级职称	副高级职称	中级职称		一级品	二级品	三级品
（甲）	1	2	3	4	5	6	7	8	9	10
总　　　计	150	1771	342	22	64	128	14653	37	123	746
中　　央	0	0	0	0	0	0	0	0	0	0
北　　京	0	0	0	0	0	0	0	0	0	0
天　　津	0	0	0	0	0	0	0	0	0	0
河　　北	5	178	68	5	23	21	629	3	19	157
山　　西	11	269	17	1	3	8	652	12	39	169
内　蒙　古	0	0	0	0	0	0	0	0	0	0
辽　　宁	3	27	0	0	0	0	0	0	0	0
吉　　林	0	0	0	0	0	0	0	0	0	0
黑　龙　江	2	21	15	2	1	11	3482	0	2	0
上　　海	0	0	0	0	0	0	0	0	0	0
江　　苏	3	15	6	3	1	2	0	0	0	0
浙　　江	8	80	15	2	7	6	0	0	0	0
安　　徽	2	1	0	0	0	0	0	0	0	0
福　　建	3	12	0	0	0	0	0	0	0	0
江　　西	4	44	26	3	3	11	0	0	0	0
山　　东	8	71	14	2	4	6	0	0	0	0
河　　南	16	187	10	2	3	5	0	0	0	0
湖　　北	8	93	3	1	0	2	0	0	0	0
湖　　南	8	68	15	0	2	9	1876	18	39	276
广　　东	10	32	0	0	0	0	0	0	0	0
广　　西	3	9	6	0	1	4	256	0	0	0
海　　南	1	9	5	0	1	0	0	0	0	0
重　　庆	0	0	0	0	0	0	0	0	0	0
四　　川	4	61	30	0	6	13	0	0	0	0
贵　　州	6	52	26	0	3	9	7758	4	24	144
云　　南	1	10	0	0	0	0	0	0	0	0
西　　藏	5	19	0	0	0	0	0	0	0	0
陕　　西	8	227	0	0	0	0	0	0	0	0
甘　　肃	13	53	11	0	0	0	0	0	0	0
青　　海	4	13	5	0	0	3	0	0	0	0
宁　　夏	0	0	0	0	0	0	0	0	0	0
新　　疆	14	220	70	1	6	18	0	0	0	0

主 管 部 门 基 本 情 况 （ 一 ）

在藏品数中（件/套）			本年收入合计（千元）	财政拨款	在财政拨款中			
本年新增藏品数（件/套）	本年从有关部门接收文物数（件/套）	本年藏品征集数（件/套）			基建拨款	行政运行	一般行政管理事务	文物保护等经费
11	12	13	14	15	16	17	18	19
60	7522	0	835348	761593	47181	105160	32422	408275
0	0	0	0	0	0	0	0	0
0	0	0	0	0	0	0	0	0
0	0	0	0	0	0	0	0	0
0	0	0	187418	181398	0	6557	2191	172139
0	0	0	84120	80170	0	36247	2040	10157
0	0	0	0	0	0	0	0	0
0	0	0	5739	5739	0	0	0	4483
0	0	0	0	0	0	0	0	0
0	0	0	1843	1843	0	536	0	721
0	0	0	0	0	0	0	0	0
0	0	0	38946	37140	0	1569	0	35571
0	0	0	34978	29872	3964	8561	3008	13629
0	0	0	441	441	0	141	50	250
0	0	0	17794	7984	0	1282	0	6702
0	0	0	30	30	0	30	0	0
0	0	0	27462	22927	0	5834	285	15067
0	0	0	140726	135189	5037	7385	4042	72941
0	0	0	7405	4284	0	432	0	950
60	0	0	20548	19255	0	2732	1734	9702
0	0	0	57458	57115	38180	1160	4810	5689
0	0	0	2121	2020	0	0	0	1390
0	0	0	15011	15011	0	538	0	648
0	0	0	0	0	0	0	0	0
0	0	0	10831	9701	0	3289	0	1954
0	7522	0	11901	11650	0	1794	1785	7751
0	0	0	979	979	0	524	30	350
0	0	0	6237	6237	0	317	0	5650
0	0	0	51353	37566	0	17600	7470	10135
0	0	0	20445	20445	0	2423	817	17205
0	0	0	1405	1405	0	1143	0	162
0	0	0	0	0	0	0	0	0
0	0	0	90157	73192	0	5066	4160	15029

全 国 各 地 区 地 市 级 文 物

	基 本支 出	项 目支 出	工资福利支出	商品和服务支出				本年支出在支出合
					差旅费	劳务费	福利费	各种税金支出
(甲)	20	21	22	23	24	25	26	27	28
总　　计	688927	179755	492200	81689	238218	6871	17128	573	45
中　　央	0	0	0	0	0	0	0	0	0
北　　京	0	0	0	0	0	0	0	0	0
天　　津	0	0	0	0	0	0	0	0	0
河　　北	50316	19662	30653	9025	12287	50	49	19	0
山　　西	76947	31498	43707	11063	46964	1109	4451	140	0
内　蒙　古	0	0	0	0	0	0	0	0	0
辽　　宁	6863	796	4943	559	761	32	415	0	0
吉　　林	0	0	0	0	0	0	0	0	0
黑　龙　江	1843	1843	0	977	399	27	0	0	0
上　　海	0	0	0	0	0	0	0	0	0
江　　苏	38946	1655	37291	1500	36672	97	522	0	0
浙　　江	36857	11634	25223	8313	15874	775	362	104	0
安　　徽	441	101	250	61	130	98	0	0	0
福　　建	5938	1295	3543	656	835	0	0	0	0
江　　西	30	30	0	30	0	0	0	0	0
山　　东	23921	7473	14747	3588	17198	245	2764	0	0
河　　南	189378	22950	166398	8240	19641	1512	4053	67	12
湖　　北	7462	1521	5620	814	1036	58	87	9	0
湖　　南	19104	8329	10610	3852	12385	330	681	7	0
广　　东	58504	2782	55682	2227	11222	215	379	0	0
广　　西	2089	599	1483	313	1377	3	0	0	0
海　　南	4215	764	3451	525	3588	108	43	0	33
重　　庆	0	0	0	0	0	0	0	0	0
四　　川	7324	5242	2082	3440	1438	87	12	60	0
贵　　州	8383	4244	3998	1881	4422	216	1581	25	0
云　　南	1416	807	0	391	504	60	47	0	0
西　　藏	6180	664	16	588	90	32	57	0	0
陕　　西	49271	22652	26128	10250	19924	667	177	0	0
甘　　肃	12540	2778	9466	2018	9264	211	84	33	0
青　　海	1300	1198	102	608	421	35	35	7	0
宁　　夏	0	0	0	0	0	0	0	0	0
新　　疆	79659	29238	46807	10770	21786	904	1329	102	0

主 管 部 门 基 本 情 况 （二）

合计（千元）计中：				资产总计（千元）		实际使用房屋建筑面积（万平方米）	实际拥有产权面积（万平方米）	举办出国（境）文物展览（个）
对个人和家庭补助支出	抚恤金和生活补贴	其他资本性支出	各种设备购置费		固定资产原值			
29	30	31	32	33	34	35	36	37
22179	396	210209	7158	770472	193900	11.02	0.88	0
0	0	0	0	0	0	0	0	0
0	0	0	0	0	0	0	0	0
3387	0	9877	357	28965	6710	0.21	0.16	0
2037	2	6982	779	55790	18523	0.18	0	0
0	0	0	0	0	0	0	0	0
176	0	0	0	257	257	0	0	0
0	0	0	0	0	0	0	0	0
467	3	0	0	2551	2551	0.1	0.1	0
0	0	0	0	0	0	0	0	0
0	0	369	369	23311	3052	0.06	0	0
1413	0	6958	12	31609	8950	0.64	0	0
0	0	0	0	0	0	0	0	0
342	0	2371	0	3743	387	0.04	0	0
0	0	0	0	0	0	0	0	0
1192	2	1189	130	38440	10230	0.22	0.04	0
3600	47	147426	2031	69378	17219	3.08	0.12	0
36	5	35	35	820	656	0	0	0
1175	42	462	56	8989	6471	0.17	0.12	0
104	0	1554	0	3588	2788	0.18	0	0
229	0	169	0	3286	177	0.06	0	0
102	0	0	0	9844	1073	0	0	0
0	0	0	0	0	0	0	0	0
1105	3	0	0	4964	4964	0.01	0	0
1764	29	22	0	5604	525	0.01	0.01	0
94	0	427	354	610	610	0	0	0
0	0	0	0	0	0	0	0	0
2522	207	86	39	285010	24933	0.66	0.17	0
336	0	552	0	2755	1332	0.08	0	0
0	0	0	0	1098	1098	0.06	0	0
0	0	0	0	0	0	0	0	0
2098	56	31730	2996	189860	81394	5.26	0.16	0

全 国 各 地 区 地 市 级 文 物

| | 对外交流情况 | | | | | 本年度培训 | | |
| | | | | | | 接受国内培训人员数 | | |
	出国(境)人次(人次)	与国外文博机构签署协议或备忘录个数(个)	赴港、澳、台人员数(人次)	对港、澳、台交流项目数(个)	参加国际组织活动数(个)		国家级培训班	省级培训班
(甲)	38	39	40	41	42	43	44	45
总　　计	47	2	5	1	1	764	53	176
中　　央	0	0	0	0	0	0	0	0
北　　京	0	0	0	0	0	0	0	0
天　　津	0	0	0	0	0	0	0	0
河　　北	0	0	0	0	0	0	0	0
山　　西	0	0	0	0	0	100	0	0
内 蒙 古	0	0	0	0	0	0	0	0
辽　　宁	0	0	0	0	0	0	0	0
吉　　林	0	0	0	0	0	0	0	0
黑 龙 江	0	0	0	0	0	0	0	0
上　　海	0	0	0	0	0	0	0	0
江　　苏	0	0	0	0	0	91	0	0
浙　　江	0	0	0	0	0	35	1	4
安　　徽	0	0	0	0	0	3	0	1
福　　建	3	0	0	0	0	0	0	0
江　　西	0	0	0	0	0	0	0	0
山　　东	0	0	0	0	0	34	1	2
河　　南	3	0	0	0	0	35	1	4
湖　　北	0	0	0	0	0	7	3	3
湖　　南	1	0	0	0	0	8	1	4
广　　东	29	0	0	0	0	59	1	6
广　　西	0	0	0	0	0	0	0	0
海　　南	0	0	0	0	0	0	0	0
重　　庆	0	0	0	0	0	0	0	0
四　　川	0	0	0	0	0	14	1	12
贵　　州	0	0	0	0	0	29	3	5
云　　南	0	0	0	0	0	0	0	0
西　　藏	0	0	0	0	0	4	2	2
陕　　西	11	2	5	1	1	208	7	89
甘　　肃	0	0	0	0	0	8	0	2
青　　海	0	0	0	0	0	48	0	8
宁　　夏	0	0	0	0	0	0	0	0
新　　疆	0	0	0	0	0	81	32	34

主 管 部 门 基 本 情 况 （三）

情况（人次）		本辖区文物点（处）			各级文物保护专项资金设立情况（千元）				增加值
市县级培训班	出国接受培训人员数（人次）	全国重点文物保护单位	省级文物保护单位	市县级文物保护单位	中央级	省级	市县级		（千元）
46	47	48	49	50	51	52	53	54	55
525	0	0	0	0	0	0	0	234305	129417
0	0	0	0	0	0	0	0	0	0
0	0	0	0	0	0	0	0	0	0
0	0	0	0	0	0	0	0	0	0
0	0	0	0	0	0	0	0	300	12752
100	0	0	0	0	0	0	0	5942	18501
0	0	0	0	0	0	0	0	0	0
0	0	0	0	0	0	0	0	0	1162
0	0	0	0	0	0	0	0	0	0
0	0	0	0	0	0	0	0	0	1545
0	0	0	0	0	0	0	0	0	0
91	0	0	0	0	0	0	0	5000	2150
30	0	0	0	0	0	0	0	213843	10599
2	0	0	0	0	0	0	0	0	68
0	0	0	0	0	0	0	0	0	1013
0	0	0	0	0	0	0	0	0	30
31	0	0	0	0	0	0	0	300	7966
30	0	0	0	0	0	0	0	5100	16711
1	0	0	0	0	0	0	0	20	971
3	0	0	0	0	0	0	0	2400	5954
52	0	0	0	0	0	0	0	800	2835
0	0	0	0	0	0	0	0	0	549
0	0	0	0	0	0	0	0	0	753
0	0	0	0	0	0	0	0	0	0
1	0	0	0	0	0	0	0	0	4819
20	0	0	0	0	0	0	0	0	5257
0	0	0	0	0	0	0	0	0	560
0	0	0	0	0	0	0	0	0	647
112	0	0	0	0	0	0	0	600	13783
6	0	0	0	0	0	0	0	0	2538
40	0	0	0	0	0	0	0	0	696
0	0	0	0	0	0	0	0	0	0
6	0	0	0	0	0	0	0	0	17558

全 国 各 地 区 县 级 文 物

	机构数（个）	从业人员（人）					藏品数（件／套）			
			专业技术人才					一级品	二级品	三级品
			正高级职称	副高级职称	中级职称					
总　计	665	5161	1011	9	56	469	242685	925	1832	14443
中　央	0	0	0	0	0	0	0	0	0	0
北　京	16	104	4	0	0	0	151	0	0	0
天　津	0	0	0	0	0	0	0	0	0	0
河　北	12	134	55	0	3	43	471	0	6	37
山　西	74	1064	207	4	8	87	70445	368	291	1272
内　蒙古	0	0	0	0	0	0	0	0	0	0
辽　宁	9	139	74	0	9	49	8949	39	183	574
吉　林	1	6	0	0	0	0	0	0	0	0
黑龙江	1	1	0	0	0	0	0	0	0	0
上　海	0	0	0	0	0	0	0	0	0	0
江　苏	18	14	2	0	0	0	1055	1	7	41
浙　江	27	24	8	0	1	1	0	0	0	0
安　徽	3	9	2	0	1	0	543	10	4	294
福　建	1	5	1	0	0	1	0	0	0	0
江　西	17	130	30	1	2	13	9174	3	48	429
山　东	10	208	74	1	6	26	2737	8	18	158
河　南	77	1305	165	0	14	94	25941	245	625	7257
湖　北	40	227	136	0	4	53	34435	16	111	794
湖　南	31	431	83	0	2	47	36699	55	203	2452
广　东	34	46	2	0	1	1	530	0	0	0
广　西	2	10	2	0	1	1	0	0	0	0
海　南	2	0	0	0	0	0	0	0	0	0
重　庆	0	0	0	0	0	0	0	0	0	0
四　川	15	103	12	0	1	6	7479	106	145	491
贵　州	22	127	51	1	1	19	26488	5	55	84
云　南	2	0	0	0	0	0	0	0	0	0
西　藏	39	161	2	0	0	1	3220	56	28	54
陕　西	110	784	64	1	2	21	13254	11	70	447
甘　肃	87	77	31	0	0	6	1114	2	38	59
青　海	12	42	0	0	0	0	0	0	0	0
宁　夏	0	0	0	0	0	0	0	0	0	0
新　疆	3	10	6	0	0	0	0	0	0	0

主管部门基本情况（一）

在藏品数中（件/套）			本年收入合计（千元）					
				财政拨款		在财政拨款中		
本年新增藏品数（件/套）	本年从有关部门接收文物数（件/套）	本年藏品征集数（件/套）			基建拨款	行政运行	一般行政管理事务	文物保护等经费
1233	322	823	1158097	1064984	116445	178810	56904	346532
0	0	0	0	0	0	0	0	0
0	0	0	137089	133990	0	11461	2319	12869
0	0	0	0	0	0	0	0	0
0	0	0	35224	35224	14460	3075	1460	1294
0	0	0	230250	199609	79390	24632	12057	44288
0	0	0	0	0	0	0	0	0
172	134	38	8189	7857	0	998	175	300
0	0	0	3993	3993	0	253	40	3700
0	0	0	26	26	0	26	0	0
0	0	0	0	0	0	0	0	0
187	187	0	14300	14300	0	931	200	9928
0	0	0	60017	52428	0	7978	280	31007
0	0	0	4166	2547	0	21	0	2100
0	0	0	9845	3930	0	1953	243	1710
0	0	0	15322	9011	0	880	783	1125
0	0	0	20908	20621	0	9721	873	2383
42	0	0	156789	146216	21284	39591	4737	55326
15	0	48	113107	105003	0	6128	3594	88083
271	0	4	49461	42554	0	5983	2581	9669
0	0	0	63305	61871	0	15202	212	8372
0	0	0	1638	1087	0	407	180	0
0	0	0	1070	1070	0	0	0	1070
0	0	0	0	0	0	0	0	0
383	0	383	3528	3528	0	2554	0	974
62	0	30	27139	23971	0	3386	6663	9073
0	0	0	0	0	0	0	0	0
0	0	220	15693	15603	0	2372	11	12360
101	1	100	140582	134089	1311	34928	20342	17925
0	0	0	42787	42787	0	4082	134	32596
0	0	0	3265	3265	0	2177	0	380
0	0	0	0	0	0	0	0	0
0	0	0	404	404	0	71	20	0

全 国 各 地 区 县 级 文 物

	基本支出	项目支出	工资福利支出	商品和服务支出				
					差旅费	劳务费	福利费	各种税金支出
总　　　计	878629	352769	465436	184784	272890	7700	13373	2907	544
中　　央	0	0	0	0	0	0	0	0	0
北　　京	111382	15849	88513	10389	54678	0	0	12	0
天　　津	0	0	0	0	0	0	0	0	0
河　　北	34514	10377	24137	4389	29158	330	438	50	0
山　　西	153380	68587	74869	35992	31804	1320	2153	869	52
内　蒙　古	0	0	0	0	0	0	0	0	0
辽　　宁	7803	6182	426	3540	2718	120	1155	16	0
吉　　林	393	293	100	253	140	20	0	11	0
黑　龙　江	26	26	0	26	0	0	0	0	0
上　　海	0	0	0	0	0	0	0	0	0
江　　苏	15180	1454	13026	1098	10418	42	25	0	0
浙　　江	54281	7943	40238	1936	13157	156	570	16	0
安　　徽	5762	3934	1609	505	2740	29	6	2	0
福　　建	3162	1072	2090	334	677	32	0	0	0
江　　西	15273	7467	4442	2528	2747	314	69	14	0
山　　东	21563	11785	6927	8132	5025	56	86	31	66
河　　南	115830	69543	45235	36739	37916	1270	2772	512	336
湖　　北	31443	13913	15058	8174	6815	668	326	154	12
湖　　南	45985	23031	21157	14175	19730	448	954	337	13
广　　东	49569	4163	44975	3758	6703	342	1208	70	0
广　　西	1217	965	52	213	92	7	0	11	0
海　　南	1070	0	0	0	657	0	0	0	0
重　　庆	0	0	0	0	0	0	0	0	0
四　　川	6694	1887	4807	1096	2679	75	90	18	0
贵　　州	26994	8428	17000	4558	4870	337	252	251	0
云　　南	0	0	0	0	0	0	0	0	0
西　　藏	18092	3902	12544	4494	243	93	0	1	0
陕　　西	140130	85072	36531	37428	38297	1824	3071	437	65
甘　　肃	15137	3903	11234	2567	1113	161	198	95	0
青　　海	3265	2723	306	2154	347	33	0	0	0
宁　　夏	0	0	0	0	0	0	0	0	0
新　　疆	484	270	160	306	166	23	0	0	0

主 管 部 门 基 本 情 况 （ 二 ）

合计（千元）合计中：				资产总计（千元）		实际使用房屋建筑面积（万平方米）	实际拥有产权面积（万平方米）	举办出国（境）文物展览（个）
对个人和家庭补助支出	抚恤金和生活补贴	其他资本性支出	各种设备购置费		固定资产原值			
29657	4332	45794	5174	679228	364443	16.27	8.66	0
0	0	0	0	0	0	0	0	0
2471	0	0	0	68434	8936	1.1	0	0
0	0	0	0	0	0	0	0	0
523	22	441	21	23375	10059	0.27	0.78	0
2596	146	16834	478	72207	40111	1.11	0.81	0
0	0	0	0	0	0	0	0	0
754	102	30	30	9790	4276	0.33	0.09	0
0	0	0	0	3600	0	0.04	0	0
0	0	0	0	0	0	0	0	0
0	0	0	0	0	0	0	0	0
142	0	50	0	0	0	0.03	0	0
1624	0	3797	0	27115	7613	0.53	0.1	0
194	0	35	0	11451	2794	0.04	0.04	0
36	0	25	25	14134	114	0.04	0.04	0
618	250	475	466	99534	85384	1.78	1.39	0
945	0	143	143	26826	18802	0.66	0.02	0
2724	135	1584	681	116025	52634	3.43	2.28	0
1880	58	2597	197	38151	26062	2	1.16	0
1365	43	2150	1088	17830	11442	1.17	0.55	0
3089	2946	375	215	11254	2810	0.04	0	0
0	0	0	0	600	600	0.11	0	0
0	0	413	0	0	0	0	0	0
323	96	20	12	1290	1290	0.08	0.02	0
492	60	2463	100	56231	25788	1.03	0.45	0
0	0	0	0	0	0	0	0	0
139	0	0	0	7086	7075	0.53	0	0
9521	474	13843	1704	70413	54840	1.87	0.88	0
189	0	518	13	1154	1154	0.04	0.01	0
21	0	0	0	2578	2535	0.04	0.04	0
0	0	0	0	0	0	0	0	0
11	0	1	1	150	124	0	0	0

全 国 各 地 区 县 级 文 物

| | 对外交流情况 | | | | | 本年度 | | |
	出国（境）人次（人次）	与国外文博机构签署协议或备忘录个数（个）	赴港、澳、台人员数（人次）	对港、澳、台交流项目数（个）	参加国际组织活动数（个）	接受国内培训	国家级培训班	省级培训班
总　　计	3	0	8	0	1	3362	82	434
中　　央	0	0	0	0	0	0	0	0
北　　京	0	0	0	0	0	339	11	91
天　　津	0	0	0	0	0	0	0	0
河　　北	0	0	0	0	0	20	0	10
山　　西	0	0	2	0	0	614	8	34
内　蒙　古	0	0	0	0	0	0	0	0
辽　　宁	0	0	0	0	0	30	0	0
吉　　林	0	0	0	0	0	0	0	0
黑　龙　江	0	0	0	0	0	0	0	0
上　　海	0	0	0	0	0	0	0	0
江　　苏	0	0	0	0	0	16	0	12
浙　　江	0	0	0	0	0	59	0	3
安　　徽	0	0	0	0	0	2	0	2
福　　建	0	0	0	0	1	26	5	14
江　　西	0	0	0	0	0	2	0	1
山　　东	0	0	0	0	0	28	1	0
河　　南	2	0	1	0	0	154	9	57
湖　　北	0	0	0	0	0	138	6	36
湖　　南	0	0	1	0	0	75	5	26
广　　东	0	0	0	0	0	202	2	4
广　　西	0	0	0	0	0	13	1	2
海　　南	0	0	0	0	0	3	0	3
重　　庆	0	0	0	0	0	0	0	0
四　　川	0	0	0	0	0	83	2	8
贵　　州	0	0	3	0	0	44	6	18
云　　南	0	0	0	0	0	0	0	0
西　　藏	0	0	0	0	0	71	14	25
陕　　西	1	0	1	0	0	1364	8	69
甘　　肃	0	0	0	0	0	68	4	14
青　　海	0	0	0	0	0	5	0	0
宁　　夏	0	0	0	0	0	0	0	0
新　　疆	0	0	0	0	0	6	0	5

主 管 部 门 基 本 情 况 （三）

培训情况		本辖区文物点（处）			各级文物保护专项资金设立情况（千元）			增加值（千元）
人员数（人次）市县级培训班	出国接受培训人员数（人次）	全国重点文物保护单位	省级文物保护单位	市县级文物保护单位	中央级	省级	市县级	
2790	0	0	0	0	0	0	0	81389	242003
0	0	0	0	0	0	0	0	0	0
237	0	0	0	0	0	0	0	11840	13229
0	0	0	0	0	0	0	0	0	0
10	0	0	0	0	0	0	0	150	5802
566	0	0	0	0	0	0	0	17343	43208
0	0	0	0	0	0	0	0	0	0
30	0	0	0	0	0	0	0	18	5542
0	0	0	0	0	0	0	0	0	265
0	0	0	0	0	0	0	0	0	26
0	0	0	0	0	0	0	0	0	0
4	0	0	0	0	0	0	0	720	1267
56	0	0	0	0	0	0	0	28228	4460
0	0	0	0	0	0	0	0	0	821
7	0	0	0	0	0	0	0	0	377
1	0	0	0	0	0	0	0	30	6413
27	0	0	0	0	0	0	0	1042	10016
88	0	0	0	0	0	0	0	9421	45132
84	0	0	0	0	0	0	0	5094	11573
44	0	0	0	0	0	0	0	573	17286
186	0	0	0	0	0	0	0	4311	5314
10	0	0	0	0	0	0	0	0	248
0	0	0	0	0	0	0	0	0	0
0	0	0	0	0	0	0	0	0	0
63	0	0	0	0	0	0	0	960	1487
16	0	0	0	0	0	0	0	800	6546
0	0	0	0	0	0	0	0	5	0
31	0	0	0	0	0	0	0	0	4926
1287	0	0	0	0	0	0	0	106	52357
41	0	0	0	0	0	0	0	598	3106
2	0	0	0	0	0	0	0	120	2279
0	0	0	0	0	0	0	0	0	0
0	0	0	0	0	0	0	0	30	323

全 国 各 地 区 文 物 保 护

	机构数（个）	从业人员（人）		专业技术人才			藏品数（件／套）			
				正高级职称	副高级职称	中级职称		一级品	二级品	三级品
总　　计	2735	33035	8308	174	758	3376	2251805	5719	19535	140541
中　央	1	195	16	1	4	9	1122			
北　京	25	2981	251	1	3	97	27042	214	521	1635
天　津	8	108	41	2	13	22	2757		2	57
河　北	175	4351	864	21	158	402	114034	260	1524	10952
山　西	112	1602	339	4	25	128	105468	308	584	2762
内　蒙　古	86	695	345	10	23	169	40577	122	379	1163
辽　宁	60	1408	396	2	31	185	69233	77	567	8209
吉　林	48	362	250	8	39	121	32334	29	142	961
黑　龙　江	92	364	275	17	34	162	18975	37	104	1142
上　海	4	73	34		2	10	7581	109	36	56
江　苏	59	356	145	10	12	57	30995	78	239	925
浙　江	95	1427	502	41	69	178	68451	278	664	4585
安　徽	91	518	328	1	34	125	82159	283	683	13936
福　建	54	116	56	5	4	20	5568	3	40	1176
江　西	69	336	118	2	10	49	31336	88	282	4416
山　东	103	2486	856	14	85	314	260795	522	3115	9983
河　南	126	2428	615	14	51	243	560891	168	3009	29734
湖　北	39	646	249	2	11	145	16367	70	296	1846
湖　南	93	682	168		4	75	73636	647	800	5370
广　东	28	299	30	1	2	13	22304			1
广　西	61	274	138		9	60	26245	20	349	3168
海　南	13	149	30			4	1314			136
重　庆	39	185	93		10	32	77415	19	221	2364
四　川	173	1020	477	7	27	175	219464	600	2852	22439
贵　州	74	393	136		7	39	33374	7	120	733
云　南	118	604	466	4	47	202	65032	187	149	1263
西　藏	461	4759	22	2	2	7	156409	1276	1385	3754
陕　西	200	2652	647	2	14	220	69581	186	787	5777
甘　肃	53	559	122		7	29	2401	27	42	68
青　海	29	98	50	2	7	23	7466	34	82	98
宁　夏	22	337	117		9	37	18282	65	551	1796
新　疆	124	572	132	1	5	24	3197	5	10	36

管 理 机 构 基 本 情 况 （ 一 ）

在藏品数中（件/套）				本年修复文物数（件/套）			基本陈列（个）	举办展览（个）	参观人次（万人次）	
本年新增藏品数（件/套）	本年从有关部门接收文物数（件/套）	本年藏品征集数（件/套）		一级品	二级品	三级品				未成年人参观人次
26030	5265	9661	5198	6	73	575	978	1265	9441.69	1515.46
33							8	12	320.00	
	3000		43				19	24	840.13	112.68
4							3	1	18.11	4.27
3112	8	80	90	1	28	12	23	47	748.80	105.70
	365						6	5	456.68	39.28
898	7	473	2				29	44	77.51	16.83
810	186	797	31				19	47	198.68	51.21
3174	322	2722	1165		1	8	9	6	0.79	0.21
454	69	115	88		1	42	41	75	60.60	27.11
395		376	6				8	11	30.44	7.95
352							43	50	249.00	60.31
942	215	311	10			10	69	72	1251.67	143.99
1185	560	108	35				46	61	131.94	47.52
242	21	1	21			21	11	26	88.10	23.38
154		36					55	61	207.44	56.36
451	1	147	272			18	69	74	610.58	154.65
4615			1820				17	26	846.08	86.10
270		2	54				18	18	152.39	43.38
637	3	76	276	4	17	72	32	42	416.73	138.22
603		647	100				24	39	201.89	12.20
451		174					21	26	96.31	19.74
15			10				24	11	51.38	13.61
441	76	216	101		2	8	14	31	41.37	8.48
762	19	580	795		15	261	87	156	508.56	93.49
289	65	144	7	1		1	41	75	109.73	29.45
3596	18	528	110				59	75	77.27	23.41
			131		9	122	66	66	239.66	19.83
1852	20	2009	31				55	23	906.74	129.16
			10				29	18	270.03	33.76
34	10	24					7	5	1.57	0.30
244	300	70					7	10	114.56	8.54
15		15					19	28	116.95	4.34

全 国 各 地 区 文 物 保 护

	门票销售总额（千元）	本年收入合计（千元）	财政拨款	基建拨款	上级补助收入	事业收入	本年收入 经营收入
总　　计	2170652	4636090	2402142	126945	176369	1417534	345240
中　　央	72391	192883	8044			73183	
北　　京	465933	549178	75593	4000	1081	186004	281861
天　　津	2375	14714	13496				182
河　　北	337591	446719	142308			275589	5660
山　　西	85802	149703	85363		4603	43241	7139
内　蒙　古	5888	148617	147034	28700		520	
辽　　宁	18537	162210	125417	30354	5673	22933	6115
吉　　林		35090	30921		3594	300	
黑　龙　江		30995	28719	6100	1272	33	
上　　海		19123	18823		260	18	
江　　苏	9454	127825	111805		1626	4964	7440
浙　　江	234358	561545	255070	4498	13338	281686	750
安　　徽	2471	89611	70040	2000	10450	2738	2000
福　　建	120	23604	17339		4197	125	
江　　西	1936	23031	19856		460	1897	5
山　　东	302613	341859	188719		9706	115299	13559
河　　南	266746	240680	137922	6300	13303	72213	10641
湖　　北	12399	58686	45125	230	3795	6215	130
湖　　南	10500	88012	65582		3135	13215	203
广　　东	23464	43932	22160		1611	17938	200
广　　西	432	41243	33726	3251	3991	1690	
海　　南	1086	21751	13172		55	3141	90
重　　庆		37987	32534		5160	211	
四　　川	6573	255608	218060	3078	12255	19851	
贵　　州	4170	53906	40053		7150	4475	233
云　　南	188	85456	78348		5106	737	364
西　　藏	100892	142102	26212		2	97444	3170
陕　　西	103326	307600	123600	25110	36810	99697	5435
甘　　肃	45137	130516	84551	13324	424	45445	2
青　　海		8376	7883		412		
宁　　夏	22361	44284	21664		1466	20884	61
新　　疆	33909	159244	113003		25434	5848	

管 理 机 构 基 本 情 况 （二）

合计（千元）		本年支出合计（千元）				在支出合计中：
附属单位上缴收入	其他收入		基本支出	项目支出	经营支出	工资福利支出
111723	**183048**	**4194248**	**2382737**	**1267033**	**314065**	**1170762**
110407	1249	151724	134588	17135		21514
	4639	597576	376709	60961	156124	189717
	1036	17697	10983	6532	182	5125
	23162	293033	229858	55631	4570	150399
70	9287	137205	87416	17765	1467	49401
	1063	144599	105045	38439	11	28540
1	2071	172909	66236	98369	4609	52794
	275	29870	24135	4469		11459
	971	28258	20289	7361		12008
	22	23123	10899	12224		6573
	1990	105519	47868	57528	123	21058
25	10676	483665	319316	161735	825	124747
	4383	79543	40025	21847	1065	17573
	1943	21670	12574	8568	210	5119
	813	23122	17163	2508	1	9066
	14576	336788	145559	69987	111968	93004
820	5781	241128	131889	80928	7251	59533
	3421	64924	29871	29083	930	18018
	5877	101838	48236	37011	753	19288
	2023	44345	29517	12437	1830	13351
	1836	38703	22232	15405		7255
	5293	19847	10246	8104	30	8050
	82	32774	15387	14610		6677
	5442	256886	75558	162424	2470	42641
	1995	43059	21403	17970	13	11234
	901	73472	37179	24698	366	25814
400	14840	95330	50415	16255	17760	18406
	42058	257490	136415	69081	1338	86095
	94	83819	40247	43285	147	15844
	81	8175	7126	226		4141
	209	42151	22200	13606	22	13661
	14959	144006	56153	80851		22657

全 国 各 地 区 文 物 保 护

		在支出合计中：					对个人和家庭补助支出	
			商品和服务支出					
			差旅费	劳务费	福利费	各种税金支出		抚恤金和生活补贴
总 计		1419567	36500	107403	34595	31564	190464	9146
中 央		91781	490	415	1791	2240	4514	
北 京		325046	1766	1080	13357	1799	23363	2400
天 津		8923	2	596	71	58	3525	12
河 北		78940	1523	7073	1526	1503	14800	1428
山 西		40075	1035	2716	862	1246	2803	195
内 蒙 古		27817	1126	1267	340	4	4108	698
辽 宁		34289	2026	2809	409	493	21305	205
吉 林		9290	519	207	22	1	3005	68
黑 龙 江		9911	590	273	105	3	3187	38
上 海		2545	58	76	294		393	
江 苏		75676	539	888	483	110	7388	82
浙 江		214995	3802	12255	3771	7481	35970	897
安 徽		21005	1173	766	304	3	5132	227
福 建		10008	174	2380	52	24	1867	7
江 西		6434	872	353	363	50	2293	120
山 东		58213	1732	781	474	10322	5421	334
河 南		72963	2229	23645	1688	1410	7925	507
湖 北		19174	1093	839	1641	42	2881	208
湖 南		27359	2039	2184	958	506	2865	157
广 东		21343	287	102	497	166	1227	5
广 西		8379	634	328	53		1006	109
海 南		4944	236	189	1		835	90
重 庆		10109	576	1432	87		1774	89
四 川		81168	3482	31870	676	141	8168	741
贵 州		8011	585	1182	418		1055	48
云 南		24232	713	2076	69	78	4166	81
西 藏		4909	769	781	588	185	5161	70
陕 西		45712	3125	2542	1410	402	6080	118
甘 肃		17176	710	956	1303	3227	2090	52
青 海		881	20	12		18	236	
宁 夏		17914	926	1238	761	50	1801	30
新 疆		40345	1649	4092	221	2	4120	130

管 理 机 构 基 本 情 况 （ 三 ）

合计（千元）		资产总计（千元）	固定资产原值	实际使用房屋建筑面积（万平方米）			实际拥有产权面积（万平方米）	增加值（千元）
其他资本性支出	各种设备购置费				展览用房	文物库房		
430540	47192	7834873	3747887	913.30	81.21	17.16	2222.21	1992664
16778	4521	293623	133973	1.83				51481
21281	3011	725962	163093	10.35	1.14	0.08	4.62	233736
124	3	15755	3818	1.36	0.98	0.02		9516
5517	1847	498030	264985	9.83	3.11	0.90	5.09	304495
3763	1874	173235	132600	12.23	5.36	0.72	27.64	69061
79681	1358	50226	30981	4.88	2.02	0.41	1.08	35058
48213	826	125196	61907	4.97	1.36	0.33	90.64	82167
2306	74	24925	14879	1.28	0.43	0.20	0.30	15250
364	146	31924	24889	3.07	1.70	0.42	0.54	16572
526		60758	30346	0.81	0.43	0.06	0.19	8558
697	225	233893	96157	5.70	2.45	0.27	1.99	34194
35555	1697	1192851	809967	18.21	6.72	0.52	4.32	289268
5589	268	129508	44778	11.49	2.37	0.42	2.31	26835
262	56	14111	4077	2.06	0.70	0.07	2.05	9607
152	136	99494	97379	4.09	1.43	0.96	1.79	15965
7483	508	1070453	266169	8.73	4.97	0.69	4.54	124467
16593	1345	1166227	281043	88.95	2.60	3.10	11.50	117454
5427	2681	93484	81823	12.32	1.73	0.41	1.24	26555
7963	6802	169712	153096	7.64	2.67	0.35	58.79	31981
272	255	90172	32158	4.32	2.90	0.04	2.20	16658
5463	735	44799	36974	2.55	1.49	0.15	0.74	10158
1587	150	78270	74756	1.28	0.28	0.01	4.42	12145
1823	315	76006	53562	5.35	2.83	0.88	1.42	12091
50136	1002	336583	188184	11.12	3.72	1.78	2.34	97256
1751	581	135811	111483	3.02	1.85	0.17	15.72	18763
2561	311	59243	44305	6.48	1.80	0.26	3.70	33941
65	65	99334	13282	376.41	9.26	2.96	2.76	82405
42348	13403	316646	244624	280.26	10.46	0.59	292.18	115962
22055	563	214153	161659	3.25	1.23	0.12	1675.99	32761
6		6096	5746	1.10	0.85	0.06	0.79	4638
3850	474	19728	17974	2.09	0.95	0.12	0.91	19870
40349	1960	188665	67220	6.27	1.42	0.09	0.41	33796

全 国 各 地 区 博 物 馆

	机构数（个）	从业人员（人）					安全保卫人员（人）	藏品数（件／套）			
			专业技术人才						一级品	二级品	三级品
			正高级职称	副高级职称	中级职称						
总　　计	2650	62181	24117	967	2945	9467	14338	19023423	58959	721374	2394907
中　　央	6	2649	1129	98	246	473	555	2907544	13340	419953	432297
北　　京	41	1239	373	5	41	120	255	1140379	455	4918	48928
天　　津	19	698	466	9	69	181	113	685386	1041	5160	132511
河　　北	69	1950	605	42	97	202	417	239347	488	7479	15961
山　　西	89	2529	671	24	74	289	570	462269	2861	7434	71252
内　蒙　古	59	1357	765	16	89	315	274	433491	1527	3818	8560
辽　　宁	62	2167	1140	59	159	557	384	382402	1478	13044	115544
吉　　林	58	965	639	25	94	182	150	231744	535	3388	17825
黑　龙　江	103	1636	766	43	133	303	305	279922	427	1603	15664
上　　海	36	1439	786	32	82	263	294	374685	1261	46331	157779
江　　苏	245	4593	1798	115	244	778	1203	1544978	2925	96238	442802
浙　　江	100	2888	1115	84	152	428	746	698096	1913	9722	64220
安　　徽	131	1832	714	9	68	265	477	527660	1664	4136	38021
福　　建	95	1481	686	32	89	228	410	431297	1029	2736	84779
江　　西	108	2520	910	16	83	285	554	439484	1369	6088	39978
山　　东	120	2787	1539	65	185	637	710	776363	2730	7902	78633
河　　南	159	4574	1259	34	157	509	1192	822274	1892	12733	152369
湖　　北	125	2380	1308	35	128	633	490	1186921	2433	5659	60604
湖　　南	85	2304	731	19	63	302	595	490009	1402	4815	47073
广　　东	161	2938	1290	27	115	454	678	838181	1321	15132	66989
广　　西	71	1175	559	30	49	205	257	301583	312	4745	26673
海　　南	18	238	64	5	7	21	74	65242	122	368	1840
重　　庆	39	1431	595	33	69	209	250	519002	1072	2108	20821
四　　川	144	4463	1088	25	81	460	954	1121019	3595	6261	86467
贵　　州	53	1064	233	10	13	72	255	82807	901	1883	5148
云　　南	84	893	562	7	80	217	189	380151	648	1871	14248
西　　藏	2	65	40		7	13	14	32641	91	220	588
陕　　西	122	4229	1196	43	159	476	953	797613	6471	12425	67462
甘　　肃	145	2503	642	8	52	236	720	492348	2382	8317	69429
青　　海	22	178	90	2	18	41	44	150557	334	728	885
宁　　夏	6	257	131	7	17	34	44	66299	302	2867	5599
新　　疆	73	759	227	8	25	79	212	121588	638	1292	3958

基 本 情 况 （一）

在藏品数中（件/套）			本年修复文物数（件/套）				基本陈列（个）	举办展览（个）		举办培训次数（次）
本年新增藏品数（件/套）	本年从有关部门接收文物数（件/套）	本年藏品征集数（件/套）		一级品	二级品	三级品			中央补助资金举办的陈列布展	
166457	**434695**	**79496**	**33895**	**323**	**1174**	**5081**	**7054**	**9867**	**128806**	**1588625**
20	413802	893	343	10	164	134	48	72	25	37
2555		2480	2015		6	40	103	167	11	33145
268	146	102	630			95	73	64		35
1075		1690	443	3	5	87	129	310	28	67
713	784	82	296	18	68	194	135	144	12	68
2217	10	1309	370	25	89	256	160	144	21	44
2771	419	2761	282	8	46	85	146	200	15	59
1135	1	818	442	20	44	194	120	250	42	39542
5049	16	4931	1511	1	9	38	245	291	6	60158
15248	407	8392	270	2	28	120	92	179		60733
12772	1169	5358	1711	41	65	323	682	1110	19	570610
17856	2502	11024	977	2	19	261	262	683	26	185
5498	1419	1440	393	12	38	57	412	469	21	181
12128	257	1702	306	3		103	236	463	36	146
1602	244	695	488	9	109	332	319	310	120061	513009
6289	983	1108	2790	9	23	311	485	671	21	190
6643	155	742	5257	4	53	733	357	669	24	100
3354	609	2795	2517	4	45	199	349	333	58	128121
4134	128	1934	2123	35	84	271	213	301	58	418
11808	5832	5184	1150	1	9	77	387	857	44	198
8030	1050	2224	1038		4	86	174	205	21	170
232	63	165	30				64	56	1	7
11772	1085	9304	840	22	8	115	157	192	64	128
3203	147	1652	4199	4	34	552	485	405	41	386
1057	186	711	228	10	7	9	167	191	29	5234
10284	1443	1952	790	2		3	245	264	29	119
137	137	137	2	1			1			
2355	957	844	1455	74	210	374	333	258	30	171270
14985	606	4597	297	1	1	7	276	344	56	232
262		201	68				36	60	8000	4010
143	4	65	97	1	5	24	21	25		
862	134	2204	537	1	1	1	142	180	7	23

全国各地区博物馆

	参观人次（万人次）	未成年人参观人次（万人次）	外宾参观人次	门票销售总额（千元）	本年承担课题、项目数（个）	省部级以上课题、项目数	结项课题、项目数	专利（个）	专著或图录（册）	科研 论文（省级及以上刊物公开发表）（篇）
总　　计	47050.68	12493.95	1142.42	2269676	920	362	240	73	1356	4418
中　央	1859.93	265.03	210.04	658272	113	23	13	2	102	506
北　京	533.27	83.90	52.86	20106	18	2	4		32	142
天　津	405.89	102.47	17.84	3957	5	1				12
河　北	1446.93	520.97	17.28	77863	8	4	3		24	131
山　西	1102.65	254.81	18.49	139718	5				19	117
内　蒙　古	609.78	190.18	9.18	3890	9	2	2		68	34
辽　宁	896.20	235.00	4.61	85443	11	7	4	1	4	30
吉　林	741.90	224.36	4.48	37529	6	4			5	84
黑　龙　江	1217.37	364.26	30.78	7666	7	2	3		18	147
上　海	783.34	111.24	100.03	43180	32	20	10	7	21	191
江　苏	5211.73	1216.97	78.90	112704	172	57	40	19	65	429
浙　江	2216.12	552.05	49.88	25265	63	39	22	1	267	255
安　徽	2571.23	895.96	24.78	3610	12	7	4		22	126
福　建	1600.39	538.41	52.57	549	31	19	10		194	171
江　西	1847.63	676.48	17.29	9797	18	8	3		18	62
山　东	1594.59	462.16	38.74	33841	19	14	2	2	22	207
河　南	2696.16	743.01	14.62	55225	41	8	13	2	16	268
湖　北	1632.06	525.59	17.86	30	56	31	31	3	30	131
湖　南	2801.17	1056.70	31.46	28505	34	16	11		8	201
广　东	2761.33	561.89	44.99	29445	56	8	20		63	236
广　西	974.35	278.50	11.07	706	41	14	8		18	180
海　南	194.76	59.51	1.53		3	3	1		5	11
重　庆	1720.98	446.42	14.89	87165	41	20	10	28	24	59
四　川	3635.26	831.05	65.41	204530	51	23	14	3	83	75
贵　州	973.53	184.74	39.47	10142	18			1	6	32
云　南	1020.49	273.85	21.26	24	1		1	4	7	18
西　藏	20.58	1.40	2.26		5	5				
陕　西	2202.49	275.19	133.26	586701	29	12	7		28	239
甘　肃	1109.39	344.76	5.86	3813	11	7	1		165	234
青　海	81.43	14.22	0.63							10
宁　夏	77.94	26.83	0.83		1	1			13	44
新　疆	509.78	176.03	9.27		3	2	1		9	36

基 本 情 况 （二）

成果 古迹维修报告 建修报告	本年收入合计（千元）								本年支出合计（千元）			
		财政拨款	基建拨款	上级补助收入	事业收入	经营收入	附属单位上缴收入	其他收入		基本支出	项目支出	文物征集
355	12057889	9910364	892341	475034	925209	291655	9819	445808	11711313	5009435	5979443	842874
1	1469984	1283925	315920		121492	17443	8800	38324	1396662	397024	986436	503025
	424084	389869		534	22862			10819	307515	183669	122482	1513
	322416	304528		150	11311	1128		5299	205205	99818	104258	758
1	344973	259644	2100	2070	72800	4452		6007	290300	146529	141578	2778
1	292712	225043		3119	56061	1830	26	6633	280195	133403	132824	1020
	244257	221819	9185	3310	9773			9355	213511	100246	103516	23027
4	345383	333403	5129	1308	10068			604	341787	167552	157032	16391
3	183999	133911		10978	35090			4020	142963	83359	57878	4360
	185845	134965	2400	4312	7152	2169		37247	185372	122670	31861	1624
	481094	389072		15998	56151	861		19012	458223	150852	249707	54834
3	817902	610059		62538	68618	37310	210	39167	734427	408787	301561	30968
4	630986	555460	16071	17757	20556	19154		18059	663870	225829	404619	34027
2	249097	205416	4450	19682	7763	1641	130	14465	245566	112315	117489	6916
12	259597	230074	27005	14508	8600	226		6189	217991	98671	104734	3872
3	242518	212306	11950	14187	5258	7665		3102	224793	128277	80347	2643
4	656248	399196	78930	98318	16450	134115		8169	844701	443698	277539	18877
4	567841	451522	66583	45786	34119	820		35594	446747	234860	197140	5225
29	298395	235423	14275	19109	11790	15787	61	16225	297864	110578	166281	7441
1	323805	306666	3800	7369	3334	2902		3534	345981	187838	151862	4640
2	690010	617929	36314	5400	39376	2652		24653	681708	272078	383141	64646
	193076	150971	22986	11120	18558			12427	183740	81383	98310	6733
1	42157	35561		3610		350		2636	37439	12885	23016	1370
4	352673	285258	2988	9942	24704	23122		9647	545025	130768	222004	4827
2	916867	662636	252920	11958	163704	9216	165	69188	889237	287450	572638	6389
255	120749	109162		10262	50	117	427	731	101527	61206	33578	2963
	89600	80454	3535	1479	1936	459		5272	146484	46355	98116	3750
	14177	14177							11032	5232	4535	
8	794209	616436	9240	52179	84449	5649		35496	812464	380240	410284	7364
8	318320	282801	3800	22404	9401	2433		1281	271325	121320	137521	7193
	31050	27725	2760	836	1678			811	27966	17746	9155	1367
3	28794	27142		5	911	154		582	36687	17837	17156	544
	125071	117811		4806	1194			1260	123006	38960	80845	11789

全 国 各 地 区 博 物 馆

	项目支出			经营支出	工资福利支出	本年支出 在支出合 商品和服务支出	差旅费	劳务费	福利费	各种税金支出
	馆藏品保护	陈列展览	教育与科研							
总　　计	197843	653478	64547	220951	2582828	4190884	118287	234207	58982	126399
中　央	26404	107864	440	12115	211919	523758	10454	16039	1049	12957
北　京	1043	27558	180	95	74999	163723	1690	19529	383	2896
天　津	411	1386	11	1128	47080	55937	1873	1364	1418	1550
河　北	793	13924	667	2085	70716	175008	1412	6199	731	224
山　西	8290	6745	130	928	76229	112490	2204	3796	2425	3090
内　蒙　古	583	4906	181	2	53436	96540	3659	9129	1245	290
辽　宁	6018	16220	11730	3475	88561	127922	2619	20086	658	60
吉　林	869	978	260	471	32475	54085	2785	1993	248	390
黑　龙　江	1723	12607	2123	2945	56755	62269	3137	3082	830	143
上　海	3486	26164	3739	11162	143440	198569	2241	1910	3467	1323
江　苏	8343	19328	966	24079	205827	417655	8676	15894	5155	6584
浙　江	13058	35505	2421	2916	137169	210442	7178	14978	5706	2387
安　徽	13778	8045	2252	2003	51841	47530	2188	1581	2176	133
福　建	5201	23907	435	93	54332	69616	2992	5519	518	395
江　西	2411	24040	85	6547	61391	72522	4010	1433	2582	831
山　东	3170	22345	160	119028	121806	159880	3479	12194	1765	15511
河　南	20618	62608	9499	957	105237	159853	5359	7910	2441	778
湖　北	9615	37978	1516	8949	74731	107069	3605	12972	3723	263
湖　南	5623	14186	4300	1662	85675	138670	4787	7895	1780	244
广　东	6931	35561	3501	1129	164752	243598	3095	10092	4696	1477
广　西	1424	15826	1245	726	35560	87430	3417	3196	1706	1377
海　南	979	4835	400	500	8112	4778	735	630	6	90
重　庆	1584	26908	4047	7373	78116	190981	4318	15322	1872	2199
四　川	11105	15915	2876	3403	168499	252571	13789	16454	3311	2021
贵　州	360	10350	506	426	25240	32120	1585	2683	374	40
云　南	1210	4097	586	396	31017	27943	1412	2269	119	113
西　藏					5232	5071	1989			
陕　西	14261	30627	7245	1792	199400	280491	6564	7705	5191	67226
甘　肃	24911	30477	2850	3922	70680	68829	4310	8547	2999	1377
青　海	414	888			8383	6612	656	291	92	291
宁　夏	337	971		213	11635	3096	299	887	85	5
新　疆	2890	10729	196	431	22583	33826	1770	2628	231	134

基 本 情 况 （三）

合计（千元）计中：对个人和家庭补助支出	抚恤金和生活补贴	其他资本性支出	各种设备、交通工具、图书购置费	资产总计（千元）	固定资产原值	实际使用房屋建筑面积(万平方米)	展览用房	库房	实际拥有产权面积(万平方米)	增加值（千元）
707287	20116	1587100	254904	29770451	22102633	1178.54	564.45	104.87	762.43	4727825
123092	939	268868	18610	1808743	1008206	31.58	16.74	7.14	32.13	411668
19596	135	4887	3909	528404	256804	23.18	10.08	2.27	5.64	128759
23585	296	74188	2720	497189	64925	12.21	7.15	1.87	5.96	79354
13079	406	15918	3835	828918	702675	38.09	19.71	2.15	33.88	170874
9315	545	48886	12737	236962	180035	30.92	9.88	2.26	14.00	102163
10066	356	18901	15090	460517	401493	36.20	17.54	2.44	24.84	90503
33844	427	23619	1297	690643	433586	38.38	18.41	3.39	17.79	161235
17568	412	12220	10740	256712	147748	16.47	10.49	0.95	3.40	69136
14956	155	32291	4023	981143	908251	36.67	25.57	1.78	14.26	112157
17581	762	76002	10029	2312560	1680970	17.53	8.18	1.11	16.09	236491
57193	2485	53752	18371	3884154	3271298	120.30	64.97	7.77	92.40	428701
34232	466	55984	18611	1917284	1152211	75.84	24.30	5.10	15.02	243285
17507	420	16005	6665	793165	551762	39.78	21.08	2.91	29.80	95381
13262	214	12196	3481	347373	183893	39.04	17.41	2.57	27.38	82853
17669	852	8165	3374	632749	439094	42.54	22.64	3.55	17.20	101434
28225	553	235145	21514	1195008	886742	65.53	34.59	6.20	27.58	222621
17080	696	50419	8364	1050476	805599	69.96	36.23	7.44	41.36	172646
18680	400	33695	10791	1298734	893952	44.07	20.21	4.97	26.11	146033
17719	1201	56227	5132	966185	736892	37.36	15.09	3.26	26.77	142106
57546	794	40893	8639	1189086	916881	83.54	36.97	7.24	42.17	281051
11602	582	37792	3248	631536	532363	21.70	9.42	2.18	4.06	74524
2552	71	1794	794	53839	31017	5.46	2.17	0.19	2.19	12607
37604	1346	16294	3064	772824	441857	25.05	10.39	1.56	49.75	159334
30652	734	40676	16652	2495159	2005506	74.49	34.14	6.83	50.52	311046
5025	89	3422	1004	955489	911204	14.16	6.00	0.96	3.53	69839
7734	120	73627	2843	420118	360198	25.11	13.37	2.71	11.40	55751
729	104			15380	2351	0.05	0.05			6078
28022	3280	198926	19698	1281347	1059060	48.89	16.93	7.42	58.70	362660
11531	860	18515	6518	778961	723100	33.69	17.70	3.55	27.03	123770
2194	54	4167	3201	141328	130506	4.38	2.40	0.50	2.74	16653
2558	140	8290	3997	79744	64290	6.14	2.04	0.69	32.38	17621
5289	222	45336	5953	268721	218164	20.23	12.60	1.91	6.35	39491

全国各地区文物保护科学

	机构数（个）	从业人员（人）					藏品数（件／套）			
			专业技术人才							
			正高级职称	副高级职称	中级职称			一级品	二级品	三级品
总　　计	107	4078	2343	300	506	886	822390	2601	9389	110665
中　央	1	139	109	13	49	47	0	0	0	0
北　京	2	119	55	3	8	31	153	0	23	130
天　津	0	0	0	0	0	0	0	0	0	0
河　北	4	172	126	14	38	45	193943	498	3896	31970
山　西	10	276	166	15	56	60	6742	39	85	542
内　蒙　古	1	45	35	8	8	12	14479	204	68	294
辽　宁	4	123	73	22	8	35	2419	18	196	2205
吉　林	3	69	50	5	9	20	8241	0	25	148
黑　龙　江	2	44	35	6	13	10	4051	11	41	3257
上　海	0	0	0	0	0	0	0	0	0	0
江　苏	5	44	28	8	5	12	5446	0	0	0
浙　江	4	92	82	20	14	16	14922	51	236	1280
安　徽	1	44	37	6	8	9	3284	27	22	153
福　建	1	10	10	1	1	2	0	0	0	0
江　西	2	53	28	5	9	9	1385	9	31	381
山　东	5	82	64	11	17	24	23393	0	0	0
河　南	13	496	286	25	57	116	298270	47	242	36957
湖　北	3	90	80	15	19	26	8036	0	0	0
湖　南	3	119	69	9	12	21	54803	36	72	638
广　东	5	138	59	9	10	18	480	0	0	0
广　西	5	86	48	11	7	12	1947	0	0	1100
海　南	0	0	0	0	0	0	0	0	0	0
重　庆	1	138	55	3	7	12	0	0	0	0
四　川	3	178	99	7	23	35	448	287	140	21
贵　州	2	26	21	3	6	7	0	0	0	0
云　南	2	36	32	8	9	9	2453	2	14	30
西　藏	1	17	9	1	2	0	0	0	0	0
陕　西	13	401	175	20	32	74	50757	301	499	3112
甘　肃	5	842	370	36	46	166	68315	985	3666	28166
青　海	1	40	35	1	10	20	55452	22	87	150
宁　夏	3	55	32	5	8	17	149	0	0	21
新　疆	2	104	75	10	15	21	2822	64	46	110

研 究 机 构 基 本 情 况 （ 一 ）

在藏品数中（件/套）			本年修复文物数（件/套）				规 划 及方案设计（个）	承担文物保护项目（个）			
本年新增藏 品 数（件/套）	本年从有关部门接 收 文 物 数（件/套）	本年藏品征 集 数（件/套）		一级品	二级品	三级品		国 保单 位	省级保单 位	市、县级保单 位	
3046	11	80	11249	29	74	553	424	420	201	138	33
0	0	0	136	0	8	10	65	56	48	8	0
0	0	0	0	0	0	0	7	57	20	37	0
0	0	0	0	0	0	0	0	0	0	0	0
28	0	0	85	0	0	0	24	7	5	2	0
0	0	0	0	0	0	0	0	0	0	0	0
0	0	0	0	0	0	0	3	3	3	0	0
0	0	11	100	0	0	0	61	61	41	20	0
0	0	0	140	0	0	0	0	1	1	0	0
500	0	0	80	0	0	0	0	23	1	0	0
0	0	0	0	0	0	0	0	0	0	0	0
0	0	0	26	0	0	0	0	3	0	1	2
80	11	69	511	0	0	11	0	0	0	0	0
129	0	0	0	0	0	0	5	0	0	0	0
0	0	0	0	0	0	0	0	2	0	0	2
0	0	0	421	9	31	381	0	2	2	0	0
450	0	0	640	0	0	0	6	3	0	3	0
400	0	0	3220	0	0	100	32	25	12	11	2
0	0	0	360	0	0	0	7	8	0	0	0
45	0	0	425	0	0	0	45	1	1	0	0
80	0	0	571	0	0	0	3	1	1	0	0
791	0	0	0	0	0	0	24	40	18	13	6
0	0	0	0	0	0	0	0	0	0	0	0
0	0	0	2354	0	0	0	17	25	1	11	5
0	0	0	279	0	0	0	51	16	3	8	1
0	0	0	0	0	0	0	33	33	13	11	9
0	0	0	0	0	0	0	17	6	1	2	3
0	0	0	0	0	0	0	10	1	0	0	0
540	0	0	1623	20	35	51	12	34	18	11	3
3	0	0	278	0	0	0	2	3	3	0	0
0	0	0	0	0	0	0	0	0	0	0	0
0	0	0	0	0	0	0	0	0	0	0	0
0	0	0	0	0	0	0	0	9	9	0	0

全 国 各 地 区 文 物 保 护 科 学

	基本陈列（个）	举办展览（个）	参观人次（万人次）		门票销售总额（千元）	本年完成科研项目（个）			科研	
				未成年人参观人次		获国家奖	获省、部奖	专利（个）	专著或图录（册）
总　　计	16	10	194.48	11.71	186288	93	17	19	10	160
中　　央	0	0	0	0	0	17	5	1	2	8
北　　京	0	0	0	0	0	1	0	0	0	10
天　　津	0	0	0	0	0	0	0	0	0	0
河　　北	0	0	0	0	0	1	0	1	0	9
山　　西	0	0	80	8	95758	2	0	2	0	2
内　蒙　古	1	0	0	0	0	2	2	0	2	5
辽　　宁	0	0	0	0	0	0	0	0	0	6
吉　　林	0	0	0	0	0	0	0	0	0	0
黑　龙　江	0	0	0	0	0	0	0	0	0	1
上　　海	0	0	0	0	0	0	0	0	0	0
江　　苏	2	0	0.5	0	10	1	0	0	0	1
浙　　江	0	0	0	0	0	1	0	1	0	1
安　　徽	0	0	0	0	0	0	0	0	0	0
福　　建	0	0	0	0	0	0	0	0	0	0
江　　西	1	3	6.8	0.2	0	1	0	1	0	1
山　　东	0	0	0	0	0	1	1	0	0	4
河　　南	0	0	0	0	0	5	1	1	0	9
湖　　北	0	0	0	0	0	2	0	0	0	4
湖　　南	0	0	0	0	0	2	2	0	0	4
广　　东	1	1	1.1	0.2	0	1	1	0	0	1
广　　西	1	0	3.5	1	93	0	0	0	0	3
海　　南	0	0	0	0	0	0	0	0	0	0
重　　庆	0	0	0	0	0	0	0	0	0	1
四　　川	0	0	0	0	0	35	0	0	0	67
贵　　州	0	0	0	0	0	0	0	0	0	0
云　　南	0	0	0	0	0	0	0	0	1	0
西　　藏	0	0	0	0	0	0	0	0	0	0
陕　　西	1	0	0	0	0	20	5	11	0	10
甘　　肃	8	5	97.43	1.7	90257	1	0	1	5	12
青　　海	0	0	0	0	0	0	0	0	0	0
宁　　夏	1	1	1	0.3	0	0	0	0	0	1
新　　疆	0	0	4.15	0.31	170	0	0	0	0	0

研 究 机 构 基 本 情 况 （二）

| 成果 | | | 本年收入合计（千元） | | | | | | | |
论文（省级及以上刊物公开发表）（篇）	古建维修报告（册）	主办刊物（种）	本年收入合计（千元）	财政拨款	基建拨款	上级补助收入	事业收入	经营收入	附属单位上缴收入	其他收入
1019	**100**	**11**	**1394500**	**717599**	**5396**	**46332**	**555572**	**9464**	**0**	**65533**
72	65	2	93199	46494	0	0	46448	0	0	257
19	0	0	80624	9307	0	0	70798	0	0	519
0	0	0	0	0	0	0	0	0	0	0
65	0	0	46507	18973	0	0	24584	0	0	2950
60	0	0	78560	56684	0	50	21573	0	0	253
30	0	0	42524	32554	0	0	6568	0	0	3402
30	0	0	31598	22967	0	0	8259	0	0	372
0	0	0	17606	8036	0	363	8097	0	0	1110
15	0	0	9172	9111	0	0	0	0	0	61
0	0	0	0	0	0	0	0	0	0	0
6	0	0	13041	7252	0	1300	3938	0	0	551
42	0	0	31714	31022	0	240	200	0	0	252
20	0	0	27124	5060	0	0	21749	0	0	315
3	0	0	1180	834	0	0	346	0	0	0
18	0	1	20307	14116	0	0	5866	0	0	325
20	1	0	29414	6187	0	2032	4064	0	0	17131
124	0	2	95484	32602	0	10997	49054	0	0	2831
37	0	1	27052	7200	316	3217	16259	0	0	376
14	0	0	52322	39078	0	0	13244	0	0	0
12	0	0	60097	43410	0	156	16523	0	0	8
16	12	0	11032	2215	0	334	1	8320	0	162
0	0	0	0	0	0	0	0	0	0	0
3	0	0	27785	9059	0	0	18635	0	0	91
28	0	0	205438	133973	0	2608	64080	0	0	4777
45	0	1	10151	2491	0	0	6551	0	0	1109
13	0	0	27396	4951	0	0	21329	0	0	1116
10	0	0	4770	1432	0	0	3338	0	0	0
134	0	1	127685	104290	3200	3120	3573	0	0	16702
163	21	2	171929	43928	1880	3500	116160	0	0	8341
11	1	0	6286	4981	0	0	1297	0	0	8
9	0	1	12068	8886	0	14	0	1144	0	2024
0	0	0	32435	10506	0	18401	3038	0	0	490

全国各地区文物保护科学

	本年支出合计（千元）							本年 在支 商品和服务支出		
	基本支出	项目支出	经营支出	在支出合计中： 工资福利支出	商品和服务支出	差旅费	劳务费	福利费	税金支出	
总　　计	1353040	605418	722450	9361	231751	753109	61956	144630	4171	9277
中　央	101499	61116	40382	0	11870	74382	8571	14681	165	2527
北　京	52989	10261	42578	0	5007	26063	74	0	21	3915
天　津	0	0	0	0	0	0	0	0	0	0
河　北	46736	39973	6763	0	9083	33296	935	8876	136	0
山　西	72978	65195	7783	0	14665	27184	1452	9027	595	0
内　蒙　古	23071	3835	19236	0	2555	18626	4380	6915	32	0
辽　宁	29846	11033	18813	0	6527	8071	791	2240	71	0
吉　林	19168	6150	13018	0	2917	12061	5265	1065	9	0
黑　龙　江	9126	3797	5329	0	1825	5338	672	0	0	0
上　海	0	0	0	0	0	0	0	0	0	0
江　苏	12405	5393	7012	0	3040	8262	263	2630	148	0
浙　江	30274	10187	20087	0	7619	20262	1284	8213	127	0
安　徽	35732	5640	30092	0	2358	22188	7651	6691	255	0
福　建	1050	834	216	0	605	92	1	9	0	0
江　西	9192	3722	3832	0	2426	4874	847	719	14	0
山　东	38161	14755	16900	0	4497	21601	1641	5277	46	0
河　南	90382	54812	31234	460	19049	55826	2040	30761	316	460
湖　北	20745	10740	10005	0	7109	7522	1460	1708	162	21
湖　南	52924	10854	42070	0	7318	10342	543	4650	16	0
广　东	60311	21276	39035	0	9548	37364	1176	2586	61	0
广　西	10677	2170	735	7757	2786	3881	220	1573	418	768
海　南	0	0	0	0	0	0	0	0	0	0
重　庆	21543	4961	16582	0	3283	17191	1901	3056	19	0
四　川	148323	11703	136620	0	17023	127938	9714	20164	85	587
贵　州	11403	3268	8135	0	725	10124	251	0	14	339
云　南	25446	24135	1311	0	3925	19900	1435	1942	136	0
西　藏	1432	1352	80	0	1052	312	111	0	0	0
陕　西	108883	85692	22703	0	20886	76456	1843	5107	232	262
甘　肃	266966	110054	156783	0	50041	88778	5435	5016	911	258
青　海	6623	5504	1119	0	2690	2852	579	603	2	36
宁　夏	13186	6045	2989	1144	3205	5050	891	17	40	104
新　疆	31969	10961	21008	0	8117	7273	530	1104	140	0

研 究 机 构 基 本 情 况 （ 三 ）

支出合计（千元）出合计中：对个人和家庭补助支出	抚恤金和生活补贴	其他资本性支出	各种设备购置费	资产总计（千元）	固定资产原值	公用房屋建筑面积(万平方米)	文物库房(含标本室)面积	实验室面积	国际合作 项目数(个)	外方投资(千元)	增加值(千元)
67784	1828	125331	61592	2312701	1107829	62.4	8.06	0.72	7	0	583753
7781	47	7076	6002	291426	210692	27.93	0.28	0.19	0	0	45953
2426	0	66	66	134012	9572	0.34	0.12	0	0	0	37177
0	0	0	0	0	0	0	0	0	0	0	0
3396	64	961	197	51411	26043	1.09	0.75	0	0	0	22695
3877	115	2843	210	111080	42684	5.16	0.39	0.12	0	0	37191
711	0	1179	890	116638	26038	1	0.4	0	1	0	14539
2364	0	840	516	52907	24498	0.38	0	0	0	0	12233
1871	35	2319	992	32089	20557	0.63	0.1	0.01	0	0	6986
1963	61	0	0	33487	13101	0.18	0.05	0.03	0	0	4294
0	0	0	0	0	0	0	0	0	0	0	0
485	73	618	618	13763	3508	0.06	0	0	0	0	6387
1651	0	742	0	33784	10640	0.51	0.19	0	0	0	18127
2126	40	9059	1529	62059	28365	1.3	0.45	0.08	0	0	13014
131	0	6	6	1830	1600	0.08	0.03	0	2	0	847
1057	0	615	376	5530	5530	0.54	0.01	0	0	0	7655
2244	5	9767	567	63155	9679	0.51	0.18	0	0	0	12786
4517	35	5186	5130	108711	65568	4.7	1.98	0.04	0	0	62079
2732	52	537	418	60166	16315	1.24	0.2	0.14	0	0	15816
2413	60	13112	5379	25285	14196	0.69	0.35	0.01	0	0	14940
4200	0	6441	5240	24198	23398	0.67	0.11	0.06	0	0	17484
377	0	422	422	70946	15014	0.85	0.17	0.02	0	0	6680
0	0	0	0	0	0	0	0	0	0	0	0
107	0	962	0	48686	3741	0.96	0	0	0	0	10923
1766	199	1596	1596	259254	82871	2.48	0.25	0	0	0	66617
60	0	249	249	18280	3816	0	0	0	0	0	1553
1290	14	331	0	66051	7259	0.19	0.08	0	0	0	9179
68	0	0	0	657	657	0	0	0	0	0	3489
4129	388	2240	1700	173808	70046	1.64	0.92	0.01	0	0	33209
10097	564	43386	26334	367541	315485	7.49	0.71	0	4	0	79302
1002	67	79	43	7121	5193	0.38	0.16	0	0	0	4511
1058	8	839	0	19074	7810	0.16	0	0	0	0	4786
1885	1	13860	3112	59752	43953	1.24	0.18	0.01	0	0	13301

全 国 各 地 区 文 物 商 店

	机构数（个）	从业人员（人）	专业技术人才			库存文物数（件／套）			
			正高级职称	副高级职称	中级职称		一级品	二级品	三级品
总　计	75	1719	706	9	78	359	7770986	71	81	767
中　央										
北　京	2	206	72	1	1	35	2544809			
天　津	1	103	63		8	28	369610			
河　北	3	13	1				14464			
山　西	1	15	8		3	4	133272			
内　蒙　古	1	11	2			2	1402			
辽　宁	3	67	28		2	9	286092	5	6	40
吉　林	1	13	2			1	32240			
黑　龙　江										
上　海	1	73	55	1	1	17	1573829			
江　苏	8	234	80		8	52	905663			
浙　江	9	62	14		1	11	39075			
安　徽	2	56	26	1	1	10	220258	12		
福　建	2	54	28		4	14	59381			
江　西	4	63	27		2	9	168964			
山　东	7	111	52	3	13	27	291767	10	12	5
河　南	6	133	63	1	5	45	205544	19	54	706
湖　北	1	67	51	1	17	22	200095	4		
湖　南	2	55	33		3	22	232437	8	7	2
广　东	4	88	42		1	20	262821	10		
广　西	4	60	17		2	8	46577	1		9
海　南										
重　庆	2	21	3	1		2	24062			
四　川	2	79	8		2	6	26175			
贵　州	2	28					39498	2		
云　南	2	39	14		2	7	27016			
西　藏	1	9					5650		2	5
陕　西	1	6					780			
甘　肃	1	14	5				29452			
青　海	1	8	3			1	4290			
宁　夏										
新　疆	1	31	9		1	8	25763			

基 本 情 况 （ 一 ）

资产、负债、所有者权益（千元）							损益（千元）营业收入	损益（千元）营业收入
资产总计			负债合计	所有者权益合计	实收资本		营业收入	主营业务收入
	固定资产原价	当年提取的折旧总额				国家资本金		
2113263	**415045**	**17433**	**614606**	**1498657**	**256555**	**238669**	**1011369**	**941508**
324602	121450	6212	80063	244539	16870	16870	141741	111516
272280	8020	561	85801	186479	25188	25188	187364	187364
4072	220		4676	-604	275	275		
8218	1682	12	123	8095	2372	1	3659	3030
760	465		300	460	460	460	1410	1400
63367	5358	1929	25246	38121	6940	6940	33907	33624
4615	498	152	3098	1517	1931	1931	391	391
212917	54598		7820	205097	14990	14990	81998	81998
322955	42981	1252	199970	122985	14881	14881	205024	201443
57498	18477	1002	29684	27814	11539	11539	37372	35167
20950	7013	353	660	20290	1076	1076	11722	10730
27509	13711	465	9626	17883	12306	12306	13723	12768
10128	6537	268	523	9605	7368	7368	16199	15709
87405	12518	995	50089	37316	6954	6735	58519	57309
44844	10370	46	20669	24175	18143	3106	20699	17272
139738	14942	618	9339	130399	3740	3740	3062	2352
56472	14453	638	21517	34955	12259	12000	22986	22657
92681	25876	1163	17369	75312	19449	19449	91533	73233
11005	1854	8	4053	6952	6232	6232	6237	5879
7115	472	6	2286	4829	1856	1856	4597	4597
35444	3988	154	15581	19863	48692	48692	34092	30147
260264	39564	1178	3786	256478	12000	12000	5344	5344
24242	3288	138	10279	13963	3270	3270	13093	12093
3978	2378			3978	1	1	282	282
3715	407	57	1168	2547	2105	2105	1755	1755
6034	999	61	5156	878	1500	1500	3224	3200
951	568	17	737	214	400	400	637	595
9504	2358	148	4987	4517	3758	3758	10799	9653

全 国 各 地 区 文 物 商 店

		损 益（千元）					营 业 外 收 入		
		营业成本				营 业 利 润		政府补助（补贴收入）	营 业 外 支 出
		养老、医疗、失业等各种社会保险费	住房公积金和住房补贴	差旅费	工 会 经 费				
总　　计		829960	29609	11733	9018	2369	181409	17964	9653	7965
中　　央										
北　　京		93230	5910	2085	502	408	48511	14		200
天　　津		153328	3573	1910	562	370	34036	3747	3747	317
河　　北		315	47	11			-315			
山　　西		3883	-2	72	102	3	-224	30	30	
内　蒙　古		1140			256		270	10		
辽　　宁		17063	1070	601	586	57	16844	1285	688	123
吉　　林		671	20	1	11		-280			
黑　龙　江										
上　　海		51530	2958	531	375	191	30468	39		
江　　苏		181677	7158	1304	2124	490	23347	4550		620
浙　　江		36777	1342	332	252	79	595	716	79	23
安　　徽		10123	228	326	133	15	1599	430	412	
福　　建		13207	516	493	428	59	516	28		2
江　　西		16630	601	116	163	18	-431	490	490	34
山　　东		57639	635	712	615	13	880	410		169
河　　南		19096	1069	276	614	43	1603	502	200	
湖　　北		6799	125	343	219	114	-3737			4635
湖　　南		23041	271	141	181	11	-55	3505	3505	3
广　　东		65798	1822	1011	269	348	25735	316		40
广　　西		7014	288	65	142		-777	602	172	2
海　　南										
重　　庆		3223	124	10	206	2	1374	108		508
四　　川		33382	653	510	229	64	710	1		18
贵　　州		4787	86	290	121	24	557	817		106
云　　南		11907	460	320	300	32	1186	364	330	
西　　藏		1219			51	3	-937			1165
陕　　西		1732	24	47	11		23			
甘　　肃		3190	196	4	186		34			
青　　海		783	121	36	29	7	-146			
宁　　夏										
新　　疆		10776	314	186	351	18	23			

基 本 情 况 （ 二 ）

利 润 总 额	工资、福利费、税金（千元）			实际使用房屋建筑面积（万平方米）			实际拥有产权面积（万平方米）
	本年发放工资总额	本年支付的职工福利费	本年应交税金总额		营 业 用 房	库 房	
191408	**118668**	**8859**	**72333**	**15.52**	**5.92**	**7.42**	**6.59**
48325	21056	268	10605	1.72	0.24	1.42	0.25
37466	18489	581	16680	1.29	0.49	0.80	
-315	165			0.07	0.01	0.05	0.05
-194	999	109	137	0.47	0.04	0.24	0.47
280	35		4	0.02	0.02		
18006	3031	606	2409	0.39	0.19	0.18	0.12
-280	148	17	1	0.01	0.01	0.01	0.07
30507	9565	1696	11718	1.81	0.10	1.52	1.57
27277	17701	1346	9623	2.17	1.48	0.62	1.14
1288	3686	426	2145	0.39	0.28	0.09	0.05
2029	2057	181	421	0.23	0.06	0.13	
542	3085	235	934	0.65	0.31	0.17	0.22
25	1122	130	394	0.73	0.26	0.47	0.72
1121	2599	152	1658	0.66	0.33	0.19	0.44
2105	2800	175	296	1.19	0.59	0.31	0.14
-8372	2308	935	86	0.35	0.08	0.26	
3447	2290	213	687	0.65	0.04	0.12	0.64
26011	14017	1017	10364	0.97	0.55	0.42	0.20
-177	908	298	233	0.13	0.05	0.08	0.01
974	461		562	0.19	0.11	0.06	0.11
693	5596	270	1443	0.61	0.08	0.07	
1268	680	18	180	0.31	0.18	0.12	
1550	1580		710	0.06	0.03	0.02	0.06
-2102	1165		26	0.05	0.05		
23	167	7	10	0.02	0.02		
34	357	47	78	0.05	0.03	0.02	
-146	349	14	30	0.03	0.02	0.01	0.03
23	2252	118	899	0.30	0.27	0.04	0.30

全 国 各 地 区 其 他 文 物

	机构数（个）	从业人员（人）	专业技术人才				藏品数（件／套）	一级品	二级品	三级品
			正高级职称	副高级职称	中级职称					
总　　计	96	1531	408	44	78	146	58693	236	5093	3806
中　　央	4	199	83	14	19	36				
北　　京	7	103	51	2	9	15	7790	183	4922	2685
天　　津										
河　　北	1	11	9	3	2	3				
山　　西	12	243	66	4	8	23	4033	1	5	54
内　蒙　古										
辽　　宁	2	28	2			1				
吉　　林	1									
黑　龙　江	8	12	6	2	2	2				
上　　海										
江　　苏		2	1			1	1580	1	6	56
浙　　江	2	17	7	5	2					
安　　徽	1	9	4		4					
福　　建	1	10	5	2	1	2				
江　　西	1	241	3		3					
山　　东	1	2								
河　　南	8	115	25	1	7	13				
湖　　北	7	55	26	3	4	10	341		12	20
湖　　南	1	41	8			1	263			
广　　东	3	22	13	3	3	7				
广　　西										
海　　南	1	1	1							
重　　庆	1									
四　　川	1	4	3		1	1				
贵　　州										
云　　南	2	8	3		1	2				
西　　藏	1									
陕　　西	27	358	55	3	6	19	44686	51	148	991
甘　　肃	2	10	4		2	2				
青　　海										
宁　　夏										
新　　疆	1	40	33	2	4	8				

事 业 机 构 基 本 情 况 （ 一 ）

在藏品数中（件/套）			本年修复文物数（件/套）				本年收入合计（千元）							
本年新增藏品数（件/套）	本年从有关部门接收文物数（件/套）	本年藏品征集数（件/套）		一级品	二级品	三级品		财政拨款	基建拨款	上级补助收入	事业收入	经营收入	附属单位上缴入	其他收入
62	12	305	347	8	12	20	328935	157173	33000	19616	124386	8060		19700
							91760	20438			66076			5246
							16798	11906			218	3384		1290
							1253	1112						141
							38826	22997		1100	9638	4396		695
							3743	3743						
							26000	26000	26000					
							1165	1146			18			1
42	12	30					490	90		400				
							4002	3852						150
							1793	1625		167				1
							1220	1205						15
							3793	812		1049	1932			
							109	109						
							41201	3641		200	36710	280		370
20		5	326	8	12	20	13807	9638		410	3668			91
		263					180	180						
							5863	4927		200	726			10
							494	342						152
							9550	9550						
		7	21				44425	30088	7000	2760	5400			6177
							1315	1311						4
							21148	2461		13330				5357

全国各地区其他文物

| | 基本支出 | 项目支出 | 经营支出 | 工资福利支出 | 本年支出
在支出
商品和服务 | | |
						差旅费	劳务费	福利费
总　　计	362772	157786	182297	6923	67521	156489	5404	28985	1274
中　　央	98651	40606	58043		16554	74932	2268	5729	658
北　　京	17150	10587	3178	3384	5887	4261	180	426	125
天　　津									
河　　北	1105	1105			559	258	44	42	8
山　　西	34705	24273	6762	3473	12892	10800	522	454	154
内　蒙　古									
辽　　宁	3743	1869	1863		782	2643	4	174	
吉　　林	68151		68151						
黑　龙　江	1153	1062	91		471	81			1
上　　海									
江　　苏	490	490			93	397	11	16	
浙　　江	4124	1908	2216		1575	2027	483	136	48
安　　徽	1658	658	1000		635	736	247	11	28
福　　建	1375	1091	100		351	533	64		
江　　西	3793	497			497	114	63	11	38
山　　东	109	109			95	2			
河　　南	42239	36455	2173	66	5867	19086	79	16196	22
湖　　北	13268	4222	8937		2003	10270	378	2893	
湖　　南	180	180			167				
广　　东	5950	2571	3379		1697	2378	145	200	81
广　　西									
海　　南	30	30			30				
重　　庆									
四　　川	341	181	160		144	183	41		
贵　　州									
云　　南	9940	850	9090		412	9501	135	25	
西　　藏									
陕　　西	43010	26232	8357		14160	16969	542	2672	98
甘　　肃	564	468	96		396	14			13
青　　海									
宁　　夏									
新　　疆	11043	2342	8701		2254	1304	198		

事 业 机 构 基 本 情 况 （二）

合计（千元）					资产总计（千元）	
合计中：						
支出	对个人和家庭补助支出		其他资本性支出			固定资产原值
各种税金支出		抚恤金和生活补贴		各种设备购置费		
3308	**12346**	**892**	**29163**	**7407**	**370569**	**152289**
2307	2314	71	3683	2339	163674	58939
	1721		553		19304	8479
	254	5	34		1025	663
246	1308	23	5052	1974	61206	26081
	306	23			4737	3048
	511				424	302
	282		239	203	8197	3251
	116		169	28	1845	1500
	469		17			
	660	660			1710	1710
	12					
223	617		10629	4	52220	17685
6	261	13	348		12746	12742
	13				703	575
43	1475	92	400	400	7802	5293
	14					
	27				358	358
237	1294	5	1189	84	15667	7413
	58				701	58
246	634		6850	2375	18250	4192

全国各地区其他文物

补充

	实际使用房屋建筑面积		实际拥有产权面积（万平方米）	国家文物进出境审核管理处（个）	责任鉴定人员（人）	出境文物审核数（件/套）	禁止出境文物数
	（万平方米）	文物库房					
总　　计	**5.77**	**1.97**	**1.39**	**9**	**33**	**154082**	**754**
中　　央	0.50	0.05	0.30				
北　　京	0.72	0.05		1	6	112090	610
天　　津							
河　　北				1	4	505	
山　　西	1.10	0.02					
内　蒙　古							
辽　　宁							
吉　　林							
黑　龙　江							
上　　海							
江　　苏	0.09						
浙　　江				1	6	34202	7
安　　徽	0.04			1	4	80	
福　　建				1	3	378	
江　　西	1.75	1.75					
山　　东							
河　　南	0.18	0.01	0.07	1	3	94	
湖　　北	0.15		0.82				
湖　　南	0.49						
广　　东	0.16			1		6433	137
广　　西							
海　　南							
重　　庆							
四　　川				1	2	12	
贵　　州							
云　　南				1	3	6	
西　　藏							
陕　　西	0.33	0.09	0.15		2	282	
甘　　肃							
青　　海							
宁　　夏							
新　　疆	0.26		0.04				

事业机构基本情况 （三）

资料

临时入境文物审核数	涉案文物鉴定数（件/套）	馆藏文物鉴定数（件/套）	拍卖文物标的审核数（件/套）	禁止上拍文物标的数	出国展览文物审核数（件/套）	增加值（千元）
14025	**15287**	**26548**	**299992**	**570**	**5834**	**121713**
						30049
11138	1200	956	222000	400	3950	8525
	256	292	2087			887
						17543
						1361
						995
						110
304	2082	10998	40123	91	290	2202
	862	3242	1			866
659	6494	730	8007	78	5	824
						618
						107
94	1500	2200	9000		70	24724
						5825
						203
854	164	5511	14622	1	352	3625
						30
95	1595	1400	908		140	161
545	92	558	3000			487
336	1042	661	244		1027	18788
						469
						3314

全 国 各 地 区 文 物 事 业

本年收入

	总 计	财政拨款	基建拨款	上 级补 助收 入	事 业收 入
总　　计	21031109	15996974	1342616	648294	2968968
中　　央	2003412	1513838	315920	0	307199
北　　京	1482615	895507	4000	1615	279882
天　　津	338297	319191	0	150	11311
河　　北	1048537	627935	18000	2070	372973
山　　西	1099067	891135	79390	8872	130513
内　蒙　古	438122	403957	37885	3310	16861
辽　　宁	466855	425973	35483	6981	25041
吉　　林	269483	205656	26000	14935	43487
黑　龙　江	146389	141073	8500	2487	51
上　　海	468186	377687	0	16248	56169
江　　苏	824494	716704	0	12770	58692
浙　　江	1307266	933522	24533	31215	297358
安　　徽	343899	273076	6450	27700	29839
福　　建	374540	322666	27005	18705	9071
江　　西	323751	274881	11950	15696	14953
山　　东	950645	647506	76830	110056	134873
河　　南	1253963	919512	99204	69906	191766
湖　　北	533403	420982	14821	26331	37906
湖　　南	465262	406701	4300	10074	29793
广　　东	920866	808304	74494	7367	74563
广　　西	339440	281481	26237	15445	19137
海　　南	110958	98044	30000	3535	3110
重　　庆	408265	329710	0	6155	42000
四　　川	1174776	809859	34928	26821	247635
贵　　州	254410	217677	0	17362	11026
云　　南	211752	173228	3535	6585	24002
西　　藏	330373	211055	143666	2	100782
陕　　西	1496054	1058297	45861	94869	193119
甘　　肃	714305	504695	19004	26328	171006
青　　海	223384	217865	174620	1248	2975
宁　　夏	90034	62580	0	1485	21795
新　　疆	618306	506677	0	61971	10080

经 费 收 支 情 况 （ 一 ）

合计（千元）			本年支出合计（千元）				
经营收入	附属单位上缴收入	其他收入		基本支出	项目支出	经营支出	工资福利支出
453519	121332	642605	19417629	8420747	9684269	402053	4147773
17443	119207	45076	1952728	659441	1280081	12115	269135
285245	0	17267	1291454	612171	507247	159603	293197
1310	0	6335	224695	109823	113561	1310	51755
4742	0	32249	720634	432116	283359	2552	233948
13365	96	16868	943193	416453	465412	5868	203003
0	0	13820	382045	209126	162055	13	84531
6115	1	2412	475845	214551	230711	8084	119270
0	0	5405	263340	113937	146411	471	47104
230	0	2548	143757	98386	37733	198	50038
861	0	17221	444335	145569	241241	11157	130698
10760	0	23704	723965	373631	347155	2479	182277
935	25	28453	1247371	567738	654635	967	274036
426	130	11109	337529	138519	168956	1274	61698
226	0	8147	312486	115537	180551	303	61397
7670	0	4240	291853	156803	109120	6548	75616
13559	0	39545	1145910	606112	396658	118500	216553
11741	820	44108	1133491	548547	535064	8734	234468
15917	61	20058	447185	171177	242073	9879	110755
1701	0	8793	477305	228391	224244	2251	115167
2652	0	26203	900258	331637	541111	1129	193665
8320	0	14405	278399	105034	161023	7757	44812
350	0	5919	110210	23786	83679	100	16449
22968	0	7432	601854	119249	287901	7244	83084
7772	165	79555	1078703	376863	654548	5557	228005
350	427	3835	201016	99107	89863	439	44519
813	0	7124	256907	108332	134581	752	60565
3170	400	14840	254507	65293	45303	17760	31800
11084	0	100433	1441635	766538	573236	3130	371354
2435	0	9720	671291	281562	376533	4069	142817
0	0	900	48497	35465	10908	0	18456
1359	0	2815	96912	49362	35359	1379	28779
0	0	22066	518319	140491	363957	431	68822

全 国 各 地 区 文 物 事 业

| | 本年支出 在支出 |
| 商品和服务支出 | | | |
	差旅费	劳务费	福利费	各种税金支出
总　　计	7446875	243990	540306	96741	149328
中　　央	952787	26565	38063	3663	20031
北　　京	578132	3771	21035	13908	8610
天　　津	67517	1852	1960	1489	1608
河　　北	350077	4417	22704	2299	1570
山　　西	437562	8057	22868	5047	4634
内　蒙　古	143727	9761	17311	1617	294
辽　　宁	151698	4841	26165	890	354
吉　　林	78371	8589	3265	290	391
黑　龙　江	54555	3713	2728	252	22
上　　海	189324	2225	1559	3402	1323
江　　苏	413330	8130	19522	3368	1602
浙　　江	479950	13839	35714	9375	8639
安　　徽	87193	11389	8840	2575	57
福　　建	143061	3263	7908	570	419
江　　西	104648	6283	2615	3011	881
山　　东	254181	6823	18573	1113	11345
河　　南	363167	12246	84440	5045	3217
湖　　北	161490	7928	19120	5709	344
湖　　南	179218	8205	15582	3067	658
广　　东	325789	5334	14739	5341	1520
广　　西	100336	4433	5093	2188	2145
海　　南	13777	949	862	7	63
重　　庆	210986	6170	18935	1889	2198
四　　川	471818	27429	68713	4159	2708
贵　　州	68116	3513	5706	1082	379
云　　南	82210	3755	6359	324	191
西　　藏	24798	3053	839	591	185
陕　　西	502992	14854	21321	7368	68192
甘　　肃	204409	11909	15494	5393	4862
青　　海	11544	1433	941	101	345
宁　　夏	26660	2516	2142	886	159
新　　疆	213452	6745	9190	722	382

经 费 收 支 情 况 （二）

合计（千元） 合计中：对个人和家庭补助支出	抚恤金和生活补助	其他资本性支出	各种设备购置费	资产总计（千元）	固定资产原值
1015148	**36787**	**2412680**	**367360**	**39156998**	**23487126**
145063	1159	296987	32054	2774720	1467412
54067	2715	26787	6986	2028761	585096
26908	308	74100	2511	774473	66012
35270	1955	33284	6232	1324047	995808
23648	1088	99425	18117	801891	447325
14885	1054	99881	17338	646364	460085
39708	606	70224	2509	885686	489574
22444	515	16845	11806	321941	183682
17766	257	10982	2726	496934	451413
16615	698	74075	9516	1955623	1146273
59111	2577	46855	16054	2572482	1735442
76772	1362	105207	20543	3070061	1835223
23268	549	30055	8044	616910	415889
16107	221	14877	3568	408700	203782
22297	1882	7422	4352	763145	635634
38077	894	245446	14581	2339142	1136303
36736	1521	229902	16394	2357260	1027046
28744	736	41815	14629	1530769	924695
22119	1505	42285	16988	1080482	787977
67636	3832	50108	14922	1405781	1007018
13208	691	43883	4392	452133	285068
3489	161	49889	344	138229	103122
39088	1425	18501	3057	739903	348390
42031	1773	99218	19332	2859809	1997901
8396	226	8367	2394	1475892	1092735
13298	215	76946	3508	419727	266398
6791	174	65	65	145203	44511
53525	4484	258784	36780	2183455	1472045
24682	1496	85079	33481	1424442	1212456
3684	121	4277	3269	162390	146827
5417	178	12979	4471	120448	91976
14298	409	138130	16397	880195	424008

全国各地区文物科研

地　区	本年收入合计（千元）	财政拨款	基建拨款	上级补助收入	事业收入	经营收入	附属单位上缴收入	其他收入	本年支出	基本支出	项目支出
总　计	1394500	717599	5396	46332	555572	9464	0	65533	1353040	605418	722450
中　央	93199	46494	0	0	46448	0	0	257	101499	61116	40382
北　京	80624	9307	0	0	70798	0	0	519	52989	10261	42578
天　津	0	0	0	0	0	0	0	0	0	0	0
河　北	46507	18973	0	0	24584	0	0	2950	46736	39973	6763
山　西	78560	56684	0	50	21573	0	0	253	72978	65195	7783
内　蒙　古	42524	32554	0	0	6568	0	0	3402	23071	3835	19236
辽　宁	31598	22967	0	0	8259	0	0	372	29846	11033	18813
吉　林	17606	8036	0	363	8097	0	0	1110	19168	6150	13018
黑　龙　江	9172	9111	0	0	0	0	0	61	9126	3797	5329
上　海	0	0	0	0	0	0	0	0	0	0	0
江　苏	13041	7252	0	1300	3938	0	0	551	12405	5393	7012
浙　江	31714	31022	0	240	200	0	0	252	30274	10187	20087
安　徽	27124	5060	0	0	21749	0	0	315	35732	5640	30092
福　建	1180	834	0	0	346	0	0	0	1050	834	216
江　西	20307	14116	0	0	5866	0	0	325	9192	3722	3832
山　东	29414	6187	0	2032	4064	0	0	17131	38161	14755	16900
河　南	95484	32602	0	10997	49054	0	0	2831	90382	54812	31234
湖　北	27052	7200	316	3217	16259	0	0	376	20745	10740	10005
湖　南	52322	39078	0	0	13244	0	0	0	52924	10854	42070
广　东	60097	43410	0	156	16523	0	0	8	60311	21276	39035
广　西	11032	2215	0	334	1	8320	0	162	10677	2170	735
海　南	0	0	0	0	0	0	0	0	0	0	0
重　庆	27785	9059	0	0	18635	0	0	91	21543	4961	16582
四　川	205438	133973	0	2608	64080	0	0	4777	148323	11703	136620
贵　州	10151	2491	0	0	6551	0	0	1109	11403	3268	8135
云　南	27396	4951	0	0	21329	0	0	1116	25446	24135	1311
西　藏	4770	1432	0	0	3338	0	0	0	1432	1352	80
陕　西	127685	104290	3200	3120	3573	0	0	16702	108883	85692	22703
甘　肃	171929	43928	1880	3500	116160	0	0	8341	266966	110054	156783
青　海	6286	4981	0	0	1297	0	0	8	6623	5504	1119
宁　夏	12068	8886	0	14	0	1144	0	2024	13186	6045	2989
新　疆	32435	10506	0	18401	3038	0	0	490	31969	10961	21008

机　构　经　费　收　支　情　况

合计（千元）											资产总计（千元）	
经营支出	工资福利支出	在支出合计中：										固定资产原值
		商品和服务支出					对个人和家庭补助支出		其他资本性支出			
			差旅费	劳务费	福利费	各种税金支出		抚恤金和生活补助		各种设备购置费		
9361	231751	753109	61956	144630	4171	9277	67784	1828	125331	61592	2312701	1107829
0	11870	74382	8571	14681	165	2527	7781	47	7076	6002	291426	210692
0	5007	26063	74	0	21	3915	2426	0	66	66	134012	9572
0	0	0	0	0	0	0	0	0	0	0	0	0
0	9083	33296	935	8876	136	0	3396	64	961	197	51411	26043
0	14665	27184	1452	9027	595	0	3877	115	2843	210	111080	42684
0	2555	18626	4380	6915	32	0	711	0	1179	890	116638	26038
0	6527	8071	791	2240	71	0	2364	0	840	516	52907	24498
0	2917	12061	5265	1065	9	0	1871	35	2319	992	32089	20557
0	1825	5338	672	0	0	0	1963	61	0	0	33487	13101
0	0	0	0	0	0	0	0	0	0	0	0	0
0	3040	8262	263	2630	148	0	485	73	618	618	13763	3508
0	7619	20262	1284	8213	127	0	1651	0	742	0	33784	10640
0	2358	22188	7651	6691	255	0	2126	40	9059	1529	62059	28365
0	605	92	1	9	0	0	131	0	6	6	1830	1600
0	2426	4874	847	719	14	0	1057	0	615	376	5530	5530
0	4497	21601	1641	5277	46	0	2244	5	9767	567	63155	9679
460	19049	55826	2040	30761	316	460	4517	35	5186	5130	108711	65568
0	7109	7522	1460	1708	162	21	2732	52	537	418	60166	16315
0	7318	10342	543	4650	16	0	2413	60	13112	5379	25285	14196
0	9548	37364	1176	2586	61	0	4200	0	6441	5240	24198	23398
7757	2786	3881	220	1573	418	768	377	0	422	422	70946	15014
0	0	0	0	0	0	0	0	0	0	0	0	0
0	3283	17191	1901	3056	19	0	107	0	962	0	48686	3741
0	17023	127938	9714	20164	85	587	1766	199	1596	1596	259254	82871
0	725	10124	251	0	14	339	60	0	249	249	18280	3816
0	3925	19900	1435	1942	136	0	1290	14	331	0	66051	7259
0	1052	312	111	0	0	0	68	0	0	0	657	657
0	20886	76456	1843	5107	232	262	4129	388	2240	1700	173808	70046
0	50041	88778	5435	5016	911	258	10097	564	43386	26334	367541	315485
0	2690	2852	579	603	2	36	1002	67	79	43	7121	5193
1144	3205	5050	891	17	40	104	1058	8	839	0	19074	7810
0	8117	7273	530	1104	140	0	1885	1	13860	3112	59752	43953

全 国 各 地 区 文 物 保 护

（甲）	本年收入合计（千元）								本年			
		财政拨款		上级补助收入	事业收入	经营收入	附属单位上缴收入	其他收入	基本支出	项目支出	经营支出	
			基建拨款									
	1	2	3	4	5	6	7	8	9	10	11	12
总　　计	4521950	2319629	126945	176369	1395088	337569	111723	181538	4081630	2326305	1219958	307091
中　央	192883	8044	0	0	73183	0	110407	1249	151724	134588	17135	0
北　京	549178	75593	4000	1081	186004	281861	0	4639	597576	376709	60961	156124
天　津	14714	13496	0	0	0	182	0	1036	17697	10983	6532	182
河　北	423429	124388	0	0	275589	290	0	23162	270534	211938	55631	467
山　西	149703	85363	0	4603	43241	7139	70	9287	137205	87416	17765	1467
内 蒙 古	148617	147034	28700	0	520	0	0	1063	144599	105045	38439	11
辽　宁	88157	68218	30354	5673	6714	6115	1	1436	98979	35508	55167	4609
吉　林	35090	30921	0	3594	300	0	0	275	29870	24135	4469	0
黑 龙 江	30995	28719	6100	1272	33	0	0	971	28258	20289	7361	0
上　海	19123	18823	0	260	18	0	0	22	23123	10899	12224	0
江　苏	127825	111805	0	1626	4964	7440	0	1990	105519	47868	57528	123
浙　江	554594	253568	4498	13338	276602	739	25	10322	476727	315409	160195	814
安　徽	87011	69440	2000	10450	2738	0	0	4383	77543	39225	21647	65
福　建	23604	17339	0	4197	125	0	0	1943	21670	12574	8568	210
江　西	23031	19856	0	460	1897	5	0	813	23122	17163	2508	1
山　东	341859	188719	0	9706	115299	13559	0	14576	336788	145559	69987	111968
河　南	240680	137922	6300	13303	72213	10641	820	5781	241128	131889	80928	7251
湖　北	58686	45125	230	3795	6215	130	0	3421	64924	29871	29083	930
湖　南	88012	65582	0	3135	13215	203	0	5877	101838	48236	37011	753
广　东	40384	19303	0	1611	17938	0	0	1532	40467	28767	11150	0
广　西	37776	31391	3251	3991	578	0	0	1816	35561	19936	14559	
海　南	21520	13072	0	55	3110	0	0	5283	19616	10215	8104	
重　庆	37987	32534	0	5160	211	0	0	82	32774	15387	14610	
四　川	255608	218060	3078	12255	19851	0	0	5442	256886	75558	162424	2470
贵　州	53906	40053	0	7150	4475	233	0	1995	43059	21403	17970	13
云　南	85456	78348	0	5106	737	364	0	901	73472	37179	24698	366
西　藏	142102	26212	0	2	97444	3170	400	14840	95330	50415	16255	17760
陕　西	307600	123600	25110	36810	99697	5435	0	42058	257490	136415	69081	1338
甘　肃	130516	84551	13324	424	45445	2	0	94	83819	40247	43285	147
青　海	8376	7883	0	412	0	0	0	81	8175	7126	226	
宁　夏	44284	21664	0	1466	20884	61	0	209	42151	22200	13606	22
新　疆	159244	113003	0	25434	5848	0	0	14959	144006	56153	80851	0

管 理 机 构 收 支 情 况

| 支出合计（千元） | | | | | | 在支出合计中： | | | | 资产总计（千元） | |
| 工资福利支出 | 商品和服务支出 | 差旅费 | 劳务费 | 福利费 | 各种税金支出 | 对个人和家庭补助支出 | 抚恤金和生活补助 | 其他资本性支出 | 各种设备购置费 | 资产总计 | 固定资产原值 |
13	14	15	16	17	18	19	20	21	22	23	24
1122007	1386353	34811	105535	33845	31042	172317	8986	428894	46650	7619076	3664335
21514	91781	490	415	1791	2240	4514	0	16778	4521	293623	133973
189717	325046	1766	1080	13357	1799	23363	2400	21281	3011	725962	163093
5125	8923	2	596	71	58	3525	12	124	3	15755	3818
138595	75941	1371	7073	1339	1346	13789	1424	5476	1822	336779	206028
49401	40075	1035	2716	862	1246	2803	195	3763	1874	173235	132600
28540	27817	1126	1267	340	4	4108	698	79681	1358	50226	30981
21843	9710	779	1892	148	294	4359	54	46759	420	92369	43115
11459	9290	519	207	22	1	3005	68	2306	74	24925	14879
12008	9911	590	273	105	3	3187	38	364	146	31924	24889
6573	2545	58	76	294	0	393	0	526	0	60758	30346
21058	75676	539	888	483	110	7388	82	697	225	233893	96157
122311	212175	3795	11405	3633	7481	35791	897	35544	1686	1191061	809654
16793	20755	1123	666	204	3	5132	227	5489	168	128218	43488
5119	10008	174	2380	52	24	1867	7	262	56	14111	4077
9066	6434	872	353	363	50	2293	120	152	136	99494	97379
93004	58213	1732	781	474	10322	5421	334	7483	508	1070453	266169
59533	72963	2229	23645	1688	1410	7925	507	16593	1345	1166227	281043
18018	19174	1093	839	1641	42	2881	208	5427	2681	93484	81823
19288	27359	2039	2184	958	506	2865	157	7963	6802	169712	153096
11683	20948	122	102	433	0	1222	0	272	255	77172	29972
6299	6238	596	327	53	0	1000	109	5463	735	39260	35060
7890	4914	206	189	1	0	835	90	1547	150	78170	74656
6677	10109	576	1432	87	0	1774	89	1823	315	76006	53562
42641	81168	3482	31870	676	141	8168	741	50136	1002	336583	188184
11234	8011	585	1182	418	0	1055	48	1751	581	135811	111483
25814	24232	713	2076	69	78	4166	81	2561	311	59243	44305
18406	4909	769	781	588	185	5161	70	65	65	99334	13282
86095	45712	3125	2542	1410	402	6080	118	42348	13403	316646	244624
15844	17176	710	956	1303	3227	2090	52	22055	563	214153	161659
4141	881	20	12	0	18	236	0	6	0	6096	5746
13661	17914	926	1238	761	50	1801	30	3850	474	19728	17974
22657	40345	1649	4092	221	2	4120	130	40349	1960	188665	67220

全国各地区博物馆

(甲)	本年收入合计（千元）								本年支出			
		财政拨款		上级补助收入	事业收入	经营收入	附属单位上缴收入	其他收入		基本支出	项目支出	经营支出
		基本拨款	建设拨款									
	1	2	3	4	5	6	7	8	9	10	11	12
总　　计	11116859	9333091	647253	405977	893922	98426	9609	375834	10744334	4673634	5534478	78678
中　央	1469984	1283925	315920	0	121492	17443	8800	38324	1396662	397024	986436	12115
北　京	424084	389869	0	534	22862	0	0	10819	307515	183669	122482	95
天　津	319836	301948	0	150	11311	1128	0	5299	203251	98840	103282	1128
河　北	343468	258150	2100	2070	72800	4452	0	5996	288795	145024	141578	2085
山　西	292707	225038	0	3119	56061	1830	26	6633	280190	133398	132824	928
内　蒙　古	244257	221819	9185	3310	9773	0	0	9355	213511	100246	103516	2
辽　宁	325501	313521	5129	1308	10068	0	0	604	323158	158414	148811	3475
吉　林	183999	133911	0	10978	35090	0	0	4020	142963	83359	57878	471
黑　龙　江	103188	100228	2400	1215	0	230	0	1515	103351	71369	24952	198
上　海	443483	353284	0	15988	56151	861	0	17199	415632	134670	223437	11157
江　苏	609044	525327	0	9444	49790	3320	0	21163	527971	311471	214144	2356
浙　江	609242	553124	16071	17637	20556	196	0	17729	629392	216292	395325	153
安　徽	216862	187461	4450	17083	5352	426	130	6410	209286	86949	109263	1209
福　建	259597	230074	27005	14508	8600	226	0	6189	217991	98671	104734	93
江　西	239902	209690	11950	14187	5258	7665	0	3102	222177	127649	80347	6547
山　东	516109	394443	76830	98318	15510	0	0	7838	710355	424230	275285	6532
河　南	558493	443352	66583	45406	33789	820	0	35126	436880	228241	196099	957
湖　北	296284	233593	14275	18909	11764	15787	61	16170	292559	106020	166176	8949
湖　南	244937	230250	3800	6939	3334	1498	0	2916	247472	134482	106873	1498
广　东	690010	617929	36314	5400	39376	2652	0	24653	681708	272078	383141	1129
广　西	193076	150971	22986	11120	18558	0	0	12427	182775	81363	98115	0
海　南	40027	35561	0	3480	0	350	0	636	35471	12777	22316	100
重　庆	300990	246614	0	995	23154	22968	0	7259	501221	98901	210393	7244
四　川	672774	419991	12920	11958	163704	7772	165	69184	645144	280845	335911	3087
贵　州	120399	108912	0	10212	0	117	427	731	101177	60956	33568	426
云　南	86985	78014	3535	1479	1936	449	0	5107	145247	45361	98096	386
西　藏	14177	14177	0	0	0	0	0	0	11032	5232	4535	0
陕　西	794209	616436	9240	52179	84449	5649	0	35496	812464	380240	410284	1792
甘　肃	318320	282801	3800	22404	9401	2433	0	1281	271325	121320	137521	3922
青　海	31050	27725	2760	836	1678	0	0	811	27966	17746	9155	0
宁　夏	28794	27142	0	5	911	154	0	582	36687	17837	17156	213
新　疆	125071	117811	0	4806	1194	0	0	1260	123006	38960	80845	431

收 支 情 况

合计（千元）										资产总计（千元）	
工资福利支出	在支出合计中：										固定资产原值
	商品和服务支出					对个人和家庭补助支出		其他资本性支出			
		差旅费	劳务费	福利费	各种税金支出		抚恤金和生活补助		各种设备购置费		
13	14	15	16	17	18	19	20	21	22	23	24
2415284	3919952	112383	225448	53685	105112	684671	19809	1498479	236232	24215541	17322426
211919	523758	10454	16039	1049	12957	123092	939	268868	18610	1808743	1008206
74999	163723	1690	19529	383	2896	19596	135	4887	3909	528404	256804
46630	54847	1850	1364	1418	1550	23383	296	73976	2508	486438	54174
70356	173863	1282	6149	731	224	13079	406	15918	3835	798918	672675
76224	112490	2204	3796	2425	3090	9315	545	48886	12737	236962	180035
53436	96540	3659	9129	1245	290	10066	356	18901	15090	460517	401493
85270	123349	2579	20086	655	60	31749	427	22337	1285	656403	407295
32475	54085	2785	1993	248	390	17568	412	12220	10740	256712	147748
34731	38826	2424	2455	146	19	11638	155	10618	2580	428548	410570
124125	181199	2167	1483	3108	1323	16222	698	73549	9516	1681948	1061329
153364	279326	6873	14494	2737	1492	50397	2422	44884	14605	1974320	1585504
130403	206728	6814	14451	5393	1158	34089	465	55739	18366	1687374	949948
40479	35903	1834	1269	2086	54	14743	278	14763	6319	379780	329239
54332	69616	2992	5519	518	395	13262	214	12196	3481	347373	183893
60763	72522	4010	1433	2582	831	17669	852	6177	3374	546749	439094
106118	138544	2876	9364	560	957	28004	553	226827	13196	1038145	815582
102354	156883	5100	7004	2421	776	16500	677	48305	7024	766607	572814
72279	105632	3573	12972	3676	263	18680	400	32364	10791	1174572	769790
68527	102837	4202	7113	1711	139	13091	1193	18598	3663	797255	584234
164752	243598	3095	10092	4696	1477	57546	794	40893	8639	1189086	916881
35200	87236	3245	3174	1706	1377	11602	582	37779	3235	327036	232363
8004	4618	635	630	6	30	2552	71	1194	194	50215	27393
72783	183667	3693	14447	1783	2198	37207	1336	15715	2742	608096	290615
162675	252374	13762	16453	3311	1980	30552	734	40602	16579	2198147	1708494
25150	32120	1585	2683	374	40	5025	89	3422	1004	952489	908204
30023	27743	1412	2269	119	113	7721	120	73627	2843	269223	210578
5232	5071	1989	0	0	0	729	104	0	0	15380	2351
199400	280491	6564	7705	5191	67226	28022	3280	198926	19698	1281347	1059060
70680	68829	4310	8547	2999	1377	11531	860	18515	6518	778961	723100
8383	6612	656	291	92	291	2194	54	4167	3201	141328	130506
11635	3096	299	887	85	5	2558	140	8290	3997	79744	64290
22583	33826	1770	2628	231	134	5289	222	45336	5953	268721	218164

全 国 各 地 区 文 物

单位名称	本年收入合计（千元）								本年支出			
		财政拨款	基建拨款	上级补助收入	事业收入	经营收入	附属单位上缴收入	其他收入		基本支出	项目支出	经营支出
	1	2	3	4	5	6	7	8	9	10	11	12
总　　计	9,653	9,653	0	0	0	0	0	0	9,653	0	9,653	0
中　　央	0	0	0	0	0	0	0	0	0	0	0	0
北　　京	0	0	0	0	0	0	0	0	0	0	0	0
天　　津	3,747	3,747	0	0	0	0	0	0	3,747	0	3,747	0
河　　北	0	0	0	0	0	0	0	0	0	0	0	0
山　　西	30	30	0	0	0	0	0	0	30	0	30	0
内　蒙　古	0	0	0	0	0	0	0	0	0	0	0	0
辽　　宁	688	688	0	0	0	0	0	0	688	0	688	0
吉　　林	0	0	0	0	0	0	0	0	0	0	0	0
黑　龙　江	0	0	0	0	0	0	0	0	0	0	0	0
上　　海	0	0	0	0	0	0	0	0	0	0	0	0
江　　苏	0	0	0	0	0	0	0	0	0	0	0	0
浙　　江	79	79	0	0	0	0	0	0	79	0	79	0
安　　徽	412	412	0	0	0	0	0	0	412	0	412	0
福　　建	0	0	0	0	0	0	0	0	0	0	0	0
江　　西	490	490	0	0	0	0	0	0	490	0	490	0
山　　东	0	0	0	0	0	0	0	0	0	0	0	0
河　　南	200	200	0	0	0	0	0	0	200	0	200	0
湖　　北	0	0	0	0	0	0	0	0	0	0	0	0
湖　　南	3,505	3,505	0	0	0	0	0	0	3,505	0	3,505	0
广　　东	0	0	0	0	0	0	0	0	0	0	0	0
广　　西	172	172	0	0	0	0	0	0	172	0	172	0
海　　南	0	0	0	0	0	0	0	0	0	0	0	0
重　　庆	0	0	0	0	0	0	0	0	0	0	0	0
四　　川	0	0	0	0	0	0	0	0	0	0	0	0
贵　　州	0	0	0	0	0	0	0	0	0	0	0	0
云　　南	330	330	0	0	0	0	0	0	330	0	330	0
西　　藏	0	0	0	0	0	0	0	0	0	0	0	0
陕　　西	0	0	0	0	0	0	0	0	0	0	0	0
甘　　肃	0	0	0	0	0	0	0	0	0	0	0	0
青　　海	0	0	0	0	0	0	0	0	0	0	0	0
宁　　夏	0	0	0	0	0	0	0	0	0	0	0	0
新　　疆	0	0	0	0	0	0	0	0	0	0	0	0

商 店 收 支 情 况

合计（千元）										资产总计（千元）	
工资福利支出	在支出合计中：										固定资产原值
		商品和服务支出				对个人和家庭补助支出		其他资本性支出			
		差旅费	劳务费	福利费	各种税金支出		抚恤金和生活补助		各种设备购置费		
13	14	15	16	17	18	19	20	21	22	23	24
0	**9,653**	**0**	**0**	**0**	**0**	**0**	**0**	**0**	**0**	**2,096,899**	**414,944**
0	0	0	0	0	0	0	0	0	0	0	0
0	0	0	0	0	0	0	0	0	0	324,602	121,450
0	3,747	0	0	0	0	0	0	0	0	272,280	8,020
0	0	0	0	0	0	0	0	0	0	4,072	220
0	30	0	0	0	0	0	0	0	0	8,218	1,682
0	0	0	0	0	0	0	0	0	0	760	465
0	688	0	0	0	0	0	0	0	0	63,367	5,358
0	0	0	0	0	0	0	0	0	0	4,615	498
0	0	0	0	0	0	0	0	0	0	0	0
0	0	0	0	0	0	0	0	0	0	212,917	54,598
0	0	0	0	0	0	0	0	0	0	322,955	42,981
0	79	0	0	0	0	0	0	0	0	57,498	18,477
0	412	0	0	0	0	0	0	0	0	20,950	7,013
0	0	0	0	0	0	0	0	0	0	27,509	13,711
0	490	0	0	0	0	0	0	0	0	10,128	6,537
0	0	0	0	0	0	0	0	0	0	87,405	12,518
0	200	0	0	0	0	0	0	0	0	28,480	10,269
0	0	0	0	0	0	0	0	0	0	139,738	14,942
0	3,505	0	0	0	0	0	0	0	0	56,472	14,453
0	0	0	0	0	0	0	0	0	0	92,681	25,876
0	172	0	0	0	0	0	0	0	0	11,005	1,854
0	0	0	0	0	0	0	0	0	0	0	0
0	0	0	0	0	0	0	0	0	0	7,115	472
0	0	0	0	0	0	0	0	0	0	35,444	3,988
0	0	0	0	0	0	0	0	0	0	260,264	39,564
0	330	0	0	0	0	0	0	0	0	24,242	3,288
0	0	0	0	0	0	0	0	0	0	3,978	2,378
0	0	0	0	0	0	0	0	0	0	3,715	407
0	0	0	0	0	0	0	0	0	0	6,034	999
0	0	0	0	0	0	0	0	0	0	951	568
0	0	0	0	0	0	0	0	0	0	0	0
0	0	0	0	0	0	0	0	0	0	9,504	2,358

全国各地区其他文物

	本年收入合计（千元）								本年		
		财政拨款		上级补助收入	事业收入	经营收入	附属单位上缴收入	其他收入		基本支出	项目支出
		基建拨款	基建拨款								
（甲）	1	2	3	4	5	6	7	8	9	10	11
总　　计	3988147	3617002	563022	19616	124386	8060	0	19700	3228972	815390	2197730
中　央	247346	175375	0	0	66076	0	0	5246	302843	66713	236128
北　京	428729	420738	0	0	218	3384	0	1290	333374	41532	281226
天　津	0	0	0	0	0	0	0	0	0	0	0
河　北	235133	226424	15900	0	0	0	0	141	114569	35181	79387
山　西	578067	524020	79390	1100	9638	4396	0	695	452790	130444	307010
内　蒙　古	2724	2550	0	0	0	0	0	0	864	0	864
辽　宁	20911	20579	0	0	0	0	0	0	23174	9596	7232
吉　林	32788	32788	26000	0	0	0	0	0	71339	293	71046
黑　龙　江	3034	3015	0	0	18	0	0	1	3022	2931	91
上　海	5580	5580	0	0	0	0	0	0	5580	0	5580
江　苏	74584	72320	0	400	0	0	0	0	78070	8899	68471
浙　江	111637	95729	3964	0	0	0	0	150	110899	25850	78949
安　徽	12490	10703	0	167	0	0	0	1	14556	6705	7542
福　建	90159	74419	0	0	0	0	0	15	71775	3458	67033
江　西	40021	30729	0	1049	1932	0	0	0	36872	8269	21943
山　东	63263	58157	0	0	0	0	0	0	60606	21568	34486
河　南	359106	305436	26321	200	36710	280	0	370	364901	133605	226603
湖　北	151381	135064	0	410	3668	0	0	91	68957	24546	36809
湖　南	76486	68286	500	0	0	0	0	0	71566	34819	34785
广　东	130375	127662	38180	200	726	0	0	10	117772	9516	107785
广　西	97384	96732	0	0	0	0	0	0	49214	1565	47442
海　南	49411	49411	30000	0	0	0	0	0	55123	794	53259
重　庆	41503	41503	0	0	0	0	0	0	46316	0	46316
四　川	40956	37835	18930	0	0	0	0	152	28350	8757	19593
贵　州	69954	66221	0	0	0	0	0	0	45377	13480	30190
云　南	11585	11585	0	0	0	0	0	0	12412	1657	10146
西　藏	169324	169234	143666	0	0	0	0	0	146713	8294	24433
陕　西	266560	213971	8311	2760	5400	0	0	6177	262798	164191	71168
甘　肃	93540	93415	0	0	0	0	0	4	49181	9941	38944
青　海	177672	177276	171860	0	0	0	0	0	5733	5089	408
宁　夏	4888	4888	0	0	0	0	0	0	4888	3280	1608
新　疆	301556	265357	0	13330	0	0	0	5357	219338	34417	181253

机 构 经 费 收 支 情 况

支出合计（千元）											资产总计（千元）	
经营支出	工资福利支出	在支出合计中：										
		商品和服务支出					对个人和家庭补助支出		其他资本性支出			固定资产原值
			差旅费	劳务费	福利费	各种税金支出		抚恤金和生活补助		各种设备购置费		
12	13	14	15	16	17	18	19	20	21	22	23	24
6923	**378731**	**1377808**	**34840**	**64693**	**5040**	**3897**	**90376**	**6164**	**359976**	**22886**	**2912781**	**977592**
0	23832	262866	7050	6928	658	2307	9676	173	4265	2921	380928	114541
3384	23474	63300	241	426	147	0	8682	180	553	0	315781	34177
0	0	0	0	0	0	0	0	0	0	0	0	0
0	15914	66977	829	606	93	0	5006	61	10929	378	132867	90842
3473	62713	257783	3366	7329	1165	298	7653	233	43933	3296	272396	90324
0	0	744	596	0	0	0	0	0	120	0	18223	1108
0	5630	9880	692	1947	16	0	1236	125	288	288	20640	9308
0	253	2935	20	0	11	0	0	0	0	0	3600	0
0	1474	480	27	0	1	0	978	3	0	0	2975	2853
0	0	5580	0	0	0	0	0	0	0	0	0	0
0	4815	50066	455	1510	0	0	841	0	656	606	27551	7292
0	13703	40706	1946	1645	222	0	5241	0	13182	491	100344	46504
0	2068	7935	781	214	30	0	1267	4	744	28	25903	7784
0	1341	63345	96	0	0	0	847	0	2413	25	17877	501
0	3361	20328	554	110	52	0	1278	910	478	466	101244	87094
0	12934	35823	574	3151	33	66	2408	2	1369	310	79984	32355
66	53532	77295	2877	23030	620	571	7794	302	159818	2895	287235	97352
0	13349	29162	1802	3601	230	18	4451	76	3487	739	62809	41825
0	20034	35175	1421	1635	382	13	3750	95	2612	1144	31758	21998
0	7682	23879	941	1959	151	43	4668	3038	2502	788	22644	10891
0	527	2809	372	19	11	0	229	0	219	0	3886	777
0	555	4245	108	43	0	33	102	0	47148	0	9844	1073
0	341	19	0	0	0	0	0	0	1	0	0	0
0	5666	10338	471	226	87	0	1545	99	6884	155	30381	14364
0	7410	17861	1092	1841	276	0	2256	89	2945	560	109048	29668
0	803	10005	195	72	0	0	121	0	427	354	968	968
0	7110	14506	184	58	3	0	833	0	0	0	25854	25843
0	64973	100333	3322	5967	535	302	15294	698	15270	1979	407939	97908
0	6252	29626	1454	975	180	0	964	20	1123	66	57753	11213
0	3242	1199	178	35	7	0	252	0	25	25	6894	4814
0	278	600	400	0	0	0	0	0	0	0	1902	1902
0	15465	132008	2796	1366	130	246	3004	56	38585	5372	353553	92313

全国文物保护管理机构按藏品排序

省 级

单位：件/套

名次	单位名称	藏品数	名次	单位名称	藏品数
1	西藏自治区布达拉宫管理处	64980	4	北京市白塔寺管理处	137
2	西藏自治区罗布林卡管理处	14318	5	北京市团城演武厅管理处	59
3	甘肃炳灵寺文物保护研究所	355			

地方级

单位：件/套

名次	单位名称	藏品数	名次	单位名称	藏品数
1	河南省洛阳市文物工作队	254738	18	安徽省宿州市文物管理所	2783
2	河南省龙门石窟研究院	100000	19	河南省洛阳市白马寺汉魏故城文物保管所	2783
3	河南省洛阳市第二文物工作队	85132	20	河北省邯郸市文物保护研究所	2695
4	四川省阿坝州文物管理所	16506	21	黑龙江省鹤岗市文物管理站	2615
5	湖南省岳阳市文物管理处	8404	22	安徽省铜陵市文物管理局	2411
6	河北省承德市外八庙管理处	7250	23	云南省德宏州文物管理所	2107
7	安徽省蚌埠市文物管理处	6280	24	宁夏回族自治区中卫市文物管理所	2000
8	山东省莱芜市文物管理委员会办公室	5311	25	内蒙古自治区包头市文物管理处	1860
9	安徽省六安市文物管理局	4827	26	河南省濮阳市文物保护管理所	1845
10	内蒙古自治区巴彦淖尔市文物站	4457	27	山西省太原市双塔寺文物保管所	1827
11	云南省昭通市文物管理所	3488	28	黑龙江省哈尔滨市文物管理站	1820
12	福建省泉州天后宫文物保护管理处	3426	29	山东省滨州市文物管理处	1757
13	贵州省六盘水市文物管理所	3362	30	广西壮族自治区南宁孔庙管理所	1737
14	河南省鹤壁市文物工作队	3299	31	内蒙古自治区锡盟文物保护管理所	1664
15	浙江省杭州良渚遗址管理区管理委员会	3255	32	湖北省武汉市文化局	1574
16	安徽省合肥市文物管理处	3050	33	陕西省延安西北局革命旧址管理处	1522
17	宁夏回族自治区银川西夏陵区管理处	2914	34	四川省达州市文物管理所	1461

名次	单位名称	藏品数	名次	单位名称	藏品数
35	吉林省通化市文物管理委员会办公室	1312	43	河南省濮阳市戚城文物景区管理处	808
36	河南省洛阳关林管理处	1288	44	宁夏回族自治区吴忠市文物管理所	782
37	吉林省延边朝鲜族自治州文物管理委员会办公室	1200	45	广西壮族自治区桂林市靖江王陵文物管理处	700
38	河北省衡水市文物管理处	1194	46	江苏省无锡市名人故居文物管理处	693
39	安徽省芜湖市文物管理委员会办公室	1180	47	湖南省周立波故居管理所	686
40	青海省西宁市文物管理所	1056	48	宁夏回族自治区银川市文物管理处	644
41	河北省保定市文物管理所	1012	49	黑龙江省七台河市文物管理站	640
42	内蒙古自治区呼和浩特市文物事业管理处	957	50	湖北省武汉市晴川阁管理处（武汉大禹文化博物馆）	585

县 级

单位：件/套

名次	单位名称	藏品数	名次	单位名称	藏品数
1	山东省曲阜市文物旅游局	115024	16	河北省磁县文物保管所	14205
2	四川省都江堰市文物局	47808	17	河南省淇县文物管理所	13296
3	辽宁省凌海市文物保护管理所	41440	18	西藏自治区萨迦寺	13109
4	山西省吉县文物管理所	34241	19	四川省汶川县文物管理所	12291
5	山东省蓬莱阁文物管理处	32588	20	河南省长葛市文物管理所	11912
6	四川省巴州区文物管理所	29091	21	湖南省慈利县文物管理所	10012
7	重庆市长寿区文管所	27340	22	山西省临县文物管理所	10000
8	山西省寿阳县文物管理所	23889	23	江苏省宜兴市文物管理委员会办公室	9449
9	贵州省普定县文物管理所	23000	24	河南省嵩县文物管理所	9118
10	广东省广州民俗博物馆	21300	25	西藏自治区色拉寺	8960
11	河北省涿州文物保护管理所	20252	26	重庆市巴南区文物管理所	8596
12	西藏自治区扎什伦布寺	18383	27	浙江省宁海县文物事业管理委员会办公室	8462
13	山东省昌乐县文物管理所	17495	28	湖南省涟源市文物管理所	8378
14	山东省章丘市文物保护管理所	14820	29	云南省会泽县文物管理所	8291
15	重庆市丰都县文物管理所	14470	30	西藏自治区哲蚌寺	8266

名次	单位名称	藏品数	名次	单位名称	藏品数
31	云南省开远市文物管理所	8253	41	陕西省子长县钟山石窟文物管理所	7200
32	四川省绵竹市文物保护管理所	7879	42	山东省东阿县文物管理所	7180
33	西藏自治区白居寺	7784	43	重庆市开县文物管理所	6690
34	浙江省瑞安市文物馆	7642	44	河南省开封县文物保护管理所	6650
35	山西省朔州市朔城区崇福寺文物保管所	7550	45	湖南省靖州苗族侗族自治文物管理所	6627
36	江西省高安市文管所（高安市博物馆）	7524	46	河南省宜阳县文物保护管理所	6469
37	北京市周口店北京人遗址管理处	7449	47	浙江省绍兴县文物保护管理所	6437
38	安徽省怀远县文物管理所	7405	48	西藏自治区大昭寺	6306
39	四川省通江县文物管理所	7404	49	浙江省东阳市文物管理办公室	5880
40	河南省灵宝市文物管理所	7356	50	四川省邛崃市文物管理局	5756

全国文物保护管理机构按参观人次排序

省　级

单位：千人次

名次	单位名称	参观人次	名次	单位名称	参观人次
1	西藏自治区布达拉宫管理处	738	5	北京市团城演武厅管理处	26
2	西藏自治区罗布林卡管理处	720	6	青海省馨庐文物管理所	10
3	北京市白塔寺管理处	113	7	甘肃北石窟寺文物保护研究所	6
4	甘肃炳灵寺文物保护研究所	81	8	甘肃大地湾文物保护研究所	3

地市级

单位：千人次

名次	单位名称	参观人次	名次	单位名称	参观人次
1	浙江省杭州市园林文物局灵隐管理处（杭州花圃）	3299	4	浙江省杭州市园林文物局凤凰山管理处	1505
2	河南省龙门石窟研究院	2122	5	河南省濮阳市戚城文物景区管理处	1500
3	陕西省杨家岭革命旧址管理处	1800	6	陕西省枣园革命旧址管理处	1400

名次	单位名称	参观人次	名次	单位名称	参观人次
7	河北省承德市避暑山庄管理处	1334	29	内蒙古自治区呼和浩特市文物事业管理处	300
8	甘肃省嘉峪关文物景区管理委员会	1235	30	湖南省周立波故居管理所	300
9	新疆维吾尔自治区吐鲁番地区文物管理局	928	31	河南省郑州市商城遗址保护管理处	300
10	浙江省绍兴市大禹陵景区管理处	846	32	辽宁省沈阳市北陵公园管理中心	288
11	河南省开封市龙亭公园	700	33	陕西省西安市青龙寺遗址保管所	268
12	浙江省绍兴市兰亭景区管理处	649	34	湖南省岳阳市文物管理处	267
13	陕西省药王山管理局	617	35	河南省安阳市殷墟管理处	258
14	浙江省绍兴市沈园景区管理处	558	36	安徽省安庆市陈独秀墓园管理处	256
15	浙江省宁波市保国寺古建筑博物馆	530	37	海南省海口市五公祠管理处	250
16	河北省承德市外八庙管理处	522	38	江苏省东林书院文物管理处（无锡市）	244
17	广西壮族自治区南宁孔庙管理所	500	39	江苏省无锡市名人故居文物管理处	232
18	河南省开封市铁塔公园	500	40	浙江省杭州市西湖风景名胜区钱江管理处	231
19	宁夏回族自治区银川西夏陵区管理处	450	41	广西壮族自治区百色起义革命旧址管理处	228
20	山西省山西解州关帝庙文物保管所	421	42	浙江省衢州市文物保护管理所	211
21	河南省洛阳关林管理处	420	43	浙江省杭州市文物保护管理所	190
22	河北省承德市普宁寺管理处	407	44	安徽省蚌埠市文物管理处	183
23	浙江省杭州良渚遗址管理区管理委员会	383	45	江西省九江市文物名胜管理处	182
24	江苏省无锡市薛福成故居文物管理处	360	46	江苏省苏州市市区文物管理保护管理所	155
25	浙江省绍兴市名人故居管理处	357	47	宁夏回族自治区银川市贺兰山岩画管理处	150
26	浙江省宁波市文物保护管理所（宁波市文物考古研究所）	334	48	贵州省安顺市王若飞故居管理处	150
27	甘肃省天水市伏羲庙文管所	330	49	湖北省随州市擂鼓墩文物管理处	150
28	河南省许昌市灞陵桥文物管理处	309	50	辽宁省沈阳市东陵公园管理中心	150

县 级

单位：千人次

名次	单位名称	参观人次	名次	单位名称	参观人次
1	北京市延庆县八达岭特区办事处	8034	3	陕西省佳县白云山道教管委会	2200
2	山东省曲阜市文物旅游局	3000	4	湖南省炎陵县炎帝陵管理局	1460

名次	单位名称	参观人次	名次	单位名称	参观人次
5	浙江省全国重点文物保护单位岳飞墓庙保管所	1285	28	四川省万源市文管所	370
6	陕西省黄帝陵管理局	1280	29	河北省涉县娲皇宫管理处	368
7	山西省平遥县古城墙管理处	1242	30	湖南省茶陵县文物管理局	358
8	山东省蓬莱阁文物管理处	1181	31	湖北省蕲春县李时珍墓文物保管所	350
9	四川省双流县文物保护管理所	1000	32	山东省商河县文物管理所	350
10	河北省秦皇岛市山海关古城景区管理处	994	33	河北省正定县文物保护所	345
11	河北省秦皇岛市山海关区老龙头景区管理处	928	34	河北省赵县文物保护管理所	335
12	广东省南海神庙	927	35	山西省洪洞县大槐树迁民遗址文物管理所	334
13	江苏省盱眙县明祖陵文物管理处	895	36	河北省清东陵文物管理处	319
14	四川省通江县文物管理所	880	37	江西省于都县博物馆	305
15	四川省通川区张爱萍故居管理所	864	38	河北省临漳县文物保护所	300
16	江西省万安县文物管理局	850	39	河南省汝州市风穴寺文物保护管理所	300
17	河南省安阳马氏庄园景区管理委员会	600	40	浙江省湖州市南浔区文物保护管理所	300
18	河南省巩义市康百万庄园保护所	570	41	福建省长乐市南阳省委旧址管理处	300
19	河北省易县清西陵文物管理处	550	42	广东省顺德区清晖园管理处	286
20	湖南省辰溪县文物管理所	540	43	湖南省祁阳县浯溪文物管理处	268
21	山西省平遥县镇国寺管理处	519	44	山东省栖霞市牟氏庄园管理处	266
22	山西省运城市盐湖区舜帝陵庙文管所	510	45	河南省巩义市北宋皇陵管理处	260
23	浙江省余姚市文物保护管理所	449	46	辽宁省营口市西炮台文物管理所	252
24	福建省武平县文博园管理处	420	47	辽宁省朝阳县文物管理所	250
25	广东省德庆县悦城龙母庙文物管理所	416	48	山西省永济市普救寺文物管理所	220
26	浙江省海宁市文物保护管理所	398	49	上海市浦东新区文物保护管理所	219
27	辽宁省义县奉国寺管理处	380	50	宁夏回族自治区海原县文管所	210

全国文物保护管理机构按门票收入排序

省　级

单位：千元

名次	单位名称	门票收入	名次	单位名称	门票收入
1	西藏自治区布达拉宫管理处	73775	4	北京市白塔寺管理处	1797
2	西藏自治区罗布林卡管理处	8181	5	甘肃北石窟寺文物保护研究所	168
3	甘肃炳灵寺文物保护研究所	3762	6	甘肃大地湾文物保护研究所	7

地市级

单位：千元

名次	单位名称	门票收入	名次	单位名称	门票收入
1	河南省龙门石窟研究院	202840	18	浙江省绍兴市沈园景区管理处	7399
2	浙江省杭州市园林文物局灵隐管理处（杭州花圃）	139458	19	浙江省衢州孔氏南宗家庙管理委员会	6300
3	河北省承德市避暑山庄管理处	103097	20	河南省洛阳关林管理处	6220
4	河北省承德市外八庙管理处	49477	21	宁夏回族自治区银川市贺兰山岩画管理处	6213
5	河北省承德市普宁寺管理处	42360	22	山东省烟台山文物管理处	5625
6	甘肃省嘉峪关文物景区管理委员会	36306	23	内蒙古自治区呼和浩特市文物事业管理处	4900
7	新疆维吾尔自治区吐鲁番地区文物管理局	27896	24	四川省广元市文物管理所	4473
8	河南省开封市龙亭公园	25111	25	广东省潮州广济桥文物管理所	2884
9	浙江省杭州市西湖风景名胜区钱江管理处	15731	26	甘肃省天水市伏羲庙文管所	2704
10	浙江省绍兴市大禹陵景区管理处	13423	27	山西省大同市城墙管理处	2010
11	宁夏回族自治区银川西夏陵区管理处	13274	28	陕西省西安市青龙寺遗址保管所	1836
12	辽宁省沈阳市北陵公园管理中心	12859	29	浙江省绍兴市名人故居管理处	1765
13	山西省山西解州关帝庙文物保管所	12560	30	陕西省药王山管理局	1763
14	河南省安阳市殷墟管理处	11898	31	河北省邯郸市黄粱梦文物管理处	1711
15	浙江省杭州市园林文物局凤凰山管理处	11460	32	浙江省宁波市保国寺古建筑博物馆	1581
16	浙江省绍兴市兰亭景区管理处	9503	33	山西省大同市古建筑文物保管所	1121
17	河南省开封市铁塔公园	7574	34	河南省许昌市灞陵桥文物管理处	1080

名次	单位名称	门票收入	名次	单位名称	门票收入
35	河南省安阳市市区文物景点管理处	1039	43	山西省太原市双塔寺文物保管所	650
36	山东省临沂市王羲之故居	1003	44	江西省九江市文物名胜管理处	599
37	山西省山西芮城县永乐宫文物保管所	970	45	江苏省苏州市市区文物管理保护管理所	563
38	河南省开封市禹王台公园	970	46	广东省潮州古城区文物管理处	526
39	宁夏回族自治区银川市海宝塔寺管理所	784	47	安徽省安庆市陈独秀墓园管理处	471
40	湖北省随州市擂鼓墩文物管理处	746	48	广西壮族自治区桂林市靖江王陵文物管理处	425
41	山东省聊城市光岳楼管理处	740	49	山西省太原市太山文物保管所	350
42	江苏省无锡市薛福成故居文物管理处	728	50	甘肃省嘉峪关市新城魏晋墓文物管理所	250

县　级

单位：千元

名次	单位名称	门票收入	名次	单位名称	门票收入
1	北京市延庆县八达岭特区办事处	281364	17	山东省栖霞市牟氏庄园管理处	6933
2	山东省曲阜市文物旅游局	182661	18	陕西省佳县白云山道教管委会	6900
3	北京市昌平区十三陵特区办事处	181140	19	江苏省盱眙县明祖陵文物管理处	6870
4	山东省蓬莱阁文物管理处	99140	20	湖北省宜昌市三游洞管理处	6530
5	陕西省黄帝陵管理局	78796	21	河南省巩义市康百万庄园保护所	6270
6	山西省平遥县古城墙管理处	39758	22	河北省涉县娲皇宫管理处	6127
7	河北省秦皇岛市山海关古城景区管理处	36512	23	山西省永济市普救寺文物管理所	5680
8	河北省秦皇岛市山海关区老龙头景区管理处	33093	24	山东省长清区灵岩寺旅游区管理委员会	5230
9	河北省清东陵文物管理处	30330	25	新疆维吾尔自治区喀什市文物保护管理所	5026
10	浙江省全国重点文物保护单位岳飞墓庙保管所	26534	26	湖北省钟祥市显陵管理处	4690
11	广东省德庆县悦城龙母庙文物管理所	15269	27	陕西省岐山县周公庙管理处	4630
12	河北省正定县文物保管所	13010	28	湖南省炎陵县炎帝陵管理局	4335
13	山西省洪洞县大槐树迁民遗址文物管理所	12432	29	湖南省曾国藩故里管理处	4000
14	河北省易县清西陵文物管理处	9650	30	贵州省镇远县青龙洞文物管理处	4000
15	西藏自治区扎什伦布寺	9560	31	河北省秦皇岛市山海关区孟姜女庙景区管理处	3261
16	河北省赵县文物保护管理所	7746	32	广东省顺德区清晖园管理处	3220

名次	单位名称	门票收入	名次	单位名称	门票收入
33	山西省平遥县镇国寺管理处	3122	42	陕西省韩城市司马迁祠文管所	1945
34	辽宁省新宾满族自治县赫图阿拉城文物管理所	2920	43	河南省安阳马氏庄园景区管理委员会	1720
35	西藏自治区大昭寺	2780	44	北京市周口店北京人遗址管理处	1585
36	山西省运城市盐湖区舜帝陵庙文管所	2200	45	江西省九江市庐山白鹿洞书院	1325
37	天津市蓟县文物保管所	2193	46	辽宁省义县奉国寺管理处	1200
38	陕西省宝鸡市陈仓区钓鱼台文物管理所	2100	47	宁夏回族自治区青铜峡市文物管理所	1200
39	安徽省查济景区管理处	2000	48	陕西省榆林市红石峡文物管理所	1127
40	西藏自治区哲蚌寺	2000	49	山东省惠民县魏氏庄园管理处	1084
41	西藏自治区平措林寺	2000	50	山西省交城县文物管理所	1062

全国博物馆分级别按藏品排序

省　级

单位：件/套

名次	单位名称	藏品数	名次	单位名称	藏品数
1	首都博物馆	1021645	13	上海博物馆	142635
2	南京博物院	450149	14	浙江自然博物馆	135620
3	天津自然博物馆	400133	15	河南博物院	130678
4	陕西历史博物馆	381741	16	湖南省博物馆	120844
5	湖北省博物馆	236300	17	四川博物院	120104
6	安徽博物院	220137	18	辽宁省博物馆	115740
7	云南省博物馆	204768	19	山东博物馆	113999
8	天津博物馆	200000	20	黑龙江省博物馆	113691
9	福建博物院	180445	21	江西省博物馆	102000
10	重庆中国三峡博物馆	180262	22	重庆红岩革命历史博物馆	98739
11	广东省博物馆	167911	23	山西博物院	97354
12	内蒙古博物院	154374	24	河北省民俗博物馆	93784

名次	单位名称	藏品数	名次	单位名称	藏品数
25	吉林省博物院	89350	38	宁夏回族自治区博物馆	38050
26	上海鲁迅纪念馆	85460	39	贵州省博物馆	37511
27	甘肃省博物馆	84950	40	江西省井冈山革命博物馆	30198
28	重庆自然博物馆	84447	41	黑龙江省地质博物馆	30000
29	浙江博物馆	79696	42	西藏博物馆	29491
30	北京艺术博物馆	75191	43	海南省民族博物馆	28891
31	湖南省韶山毛泽东同志纪念馆	55877	44	山西省艺术博物馆	23000
32	广西壮族自治区自然博物馆	52293	45	海南省博物馆	19868
33	广西壮族自治区博物馆	42046	46	广西民族博物馆	18891
34	上海市历史博物馆	41311	47	黑龙江省东北烈士纪念馆	13165
35	青海省博物馆	40812	48	江西省瑞金中央革命根据地纪念馆	11109
36	新疆维吾尔自治区博物馆	39755	49	西安碑林博物馆	9121
37	上海市中国共产党第一次全国代表大会会址纪念馆	39043	50	福建中国闽台缘博物馆	8406

地市级

单位：件/套

名次	单位名称	指标	名次	单位名称	指标
1	四川省成都中国皮影博物馆	163882	12	湖北省恩施州博物馆	80315
2	江苏省侵华日军南京大屠杀遇难同胞纪念馆	153385	13	山东省济南市博物馆	78713
3	江苏省常州市戈小兴中外烟标烟具博物馆	147000	14	湖北省鄂州市博物馆	76858
4	陕西省西安博物院	120240	15	浙江省宁波市天一阁博物馆	75860
5	内蒙古包头博物馆	109911	16	山西省大同市博物馆	63199
6	山东省青岛市博物馆	109388	17	辽宁省旅顺博物馆	61111
7	湖南省长沙简牍博物馆	100000	18	湖北省荆门市博物馆	60725
8	四川省成都博物院	99638	19	浙江省宁波博物馆	60000
9	河南省开封市博物馆	87818	20	山东省烟台市博物馆	55008
10	广东省惠州市博物馆	87305	21	河南省鹤壁市博物馆	52944
11	江苏省南京市博物馆	80707	22	湖北省襄阳市博物馆	51208

名次	单位名称	指标	名次	单位名称	指标
23	江苏省南通博物苑	50891	37	广东省揭阳市博物馆	30195
24	江苏省南通板鹞风筝艺术博物馆	50000	38	江苏省苏州博物馆	30170
25	四川省成都杜甫草堂博物馆	48571	39	江苏省无锡博物院	30145
26	河南省许昌市博物馆	47189	40	广东省河源市博物馆	27996
27	甘肃省武威市博物馆	44684	41	辽宁省抚顺市雷锋纪念馆	26655
28	广东省江门市博物馆	44520	42	江苏省镇江博物馆	25373
29	湖南省长沙市博物馆	44455	43	广西壮族自治区桂林博物馆	25253
30	广东省广州博物馆	41334	44	江苏省常州市博物馆	25103
31	云南省昆明民族博物馆	40121	45	河北省承德市避暑山庄博物馆	24986
32	安徽省源泉徽文化民俗博物馆	40000	46	广东省广州艺术博物院	24731
33	广西壮族自治区柳州市博物馆	37911	47	广东革命历史博物馆	22180
34	甘肃省天水市博物馆	32216	48	四川省凉山彝族自治州博物馆	22100
35	陕西省延安革命纪念馆	31613	49	山西省晋城博物馆	21927
36	江苏省苏州戏曲博物馆	30652	50	福建省龙岩市古田会议纪念馆	21858

县 级

单位：件/套

名次	单位名称	藏品数	名次	单位名称	藏品数
1	四川省成都市大邑县建川博物馆	200000	11	四川省巴中市南江县博物馆	34235
2	安徽省黄山市中国徽州文化博物馆	97351	12	湖北省十堰市茅箭区博物馆	33069
3	河南省新郑市博物馆	58391	13	湖北省宜昌市秭归县屈原纪念馆	30580
4	湖北省黄冈市浠水县博物馆	51031	14	安徽省黄山市歙县博物馆	30440
5	河南省周口市郸城县中原民俗博物馆	49890	15	甘肃省临夏回族自治州和政县古动物化石博物馆	30045
6	山西省临汾市曲沃县博物馆	45819	16	湖北省十堰市郧阳博物馆	30000
7	河南省偃师市偃师商城博物馆	42932	17	山东省青州市博物馆	29003
8	重庆市万州博物馆	40151	18	浙江省嵊州市越剧博物馆	27234
9	河南省漯河市舞阳县博物馆	38000	19	重庆市渝中区中国民间医药博物馆	27222
10	青海省海东地乐都县博物馆	36355	20	福建省龙岩市上杭县客家族谱馆	27176

名次	单位名称	藏品数	名次	单位名称	藏品数
21	上海市青浦区陈云故居暨青浦革命历史纪念馆	25547	36	江西省宜春市铜鼓县秋收起义铜鼓纪念馆	15329
22	山东省平度市博物馆	21000	37	山东省济宁市邹城博物馆	15248
23	浙江省绍兴市上虞博物馆	20094	38	内蒙古自治区赤峰市巴林左旗博物馆	15000
24	重庆市县奉节诗城博物馆	20000	39	山东省诸城市博物馆	15000
25	河北省定州市博物馆	19723	40	河南省济源市博物馆	14966
26	河南省林州市博物馆	19136	41	湖北省武穴市博物馆	14964
27	山东省即墨市博物馆	18000	42	湖北省恩施土家族苗族自治州鹤峰县博物馆	14922
28	贵州省黔东南苗族侗族自治州雷山县西江苗族博物馆	17721	43	四川省绵阳市三台县博物馆	14718
29	河北省承德市平泉县博物馆	17713	44	湖北省老河口市博物馆	14570
30	湖北省孝感市博物馆	17053	45	江西省樟树市博物馆	14362
31	江西省吉安市吉水县博物馆	16816	46	湖北省咸宁市通山县博物馆	13911
32	湖北省丹江口市博物馆	16235	47	湖南省长沙市宁乡县刘少奇同志纪念馆	13669
33	江苏省苏州市常熟博物馆	16000	48	广东省河源市和平县博物馆	13542
34	甘肃省天水市张家川回族自治县博物馆	15718	49	山东省滕州市博物馆	13415
35	山东省章丘市博物馆	15578	50	甘肃省敦煌市博物馆	13387

全国博物馆分级别按参观人次排序

省　级

单位：千人次

名次	单位名称	参观人次	名次	单位名称	参观人次
1	重庆红岩革命历史博物馆	6560	7	河南博物院	1986
2	湖南省韶山毛泽东同志纪念馆	6350	8	陕西历史博物馆	1930
3	陕西省秦始皇兵马俑博物馆	4675	9	重庆中国三峡博物馆	1741
4	江苏省南京中国近代史遗址博物馆	2580	10	上海博物馆	1727
5	江西省南昌八一起义纪念馆	2320	11	黑龙江省博物馆	1467
6	重庆自然博物馆	2270	12	浙江博物馆	1423

名次	单位名称	参观人次	名次	单位名称	参观人次
13	四川博物院	1414	32	北京艺术博物馆	743
14	天津市周恩来邓颖超纪念馆	1408	33	海南省博物馆	723
15	广东省博物馆	1400	34	广西壮族自治区博物馆	720
16	内蒙古博物院	1400	35	吉林省博物院	686
17	湖南省博物馆	1362	36	浙江省中国丝绸博物馆	650
18	首都博物馆	1357	37	北京市孔庙和国子监博物馆	626
19	江西省井冈山革命博物馆	1210	38	江西省安源路矿工人运动纪念馆	601
20	江西省瑞金中央革命根据地纪念馆	1180	39	黑龙江省科学技术馆	580
21	湖北省博物馆	1180	40	甘肃省博物馆	540
22	江西省博物馆	1060	41	广西民族博物馆	519
23	福建博物院	1031	42	贵州省博物馆	500
24	山西博物院	1031	43	辽宁省博物馆	422
25	浙江自然博物馆	1029	44	新疆维吾尔自治区博物馆	411
26	黑龙江省东北烈士纪念馆	967	45	西安碑林博物馆	409
27	山西省八路军太行纪念馆	960	46	天津博物馆	400
28	福建中国闽台缘博物馆	955	47	广西壮族自治区自然博物馆	366
29	云南省博物馆	953	48	湖北省辛亥革命武昌起义纪念馆	347
30	安徽博物院	840	49	河北省博物馆	340
31	上海市中国共产党第一次全国代表大会会址纪念馆	758	50	天津自然博物馆	323

地市级

单位：千人次

名次	单位名称	参观人次	名次	单位名称	参观人次
1	江苏省南京市侵华日军南京大屠杀遇难同胞纪念馆	5626	6	贵州省遵义市遵义会议纪念馆	3000
2	江苏省南京市雨花台烈士纪念馆	4830	7	江苏省徐州市淮海战役烈士纪念塔管理局	2710
3	四川省成都市武侯祠博物馆	3655	8	四川省广安市邓小平故居管理局	2062
4	陕西省延安市革命纪念馆	3260	9	浙江省绍兴市绍兴鲁迅纪念馆	2003
5	广东省东莞市鸦片战争博物馆	3000	10	江苏省无锡市王昆仑故居陈列馆	2000

名次	单位名称	参观人次	名次	单位名称	参观人次
11	广东省中山市孙中山故居纪念馆	1886	31	辽宁省丹东市抗美援朝纪念馆	1000
12	广西壮族自治区百色市百色起义纪念馆	1630	32	广东省深圳市博物馆	996
13	云南省楚雄彝族自治州博物馆	1601	33	河北省承德市避暑山庄博物馆	994
14	四川省乐山市麻浩崖墓博物馆	1571	34	广东省佛山市祖庙博物馆	969
15	江苏省镇江市茅山新四军纪念馆	1500	35	广东省广州市民间工艺博物馆	951
16	河南省安阳市中国文字博物馆	1400	36	河南省平顶山市博物馆	950
17	江苏省淮安市周恩来纪念馆	1310	37	浙江省杭州市名人纪念馆	949
18	福建省龙岩市古田会议纪念馆	1228	38	黑龙江省大庆市铁人王进喜纪念馆	913
19	辽宁省抚顺市雷锋纪念馆	1200	39	四川省眉山市三苏祠博物馆	907
20	辽宁省沈阳市故宫博物院	1200	40	陕西省宝鸡市青铜器博物馆	896
21	江苏省苏州市博物馆	1185	41	吉林省长春市伪满皇宫博物院	886
22	广东省广州市艺术博物院	1182	42	吉林省长春市东北沦陷史陈列馆	886
23	四川省成都市金沙遗址博物馆	1147	43	四川省成都市杜甫草堂博物馆	882
24	山东省聊城市中国运河文化博物馆	1120	44	江苏省淮安市博物馆	870
25	浙江省杭州市西湖博物馆	1111	45	江苏省镇江市博物馆	866
26	山东省威海市中国甲午战争博物馆	1080	46	四川省巴中市川陕革命根据地博物馆	850
27	浙江省宁波市博物馆	1060	47	江西省南昌市博物馆	838
28	广东省广州市黄埔军校旧址纪念馆	1060	48	广西壮族自治区柳州市博物馆	831
29	江苏省盐城市新四军纪念馆	1055	49	广东省广州市孙中山大元帅府纪念馆	802
30	福建省福州市博物馆	1030			

县　级

单位：千人次

名次	单位名称	参观人次	名次	单位名称	参观人次
1	湖南省长沙市宁乡县刘少奇同志纪念馆	3000	5	河南省周口市淮阳县博物馆	2800
2	河北省石家庄市平山县西柏坡纪念馆	3000	6	安徽省六安市寿县博物馆	2439
3	安徽省淮北市濉溪县文昌宫	2800	7	浙江省桐乡市博物馆	2400
4	安徽省滁州市全椒县周家岗革命烈士纪念馆	2800	8	山西省晋中市郓城县中原民俗博物馆	1650

名次	单位名称	参观人次	名次	单位名称	参观人次
9	河北省唐山市乐亭县李大钊纪念馆	1600	30	黑龙江省齐齐哈尔市昂昂溪遗址博物馆	1000
10	福建省武夷山市博物馆	1500	31	天津市南开区民俗博物馆	1000
11	上海豫园管理处	1445	32	贵州省黔东南苗族侗族自治州雷山县西江苗族博物馆	970
12	上海龙华烈士纪念馆	1400	33	江苏省无锡市南长区无锡窑群遗址博物馆	941
13	江苏省南京市南京渡江胜利纪念馆	1360	34	重庆市酉阳土家族苗族自治赵世炎烈士纪念馆	921
14	四川省绵阳市三台县博物馆	1300	35	四川省泸州市古蔺县红军四渡赤水太平渡陈列馆	910
15	山西省晋中市平遥县博物馆	1242	36	安徽省池州市市辖区九华山历史文物馆	900
16	山西省晋中市平遥县中国票号博物馆	1242	37	四川省巴中市通江县红四方面军总指挥部旧址纪念馆	880
17	山东省枣庄市台儿庄区台儿庄大战纪念馆	1240	38	四川省达州市通川区达州红军文化陈列馆	864
18	湖南省怀化市芷江侗族自治县芷江受降纪念馆	1200	39	湖北省荆州市市辖区博物馆	860
19	重庆市潼南县潼南杨尚昆故里管理处	1200	40	湖南省长沙市长沙县杨开慧纪念馆	854
20	江苏省泰兴市新四军黄桥战役纪念馆	1148	41	江西省吉安市万安县博物馆	850
21	四川省乐山市峨眉山博物馆	1116	42	陕西省咸阳市乾县乾陵博物馆	845
22	四川省仪陇县朱德同志故居纪念馆	1100	43	广西壮族自治区北流市博物馆	811
23	河北省保定市清苑县地道战遗址文物保护管理委员会	1078	44	四川省成都市大邑县建川博物馆	810
24	河北省邯郸市涉县八路军一二九师纪念馆	1071	45	安徽省黄山市黄山区黄山风景区博物馆	808
25	广东省惠州市惠阳区叶挺纪念馆	1056	46	广西壮族自治区北海市合浦县博物馆	800
26	福建省漳州市东山县博物馆	1050	47	江苏省淮安市楚州区周恩来故居管理处	790
27	贵州省贵阳市息烽县集中营革命历史纪念馆	1040	48	安徽省滁州市全椒县吴敬梓纪念馆	760
28	河南省开封市兰考焦裕禄纪念园管理处	1023	49	浙江省杭州市萧山区博物馆	750
29	湖南省张家界市桑植县贺龙纪念馆	1017	50	重庆市江津区聂荣臻元帅陈列馆	735

全国博物馆分级别按门票排序

省　级

单位：千元

名次	单位名称	门票收入	名次	单位名称	门票收入
1	陕西省秦始皇兵马俑博物馆	485293	15	湖南省博物馆	589
2	江苏省南京中国近代史遗址博物馆	59701	16	广东省博物馆	565
3	陕西省汉阳陵博物馆	11736	17	山西省八路军太行纪念馆	545
4	北京市孔庙和国子监博物馆	7169	18	北京市石刻艺术博物馆	406
5	陕西省历史博物馆	7112	19	北京市艺术博物馆	320
6	北京市西山大觉寺管理处	2521	20	天津市戏剧博物馆文庙博物馆管理办公室	292
7	内蒙古自治区将军衙署博物院	2482	21	首都博物馆	149
8	黑龙江省科学技术馆	2074	22	北京市大钟寺古钟博物馆	148
9	天津市周恩来邓颖超纪念馆	1958	23	山西省艺术博物馆	146
10	北京市正阳门管理处	1873	24	北京市古代钱币展览馆	76
11	陕西省碑林博物馆	1850	25	北京市古代建筑博物馆	55
12	重庆市中国三峡博物馆	1502	26	天津市博物馆	22
13	天津市自然博物馆	1441	27	黑龙江省地质博物馆	10
14	北京市文博交流馆	663			

地市级

单位：千元

名次	单位名称	门票收入	名次	单位名称	门票收入
1	四川省成都市武侯祠博物馆	81750	7	陕西省西安市钟鼓楼博物馆	22860
2	河北省承德市避暑山庄博物馆	69141	8	四川省成都金沙遗址博物馆	19546
3	辽宁省沈阳故宫博物院	55598	9	广东省佛山市祖庙博物馆	18296
4	四川省成都杜甫草堂博物馆	37462	10	辽宁省沈阳市张氏帅府博物馆	13864
5	吉林省长春市伪满皇宫博物院	33800	11	陕西省宝鸡市法门寺博物馆	12564
6	山西省太原市晋祠博物馆	31441	12	辽宁省沈阳金融博物馆	10448

名次	单位名称	门票收入	名次	单位名称	门票收入
13	四川省乐山市麻浩崖墓博物馆	7856	32	江西省赣州市博物馆	1830
14	四川省自贡恐龙博物馆	7720	33	江苏省南京市明城垣史博物馆	1825
15	山东省青岛迎宾馆	7433	34	山东省聊城市博物馆	1805
16	浙江省宁波市天一阁博物馆	6041	35	河北省保定市莲池博物馆	1742
17	河南省南阳市博物馆	5800	36	辽宁省大连市旅顺博物馆	1538
18	陕西省西安半坡博物馆	4197	37	四川省广元红军文化博物馆	1491
19	河北省保定直隶总督署博物馆	3850	38	广东省潮州市韩愈纪念馆	1400
20	江苏省徐州圣旨博物馆	3800	39	江苏省扬州汉广陵王墓博物馆	1399
21	辽宁省大连市旅顺日俄监狱旧址博物馆	3685	40	山东省淄博市蒲松龄纪念馆	1250
22	黑龙江省哈尔滨建筑艺术馆	3649	41	河南省三门峡市虢国博物馆	1230
23	江苏省南京市太平天国历史博物馆	3346	42	山东省泰安市博物馆	1076
24	四川省广元市皇泽寺博物馆	2982	43	河南省南阳知府衙门博物馆	957
25	广东省广州博物馆	2709	44	江苏省南京市民俗博物馆	940
26	四川省眉山市三苏祠博物馆	2650	45	河南省开封市艺术博物馆	900
27	江苏省南京市博物馆	2600	46	广东省东莞市可园博物馆	866
28	广东省广州市西汉南越王博物馆	2212	47	江苏省泰州市梅兰芳纪念馆	846
29	河南省洛阳周王城天子驾六博物馆	2100	48	江苏省扬州八怪纪念馆	715
30	江苏省南京天文历史博物馆	2000	49	河南省周口市关帝庙民俗博物馆	680
31	江苏省徐州汉兵马俑博物馆	2000	50	山东省潍坊十笏园博物馆	680

县 级

单位：千元

名次	单位名称	门票收入	名次	单位名称	门票收入
1	重庆市大足石刻研究院	62482	6	河南省淮阳县博物馆	26000
2	上海市上海豫园管理处	40278	7	陕西省乾陵博物馆	24453
3	山西省平遥县中国票号博物馆	39758	8	山西省灵石县王家大院民居艺术馆	22583
4	山西省祁县乔家大院民俗博物馆	33500	9	江苏省中国淮扬菜文化博物馆	20000
5	湖南省永州市零陵区柳宗元纪念馆	27000	10	山东省青岛啤酒文化传播有限公司	17626

名次	单位名称	门票收入	名次	单位名称	门票收入
11	四川省成都市大邑县刘氏庄园博物馆	15620	31	河北省清苑县地道战遗址文物保护管理委员会	2914
12	四川广汉三星堆博物馆	15012	32	陕西省勉县武侯祠博物馆	2688
13	浙江省湖州市安吉竹子博览园有限责任公司	13660	33	陕西省咸阳市乾陵懿德太子墓	2595
14	贵州省雷山县西江苗族博物馆	9700	34	四川省成都市新都杨升庵博物馆	2315
15	河南省南阳市内乡县县衙博物馆	8600	35	四川省宜宾市翠屏区李庄镇抗战文化陈列馆	2240
16	重庆市云阳县张桓侯庙	7200	36	北京市北京李大钊故居管理处	2215
17	重庆市忠县石宝寨	6830	37	河南省安阳市汤阴县岳飞纪念馆	2080
18	重庆市钓鱼城古战场遗址博物馆	6800	38	山西省永济市蒲津渡遗址博物馆	2000
19	浙江省长兴金钉子景区旅游发展有限公司	5250	39	陕西省咸阳市茂陵博物馆	1960
20	山西省平遥县双林寺彩塑艺术馆	5209	40	陕西省西安市临潼区鸿门宴博物馆	1850
21	江苏省南京江南贡院历史陈列馆（集体）	4007	41	重庆抗战遗址博物馆	1705
22	陕西省汉中市勉县武侯墓博物馆	3770	42	上海市中华人民共和国名誉主席宋庆龄陵园管理处	1596
23	吉林省集安市博物馆	3729	43	河南省安阳市汤阴县羑里周易博物馆	1545
24	江西省九江市庐山会址纪念馆	3648	44	山东省淄博市齐国故城遗址博物馆	1320
25	北京市钟鼓楼文物保管所	3637	45	江西省九江市星子县博物馆	1300
26	四川省成都中医药大学博物馆	3600	16	山西省临汾市尧都区博物馆	1280
27	江苏省徐州市龟山汉墓管理处（铜山区）	3500	47	四川省建川博物馆	1235
28	甘肃省张掖市甘州区博物馆	3304	48	河南省新县郑维山将军纪念馆	1230
29	江西省九江市庐山抗战博物馆	3003	49	内蒙古自治区喀喇沁旗王府博物馆	1180
30	安徽省黄山市万粹楼博物馆	3000	50	山西省太谷三多堂博物馆有限公司	1150

全国文物保护科学研究机构按藏品数排序

省　级

单位：件/套

名次	单位名称	藏品数	名次	单位名称	藏品数
1	河南省文物考古研究所	183583	13	安徽省考古研究所	3284
2	河北省文物研究所	121596	14	新疆维吾尔自治区文物考古研究所	2500
3	河北省文物保护中心	72311	15	云南省文物考古研究所	2453
4	甘肃省文物考古研究所	64687	16	甘肃省敦煌研究院	2242
5	青海省文物考古研究所	55452	17	广西文物考古研究所	1100
6	湖南省文物考古研究所	43803	18	甘肃省麦积山石窟艺术研究所	800
7	陕西省考古研究院	22774	19	新疆维吾尔自治区龟兹研究院	322
8	山东省文物考古研究所	21400	20	北京市文物研究所	153
9	内蒙古文物考古研究所	14479	21	宁夏文物考古研究所	128
10	吉林省文物考古研究所	8000	22	广东省文物考古研究所	80
11	山西省考古研究所	3862	23	宁夏岩画研究中心	21
12	黑龙江省文物考古研究所	3819			

地市级

单位：件/套

名次	单位名称	藏品数	名次	单位名称	藏品数
1	河南省郑州市文物考古研究院	57731	9	江苏省扬州市文物考古研究所	5366
2	河南省安阳市文物考古研究所	34700	10	陕西省西安市文物保护考古所	5066
3	河南省三门峡市文物考古研究所	16143	11	河南省南阳市文物考古研究所	4440
4	浙江省绍兴市文物考古研究所	14922	12	辽宁省沈阳市文物考古研究所	2419
5	湖南省长沙市文物考古研究所	11000	13	山西省大同市考古研究所	2078
6	陕西省咸阳市文物保护中心	10503	14	山东省济南市考古研究所	1993
7	湖北省武汉市文物考古研究所	8036	15	河南省驻马店市文物考古管理所	1640
8	陕西省咸阳市文物考古研究所	5782	16	江西省景德镇市陶瓷考古研究所	1385

名次	单位名称	藏品数	名次	单位名称	藏品数
17	陕西省延安市文物研究所	937	24	广东省深圳市文物考古鉴定所	400
18	广西壮族自治区桂林市文物工作队	847	25	吉林省长春市文物保护研究所	241
19	山西省运城市文物保护研究所	802			
20	陕西省渭南市文物保护考古研究所	687	26	黑龙江省文物考古研究所黑河分所	232
21	甘肃省武威市文物考古研究所	586	27	江苏省无锡市文化遗产保护和考古研究所	80
22	陕西省铜川市考古研究所	500	28	河北省张家口市文物考古研究所	36
23	四川省成都文物考古研究所	448	29	河南省漯河市文物考古研究所	33

地市级

单位：件/套

名次	单位名称	藏品数	名次	单位名称	藏品数
1	陕西省榆林市文物保护研究所	3510	3	陕西省蒲城县文物保护开发中心	165
2	陕西省渭城区文物保护中心	833			

责任印制：张道奇
责任编辑：孙　霞

图书在版编目（CIP）数据

中国文物年鉴·2012 年／国家文物局编．—北京：
文物出版社，2013.10
ISBN 978 - 7 - 5010 - 3790 - 2

Ⅰ．①中…　Ⅱ．①国…　Ⅲ．①文物工作 -
中国 - 2012 - 年鉴　Ⅳ．①K87 - 54

中国版本图书馆 CIP 数据核字（2013）第 165587 号

中国文物年鉴·2012
国家文物局　编
＊
文 物 出 版 社 出 版 发 行
（北京市东直门内北小街 2 号楼）
http://www.wenwu.com
E-mail：web@wenwu.com
文 物 出 版 社 印 刷 厂 印 刷
新 华 书 店 经 销
787×1092　1/16　印张：29
2013 年 10 月第 1 版　2013 年 10 月第 1 次印刷
ISBN 978-7-5010-3790-2　定价：200.00 元